실천적 정주학자程朱學者
홍대용평전
1

• 범례

이 책에서 사용하는 텍스트는 《연기燕記》와 《을병연행록》 1·2(경진, 2012)다. 《연기》는 《담헌서湛軒書》에 실린 것이다. 아울러 한국고전번역원의 《국역 담헌서》를 참고했다. 《을병연행록》은 최근 나온 정훈식 역, 《을병연행록》 1·2를 사용했다. 홍대용의 문집인 《담헌서》는 《한국문집총간韓國文集叢刊》 a248에 실려 있다. 《담헌서》의 인용은 '〈글 제목〉, 《문집총간》a248, ○○○면'의 방식으로만 표기한다.

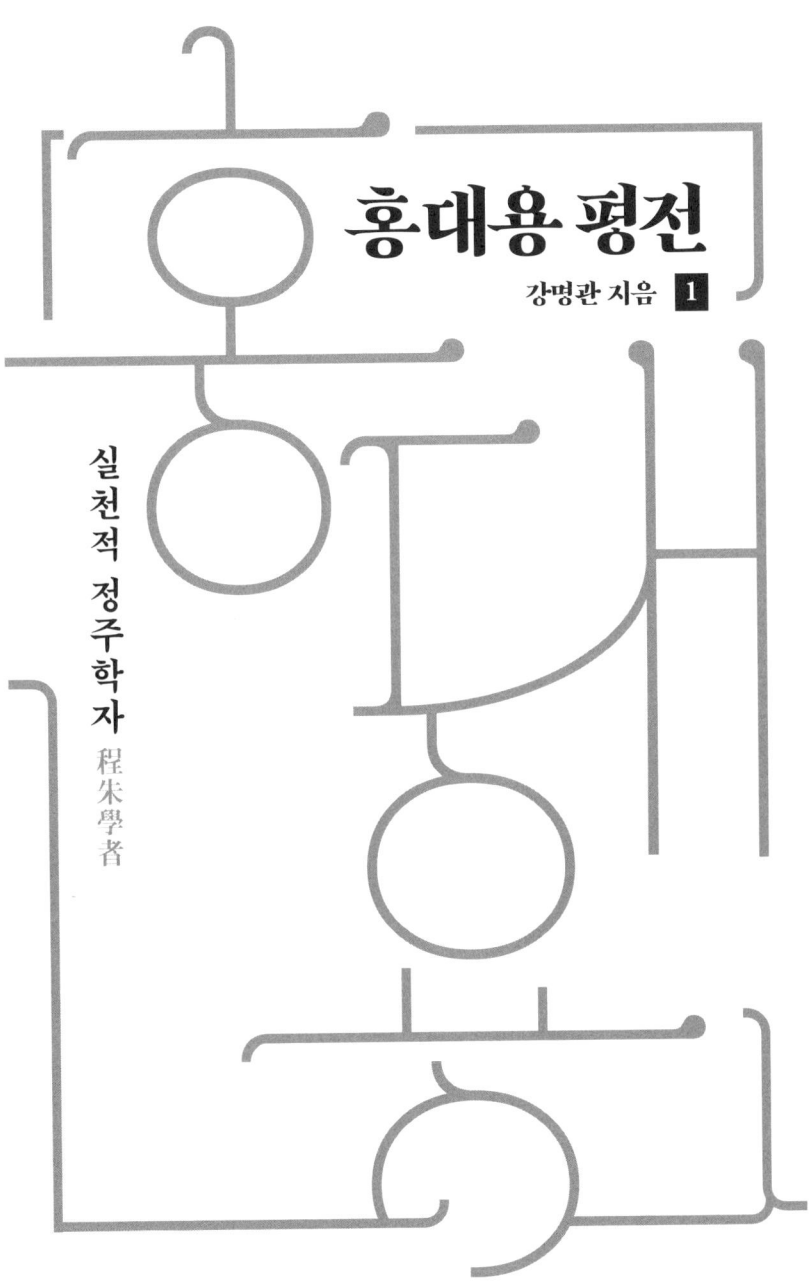

홍대용 평전

강명관 지음 １

실천적 정주학자
程朱學者

푸른역사

책머리에

실학자, 북학파, 개혁적 사회사상가, 지전설과 우주무한설을 주장한 과학자. 담헌 홍대용을 둘러싸고 있는 빛나는 수식어는 대개 이런 것일 터이다. 이 수식어의 타당성을 다시 길게 서술하는 것이 담헌 이해의 주류적 방식이었다. 비판적 목소리가 없던 것은 아니었지만, 주류적 이해를 넘을 수는 없었다. 비판적 입장이 유의미한 대체 해석을 제출할 수 없었기 때문이다. 주류적 이해 방식은 당연히 우수한 연구물을 쏟아 내었다.[1] 이런 이유로 실학자, 북학파, 개혁적 사회사상가, 지전설과 우주무한설을 주장한 과학자로서의 담헌을 알고자 한다면, 나아가 조선 후기 탁월한 지성으로서의 담헌을 알고 싶다면, 현재 풍부하게 제출된, 빼어난 논고와 저작들을 읽는 것으로 충분할 것이다.

  이런 상황에서 《홍대용 평전》을 쓰는 것이 무슨 의미가 있을까? 미리 말하자면, 나는 실학자, 북학파, 개혁적 사회사상가, 지전설과 우주무한설을 주장한 과학자 담헌에게는 별 관심이 없다. 간단히 말해 이 책은 탁월한 실학자, 사상가, 과학자 담헌에 대해서는 말하지 않는다. 담헌에 대한 동일한 서술을 추가하고 싶지 않다는 뜻이다. 나의 의도는 담헌의 행동과 생각을 담헌 개인사의 지평에서 먼저 이해하자는 데 있다. 한걸음 더 나아가자면 담헌을 통해 18세기 후반 경화세족京華世族 지식인들의 행동과 생각을 좀 더 구체적으로 알고 싶다는 뜻이다. 이것은 아마도 조선 후기 사족 사회를 이해하는 데 약간의 도움이 될 것이다.

담헌은 다양한 분야의 글을 남겼다. 그의 문집 《담헌서》에는 일반적인 시문 외에 경학經學과 심성론心性論, 역사비평, 천문학과 자연학, 수학, 음악학 등 다양한 성격의 텍스트가 실려 있다. 1765~1766년 연행의 경험을 옮겨 적은 연행록 곧 《을병연행록》과 《연기燕記》, 중국인 벗들과 주고받은 여러 종류의 편지 모음집도 있다. 담헌이 생산한, 혹은 그와 관계된 텍스트는 이처럼 다양하다. 앞에서 담헌의 행동과 생각을 담헌 개인사의 지평에서 총체적으로 이해하고 싶다고 했는데, 사실 이것은 상식에 속한다. 이 상식이 담헌 연구에 통하지 않게 된 건 무엇보다 그가 남긴 텍스트의 다양함 때문이다. 곧 텍스트의 다양함으로 인해 담헌은 국문학과 한문학, 사상사, 경학, 과학사 혹은 천문학사, 수학사, 한중관계사 등으로 나뉘어 연구되고 이해되었다. 이 분야들에 대한 개별적 논고를 한곳에 모은다 해도 담헌의 총체적 이해는 불가능할 것이다. 전체는 부분의 합 이상이기 때문이다. 나는 이제 담헌이 남긴 모든 분야의 텍스트를 읽고 담헌을 이해해 보려고 한다. 먼저 담헌의 경험과 행동으로 개인사를 구축構築하고 그 생애의 시간 축을 따라 그의 발언과 생각을 이해하자는 것이다.

아마 이 책에서 구성되는 담헌의 상像은 그동안 알던 것과 사뭇 다를 수도 있다. 담헌이 그리 대단한 인물이 아닐 수도 있다. 그래서 실망하거나 비난할지도 모르겠다. 하지만 상관없다. 이 책은 그저 내가 읽은 담헌일 뿐이다. 이제까지의 담헌을 높이 평가해 온 주류적 해석은 그 나름대로 의미 있는 것이고, 그것을 타당하다고 생각하거나 좋아한다면 그쪽을 따르면 될 터이다. 원래 해석은 다양할수록 좋은 게 아니겠는가?

끝으로 한마디 보태자면, 수학과 천문학을 포함하는 다양한 한문 텍스트를 읽어 내는 것은 퍽 어렵고 또 무모한 일이었다. 그런 작업이었기에 오랜 시간이 필요했고 또 부족하거나 잘못된 부분이 적지 않을 것이다. 이 평전 이후 담헌에 대한 보다 완정完整한 저작이 나오기를 기대한다.

2025년 10월
강명관

———• 책머리에 ... 004

[01] 경화세족 담헌 ... 012
　　　충청도의 경화세족 ｜ 아버지 홍역과 숙부 홍억 ｜
　　　담헌 가문의 위상과 경제력

[02] 방황하던 10대의 한때 ... 042
　　　유소년기 ｜ 거문고를 배우고 가희·무녀와 어울리다 ｜
　　　갈등과 번민, 과거인가 학문인가

[03] 석실서원 ... 058
　　　스승 김원행 ｜ 석실서원 ｜ 스승에게 올린 편지 ｜
　　　문경에서 벌인 당론 ｜ 스승 김원행과 당론으로 논쟁하다 ｜
　　　1753·1754년《소학》강의 ｜ 소소한 일상

[04] 젊은 날의 공부, 경학·성리설·역사비평 ... 114
　　　성인에게도 의문을 품다 ｜〈대학문의〉｜〈논어문의〉｜〈맹자문의〉｜
　　　〈중용문의〉｜〈서전문의〉｜〈시경변의〉｜〈주역변의〉｜
　　　〈계몽기의〉｜ 성리설을 공부하다 ｜〈사론〉,《자치통감》비평

[05] 실천적 정주학자의 탄생 ... 252
　　　주필남에게 주는 글 ｜ 실천적 정주학자의 탄생 ｜
　　　화이론자 담헌

[06] 서양 천문학과 만나다 ... 278
아버지 홍역을 따라 나주로 가다 | 나경적을 만나다 |
조선의 혼천의 | 담헌이 만든 혼천의 | 연행 전 담헌 천문학의 수준 |
홍역의 부정축재 사건

[07] 북경에서 본 청의 안정과 번영,
그리고 국경을 초월한 우정 ... 316
1765년 가을 북경으로 떠나다 | 북경행의 목적 |
압록강을 건너 한 달 만에 북경에 도착하다 |
북경에서의 두 달, 1766년 1월과 2월 | 청을 바라보는 시각, 대명 의리 |
조선인의 의복과 중국인의 의복 | 청의 안정과 번영 |
청의 정치 | 중국 문명의 합리성 | 세계인을 만나는 곳, 북경 |
서양의 기기들, 일표·자명종 | 유구·몽골·회회·러시아 사람 |
천주당의 서양인 신부 | 엄성·반정균·육비 등 한인 지식인과 사귀다 |
마지막 만남과 이별 | 귀로에서 사귄 벗들 | 중국·북경 여행의 의미

[08] 편지로 이어진 우정과 북경 체험의 파란 ... 512
편지로 이어진 우정 | 1766년 여름 첫 편지를 보내다 |
1767년 1월 반정균과 엄성의 편지를 받다 |
담헌의 북경 체험에 대한 두 가지 반응 | 1767년 김종후와 논쟁을 벌이다 |
홍역과 엄성의 죽음 | 엄성이 죽기 직전 쓴 1767년 가을의 편지 |
엄성이 죽음을 슬퍼하며 담신을 보내다 |
《의례》 연구와 관련해 김종후와 2차 논쟁을 벌이다 |
1769년, 김종후와 논쟁이 이어지다 |
1769년 5월 동지사 회환 편에 육비와 반정균 등의 편지를 받다 |
김종후에게 다시 반박하는 편지를 보내다 | 1769년에 중국으로 보낸 편지

———— 주 ... 676
———— 찾아보기 ... 769

책머리에 ... 004

[01] 연암 그룹과 첫 벼슬 ... 12
연암 그룹과 어울리다 | 1770년 4월부터 1774년 2월까지의 편지 |
1774년 2월 벼슬을 시작하다 | 세자익위사 시직 담헌 | 손유의·등사민과의 문답 |
손유의의 답 | 이단관의 변화

[02] 항주에서 편지가 오다 ... 156
유금의 북경행 | 끊어졌던 엄성 쪽 소식이 10년 만에 전해지다 |
주문조의 편지 | 엄과의 편지 | 등사민과 주고받은 편지 |
1779년 엄과와 주문조 등에게 보낸 편지 | 연암이 보낸 편지 |
영천군수가 되다 | 손유의에게 보낸 마지막 편지

[03] 천문학과 수학 ... 228
서양 천문학·수학과 경화세족 | 담헌의 수학과 천문학 연구 |
담헌의 수학-《주해수용》 | 삼각함수 수용 | 천문 계산 |
천문 관측기기 | 음악이론 | 담헌 수학·천문학의 의의

[04] 담헌 사유의 도착지, 《의산문답》과 〈임하경륜〉 ... 314

담헌 사상의 최종 도착점 | 《의산문답》의 저술 시기와 형식 |
《의산문답》을 쓴 이유 | 한역 서양서의 천문학·지구자연학과 《의산문답》 |
관점의 전환, 인물균론 | 기와 천체, 물질 |
지구는 둥글다, 그리고 자전한다 | 중심 없는 세계 | 자연학의 조정 |
인간과 역사, 화이론의 부정 | 통제된 이상국가—〈임하경륜〉

[05] 담헌의 죽음과 그가 일으킨 파란 ... 440

담헌의 죽음 | 담헌이 열었던 길이 막히다

───── 에필로그—'담헌 신화'를 다시 생각한다 ... 458
───── 주 ... 488
───── 찾아보기 ... 568

01
경화세족 담헌

충청도의 경화세족

홍대용은 1731년 3월 1일 충청도 청주목淸州牧 수신면修身面 장명리長命里 수촌壽村에서 태어났다. 아버지는 홍역洪櫟, 어머니는 청풍 김씨로 배천군수를 지낸 김방金枋의 딸이었다. 홍대용의 자는 덕보德保, 호는 담헌湛軒 또는 홍지弘之다. 사람들은 주로 담헌이라 불렀다. '담헌'이란 호는 그의 스승 김원행金元行이 당호堂號로 지어 준 것이다.

담헌은 홍역의 유일한 적자였다. 홍역은 측실로부터 홍대유洪大有[2]·홍대안洪大安 등 서자 둘과 딸 둘을 얻었으나, 적嫡·서庶를 차별하는 사회라, 그들의 삶은 별달리 의미 있는 기록을 남기지 않았다.

수신면 장산리는 현재 충청남도 천안시에 속하지만, 담헌의 시대에는 청주에 속하였다. 〈대동여지도〉를 보면 청주 읍내에서 10시 방향으로 50리 떨어진, 전의全義의 오른쪽에 '장명長命'이 보인다.

담헌이 태어났을 무렵, 곧 1730~1740년 어간에 만들어진 〈해동지도〉의 청주목 부분을 보자. 맨 왼쪽의 '천안계天安界'라고 쓴 부분 오른쪽에 '수신면'이라고 쓴 부분이 보일 것이다. 〈대동여지도〉를 보면 알겠지만, 담헌의 향제鄕第가 있었던 수신면은 청주에 속해 있기는 하나 전의와 아주 가깝고, 천안과 목천 등지로도 쉽게 갈 수 있었다. 천안에서 서울까지는 219리로 도보로 사흘거리였다. 담헌의 집안이 언제부터 청주 장명리에 세거했는지는 확실하지 않다. 다만 담헌의 5대조 홍부洪溥의 묘를 장명리 지척에 있는 목천현에 썼고, 고조 홍성원洪聖元의 묘가 목천현 밤리[율리栗里]에, 증조 홍숙洪璹의 묘가 청주의 발산鉢山에 있는 것으로 보아, 적어도 홍부 이래로 이곳에 연고가 있었던 것으로 보인다.

담헌이 태어난 1731년은 청나라 옹정雍正 9년이었다. 청은 1644년 산해관을 넘어 북경을 차지했다. 이어 남명南明 정권과 삼번三藩의 난을 진압하고 중국을 완전히 장악했다. 이후 확장을 거듭해 담헌의 시대에 이르러 청은 유사 이래 최대의 영토를 차지하게 되었다. 담헌이 태어나고 4년 뒤인 1735년 건륭제가 제위에 올랐으니, 담헌의 일생은 실로 청 제국의 절정기였던 셈이다. 1637년 1월 30일 남한산성을 나

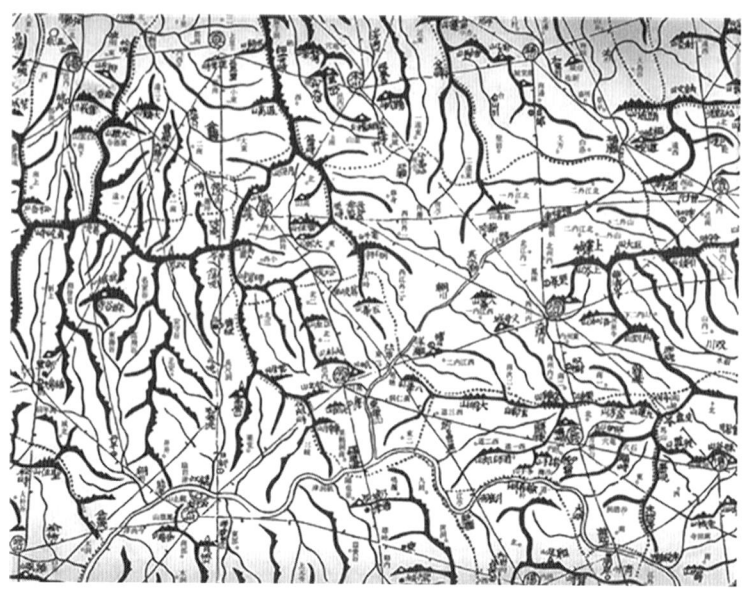

〈그림 1〉〈대동여지도〉 천안·청주 부근.

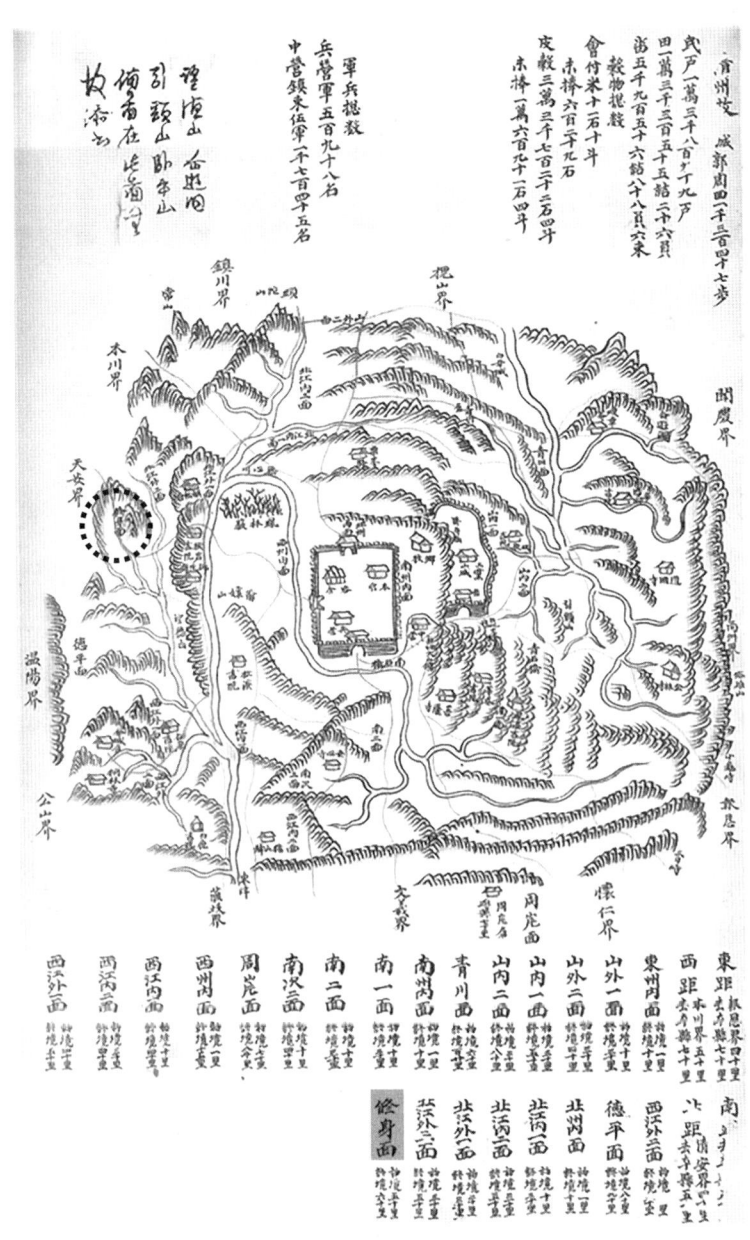

〈그림 2〉〈해동지도〉의 청주목 부분. 점선 안이 수신면이다.

와 얼어붙은 땅에 엎드려 청에 항복하고 청과 군신관계를 맺었던 조선은 이후 오랫동안 청에 대한 증오심을 버리지 않았고, 사족 사회는 조선과 명을 위해 복수, 설치雪恥해야 한다는 쉰 목소리를 내고 있었다. 하지만 그 역시 한 세기를 경과하는 동안 실현 불가능한 일이 되고 있었다. 조선은 청과의 외교에서 파열음을 내지 않았다. 일본과의 관계도 특기할 만한 일은 없었다.

내부적으로 조선의 지배층은 권력 투쟁으로 편안한 날이 없었다. 담헌이 태어나기 불과 3년 전 이인좌李麟佐의 난(1728)이 일어났다. 경종의 급사(1724)와 영조의 즉위로 인해 권력의 상실을 우려한 소론 과격파가 갑술환국(1694) 이래 정계에서 배제되었던 남인 일부와 연합하여 반란을 일으켰던 것이다. 담헌의 집안이 있는 청주는 1728년 이인좌가 최초로 점령한 곳이었다. 결국 반란은 한 달을 넘기지 못하고 평정되었지만 소론과 남인의 위세는 한층 더 위축되었다. 이로부터 노론의 본격적인 정국 지배가 시작되었고, 20세기 초반 왕조가 식민지의 나락으로 떨어지기 전까지 그들은 권력을 내려놓지 않았다.

담헌이 태어났을 무렵 그의 집안은 알아주는 노론 가문이었다. 향제가 청주에 있었지만 이인좌의 난 때도 피해를 입지 않았다. 오히려 정미환국(1727)으로 노론이 실각할 때 벼슬이 떨어졌던 담헌의 종조부 홍봉조洪鳳祚와 조부 홍용조洪龍祚가 다시 조정으로 돌아올 수 있었으니, 이인좌의 난은 담헌의 가문에 도리어 행운으로 작용했다. 담헌의 가문은 이후 정변에 끼어드는 일도 없었고 정계에서 배제되는 일도 없었다.

이제 그의 가문을 본격적으로 살펴보자. 조선의 국가 이데올로기인 정주학程朱學에 입각한 남성중심주의적 친족구조, 달리 표현하자면 단계적單系的 부계친족제父系親族制가 본격적으로 성립하는 것은 17세기 중반 이후다. 이로부터 개인은 부계친족의 일원으로 파악되었다. 친족을 벗어난 개인은 상상할 수 없었다. 따라서 특정 개인이 소속된 친족집단의 성격을 파악하는 것은, 그 개인을 이해하는 데 결정적으로 중요하다. 담헌의 가문을 다소 장황하게 서술하는 이유다.

주지하다시피 조선의 사족은 17세기 후반부터 서울 사족과 지방 사족으로 분리되기 시작하였다. 곧 17세기 이후 정치권력을 둘러싼 사족 가문 간의 격렬한 투쟁, 곧 당쟁은 특정 사족을 관직에서 배제하는 과정이었다. 배제는 가문과 지역을 차별하는 두 가지 형태로 나타났다. 권력 투쟁에서 패배한 것은 개인이지만, 개인은 가문의 일원이기에 가문까지 송두리째 처벌되었으니, 그것은 곧 친족까지 권력에서 배제된다는 것을 의미했다. 이 배제는 지역 차원에서도 광범위하게 일어났다. 예컨대 1589년 기축옥사로 인한 동인의 실각으로 전라도 사족이, 1680년 경신대출척과 1694년 갑술옥사로 영남 남인이 사환仕宦에서 배제되었다.

두 가지 배제 형태 중 지역적 배제가 훨씬 넓고 큰 영향을 미쳤음은 두말할 필요가 없다. 곧 당쟁은 사족을 지역적으로 관직에서 배제하는 과정이기도 했던 것이다. 결국 담헌의 시대, 곧 18세기 중반 이후가 되면 중앙 관료가 되어 정치권력에 접근할 수 있는 사족은 서울과 경기도, 충청도의 사족에 지나지 않았다. 이로써 서울과 지방, 곧 경京과 향鄕의 사족이 분리되었다. 담헌은 충청도 출신이지만 경화세족京華世族이다. 경화세족은 경기도와 충청도에 전장田庄과 향제를 두는 경우가 많았기에 경기도와 충청도의 사족을 흔히 일괄하여 경화세족이라고 불렀다.[3] 예컨대 추사 김정희는 경화세족이지만, 그는 향제를 충청도 예산에 두고 있었다. 담헌의 집안 역시 충청도에 향제와 전장을, 서울에 경제京第를 둔 전형적인 경화세족이었다.

담헌이 경화세족 가문이라는 것을 일단 염두에 두고 담헌의 가문과 당색을 좀 더 자세하게 추적해 보겠다. 전술한 바와 같이 조선시대의 개인, 특히 사족의 개인은 친족집단의 일원으로 존재하기 때문에 친족집단의 당색을 벗어나는 것은 불가능한 일이었다. 역으로 당색은 개인의 사유, 정치적 성향, 나아가 문학적·예술적 취향까지 지배하는 중요한 요소였다.

담헌 역시 친족과 당색을 벗어날 수 없었다. 먼저 그의 가계를 살펴보고, 아울러 당색까지 검토해 보기로 하자. 먼저 담헌의 가계를 제시한다.

담헌의 6대조 홍진도洪振道(1584~1649)부터 시작해 보자. 홍진도의 아버지는 홍희洪熹(1564~1637)인데, 홍희는 구사맹具思孟의 딸과 혼인하였다. 구사맹은 딸을 여섯 두었는데, 둘째 딸이 홍희와 결혼했고, 다섯 번째 딸이 인조의 아버지 원종元宗과 결혼했다. 곧 인헌왕후仁獻王后다. 그러니 홍진도는 인조와 이종사촌이 된다. 홍진도는 1624년 인조반정(1623)에 참가하여, 정사공신靖社功臣 3등에 책록되고 남양군南陽君에 봉해졌다. 1636년 병자호란 때는 인조를 호종했다.

홍진도가 인조반정에 참여한 것과 관련해 흥미로운 이야기가 《담헌서》에 전한다. 1775년(영조 51) 동궁(뒷날의 정조)은 세손익위사 시직侍直으로 서연에 들어온 담헌에게 누구의 자손인지를 물었다. 담헌이 정사공신 남양군 홍진도의 6대손이라고 하자, 정조는 홍진도에 관한 사적이 전하는지를 물었다. 담헌은 홍진도가 구사맹의 외손이고 인조의 이종이라는 것을 말하고, 인조반정 당일 집안의 부녀자들이 문루에 올

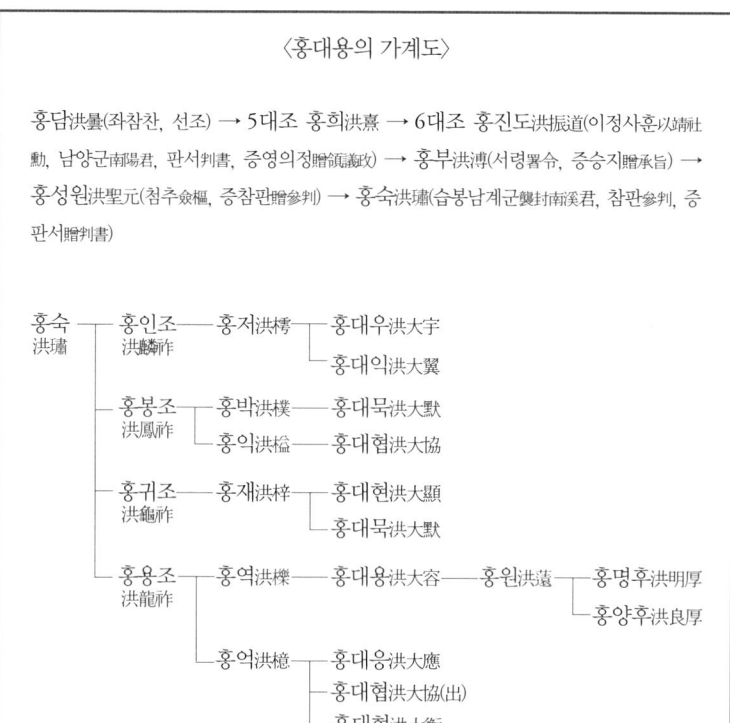

라 한양을 내려다보다가 대궐 밖에 불빛이 있으면 거사가 성공한 것이고, 불빛이 없으면 일을 그르친 것이니, 부녀자들이 목을 매어 죽자고 약속을 했다는 말이 집안에 전한다고 답했다. 정조는 자신도 그런 말을 들었다며, 명주 한 필로 목을 매어 죽기로 약속했다는 이야기도 들었노라고 하였다. 정조까지 담헌 가문의 오래된 역사를 알고 있다는 것은 그의 가문이 사족 사회에서 명망 높은 가문임을 의미한다.

홍진도가 이종사촌인 인조를 왕위에 올린 계해반정에 참가한 것은 가문의 미래를 위한 도박에서 이겼다는 말과 같다. 인조 이후 홍진도의 후손들은 유수한 경화세족으로 성장할 수 있었다. 홍진도의 아들 홍부洪溥는 전설별검典設別檢, 평시서령平市署令, 동복현감同福縣監, 평릉찰방平陵察訪 등의 말직을 전전하고, 홍부의 아들 홍성원洪聖元도 특별히 내세울 만한 관력은 없다. 모두 문과에 합격하지 못해 문음門蔭으로 벼슬에 나아갔기 때문이다. 하나 덧붙일 것은 앞에서 언급한 바와 같이 홍부가 충청도 목천木川에 묘를 썼다는 것이다. 이것은 뒷날 홍대용이 목천현감이 된 황윤석黃胤錫에게 "민도 역시 목천의 구묘민丘墓民"이란 농담을 한 근거가 되었다.

담헌의 가문은 2대에 걸쳐 문과 합격자를 내지 못했지만, 담헌의 증조부 홍숙洪璛(1654~1714) 대에 오면 사정이 판연히 달라진다. 홍숙은 1683년(숙종 9)에 증광문과에 을과로 합격했고, 같은 해 5월 11일 경기전慶基殿 참봉을 시작으로 가주서假注書를 거쳐 예조좌랑·병조좌랑·황해도사·사헌부 지평·광주廣州 경력經歷을 지내고, 양산·김해·금화 등의 수령을 거쳐 1694년(숙종 20) 사헌부 장령으로 복귀했다. 1694년은 갑술옥사로 남인이 실각하고 서인이 정권을 장악한 해다. 장령으로 복귀한 홍숙은 남인의 거물로 절도絶島에 안치된 목래선睦來善을 안법처단按法處斷할 것, 곧 죽일 것을 요청했다.[4] 1689년 인현왕후를 폐할 때 불경한 말을 하였기에 늙었다는 이유로 죽음을 면해 줄 수 없다는 이유였다. 홍숙은 이어 역시 남인의 거물인 민희閔熙의 아들 민취도閔就道가 대간으로 있을 때 김석주金錫冑 부인의 죄안罪案을 만들고, 과부가 된 이사명李師命의 처와 고아까지 먼 변방으로 내쫓자고 최초로 주장했다면서 그를 극변에 유배보낼 것을 요청하여 허락을 받아 냈다. 이에 민취도는 길주로 유배되었다.[5] 홍숙은 당시 정쟁의 최선두에 서 있었던 것이다. 도암陶菴 이재李縡(1680~1746)가 쓴 홍숙의 신도비문에 따르면,⁶⁾ 홍숙이 장령으로 조정에 돌아오자 맨 먼저 자신의 스승 김석주의 억울함을 하소연했다고 한다. 민취도의 탄핵은 그런 차원에서 이루어진 것이다. 김석주를 편든 송시열의 태도가 서인을 노론과 소론으로 갈라 놓는 중요한 계기가 되었으니, 김석주의 제자 홍숙이 노론인 것이야 말할 필요조차 없다.

홍숙은 노론의 당론에 앞장섰지만, 지나치게 비타협적이었던 탓인지 되레 출세에 약간의 지장이 있었다. "평소 문을 걸어 닫고 무능한 듯이 지냈지만, 명의名義에 관계된 것이라면, 곧고 올바른 말과 의론을 펼쳐 용감하게 전후를 돌아보지 않았다. 이 때문에 중요치 않은 벼슬을 돌아다녔다"⁷⁾고 하는 이재의 평가를 고려하면, 홍숙이 금화현령·양주목사·영광군수·갑산부사·의주부윤 같은 지방관을 전전한 것이 이해된다. 하지만 그가 미관말직으로 생을 마쳤던 것은 결코 아니다. 그는 의주부윤 이후 충청도 관찰사가 되었고, 내직으로 들어와 한성부 우윤, 병조와 예조의 참의, 동지의금부사를 거쳐 1712년에 강원도 관찰사를 끝으로 은퇴했다. 어떤 대신이 홍숙이 눈병을 앓고 있다면서 교체를 건의했던 것이다.

이재는 홍숙이 유능한 지방관이었으며, 장재將材까지 갖춘 인물로 평가했다. 그가 1705년 승지로 있다가 원래 무신을 쓰던 자리인 경기도 수군절도사에 발탁된 것도 그 때문일 테지만, 이때 김창협은 "아무개의 문학과 언의言議는 조정에 있어야 마땅한데, 저런 자리에 쓰니 마땅치가 않다"라고 했다 한다. 홍숙은 수군절도사에도 오래 있지 못했고, 1년 만에 파직되어 돌아왔다. 돌아온 뒤 이내 남계군南溪君에 봉해졌다. 앞서 말한 바와 같이 홍숙이 김석주의 제자였다는 것, 그의 신도비문을 김창협의 문인인 이재가 썼다는 것, 김창협이 그를 높이 평가했다는 것, 또 아들 홍봉조洪鳳祚가 김창협의 문인이었음을 염두에 둔다면, 홍숙은 노론 중에서도 골수 노론이 아닐 수 없다.

담헌의 증조부 홍숙이 문과에 합격하고, 정치권력의 주류였던 노론이 됨으로써 그의 후예는 청요직 진출에 유리한 고지를 차지할 수 있었다. 거기에 홍숙이 홍인조洪麟祚·홍봉조洪鳳祚·홍귀조洪龜祚·홍용조洪龍祚 등 아들 넷을 둔 것도 가문이 흥성하는 중요한 요인으로 작용했다.

홍인조는 진사시에 합격했고, 아들 홍저洪樗가 있다는 것 외에 알려진 바가 전혀 없다. 아마 홍저를 낳고 일찍 죽은 듯싶다. 홍저는 음보陰補로 안악군수·부평부사·예천군수 등 외직을 돌았다. 홍저의 묘갈명을 쓴 김이안金履安은 자신의 아버지 김원행과 홍저가 매우 친한 친구 사이였다고 말했다.[8] 담헌의 집안은 훗날 세도정치의 핵심이 되는 안동 김씨 가문과 친밀했던 것이다. 홍귀조 역시 진사시에 합격했지만, 1남 1녀를 남기고[9] 34세(1728)의 나이로 죽었다. 김창업의 아들 김신겸金信謙과 이이명의 아들 이기지李器之가 벗으로서 제문을 쓴 것으로 보아[10] 그 역시 노론 명문가와 어울렸음을 알 수 있다. 그는 신정하申靖夏·정래교鄭來僑와 어울렸고, 문학과 학식으로 상당히 기대를 모았던 것 같다. 홍귀조는 문과에 합격하지 못했지만, 아들 홍재洪梓는 1753년(영조 29) 시직侍直으로 정시문과에 을과로 합격하여 수찬·승지·대사간·대사헌 등 요직을 두루 거친다.

홍숙의 네 아들 중 순탄하게 문과에 합격해 관직생활을 했던 사람은 둘째 홍봉조와 막내 홍용조였다. 홍봉조(1680~1760)는 담헌의 스승인 김원행의 조부 김창협의 문인이었다. 김원행은 홍봉조를 아버지뻘로 섬기고, 홍봉조는 김원행을 망년우忘年友로 여겼다고 한다. 이 때문에 김원행의 문집에는 홍봉조와 어울리며 읊은 시문이 다수 전한다.[11] 흥미로운 것은 김원행이 홍봉조의 아들 홍익洪榏과도 친구였다는 사실이다.[12] 홍봉조가 김창협의 동생인 김창흡이 머물던 설악산 영시암永矢菴에 유허비를 세울 때 강원도 관찰사로 있으면서 비용을 보태고[13] 글씨를 썼던 것은 이런 관계가 있었기 때문이다.

홍봉조는 1710년(숙종 36) 영희전 참봉을 시작으로 돈녕부봉사敦寧府奉事, 사포직장司圃直長 등을 거쳐 1719년 공조좌랑·연기현감이 되었고, 1721년 8월 의영고 주부에 임명되었으나, 사은숙배하지 않았다 하여 체직되었다. 이후 1722년(경종 2) 6월 29일 홍봉조는 함경도의 최북단 온성부에 유배되었다.[14] 신임사화에 개입했기 때문이었다. 1724년 영조가 즉위하자 풀려난 홍봉조는 이듬해(1725) 증광문과에 을과로 합격했고, 같은 해 12월 사간원 정언이 되었다. 언관으로서 그의 임무는 소론을 공격하는 것이었다. 그는 대사간에 임명된 유척기兪拓基와 함께 1721년 세제 책립에 반대했던 유봉휘劉鳳輝를 사형에 처하고, 소론의 중심세력인 이광좌李光佐·조태억趙泰億은 절도에 위리안치할 것을, 조태구趙泰耉·최석항崔錫恒은 노적孥籍에 처할 것을 요구했고,[15] 단독으로는 김일경金一鏡의 상소에 연명으로 참여한 5인을 사형에 처할 것을 요구하였다.[16] 대체로 홍봉조는 1727년(영조 3) 7월 1일 정미환국 때까지 정언과 수찬으로서 이광좌와 유봉휘 등 소론 대신에 대한 위리안치와 노적 등을 끊임없이 요구하였다.

정미환국으로 노론이 실각하자 홍봉조는 벼슬이 떨어지지만, 이듬해인 1728년 이인좌의 난 이후 다시 수찬으로 돌아온다.[17] 하지만 출세가도를 달린 것은 아니었다. 영조가 홍봉조를 미워했기 때문이다. 뒤에 자세히 언급하겠지만, 영조는 홍봉조가 자신의 사묘私廟 배

알, 곧 어머니 숙빈 최씨의 사당을 찾아뵙는 것을 방해했다고 생각했다.[18] 여기에 기름을 부은 건 그가 영조의 탕평책에 반발한 것이었다. 1732년(영조 8) 1월 6일 홍봉조는 "탕평론이 시작되고부터 충忠과 역逆이 뒤섞이고, 의리가 어지러워졌으니, 전하께서 정말 탕평을 급무로 삼으신다면, 그 이름만 좋아하지 말고, 그 알맹이를 얻기에 힘써야 할 것"이라고 상소하여, 영조로부터 "이런 상소는 오늘날 보고 싶지 않다. 도로 내어주라"는 싸늘한 답변을 들었다.[19] 영조는 이후에도 홍봉조의 상소를 들먹이면서 불쾌한 기색을 감추지 않았고, 그를 좀처럼 벼슬에 임명하지 않았다.

홍봉조가 1737년(영조 13) 9월 7일에 필선弼善에, 같은 해 윤9월 3일 장령에 임명된 것은 좌의정 김재로金在魯를 비롯한 노론들의 응원 덕이었을 테지만, 그는 벼슬에 나아가지 않았다. 그 뒤 1738년(영조 14) 8월 4일에 수찬으로, 같은 해 11월 7일 헌납이 된 것을 시작으로 홍봉조는 다시 벼슬을 하게 되었다. 1739년(영조 15)부터 부응교, 수찬, 보덕輔德, 집의, 부교리, 형조참의, 대사간, 동부승지, 우부승지, 성천부사, 병조참의, 대사간, 강원도 관찰사, 대사성, 예조참의, 동부승지, 동의금, 병조참판, 개성유수, 대사헌을 지냈다. 홍봉조는 다시 벼슬에 오르고부터 당쟁에 참여하지 않았다. 1755년 을해옥사 때에도 그는 별다른 목소리를 내지 않았다. 75세란 고령 때문이었을 것이다.

담헌의 조부 홍용조의 관력을 보자. 담헌의 스승 김원행이 쓴 홍용조의 묘갈명,[20] 곧 〈감사홍공묘갈명監司洪公墓碣銘〉의 서두를 인용한 뒤 이 묘갈명을 중심으로 홍용조의 생애를 조금 더 자세히 훑어보자.

대개 탕평론이 일어나고부터 충·역이 뒤섞이고 현賢·사邪가 섞여 진출하게 되었다. 이것은 간인奸人이 이롭게 여기는 바이고, 정사正士가 미워하는 바이다. 그러나 저들이 이미 그 설을 쥐고 유혹하자, 비록 선류善類에 스스로를 의탁한 사람이라 할지라도 쏠리듯이 처신을 바꾸어 윤리 강상이 무슨 물건인지 다시는 모르게 되었다. 아아, 세도世道의 화禍를 이루 다 말할 수 있겠는가?

이때 의리를 내세우고 물러나 숨어, 죽어도 몸을 더럽히지 않은 사람은 더할 나위가 없겠지만, 자신을 지키며 뜻을 바꾸지 않으며 저들과 나란히 서기를 부끄러워하며 때로 숨고 나타났지만, 끝내 사류士類의 마음을 잃지 않은 사람은 현명하다고 할 수 있지 않겠는가? 내가 보기에 홍용조 공 같은 분이 바로 그런 경우라 하겠다.[21]

영조의 탕평책이 충·역과 현·사가 역전되는 계기가 되었다는 주장이다. 타협의 여지가 없는 노론 강경론이다. 김원행은 노론 강경론자로서 홍용조의 일생을 서술했다.

홍용조는 형인 홍봉조보다 8년 이른 1717년(숙종 43) 식년문과에 병과로 합격하여, 주서注書와 설서說書를 거쳐 사헌부 지평에 올랐다. 경화세족의 전형적인 출세 코스를 밟은 것이다. 다만 관료로서 그의 출발도 당론과 관련이 없을 수가 없었다. 홍용조는 사헌부 지평으로 재직하고 있을 때 당시 대리청정을 하고 있던 세자(곧 뒷날의 경종)에게 상서하여 송시열을 효종의 묘정廟庭에 배향하고 송시열의 수제자인 권상하權尙夏를 조정에 불러 빈사賓師로 대우할 것을 요청했다.[22] 송시열을 숭배하는 정통 노론임을 천명하는 순간이었다. 그리고 이후에도 줄곧 노론의 정치적 입장을 대변하였다. 잠시 복잡한 당쟁의 숲으로 들어가 보자.

숙종 사후 성균관 장의掌議 윤지술尹志述은 이이명李頤命이 숙종의 묘지문을 쓰면서 신사년(1701)의 대처분을 숨기고 쓰지 않았고, 병신년(1716)의 일을 모호하게 썼다고 비판하여 파란을 일으킨다.[23] 신사년의 처분이란 인현왕후 사망을 계기로 장희빈을 사사한 것을 말하고, 병신년의 일이란 《가례원류家禮源流》 분쟁에 대해 숙종이 윤선거와 윤증을 두둔하던 입장을 바꿔 1716년 7월 윤선거의 증시贈諡·사전祀典을 취소하고 문집의 목판을 부수고, 윤증과 아울러 선정先正이라 부르지 못하게 한 사건을 말한다. '병신처분'은 숙종이 노론의 편에 선 정치적 사건이었다.

소론은 윤지술의 처벌을 요청했다. 결국 윤지술은 이듬해인 1721년 12월 17일 형장의 이슬로 사라졌다.[24] 윤지술의 소회에 대해 김원행은 "이에 흉당들이 번갈아 글을 올려 윤지술의 소회를 빌미로 노론을 일망타진하려는 계책을 삼았고, 공(홍용조)은 그들이 화를 전가시키고자 하는 정상을 극론하여 그 죄를 바로잡기를 청했다"[25]고 말한다. 홍용조가 소론의 의도를 꿰뚫고 소론을 처벌하기를 요구했다는 것이다. 1721년 8월 30일 노론들의 요구로 경종이 연잉군(영조)을 왕세제로 삼자, 같은 달 23일 소론 유봉휘가 반대하는 상소를 올렸다. 당연히 노론은 유봉휘의 처벌을 청했고, 특히 소론을 이끌던 우의정 조태구를 삭출削黜할 것을 요청한다. 당시 사헌부 집의로 있던 홍용조는 대사헌 홍계적洪啓迪과 함께 합사合辭하여 조태구의 삭출 요청에 동참했다.[26] 정국은 요동쳤다. 연잉군이 세제로 책립되자, 같은 해 10월 10일 집의 조성복趙聖復은 상소하여 세제가 정사에 참청參聽케 할 것을 경종에게 요구했다.[27] 연잉군을 왕으로 만들기 위한 노론의 일관된 행동이었다. 당연히 소론의 반격이 있었다. 김일경과 박필몽朴弼夢·이

명의李明誼·이진유李眞儒·윤성시尹聖時·정해鄭楷·서종하徐宗廈 등 소론은 노론이 왕을 교체하려는 의도가 있다고 말하고, 조성복과 그 배후의 김창집·이이명·이건명·조태채 등의 처벌을 요구했다. 경종은 김일경 등의 손을 들어 주었다.[28] 이 상소로 인해 김창집 등이 유배되었고 윤지술과 조성복이 죽었다.[29] 이어 이듬해 있었던 목호룡睦虎龍의 고변으로 노론은 처참히 퇴각하였다. 목호룡은 노론이 경종을 시해하려는 계획, 곧 자객을 시켜 직접 시해하려는 대급수大急手, 독약을 써서 죽이려는 소급수小急手를 꾸몄다 했고, 홍용조는 이와는 관련이 없으나 경종을 폐위시키려는 모의와 연관이 있다고 진술했다.[30] 이것이 근거가 되어 홍용조는 온성부에 유배되었다. 앞서 홍봉조가 같은 해 6월 29일 온성부로 유배된 것도 같은 맥락일 것이다.

영조 즉위 후 신임사화 때 화를 입었던 노론에 대한 신원이 차츰 이루어지자, 홍용조 역시 영의정 정호鄭澔의 차자로 유배에서 풀려나[31] 집의, 사간, 승지, 참찬관, 충청도 관찰사 등의 관직을 맡았다. 그동안 홍용조는 세제 책봉에 반대하는 상소를 올렸던 유봉휘와 김일경 등을 처벌하는 데 앞장섰다. 앞서 김일경의 상소에 참여한 사람들은 물론, 1727년 4월 유배지 경원부慶源府에서 사망한 유봉휘도 노륙孥戮하자고 요청할 정도였다.[32] 형 홍봉조와 꼭 같은 노론 강경파의 입장을 취했던 것이다.

1727년 7월 정미처분으로 소론이 정계에 복귀하자 노론 4대신은 다시 역적이 되었다. 김원행은 이것을 "흉당이 조정에 가득 찼다[凶黨滿朝]"고 표현하고 있다. 홍용조 역시 파직된 것으로 보인다. 김원행이 "흉당이 조정에 가득 차게 되자, 공이 또 견벌譴罰을 받아 벼슬을 떠났다[公又以譴去]"고 한 것은 정미환국의 여파로 파직되었던 사정을 말한다. 홍용조가 정계로 돌아온 것은 그 이듬해 5월이었다. 1728년 3월 15일 이인좌가 청주를 함락시키자, 당시 청주에 머무르고 있던 홍용조는 즉시 서울로 올라가 영조의 안부를 물었고, 5월 3일 병조참지에, 6월 9일에는 충주목사에 임명되었다. 김원행에 의하면, 홍용조는 충주에 이인좌의 여당餘黨이 많은 것을 우려해 충주목사로 부임하고자 했지만, 소론의 영수인 이광좌가 자기 당파를 보내려고 저지하여 끝내 부임하지 못했는데, 영조는 홍용조가 일부러 충주에 가기 싫은 것이라 의심하여 충주에 정배할 것을 명했다고 말하고 있다. 하지만 사정은 조금 다르다.《승정원일기》에 의하면, 홍용조의 종이 홍용조가 학질 비슷한 병을 앓아 몹시 위중하여 부임할 수 없는 지경이라고 문서를 올렸고, 영조는 홍용조가 당파를 위해 부임을 회피한다 하여, 충주에 귀양보낼 것을 명하였다.[33] 하지만 충주목사에 임명되기 전《승정원일기》에 홍용조가 계속 병으로 출사하지 못하고 있었던 것이 확인되고 7월 7일 이춘제李春蹄가 실제 그가 병이 있음을 말하고 있는 것으로 보아, 병을 앓았던 것은 확실한 것 같다. 1729년(영조 5) 3월 14일에 안변부사에 임명되었지만 역시 병으로 부임할 수 없었다.

홍용조는 1730년(영조 6) 8월 6일 여주목사에 임명되었다. 그해 말 암행어사의 보고에 의하면 홍용조는 환정還政을 직접 맡아 다스리고 전결田結도 많이 찾아내는 등의 선정으로 선치수령善治守令이란 평가를 받았다. 하지만 1731년(영조 7) 3월 25일에는 시종신侍從臣 출신으로서 유망하는 여주 백성들을 안집시키지 못했다고 하여 영조는 종중추고從重推考(두 가지 이상의 죄 중에 무거운 죄를 좇아 캐어 물어서 밝힘)를 명했다. 유망으로 인해 여주 백성의 군역 부담이 커지자, 일부를 다른 도로 넘겨줄 것을 청한 게 도리어 화근이 되었던 것이다.[34] 하지만 홍용조는 백성의 곤궁한 상황을 정확하게 파악해 이에 대처하려고 한 양심적인 지방관이었다고 평가할 수 있다.[35] 김원행도 묘갈에서 동일하게 평가하고 있다.

홍용조는 1731년 10월 27일 여주목사에서 파직되었고,[36] 1732년(영조 8) 9월 19일 안변부사에 임명되어, 10월 19일 임지로 떠났다. 이어 1736년 3월 12일에는 회양부사淮陽府使가 되었다. 김원행은 안변부사로 부임한 홍용조가 진휼을 잘하여 옷감을 상으로 받았고, 회양부사가 되어서는 청렴하게 다스려 폐단을 줄인 것이 많았다고 평가하고 있다. 홍용조는 순조롭게 벼슬살이를 한 것처럼 보이지만, 계속 외직으로 돌고 있었다. 1736년(영조 12) 5월 21일 좌의정 김재로는 영조에게 용인用人이 편협해서는 안 된다면서, 그 예로 홍봉조와 홍용조의 사례를 지적하고 특별히 조처해 줄 것을 요청했다.[37] 하지만 홍용조가 호조참의가 되어 내직으로 복귀한 것은 2년 뒤인 1738년(영조 14) 11월 17일이었고, 1년 뒤인 1739년(영조 15) 9월 1일 영조는 홍봉조와 홍용조를 삭직하라 처분하였다.[38]

여기에는 다음과 같은 이유가 있었다. 1725년(영조 원년) 영조는 기우제를 지내기 위해 교외로 나가는 길에 근처에 있는 생모 숙빈 최씨의 사당에 참배하고 싶었지만 "백성을 위해 비를 비는 데 정성을 다해야 했기에" 그럴 수가 없었다. 하지만 사당 앞길을 지나는 것이 마음이 쓰였다. 뒷길로 갈 수 있느냐고 물었더니, 승지 홍봉조가 "전상前廂(앞쪽의 호위군사)이 이미 통과하여 대가大駕를 돌리기 어렵고, 당초 병조의 절목節目에 대가가 이곳을 지나는지 몰랐기에 이렇게 되었다"고 대답하였다. 영조는 홍용조가 자신의 마음을 알면서도 그런 대답을 늘어놓으니, 그에게 무시를 당했다고 생각했다. 그런데 그 2년 뒤

1727년(영조 3) 3월 11일에 홍용조의 형인 홍봉조가 영조의 사묘 전알 展謁은 불가한 것이 없지만, 매해 3월 1년에 한 차례 전알하도록 정기화한 것은 문제가 있다면서 비정기적으로 전알할 것을 요청하였다.[39] 영조는 원래 맹춘孟春(음력 정월)에 종묘를 전알하고 계춘季春(3월)에 사묘를 전알하고자 했던 것이다. 영조는 홍봉조의 지적이 몹시 불쾌했고, 홍봉조의 상소에 홍용조의 입김이 작용했을 것이라 생각했다. 이것이 1739년 9월에 와서 폭발한 것이다. 1740년(영조 16) 2월 9일 수찬 홍봉조는 자신의 원래 상소 및 홍용조의 대답은 영조의 사묘 배알을 저지하고자 하는 의도가 전혀 없었고, 동생 홍용조는 원래 자신의 생각대로 행동하므로 자신이 올린 상소에 전혀 관계하지 않았다고 변명하였다.[40] 이 상소가 설득력이 있었는지 홍용조는 1740년 3월 5일 대사간이 되었다. 4월 18일 홍봉조는 수찬, 홍용조는 병조참의에 임명되었고, 이어 5월 14일 좌승지가 되었다.

이때 우의정 유척기가 김창집·이이명의 신원을 추진했고 영조는 이에 동의했다. 이에 다시 임인옥안壬寅獄案의 결정적 연루자였던 김용택金龍澤·이희지李喜之 등의 신원도 추진했지만 영조는 단안을 내리지 못하고 있었다. 그러자 삼사三司에서 사건의 근원인 유봉휘와 조태구 등의 관작을 추탈하고, 영의정 이광좌의 파직을 요청했다. 하지만 시끄러운 일을 일으키는 것에 염증이 난 영조는 유척기를 체차하고 삼사의 신하를 파직하였다.[41] 삼사의 합계合啓에는 홍봉조가 이름을 올리고 있고, 홍용조의 이름은 보이지 않는다. 김원행의 묘갈에 의하면, 홍용조는 당시 우승지로서 유척기를 체차한 것은 대신을 공경하는 도리가 아니라며 왕명을 거둘 것을 요청했고, 이로 인해 영조는 홍용조의 직임을 갈았다고 한다.

홍용조는 1740년 11월 29일 다시 병조참의가 되었다. 이후 1741년(영조 17) 3월 27일까지 홍용조가 병이 있어 공무를 볼 수 없다는 기사가 《승정원일기》에 계속 나온다. 1741년 3월 27일 홍용조는 삼화부사에 임명되었다. 삼화三和는 평안남도 용강 지역의 옛 지명이다. 이때 홍용조가 부임하는 길에 열한 살의 어린 홍대용이 따라갔다. 김원행에 따르면, 홍용조는 부임해 막 치적을 쌓으려 할 즈음에 급사하고 만다. 부임한 지 불과 석 달 만이었다. 그의 나이 56세였다.
　김원행의 〈감사홍공묘갈명〉은 홍용조에 대한 칭송으로 일관한다. 인후한 성품이고 판단력이 뛰어나 일을 잘 처리했다는 것, 남과 담론할 때 매우 유쾌하지만 불가한 일이 있을 때는 낯빛을 거두고 침묵하여 사람들이 함부로 굴지 못했다는 것, 집안에서 효우孝友가 도타웠다는 것, 가난한 친족을 적극 도왔다는 것, 친구들 사이에 신용이 있었다는 것, 영조도 높이 평가하여 그에 대한 대우가 시종 쇠하지 않았다는 것 등이 그것이다. 김원행은 홍용조의 바로 위의 형인 홍귀조의 딸과 혼인했으니, 김원행에게 홍용조는 '처숙부'가 된다. 동일한 당색, 거기에 가까운 인척관계와 사승관계 등으로 인해 홍용조에 대한 부정적인 평가는 애초 불가능했을 터이다.

아버지 홍역과 숙부 홍억

홍봉조와 홍용조가 나란히 문과에 합격한 것은, 담헌의 가문이 유력한 경화세족으로서의 지위를 계속 잃지 않게 되었음을 의미한다. 중간에 영조의 미움을 받기는 했지만 그들을 구원할 노론 세력이 배후에 있었으니, 과히 걱정할 정도는 아니었다. 이제 범위를 좁혀 홍용조의 아들 홍역과 홍억, 곧 담헌의 아버지와 숙부에 대해서 살펴보자.

홍역은 1725년 6월 11일 소론 유봉휘와 이광좌 등의 치죄를 청하는 정유鄭楺 등의 상소에 유학幼學으로 사촌 홍재洪梓와 함께 이름을 올렸고, 1735년 8월 18일에는 역시 유학으로 송시열·송준길을 문묘에 배향하자는 상소에 참여했다. 홍역 역시 가문의 당색을 따라 유학 때부터 노론의 정치 활동에 참여했던 것이다. 홍역의 첫 벼슬은 1745년(영조 21) 1월 28일에 임명된 장릉참봉章陵參奉이었다. 이어 1746년(영조 22) 9월 2일 군자감 봉사軍資監奉事에 임명되었다가 1748년(영조 24) 의금부 문서색文書色 도사都事로 자리를 바꾸었다. 이것은 모두 가문을 배경으로 삼은 음직이었다. 홍역 역시 문과에 합격하기를 간절히 바랐지만, 끝내 꿈을 이루지 못했다.

홍역은 1749년(영조 25) 3월 25일 상의원 별제, 1750년(영조 26) 1월 11일 장악원 주부, 같은 해 1월 26일 문경현감에 임명되고, 2월 22일 하직했다. 1753년(영조 29) 4월 28일 정선군수에 임명되었지만 전임 군수 한사직韓師直과 이종형제 사이라 해서 임명이 취소되었다. 1754년(영조 30) 윤4월 25일 호조정랑이 되었고, 같은 해 8월 8일 금산군수에 임명되었지만 홍역이 구임낭청久任郞廳으로 호조의 중요한 일을 맡고 있으므로 금산군수로 보낼 수 없다고 하자, 임명이 취소되었다. 1754년 12월 28일 앞서 두 번 군수에 임명되었던 것을 경력으로 삼아 담양부사에 임명되었으나, 실제 부임한 것이 아니라는 좌의정 김상로金尙魯의 이견으로 말미암아 취소되었다. 이후 1755년(영조 31) 1월 9일 상의원 주부에 임명되었고, 같은 해 3월 25일 영천군수에 임명되어 4월 10일 하직하였다. 같은 해 11월 14일 홍역은 해주목사에 임명되어 12월 26일 하직하였다. 3년 뒤인 1758년(영조 34) 9월 17일 나주목사에 임명되었고, 10월 4일 임지로 떠났다. 《승정원일기》에 의하면 홍역은 1762년 6월 21일까지 나주목사로 재직하고 있었던 것이 확실하다. 뒤에 소상하게 언급하겠지만, 홍역은 1762년 환곡을 이용해 치부한 것이 발각되어 경상도 예천군에 유배되었고 1765년 9월 풀려났다. 그리고 2년 뒤인 1767년 11월에 사망하였다.

홍역은 과거에 실패했지만, 동생 홍억은 과거에 합격하여 가문의 영예를 이었다. 그는 1753년(영조 29) 2월 8일 춘당대시에 장원으로 합격하여, 2월 28일 성균관 전적典籍, 4월 3일 병조좌랑, 5월 1일 병조정랑, 6월 14일 지평 등에 차례로 임명되어 출세 코스를 달렸다. 1754년(영조 30) 6월 24일 이조좌랑을 시작으로 사간원 정언, 승지, 부교리, 헌납을 거쳐 1765년(영조 41) 1월 15일 부수찬, 6월 23일 동지사 서장관이 된다. 담헌은 이해 11월 홍억의 자제군관으로 북경에 가게 된다. 영조는 홍억이 북경으로 떠날 때 직접 편지를 써 주는 등 총애를 아끼지 않았다.[42]

홍억의 벼슬길은 순탄하였다. 1776년 정조가 즉위할 때까지 당쟁에도 별반 얽히지 않았고, 부정으로 벼슬이 떨어진 적도 없었다. 부응교, 강원도 관찰사, 응교, 집의, 교리 등을 순조롭게 거쳤다. 강원도 관찰사 재직 중에는 불법을 저지른 수령을 다스리고 원옥冤獄을 심리하여 억울한 죄수를 풀어 주는 등의 선정도 있었다. 홍억은 1776년(정조 즉위년) 5월 5일 대사간이 되었다. 정조는 즉위하자 자신의 즉위를 반대한 세력을 제거하는 데 골몰했는데, 홍억은 이에 부응하였다. 대사간에 임명되자(5월 6일) 가극죄인加棘罪人 심상운沈翔雲을 심문할 것을 요청했고, 5월 14일에는 문녀文女·문성국文聖國·김상로金相魯의 처벌을 요청했다. 5월 16일에 전 판부사 신회申晦를 삭직하고, 부사직 윤광소尹光紹를 변방으로 내치기를 요청하자 정조는 그대로 허락했다. 5월 23일에는 정후겸鄭厚謙의 죄를 조목조목 밝히며 엄벌을 청하는 상소를 올려 정조의 승인을 끌어냈다. 25일에는 정후겸과 그 일당을 법대로 정형正刑할 것을 요청하였다.

파란이 없었던 것은 아니었다. 11월 17일 홍억이 정후겸의 일당이며, 정후겸 등을 역적으로 토죄한 것은 자신의 죄를 감추기 위해서라는 헌납 김동연金東淵의 상소가 있었다. 김동연은 홍억이 1769년 의주부윤이 된 것은 정후겸이 홍억의 공을 갚기 위해서였으며, 부윤이 된 홍억이 칙사 접대에 드는 은화와 운향運餉하는 곡물을 모두 횡령하여 의주부의 폐단이 되고 있다며 그를 귀양 보낼 것을 청했다. 정조는 홍억이 그런 사람인지는 알 수 없지만, 의주부의 일은 조사하라고 명했다.[43] 김조순金祖淳이 쓴 홍억의 시장諡狀에 의하면, 홍억은 유능한 의주부윤이었고 실제 횡령은 없었다지만[44] 시장 자체가 이미 대상 인물을 기리기 위해 쓴 것이니 그리 신빙성이 있어 보이지는 않는다. 역시 김조순에 의하면, 사건의 배후에는 홍국영이 있었다고 한다. 홍국영이 정조의 대리청정을 성사시킨 공을 자랑하자, 홍억이 그것은 영조의 뜻이었다고 지적하며 공을 탐하는 그를 비판했고, 이에 홍국영이 원한을 품어 김동연을 사주하여 상소를 올리게 했다는 것이다.

이 사건으로 인해 홍억의 벼슬이 막혔다. 10년이 지난 1779년(정조 3) 7월 20일 파주목사가 되면서[45] 그는 다시 조정으로 돌아왔다. 1782년(정조 6) 12월 29일에 이천부사가 되었고,[46] 정조는 홍억이 오랫동안 폐기되어 있다가 벼슬길에 다시 나왔음을 상기시키고 직무를 잘 수행할 것을 당부했다. 도승지 윤숙尹塾은 그가 이미 '선치善治'로 이름을 얻었다고 거들었다.[47] 조정에는 홍억의 재능을 아까워하는 중신이 있었고 정조는 그 견해에 동의했다.[48] 홍억이 홍국영에게 미움을 산 것을 정확하게 알고 있던 정조는 홍억을 승지에 임명했고, 이후 그의 관력은 순조로웠다.[49] 1787년(정조 11) 9월 28일부터 1791년(정조 15) 6월 30일까지 충청도·경상도 관찰사, 사헌부 대사헌, 한성부 판윤, 형조·예조 판서 등을 거쳤다. 다시 순탄한 고급관료의 길을 걸은 것이다. 홍억은 1792년(정조 16) 3월 16일 형조판서, 윤4월 14일 판의금부사가 되었다. 그는 윤구종尹九宗 사건을 다스릴 것을 아뢰었고, 정조는 친국을 준비하게 하였다. 이후 그는 지경연사, 예조·형조·공조의 판서와 광주부 유수 등을 지냈으니, 정승의 지위에는 오르지 못했지만 고급관료로서 남부럽지 않은 삶을 살았고, 1808년 88세의 나이로 세상을 떴으니 수명도 누릴 만큼 누린 다복한 사람이었다. 홍억은 과거에 오르지 못했지만, 동생 홍억이 과거에 합격해 순탄하게 고급관료로서의 길을 걸었던 것은 가문의 성세를 유지하는 데 크게 기여했다. 조카 담헌에게도 큰 도움이 되었으리라는 점은 말할 필요조차 없을 것이다.

담헌 가문의 위상과 경제력

이제 전체적으로 담헌 가문의 위상을 짐작해 보자. 홍숙 이래 담헌의 가문은 4대에 걸쳐 문과 합격자를 배출했다. 가계도를 약간 달리 인용해 보자.

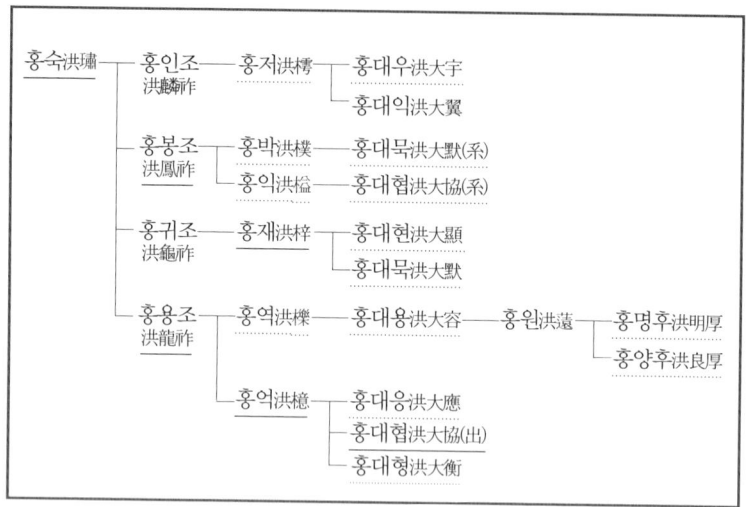

보다시피 담헌의 가문은 홍숙을 포함해, 홍봉조와 홍용조, 손자 대에서 홍재, 홍억, 증손 대에서 홍대협 등 4대에 걸쳐 6명의 문과 합격자를 배출했다. 이름 아래 굵은 선을 그은 사람들이 바로 그들이다.

6명의 문과 합격자는 그 외의 자손들이 음직으로 나아가는 근거가 되었다. 다음은 문과 합격자가 아니면서 관직을 가졌던 사람들이다. 정리하면 다음과 같다(점선 표시된 사람들).

- 홍저洪樗(군수).
- 홍박洪樸(김탄행金坦行의 딸과 결혼).
- 홍익洪檥(첨사, 판관. 이의현李宜顯의 딸과 결혼).
- 홍대우洪大宇(현감).
- 홍역洪櫟(군수).
- 홍대묵洪大默(현감).

- 홍대현洪大顯(군수).
- 홍대응洪大應(군수, 한익모韓翼謩의 딸과 결혼).
- 홍대형洪大衡(박종악朴宗岳의 딸과 결혼).
- 홍명후洪明厚(군수, 서유성徐有聲의 딸과 결혼).
- 홍양후洪良厚(의령현감, 천안군수, 호조참의. 1826년 동지사 신재식申在植을 수행해 청나라에 다녀옴).

문과 합격자가 아닌 경우 대부분 지방 수령직을 지냈다. 이것이 전형적인 경화세족 가문의 모습이다. 유수원柳壽垣(1694~1755)이 《우서迂書》에서 과거에 합격하지 않아도 음사蔭仕의 10중 8, 9는 명문가 자제들이 차지하고 있다고 맹렬히 비난했을 정도로,[50] 음직은 경화세족의 전유물이었다. 담헌의 아버지 홍역이 나주목사였던 것을 떠올려 보자. 유수원은 "비록 어리석기 짝이 없어 아무짝에 소용이 없는 자라고 할지라도 세력만 있으면 모두 '이 사람은 첫 벼슬길에 들어가기만 하면 광주와 나주목사 자리는 그냥 굴러들어오는 물건'이라고 한다"고 지적했다.[51] 유수원의 발언은 광주와 나주의 목사는 대단히 좋은 관직으로 쳤고, 또 그것은 세력 있는 가문만이 차지할 수 있는 것이라는 판단을 내포한다. 홍역이 음직으로 나주목사가 된 것은 홍대용 가문의 위상이 대단히 높았음을 의미한다.

아울러 담헌 가문의 통혼관계를 보기 바란다. 몇몇 사례만 보아도 담헌 가문이 일류 경화세족임을 알 수 있다. 홍대익은 민백순(1711~1774)의 딸과 결혼했는데, 민백순은 노론 최고의 명문가 민진원閔鎭遠(좌의정)의 손자다. 홍익·홍대응·홍대형은 각각 이의현·한익모·박종악의 딸들과 결혼했는데, 이들은 영의정(이의현·한익모)과 우의정(박종악)을 지낸 인물이다. 담헌의 가문은 이처럼 최일류 가문과 통혼하고 있었다. 특히 담헌의 집안은 안동 김씨 일문과 깊은 관계가 있었다. 홍봉조는 김창협의 문인이었고, 그의 아들 홍박은 김원행의 친동생인 김탄행의 딸과 결혼했으며, 또 다른 아들 홍익과 홍인조의 아들 홍저는 김창협의 손자인 김원행과 친밀한 친구 사이였다. 또 김원행은 담헌의 종조부 홍귀조의 사위였으니 담헌에게는 당고모부가 된다. 그런 인연으로 담헌은 김원행의 제자가 되었다. 이렇게 18세기 정치권력의 중심에 있던 최일류 가문과의 통혼을 통해 담헌의 가문은 경화세족으로서의 혁혁한 지위를 유지할 수 있었다.

경화세족으로서 담헌의 가문은 성세를 유지했을 뿐만 아니라, 경제적으로도 대단히 부유했던 것으로 보인다. 담헌의 7대조 홍희洪憙가 아들 홍진도에게 남긴 유서(1636년 작성)를 통해 당시 재산 상태를 대략 파악할 수 있는데, 동대문 밖, 남양, 수원, 통진, 부평, 용인 등 경기도에 상당한 양의 전지를 남기고 있음을 알 수 있다.[52] 청주에 향제가 있었으니 그쪽에도 전지가 있었다고 보아도 무방할 것이다. 그의 가문이 문음으로 끊임없이 지방 수령을 배출하고 있는 것도 주목해야 할 점이다. 뒤에 상세히 언급하겠지만, 담헌의 아버지 홍역이 환곡을 이용해 축재하다가 처벌된 사건에서 보듯 조선 후기의 지방 수령직은 대개 백성을 착취하여 재산을 축적하는 수단이 되고 있었다. 일부러 과도한 부정을 저지르지 않아도 농민의 생산을 수탈해 얻는 관례화된 수입이 이미 엄청나게 많았다.

담헌의 가문이 유명한 부자라는 사실을 알리는 자료도 있다. 담헌의 숙부 홍억은 경상도 관찰사로 재직하던 1789년, 3년간의 목화 흉년 끝에 약간 풍년이 들자 목화를 대량으로 사들여 큰 이익을 보고자 하였다. 그는 이익을 독점하려는 의도에서 다른 도의 목화 상인이 경상도로 들어오는 것을 일체 금했고, 이로 인해 호남의 목화 값이 폭등하였다. 이 사실이 조정에 알려지자 홍억은 파직되었다.[53] 담헌의 친구였던 황윤석은 이 소식을 전하며, "홍가洪家는 원래 부유하다는 이름이 있는데, 또 이처럼 염치가 없으니 조카 홍대용을 위해 애석하게 생각한다"는 말을 덧붙이고 있다. 황윤석의 전언으로 담헌의 집안이 널리 알려진 부호였으며, 또 그 부가 어떤 방법으로 축적되었는지를 짐작할 수 있다. 홍역이 환곡 사건의 처벌을 면하기 위해 상당한 사재를 진휼곡으로 바친 것 역시 평소 쌓은 부가 있어서 가능한 일이었다. 담헌의 종제 홍대응이 〈종형담헌선생유사從兄湛軒先生遺事〉에서 "친척과 지구知舊들 중에 혼사와 상사가 있으면 힘을 다하여 돌보고 도와주셨다"[54]라고 한 것이나, "마땅히 쓸 곳이라면 천금도 아끼지 않았다"는 것 역시 그 풍부한 재력 덕에 가능한 사실이었다.

간접적으로 담헌 집안의 경제적 상황을 짚어 보자. 담헌은 남의 집에 갔을 때 그 집 노비들이 손님을 공손하게 대하는 태도를 보고 주인이 집안을 잘 다스리는 것을 안다고 했으니,[55] 그의 집안 역시 노비를 거느리고 있었음이 분명하다. 물론 이것은 굳이 말할 필요조차 없는 사실이기도 하다. 약간 다른 자료이기는 하지만 이덕무가 담헌의 집에서 종이로 엮은 섬세한 산수 병풍을 보고 감탄한 것을 보면, 생활도 사뭇 고급스러웠던 게 아닌가 한다.[56] 담헌이 1765~1766년 북경에서 《율력연원律曆淵源》 같은 거질의 서적과 페르비스트의 〈곤여만국전도坤輿萬國全圖〉 같은 지도를 사 올 수 있었던 것도 집안의 부富 덕분이었다. 이뿐 아니라, 그가 청주의 향제에 농수각籠水閣을 짓고 거기에 자명종과 통천의統天儀·혼상의渾象儀·측관의測管儀 등 다양한 천문기구를 제작해 비치해 둘 수 있었던 것도 가문의 경제력이 있었기에 가능했다.

 요약하면, 담헌의 가문은 17세기 이래 정통 노론의 당색을 띤 최상층의 경화세족이었다. 특히 담헌의 증조 홍숙 이하 그의 일계一系는 숙종·영조 대의 격렬한 당쟁에 참여했지만 피해를 거의 입지 않고 4대에 걸쳐 문과 합격자를 배출하는 등 번성하였다. 아울러 경제적으로도 담헌의 일계는 매우 부유하였다. 담헌이 노론계 유력 경화세족 가문의 일원이자 경제적 안정을 누리고 살았다는 사실은 기본적으로 담헌의 성격을 규정했을 것이다.

회혼례(혼인 60주년 기념 잔치).
이 그림의 주인공은 1794년 73세의 나이로 회혼례를 치른 홍익으로 추정되고 있다.
출처: 국립중앙박물관 소장 《회혼례도첩》

02

방황하던 10대의 한때

유소년기

담헌의 어린 시절에 대해서는 알려진 바가 거의 없다. 그의 생애 전반을 개괄하는 문헌으로 연암 박지원朴趾源의 〈홍덕보묘지명洪德保墓誌銘〉, 이송李淞의 〈담헌홍덕보묘표湛軒洪德保墓表〉, 담헌의 사촌동생 홍대응의 〈종형담헌선생유사從兄湛軒先生遺事〉, 그리고 손자인 홍명후·양후 둘 중 한 사람이 쓴 〈왕고담헌공행장王考湛軒公行狀〉이 있지만, 그 어느 것도 담헌의 유년기를 언급하고 있지 않다. 이런 류의 자료는 으레 어렸을 적의 성격과 총명함, 효우孝友 등을 말하지만, 이상하게도 그런 언급이 전혀 없다. 담헌은 아버지 홍역의 비문을 썼지만, 거기에도 아버지와 관계된 자신의 이야기는 한 토막도 남기지 않았다. 형제에 관한 자료도 마찬가지다. 앞서 말했듯 서제庶弟 홍대정·홍대안과 이름이 알려져 있지 않은 서매庶妹 둘이 있지만, 그에 대한 기록도 전혀 없다. 1766년 2월 북경에서 한인漢人 지식인 반정균潘庭筠이 형제가 몇인지 묻자, 농사를 지으며 사는 서제가 있는데, 독서하여 옛사람을 배울 수 없으면 단지 농사를 짓는 백성이 될 뿐이라고 답했다.[1] 홍대정인지 홍대안인지 모르지만, 과거를 통해 관료로 나가지 않고 집안의 전장을 경영하고 있었던 것이 아닌가 한다. 이 외에 형제관계에 대한 언급은 전혀 남아 있지 않다.

담헌의 유년이나 10대에 관한 기록도 전무하다. 어렴풋하게 짐작할 수 있는 것은 담헌의 어린 시절 건강이다. 1765년 담헌이 북경으로 떠날 때 홍역은 담헌에게 시를 지어 주었는데, 거기에 평소 병약했던 담헌의 모습이 담겨 있다.

너를 생각하니 본래 병이 많은지라	念爾素多病
이것이 내 근심을 펴지 못하노라	是吾憂未舒
길에 있으매 반찬을 더하고	在道加飯餐
관館에 머물매 기거를 조심하여라.²	留館愼起居

평소 병이 많다 했으니, 자식의 건강에 대한 부모의 흔한 걱정이 아니라 담헌이 실제 병약했던 것으로 보인다. 신체가 병약했던 것과 관계가 있는지는 모르지만, 담헌의 성격 역시 직정적直情的인 면이 있었다. 종제 홍대응은 담헌의 성격과 관련하여 담헌 자신의 말을 이렇게 옮기고 있다.

나의 기질이 아주 좋지 않아 아이 적에 경솔한 병통이 있었지만, 이제 완전히 고쳤다. 하지만 속이 좁은 병통은 극복하려고 무척이나 노력했지만, 아직도 병통의 뿌리가 남아 있어 수시로 드러난다.³⁾

"기질이 아주 좋지 않아 아이 적에 경솔한 병통이 있었다"는 말은 과장이 아닐 것이다. 담헌은 자기 생각을 스승인 김원행에게도 숨기지 않고 그대로 드러내었으니, 다분히 직정적 성격의 소유자였다. 홍대응은 담헌이 병중에 있을 때 "조금이라도 마음에 맞지 않으면 곧 지나치게 화를 내곤 하셨다"고 말하고, 그가 "경계의 말씀을 올리면" 담헌이 즉각 동의하면서 자신의 "거친 품성이 늘 이런 데서 터져 나오니 고민스럽다"[4]고 말했다고 한다. 그는 수양을 통해 이 직정적 성격을 통제하려 했지만 쉽게 되지 않아 그의 사유와 행동에 많은 영향을 끼친다.

담헌의 소년기 자료로 시기가 확실히 밝혀져 있는 최초의 것은, 1741년 11세 때 삼화부사로 부임하는 조부 홍용조를 따라간 사실이다. 그때의 기억은 담헌에게 인상 깊게 남았던 것 같다. 그는 1765년 11월 북경으로 갈 때 평양에 들러 그날을 회고했다.

> 신유년(1741) 열한 살 때 조부의 행차를 모시고 이곳에 와 연광정에서 하룻밤을 묵었는데, 때는 비록 겨울과 여름의 다름이 있으나 옛 모습이 여전한지라, 옛일을 생각하니 창감悵感함을 이길 수 없었다.[5]

"창감함을 이길 수 없다"는 말은 슬픈 기억이 얽혀 있기 때문일 것이다. 담헌은 조부를 따라 삼화로 갔지만, 조부는 두 달도 못 되어 급사했다. 열한 살 소년에게 조부의 갑작스러운 죽음은 큰 충격으로 남았을 만하다. 25년이 지난 뒤 성인이 된 담헌이 평양을 지나면서 이처럼 조부를 떠올리고 감회에 젖기도 했던 것이다.

홍용조가 죽은 그 이듬해 담헌의 생에에 큰 영향을 끼친 일이 있었다. 열두 살 나이에 김원행(1702~1772)의 제자가 된 것이다. 김원행은 1716년 담헌의 종조부인 홍귀조의 딸과 결혼하였으니 담헌에게는 당고모부가 된다. 김원행은 홍봉조를 홍학사장洪學士丈, 홍용조를 홍장洪丈이라 불렀고, 그들과 주고받은 시를 여러 편 남겼다. 자연히 김원행은 홍귀조의 아들 홍재와 가까운 사이였다. 홍봉조의 아들 홍익과도 막역한 사이로 그가 죽었을 때 묘표를 쓰기도 하였다. 또 홍봉조의 아들 홍박은 김원행의 친동생인 김탄행의 딸과 결혼했으니, 김원행의 집안은 담헌 가문과 이래저래 얽힌 사이였다. 또 김원행은 신임사화 때 장인인 홍귀조의 충청도 향제에서 한동안 지내기도 했으니, 담헌 가문과의 친밀함이란 이루 말할 수 없을 정도였다. 담헌이 김원행의 제자가 된 것 역시 이런 이유에서였다. 담헌의 사상적·학문적 기초 역시 김원행의 문하에서 다져진 것이었다. 다만 담헌이 10대에 김원행 문하에서 구체적으로 언제 무엇을 어떻게 배웠는지 짐작하기는 어렵다. 담헌과 김원행의 관계를 알리는 자료는 20대의 것만 남아 있기 때문이다. 먼저 몇 가지 소소한 자료를 통해 담헌의 10대를 간단히 살펴보고, 이어 20대 이후 석실서원石室書院에서의 담헌을 서술해 보자.

거문고를 배우고 가희·무녀와 어울리다

담헌은 1766년 2월 북경에서 사귄 중국인 친구 육비陸飛에게 보내는 편지에서 자신은 16, 7세 때부터 거문고를 배웠는데, 속세의 더러운 생각을 씻고 답답한 마음을 털어 내는 데 술이나 시보다 나았다고 말한다. 담헌이 거문고를 배운 것은 특별한 일은 아니었다. 인간의 심성을 순화하는 데 음악이 긍정적 기능을 한다는 유가儒家의 음악관은 사족의 음악 향유를 이론적으로 뒷받침하고 있었다. 하지만 사족들은 다른 사람을 위해 음악을 직접 연주하는 것을 기피하는 경향이 있었다. 악기 연주는 악공과 같은 천한 이들이 익히는 기능이라 여기는 관념 때문이었다. 다만 사족들이 즐겨 연주하는 악기가 있었으니, 군자의 점잖은 악기로 인식된 거문고가 그것이었다. 담헌이 1772년 조선 최초로 양금洋琴을 해곡하고, 《대동풍요大東風謠》라는 가곡집을 엮을 수 있었던 것도 그가 빼어난 거문고 연주자로서 음악에 깊은 조예가 있었기 때문이었다.

다만 담헌은 거문고를 배운 것을 후회하는 듯한 발언을 한다. 곧 거문고를 배운 뒤 정자나 수석이 아름다운 곳을 만나면 가희와 무녀와 어울려 거문고 연주에 빠져 집으로 돌아가는 걸 잊곤 했다는 것이다.

> 나를 아는 사람은 몸을 단속하지 못한다고 비난했고, 모르는 사람은 광대라 지목했습니다.…… 탕자와는 날마다 가까워지고, 단정한 선비들은 날로 멀어졌습니다. 어느덧 '유문儒門의 기물棄物'이 되었지요. 수년 이래 이런 생활을 접고 문을 걸어 닫은 채 서사書史를 점검하고 이따금 거문고를 홀로 즐기며 만물의 근원을 깨우치는 공부에 거두는 것이 있기를 바랐지만, 몸을 단속하지 못한다는 비난과 광대라는 손가락질은 여전했습니다. 그것은 덕을 닦지 않고 학문에 강마講磨하지 않았기 때문이니, 이상하게 여길 것이 없었지요.[6]

담헌은 거문고를 배워 가희·무녀·기녀와 어울렸던 것을 부노덕한 행위로 생각했다. 물론 담헌의 이 말은 원래 육비가 학문보다 예술(서화를 말한다)에 몰두하는 것을 완곡하게 비판하는 편지에서 나온 것이기에 조금 과장되었을 가능성도 있다. 하지만 10대 후반, 그가 한때 거문고를 배우고 기녀들과 어울려 질탕하게 놀았던 시절이 있었던 것만은 확실하다. 당대 일류 가문의 자제로서 김원행의 제자인 담헌이 음악과 춤, 여자에 빠진 것은 확실히 '버린 자식' 곧 그가 말하는 '유문의 기물'이란 비난을 초래했던 것이다.

1768년 담헌은 동문 김종후金鍾厚에게 보내는 편지에서 자신이 어렸을 때 스승과 벗의 도움을 받아 장성했기에 구도할 뜻이 있었지만, 중간에 '이색離索'했기에 행동을 단속하는 것을 팽개치고, 그냥 되는 대로 제멋대로 놀고 지냈는데, 하늘의 신령함에 힘입어 타고난 밝은 본성이 다행히도 아주 없어지지는 않았다고 말한 바 있다.[7] '이색'은 '이군색거離群索居'의 줄임말로 벗을 떠나 홀로 외로이 지내는 것을 말한다. 아마도 담헌은 석실서원의 학문적 분위기에 끌려 '구도'할 의사가 있었지만, 어떤 계기로 석실서원을 벗어나 16, 7세에 거문고를 배워 마음이 쏠리는 대로 놀다가 다시 학문의 세계로 돌아온 것으로 보인다. 담헌은 이후 거문고와 음악은 버리지 않았지만, 기녀와 무희는 물론 여성에 관한 이야기라면 다시 입에 올리지 않았다.

갈등과 번민, 과거인가 학문인가

거문고를 배우기 시작했을 그즈음, 곧 17세에 담헌은 이홍중李弘重의 맏딸 한산 이씨와 결혼했다. 이씨는 1730년생으로 담헌보다 한 살이 많았다. 이홍중은 비록 벼슬을 한 적은 없지만, 문과에 합격하여 대사성에 승지까지 지낸 홍문영洪文泳을 둘째 사위로 맞았으니, 나름 가문의 성세는 충분히 유지한 셈이다. 다만 담헌은 아내 이씨에 관한 언급을 전혀 남기지 않았다. 양반 남성이 종종 죽은 아내를 위한 제문을 쓰기도 하고, 때로는 자식이 어머니를 회고하는 문자를 더러 남기기도 하지만, 담헌은 이씨와 관련된 어떤 문자도 남기지 않았다.

이런 이유로 해서 결혼이 담헌에게 미친 영향을 확인할 방법이 없다. 또 결혼을 한 것은 17세 때인데, 그때는 거문고를 배우고 가희·무녀와 한창 어울리고 있을 때다. 이런 생활과 결혼이 어떤 관계에 있었는지도 알 길이 묘연하지만, 아마도 결혼 역시 유흥에 골몰하던 생활을 접게 한 계기가 된 것이 아닌가 한다. 다만 윤리적으로 엄격하고자 했던 담헌은 성性에 대해서도 극히 금욕적인 태도를 취했다. 뒤에 살피겠지만, 담헌은 〈자경설自警說〉에서 부부관계에서조차 성적 욕망을 철저하게 절제해야 한다고 주장했다.

흥미로운 것은, 거문고를 배워 가희·무녀와 어울린 것을 스스로 타락이라고 했던 담헌이 거의 같은 시기에 전혀 다른 의지를 갖고 있었다는 사실이다. 담헌은 1766년 중국에서 돌아온 뒤 중국인 친구 등 사민鄧師閔에게 보내는 편지에서 이렇게 말하고 있다.

> 저는 십수 세 때부터 고학古學에 뜻을 두어 장구章句에 골몰하는 오활한 선비는 되지 않겠노라 맹세했고, 겸하여 군대와 나라를 경영하는 사업에 뜻을 두어 여러 번 과거에 응시했지만 합격하지 못했습니다.[8]

'십수 세'라고 밝히고 있으니, 곧 10대다. 정확한 연대는 확인할 수 없지만, 거문고와 가희·무녀와 어울려 '유문의 기물'이 되었던 때는 아닐 것이다. 그 이전일 가능성이 없지는 않지만, 그래도 '이색'하던 시기를 끝내고 다시 학문에 전념하기 시작한 18세 이후로 보는 것이 타당할 것이다.

여기서 음미해야 할 것은 '고학'에 뜻을 두고 장구의 말절末節만을 닦는 오활한 선비는 되지 않겠다는 의지이다. 고학은 "옛날의 학자는 자신을 위한 학문을 하고, 지금의 학자는 남을 위한 학문을 한다"[9]는 공자의 말에서 유래한 것이다. 이 구절에 대해 주자는 《논어집주》에서 "위기爲己는 '도'를 자기 몸에 얻으려 하는 것이요, 위인爲人은 남에게 인정을 받고자 하는 것"[10]이라는 정자程子의 주해를 인용하고 다음 말도 거듭 인용했다. "옛날의 학자들은 자신을 닦는 학문을 하여 결국 남을 이루어 주었고, 지금의 학자는 자기를 이롭게 하려는 학문을 하여 결국 자신을 잃고 만다."[11] 고학이란 곧 위기지학爲己之學으로 자신에 대한 부단한 성찰을 통해 윤리적 완정성을 실현하려는 것일 터이고, 오늘날의 학문은 위인지학爲人之學으로 남에게 인정받으려는 이기적 욕망을 충족시키려는 공부일 터이다. 담헌의 '고학' 역시 '고학'과 '금학'을 대비하는 유학 혹은 정주학의 전통에서 나온 것이 분명하다.

'장구의 말절' 곧 '장구라는 말단적인 일에 종사함'이란 말을 검토해 보자. 장구는 원래 단락과 센텐스를 의미한다. 하지만 장구는 장구소유章句小儒, 장구유章句儒, 장구지도章句之徒 등의 말로 쓰일 경우, 단락, 센텐스, 어휘 등의 부분적인 의미 파악에 지나치게 집착하여 텍스트 전체의 대의를 파악하지 못하는 지식인을 의미하였다. 특히 송대 정주학자들은 이 말을 더욱 경멸적인 의미로 파악했으니, 주자가 구사했던 '장구나 따지는 썩은 선비[章句腐儒]', '장구나 따지는 썩은 선비의 학문[章句腐儒之學]' 등은 더 경멸적인 뉘앙스를 담은 말이었다.

담헌이 구사하는 '장구의 말절'이란 것도 주자의 말과 다를 바 없는 경멸적 뉘앙스를 갖는다. 물론 '장구의 말절'이란 말은 담헌만의 것은 아니고, 조선시대에 흔히 쓰이던 말이다. 다만 담헌에게 이 말은 의미가 각별하다. 이해를 돕기 위해 정자의 말을 인용해 보자.

> "한유漢儒 중에는 심지어 백수白首가 되도록 하나의 경經에도 통할 수 없었던 사람이 있었으니, 어찌 된 일입니까?"
> 한유의 경술經術을 어디에 쓰리오. 단지 '장구의 훈고'를 일삼았을 뿐이다. 예컨대 '요전堯典' 두 글자를 3만이 넘는 어휘로 설명한 경우도 있으니, 이것은 요점을 모르는 것이었다.[12]

정자는《서경》의 편명인 '요전' 두 글자를 3만이 넘는 어휘를 동원해 풀이한 사례를 들어 한유, 곧 한나라 선비의 훈고가 갖는 문제를 지적한다. 물론 이것은 그야말로 극단적인 사례일 것이다. 하지만 텍스트의 어휘와 문장, 단락 등의 부분적 의미에 매달려 텍스트가 원래 지시하는 의미를 잊어버리고 실천에 옮기지 않는 것이야말로 정주학이 생각한 한유 경학의 가장 큰 문제였다.

담헌의 종제 홍대응은 담헌이 글을 읽을 때 문의文義를 지나치게 따져 이해하려 하지 않았고, 넓게 보는 곳이 많았다고 증언하고 있다.[13] 아울러 장구의 말절에 대한 비판은 텍스트의 대의 실천을 지향한다는 의미이기도 했다. 이 문제는 담헌이란 인격의 형성, 그리고 그의 학문과 사상에서 퍽 중요한 의미를 지닌다. 다만 여기서는 이 정도에서 그치도록 하자.

위의 인용에서 또 하나 간과할 수 없는 것은, "겸하여 군대와 나라를 경영하는 사업에 뜻을 두어, 여러 번 과거에 응시했으나 합격하지 못했다"라고 하는 부분이다. '겸하여'란 표현은 매우 중요하다. '고학'에 뜻을 둔다는 것은, 윤리적 완정성의 실현을 지향하는 것이고, 한편으로 세속적 가치, 곧 과거를 통한 관료로의 출세를 지양한다는 의미를 갖는다. 그것은 서로 대립되는 가치일 수 있다. 하지만 담헌은 그 대립의 의미를 애써 축소하기 위해 '겸하여'란 말을 쓰고, '군대와 나라의 경영'에 뜻을 두었다고 한 것이다. 담헌은 뒷날 과거를 포기하고 과거를 통해 관료로 출세하는 것을 몰가치하다고 여기는데, 아마 등사민에게 편지를 쓸 때 과거 자기의 행위를 정당화하기 위해 "겸하여 군대와 나라의 경영에 뜻을 두었다"고 말했을 것이다.

"여러 차례 과거에 응시했지만 합격하지 못했다"는 말에서 담헌이 젊은 날 여러 차례 과거에 응시했다는 것을 알 수 있다. 그는 사실 10대 말부터 과거에 계속 낙방한 것으로 보인다. 이것은 그에게 엄청난 트라우마가 되었다. 10대의 담헌에게 과거가 어떤 의미였는지를 알아보기 위해 내종형內從兄(고종형)인 김치익金致益(남원군수 김노金魯의 아들, 청풍 김씨)이 1749년 담헌에게 보낸 편지[14]를 자세히 검토해 보자. 편지의 내용으로 보아 담헌은 먼저 김치익에게 시와 함께 편지를 보냈고, 이에 김치익이 답신을 보낸 것 같다. 담헌의 편지는 남아 있지 않지만, 김치익의 답신을 통해 19세 청년 담헌의 처지와 고민을 어렴풋하게나마 짐작할 수 있다.

편지 서두에서 김치익은 "귀로 격언을 듣지 못했다"는 담헌의 말에 답한다. 김치익은 격언으로 말하자면, 《심경心經》한 부가 성현의 격언을 담고 있는 것이니 그것을 정밀하게 연구하고 실천할 것을 권한다. 그러면서 아마도 담헌이 시끄러운 성시城市에 살면서 《심경》을 잊어버린 것이 아닌가 하고 반문한다.[15] 담헌은 윤리적 완정성을 실현하는 방법에 대해 김치익에게 물어 본 것 같다. 아마도 두 사람 사이에는 윤리적 완정성의 실현을 위한 토론과 충고, 《심경》 등을 둘러싼 대화가 이미 있었던 것으로 보인다.

편지 서두를 제외하면 나머지는 모두 과거와 관련된 내용이다. 김치익은 먼저 과거가 하늘에 닿을 정도로 큰 이욕利慾의 길을 열었다면서 과거를 맹렬히 비판한다. 부정으로 얼룩진 과거제, 과거를 향한 사족들의 집착에 대한 비판은 이 시기 지식인이면 대체로 인지하고 있는 것이었기에 김치익의 발언은 그리 특별할 것도 없다. 김치익은 과거 공부에 대한 나름의 확고한 판단이 있다면 응시해도 상관없다고 하면서도 담헌에게만은 과거 공부를 포기할 것을 권유한다.

> 다만 덕보德保에게 과거 공부를 그만두기를 권하는 것은 다른 이유가 있어서가 아닙니다. 진실로 덕보가 속학俗學을 벗어나 지금 아름다운 뜻을 갖고 있는 것은 마치 주목朱木의 싹과 같다고 생각합니다. 그 싹을 보호하고 기르고자 하는 방도를 생각하면서도, 오히려 소와 양이 방목될까 두려워하는데, 또 거기다 도끼질과 자귀질을 해대면 얼마 가지 않아 민둥산이 되지 않겠습니까?[16]

김치익의 말을 통해 담헌이 이때 속학, 곧 과거 공부를 포기하느냐 마느냐를 두고 갈등했다는 사실을 짐작할 수 있다. 김치익이 말하는 '아름다운 뜻'이란 앞서 언급한 '고학'을 지향하는 것일 터이고, 또 '정학正學'일 수도 있다. 김치익이 보기에 담헌의 '아름다운 뜻'은 주목朱木이 될 것이지만, 현재로서는 소와 양이 뜯어먹을 수 있는 싹에 불과하다. 김치익은 과거 공부와 정학은 양립할 수 없다면서 과거 공부를 포기할 것을 간절히 당부한다.

김치익은 10대에 사냥을 좋아했던 정이程頤가 사냥을 끊고도 뒷날 사냥터에서 다시 사냥을 좋아하는 마음이 생겼다는 고사를 인용하고, 정이와 같은 대현도 작은 유희에 불과한 사냥에 그렇게 마음이 끌렸으니, 과거에 대한 수준 낮은 후생의 욕망은 사냥에 비할 바가 아니라고 말한 뒤 담헌이 과거에 병이 든 것은 정이의 사냥보다 깊을 것이라고 말한다.

그대가 전날 과거에 병이 든 것은 생각건대 또한 정자程子가 사냥을 좋아하던 것보다 더 깊었을 것입니다. 지금 비록 이 일에 뜻이 있다고 할지라도 '새로 좋아하게 된 것은 달지 않고, 오래 익힌 것은 잊기 어려운 것[新嗜靡甘, 熟處難忘]'은 원래가 그런 법이니, 옛날의 마음이 이미 없어졌다고 말할 수가 없습니다. 이미 없어질 수 없는 마음을 가지고, 전날 이미 병들었던 날의 자취를 따르면, 호랑이를 때려잡던 풍부馮婦가 되지 않을 수 없을 것입니다.[17]

"새로 좋아하게 된 것은 달지 않고, 오래 익힌 것은 잊기 어려운 것"은 《퇴계집》에서 인용한 것이다.[18] 새로 좋아하게 된 것은 유학이고 오래 익힌 것은 불교다. 김치익은 이것을 진지한 학문과 과거 공부로 치환한다. 아무리 진지한 학문에 대한 의지를 갖고 있더라도, 오래 익힌 과거에 대한 욕망은 사라지지 않고 남아 있다. 그것은 호랑이를 잘 잡던 풍부馮婦가 선비가 되고서도 용력을 쓰던 습관이 남아 뒷날 호랑이를 보자 때려잡기 위해 수레에서 내린 일로, 옛날 버릇을 버리지 못했다며 조소를 당했던 고사와 같다. 김치익의 편지는 결국 담헌에게 과거, 곧 세속적 욕망을 포기하라고 강력하게 권하는 내용으로 채워져 있다. 김치익은 "도道 밖에 문文이 없고, 문밖에 도가 없으니, 나의 학문이 더욱 발전하여 도를 깨우친다면, 도리어 훗날 과거에 응하는 근본이 되지 않겠습니까?"[19]라고 하면서 정학을 추구하고, 도를 깨우친다면 그것이 곧 과거에 응하는 근본이 될 것이라 말한다.

편지 말미에 의하면 담헌은 이때까지 소과, 즉 생원·진사시(아마도 진사시인 듯)에도 합격하지 못한 상태였던 듯싶다.[20] 경화세족 가문에서 태어난 담헌에게 과거 응시는 자연스러운 것이었다. 그는 아마도 10대 중반 가희·무녀와 어울리던 생활을 청산하고 과거 공부를 시작하여 계속 응시했지만 불합격했던 모양이다. 물론 과거에 합격하지 않아도 음직으로 관직에 진출할 수 있었지만, 음직으로 나아갈 수 있는 관직은 극히 제한된다. 담헌은 초조했던 것 같고, 그 초조감은 주위 사람에게도 전달되었을 것이다. 그것이 김치익이 편지를 쓰게 된 동기로 보인다.

조선시대에는 이상하게도 과거에 충분히 합격할 만한 데도 합격하지 못하는 사람들이 있었다. 담헌의 경우 부유한 가문에다 또 음직으로 진출할 가능성도 충분히 있었다. 과거에 자신과 가문의 운명이 걸린 것도 아니었다. 그러니 절박함이 없었다. 이런 조건으로 말미암아 과거에 몰두하지 않았던 것은 아닐까? 또 정학을 추구하겠다는 말은 거듭된 과거 불합격에 대한 변명이 아니었을까? 거문고를 배워 가희·무녀와 어울리느라 '유문의 기물'이 되었던 담헌과 고학을 추구하고자 했던 담헌, 소과에도 합격하지 못해 초조해하던 담헌, 속학을 벗어나 정학을 하고자 했던 아름다운 뜻을 가진 담헌은 모두 그의 10대 시절 혼란스런 정신세계를 그대로 반영한다.

덧붙이자면 담헌은 과거를 쉽게 그만둔 것 같지는 않다. 북경 여행에서 돌아온 뒤 1766년 9월 담헌은 중국인 벗 엄성嚴誠에게 편지를 보내어, 자신은 목숨을 걸고 과거에 합격하고자 하는 사람은 아니지만, 과거장에 들어가 정권呈券할 때와 합격자를 통보할 때는 늘 마음이 들뜨고 합격을 바라는 마음을 억누르지 못하고, 또 늘 그것을 후회하지만, 과거장에 들어서면 옛 버릇이 다시 튀어나온다면서 자신의 학문의 힘이 충실하지 못한 것이 부끄럽다고 고백하고, 얼마 전 과거를 친 엄성이 어떤 교훈을 얻었는지 알려 달라고 부탁하였다.[21] 담헌은 그때까지 과거를 포기하지 않았던 것이다. 담헌이 완전히 과거를 포기한 건 1768년 아버지 홍역이 사망한 뒤였다. 거문고를 배우고 기녀들과 어울리는가 하면, 과거에 응시했으나 계속된 불합격에 번민하고, 한편으로 '고학'을 지향하여 윤리적 완정성을 실현하려는 의지 등이 뒤섞인 것이 담헌의 10대였다. 이 혼란의 시기를 거치고 담헌은 20대를 맞이한다. 이제 담헌의 청년기로 들어가 보자.

홍대용 초상.
중국 연행 시에 청나라 학자인
엄성이 직접 그렸다.
출처:《일하제금집》

03

석실서원

스승 김원행

과거와 학문 사이에서 방황하던 담헌의 모습은 20대 초반까지 이어졌지만 그래도 방황은 점차 잦아들었다. 사실 열두 살에 김원행을 스승으로 삼았다고 하지만, 담헌이 김원행과 본격적으로 만난 것도, 석실서원에 본격적으로 다닌 것도 20대에 들어서면서부터였다. 정확한 일시는 알 수 없지만 김원행은 담헌의 집을 찾아가 '담헌'이란 당호를 지어 주기도 하였다. '담湛'은 물이 깊은 상태 또는 깊은 물을 의미한다. 아마도 김원행은 담헌에게 침중한 자세와 깊은 사색을 바랐을 것이다.

김원행은 담헌의 인격과 학문, 삶의 태도 형성에 깊은 영향을 미쳤다고 여겨진다.[1] 따라서 김원행에 대해 약간 알아 둘 필요가 있다. 먼저 김원행의 가계를 살펴보자.

아래 계보도에서 보듯 김수흥이 영의정, 김수항이 좌의정, 김수항의 맏아들 김창집이 영의정까지 올랐으니, 이 가문은 권세가 중에서도 권세가라 할 수 있다. 김원행은 김제겸의 아들이고, 김창집의 손자다. 그런데 그는 당숙인 김숭겸의 양자로 들어가 김창협의 손자가 된다. 잘 알려져 있듯, 김원행의 증조부 김수항은 아들 여섯을 두었는데, 김창집-김창협-김창흡-김창업-김창집-김창립 등 이른바 '6창

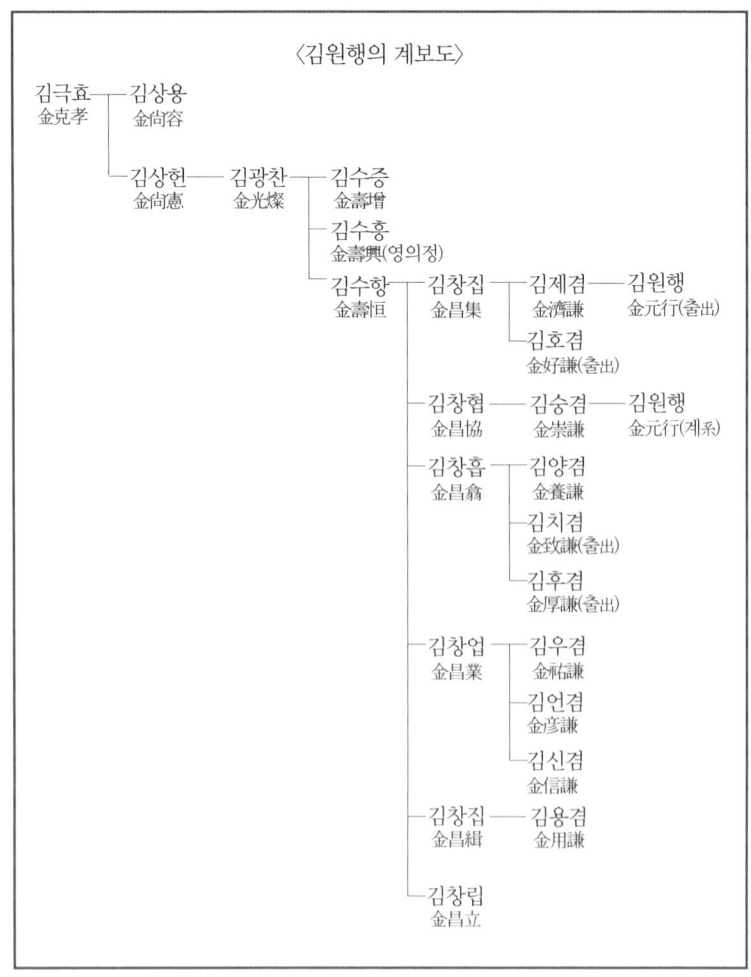

六昌'이 그들이다. '6창' 중에서 김창협은 산문작가이자 성리학자로, 김창흡은 시인으로 조선 후기 학계와 문단에 거대한 영향력을 행사했다. 아울러 이 가문은 이후 19세기 말 조선조가 기울 때까지 권력의 핵심에서 떠나지 않았다. 19세기 '안동 김씨 세도정권'은 바로 이네들의 후손이 국가권력을 사유화한 결과물이다.

하지만 17세기 말 18세기 초반 격렬한 당쟁의 과정에서 김원행 가문은 심대한 위기를 겪었다. 김수흥은 기사환국 때 장기長鬐에 유배되어 사망했고, 동생 김수항 역시 유배지에서 사사되었다. 1721년의 신축환국과 1722년의 임인옥사, 곧 신임사화 역시 이 가문에 더할 수 없는 비극이었다. 1721년 김원행의 생조부 김창집과 생부 김제겸이 유배지에서 사사되었고, 큰형 김성행金省行도 옥사하였다. 김원행 자신은 김숭겸에게 입양되었으므로 화를 면할 수 있었고, 이후 그는 충청도 금산, 청풍 등 5, 6곳을 떠돌며 살았다. 김창협이 한때 살았던 영평永平에서도 지냈고, 자신의 장인인 홍귀조, 곧 담헌의 종조부의 집에 머무르기도 하였다.

신임사화는 김원행의 사고와 행동에 결정적 영향을 끼쳤다. 집안의 참화를 눈앞에서 본 김원행은 평생 벼슬을 하지 않았고, 재야에서 온건한 노론과 소론에 기대었던 영조의 탕평책을 날카롭게 비판하는,[2] 그야말로 타협의 여지가 없는 준엄한 노론이 되었다. 1755년 을해옥사로 소론이 대거 제거되자, 김원행은 수십 년간 쌓인 원통함이 조금 풀리기는 했지만 여전히 처벌되지 않은 자들이 남아 있다며 아쉬움을 표했다.[3] 이러한 강경한 노론으로서 그의 입장은 담헌에게도 음으로 양으로 큰 영향력을 행사했다.

김원행은 벼슬에 나아가지도 않았다. 1719년 진사시에 합격해 가문의 기대를 한몸에 받았으나 신임사화를 겪은 뒤 그는 과거와 관직을 깨끗이 포기했다. 1740년 김창집을 이이명과 함께 복관한 뒤 영조는 김원행에게 내시內侍 교관, 익위사 부솔, 사헌부 지평 등으로 임명했으나 그는 나아가지 않았다. 1753년에도 사헌부 지평에 제수되었으나 역시 나아가지 않았다. 이후 산림직山林職이 거듭 내려졌으나 전혀 응하지 않았다. 그는 서울 도성에도 들어가지 않았으며, 자제들에게도 도성 출입을 금했다.[4)]

김원행은 과거에 대해서도 부정적 입장이었다. 그는 "과거는 애초부터 모리계공謀利計功하는 마음에서 출발했기에 결국 아첨배와 난역배亂逆輩가 나오게 하였고, 그 폐단이 이단보다 심하다"고 하였다.[5)] 사람들이 과거에 현혹되어 학문에 뜻을 두지 않는다고 한탄했고[6)] 과거 공부를 어쩔 수 없이 해야 한다고 해도 노력은 최소한으로만 쏟아야 한다고 했다.

자신의 가문이 겪었던 비극으로 인해 김원행은 과거와 벼슬을 포기하지만, 이것이 곧 권력과의 절연을 의미하는 것은 아니었다. 김원행이 재야의 산림을 자처하면서 석실서원에서 제자를 모아 강학을 할 수 있었던 것은, 그의 가문이 여전히 권력의 중심부를 지켰기 때문이었다. 예컨대 그의 문인 중 서유린徐有隣은 홍국영이 축출된 1780년부터 서명선徐命善·김문순金文淳·이명식李命植 등과 정파를 형성하였고, 이들은 이른바 시파時派로 불리게 된다.[7)] 과거와 관직에 대한 김원행의 거부감은 담헌에게도 과거 공부에 큰 의미를 부여하지 않은 걸 정당화해 주었을 것이다.

김원행은 1745년(영조 21) 43세에 청주에서 미호渼湖로 이사했고, 그곳의 석실서원에서 강학을 통해 제자를 길러 내기 시작했다. 김원행은 이재의 고제高弟였고 이재는 김창협의 제자였다. 영조의 탕평책을 비판한 노론 강경파 이재는 당쟁의 중심에 있었고 1727년부터 용인 한천정사寒泉精舍에서 강학하며 수많은 제자를 길러 냈다. 김원행이 뒷날 석실서원에서 강학을 통해 제자를 길러 낸 것은 아마도 이재의 영향이라고 여겨진다. 김원행의 학문은 윤리적으로 완성된 인간이 되는 것을 목표로 삼았다. 곧 하늘이 인간에게 부여한 인간 내부의 성性, 곧 도덕적 본성을 인지하고 그것을 삶에서 구현하는 것이었다. 줄이면 윤리적 완정성의 실현이 그가 담지하는 학문의 목적이었다. 당시 일반적인 학문의 행태, 곧 경전의 언어 자체, 곧 장구章句에만 몰두하거나 외우기만 하는 건 모두 지양해야 할 행위였다.[8] 넓은 범위의 책을 지나치게 많이 읽는 것, 말하자면 '박학' 또한 지양해야 할 대상이었다.[9]

이런 것들은 정주 성리학의 전통이었다. 제자 사양좌謝良佐(1050~1103)가 고인의 선행을 모아 한 책으로 만든 것을 보고 정호程顥는 완물상지玩物喪志라고 지적한 바 있는데, 주자는 《이정유서二程遺書》를 엮으면서 정호가 "기송記誦과 박학博學을 완물상지로 여겼다"고 간명히 정리했다.[10] 정호는 실천 없는 지식의 확장이란 장난감에 빠져 도덕적 완성을 해치는 것과 다를 게 없다고 비판한 것이었다. 정호의 말은 다시 《근사록近思錄》과 《성리대전性理大全》에 실려 널리 퍼지게 되었다. 조선시대 지식인이면 이 말은 별달리 신기할 것도 없는 상식이었다. 주자는 정호의 말을 적극 수용했다. 그가 〈대학장구서大學章句序〉에서 속유의 기송·사장詞章의 공부와 허무와 적멸의 이단—곧 도교와 불교—을 비판한 것[11]을 떠올려 보라. 주자는 기송·사장을 익히는 것은 《소학》 공부보다 배가 되지만 쓸 데가 없고[無用], 허무·적멸의 이단의 가르침은 《대학》보다 높아 보이지만, 알맹이가 없다[無實]고 비판한 바 있었다. 또한 주자는 《대학》 해설에서 아는 것과 뜻의 진정성 여부는 실천하느냐 하지 않느냐에 달려 있으며, 실천하는 것이 옳은 것을 기다린 뒤에 그 앎이 지극함을 확인할 수 있다고 말한 바 있었다.[12] 이렇듯 주자가 비판한 '무용', '무실'과 실천의 강조는 김원행에게 큰 울림을 주었던 것 같다.

기송·사장, 허무·적멸의 이단을 극복하기 위해서는 유용하고 실질적인 것을 추구해야만 했다. 곧 텍스트의 말단적 의미에 몰두하거나 과잉 해석—장구에 몰입하는 것—과 텍스트를 암송하는 행위는 모두 실천이 배제된 것이었다. 김원행은 주자의 지적을 떠올리면서 텍스트의 인지가 아니라, 텍스트가 지시하는 내용을 삶 속에서 구체화하기를 주장했다. 이 구체화를 그는 '실實'이란 어휘로 포괄했다. '실'이란 어휘의 개념을 정확하게 확정하는 것은 불가능하지만, 그것은 대체로 관념의 차원에만 머무르지 않는, 구체성과 실천성을 지향하는 것일 터이다. 그것을 지향하는 마음을 김원행은 '실심實心'이라고 했으며, 실심으로 독서와 궁리를 하고, 다시 그것으로 자신을 성찰하며[居敬] 사물에 응한다면 모든 것이 실사實事가 되고, 그 실사에는 실공實功이 있게 된다고 주장했다. 곧 실심으로 실천하는 것이 진실한 결과를 가져온다는 말이다.[13]

김원행의 사유에서 실심은 모든 행위의 기본 전제이며, 그것은 궁극적으로 실천을 지향한다. 그는 이함李涵이란 인물에게 보내는 편지에서 《대학》을 강습한 뒤 참되게 알고 실천하는 방면에서 얻은 것이 있느냐고 묻고 있다.[14] 그는 또 다른 사람에게 보내는 편지에서 "함양涵養은 모름지기 경敬을 써야 하고, 진학進學은 앎을 극진히 하는 데 달려 있다"[15]는 정자의 말을 '실심'으로 직접 실천하기를 바랐다.[16] 실심과 실천은 불가분의 관계이다. 참된 식견 역시 실천에서 나오는 것이었다.[17] 그 실천은 '수기치인修己治人'의 원리에 따라 먼저 자기 인격의 윤리적 완성을 이루어야 하고, 다시 그것을 바탕으로 정치적 실천으로 이어져야 할 것이다. 김원행은 그것을 '문학問學'과 '정사政事'란 말로 요약했다. 곧 진정한 대유大儒라면, '독선獨善'은 물론 '겸제兼濟'에도 능해야만 한다는 뜻이다. '겸제'는 곧 유용지학有用之學으로서 세무世務를 의미한다.[18] 이렇게 김원행의 사상을 이해하면 "고학古學에 두어 장구章句에 골몰하는 오활한 선비가 되지 않겠다"고 한 담헌의 생각이 어디서 유래했는지 짐작할 수 있다. 김원행의 실심–실천 사상은 담헌에게서 거의 동일하게 반복되고 있으니, 담헌에게 끼친 김원행의 영향이란 이루 말할 수 없을 정도로 깊었다.[19]

한편 김원행의 학문은 당시 학계의 논쟁 주제였던 인물성동이론人物性同異論에서 낙론洛論의 주장인 인물성동론人物性同論을 따랐다. 그의 논리는 대개 이러하다. 성性은 하나의 '리理'다. '리'가 있으면 '기氣'가 있고, '기'가 있으면 '리'가 있다. '리'와 '기'는 '불상리不相離', '불상잡不相雜'의 관계에 있다. '불상잡'의 차원에서 '리'를 지적하면 이것은 '본연지성本然之性'이 된다. '불상리'의 차원에서 '기'까지 겸하여 '리'를 지적하면 '기질지성氣質之性'이 된다. 본연의 차원에서 말한다면 만물은 하나의 근원을 가지고 있어, 사람도 건순健順·오상五常의 덕을 가지고 있고, 물物 역시 건순·오상의 덕을 갖는다. 기질지성의 차원에서 말하자면, 바르고 트인[正且通] '기'를 받은 것은 사람이고 치우치고 막힌[偏且塞] '기'를 타고난 것은 물物이다. 또는 '심心'이 '기'에서 나왔다는 데 주목하여 이렇게 설명하기도 한다. 곧 기의 편偏·정正·통通·색塞에 의해 사람과 물이 모두 '심'을 갖는데, 사람의 '심'은 허령통철虛靈通徹하지만 물의 '심'은 진흙과 물이 서로 엉기듯 열리지 않는다고 한다. 결국 '기'의 편·정·통·색으로 인한 차별성이 인간과 '물'의 사이에 있게 되는 것이다.[20] 동일한 논리로 사람은 건순·오상의 덕을 온전히 구비하고, '물'은 온전히 구비하지 못한다. 이것이 범과 벌·개미, 초목이 건순·오상의 덕 중에서 특정한 한 가지만을 두드러지게 갖추고 나머지는 극히 희박하게 갖춘 이유다. 그 정도의 차이에 물론 주목해야겠지만, 김원행은 본질적으로 '물' 역시 모두 '성'을 갖추고 있다는 것을 강조한다.[21] 인물성동이론은 어떻게 보면 큰 의미가 없는 스콜라적 논쟁이기도 하였다. 따라서 김원행 역시 노론의 젊은이들까지 이 인물성동이론 논쟁에 뛰어드는 것을 달갑게 여기지 않았다.[22] 사실 실천을 학문의 목적으로 삼는다면, 이 논쟁은 무익하기 짝이 없을 것이기 때문이었다.

석실서원

김원행이 석실서원에서 강학을 통해 제자를 길러 내기 시작한 1745년, 담헌은 15세였다. 담헌은 이로부터 2, 3년 지난 뒤 서원에 출입하면서 김원행의 가르침을 받았던 것으로 보인다.

    석실서원은 경기도 양주楊州 미음渼陰에 있었다. 현재 경기도 남양주시 지금동芝錦洞에 건물 일부가 남아 있다. 미음은 미포渼浦, 미수渼水, 미호渼湖라고도 불렸다. 김원행의 호 미호 역시 여기서 따온 것이다. 겸재 정선(1676~1759)은 〈미호渼湖〉에 석실서원 전경을 그렸다.

    석실서원은 병자호란 때 척화론자였던 김상용과 김상헌 2인의 절의를 표상하기 위해 1656년(효종 7)에 창건되고 1663년(현종 4)에 사액을 받은 서원이었다. 이후 김수항·민정중閔鼎重·이단상李端相·김창협이 배향되었다. 주향, 배향 인물은 모두 숙종 대 노론의 핵심인 안동 김씨·여흥 민씨·연안 이씨를 대표하는 인물이었다. 이런 배경으로 인해 석실서원은 서울·경기 지역에서 송시열로 상징되는 노론 의리를 주도할 수 있었다. 석실서원은 그저 하나의 서원이 아니라 숙종·영조 대 정치적으로는 노론 준론峻論의 집결처였고 한편으로는 서울·경기 일대 노론 학문의 중심지였다.[23]

석실서원의 기반을 다진 사람은 김창협·김창흡 형제였다. 김창협은 1695년(숙종 21) 경기도 포천의 농암을 떠나 미호에 거처를 정하고 석실서원에서 원근의 선비를 모아 강회講會를 시작했고, 이듬해에는 김창흡이 강학에 동참하였다. 1695~1698년에 집중된 형제의 강학은 이정二程에 비유될 정도로 성대하였다.[24] 다만 신임옥사의 여파로 석실서원에서 김수항·김창협이 출향黜享되자 그 기능은 상당 기간 정지

서원 앞을 흐르는 강이 '미호'이고, 오른쪽 기와집이 석실서원이다.
석실서원이 있는 곳은 원래 김상헌이 은거하던 곳이었다. 김상헌은 자신의 호를 청음淸陰이라 하기도 하고, '석실'이라 하기도 하였다.

된 듯하다. 석실서원이 다시 강학의 중심이 된 것은 1745년 김원행이 미호로 이사한 뒤부터였다. 또 이때를 전후하여 호론湖論과 낙론洛論의 인물성동이론을 둘러싼 논쟁이 가열되었으니, 석실서원에는 학문적인 분위기가 다시 감돌기 시작했다. 또 하나 중요한 것은 김원행의 집안이 노론의 핵심 중 핵심이었으므로 석실서원이 관의 경제적 지원을 받고 있었다[25]는 사실이다.

주향자가 김상용·김상헌이라는 사실과 거기에 김수항의 아들 김창협까지 배향되었으니, 당시 석실서원을 두고 '김씨 사우金氏祠宇'라고 비난했던 것도 지나친 말은 아닐 터이다. 김원행은 서울이 아닌 지방의 선비들까지 아우르려고 노력하며 학문 자체가 그 목적이라고 말했지만, 그 포용성은 당론 앞에서는 작동하지 않았다. 담헌이 권 모權某에게 보내는 편지[26]는 그 분위기를 정확하게 보여 준다.

권 모가 김원행의 제자가 될 것을 청하자, 그의 진지한 학문적 의지를 긍정적으로 생각했던 김원행은 권 모와 정식으로 만날 날짜를 잡았다. 하지만 이내 권 모의 출신, 곧 당파가 문제가 되었다. 담헌에 따르면, 신임사화 때 홍만조洪萬朝와 권규權珪가 올린 상소에 '대신大臣'을 비난한 부분이 있었는데, 그 상소에 권 모의 조부가 이름을 올렸다는 것이다. 대신이란 신임사화로 인해 죽임을 당한 노론 4대신을 의미할 터이다. 이런 이유로 인해 석실서원 내부에서 권 모를 받아들일 수 없다는 의견이 제기되었다. 권 모는 나름대로 해명했지만 김원행이 "한마디 말의 신의를 지키려 하다가 100년의 혐의를 뒤집어쓸 수는 없다"[27]고 결단하여 결국 권 모를 문하로 받아들이지 않았다. 엄격한 당론이 지배하는 공간, 인간을 당론으로 검열하는 공간이 바로 그곳이었다. 그 거절의 의사를 담헌은 스승 대신 전하게 되었다. 이것은 담헌이 노론의 당론을 쉽게 떠나거나 비판할 수 없음을 의미한다.

김원행은 석실서원의 운영 원칙을 깐깐하게 정해 두었다. 석실서원의 강의에 참가하는 유생들에게 당부하는 말, 곧 〈유석실서원강생諭石室書院講生〉[28]이 곧 그것이다. 이 문장은 김원행의 학문관과 교육관을 정확하게 드러내고 있어 검토할 만하다. 김원행에 의하면, 서원은 '본래 강학을 위해서 설치한 것'[29]이다. 강학을 하지 않으면 선비라 부를 수 없다는 뜻이다. 강학의 목적은 무엇인가?

선비들이 강학에 급급한 이유가 과연 무엇을 하려고 함이겠는가? 장차 내가 본디 가지고 있는 바를 찾아서 진실로 자기에게 이익이 있게 하려는 것일 뿐이다. 만약 그렇지 아니하여 단지 전적으로 장구章句에만 힘쓰고 송설誦說을 공교롭게 하여 그 안에 얻는 바가 없어, 그 밖에서 아름다움을 보고자 찾는다면, 이것은 유자의 적賊일 뿐이다. 강학에서 무엇을 취할 수 있단 말인가?

대저 도는 나의 성性에 뿌리를 두고 있고, 나의 마음에 갖추어져 있다. 동정動靜·어묵語默·진퇴進退의 법칙에 보이고, 군신·부자·부부·장유·붕우의 윤리에 드러나 있다. 그 이치가 심히 밝고, 그 일이 심히 순하니, 성인이 된 이유가 여기에 남김없이 갖추어졌다. 그러므로 맹자는 "성인은 나와 동류"라 하였고, 안연顔淵은 "순舜은 어떤 사람이며, 나는 어떤 사람인가. 순처럼 하는 사람은 순처럼 될 것이다"라고 하였으며, 성간成覸은 "저도 장부고 나도 장부다. 내 어찌 저를 두려워하겠는가?"라 하였다. 피차 이렇게 말한 것이 어찌 일부러 대담고론大談高論으로 남을 꾀어 선善을 하게 한 것이겠는가? 진실로 이 성性이 동일하고 조금도 차이가 없다는 데에서 깨친 바가 있었던 것

이다.[30)]

 '도' 곧 진리는 인간의 천부적 '성性'에 뿌리를 두고 있고, 성은 곧 '심'에 갖추어져 있다. 김원행이 말하는 '본디 가지고 있는 것'이란 곧 '성'이며, 그것은 성인과 범인에 상관없이 인간이면 모두 갖추고 있는, 하늘로부터 타고난 순선純善의 도덕적 본성이다. 아울러 '성'은 '리理'로서 인간의 모든 행위, 곧 동정·어묵·진퇴의 법칙에 보이고, 군신·부자·부부·장유·붕우의 윤리에 드러나 있는 것이다.
 순선의 '리'를 알아 내는 행위가 '마음' 그 자체를 향한다면 양명학이 되겠지만, 정주학은 성인의 말씀, 곧 경전의 탐구를 먼저 지향한다. 왜냐하면 '리'의 구체적 내용이 성인이 남긴 텍스트에 밝혀져 있기 때문이다. 그 '리'는 삶의 여러 국면, 예컨대 군신과 부자 사이에서 실천되어야 한다. 텍스트가 지시하는 바에 의식화되고 그것을 자연스럽게 행위로 옮기는 것이 김원행이 지향하는 바이며, 그것이 곧 공부다. 최종적으로 실천을 지향하기에 김원행은 곧 "강학의 귀중한 점은 장차 힘써 행하여 그 알맹이를 실천하는 데 있지 않은가?"라고 말한다. 텍스트의 문장과 어휘와 같은 부분적 층위의 의미 파악에 지나치게 집착하거나, 텍스트의 단순한 암송 등은 모두 배격된다. 그는 이렇게 말한다. "장구에 빠지지 말고, 송설을 일삼지 말고, 반드시 마음에 체득하여 몸으로 실천해야 할 것이다." 김원행의 말을 통해 장구를 따지는 오활한 유자의 학문을 하지 않으려 했던, 고학을 지향했던 담헌의 의지가 석실서원과 김원행으로부터 유래한 것임을 거듭 확인할 수 있다.
 김원행이 말하는 강학은 텍스트의 내용에 따른 철저한 의식화와 실천을 목표로 삼고 있었다. 따라서 서원에서의 강학은 비상하게 중요한 것이었고, 강학에 대한 세부 규칙도 마련해 두었다. 〈석실서원강규石室書院講規〉[31]가 그것이다. 모두 14조인데, 줄이면 대체로 이러하다. 먼저 공경대부公卿大夫로 덕이 있고 선비들이 존경하는 사람을 강사講事와 원장院長, 강장講長으로 삼는다. 《소학》을 가장 먼저 강講하고, 이어 《대학》, 《논어》, 《맹자》, 《중용》, 《심경》, 《근사록》까지 강한다. 강회講會는 매달 16일에 열고, 강할 분량을 미리 분배해서 알려 준다. 강을 마치면 〈백록동규白鹿洞規〉와 〈학교모범學校模範〉 등의 글을 읽게 한다. 이단잡서는 읽을 수 없다. 담헌 역시 이 강학에 참가했고, 강학에서 정한 텍스트를 엄격하게 배웠을 것으로 생각된다. 이렇게 선비들이 모여, 텍스트를 같이 읽고 토론하는 방식의 공부는 이 시기 널리 유행한 것이었다. 예컨대 도암 이재 문하의 동문이나 지인과 함께 모여 경전을 읽고 토론했던 송명흠宋明欽의 사례가 그것이다.[32]

강학 규정 외에도 서원에서의 일상을 규제하는 규정, 〈석실서원학규石室書院學規〉[33]도 있다. 이것을 통해 담헌이 공부했을 때의 서원 분위기를 짐작할 수 있다. 모두 22조목인데, 중요하지 않은 몇 부분을 줄이고 인용한다.

1. 장유귀천을 가리지 않고 독서와 학문에 뜻이 있는 사람은 모두 서원에 들어올 수 있다. 만약 위의威儀를 닦지 않고 언어, 행동을 삼가지 않거나 혹 실신失身 실행失行하여 유풍을 더럽히는 자는 재임齋任과 재생齋生이 회의하여 출원黜院시킨다.
2. 세상에 덕망이 있는 사람을 원장으로 삼고, 재생齋生 중에서 장의掌議·유사有司·색장色掌 등을 뽑아서 원무를 처리한다.
3. 매일 새벽에 일어나 침구를 정돈한다. 젊은 사람이 방 안을 청소

하고, 재직齋直을 시켜 뜰을 쓸게 하고, 세수하고 의관을 갖추어 입는다.

4. 평명平明에 모두 건복巾服 차림으로 중문을 열고 단지 재배하고서 외정外庭으로 나가 동서로 나눠 서서, 서로 읍례揖禮를 한 뒤 각각 재실齋室로 돌아간다.

5. 독서는 반드시 용모를 단정히 하여 위좌危坐하고 마음을 전일하게 가지고 치지致志한다. 의취義趣를 궁리하는 데 힘쓰고, 서로 돌아보며 담화하지 않는다.

6. 식사를 할 때는 장유의 순서대로 앉는다. 음식은 가려먹지 않고, 늘 식무구포食無求飽의 마음으로 먹는다.

7. 편하고 좋은 거처는 장자에게 양보하고, 먼저 차지하지 않아야 할 것이다. 10세 이상의 장자가 출입할 때는 젊은이는 일어선다.

이어서 보다 세부적인 금지사항이 열거된다. 정리하면 대체로 다음과 같다. 서안과 서책, 붓, 벼루 등의 물건은 모두 일정한 곳에 정돈해 놓아야 한다. 옷을 정리해 두어야 하고, 화려하고 사치스러운 옷을 입을 수 없다. 언어에 신중해야 한다. 조정의 이해, 지방관의 유능 여부, 남들의 허물과 악, 관직에 나아가려고 세력가에 빌붙는 일, 재물이나 부에 대한 발언, 음란한 말이나 여색에 관한 말, 남에게 술과 음식을 요구하는 일 등은 해서는 안 된다. 성현의 글과 성리설性理說 외에는 서원에서 읽을 수 없다. 단 역사책은 허락한다. 과거 공부를 하려는 사람은 다른 곳에서 해야 한다. 의리에 근본을 두는 글만 지어야 하고 이단의 말을 섞어서는 안 된다. 글씨는 단정하게 정자로 써야 한다. 공경하는 태도로 벗을 사귀어야 하고, 자신의 우월한 지위로 남을 무시해서는 안 된다. 장난과 농담으로 남을 놀려서도 안 된다. 저녁 식사 시간 이후 다른 사람의 방을 찾아갈 수는 있지만, 오랫동안 머물러 공부에 방해가 되게 하면 안 된다. 새벽에 일어나 저녁에 잠자리에 들 때까지 독서와 자기 성찰 등을 해야 하며 마음이 잠시라도 나태해져서는 안 된다. 서원의 책은 서원 문밖으로 가지고 나갈 수 없다. 책은 정해진 절차를 따라서 빌리고 반납해야 한다. 여자를 서원으로 들여서는 안 된다. 장기나 바둑판 등도 들어올 수 없다. 술도 빚을 수 없다. 매달 1일과 보름날 서원의 유생들은 강당에 모인 뒤 한 사람에게 큰 소리로 학규를 한 번 읽게 하고, 처음 서원의 기숙사에 들어오는 사람 역시 학규를 읽게 한다. 만약 학규를 제대로 지키지 않는 사람은 논책論責한다.

수도원을 방불케 하는 엄격한 생활이다. 공부는 오로지 성리설과 역사책만 허락되었다. 물론 이 학규가 석실서원만의 것은 아니다. 조선시대 서원의 학규는 이황의 〈이산서원학규尼山書院學規〉(1558)와 이이의 〈은병정사학규隱屛精舍學規〉(1578)에서 시작되었고 이후의 서원 학규는 대체로 이것들을 따랐다. 〈석실서원학규〉 역시 〈은병정사학규〉를 대체로 따른 것이다.[34] 물론 이 학규가 온전히 준행되었는지 여부는 확인하기 어렵다. 하지만 최고의 권세가이면서 학문(성리학)과 문학으로 노론을 이끌고 있던 안동 김씨 가문의 김원행이 있었던 석실서원인만큼, 다른 곳과는 달리 좀 더 엄격히 지켜졌을 것으로 보인다. 담헌의 엄정한 사고와 행동, 학문적 태도는 여기서 길러졌을 가능성이 매우 크다.

석실서원에서 담헌은 많은 사람을 만났을 것이다. 구체적으로 확인할 수는 없지만, 널리 알려진 김원행의 문인을 통해 그 대강은 그려

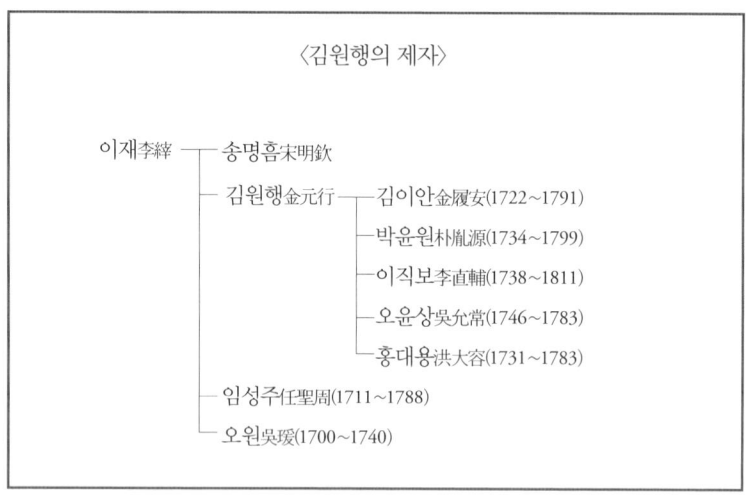

볼 수 있다. 《조선유현연원도朝鮮儒賢淵源圖》[35]에 의하면 김원행의 제자는 위 표와 같다.

앞서 말했듯 김원행은 이재의 제자다. 이재는 또 김원행의 조부인 김창협의 문인이니, 김원행은 김창협의 학문을 계승한 셈이다. 김원행 아래로 김이안·박윤원·이직보·오윤상·홍대용이 있다. 김이안은 김원행의 아들이다. 박윤원은 경화세족 중에서도 더욱 각별한 명문가였던 반남 박씨다. 이직보 역시 연안 이씨로 관료로 출세한 인물이며, 오윤상은 오재순吳載純의 아들로서 역시 명문거족 출신이다.

《조선유현연원도》에서는 이들 외에도 심정진沈定鎭, 서형수徐逈修, 이해진李海鎭, 서묵수徐默修, 박달원朴達源, 홍낙현洪樂顯, 조유선趙有善·조유헌趙有憲 형제, 이규위李奎緯, 홍낙진洪樂眞, 유한기俞漢紀 등을 들고 있다. 조유선·유헌 형제는 개성 출신이지만,[36] 나머지는 경화세족 가문 출신들이다. 다만 이들과 담헌이 어떤 관계를 맺었는지는 찾아볼 자료가 없다. 《담헌서》에도 담헌보다 아홉 살 위의 김이안을 제외한 인물에 대한 언급은 전혀 없다. 김이안은 담헌에게 주는 한시 2수를 남기고 있고, 또 담헌의 농수각籠水閣에 기문을 써 주었으며, 1775년 담헌이 세손익위사 시직이 되었을 때 익위翊衛가 되어 같이 근무하는 등 매우 가까웠다. 하지만 김이안 외의 인물과는 접촉한 흔적이 없다.

이 외에 석실서원에서 만났을 가능성이 있는 사람으로 김종후金鍾厚(1721~1780)가 있다. 김종후는 청풍 김씨로 정조 때 좌의정 김종수金鍾秀의 형이다. 김종후의 집안은 조부 김구金構(우의정)·종조부 김재로金在魯(영의정)·당숙 김치인金致仁(영의정) 등 정승을 쏟아 낸 당대 최고의 벌열 가문이었다. 홍대용의 고종사촌 김치택金致澤·김치익金致益이 김종후와 김종수의 9촌숙이었으니 아주 남은 아니었다. 담헌보다 10년 연상인 김종후는 담헌의 애오려愛吾廬에 기문(《애오려기愛吾廬記》)[37]을 써 주는가 하면, 담헌에게 연행과 관련한 내용으로 편지를 보내기도 하였다(이 편지는 뒤에 따로 다룰 것이다). 하지만 1766년 북경에서 돌아오자 김종후는 담헌이 엄성과 반정균, 육비 등 한인漢人과 사귄 것을 문제삼았고 이로 인해 큰 논쟁이 벌어지게 된다. 김이안과 김종후 외의 인물과 관련된 기록은 전혀 남아 있지 않다.

담헌은 이상할 정도로 자신의 교우관계에 대해 별반 자료를 남기지 않았다. 가장 절친한 사이였다고 알려진 박지원과의 관계를 보자. 박지원은 젊은 시절 김원행을 찾아가서 김원행이 아우 김탄행과 술을 마시는 장면과 그 호쾌한 성격에 큰 인상을 받았고, 또 김원행으로부터 큰 인물이 될 것이라는 인정을 받은 적이 있다. 아마도 석실서원을 찾아간 것이 아닌가 하는데, 그렇다면 당연히 그때 담헌의 존재를 알

앉을 수도 있다. 하지만 양쪽 모두 젊은 날의 친교에 대한 언급은 전혀 없다. 담헌과 연암이 언제 처음 만났는지도 전혀 알 수 없다. 담헌은 박지원과 관련된 문자로 〈신엄재[38]와 함께 시를 지어 박연암 지원에게 준다[與申念齋斌贈朴燕巖趾源]〉[39]라는 시 한 편을 문집에 남기고 있을 뿐이다. 박지원이 '연암'이란 호를 쓴 것은, 1771년(영조 46) 개성을 유람할 때 '연암협燕巖峽'을 발견한 이후다. 따라서 이 시는 적어도 1771년 이후에 쓴 것이니, 담헌의 나이가 마흔 줄에 접어든 뒤 쓴 것이다. 담헌이 과연 20대에 연암을 알았는지도 의문이다.

연암과의 관계가 이럴 정도니, 김원행 문하의 다른 사람과의 교유관계에 대한 기록이 희소한 것도 그다지 이상한 일은 아니다. 담헌은 사실 까탈스러운 성격이었고 그 때문에 함부로 다른 사람과 교분을 갖지 않았기에 더 그랬는지도 모른다.

담헌이 한시를 거의 짓지 않았던 것도 그의 교유관계를 확인하기 어려운 이유가 됨 직하다. 담헌은 시에 대해 도학자적 자세를 견지하여 한시를 거의 짓지 않았다. 조선시대의 한시는 문집에 수록되어 한 개인이 어떤 인물과 통교했는지를 알 수 있는 자료가 되기도 한다. 하지만 담헌은 한시를 짓는 것을 기피하여 그런 자료 자체를 남기지 않았다.

스승에게 올린 편지

교유관계뿐만 아니라 20대의 담헌에 대해서 알 수 있는 것도 별로 없다. 다만 김원행이 담헌에게 보낸 편지가 5통 남아 있어 20대 초반 담헌의 모습을 대강 짐작해 볼 수는 있다. 《담헌서》에는 담헌이 김원행에게 보낸 편지 1통이 남아 있고, 《미호집渼湖集》에는 〈답홍대용答洪大容〉이란 제목의 편지 5통이 남아 있다. 모두 홍대용이 보낸 편지에 답한 것이다. 편의상 차례대로 (1), (2), (3), (4), (5)라고 하자. 그중 (1), (2), (4)는 《소학》, 《대학》, 《논어》, 《중용》에 관한 담헌의 물음에 대한 답이다. (3)과 (5)를 쓰게 된 동기가 된 담헌의 편지가 어떤 내용이었는지는 알 수 없다. 다만 김원행의 답을 통해 젊은 담헌의 정신적 상황을 짐작할 수 있다. 먼저 (3)을 보자.

일전에 편지로 안부를 물어 주어 위로가 된다. 장맛비가 한없이 내리니, 시하侍下의 동지動止는 어떠하신가? 근래 과거 공부를 하고 있는가? 이 일은 또한 일용日用의 일 중 하나에 불과하지만, 만약 나에게 먼저 한 개의 주재主宰하는 것이 서 있다면, 본디 나의 공부를 해치지 못할 것이야. 그런데 이와 같이 못 하는 사람은 뭇 사람들이 모인 곳에서 매번 방종하고 해이한 데로 쉽게 흘러 마침내 그들과 어울려 빠져 지내다가 스스로 돌아올 줄을 모르니, 정말 개탄할 일이지.
이제 또 옥조玉藻 구용九容을 아침저녁으로 더욱 엄하게 지켜 이른바 '천만 사람 중에 자기가 있음을 아는 것'으로 늘 자신을 점검하고, 오랜 시간이 흘러도 완전해지고 굳건해진다면, 스스로 풀어져 물결을 따라 빠지는 일이 없을 것이네. 어떠한가? 훗날 한번 나가자는 약속은 사람을 매우 기쁘게 만들었네. 듣자니 과거기 지난 뒤 책을 가지고 온다니, 몇 달의 강회講會를 마련하여 서로 발전하는 이로움이 있기를 기대하네. 반드시 그렇게 하고 소홀히 여기지 말게나.[40]

편지를 쓴 연대는 알 수가 없다. '과거 공부를 하고 있는가?'라는 물음에서 담헌이 여전히 과거에 응시하고 있음을 짐작할 수 있다. 과거 응시를 위해 석실서원을 나갔던 담헌이 과거 후 어떤 책을 가지고 돌아와 몇 달 동안 강화에 참여할 것이라고 김원행에게 알렸던 것 같다. 어조로 보아 김원행은 담헌이 찾아온다는 말에 무척 고무되었던 것 같다. 김원행은 담헌을 "사우士友 중에서 실로 얻기 쉽지 않은 사람으로 보고 권애眷愛가 타인에 비할 바가 아닌"[41] 사람으로 평가하고 있기 때문이다.

이렇게 서로 소식을 전하는 과정에서 담헌은 과거 공부에 대한 회의를 스승에게 털어놓았던 것 같고, 스승은 마음에 먼저 주재하는 바가 확립되어 있다면, 과거 공부가 진정한 나의 공부를 해치지 못할 것이라고 말한다. 여전히 과거와 '진정한 공부' 사이에서 흔들리고 있었던 담헌의 사정을 짐작할 만하다. 김원행은 방황하는 담헌에게 《예기》〈옥조玉藻〉의 구용九容으로 자신을 다잡으라고 권한다. 구용은 김원행이 제자들에게 적극 권하는 절제의 원칙이었다. 그는 황윤석에게도 구용과 더불어 정자의 정제엄숙整齊嚴肅과 주일무적主一無適을 거듭 실천할 것을 요구했고,[42] 석실서원의 유생들에게도 역시 구용과 사물四勿을 강조했다.[43]

구용은 '발은 무겁게[足容重], 손은 공손하게[手容恭], 눈은 바르게[目容端], 입은 무겁게[口容止], 목소리는 조용하게[聲容靜], 머리는 곧게[頭容直], 숨소리는 엄숙하게[氣容肅], 서 있는 모습은 덕이 있게[立容德], 얼굴빛은 장엄하게[色容莊]' 하는 것을 말한다. 곧 신체를 유가의 도덕적 원리로 통제함을 의미한다. 김원행은 신체 상태를 끊임없이 점검하고 통제하면서 자신에 대한 의식을 간단없이 유지하기를 담헌에게 요구했던 것이다. 뒷날 담헌의 언행을 보면, 과연 그는 언어와 신체를 도덕적 상태로 유지하려고 했으니 스승의 말을 실천한 셈이다.

〈답홍대용〉(5) 역시 젊은 담헌의 정신적 방황을 알 수 있는 좋은 자료다. 전문을 번호를 붙여 인용한다.

(1) 오랫동안 소식이 막힌 것을 걱정했는데, 문득 편지가 와서 날이 추운데도 시황侍況이 편안한 것을 알게 되어 기쁘기 짝이 없다네.

(2) 다만 사우師友가 강설하는 즐거움을 거두어 버리고, 석자釋子(불교)에 귀의하고자 하는 생각을 했다니, 구도에 독실한 사람은 이와 같아서는 안 될 것이네. 게다가 몇몇 사람이 그대를 바라고 있는 지 오래였는데, 갑자기 모두 실도失圖하게 되었으니, 더욱 가탄스럽네. 하지만 깊은 방, 따스한 온돌에서 오직 독서에 공을 쏟는 것도 역시 계책이 될 수 없지는 않을 것 같구면.

(3) 보내 온 편지에서 이렇게 저렇게 말을 한 것에서 안으로 깊고 치밀하게 반성하여 뉘우치고 깨달음이 참되고 절실했음을 충분히 알 수 있으니, 이것은 양심이 발현하는 단서라, 여기에 근본을 두고 더욱더 이끌어 내어 중간에 끊어짐이 없게 한다면, 자연스럽게 천리가 점차 밝아지고 실공實功을 기대할 수 있을 것이네. 사람은 이 실심實心이 없는 것을 걱정할 뿐이오, 실심이 만약 선다면 무엇을 하든지 이루지 못하는 것이 없을 것이니, 오직 이 실심이 서느냐 서지 않느냐 하는 것은 그 사람에 달린 것이고, 다른 사람이 잠견할 수 없네. 오직 위기爲己와 위인爲人 사이에서 그 시비와 득실의 귀착처를 깊이 성찰하여, 거짓된 일을 만들어 스스로 소인배의 지경에 빠지려고 하지 않는다면, 그 위기爲己의 알맹이는 힘쓰기를 기다리지 않고도 저절로 그만두지 못하는 경지가 있게 될 것이네. 대저 이런 마음을 세

울 수 있다면, 또 어찌 언행에 드러나지 않겠는가? 나태한 습관이 병이 될 수 있겠는가?

(4) 찾고 있는 대증對證하는 말에 대해서는 또한 꼭 달리 구할 것이 없네. 주 선생朱先生이 "이것을 아는 것은 곧 병이고, 이와 같지 않은 것은 약이다"라고 했네. 또 "두통에는 머리에 뜸을 뜨고, 다리가 아프다면 다리에 뜸을 뜬다"고 했네. 천하의 대증하는 약제로 이보다 더 긴요한 것이 있겠는가? 만약 이미 그대가 그 가볍고, 편협하고, 거칠고, 경솔하고, 쇠잔한 것이 걱정거리라는 것을 알고 있다면, 다만 가볍고, 편협하고, 거칠고, 경솔하고, 쇠잔하지 않게 할 뿐이네. 이 외에 다시 무슨 방법이 있겠는가?

(5) 이제 양기가 처음 생겨나는 때이니, 이것은 군자가 선으로 돌아오는 때라네. 밤새 자신을 찬찬히 살펴보고, 감개感慨를 견딜 수 없어 세 번 탕湯의 반명盤銘의 일신우일신日新又日新한다는 말을 거듭 외고, 상유桑榆에 공을 거둘 것이 있어, 여러 군자와 서로 선후로 그 성공함을 보고자 원하네. 모쪼록 우리 벗이 더욱 노력하기를 기대하네.

(6) 이곳에는 근래에 찾아오는 사람이 없다네. 접때 송도松都에서 몇 사람이 찾아왔는데, 그중 조유헌趙有憲이란 한 소년은 그대로 머물며 떠나지 않고 글을 읽고 있는데, 그 뜻이 자못 높으니 쉽게 얻을 수 있는 사람이 아니네. 이만 줄이네.[44)]

먼저 (6)을 보자. 편지에서 김원행은 자신을 찾아 개성에서 여러 사람이 왔는데, 그중 조유헌이란 소년이 돌아가지 않고 글을 읽고 있다고 말한다. 앞서 간단히 언급한 개성 출신의 조유헌은 형 조유선과 함께 김원행 문하의 뛰어난 제자였다. 조유선이 정식으로 김원행의 제자가 된 것은 1762년이지만, 조유헌이 김원행을 찾아온 건 그보다 훨씬 전으로 보인다. 김원행은 조유헌에게 주는 한시 1수[45]를 남기고 있는데 1757년에 쓴 것이다. 1757년이면 조유헌이 22세 때다. 그런데 22세를 소년이라 할 수 없으니, 대체로 15세 정도로 생각한다면 조유헌이 김원행을 찾아왔을 때는 1750년 즈음이다. 조유헌의 나이가 약 15, 6세라면, 담헌이 막 20세를 넘었을 무렵이다.

(1)에서 보듯 담헌과 김원행은 오랫동안 만나지도 않았고, 또 연락도 잘 되지 않은 상태로 있다가 담헌이 갑자기 김원행에게 편지를 보냈던 것 같다. 흥미로운 부분은 (2)다. (2)에 의하면 담헌은 스승과 벗들과 유가의 경전을 공부하고 토론하는 즐거움을 버리고, 곧 유가를 떠나 불교에 귀의하고자 한다고 했다. 담헌의 불교 귀의가 구체적으로 무엇을 가리키는지 모호하다. 출가하여 승려가 되려고 한 것은 아닐 터이다. 아마도 세계와 생의 본질 혹은 근원에 대한 젊은 담헌의 깊은 고민은 20대 초반까지 자신이 유가에서 얻은 지식으로는 해결되지 않았을 것이고, 이에 불교 경전을 읽은 것이 아닌가 한다. 1775년(영조 51) 8월 26일 세손익위사 시직으로 서연에 입시한 담헌에게 세손—곧 뒷날의 정조—이 "계방桂坊도 불서佛書를 보았는가?"라고 묻자, 담헌은 "《능엄경楞嚴經》·《원각경圓覺經》 등 여러 경經은 젊었을 적에 대략 보았습니다. 하지만 선비로서 횟수를 세어 가면서 읽은 사람이 있다는 말은 들은 적이 없습니다"[46]라고 답한다.

김원행의 편지를 통해 10대 말 20대 초반 담헌이 과거 불합격으로 괴로워하는 한편, 삶의 의미를 찾기 위해 불경을 읽는 등 정신적인 방황을 거듭했음을 확인할 수 있다. 그런데 "안으로 깊고 치밀하게 반성하여 뉘우치고 깨달음이 참되고 절실했다"는 김원행의 말을 보건대,

담헌은 이내 유가로 회귀했고, 자신의 회오를 스승에게 털어놓았던 것으로 보인다.

한편 담헌은 스승에게 자신의 성격에 대해 언급한 것으로 보인다. 담헌은 자신의 "가볍고, 편협하고, 거칠고, 경솔하고, 쇠잔한" 성격과 그 성격에 기인하는 언행을 심각하게 걱정하며, 그것을 고칠 방도를 김원행에게 물었던 것으로 보인다. 담헌은 직정적인 자신의 성격과 행동이 유가가 요구하는 언어와 행동, 생각에 일치하지 않는 것을 심각하게 고민했다. 김원행의 답은 간단했다. "이와 같은 것이 병이라면, 이와 같이 하지 않는 것이 약임을 알아야 한다"[47]는 주자의 말을 인용하여, 담헌이 고민거리로 삼았던 그의 성격과 반대로 하면 되지 않겠느냐고 했다. 이어 "머리가 아프면 머리에, 다리가 아프면 다리에 뜸을 뜨면 된다"[48]는 주자의 말을 인용하여, 고민하는 부분마다 고치기를 주문하였다. (3)에서 담헌이 불교에 기울었던 마음을 수습하여 다시 유가의 공부로 돌아왔음을 확인할 수 있다. 김원행은 그것을 높이 평가한다. 하지만 이후 젊은 담헌에게 그의 직정적 성격은 완전히 사라지지 않고 언어와 행동에 수시로 나타났다. 요약하자! 젊은 날 담헌은 스스로의 판단과 김원행의 충고와 인도로 20대의 방황을 접고 유학으로 회귀했고, 석실서원을 찾아 학문에 전념하게 되었던 것이다.

문경에서 벌인 당론

홍역은 1750년(영조 26) 1월 26일 문경현감에 임명되어, 2월 22일 임지로 출발했다. 담헌은 홍역을 따라 문경으로 갔다. 조선시대에는 부친이 지방관으로 임명되면 자제가 종종 임지로 따라가기도 했으니, 담헌은 그런 관행을 따른 셈이다. 문경에서 담헌은 그 지방 사족 몇 사람을 만나 사귄 것으로 보인다. 눌은訥隱 이광정李光庭(1674~1759)의 제자로 당시 문경에 살고 있던 송정환宋鼎鋎(1711~1778)은 담헌에게 편지 한 통을 보냈다. 그는 젊은 담헌의 놀라운 식견에 대해 감탄한 뒤 학문을 잡박하게 하지 말며 오직 경전에 집중하여 끊임없는 자기 성찰을 통해 윤리적 완정성을 실현하기를 충고했다.[49]* 담헌보다 스무 살 위인 송정환이 어떤 일로 담헌을 만나 대화한 뒤 선배로서 편지를 보내 이것저것 많은 분야에 관심을 보이고 있던 담헌에게 인격 수양에 집중하라고 충고한 것이 아닌가 한다. 이외에도 담헌은 정광현鄭光鉉, 이름을 알 수 없는 채생蔡生 등을 만나 당론을 주제로 대화를 나눈 것으로 보인다.

문경에서 담헌의 생활 혹은 그의 활동에 대한 정보는 전혀 남아 있지 않다. 다만 그가 문경에서 남긴 글 2편을 통해 당쟁에 대한 담헌의 생각을 짐작해 볼 수 있다. 이 2편의 글은 현재 남아 있는 담헌의 문자 중에서 연도가 가장 앞선 것이기도 하다. 《담헌서》 내집 3권에 실려 있는 〈소양서원 문제를 논하며 경상도 관찰사에게 드리는 편지[與嶺伯論瀟陽祠書]〉[50]는 문경에 있는 소양서원瀟陽書院을 문제로 삼고 있으니, 문경에서 쓴 것이 분명하다. 물론 이 편지는 담헌의 이름으로 관찰사에게 올린 건 아니고, 아버지 홍역을 대신해서 쓴 것이다. 하지만 그 내용에 담헌이 동의하고, 담헌의 의사가 충실히 반영된 것으로 보아

---

* 이 편지에서 송정환은 '邑民無祿, 縣寃莫訟'이라 쓰고 있다. 읍민이란 송정환 자신을 두고 한 말이다. 곧 그는 문경 거주민이었다. 또 "足下甫弱冠, 見識如此"라고 하고 있으니, 이 글은 담헌의 약관 곧 20세에 보낸 편지다. 담헌이 문경에 갔을 때의 일이다.

도 상관없다. 먼저 소양서원에 대해 간단히 알아보자.

소양서원은 정언신鄭彦信·심대부沈大孚·김낙춘金樂春·남영南嶸 등을 배향하는 서원으로 1721년(숙종 38)에 건립되었다. 홍역은 이 서원 배향 인물 중 정언신(1527~1591)을 출향할 것을 경상도 관찰사에게 요구했다. 정언신은 위관委官으로 1589년 정여립의 옥사를 다스렸다. 그런데 정철의 사주를 받은 생원 양천회梁千會가 정언신이 정여립의 9촌으로 옥사를 공정히 다스리지 않는다고 비판하는 상소를 올려 파직되었고(당시 정언신은 우의정이었다), 이어 정여립의 조카 정즙鄭緝의 초사招辭에 이름이 나와 남해로 유배되었고, 뒤에 갑산으로 이배되었다. 사사하자는 주장이 있었지만 선조는 받아들이지 않고 이배移配를 명했다. 정언신은 1591년 갑산에서 죽었다. 정언신은 사실 정여립 사건에 관여한 바가 없었으므로 억울한 죽임을 당한 것이었다. 선조는 1606년 정언신의 직첩을 돌려주게 하였다.

사건의 본질은 이와 같지만, 홍역(=담헌)은 정언신이 정여립의 당이라고 판단한다.

정언신은 본래 거칠고 사나우며 비루한 사내로서 어쩌다 군공軍功을 차지해 경상卿相의 자리에 올랐습니다. 하지만 그의 평생을 살펴보면, 은총과 복록을 편안히 누리다가 제 집에서 늙어 죽었다 하더라도 서원에서 제사를 지내 주는 것은 너무나도 마땅치 않습니다. 더욱이 그는 정여립의 도당으로 형틀에 묶여 형을 받고 저 외딴섬으로 유배가서 죽었으니, 다시 말해 무엇하겠습니까? 그는 심지어 선전관을 유혹하고 위협해 체포를 지연시키게 만들었고 고발한 자를 참하여 입을 막은 뒤 옥사를 뒤집을 계책을 꾸몄으며, 누차 편지를 몰래 보내어 안에서 호응한다는 말이 두 번이나 역적의 초사에서 나왔습니다. 사사하라는 명은 비록 번복되었지만 저잣거리에서 죽이는 일은 실로 국법으로 용서할 수 없는 바였습니다.[51]

밑줄 친 부분이 정언신의 죄목이지만, 사실로 판단하기 어렵다. 이것은 아마도 노론 내부에서 전해져 오는 이야기였겠다. 정언신은 북인이었으니, 노론은 그가 죄가 있다고 믿을 수밖에 없었을 것이다.

소양서원과 관련하여 경상도 관찰사에게 보낸 편지와 같은 주제를 담고 있는 편지가 있다. 〈정광현에게 보내는 편지[與鄭光鉉書]〉[52]가 그것이다. 이 편지는 위의 〈소양서원 문제를 논하며 경상도 관찰사에게 드리는 편지〉와 어떤 형태로든 연결되어 있었을 것이다. 이 편지에서 담헌은 부족하지만 이틀 동안 만나 마음을 털어놓았다면서 지곡池谷으로 이사한 뒤 앞으로 꼭 한 번 가고 한 번 와서 교의가 자별하게 될 것이라고 말하고 있다. 여기서 '지곡'이란 문경에 있는 지명이다. 게다가 이 편지가 '경내의 이른바 소양서원'을 문제삼고 있는 것으로 보아, 정광현은 문경의 사족임이 분명하다. 아마도 정광현이 먼저 담헌을 방문해 토론을 벌이고 헤어진 뒤 다시 담헌에게 편지를 보냈던 것 같다. 담헌의 이 편지는 그에 대한 답장으로 보인다. 그런데 이 만남과 편지에는 채생蔡生이란 사람이 끼어 있다. 담헌은 "채공蔡公은 아마도 편지를 보냈을 터인데, 아무 일은 없겠지요?"라고 묻고 있다. 채공, 곧 채생이 혹 정광현에게 문제가 있는 편지를 보낸 게 아닌가 걱정하고 있는 것이다. 추측건대 정확한 사정은 모르지만, 담헌과 정광현, 그리고 채생 사이에 의견의 일치를 보지 못한 대화가 있었고, 뒤에 서로 편지를 주고받으며 논란을 이어 갔던 것 같다. 또 하나 중요한 것은 이 편지를 보낸 시기다. "한 해가 거의 끝나려 하고, 추위가 더욱 심해지고 있다[歲色垂窮, 寒沍益嚴]"는 담헌의 표현으로 보아 연말임을 알 수 있다. 곧 홍역이 문경현감에 임명된 것이 앞서 말한 바와 같이 1750년(영조 26) 1월 26일이니, 이 편지는 아마 그해 끝에 쓴 것이 아닌가 한다.

이 편지는 그때의 대화 이후에 담헌이 보낸 것으로 보인다. 편지의 내용은 당론이었다. 구체적으로 밝혀져 있지는 않지만, 담헌과 정광현·채생은 당론을 주제로 논쟁을 벌였고 서로 한 치도 양보하지 않았던 것으로 보인다. 문경은 경상도이고, 담헌의 시대에 이미 경상도 남인은 경신대출척(1680)과 갑술옥사(1694)로 중앙 정계에서 패퇴했다. 이어 1728년 이인좌의 난을 계기로 재기불능 상태가 되었다. 아마도 이런 일련의 정변을 주제로 논쟁을 벌인 것 같은데, 논쟁의 성격상 노론과 남인이 합의할 수 있는 문제는 당연히 아니었다.

논란의 내용을 정확히 파악하기는 어렵지만, 담헌의 편지를 통해 대충은 짐작할 수 있다. 편의를 위해 번호를 붙인다.

(1) 대저 우옹尤翁(송시열)은 높일 만하지 않다고 하는 자는 삿된 자이고, '4흉四凶'이란 말을 하는 자는 거역하는 자입니다. 지금 이른바 남인은 이 둘을 겸해서 가지고 있는 자입니다.

(2) 무신년(1728, 영조 4) 변란 때 정희량鄭希亮과 이인좌의 당에 들어가서 거병범궐擧兵犯闕하려 하지 않았던 자들이 매우 드물었습니다. 자신이 직접 그 사건에 개입했으나 요행히 죽음을 면한 자가 있었는가 하면, 직접 들어가지 않았지만 마음속으로 그 사건에 개입하지 않은 자가 없었습니다. 마음이 만약 들어가지 않았다면 그 사람은

서인이고 남인이 아닙니다.

⑶ 그러므로 저는 일찍이 "조정에서 만약 무신년의 역적을 끝까지 다스렸다면 서울과 지방을 가릴 것 없이 무릇 남인이라 이름하는 자를 깡그리 죽일 수는 없었다 해도, 사실을 알고도 고하지 않은 죄에서 벗어날 사람은 천 명 중 한두 명도 되지 않았을 것"이라고 하였습니다. 충군애국하는 사람이라면 그들을 원수로 여겨 배척해도 그 분을 다 풀 수가 없을 텐데, 다시 어찌 얼굴을 맞대고 마음을 털어놓을 수 있단 말입니까?

⑷ 제가 이 말을 집사執事가 아니면 누구에게 하겠습니까? 후하게 돌보아 주심을 믿고 이처럼 속마음을 쏟아 냅니다. 미친 것 같은 말이 많은 데다 시휘時諱를 범하고 있으니, 보시고는 즉시 불태워 버리시고 남에게는 보이지 않으신다면 천만다행이겠습니다. 이것은 꾸민 말이 아니니, 꼭 유념해 주십시오.[53]

담헌은 송시열을 높일 수 없다고 하는 자는 삿된 자이고, 4흉지설四凶之說을 주장하는 사람은 역逆이라고 말한다. 4흉은 신임사화 때 죽은 노론 4대신 김창집·이이명·이건명·조태채이다. 소론은 그들을 4흉이라 불렀고 남인도 그에 동조했다. 아마도 송시열과 노론 4대신을 두고 정광현 등 남인과 논쟁이 있었던 것 같고, 담헌은 결코 그들의 견해에 동의할 수 없다고 했다. 담헌의 입장은 철저한 골수 노론의 그것이다. ⑵와 ⑶에서 담헌은 남인이 두루 이인좌·정희량의 난에 가담했음과 남인들이 모역죄에서 벗어날 수 없음을 말하고, 과격하게도 그들을 원수로 여김이 마땅하다고 주장한다. 편지의 끝은 문경의 소양서원에 정언신을 향사하는 것을 문제삼았다. 담헌은 정언신이 정여립의 당으로 형벌을 받고 죽은 자이며, 비록 동인이 집권할 때 신원되기는 했지만, 역모를 저질렀던 것은 공지의 사실이라고 말했다. 담헌은 영남이 추로鄒魯와 같은 곳인데, 왜 이적·금수의 땅이 되었는지 모르겠노라고 그 이유를 알려 달라고 요청했다.

〈채생에게 주는 편지[與蔡生書]〉[54] 역시 같은 성격의 편지다. 채생은 곧 앞서 정광현에게 보낸 편지에 등장하는 채공이다. 편지의 전후 순서는 알 수 없지만, 같은 논쟁에서 파생된 것임은 분명하다. 담헌은 채생의 명성을 들은 지 오래되었다면서 그가 영사嶺寺 아래의 여사旅舍로 방문해 준 데에 고마움을 표하고 있다. 거기서 서로간에 당쟁에 대한 논란이 있었고, 이 편지는 미진했던 부분에 대한 보충 질문인 셈이다. 편지에 "근래 눈과 추위가 극심하다"[55]는 표현이 있는 것으로 보아, 대체로 앞의 정광현에게 보낸 편지와 같은 때인 1750년 겨울에 보낸 게 아닌가 한다.

편지는 매우 완곡하고 정중한 표현으로 일관하지만, 내용은 사실상 당쟁의 핵심에 해당하는, 매우 과격한 것이다. "붕당의 화禍가 어느 시대엔들 없겠습니까만, 어찌 오늘날처럼 사邪·정正이 서로 다투고 충·역이 날카롭게 대립하여, 위로는 종국宗國이 자주 위태롭고, 아래로는 사론士論이 모두 분열되어 어느결에 이적·금수의 지경으로 들어가도 해결할 수가 없게 된 때가 있었습니까?"[56] 당쟁의 문제를 이렇게 지적하고 있지만, 결국 담헌은 '노론 의리'를 일관되게 주장한다.

조금 더 구체적으로 확인해 보자. 채생은 지난 논쟁에서 담헌을 "편론偏論을 병통으로 여긴다[深以偏論爲病]"고 비판했던 바, 그것은 대체로 담헌이 취하고 있는 비타협적인 강경 노론의 입장을 겨냥한 것으로 보인다. 담헌에 의하면, 영조의 탕평책조차 결국 사·정을 어지럽히고 충·역을 뒤섞어 마침내 결과적으로 인심을 파괴하고 어지럽히며, 세상을 멸망시킬 것이었기 때문이었다. 그에 따르면 '붕당의 화'보다 '탕평의 화'는 더 심한 것이어서 반드시 나라를 망치고야 말 존재였다.[57] 담헌은 일에는 둘 다 옳은 경우도, 둘 다 잘못인 경우도 있으니, 한쪽의 주장에만 치우친다면 군자의 공평한 도리가 아니라고 말한다. 하지만 1584년 당쟁의 조정자였던 이이가 사망하자 서인西人을 본격적으로 공격하기 시작한 동인東人과 1589년 정여립의 모반에 참여한 세력은 용서하거나 이해할 수 없는 것이라고 주장했다. 동일한 논리로 담헌은 채생에게 예송禮訟에서 어느 쪽이 '정'이고 '사'인지, 신임사화 때 누가 '충'이고, '역'이었는지를 묻는다. 당연히 노론이 '정'과 '충'임을 주장하기 위해서였다. 담헌은 문경의 사족과 벌인 당론에서 영조의 탕평책까지 한사코 반대하는 철저한 비타협적 노론의 입장을 견지했다. 담헌의 당론은 그의 가문과 스승 김원행이 탕평론을 강경하게 비판한 골수 노론인 데서 비롯된 것이다.

담헌은 영남 남인들과 벌인 논쟁에 대해 김원행에게 말한 바 있었다. 김원행은 당연히 남인들을 배척하는 태도를 취했다. 담헌이 김원행에게 편지를 보내 《논어》의 의문점을 조목조목 묻자, 김원행이 답장을 보낸 적이 있다. 《미호집》에 실린 〈답홍대용〉이 그것인데, 이 편지의 맨 끝에 《논어》와 상관없는 담헌의 질문과 김원행의 답이 있다.

담헌 이곳의 사대부들은 모두 남인으로 제게 호의를 가지고 찾아왔습니다. 게다가 저들은 문견에 익숙하여 그런 것이고, 우리로부터 자신들을 소외시키지 않았으므로 좋은 얼굴로 어울리지 않을 수 없습니다. 이것이 의리를 해치지나 않을런지요? 그중 두 사람은 뒤에 들으니 그 부형이 우옹(송시열)을 무욕誣辱하는 영남 흉도凶徒의 상소에 참여한 적이 있다고 합니다. 이 경우 다른 사람과 조금 다르니, 어떻게 대처해야 할지 모르겠습니다.

김원행 우리 족류가 아니니, 만날 의리가 없는 듯하다. 우옹을 무욕한 경우 엄하게 물리쳐야 한다. 다른 사람과 조금 다르다는 말은 너무나 느슨한 말인 것 같다.[58]

구체적인 일시는 확정할 수 없지만, 담헌이 문경에서 이 편지를 보내고 답장을 받은 것은 분명하다. 담헌은 서울 명문가 자제인 자신을 찾아오는 영남 지방의 남인들을 만났다. 그들은 담헌에게 호의적이었으므로 좋은 얼굴로 어울리지 않을 수 없었다. 하지만 자신을 찾아온 두 사람의 부형이 송시열을 비난하는 상소에 참여했다는 것을 알게 되었다. 그 사실을 알게 된 이상 호의로 찾아온 사람들을 대하기 난감하였다. 이에 김원행에게 편지를 보내어 그의 의견을 물어 본 것이다. 김원행은 송시열을 무욕한 경우 엄하게 물리쳐야 한다면서, 담헌의 난감한 태도를 느슨한 말이라고 몰아붙였다. 담헌은 김원행의 말을 일단 따를 수밖에 없었을 것이다. 당론은 사람들을 갈라 놓고 있었다.

스승 김원행과 당론으로 논쟁하다

문경에서 남긴 3편의 글은 담헌이 처음으로 자기 생각을 선명히 드러냈다는 점에서 퍽 중요하다. 그는 한 치 어김도 없이 자신의 가문과 스승의 당색을 따라 강경한 비타협적 노론의 의리를 주장했다. 하지만 문경에서 벌인 남인과의 논쟁에서 그가 접한 남인의 노론 비판은 아마도 큰 충격이었을 것이다. 여기에 예상하지 못한 경험도 있었다. 문경에서 윤증尹拯(1629~1711)의 글을 읽은 것이다. 노론에게 '소론' 윤증은 적일 뿐이었다. 그런데 희한하게도 윤증의 글은 노론 당론으로 의식화되어 있는 담헌의 대뇌를 뒤흔들었다. 담헌은 시원스럽고 부드러운 윤증의 글이 마음에 들어 정신없이 빨려들어 갔다고 털어놓았다. 급기야 담헌은 송시열의 정당성을 의심했고, 윤증을 용서할 수 있다고 생각했다. 노론과 소론의 생사를 건 격전장이었던 신임사화에 대해서도 소론이 역적인 것은 사실이지만, 노론 쪽도 죄가 없지 않다는 생각에 도달했다.

막 스물을 넘긴 젊은이의 오염되지 않은 신선한 두뇌는 사태를 그나마 약간은 객관적으로 볼 수 있었다. 게다가 담헌은 자기감정과 생각을 그대로 쏟아 내는 직정적 성격이었다. 담헌은 이듬해인 1751년(영조 27) 석실서원으로 김원행을 찾아가 궁금한 바가 있다고 말을 꺼냈고, 김원행은 "의심스런 일이 무슨 일인가? 말해 보라"고 선선히 답했다. 담헌이 쏟아 낸 말은 모두 송시열과 노론에 대한 비판이었다. 담헌의 말을 쟁점 별로 짚어 본다.

(1) 우옹(송시열)의 미촌美村(윤선거) 묘문墓文에 대한 일입니다. 미촌이 윤휴의 당黨이라는 것을 알았다면, 어찌 율곡이 김대성金大成에게 했던 것처럼 하지 못하였습니까? 또 묘문을 짓는 것을 사양하지 못하게 되자 포양襃揚하는 말을 하지 않고 도리어 조롱하는 말을 드러나게 썼습니다. 그리고 마지막에는 현석玄石(박세채)의 말을 인용하였습니다. 이것은 확연하게 의도가 있는 것이었는데도 도리어〈상강천표瀧崗阡

表〉 등의 설로써 말을 잔뜩 늘어놓고 조목조목 따져서 마음과 말이 서로 어긋났으니, 구차한 것이 되고 말았습니다. 또 '산악山嶽·강약彊弱'이란 말로 조롱하고 비웃고 모욕했으니, 남의 자식이 된 사람의 마음이 어떻게 편안할 수 있겠습니까? 남의 양존兩尊(부모)을 다치게 하는 말은 '물가[水濱]에 가서 물어 보라'는 말로 핑계를 대었습니다.[59]

송시열과 윤선거는 평소 윤휴(1617~1680)를 높이 평가했다. 하지만 윤휴가 주자의 《중용》 주해를 비판하며 자기 나름의 주해를 붙이자, 송시열은 윤휴를 이단으로 몰았고 증오의 말을 내뱉었다. 윤선거가 지나치다고 하자 송시열은 그가 윤휴를 두둔한다면서 나무라며 감정이 좋지 않았다. 송시열은 윤선거에게 윤휴와의 관계를 끊으라고 했지만, 윤선거는 그것을 진지하게 받아들이지 않았다. 1차 예송, 곧 기해예송으로 남인과 서인이 대립했을 때 윤선거가 윤휴의 설을 인용하여 송시열을 죽이려 하자, 송시열은 윤휴를 참적讒賊으로 지목했다. 윤선거도 윤휴가 허적許積 등과 사귀는 것을 보고 편지를 보내 비판하였다. 이에 윤휴는 윤선거와 절교하였다. 윤선거가 죽자 윤휴가 제문을 보냈는데 윤선거의 아들 윤증은 고민 끝에 이를 받았고, 송시열은 이것을 윤선거가 윤휴와 관계를 단절하지 않았다는 증거로 알았다.

1669년(현종 10) 윤선거가 사망하자 윤증은 스승 송시열을 찾아가 묘갈명을 부탁하면서 자료로 윤선거가 생전에 송시열에게 보내려 했다가 끝내 보내지 않았던 편지(《기유의서己酉擬書》)를 보여 주었다. 그런데 거기에는 송시열의 정적이었던 윤휴·허목許穆 등을 차차 등용해야 한다는 내용이 있었다. 이것을 본 송시열은 윤선거가 윤휴를 편들었다고 판단했다. 분노한 송시열은 묘갈명을 성의 없이 써 주었다. 문제가 되는 부분은 본문의 "나는 그 덕을 형용하는 글을 지으려 할 때 아득하여 무어라 말할 바를 알지 못하였다[余於狀德之文, 茫然不知所以爲辭]"라고 한 부분과 명사銘辭의 "진실한 화숙和叔이 지극히 잘 선양했기에, 나는 달리 짓지 않고, 이 묘갈명을 보이네[允矣和叔, 極其揄揚, 我述不作, 示此銘章]"라고 한 부분이었다. 화숙和叔은 박세채朴世采의 자다. 박세채는 윤증의 부탁으로 윤선거의 행장을 지으며 윤선거가 높고 큰 산(교악喬嶽)과 같은 기상이 있다고 평가한 바 있다. 송시열은 그 말이 아니꼬웠기에 윤선거에 대한 자신의 평가는 보류하고 박세채가 이미 말한 바 있다고 한 것이다. 윤선거와 박세채 둘을 한꺼번에 비꼰 셈이다. 윤증은 당연히 윤선거와 송시열의 오랜 친분을 들며 이런 식으로 무성의하게 표현한 이유가 무엇이냐고 따졌다. 송시열의 답변은 여전히 무성의했고 조롱하는 뜻이 있었다. 자신은 박세채를 교악처럼 본다고 답했고, 또 박세채에게는 "교악이란 말을 화숙이 썼기에 자신도 빌려 썼다"고 말했다. '산악山嶽'이란 말에서 '산악'은 바로 이런 배경을 갖고 있다.

 송시열은 또 북송 대의 문장가 구양수의 〈상강천표〉를 들어 자신이 윤선거를 직접 추켜세우는 말을 하지 않은 변명거리로 삼았다.[60] 네 살 때 아버지를 여의어 그에 관한 기억이 전혀 없던 구양수는 뒷날 아버지의 묘도문墓道文 〈상강천표〉를 쓸 때 어머니 정씨로부터 전해 들은 기억을 서술하여 간접적으로 아버지가 인품이 빼어난 인물임을 알리고자 하였다. 송시열은 자신이 박세채의 말을 인용한 것이 꼭 구양수가 〈상강천표〉를 쓰는 방식과 같다고 억지를 부렸던 것이다. 하지만 그것은 자신이 경험하지 않은 경우를 서술할 때나 통하는 방법이지, 수십 년을 익숙히 알던 사이에는 끌어올 수 없는 것이었다. 그리고 고쳐 달라고 하기에 감히 고치지 않을 수가 없어서 고쳐 준다고 하면서 "약한 것은 본디 강한 것을 대적할 수 없다"[61]라고 말했다. 약한 자신이 강한 윤증을 어떻게 당할 수 있겠느냐고 비꼰 것이다. 이것이 '강약'이란 말의 배후다.

이외에도 송시열은 의도적으로 윤선거를 비난하는 말을 퍼뜨려 윤증을 분노케 하였다. 송시열은 윤선거를 '강도江都(강화도)의 부로俘虜'라고 부른다 하고, 윤선거가 강화도에서 오랑캐에게 무릎을 꿇었기에 죽지 않고 이름을 '선복宣卜'으로 고쳤다고 했다. 윤증은 1681년(숙종 7) 스승 송시열의 비열한 행위를 견딜 수 없어, 송시열이 주자를 끌어 대고 춘추대의를 부르짖지만, 그것은 실천과 무관하고, 오직 자기 권력을 강화하는 데 목적이 있다는 내용의 편지를 썼다. 송시열에게 부치지는 않았지만, 편지는 결국 송시열에게 전해졌다. 분노한 송시열은 다시 윤증에게 편지를 보냈다. 김익희金益熙(1610~1656)가 생전에 윤선거를 잔인한 사람이라 했다는 것이었다. 윤증이 항의하는 편지를 보내자, 송시열은 김익희의 뜻이, 윤증의 어머니 이씨가 강화도에서 자결한 것은 자의가 아니라 윤선거의 강요에 따른 결과였다는 의미로 답했다. 다시 윤증이 항의하자 송시열은 김익희의 동생 김익겸이 강화도에서 자살한 것은 윤선거의 선동에서 비롯된 것이었다는 의미였다고 답했다. 여기에는 약간의 내력이 있다.

윤선거는 1636년(인조 14) 청의 사신이 오자 성균관 유생의 신분으로 그를 죽일 것을 청하는 상소를 올린 적이 있다. 같은 해 12월 청이 쳐들어오자(병자호란) 윤선거는 강화도로 피신하였다. 청군이 강화도를 함락하자, 윤선거의 중부仲父 윤전尹烇은 자살을 기도했다가 실패해 청군에게 끌려가 죽고, 친구 권순장權順長·김익겸과 아내 이씨는 자결하였다. 하지만 윤선거는 아버지가 살아계신다는 이유로 변복變服을 하고 강화도에서 탈출하였다. 윤선거는 그때 자결하지 못한 것을 이유로 평생 벼슬길에 나아가지 않았다. 사정이 이러함에도 송시열은 윤선거를 '강도의 부로'라 부르고, 또 윤선거가 아내 이씨에게 자결을 강요한 것처럼 말한 것이다. 어머니의 죽음을 목격했던 윤증으로서는 송시열의 입에서 나온 말은 가슴을 후비는 것이었다. 이뿐만 아니라 친구에게 자살을 선동했다는 말은 더욱 납득할 수 없었다. 송시열에게 편지를 보내 다시 항의했지만, 송시열은 김익희의 말뜻이 바뀐 것은 자기로서는 알 수 없는 바이니, 물가에 가서 물어 보라고 답했다. 물가에 물어 보라는 말은 《좌전》에서 인용한 것[62]이지만, 여기서는 김익희의 호가 창주滄洲, 곧 '푸른 물가'란 뜻이므로 죽은 김익희를 찾아가 물어 보란 뜻으로 이해된다. 송시열은 거듭 윤증을 조롱했던 것이다.

담헌은 윤선거가 윤휴의 당이었음을 송시열이 이미 알고 있었다면, 왜 이이가 김대성에게 했던 것처럼 하지 않았느냐고 반문했다. 율곡의 제자인 김권金權이 조부 김대성의 비문을 청하자, 율곡은 답을 하지 않았다. 김권이 실망하여 그 이유를 정엽鄭曄에게 묻자, 율곡은 김대성의 죽음에 대처한 의리가 온당치 않아 허락하지 않았을 것이라고 답했고 김권은 이에 다시 비문을 청하지 않았다. 담헌은 윤선거가 못마땅했다면 윤증의 부탁에도 불구하고 묘갈문을 지어 주지 않았으면 될 일이지, 구태여 지어 주면서 비소고 조롱한 것은 송시열의 잘못이 아니냐는 것이다. 아울러 윤증의 부모를 모욕하고서 항의하는 윤증에게 물가에 물어 보라는 식으로 답하는 것은 옳지 않다는 비판이었다.

(2) 도문屠門과 의시依市는 윤선거가 이미 배척한 적이 있습니다.[63]

윤선거는 송시열이 윤휴를 이단으로 모는 것은 반대했지만, 그렇다고 해서 윤휴와 끝까지 좋은 관계를 유지한 것도 아니었다. 윤휴가 허적과 어울리며 이익을 도모하자, 윤선거는 그것을 '실신한 것'이라 하였고, 심지어 처녀가 저자 문에 기대어[依市] 웃음을 파는 것이나, 푸줏간[屠門]에서 염불을 하는 것과 같다며 심하게 배척했다고 한다.[64] 이에 윤휴는 절교를 선언했다. 담헌은 윤선거가 이렇게 윤휴와의 관계를 먼저 단절했으므로, 송시열이 윤선거가 윤휴와의 관계를 단절하지 않았다고 여긴 건 잘못이라고 판단한 것이다.

> (3) 경오년의 헌직憲職은 윤증 또한 상소하였으니 '중독中毒'이니 '건등蹇騰'이니 하는 말은 위협에 가깝습니다.[65]
> (4) 초려草廬(이유태李惟泰)의 예설禮說은 이미 점고한 바인데 뒤에 그를 배척하여 전후가 모순되니 그가 노여워한 것도 괴이하게 여길 것이 없습니다.[66]

(3)은 사실을 밝히기 어렵다. 경오년은 1690년(숙종 16)으로 이해 9월 숙종이 윤증을 대사헌으로 임명하자 윤증은 바로 상소하여 사직하였고, 숙종은 이에 윤증을 삭직했다. 윤증이 대사헌에 임명된 것은 물론 당쟁과 관련이 있다. 1689년 기사환국으로 다시 집권한 남인들이 윤휴의 복관을 청하면서 '윤증이 윤휴를 억울하게 여겼다'는 송시열의 말을 근거로 삼은 것이다. 남인은 또 율곡과 성혼成渾의 문묘 출향을 청하면서, 윤증이 1681년 나양좌羅良佐에게 보낸 편지에서 "율곡에게는 입산, 곧 잠시 출가했던 잘못이 있다"고 했던 말을 근거로 삼았다. 그러고는 윤증을 대사헌에 임명해 자신들의 우익인 것처럼 만들려 한

것이다. 이에 윤증은 숙종에게 상소문을 올려 남인의 인용이 사실이 아님을 극력 주장하였다. 다만 담헌이 말하고 있는 '중독', '건등' 등의 말은 의미를 찾기 어렵다. 아마도 노론 쪽에서 윤증이 대사헌에 임명된 것을 두고 비난한 말이겠지만, 정확한 의미는 알 수가 없다.

(4)의 의미는 다음과 같다. 2차 예송에서 서인이 패배하자 송시열은 1675년(숙종 1) 귀양을 갔다. 이유태(1607~1684)는 송시열과 가까운 사이로 같이 대공복大功服을 주장하여 같이 유배 처분을 받았으나, 1680년 경신대출척으로 남인이 정계에서 축출되자 귀양지에서 풀려나 벼슬을 하게 되었다. 그런데 송시열 쪽은 과거 효종이 차자次子라는 데 근거하여 대공복을 주장하여 처벌을 받았던 이유태가 갑자기 효종이 적자임을 주장하여 관직에 임명되었다고 여겼다. 송시열에 따르면 이유태는 또 송시열 역시 자신과 의견이 같다고 말했고, 이에 숙종은 송시열을 거제도에서 청풍淸風으로 이배移配하라고 명했다는 것이다. 송시열은 이것을 큰 수치로 생각했다고 한다.

윤증에 의하면 이유태는 기해예송 때는 물론 갑인예송 때도 송시열과 의견을 같이했고, 특히 갑인예송 때는 이유태가 예설을 지어 송시열에게 보여 주었고 송시열이 직접 수정을 해 주었다. 그러다 1676년(숙종 2) 이유태가 자신의 예설을 바꾸어 살기를 도모했다는 말이 송시열 쪽에서 흘러나왔는데, 사실 이유태는 예설을 바꾼 적이 없었다는 것이다. 윤증이 송시열의 장기長鬐 유배지를 찾아가 안부를 물었을 때 송시열은 이유태가 고친 예설 원고를 본 적이 있다며 송상민宋尙敏이 가지고 있는 것을 확인해 보라고 하였다. 윤증은 송상민을 찾아가 확인했지만, 그것은 원래 송시열이 이유태에게 수정해 준 원고였다. 송시열은 없는 사실을 날조했으니, 이는 다른 일로 이유태와 이미 사이가 벌어졌기 때문이었다. 담헌은 이유태의 예설을 송시열이 수정해 놓고 마치 이유태가 예설을 고쳐 귀양지에서 풀려나 벼슬하기를 도모한 것처럼 여긴 게 잘못이 아니냐고 묻고 있다.

⑸ '여구驪狗'란 추한 욕설은 미워한 것이 너무 심합니다.[67]

윤휴가 여주驪州에서 살았으므로 송시열은 윤휴를 여주, 여강驪江이라 불렀다. 여구란 '여주의 개새끼'란 뜻으로 윤휴를 모욕적으로 부르는 말이다. 이 말은 현재《송자대전》이나《명재유고》에서는 확인되지 않는다. '여주의 개새끼'란 말을 송시열이 내뱉은 것은 확실하지만, 지나치게 저급한 말이기에 문집에는 실을 수가 없었을 것이다. 담헌은 윤휴가 비록 송시열의 정적이고 미움의 대상이기는 하지만, '여주의 개새끼'라는 표현은 너무나 저열하지 않는가 하는 것이다.

⑹ 춘추春秋 대의는 실천한 실상이 없습니다. 이것이 우옹尤翁의 의심스러운 점입니다.[68]

송시열이 춘추대의에 입각해 대명 의리와 북벌을 주장했지만, 그에 상응하는 실천이 전혀 없었다는 것이다. 이것은 윤증의 〈신유의서辛酉擬書〉의 일부를 그대로 옮긴 말이다. 윤증은 〈신유의서〉에서 "평생 수립한 것이 춘추의 대의를 외치고 밝혔다지만, 단지 말로만 했을 뿐이지 그것에 상응하는 실천이 없었습니다. 이런 까닭에 내수외양內修外攘하고 안정되고 강한 세력을 이루어 복수설치하는 계획은 탁월하게 이룬 일이 전혀 없습니다. 볼 수 있는 건 오직 벼슬이 높고 무거워지고 이름이 널리 퍼지는 것일 뿐입니다."[69] 담헌은 〈신유의서〉를 읽고 송시열의 말과 실천이 일치하지 않는다는 윤증의 지적에 동의한 것이었다.

(7) 권순장·김익겸이 같이 폭사爆死한 사실과 율곡의 입산에 대한 언급은 말의 기세상 당연한 것이었습니다. 용기를 손상시킨 말이 아니었으니, 권순장·김익겸 두 사람의 절조에 대해서 무슨 따질 만한 근거가 되는 무함誣陷을 한 적이 없습니다. 또 초년의 일을 논하자면, 율곡의 잘못은 사람들이 다 아는 바입니다. 그런데도 절조를 지킨 선비를 헐뜯었다 하고, 혹은 선정先正을 무욕誣辱했다 하니, 모두 다만 옳지 못함만 보고 남의 말을 다 이해하지 못한 것입니다.[70]

윤증은 나양좌에게 보내는 편지[71]에서 윤선거가 강화도에서 탈출한 일을 언급하는 과정에서 권순장·김익겸이 같이 폭사한 것과 율곡의 입산에 대해 말한 바 있다. 윤증은 윤선거가 강화도에서 탈출한 것은 다른 곡절이 있어서가 아니라고 말한다. 강화도가 함락되던 날 어머니 이씨는 자결했고, 윤선거는 봉림대군(효종)의 명을 받들고 남한산성으로 가는 진원군珍原君을 따라 강화도에서 나왔다는 것이다. 강화도에 있었다면 죽음을 면할 수가 없었을 테니, 미복微服으로 피란한 것은 안 될 것이 없었다고 해명했다. 아울러 당시 김상용과 같이 폭사했던[이것을 같이 불에 타 죽었다는 의미의 '동분同焚'이란 말로 표현하고 있다] 윤선거의 친구 권순장·김익겸 역시 만약 그때 김상용과 함께 있지 않았다면 꼭 죽어야 할 의리는 없었다는 것이다. 윤증은 아울러 강화도에서 윤선거가 죽지 않았던 사실을 가지고 윤선거를 헐뜯는 사람들은, "망녕된 것(불교)으로써 슬픔을 누르려 했다[以妄塞悲]"고 한 율곡의 상소를 "스스로 말을 다했다[自道盡]"(불교를 믿은 것을 스스로 인정했다는 뜻이다)고 의도적으로 왜곡한 것과 다를 게 없다고 말하고, 율곡은 그대로 입산한 잘못은 있지만 윤선거는 강화도에서 죽어야 할 의리가 없었다고 주장했다.

담헌은 윤증의 주장에 대해 그것은 어세가 그렇게 된 것일 뿐, 권순장·김익겸의 죽음을 죽을 명분이 없는 곳에서 쓸데없이 죽은 것으로 판단한 것, 곧 그들의 절조를 비난하거나 왜곡한 것이 아니었다고 말한다. 또한 율곡이 모친상을 당해 슬픔을 견디지 못하고 일시 입산했던 것은 율곡 초년의 실수라는 것이다. 따라서 윤증의 발언은 권순장·김익겸을 헐뜯은 것도 아니고, 율곡을 모욕한 것도 아니며, 단지 윤증의 글을 정확하게 읽지 못한 오독의 결과라고 했다.

(8) 도성 서쪽에서의 제문은 악역이 아니었습니다. 구의舊義가 그래도 남아 있었으니 창졸간에 거절하지 못했던 게 어찌 큰일로 여길 만한 것이었겠습니까? 아버지와 스승은 한 가지지만, 가벼움과 무거움은 절로 구별이 됩니다. 양쪽을 다 온전히 섬길 수 없다면, 어느 쪽을 택해야 할지는 알 수 있는 법입니다. 이것이 윤증을 용서할 수도 있는 이유입니다.[72)]

윤선거가 죽었을 때 윤휴는 이미 윤선거와 절교한 상태였지만, 윤선거의 상여가 도성 서쪽을 지날 때 아들에게 제문을 주며 가서 치제致祭하게 하였다. 이미 절교한 사이였지만, 윤증은 그래도 아버지의 옛날 벗이라고 하여 제문을 받았다. 그 제문에는 윤선거를 비난하는 내용이 있어 윤증은 제문을 받은 것을 후회했다. 한편 송시열은 윤증이 윤휴의 제문을 받았다고 전해 듣자, 윤선거가 윤휴와의 관계를 끊지 않은 것이라 의심하고[73] 윤선거에게 보냈던 제문을 고쳐 그 속에 윤선거가 윤휴와 절교하지 않았음을 암시했다.

담헌은 윤증의 입장에 서서 윤휴가 원래 악연이 아니고, 또 과거에 친구였던 인연도 있으니, 제문을 받은 것 자체는 이해할 수 있는 일이 아니냐고 반문했다. 그리고 아버지와 스승은 그 위상이 동등하지만, 경중은 다르니 윤증이 아버지를 변호하는 것은 용서할 수 있는 일이라고 주장했다.

(9) 신임사辛壬事의 경우 홍수紅袖(궁녀)를 내통하여 돈을 여기저기 뿌렸으니 장차 무엇을 하려는 것이었습니까? 이것이 신임사의 의심스러운 점입니다.[74]

신임사는 곧 신임사화를 말한다. 목호룡의 고변으로 노론 쪽이 경종을 폐위하고 영조를 왕위에 올리기 위한 움직임이 드러났던 바, 목호룡의 고변 내용이 모두 사실일 수는 없지만, 노론 쪽에서 궁녀들과 실딕히고 잎음 성사시키기 위해 돈을 쓴 것은 사실이었다. 담헌은 그것은 정당하지 않은 것이 아니냐고 물었다.

담헌이 제기한 문제는 노론과 소론이 갈라지는 결정적 지점늘이다. 스물한 살의 젊은 담헌은 거칠것없이 소론의 입장에서 노론과 송시열을 비판하는 말을 스승에게 폭포수처럼 쏟아 내었다. 김원행의 입장에서는 난감한 일이 아닐 수 없었다. 저녁 어스름이었다. 어둠 속에서 김원행은 길게 한숨을 내쉬었다. 손에 쥔 부채를 펼쳤다 접었다

하다가 또 활활 부채질을 하였다. 젊은 제자의 당돌한 비판에 마음이 불편하기 짝이 없었다.

담헌은 담헌대로 두려운 생각이 왈칵 들었다. 자신이 너무 경솔하고 성급하게 말한 것이 아닌지 후회스러웠다. 심한 나무람을 들을까 두렵기도 했다. 한참 시간이 지난 뒤 김원행의 노기가 서린 답이 있었다.

군이 입산入山에 대한 말을 선현(율곡)을 무함한 것이 아니라고 한다면, 정말 그 어리석고 잘못된 판단은 어떻게 해 볼 도리가 없다.
우옹의 일은 설혹 중도에 지나치더라도 단지 주자의 이른바 '태양증太陽症'이 드러난 것일 뿐이다. 만약 군의 말과 같다면, 형편없는 악한 소인배보다 못할 것이니, 다시 무슨 말을 하겠는가?
또 그대는 지나치다. 왕고장王考丈(조부 홍용조)이 평생 우옹을 믿고 따라 묘정廟庭에 배향할 것을 상소로 청하기까지 하였다. 신축·임인년의 일로 말할지라도 같이 쫓겨나 저 거칠고 먼 변방에서 거의 헤아릴 수 없는 지경에 빠질 뻔했으니, 비록 무거움과 가벼움에 차이가 있고, 죽고 산 것이 다르기는 했지만, 기미가 서로 통하고, 영욕이 서로 관계되었던 것이다.
군은 가정에서 오히려 세덕世德을 믿지 못하고서 이처럼 망령되이 의심을 품으니, 이것은 결코 나의 지력智力이 미칠 바가 아니고, 말로 따질 것이 못 된다. 군은 마음대로 하게나.[75]

김원행은 담헌의 말에 일일이 답하지 않았다. 만약 율곡의 입산을 들먹인 것이 선현을 무함한 게 아니라면 어쩔 수 없고, 송시열에게 지나친 점이 있기는 할지라도 그것은 주자가 말한 '태양증'에 불과한 것이다. 주자는 남의 실수를 참지 못하고 입에 나오는 대로 말하는 자신의 직선적인 성품을 양기를 지나치게 많이 타고난 '태양의 여증餘症'이라고 표현한 바 있었다.[76)] 곧 지나치게 직정적이어서 반드시 남을 이기고자 하는 성격이다.

김원행의 답은 주자란 권위를 빌려 송시열을 비호한 것이었다. 송시열이 윤선거와 윤증, 윤휴 등에게 퍼부은 말은 성격에서 비롯되었다고 변명할 수준의 것이 아니다. 하지만 김원행으로서는 그렇게 변명할 수밖에 없었다. 제자와 이 문제로 논란을 벌이는 것 자체가 사제 간에 당론을 벌이는 난감한 지경에 빠지게 되고, 그것은 또 노론의 치부를 드러내는, 빠져나올 수 없는 수렁으로 들어가게 될지도 모를 터였다. 나아가 송시열의 도덕적 결함을 드러낼지도 모를 일이었다. 김원행이 그렇게 말을 맺고 만 데에는 이런 이유가 있었을 것이다.

한편 김원행은 담헌이 승복하지 않을 수 없는 문제를 끄집어 냈다. 조부 홍용조와 송시열의 관계였다. 그는 1719년(숙종 45) 지평으로 있던 홍용조가 송시열을 효종의 묘정에 배향할 것을 세자(뒷날의 경종)에게 요청한 사실을 상기시켰다. 담헌이 송시열을 비난한다면, 그것은 자신의 조부가 했던 일을 비난하는 격이 될 터이다. 아울러 신임사화 때 홍용조는 노론의 일원으로 변방으로 유배된 적이 있었다. 1722년(경종 2) 6월 3일 시헌부는 성종을 폐위시키려는 모의를 알았던 많은 사람 중 김진상金鎭商·홍용조는 그 외영外影(외부에서 놉고 그림자처럼 따르는 사람)이 된다는 목호룡의 발언을 근거로 변방에 안치할 것을 요청했고, 6월 25일 허락을 받았다. 담헌의 가문 역시 노론으로서 송시열과 불가분의 관계에 있었고, 또 신임사화 때 소론에 밀려 나름 피해라면 피해라 할 것을 입기도 했다. 하지만 김원행의 경우에 비해 홍용조가 당한 유배형은 가볍기 짝이 없는 것이었다. 이미 언급한 바와 같이 김원행의 가문은 남인·소론과의 권력 투쟁에서 여러 차례 피를 흘린 처지였다. 특히 신임사화는 김원행이 직접 목도한 바였다. 신임사화로 인해 김원행의 생조부 김창집과 생부 김제겸이 사사되고, 친형 김성행이 옥사했으니, 김원행이야말로 당쟁의 참혹한 희생자였다. 그런 김원행에게 소론의 편에 서서 노론을 비판하는 담헌의 질문은 애당초 수용이 불가능했다.

단계적 부계친족제의 성립으로 인해 당쟁의 패배는 그 영향이 한 가문 전체에 미쳤다. 친족이 목숨을 잃고 가문 전체가 결딴나는, 피비린내 흥건한 권력 투쟁은 사태를 객관적으로 볼 수 없게 했다. 설령 자당自黨의 행위에서 심각한 오류와 부도덕함을 발견했다 할지라도 부모형제, 혹은 스승의 죽음 앞에 그것들은 아무런 의미도 없었다. 친족의 가치가 그 어떤 가치보다 선행하는 사회였으니, 거기에는 이성적인 판단이 개입할 소지가 거의 없었다.

자신의 조부와 송시열, 신임사화의 관계를 거론하는 김원행의 말에 담헌은 '놀랍고 부끄러운' 나머지 땀을 쏟았고 무어라 대답할 말을 잊었다. 한참이 지난 뒤 담헌은 애써 변명할 말을 겨우 찾았다.

큰 의심이 없는 자는 큰 깨달음이 없습니다. 의심을 품고서 입을 다물고 있기보다는 찬찬히 묻고 따져보는 게 낫지 않겠는지요. 앞에서 구차하게 따르기보다는 차라리 하고 싶은 말을 다하여 결국 의견을 같이하는 것이 낫지 않을는지요?[77]

의심을 품고 말하지 않기보다는 차라리 의심스런 바를 충분히 말해 오해를 없게 하는 것이 낫다는 취지였다. 김원행 역시 화를 풀고 천천히 말했다.

> 나도 군의 뜻이 생각하고 묻는 데 있을 뿐 마음에 실로 다른 것이 없음을 알고 있다. 내가 군을 사우士友 중에서 실로 얻기 쉽지 않은 사람으로 여기고 사랑함이 다른 사람에 비할 바 아니니, 어찌 이런 일로 군을 의심하겠는가? 군은 옛 의견을 깨끗이 씻어 버리고 공평한 마음으로 생각해 보라. 그 대체大體를 우선적으로 생각하고 작은 일들을 부차적으로 여겨 충분히 생각한 뒤 한 가지 결론에 이른다면, 과거에 의심했던 것이 무슨 허물이 되겠는가?[78]

담헌의 질문이 순수한 의문에서 나왔음을 인정한다는 것이었다. 김원행은 아울러 일의 본질적인 국면에 먼저 주목하고, 부차적인 소소한 사건은 그다음에 생각하라고 충고했다. 당론에 대한 담헌과 김원행의 문답은 이것으로 끝났다. 담헌은 그 자리에서 스승의 훈계를 받아들일 수밖에 없었다.

김원행의 답으로 담헌은 송시열과 노론에 대한 의문을 완전히 해소했을까? 담헌이 남긴 글에서 그 답을 찾을 수는 없다. 골수 노론 가문에서 태어난 그에게 노론이 주장하는 당론은 논쟁 이전의 것이었다. 노론의 자제가 노론 당론을 비판하는 언사를 밖으로 내뱉는 것은 친족 외부로 내쳐짐을 의미했다. 가문과 사문의 당론은 그냥 받아들여야 하는 것이었다. 여기서 당론에 골몰하던 조선 후기 사족 사회의 엄혹한 성격을 거듭 확인하게 된다.

이후 담헌이 어떤 형태로든 구체적인 경우를 열거하면서 노론을 비판하는 일은 없었다. 아마도 송시열의 행위와 노론 당론에 대한 담헌의 비판적 생각은 그의 마음속에서 깨끗이 지워지지 않았을 것이다. 그는 종제 홍대응에게 "조선은 적국의 침입이 있다 해도 멸망하지는 않겠지만, 오직 당론으로 인한 사족 상호 간의 살상은 결국 망국으로 귀결될 것"이라고 단언한 바 있다.[79] 당쟁은 담헌에게 사족에 대한, 나아가 인간에 대한 부정적 생각을 깊이 심었을 것이다.

이날 대화는 조금 더 이어졌다. 담헌이 김원행에게 만약 나랏일을 할 수 있다면 무엇을 먼저 할 것인가를 묻자, 김원행은 한참 있다가 옛날 김굉필金宏弼이 시사時事를 묻는 사람에게 "소학동자小學童子도 면하지 못하는 내가 어떻게 시사를 알겠소?"라고 답했던 것을 인용하며 김굉필에도 미치지 못하는 자신이 어떻게 시사를 논할 수 있겠느냐고 답했다.

스승과 제자 사이에 당론에 대한 대화가 있었던 그해 여름 담헌은 다시 석실서원으로 김원행을 찾아갔다. 오래 내리던 비가 개고 강물이 불었다. 김원행은 〈관창觀漲〉이란 제목으로 시를 지어 벽에 붙여 놓았다. 〈관창〉은 비로 불어난 물을 제재로 흔히 짓는 시다. 담헌은 시의 끝부분을 옮겨 놓았다. "조용히 말하노니, 이 세상 누가 이 마음의 경지가 있으리오. 오직 노래를 지어 불러 이 마음을 펼치노라." 비가 개자 만물이 청신해졌다. 김원행은 담헌을 돌아보며 물었다.

"군은 이 기상氣像을 한번 보라. 누가 이를 당할 수 있으리오?"
"맹자인들 어찌 이 경지를 넘을 수 있었겠습니까?"
"군의 말이 정말 옳다. 하나, 어찌 맹자의 경지에 미칠 것인가? 덕이 비록 대현에 미치지 못하더라도 마음속이 쇄락灑落하여 허다한 곡절과 장벽이 없으면 또한 좋은 기상일 것이니, 이 경지에 들 수가 있다. 지금 세상에 또한 어찌 이런 경지에 도달한 사람이 없으리오?"[80]

김원행이 말한, 마음속이 쇄락하여 허다한 곡절과 장벽이 없는 기상이란 어떤 의미일까? 아마도 그것은 무슨 도를 깨달아 느낀 경지가 아니라, 비가 온 뒤 맑아진 풍경을 보고 청량한 대기를 호흡하면서 순간 느낀 상쾌함이었을 것이다. 당론의 포로가 된 그에게 무슨 탈속한, 대단한 정신적 깨달음이 있었겠는가?

1753·1754년 《소학》 강의

담헌의 글과 김원행의 글(1754년 4월 쓴 글)[81]에 의하면, 1753·1754년 두 해에 걸쳐 석실서원에서는 《소학》 강의가 이어졌다. 담헌은 1754년 중하仲夏(음력 5월)에 이 강의에 참여했다. 담헌이 석실서원에서 어떤 활동을 했는지는 알려진 것이 없다. 아마도 이 《소학》 강의가 유일할 것이다. 이제 그 강학의 장면을 살펴보자. 담헌은 《소학》 내편 명륜明倫편의 강講을 맡았다. 《소학》 내편은 입교立教·명륜·경신敬身·계고稽古로 이루어져 있는데, 그중 명륜은 다시 명부자지친明父子之親, 명군신지의明君臣之義, 명부부지별明夫婦之別, 명장유지서明長幼之序, 명붕우지교明朋友之教로 구성되어 있다. 담헌이 맡은 부분은 '명부부지별'이었다. 담헌은 해당 부분을 소리 내어 읽은 뒤 '외내外內가 우물을 같이 하지 않는다'는 문장의 의미를 물었다. 해당 부분을 직접 인용하면 다음과 같다.

남자는 집안의 일을 말하지 않고 여자는 집 밖의 일을 말하지 않는다. 제사나 상사喪事가 아니면 서로 그릇을 주고받지 않는다. 그릇을 주고받을 경우 여자는 광주리로 받는다. 광주리가 없으면 모두 앉아 그릇을 땅에 놓은 뒤에 가져간다. <u>안과 밖이 우물을 함께 사용하지 않고</u>, 욕실을 함께 사용하지 않는다. 잠자리를 같이 쓰지 않고, 서로 빌리고 빌려주지 않는다. 남자와 여자는 옷을 공유하지 않는다(《예기禮記》〈내칙內則〉).[82]

밑줄 친 문장은 약간 미묘하게 오해될 수 있었다. 김원행은 자신이 과거 민진원에게 이 문장은 남자와 여자의 우물을 각각 따로 두는 것이 아니라, 같이 물을 긷지 않는다는 뜻이라고 하여 인정을 받았던 일화를 전하고 있다. 남성과 여성의 분리를 원칙으로 하는 《소학》이라 남자와 여자의 우물을 각각 따로 두는 것으로 오해하는 경우가 실제로 있었기 때문에, 김원행의 발언은 합리적인 것으로 인정받을 수 있었다. 김원행은 자신에게 재종척조再從戚祖이고 또 재상인 민진원이 한참이나 어린 상사생上舍生인 자신의 의견에 귀를 기울인 것이 대단히 자랑스러웠을 것이다.

이어 김원행은 자신이 1724년(경종 4) 정철의 5대손으로 훗날 삼정승을 모두 역임하는 정호를 만났을 때의 일화를 전했다. 대화가 송시열에 이르자, 정호는 감탄하는 어조로 "우리 사문은 바다처럼 넓고 하늘처럼 높다"고 외쳤고, 한참 있다가 또다시 "우리 사문은 바다처럼 넓고 하늘처럼 높다"고 반복하였다. 김원행은 정호를 '우옹尤翁을 독신하는 사람'이라고 말하고 있다. 정호는 송시열의 제자로 노론의 둘도 없는 맹장이었으니, 과연 그럴 만했다.

이 기록에 이어지는 것도 역시 《소학》에 관한 내용이다. 아마도 《소학》의 우물 이야기로부터 민진원의 이야기가 나오고 이어 정호의 이야기까지 나왔던 것을 담헌이 기록한 것으로 보인다. 이어 《소학》 명륜편 '통론通論'의 "임금을 섬기되 범함은 있지만 숨기는 것은 없다[有犯而無隱]"라는 구절에 대한 강의가 이어졌다. 원래 《예기》〈단궁檀弓〉에서 인용된 이 구절에서 '범'은 곧 '얼굴을 범하고 간하는 것'이고, '미微'는 미간微諫, 곧 은미하게 간하는 것이다. 담헌은 '미간'은 따르기 쉽고 법언法言은 받아들이기 어려우니, 진언하는 신하는 임금이 받아들이기 쉽게 미간을 하면 그만이지 왜 고생스럽게 법언을 하는가 하는 것이었다. 김원행은 "미간은 진언의 변變이고, 법언은 진언의 정正이다. 군자는 그 정을 말하고, 그 변을 말하지 않는다. 공자가 자로子路에게 고한 것이 그 경우다"[83]라고 하였다. 공자가 자로에게 말한 것이란 《논어》〈헌문憲問〉의 "자로가 임금 섬기는 것을 묻자, 공자께서 대답하셨다. '속이지 말고 얼굴을 대놓고 간쟁해야 한다'"[84]라고 한 데서 인용된 것이다. 임금에게 대놓고 간쟁하는 것이 올바른 것이라는 말이다. 이어서 김원행은 웃으며 "군이 이 도리를 너무 익숙하게 알게 되면 위태로울 것이야!"라 하고, 이어 "오늘날은 미간도 들어볼 수 없도다!"라고 탄식하였다.[85]

이어지는 이야기는 모두 김원행이 전하는 선배들의 일화다. 김원행은 이지함李之菡이 서기徐起에게 보낸 편지와 서기가 이지함과 함께 제주도를 유람한 기행문을 베낀 글과 서기의 말을 기록한 글을 담헌에게 보여 주었다. 전자에는 이지함이 아이의 병이 심한데도 불구하고 다음 날 제주도 유람을 같이 가자고 권하는 내용이 있었고, 후자에는 30리 밖에 사는 서기가 비바람에도 불구하고 매일 이지함을 찾아가 배웠는데, 시간이 흐르자 하루 걸러 가다가 다음에는 며칠에 한 번씩 가게 되었다면서 자신의 게으름을 반성하는 내용이 담겨 있었다. 김원행은 담헌에게 자신은 두 글을 아주 좋아한다면서 그 뜻을 아는가 물었다.

김원행의 생각은 이렇다. 이지함은 아이의 병에도 불구하고 서기에게 제주도 유람을 제안했고, 서기는 그 제안을 받아들여 제주도 유람을 떠났으니, 대단히 오활한 것이다. 하지만 그들의 행동에는 무언가 배울 점이 있다. 김원행의 말이다. "그대들은 서원에 하루 걸러 한 번 오는 것도 오히려 어렵게 여기니, 고청孤靑(서기의 호)에 비하여 어찌 부끄러운 일이 아니랴? 옛사람이 일을 과감히 하고, 선을 독실히 좋아했던 것을 여기서 볼 수 있다."[86]

학문에 대한 독실함은 송시열의 일화로 이어졌다. 송시열이 젊은 시절 김장생金長生에게 배울 때 자신의 향리인 회덕에서 김장생이 있는 연산까지 50리 길을 점심밥을 가지고 가다가 반을 먹고, 공부를 마치고 돌아올 때 나무에 매달아 놓은 나머지 반을 먹었다고 한다. 이렇게 매일 먼 길을 오갔기에 만년에 유람을 할 때 제자들이 그의 걸음을 따를 수 없었다고 한다. 김원행에게 듣는 이야기들은 노론계 학자들의 일화가 많았다. 김원행은 도옹陶翁(이재)을 만났을 때 술을 잘 먹는 사람들은 악착스럽지 않고, 술을 안 먹는 사람은 평범한 사람이 많다고 했다는 일화, 김창흡을 만났을 때 《서경》〈우공禹貢〉을 다섯 번 만에 외웠다는 김원행에게 자신은 한 번 만에 외웠다는 김창협의 탁월한 능력을 전하고 있다.

석실서원에서 담헌의 활동으로 알려진 것은 이《소학》강의가 유일하다. 하지만 대개 석실서원에서 어떤 식의 대화가 오갔는지는 짐작할 수 있다. 김원행이 안동 김씨 일문을 대표하는 학자였으니 아무래도 그의 담화는 주로 노론계통의 학자들에 관련된 게 많았으며, 담헌은 그들의 학문과 사상으로부터 직간접적인 영향을 받았던 것으로 여겨진다.

소소한 일상

석실서원에서 담헌이 공부만 했던 것은 아니었다. 담헌은 남기고 있지 않지만, 김원행의 아들 김이안은 석실서원에서 당연히 시를 썼고, 그중 몇 수에서 담헌을 언급하고 있다. 〈덕보德保에게 부치다〉라는 제목의 시에서 김이안은 "친구는 나를 버리고 서울로 떠나가고, 한생韓生도 하루 지나면 남쪽으로 돌아가네"[87]라고 한 것을 보면, 담헌은 김이안과 한생(아마도 한성로韓聖老) 등과 함께 석실서원에서 공부하다가 서울로 돌아간 것 같다. 김이안은 또 〈15일 밤 덕보와 이경지李敬之 익천翼天이 석실에서 작은 배를 저어 왔기에 '천天' 자를 운자로 불렀다〉는 제목의 시를 남기고 있는데, 아마도 밤에 담헌은 이천익과 함께 작은 배를 저어 김이안이 있는 곳을 찾아갔던 모양이다.

　김이안은 1722년생으로 홍대용보다 여덟 살이 많았지만 친척이기도 했고 또 서로 기질이 맞아 아주 친하게 지냈던 것으로 보인다. 김이안은《서경書經》〈순전舜典〉의 주석에 실린 선기옥형璇璣玉衡에 대한 해설을 보고 직접 만들기도 했는데, 그 조잡함과 오류를 담헌이 토론해 바로잡곤 했다고 회고하였다. 이 역시 석실서원에서 있었던 일일 것이다. 아마 담헌은 석실서원에서 공부하던 젊은 시절부터 혼천의와 천문학에 관심이 있었던 듯하다.[88]

1748년 5월 노론의 유수한 학자 박성원朴聖源(1697~1767)이 석실서원이 있는 마을로 이사를 오자, 담헌은 자연스레 그와 접촉했다. 박성원은 같은 해 10월〈석실서원권강문石室書院勸講文〉을 썼고 1750년 2월에는 석실서원의 향음주례鄕飮酒禮에 빈賓으로 참석하였다.[89] 박성원이 1754~1756년 사이에 쓴 시를 모은《광암집廣巖集》4권에〈바닷가 고을의 여사旅舍에서 우울함을 달래려고 홍군 대용과 결성結城에 갔다가 이어 허정許亭을 찾았다〉는 제목의 시[90]가 실려 있다. 이 시기 석실서원에서 학업에 매진하던 담헌은 어떤 일로 인해 박성원을 수행했던 것으로 보인다. 박성원은〈서원의 제군諸君에게 보인다〉는 제목의 시에서 담헌을 한 번 더 거론한다. 시의 서문에 참고할 만한 부분이 있다.

　석실의 달밤에 홍군 덕보[大容]가 서원의 재실에서 거문고를 안고 왔다. 나는 여러 젊은이들과〈국풍國風〉을 강講하고 번갈아 외는 것이 끝나기를 기다려, 덕보에게 거문고를 연주하게 하였다. 내가 웃으며 말했다.
　"'시詩에서 흥기興起하고 악樂에서 이룬다[興於詩, 成於樂]'고 했는데, 앞뒤로 순서가 맞구나."
　서성지徐成之[묵수黙修]가 말했다.
　"오늘 여러 벗들과 강당에서 향음례鄕飮禮를 익혔습니다. 이것은 비록 한때의 우스갯소리이기는 하나, 과연 그 말을 그대로 실현할 수 있었으니, 충분히 수신하는 일이 될 만합니다."
　거문고 연주가 끝나자, 여러 젊은이들이 이어 젓대를 불며 배에 올라 밤의 뱃놀이를 즐겼다.[91]

박성원이 서원 유생들에게 《서경書經》의 〈국풍〉을 강론하고 이어 유생들이 강론한 부분을 번갈아 외웠다. 담헌은 재실에 두었던 거문고를 가져와 외는 것이 끝나자 박성원의 명을 따라 거문고를 연주했다. 박성원은 《논어》〈태백泰伯〉의 "시詩에서 흥기하고, 예禮에서 서며, 악樂에서 이룬다[興於詩, 立於禮, 成於樂]"라는 부분을 인용해 방금 있었던 《시경》 강론과 거문고 연주가 이 구절과 맞는 것이 아니냐고 하였다. 하지만 박성원은 '예에서 선다[立於禮]'라는 부분은 말하지 않았다. 이에 서성지가 낮에 강당에서 향음례를 익혔으니, 《논어》의 모든 구절이 오늘 이루어졌다고 말했던 것이다. 이것은 실제 서원에서 이루어지는 유생들의 학업 활동의 한 단면이다. 물론 여기서 중요한 것은 담헌이다. 담헌은 이 시기 거문고 연주자로 널리 알려져 있었던 것이다. 사실 담헌은 탁월한 거문고 연주자였다. 훗날 성대중成大中(1732~1809)은 이한진李漢鎭(1732~?)의 퉁소를 담헌의 거문고와 짝이 되는 것으로 평가했으니,[92] 담헌의 거문고 연주 실력은 당대 최고 수준이었다고 해도 틀리지 않지 싶다.

담헌의 20대 석실서원에서 학업에 매진할 때의 정보는 대개 이 정도다. 소략하기 짝이 없다. 다만 도산서원 방문록에 담헌이 1755년 9월 21일 도산서원을 방문해 하루를 사고 갔다[93]는 기록이 남아 있는데, 도산서원 방문만이 목적이었는지 아니면 다른 일 때문에 갔다가 들른 것인지 알 수가 없다. 또 도산서원 방문의 소회가 어떠했는지도 전혀 짐작할 수 없다.

04

젊은 날의 공부,
경학·성리설·
역사비평

성인에게도 의문을 품다

앞에서 살핀 바와 같이 석실서원에서 담헌은 《소학》의 강학에 참여하였다. 《소학》의 강학에 참여했다면 다른 강학에도 참여했을 것이다. 앞서 언급한 박성원의 《시경》 강학 같은 것이 그 예가 될 것이다. 하지만 담헌이 그 밖의 어떤 텍스트의 강학에 언제 참여했는지 구체적으로 확인할 자료는 남아 있지 않다. 또 스승인 김원행으로부터 학문적으로 어떤 지도를 받았는지도 분명하지 않다. 앞서 언급한 바와 같이 《미호집》에는 담헌에게 답하는 편지 5통이 실려 있다. 하지만 담헌 쪽은 〈미호 선생 김원행에게 올리는 편지[上渼湖先生金元行書]〉 1통을 남기고 있을 뿐이다. 또 이 편지의 내용은 담헌이 스승 김원행이 어떤 고관 아들의 관례에 참여한 게 잘못이 아니냐고 따지는 것이니, 학문적인 것과는 상관이 없다. 그런데 편지 형식이 아니면서도 김원행에게 학문적 주제로 질문을 던진 글이 남아 있다. 《담헌서》 내집 1권을 보자. 1권은 학문적 텍스트로 이루어져 있는데, 다음과 같다.

- 심성문心性問:
  〈심성문〉, 〈답서성지논심론答徐成之論心論〉, 〈소학문의小學問疑〉
- 가례문의家禮問疑:

〈가례문의〉, 〈묘제의墓祭儀〉, 〈축문식祝文式〉 1,

〈축문식〉 2, 〈가묘다례식家廟茶禮式〉

- 사서문변四書問辨:

〈대학문의大學問疑〉, 〈논어문의〉, 〈맹자문의〉, 〈중용문의〉

- 삼경문변三經問辨:

〈시경변의詩經辨疑〉, 〈서전문의書傳問疑〉, 〈주역변의〉,

〈계몽기의啓蒙記疑〉, 〈미상기문渼上記聞〉

'심성문'의 〈심성문〉과 〈답서성지논심론〉은 각각 심성론을 다룬 것이다. 전자는 심성에 관한 물음이라기보다는 심성론에 대한 사유의 단편을 모은 것이고, 후자는 서성지徐成之란 사람이 질문한 심성 문제에 대한 답변이다. 김원행의 《미호집》에 〈서묵수에게 답하다[答徐默修]〉라는 편지 7통이 있는데, 서묵수의 자가 '성지'였다. 이 두 글을 제외한 나머지는 김원행과 관계된 것이 대부분이다. 〈가례문의〉는 김원행과 《주자가례》의 심의深衣제도 등에 관해서 주고받은 편지의 일부다. 이어지는 〈묘제의〉, 〈축문식〉 1·2, 〈가묘다례식〉은 아주 짧은 글로 주로 담헌 집안에서 제사를 지내는 규칙에 대해 정리한 것이다. 《주자가례》와 관련이 있기에 부기된 것으로 보인다. 맨 끝의 〈미상기문〉은 석실서원에서 김원행과 나누었던 대화와 김원행이 들려준 이야기를 정리한 것이다.

가장 중요한 것은 당연히 '사서문변'과 '삼경문변'이다. 이 중 일부에 대해서는 김원행의 답변이 있다. 사서삼경만을 따로 정리하면 다음과 같다.

- 〈대학문의〉─김원행, 〈답홍대용〉 (2)
- 〈논어문의〉─김원행, 〈답홍대용〉 (1)
- 〈맹자문의〉
- 〈중용문의〉─김원행, 〈답홍대용〉 (4)
- 〈시경변의〉
- 〈서전문의〉
- 〈주역변의〉
- 〈계몽기의〉

'문의'는 의문 나는 점을 묻는다는 뜻이니, 《대학》, 《논어》, 《중용》에 대한 질문에 김원행의 답이 있는 것을 보아, 원래 〈맹자문의〉와 〈서전문의〉에도 답이 있었을 것이다. 《대학》, 《중용》, 《논어》에 대한 답도 온전하게 남아 있는 건 아니다. 예컨대 〈대학문의〉에서 담헌은 "유소有所의 뜻을 일전에 감히 망설妄說을 올려 인가를 받았습니다만, 《주자어류》의 여러 설은 유소가 병통이라고 지적해 말한 경우가 많습니다. 이것들은 어떻게 처리해야 할지요?"[1]라고 말하고 있는데, '유소의 뜻'이란 《대학》의 전傳 7장의 "이른바 '몸을 닦는 것이 그 마음을 바르게 함에 있다'는 것은, 마음에 분노하는 바가 있으면 그 바름을 얻지 못하고, 두려워하는 바가 있으면 그 바름을 얻지 못하고, 좋아하고 즐기는 바가 있으면 그 바름을 얻지 못하고, 걱정하는 바가 있으면 그 바름을 얻지 못한다[所謂修身在正其心者, 身有所忿, 則不得其正;有所恐懼, 則不得其正;有所好樂, 則不得其正;有所憂患, 則不得其正]"에서 4번 반복되는 '유소有所'를 말한다.

무엇인지 알 수 없지만, 담헌은 '유소'에 대한 새로운 주장을 펼쳤고, 김원행으로부터 인정을 받았던 것이다. 이런 사례로 보아 담헌과 김원행 사이에는 여러 차례 경전 해석에 대한 질문과 답변이 오갔음을 알 수 있다. 하지만 담헌의 질문과 김원행의 답 양쪽 모두 온전히 남아 있지 않다. 김원행의 답은 〈대학문의〉와 〈논어문의〉에 대해서는 상세하지만, 〈중용문의〉에 대해서는 개괄적인 내용만 있고 세목에 대한 답은 없다. 〈맹자문의〉는 원래 워낙 짧거니와 김원행의 답도 아예 없다. 예컨대 《대학》과 《소학》에 대한 담헌의 질문에 대해 김원행의 답은 〈답홍대용〉(2)에 실려 있지만, 문목에 대한 답이 아니고, 《대학》의 실천에 관련된 것을 말하고 있을 뿐이다.

《대학》과 《소학》의 의의疑義는 모두 입수했는데, 같은 자리에 앉아 마주 보고 강론하는 즐거움만 못하지 않네. 그동안 독서하면서 늘 차록箚錄을 좋아하지 않았는데, 이제 보니 이 일도 참으로 적게 여길 수는 없네. '혹문或問'은 이어 읽는 것이 아주 좋은데, 지금 몇 장까지 읽었는지 모르지만 맛을 더욱 깊이 느끼는가? 《심경》의 이른바 "한 번 읽고 마는 것"이란 말은 사람을 가장 경계하고 두려워하게 만드니, 모름지기 그 홀로 있을 때를 삼간다는 말을 스스로 속이지 않는 데에 진정 힘을 얻은 연후에야 《대학》을 헛읽는 사람이 되는 것을 면할 걸세. 하지만 궁리窮理가 아니면 지선至善이 있는 곳을 밝힐 수가 없는 법이니, 이 마음이 발發하는 것이 반드시 불성不誠한 데 이를 것이고, 거경居敬이 아니면 이 마음이 보존되지 않아 또 선과 악, 성誠과 위僞의 구분을 정밀하게 살필 수가 없을걸세. 이것이 옛날부터 학자들이 이 두 가지를 도道로 들어가는 파병欛柄으로 삼아 독실했던 까닭이니, 참으로 속일 수가 없다네. 그러나 이것 역시 단지 한바탕 화두일 뿐이네. 실심으로 진실하게 해 나가지 않는다면, 무슨 이익이 있겠는가? 나 자신도 못 하는 것을 말하자니 부끄럽네. 오직 그대는 사랑하여 도우려는 정성을 살펴 힘을 쓴다면 다행이겠네.[2]

김원행은 홍대용의 물음에 대해 구체적으로 답변하기보다는, 전반적인 경전의 실천을 요구했다. 〈중용문의〉에 대해 덧붙일 사실은, 끝에 1766년 2월 북경에서 사귀었던 중국인 친구 철교鐵橋 엄성에게 보내려 했다가 보내지 못했던 《중용》에 관한 논설(〈寄書杭士嚴鐵橋誠. 又問庸義〉)이 첨부되어 있다는 것이다. 담헌은 엄성과 편지로 경전을 논하기로 했는데, 엄성이 1767년에 급사했기에 이 논설을 보내지 못했던 것으로 보인다. 뒤에 《담헌서》를 편집할 때 이 편지 역시 《중용》에 관한 것이므로 〈중용문의〉에 덧붙여 실은 게 아닌가 한다.

〈시경변의〉는 김창흡의 《삼주일록三洲日錄》에 실린 《시경》 해석에 대해 담헌이 비평하고 자신의 견해를 밝힌 것이다. '변의'라고 했으니, 의문 나는 것을 따져 밝힌다는 뜻이다. 따라서 〈주역변의〉는 《주역》의 경문에 대한 의문을, 〈계몽기의〉는 주자의 《역학계몽易學啓蒙》에 대한 의문을 자기 나름대로 따져 밝힌 것이다. 이상은 성리설과 경전에 대한 글인데, 이외에도 담헌의 학문을 점검하기에 적절한 텍스트가 남아 있다. 《담헌서》 내집 2권의 〈사론史論〉이 그것으로, 이는 《자치통감資治通鑑》의 일부를 읽고 비평한 것이다.

담헌이 김원행에게 사서에 대해 질문을 하고 답을 받은 것은 대체로 20대 초반 시절이 아닌가 한다. 담헌의 《논어》에 대한 물음, 곧 〈논어문의〉에 대해서는 〈답홍대용〉(1)에서 답하고 있는데, 앞서 언급한 바와 같이 이 편지 말미에서 친근하게 접근하는 영남 지방 남인에 대한 대처 방법을 묻는 담헌에게 김원행은 딱 잘라 거절하라고 충고한다. 대체로 1750년 담헌이 홍역을 따라 문경에 갔을 때의 상황을 배경으로 하고 있다. 따라서 〈논어문의〉는 담헌이 20세 되던 때에 작성된 것이 분명하다. 〈미상기문〉이 1751년에서 1754년 사이의 기록임을 고려한다면, '문의'와 '변의'가 작성된 건 대체로 담헌의 20대 시절을 넘지 않을 것이다. 곧 《담헌서》 내집 1권과 2권에 실린 학문적 텍스트는 담헌의 20대, 아무리 늦추어 잡아도 30대 초반에 이루어졌을 것이다. 곧 담헌은 20대를 통과하면서 과거에 대한 생각이 차츰 옅어지고 정신적 방황기가 끝나면서 성리학과 경학, 역사에 몰두하게 된 것으로 보인다. 이제 담헌의 사서문변과 삼경문변에 대해 검토해 보자.

〈대학문의〉

〈대학문의〉는 다음 문장으로 시작된다.

《대학》의 착간된 부분은 정자程子가 바로잡은 것을 많이 따른다. 경經 1장에서 이천伊川과 주자朱子는 '물유본말物有本末' 아래를 '명명덕明明德'으로 잇고, 명도明道는 〈강고康誥〉의 '극명덕克明德'으로 밝혔다. 치지장致知章은 구본舊本 《대학》의 '지어신止於信' 아래에 있었는데, 명도는 '기본난말치자부其本亂末治者否' 아래에 이어 놓았다. 주자는 이천의 뜻을 따라 '대외민지大畏民志' 아래에 묶어 두고 없어진 부분을 124자로 보충하였다. 주자는 '극명덕'을 전傳의 수장首章에 두었고, 이천은 '지지知至' 아래에 두었다.

그 밖의 '기욱淇澳', '문왕文王', '절남산節南山', '강고康誥'의 취증取證은 정자가 고쳐서 바로잡은 것과 혹 같기도 하고, 혹 다르기도 하다. 《중용》과 《대학》은 본래 《예기》에서 뽑은 것인데, 한유漢儒의 부회傅會를 많이 거치고, 정자·주자의 의론도 끝내 한 가지로 귀착되지 않았다. 후학이 의심을 가지는 것도 이상할 게 없다.[3]

《대학》이란 텍스트의 널리 알려진 문제를 적시한 것이다. 《예기》의 한 편이었던 《대학》은 해석상의 복잡한 문제를 안고 있었다. 《예기》 속의 《대학》을 왕양명처럼 온전한 형태로 보는가, 아니면 정자나 주자처럼 착간과 결락이 있는 텍스트로 보는가에 따라 내용의 해석이 달라졌던 것이다. 정이程頤는 《대학》의 서두 '대학지도大學之道'부터 '이기소박자후, 미지유야而其所薄者厚, 未之有也'까지를 경문으로, 나머지는 전문傳文으로 구분했고, 경문은 다시 강령綱領, 8조목八條目으로, 전문은 10장으로 나누었다. 이 구분은 대체로 존중되었고, 주자는 이 구분에 근거하여 《대학장구》를 저술하였다. 하지만 담헌이 말한 바와 같이 이 텍스트는 세부적 국면에서 학자에 따라 여러 방법으로 다시 구성되었다. 심지어 주자처럼 결락된 부분을 '창작'하는 경우까지 나타났다.

《대학》이란 텍스트의 해석은 곧 《대학》의 센텐스들을 어떻게 재구성하는가에 달린 문제였다. 전손傳存하는 텍스트를 재구성하면서 그 의미를 확정하려는 희한한 사태가 벌어진 것은, 《대학》과 《중용》이 창작되었을 당시의 문장과 그 맥락이 망실된 데 일차적 원인이 있었고, 둘째, 이 텍스트가 구사하는 언어의 추상성이 높은 데 있었다. 담헌의 말처럼 '후학이 의심함'은 자연스러운 일이었다. 담헌의 의심 역시 이런 차원에서 발생한 것이다. 다만 그 의심이 《대학》의 정주학적 해석의 전제를 부정하는 것은 결코 아니었다.

〈대학문의〉는 전傳 4·6·7·8·9·10장의 의문처에 대해 물은 것이다. 약간 지루할 수 있지만, 이하에서 담헌의 의문을 검토해 보자. 먼저 전 4장에 대한 담헌의 질문을 읽어 본다.

소주小註에 "백성에게 소송하는 일이 없게 하도록 하는 것은 나에게 달린 일이니 근본이 된다. 이것이 청송聽訟하는 방법이 말末이 되는 까닭이다"라고 했는데, 이 말은 의심할 만하다. 대개 백성에게 소송하는 일이 없도록 하는 것은 '신민新民의 일'이므로 '말'이 되지만, 백성에게 소송하는 일이 없도록 하는 방법은, 그 근본을 알아 먼저 그 명덕明德을 밝히는 것을 통해야 하기 때문이다.
대저 근본은 본디 사람이 마땅히 해야 할 급무다. 하지만 '말' 역시 생략할 수 없는 것이다. 만약 위의 소주의 말과 같다면, 성인은 단지 그 근본만 일삼고 그 말에는 힘쓰지 않는다는 것이니 어찌 옳겠는가? 〈혹문〉에 "나의 덕이 이미 밝아져 백성의 덕이 저절로 새로워지면, 그 근본의 분명한 효과를 얻은 것이다"라고 하였다. 나의 덕이 밝아진 것은 곧 그 근본을 얻은 것이요, 백성의 덕이 저절로 새로워진 것은 곧 그 효과요 말인 것이다. 그 근본과 말의 뜻을 해석한 것이 너무나 명백하고 충분하다. 그 아래 이른바 "혹 그렇지 못하다"로부터 "그 또한 말末이다"에 이르기까지는 눌러 물리치는[抑退] 말이니, 어찌 그것으로 '물유본말物有本末'의 뜻을 같이 논할 수 있겠는가? 우옹의 이른바 '미말微末'이란 것이 아마도 바꿀 수 없는 설이 아닐까 한다. 그렇다면 이 말은 잘못 기록한 데서 나온 것이 아니겠는가?[4]

이 질문은 전傳 4장의 '본·말을 해석함[釋本末]'의 해석에 관련된 것이다. 전 4장은 다음과 같다.

공자께서 "송사를 청리聽理하는 것[聽訟]은 나도 남처럼 한다. 하지만 반드시 백성들에게 송사가 없게 만들겠다" 하셨다. 실정이 없는 자는 거짓말을 다 할 수가 없으니, 백성의 마음을 크게 두렵게 만들기 때문이다. 이것을 근본을 안다고 하는 것이다.[5]

담헌은 여기에 달린 주자의 소주小註 "使民無訟, 在我之事, 本也. 此所以聽訟爲末"이란 부분을 문제삼는다. '주자의 소주'라고 말한 것은, 담헌이 읽고 있는 텍스트가 《대학장구》 자체가 아니라, 명대에 만들어진 《대학장구대전大學章句大全》이기 때문이다. 곧 원래 주자의 《대학장구》를 기본으로 하여 다른 주해를 섞어서 만든 《대학장구대전》이기에 작은 주석에 주자의 견해가 따로 실려 있기도 한 것이다.

소주를 번역해 보자. '백성에게 소송이 없게 만드는 것은 나에게 달린 일이니 근본이 되고, 청송하는 방법은 말末이 된다.'[6] 주자는 전 4장을 경문 속 '事有本末'의 본·말을 해석한 것이라고 전제했기 때문에, 청송을 없게 하는 것이 '본'이고, 청송 자체는 '말'이라고 판단했다. 하지만 담헌은 주자의 해석이 의심스럽다고 했다. 담헌은 '사민무송'은 신민新民에 해당하는 일이라고 말한다. 그것은 백성들이 송사를 일으키지 않는 상태로 만드는 것이기에, 곧 백성을 새롭게 만드는 것이라는 해석이다. 주자와 완전히 반대다. 하지만 그것을 '말'이라고 하는 데 그치지 않고 담헌은 그것이 '본'과 연결되어 있다고 말한다. 곧 "그러나 백성에게 소송이 없게 만드는 근거는 그 '본'을 아는 데서 말미암아 먼저 그 명덕을 밝혔기 때문이다"라고 한 것이다.

어쨌든 담헌은 명덕을 먼저 밝히는 것이 '본'이고, 그 결과 백성에게 소송이 없게 만드는 것을 '말'이라 본다. 담헌에 따르면 사람은 근본에 힘써야 하지만, '말' 또한 경시할 수가 없다. 주자의 소주를 따라 백성에게 소송이 없게 만드는 것을 '본'으로, 청송을 '말'로 본다면, 청송은 별로 가치 없는 일이 된다. 하지만 소송 사건을 공정하게 해결하는 것이 가치 없는 말단의 일은 아니다. 담헌은 이렇게 되면, 성인은 한갓 근본만 일삼고 '말'에는 힘쓰지 않는다는 모순을 가져오게 된다고 지적한다.

담헌은《대학혹문》에서 주자가 "대개 자신의 덕이 이미 밝아지자 백성의 덕이 저절로 새로워졌다면, 그 '본'의 명효明效를 얻은 것이다"라고 한 말을 인용하고, 자신의 덕이 밝아졌다는 것은 그 '본'을 얻은 것, 백성의 덕이 저절로 새로워졌다는 것은 그 '효效'이자 '말'이라고 하였다. 담헌은《대학혹문》의 이 해석이 명쾌하고 적절하다고 말한다. 하지만《대학혹문》에는 다음과 같은 말이 연속되어 있었다.

혹 그렇지 못하여 구구하게 나뉘어 다투고 따지며 소송하는 사이에서 신민新民의 '효效'를 구하고자 한다면, 그 또한 '말'인 것이다.[7]

이 문장에서 '청송'의 뉘앙스는 무언가 가치 없는 일처럼 느껴진다. 이것을 담헌은 '억퇴지사抑退之辭'라고 말한다. 즉 청송에 대한 평가를 낮게 하여 가치 없는 것으로 물리친다는 뜻이다. 그렇다면 자신도 청송은 남만큼 한다는 공자의 말은 상당히 무색해진다. 담헌은 이런 논리적 오류는 주자가 본·말의 관계를 정확하게 파악하지 못했기 때문에 나온 것이라고 생각했다. 하지만 주자를 숭배했던 조선의 학자가 청송을 '말'로 본 주자를 부정할 수는 없었다. 따라서 어떻게든 주자의 해석을 긍정하는 식으로 논리를 조정할 필요가 있었다. 담헌의 "우옹의 이른바 '미말微末'이란 것이 아마도 바꿀 수 없는 설이 아닐까 한다"는 말은 그래서 나온 것이다.

이 문제는 이미 지적된 바 있었다. 1677년(숙종 3) 송시열의 문인 정찬휘鄭纘輝(1652~1723)는 주자의 소주가 갖는 문제점을 지적하였고, 이에 대해 송시열은 '其亦末矣'의 '말'은 본·말의 말이 아니라, '미말微末'의 말, 곧 '보잘것없다'는 뜻으로서의 '말'일 것이라고 주장하였다.[8] 주자의 방대한 경전 주해는 상호 모순되는 것이 많았으니, 이것은 애초 주자의 실수로 보는 것이 타당하다. 하지만 주자를 정합적으로 이해하고자 하는 노력은 마침내 주자의 주석을 다시 왜곡함으로써 그 정당성을 보장하려 했다. 담헌은 주자의 경전 해석에서 분명 오류라고 말할 수 있는 부분을 찾았지만, 그 역시 결국은 왜곡으로 주자를 다시 정당화하는 논리에 동의하지 않을 수 없었다.

〈대학문의〉는 위의 예에서 보듯, 경전의 본문과 주해를 엄밀히 음미하는 과정에서 생긴 의문으로 구성되어 있다. 질문은 전傳 4·6·7·8·9·10장에 관련된 것이다. 모든 문제를 다 다룰 수는 없고, 담헌의 성격이 드러나는 질문만 하나 더 다루기로 한다. 전傳 6장 '성의誠意'의 다음 부분에 관한 것이다.

소인은 한가할 때 불선不善한 짓을 하지 못하는 것이 없다. 그러다 군자를 본 뒤에는 머쓱하게 그 불선을 가리고 선을 드러낸다. 하지만 남들이 자신을 보는 것이 마치 그의 폐부를 보는 것과 같을 것이니[如見其肺肝然], 이로움이 있으리오. 이것을 일러, "중심에 성실하면 바깥으로 나타난다[形於外]"고 하는 것이다. 그러므로 군자는 반드시 그 홀로 있을 때를 삼가는 법이다.

증자께서 말씀하셨다. "열 눈이 보는 바이며, 열 손가락이 가리키는 바이니[十目所視, 十手所指, 정말 무섭구나!"[9]

담헌은 밑줄 친 부분의 말에 의문을 제기한다. 그는 이렇게 말한다. "군자가 선을 행하고 악을 버리는 것은 다만 도리가 마땅히 그와 같아야 하기 때문일 뿐이다. 어찌 밖에 보이기에 힘쓰거나 남을 의식해서 그런 것이겠는가?"[10] 즉 선은 선 자체로 추구할 가치가 있는 것일 뿐, 외부에 보이거나 남의 시선을 의식해서 하는 행위일 수가 없다는 말이다. 그런데 밑줄 친 부분, 곧 "폐부를 보는 듯하다", "밖에 나타나다", "열 눈[十目]이 보는 바요 열 손가락이 가리키는 바다" 등의 표현은 주체가 아닌 외부와 타인의 시선을 의식하고 있는 것이다. 이런 차원에서 본다면, 선은 그 자체로 추구해야 할 절대적인 가치가 아니라, 외부의 평가를 의식한 행위가 된다. 여기서 선의 절대성은 심각하게 훼손된다. 담헌은 이것을 "선을 행하면서 외부에 알려지기를 바라고, 악을 버리며 남들이 알까 두려워한다면, 그 일은 비록 공적인 것이라 해도 그 뜻은 삿된 것이다"[11]라고 요약한다.

타인의 감시적 시선이 미치지 않는 곳도 분명히 있다. 담헌은 "부부가 함께하는 임석衽席에서는 임정종욕任情縱慾하는 때가 있을 수도 있지만, 어찌 참으로 열 개의 눈과 열 개의 손가락이 가리킬 수 있으랴?"[12]라고 말한다. '임석'은 이부자리, 곧 성행위가 이루어지는 장소다. 성행위는 극단적인 사적 행위다. 그 은밀성은 타인의 시선을 용납하지 않는다. 담헌은 또 묻는다. "일시의 실수가 이 어찌 외부에 드러나 그 폐부를 보는 듯한 경우에 이를 수 있겠는가?"[13] 타인이 전혀 알아차리지 못할 순간적인 실수도 있을 수 있다. 담헌은 다시 또 묻는다. 선이 타인의 시선을 의식해 실천되어야 하는 것이라면, 이처럼 타인의 시선이 미치지 않는 시간과 공간이 허락된다면 선의 실천이 포기될 수도 있지 않겠냐는 말이다.[14] 담헌은 선은 선 자체의 가치 때문에 실천되어야 할 것이며, 타자의 시선을 의식해 실천되어서는 안 된다고 보았다.

여기서 유의해야 할 점은 담헌이 경전의 주해가 아닌, 경문經文 자체, 곧 성현의 언어를 비판하고 있다는 것이다. 앞서 담헌은 김원행에게 노론을 비판했을 때 "큰 의심이 없는 사람은 큰 깨달음도 없다"고 말한 바 있는데, 그는 경문에 대해서도 의심을 거두지 않는 철저한 입장이었다. 말하자면 그것은 주자는 물론이고 성인 공자보다 더욱 유교적인 입장, 말하자면 '유가적 근본주의'의 입장에서 공자의 언어에 의문을 표하는 것이다. 담헌의 이런 질문에 스승 김원행이 어떤 대답을 내놓았는지는 알 수 없다. 다만 우리는 젊은 담헌이 철저한 유가의 입장, '유가적 근본주의'라 부를 수 있는 입장에 서 있음을 확인할 수 있다. 앞서 담헌이 '윤리적 완정성'의 실현을 추구하고 있다고 했는데, 이 완정성은 곧 유가적 근본주의의 입장에 선 것이었다. 일단 이 점을 기억해 두자.

〈논어문의〉

'사서문변' 중에서 양이 가장 많은 것은 〈논어문의〉다. 〈논어문의〉의 차례는 다음과 같다. '〈학이〉 1'은 《논어》〈학이편〉 1장에 대한 질문이라는 뜻이다.

(a)

〈학이學而〉—1(元)·**4(元)**·6(元)·7장(元), 〈위정爲政〉—**23장(元)**, 〈술이述而〉—33장, 〈태백泰伯〉 **1**·2·4·5·6·8·**13**·14장, 〈위령공衛靈公〉—3장, 〈계씨季氏〉—14장, 〈양화陽貨〉—1·5·6·7·20장, 〈미자微子〉—**9장**, 〈자장子張〉—12장

(b)

〈태백〉—16장(元), 〈자한子罕〉—**4(元)**·14(元)·17장(元), 〈향당鄕黨〉—4(元)·5·6·12·13·15장, 〈선진先進〉—11·12장(元), 〈안연顏淵〉—1장(元), 〈자로子路〉—**2(元)**·**3(元)**·9장, 〈헌문憲問〉—13(元)·39장

(c)

〈학이〉—2·3·**4**·5장, 〈위정〉—15·23장, 〈팔일八佾〉—10·18·20장, 〈공야장公冶長〉—3장, 〈옹야雍也〉—1·8장, 〈술이〉—11·13·23장, 〈태백〉—**1장**, 〈자한〉—4장, 〈선진〉—18·25장, 〈안연〉—9장, 〈선진〉—6장, 〈안연〉—18장, 〈자로〉—**2**·**3**·15장, 〈헌문〉—16·17(元)·18·22·42장(元), 〈위령공〉—19·38장, 〈계씨〉—1·4·11장, 〈양화〉—5·6·7·26장, 〈미자〉—4·8·9·10장

〈논어문의〉 역시 김원행에게 문의한 것이다. 위에 정리한 데서 보듯, 질문은 모두 세 뭉치로 되어 있다. ⒜에서 〈학이〉에서 〈자장〉까지 한 차례 질문이 있었고, ⒝와 ⒞에서 다시 한번 《논어》 전체에 걸쳐 다시 질문이 이루어지고 있다. (元)이라고 부기한 것은 담헌의 질문에 대해 김원행이 준 답이 붙은 것이다. ⒜에서는 〈학이〉와 〈위정〉에만, ⒝에서는 〈태백〉, 〈자한〉, 〈향당〉, 〈안연〉, 〈자로〉, 〈헌문〉에 대해서, 그리고 ⒞에서는 〈헌문〉에 대해서만 답을 하고 있다. 보다시피 김원행의 답은 전체 질문 중 소수에 불과하다. 질문에 대한 답이 원래 없었는지, 아니면 원래 답이 있었으나 망실된 것인지도 알 수 없다. 또 굵은 글씨로 표시된 부분은 동일한 내용에 대한 2회 이상의 질문이다.

〈논어문의〉 역시 《논어》의 경문, 주석, 세주細註에 대한 담헌의 의문을 모은 것이다. 몇 부분을 살펴보도록 하자. 먼저 김원행의 답이 있는 질문이다. 〈학이〉 4장을 인용한다.

증자께서 말씀하셨다. "나는 날마다 세 가지로 내 몸을 살핀다. 남을 위하여 일을 도모해 줌에 있어서 충성스럽지 못했던가? 붕우와 사귈 때 성실하지 못했던가? 전수받은 것을 복습하지 않았던가?"[15]

담헌이 의문을 제기한 것은 "세 가지 순서로 말하자면 또한 '충'과 '신'을 전수와 복습의 근본으로 삼는다"[16]는 주자의 주해였다. 담헌은 "남을 위하여 일을 도모하고 붕우와 사귀는 것은, 전수하고 복습하는 것에 비하면 아마 조금 가벼운 것 같다. 게다가 이것은 이후의 일이므로 근본이라 할 수는 없을 것 같다"[17]고 지적했다. 이에 대해 김원행은 "세 가지 경중은 또 논할 것이 없다. 충과 신은 단지 성심誠心

일 뿐이니, 마음이 만약 성실하지 않다면 전습傳習은 또한 거짓이 될 뿐이다. 충과 신이 어찌 근본이 아니겠느냐?"고 답했다.[18] 김원행은 주자의 주해에 동의한 것이다.

이 문제는 세 번째 질문에서 다시 한번 더 거론된다. 담헌은 "여기서 충·신을 말한 것은 단지 '남을 위해 일을 도모해 줌'과 '붕우와 사귐'만을 말한 것이니, 전습의 근본이 될 수 없다. 또 증자의 뜻은 단지 이 세 가지를 인도人道의 급무로 삼았을 뿐이다. 그것들을 본과 말로 나누고 쪼개는 것은 증자의 본의가 아닌 듯하다"라고 말한다.[19] 담헌은 근본이니 말단이니 하는 식으로 분석하는 것 자체가 증자의 의도가 아니라고 지적한다. 다시 주자와 김원행의 견해를 반박한 것이다.

〈논어문의〉의 전반적인 성격은 대개 위에서 검토한 바와 같다. 따라서 모든 문제를 다 다룰 필요는 없다. 다만 중요하게 지적해야 할 것은, 담헌이 대단히 비판적인 자세로 텍스트에 임하고 있다는 사실이다. 스승 김원행의 설명을 맹종하지 않은 것은 물론이고, 주자의 주해를 비판하고, 나아가 공자의 언행까지 비판 대상에 올려놓고 있다. 이런 비판 정신이 〈논어문의〉 전체를 관류한다.

예컨대 〈헌문〉 42장에 대한 담헌의 의문 제기를 검토해 보자. 〈헌문〉 42장의 내용은 이러하다. 공자가 위衛나라에서 경쇠를 치고 있는데, 삼태기를 진 사람이 문앞을 지나가다가 말했다. "마음을 천하에 두었구나. 경쇠 치는 소리여!" 조금 지나 그 사람은 "비루하구나, 단단하구나. 자신을 알아주는 사람이 없다면 그만두면 그만일 것을! 물이 깊으면 옷을 벗고 건너고 물이 얕으면 옷을 걷고 건너야 할 것이다"라고 말했다. 그 말을 들은 공자는 "과감하다! 어려울 것이 없을 것이다!" 하였다.[20] 공자의 경쇠 소리를 듣고 어떤 사람이 공자를 평가한 것이다. 자신의 이상을 알아주는 사람이 없으면 그만두어야 마땅한데도 불구하고 공자는 계속 천하를 돌아다녔다. 이를 두고 삼태기를 진 이는 물이 깊고 얕은 데 따라 적절하게 옷을 벗고 걷고 하는 것처럼 세상 변화에 적절하게 대응해야 하는데도 그러지 못하고 일관되게 자신을 알아줄 사람을 찾는 공자를 은근히 비판한 것이다.

주자는 삼태기를 진 사람의 말을 이렇게 해석했다. "성인은 마음이 천지와 같아서 천하를 한 집안처럼 보고, 중국을 한 사람처럼 여겨 하루도 잊을 수 없다. 그러므로 삼태기를 진 사람의 말을 듣자 세상을 잊는 데 과감함을 탄식했고, 또 사람의 출처가 다만 이와 같기만 한다면, 또한 어려울 것이 없을 것이라고 말씀하신 것이다."[21] 주자는 공자가 출처의 도리를 모르는 게 아니라, 공자가 세상에 대해 깊은 애정을 가졌기에 천하를 돌아다니며 벼슬을 구했다고 변명한다.

담헌은 주자의 이 주해를 비판한다. 곧 삼태기를 진 사람은 공자라는 사람은 몰랐지만, 언제 세상에 나아가고 물러나 숨어야 하는지를 알았다는 것이다. 곧 그는 세상에 뜻이 없는 사람이 아니라, 세상에 도가 없으면 숨는 것일 뿐이고, 하조荷蓧와 접여接輿처럼 세상을 저버린 경우가 아니라는 것이다. 담헌은 삼태기 진 사람의 말을 출처의 올바른 법이라고 생각한다. 따라서 "세상을 잊는 데 과감하다"고 배척하는 것은 너무 지나친 판단이라는 말이다.[22] 다시 말해 삼태기를 진 사람은 출처의 의리를 말했을 뿐이며, 그것은 그것대로의 가치를 충분히 지니므로 그가 공자를 비판했다 하여, "세상을 잊는 데 과감했다"고 낮게 평가할 수는 없다는 뜻이었다.

삼태기 진 자가 공자의 경쇠 소리를 평가한 〈헌문〉 42장 바로 앞 41장에는 성문을 지키는 사람이 공자를 "불가능한 줄 알면서도 하는 사람"이라고 평가한 짧은 대목이 있는데, 이에 대해서 담헌은 김원행에게 "성문을 지키는 사람과 삼태기를 진 사람은 비록 성인의 마음을 알지는 못하나, 그 출처는 나라에 도가 없으면 숨는다는 뜻에 부합하니, 성인에 미치지 못하는 후인들은 단지 성문 지키는 사람과 삼태기를 진 사람을 배울 뿐입니까?"[23)]라고 물었다. 이것은 후인들은 공자에 미치지 못하니, 출처의 도리에 따라 성문을 지키는 사람과 삼태기를 진 사람을 따라야 하는 것이 아니냐는 것이다.

담헌의 말에서 과거를 멀리하는 자신의 처지를 합리화하고자 하는 그의 욕망을 느낄 수 있다. 김원행은 담헌의 생각을 극력 비판했다. "비록 성인에 미치지 못하는 자라고 할지라도 하필 이런 윤리를 폐기하고 세상을 잊는 무리를 배울 것인가? 나라에 도가 없으면 숨지 않을 수 없겠지만, 모름지기 지성측달至誠惻怛함을 가지고 천하를 잊을 수는 없는 법이다."[24)] 김원행은 '삼태기를 진 자'와 같은 부류를 "윤리를 폐기하고, 세상을 잊은 무리"라고 극언한다.

이처럼 담헌이 주자의 주해를 정면으로 비판하고 스승과 의견을 달리했던 점은 허다하다. 하지만 가장 돋보이는 것은 공자의 언행을 정면으로 비판한 부분들이다. 〈자로〉 2장을 보자. 이 장은 공자의 제자 중궁仲弓(冉雍)에 대한 충고를 싣고 있다. 계씨季氏의 가신이 된 중궁이 정사에 대해 묻자, 공자는 "유사有司에게 먼저 시키고 작은 허물을 용서해 주고, 어진 사람과 유능한 이를 등용해야 한다"[25)]고 답했다. 담헌은 중궁이 섬긴 계씨는 대부大夫로서 임금을 무시하고 국가권력을 장악한 국적國賊이라 지적하고, 왜 공자가 중궁이 벼슬하는 것을 책망하지 않고 위정 방법을 알려 주었는가를 따진다. 공자의 행위가 타당하다면, 후세에 권귀權貴에게 빌붙어 벼슬하는 자를 비판하지 못할 것이라는 게 담헌의 논리다.[26] 공자가 명분에 엄격했던 것을 떠올린다면, 담헌의 비판은 충분히 일리가 있다. 이에 대해 김원행은 "그 시대에는 단지 세경世卿만 있을 뿐이다. 그때 사士는 벼슬하지 않는다면 그만이지만, 벼슬을 한다면 단지 이 한 길만이 있을 뿐이었다. 공씨의 문하에 대부의 집에 벼슬하지 않았던 사람은 안연과 민자건閔子騫 등 몇 사람뿐이고, 여러 사람이 모두 벼슬하는 것을 면하지 못했으니, 정말 일일이 깊이 책망하기 어려움이 있다"[27]라고 답한다.

김원행의 답변은 궁색한 상황론이다. 상황론이 원칙을 넘어설 수는 없는 법이다. 담헌은 수긍할 수 없었다. 담헌은 (c)에서 다시 이 문제를 따진다.

> 계씨는 노나라의 참적僭賊이다. 중궁과 자로의 현명함과 용기를 가지고 계씨를 복종해 섬기는 일을 달갑게 여기고, 그 녹을 먹는 것이 불의인 줄을 모르니, 정말 이해할 수가 없다. 또 벼슬을 하는 것과 하지 않는 것은 선비의 대절大節이니, 참적에게 복종해 섬기는 것은 작은 일이 아님이 명백하다. 부자께서는 마땅히 엄한 말로 배척해야 마땅할 터이다. 그런데 도리어 그들을 위해 정치하는 방법을 의논해 주고, 개탄하는 뜻은 조금도 보이지 않았다. 보통 사람 정도의 수준을 두 사람에게 바랐다면, 두 사람의 현명함은 마땅히 보통 사람의 수준이 아니었다. 만일 부자가 사랑하고 소중히 여기던 사람이라면, 한마디 말로 나무라고 깨우쳤던들, 어찌 시원스레 받아들이지 않을 수 있었겠는가? 또 설령 금할 수는 없다 하더라도, 그 정치의 방법을 묻는 데 답하는 것이 마치 도와서 이루어 주려고 하는 것 같으니, 두 사람을 대하는 방법이 너무 야박하지 않은가?[28]

계씨는 왕의 권력을 찬탈한 참적이다. 중궁과 같은 현인과 자로와 같은 용감한 사람이 그를 섬겨 녹을 받아먹는 것은 의롭지 않은 일이다. 공자는 마땅히 벼슬하려는 그들을 엄하게 나무라야 할 것이다. 그런데 공자는 나무라기는커녕 도리어 정치의 기술을 가르친다. 논지는 동일하지만 표현은 더욱 격해졌다. 이 비타협적인 언사에서 담헌이 유가적 근본주의의 입장에 서 있음을 거듭 확인할 수 있다.

공자의 언행에 대한 회의와 비판은 다양하게 나타난다. 공자는 "위태로운 나라에는 들어가지 않고, 어지러운 나라에는 살지 않으며, 천하에 도가 있으면 나와서 벼슬하고, 도가 없으면 숨어야 한다"[29]고 말했다. 공자의 말은 흠잡을 데가 없어 보인다. 하지만 담헌은 이렇게 비판한다. "공맹의 시대는 어지럽지 않은 것이 아니었다. 그런데 수레를 타고 천하를 돌아다니고, 제후를 두루 찾아다녀 그 숨는 것을 볼 수 없으니, 또한 성현으로서 자신의 시대에 책임이 있는 사람은 꼭 그렇지도 않은 것인가?"[30] 곧 공자와 맹자의 춘추전국시대는 난세였다. 그렇다면 공자와 맹자는 은거해야 마땅하지 않은가? 그럼에도 공자와 맹자는 천하의 제후국을 돌아다니며 자신을 등용할 제후를 찾았다. 말과 행동이 서로 모순되지 않은가? 성인은 아마도 이 출처의 도리에서 면제된 자일 것이다! 담헌은 이렇게 애써 합리화하지만, 진정한 속내는 전혀 그렇지 않다.

담헌은 공자의 출처出處에 내포된 모순을 예리하게 지적한다. 〈양화陽貨〉1장에 담긴 유명한 이야기를 보자. 계씨의 가신인 사士 양화는 대부 계환자季桓子를 가두고 국정을 전횡한다. 정통성이 없는 양화로서는 도덕적 인물을 등용하여 불의한 권력을 가릴 필요가 있었다. 그런 인물로 공자를 부르고자 했지만, 공자는 만나려 하지 않았다. 양화는 공자에게 삶은 돼지를 선물로 보냈다. 공자는 양화가 없을 때를 틈타 사례를 하려고 가다가 길에서 우연히 양화를 만났다.

"이리 오시라! 내 너와 말하고 싶다[子與爾言]. 훌륭한 보배를 품고서 나라를 어지럽게 버려 두는 것을 인仁이라고 할 수 있겠는가?"
"인이라 할 수 없습니다."
"종사從事하기를 좋아하면서 자주 때를 놓치는 것을 지혜롭다 할 수 있겠는가?"
"그렇다고 할 수 없습니다."
"해와 달이 흘러가니, 세월은 나를 위하여 기다려 주지 않는다."
"알았습니다. 나는 장차 벼슬을 할 것입니다."[31]

양화가 사용하는 인칭대사 '子', '爾'는 윗사람이 아랫사람과 대화할 때 사용하거나 혹은 아주 친숙하고 대등한 사이에서 사용하는 대명사다. 공자는 양화와 그닥 친숙하고 대등한 사이가 아니다. 양화는 공자보다 높은 지위에서 공자를 '너'라고 부르고 있다. 공자는 위축되어 있고, 양화의 말에 주눅이 들어 마지못해 벼슬을 하겠다고 말하고 만다.

담헌은 공자의 태도에 문제가 있다고 말한다. 곧 양화는 역신이기에 공자는 양화가 주는 것을 받지 않아도 된다는 것이다. 주자는 대부大夫가 사士에게 내린 선물을 사가 자기 집에서 직접 받지 못했을 경우, 사가 대부의 집을 찾아가 사례하는 예를 양화가 의도적으로 이용했다고 풀이했다. 하지만 그것이 양화의 의도는 아니었다. 양화는 공자를 길에서 우연히 만난 것일 뿐이다. 담헌은 양화는 대부가 아니라, 대부를 참칭한 자이므로 대부의 예로 찾아가 사례할 필요가 없다고 주장한다.[32] 그런데 공자는 양화에게 또 벼슬하겠다고 말한다. 이것이 과연 양화의 핍박 때문인가? 꼭 그렇지만은 않았음을 시사하는 사건이 〈양화〉에 하나 더 실려 있다. 5장의 공산불요公山弗擾와 관계된 부분이 그것이다.

공산불요 역시 계손씨의 가신이었다. 양화와 함께 계환자를 잡아 가두고 비읍費邑을 점령하여 반란을 일으킨 공손불요가 공자를 부르자, 공자는 응하여 가려고 했다. 제자 자로가 "갈 곳이 없으면 그만이지, 하필 공산불요에게 가려고 하십니까?"라고 반발하자, 공자는 "나를 부르는 자가 어찌 그냥 부르겠느냐? 만약 나를 써 주는 사람이 있다면 나는 (그 사람의 나라를) 동주東周로 만들 것이다"라고 답했다.[33] 공자의 변명은 궁색하다. 공자는 벼슬을 하고 싶었다. 좀 더 우아하게 말하자면 어떤 기회든 잡아서 자신의 정치적 이상을 펼치고 싶었던 것이다. 이것은 그가 평소 내뱉은 출처관에 위배된다. 하지만 후대의 유가들에게 공자는 성인이었다. 성인의 언행에는 모순이 있을 수 없다. 따라서 정자는 이렇게 공자를 위해 변명했다. "성인은 천하에 훌륭한 일을 할 수 없는 사람이 없고, 또한 과오를 고칠 수 없는 사람도 없다고 생각하셨다. 그러기에 찾아가려고 하신 것이지만, 끝내 찾아가지 않으셨던 것은 그가 반드시 과오를 고치지 못할 것을 아셨기 때문이었다."[34] 하지만 담헌은 반란자에 붙어서 정치적 이상을 실현하는 것, 곧 왕업을 일으키는 것은 불가능한 일이라고 잘라 말했다.[35]

반신 공손불요의 부름에 응하려 했던 공자의 행동은 우연한 사건이 아니다. 그것은 일관성을 가진다. 〈양화〉 7장에 동일한 성격의 사건이 또 실려 있다. 진晉의 대부 조간자趙簡子의 가신 공산필힐公山佛肹

이 중모中牟를 점령하고 반란을 일으킨 뒤 공자를 부르자 공자가 가려 했다. 꼭 같은 상황이 연출되었다. 자로가 반란자에게 가려는 이유를 따져 묻자, 공자는 자신은 그런 모반자에 오염되지 않을 것이라는 취지의 말로 답했다. 담헌은 "공산필힐은 양화와 다름이 없는데 공자가 가려고 하다가 아니 가신 이유는 무엇이냐?"[36]고 묻는다.

'공산불요' 부분에서 "나는 동주를 만들고자 한다"에 대한 담헌의 질문에 김원행이 어떤 답을 했는지는 알 수 없지만, 담헌은 그 답에 수긍하지 않았던 듯 다시 이 문제를 묻는다.

> 이 말을 보면 제후에게 왕도를 행하도록 권하는 일은 맹자의 시대를 기다릴 필요가 없다. 그렇다면 《춘추》의 존주尊周의 뜻이 어디에 있는가? 또 천하에 훌륭한 정치를 할 수 있는 사람이 없지는 않겠지만, 반신叛臣으로서 주도周道를 일으키는 일은 반드시 없을 것이다.[37]

담헌은 잘라 말한다. 공산불요는 반신叛臣이다. 그와 함께 주나라의 도를 일으킨다는 것, 이상사회를 건설하는 것은 불가능한 일이다. 공자는 자신이 말한 출처관과는 전혀 다른 행동을 하고 있다. 이것은 납득할 수 없다!

담헌은 선입견 없이 《논어》에서 말과 행동이 일치하지 않는 공자를 찾아내었고 모순을 따져 물었다. 〈자한〉 17장을 보자. 공자는 "나는 덕을 여색을 좋아하듯 좋아하는 사람을 보지 못하였다"[38]라고 말한다. 이 말의 배경은 《사기》〈공자세가孔子世家〉에 실려 있다. 위衛의 영공靈公은 공자에게는 다음 수레를 타고 따르라고 하고, 부인과 함께 수레를 타고 의기양양하게 시내를 지났다. 이것은 공자에게는 수치스러운 일이었고, 공자는 그래서 영공이 아내와 함께 수레를 탄 것을 추하게 여겨 여색 운운했다고 한다. 그런데 담헌은 부인과 함께 수레를 탄 것을 보면 영공의 부덕함을 알 수 있는데, 왜 기미를 살펴 처신하지 못하고 수레를 타고 따르는 모욕을 자초했느냐고 묻는다. 공자처럼 현명한 사람이라면 수레를 타고 따르기 전에 이미 영공의 인물됨을 파악했을 것이라는 말이다.

공자는 영공이 군사에 관한 일을 묻자 자신은 배운 바가 없다고 말하고 다음 날 위를 떠났고, 진陳에서는 양식까지 떨어지는 곤란을 겪었다. 담헌은 공자가 위나라를 떠난 시기에 문제가 있다고 지적한다. 즉 수레를 타고 따르라고 했을 때 떠났어야 마땅했다는 것이다. 군사의 일을 물은 뒤 떠난 것은 잘못이 아니냐는 것이다.[39] 김원행은 담헌의 물음에 "이것은 주자가 이른바 성인의 뜻은 헤아릴 수 없다는 경우다"[40]라고 궁색하게 답한다.

공자는 춘추시대의 빼어난 사상가 중 한 사람일 뿐이다. 문제는 유가儒家가 그를 무오류의 성인으로 설정하여 그의 언행을 모순 없이 해석하려는 데서 발생했다. 담헌은 〈논어문의〉 곳곳에서 그 문제를 지적하고 있다. 이뿐만 아니라 그는 주자의 주해에 대해서도 날카로운 비판을 거두지 않았다. 물론 담헌의 비판을 반주자反朱子나 반공자反孔子로 읽을 수는 없다. 담헌의 비판 논리는 엄정한 정주학적 가치관, 곧 유가적 근본주의에 입각하고 있다. 앞서 담헌의 윤리적 완정성을 말한 바 있는데, 그것이 경전의 해석에서도 그대로 작용하고 있음을 확인할 수 있다.

〈맹자문의〉

《맹자》에 대한 질문은 〈맹자문의〉다. 〈논어문의〉가 90항목이 넘는 물음으로 이루어진 데 반해 〈맹자문의〉는 4개 조에 불과하다. 그것도 첫 번째 질문이 가장 길고 복잡하며, 또 대단히 중요하다. 2, 3, 4번 질문은 의미도 분명하지 않고 별반 중요한 것이 아니니, 여기서는 첫 번째 질문을 검토해 보기로 한다.

담헌은 《맹자》의 〈호연장浩然章〉에 대한 송시열의 견해를 비판적으로 검토한다. 첫 부분을 인용하면 다음과 같다.

> 우옹尤翁이 이르기를, "〈호연장〉에서 이른바 '심心'은 이미 '기'를 상대로 삼아 말한 것이니, 마땅히 '리'로 보아야 할 것이다. 그러나 또한 완전히 '기'를 떠나서 볼 수는 없다" 하였으니, 이는 의문을 표할 만하다. 이미 '리'로서 보았으면 어찌 '기'를 떠날 수 없다는 것인가? 이미 '기'를 떠날 수 없다면 그 '리'로서 본다는 것이 어디 있다는 것인가?[41]

먼저 송시열의 말부터 검토해 보자. 송시열은 1674년(숙종 1) 〈호연장〉의 의문처에 대한 어떤 사람의 질문에 조목조목 답한다. 〈호연장에 대한 질의–갑인년〉[42]이 그것이다. 담헌이 주목하는 것은 바로 다음 부분이다.

> 이 대문에서의 일곱 '지志' 자는 모두 '심' 자로 보아야 한다. 대개 '용用'으로 말하면 '지'라 하고, '체體'로 말하면 '심'이라 하는데, 그 내

용은 같다. 그러므로 마지막에 '심' 자로 바꾸어 결론을 맺은 것이다. '심'이란 '기'의 정상精爽이다[이것은 주자의 설이다]. 그러나 '심'은 실로 '리'를 포괄하고 있다. 그러므로 '기'로서 말한 것도 있고, '리'로서 말한 것도 있다. 지금 여기에서 이른바 '심'이란, '기'에 대해서 말하면 마땅히 '리'로 보아야 하겠지만 그렇다고 전적으로 '기'를 떠나서 볼 수도 없다.[43)]

이해를 돕기 위해 문제가 되는 〈호연장〉의 해당 부분을 원문과 같이 인용하면 다음과 같다.

"대저 '지志'는 '기氣'의 장수이고 '기'는 몸에 가득 차 있다. '지'가 으뜸이고 '기'는 그다음이다. 그러므로 그 '지'를 잘 잡고 그 '기'를 포악하게 만들지 말라고 한 것이다."
"'지'가 으뜸이고 '기'가 그다음이라 하고, 또 그 '지'를 잘 잡고도 그 '기'를 포악하게 만들지 말라고 하셨는데, 무슨 뜻입니까?"
"'지'가 전일하면 '기'를 움직이게 되고 '기'가 전일하면 '지'를 움직이게 된다. 지금 넘어지는 것과 달리는 것은 곧 '기'이지만, 되레 그 '심'을 움직이게 된다."[44)]

송시열은 위 문장에 나오는 일곱 글자의 '지'를 모두 '심' 자로 보아야 한다고 주장한다. 체용론體用論을 끌어와 '용'의 차원에서는 '지', '체'의 차원에서는 '심'이라는 것이다.

정주학에 따르면, 원래 '심'은 '기'다. 하지만 주자가 '허령지각虛靈知覺'을 '심'의 속성으로 본 데서 알 수 있듯 '심'은 단순히 '기'가

뭉친 것이 아니라, 가시적이지 않은, 신비스러운 지각 작용이 있는 것이기에 '기'의 '정상精爽(정령精靈)'이라고 표현한 것이다. 여기까지는 문제가 될 것이 없다. 하지만 송시열은 '심'이 '리'를 담고[貯] 있다고 말한다. '심'이 '리'를 담고 있다는 논리에 입각해 그는 '심'을 '기'의 차원에서 말하는 경우도 있고, '리'의 차원에서 말하는 경우도 있다고 한다. 나아가 〈호연장〉에서의 '심'은 '기'를 상대하여 말했을 경우 마땅히 '리'로 보아야 한다는 것이다. 맹자는 〈호연장〉에서 '지'는 '기'를 움직일 수 있다고 말했다. '심'을 '기'라고 본다면, 이것은 '기'가 '기'를 움직이는 것이 된다. 송시열은 이 모순에 봉착하여 '심'이 '리'를 포함하는 것이라고 말할 수밖에 없었다. 하지만 이것은 '심'이 곧 '리'라는 논리로 귀착해서 '심'이 곧 '기'라는 주자학의 전제를 부정한다. 따라서 "전적으로 기를 떠나서 볼 수는 없다"고 말한 것이다.

담헌은 바로 송시열의 난처한 점을 비판한다. "이미 '리'로서 보았으면 어찌 '기'를 떠나지 않을 수 있겠는가? 이미 '기'를 떠날 수 없다면 그 '리'로서 본다는 것이 어디 있는가?" 담헌은 '이기불상잡理氣不相雜'의 원칙에 입각해서 송시열이 '심'을 '리'로 본다면 그것은 '기'와 분리된 것이라고 단언한다. 또 '기'를 떠날 수 없다면 '리'로 볼 수 없다는 것이다.[45] 그는 다음과 같이 철저하게 '리'와 '기'가 분리됨을 말한다.

대개 '리'는 '리'일 뿐 '기'가 아니다. '기'는 '기'일 뿐 '리'가 아니다. '리'는 '형形'이 없고 '기'는 '형'이 있으니, '리'와 '기'의 하늘과 땅처럼 현격하게 구별된다. '리'가 있으면 반드시 '기'가 있다. 하지만 '리'를 말하면 '리'를 이룰 뿐이다. '기'가 있으면 반드시 '리'가 있다. 하지만 '기'를 말하면 '기'를 이룰 뿐이다.[46]

담헌의 말은 새로운 것이 아니다. 그는 주자학 속 '리'와 '기'의 불상잡不相雜·불상리不相離의 원칙을 거듭 확인하면서 송시열의 오류를 지적하고 있을 뿐이다. 그는 송시열의 논리를 이렇게 반박한다. 즉 송시열처럼 '심'을 '리'로 보아야 한다면서 '기'를 떠나서 볼 수 없다고 한다면, 이것은 '심'이 '리'가 되고 또 '기'가 되는 것이며, 무형이 되고 유형이 되기 때문에, '심'의 체단體段, 곧 본질적 특성을 파악할 수 없을 뿐만 아니라, '리'와 '기'를 일물一物로 보는 오류를 벗어날 수 없다는 것이다.[47]

담헌은 '심'의 본질적 속성을 '기'로 본다.

나의 생각은 이러하다. '심'은 오장五臟의 하나다. 움직임이 있고 자취가 있으니, 다만 '기'일 뿐이고 '리'가 그 가운데 있다. '리'가 없는 것은 아니지만, 그 체體를 말하면 '기'다. 비록 '리'가 있다 해도 '리'를 '심'으로 인정할 수 없다. '리'를 버리고 홀로 존재하는 '기'는 없다. 그러나 '기'는 본디 '기'일 뿐이다. 허공에 매달려 독립한 '리'는 없다. 그러나 '리'는 본디 '리'일 뿐이다. 만약 '기'는 본디 '기'지만, 또한 '리'로 보아야 하고, '리'는 진실로 '리'지만 '기'를 떠나 볼 수 없다고 한다면 말이 되겠는가?[48]

담헌에게 '심'은 심장이다. 심장은 움직임이 있고 형태가 있으니, 그것은 '기'다. 다만 '기'와 '리'는 '불상리'의 관계에 있으니, 심=기에는 당연히 '리'가 내재한다. 하지만 그 '리'의 존재에도 불구하고 '심'의 본질적 속성은 '기'다. '리'를 버리고 '기'가 성립할 수는 없지만, '리'는 '리'일 뿐이고 '기'가 아니다. 이 논리 위에서 담헌은 '심'을 '기'로 보고 또한 '리'로 보는 송시열의 논리를 변파한다.

담헌은 '기'와 '리'의 불상잡·불상리의 관계를 부정할 수도 있는 송시열의 논리를 확장하면, 도道와 기器, 형이상과 형이하를 동일한 것으로 보는 오류에 빠질 수 있다고 비판한다.[49] 그렇다면 송시열의 오해는 어떻게 해소될 것인가? 담헌은 '심'은 '기'이지만, '기'가 부제不齊의 속성을 갖는다는 데 주목한다.

그렇다면 '심'은 '리'로 볼 수 있고, '리'는 '기'를 떠나서 볼 수 없는가? 혹자는 "'심'이란 '기'일 따름이라"고 말한다. 그렇다면 '기'는 부제不齊하니, '심'에 선악이 있는가? 순자荀子는 "'지志'는 수帥요, '심'은 군君이다"라고 하였는데, 이 말이 가장 오묘하다. 하늘이 백성을 내리시고 총명하고 지혜로운 사람을 임금으로 삼았는데, 총명과 지혜가 여느 사람과 다르기는 하지만 그 역시 사람이 아니겠는가? 사람은 '기'를 품부稟賦받아 태어나되, 청명하고 순수한 '기'로 '심'을 삼았다. '심'의 청명함과 순수함은 비록 혈기와는 다르기는 하지만, 또 어찌 '기'가 아니겠는가? '군'은 천하의 '군'이고 '심'은 일신의 '군'이니, 그 이치는 꼭 같다. 그러므로 '심'을 '기'에 싱대하여 '본연의 순선純善한 심'이라 하면 옳지만, 그 '기'와 다름을 보고 "마땅히 '리'로 보아야 한다"고 한다면, 이것은 총명함과 지혜가 여느 사람과 다른 사람을 보고 사람이 아니고 '하늘'이라 하는 것과 무엇이 다르겠는가?[50]

담헌은 먼저 송시열이 '지'와 '심'을 동일시한 것을 비판하여, '지'와 '심'의 이질성을 지적한다. 곧 "'지志'는 수帥요, '심'은 군君이다"라는 말에서 확인할 수 있듯, '지'와 '심'은 장수와 군주의 관계처럼 서로 구분되는 층위라는 것이다. 그에 따르면 '지'는 '심'의 어떤 작용성을 지적할 뿐이지, '심' 자체는 아니다.[51] 나아가 담헌은 '심'은 '기'이되, 본연의 순수하게 선한 '기'라고 말한다. 그것은 동일한 사람이지만, 품부받은 기질의 성질이 본연의 순선한 것인가 아닌가에 따라 범인이 되고, 군사軍師가 된다는 정주학의 논리에 근거를 둔다.[52] 순수한 '기'를 타고난 성인을 두고 '하늘'이라 부를 수 없는 것처럼, 순수한 '기'를 '리'라고 부를 수는 없다는 것이 담헌의 논리다.

'기'와 '리'를 엄격히 구분하자는 담헌의 논리가 대단한 건 아니다. 그것은 정주학의 근본적인 원칙, 곧 '리'와 '기'는 서로 떠날 수도 없으며, 또한 서로 섞일 수도 없다는 불상잡·불상리의 원칙을 재확인한 것이다. 다만 담헌이 정주학의 근본 원칙에 입각해서 송시열의 주장을 변파하고 있는 점은 주목할 만하다. 그것은 유가적 근본주의의 입장에서 공자를 비판하는 것과 같은 성격이기 때문이다.

〈중용문의〉

〈중용문의〉는 《중용》에 대한 세 가지 질문이다. 〈중용문의〉에 이어 〈항주 선비 철교 엄성에게 글을 부치고 또 중용의 뜻을 묻는다〉란 긴 글이 붙어 있는데, 이것은 담헌이 1766년 중국인 친구 엄성에게 보낸 편지에 딸린 별지別紙다. 곧 평소 생각했던 《중용》에 대한 의문점을 정리해 엄성에게 보내고 편지로 토론하기를 기대했던 것이다. 이 편지는 〈중용문의〉에서 제기했던 같은 성격의 문제를 다루고 있어 담헌이 《중용》에 대해 계속 숙고했음을 알 수 있다. 이런 것으로 미루어 김원행에게 보냈던 〈중용문의〉도 훨씬 다양하고 풍부했을 것이고, 김원행의 답변도 있었을 테지만 현재 찾을 수는 없다.

〈중용문의〉 속 세 문제를 모두 다룰 필요는 없을 것이다. 첫 번째 문제만 다루어 보기로 한다.

> '무성무취無聲無臭'는 '도道'의 '은隱'이니, 형이상形而上에 속하고, '불견불문不見不聞'은 '신神'의 '미微'이니, 형이하形而下에 속한다. 그런데 이제 "불견불문이 은이다"라고 한다면, 이것은 '신'을 '도'라고 인식하는 것이니, '신'과 '도'의 관계가 이처럼 구별이 없는 것이란 말인가?
> 대개 '성聲'이 있고, '색色'이 있어 만물의 '형形'을 만드는 것은 오기五氣의 거칠고[粗] 탁濁함이고, 보이지 않고 들리지 않으면서 만물의 '주主'가 되는 것은 오기五氣의 정영精英이다. '성'이 있고, '색'이 있어도 더 거칠지 않고, 보이지 않고 들리지 않아도 더 정精하지 않으며, 비費하여 천지가 실을 수 없고, 은隱하여 귀신이 엿볼 수 없음은 이 '도'가 무성무취하면서 품휘品彙의 근저가 되는 소이이다.[53]

먼저 이 문제가 되는 근거를 찾아보자. '무성무취'는 《중용》의 가장 마지막 장인 33장의 다음 문장에서 나왔다. "《시경》에 '나는 밝은 덕을 생각하고, 목소리와 낯빛을 크게 여기지 않는다' 하였는데, 공자께서 '목소리와 낯빛은 백성을 교화시키는 데 있어 말단적인 것이다'

하셨다.《시경》에 '덕은 한 오라기 털처럼 가볍다' 하였는데, 터럭도 오히려 비교할 대상이 있으니, '상천上天의 일은 소리도 없고 냄새도 없다[上天之載, 無聲無臭]'는 말이라야 지극한 표현이라 할 수 있을 것이다."[54]

33장의 전체 의미는 "진리는 범상하게 드러날 수 없는 것이지만, 그렇다고 해서 인간이 익히 아는 방법으로 드러나는 것도 아니다. 그것은 평범하면서도 평범하지 않은 방식으로 드러난다"는 것이다. 그런데 위 문장에 대한 주자의 해설은 다음과 같다. "소리와 냄새는 기氣만 있고 형체가 없기 때문에 사물 중 가장 미묘한 것이다. 그런데도 오히려 없다고 하였다. 그러므로 오직 이 말은 불현不顯·독공篤恭의 미묘함을 형용할 수 있는 것이니, 이 덕 외에 또 별도로 이 세 가지 등급이 있고 난 뒤에야 지극함이 되는 것은 아니다."[55] 상천의 일은 무성무취하다는 것인데, 이것은 상천, 곧 천의 속성을 말한다. 그것은 상천의 일이기에 은밀하여 드러나기 어렵다.

'불견불문'의 출처는 '귀신장'이라 불리는《중용》제16장이다. "공자께서 말씀하셨다. 귀신의 덕이 지극하다. 보아도 보지 못하고, 들어도 듣지 못하지만 사물의 본체가 되어 빠뜨릴 수 없다."[56] '불견불문'은 귀신의 덕, 귀신이 하는 일의 속성이다. 여기에 대해 주자는 "보이고 들리지 않음은 은隱"[57]이란 주해를 달았다. 담헌은 이를 비판한다. '무성무취'나 '불견불문'은 대상의 속성이 인간의 감각을 넘어선, 감각으로 쉽게 인지할 수 없다는 점을 강조한 것이다. 주자가 '불견불문'은 은미한 것을 말한다고 했던 것도 동일한 이유다. 하지만《중용》을 절대적 진리를 담은 텍스트로 여긴 유학자들에게는 한 글자 한 글자가 매우 심오한, 그리고 구별되는 뜻을 담고 있다고 생각하였다.

담헌은 '무성무취'와 '불견불문'의 의미가 다르다고 생각한다. 담헌은 '무성무취'는 '도의 은[道之隱]'으로 형이상자, 불견불문은 '신의 미[神之微]'로서, 형이하자라고 한다. 왜냐? 그것은 천의 속성, 곧 천의 연장인 도의 속성을 말한 것이기에 '은'이다.[58] '은'이란 말이 선택된 것은 《중용》 12장에서 "군자의 도는 '비費'하고 '은'하다"[59]라고 말하고 있기 때문이다. 또한 이 구절의 주해에서 주자는 "군자의 도는……그 이치의 소이연은 은隱하여 드러나지 않는다"[60]라고 하였다. '불견불문'은 귀신장에서 언급된 귀신의 속성이다. 특별히 담헌이 '신神의 미[神之微]'라고 하는 것은, 귀신장에서 "《시경》에 이르기를 '신神의 이름을 예측할 수 없으니, 하물며 신을 싫어할 수 있겠는가' 하였으니, 은미한 것이 드러나니, 성誠의 가릴 수 없음이 이와 같구나!"[61]라 하고 있기 때문이다.

담헌에 의하면, 무성무취는 형이상, 불견불문은 형이하다. 주자는 《맹자》〈고자 상告子 上〉 제3장에서 "'성性'은 형이상의 것이오, 기氣는 형이하의 것이다"[62]라고 말하고 있다. 담헌에 의하면, 주자가 '불견불문'을 '은'이라고 한 것은 신을 도라고 한 것이다. 담헌은 도와 신은 엄격히 구분되어야 한다고 말한다. 사물이 소리와 형태를 갖는 것은 오기五氣, 곧 화·수·목·금·토의 작용의 결과다. 하지만 그 작용 자체는 들리지도 보이지도 않는 것으로, 오기의 작용 그 자체는 결과에 대해 주主가 되는 본질로서의 속성, 곧 정영精英을 갖는다. 정영은 구체성으로 말하자면, 소리와 색의 구체성이 더 이상 표현될 수 없는 경지가 되거나[有聲有色而不加粗], 너무나 은밀하여 청각과 시각이 아무리 정밀해져도 인지할 수 없는 상태를 말한다. 다시 말해 최대한의 구체성과 최대한의 비구체성을 동시에 작동할 수 있는 성질인 셈이다. 따라서 그것은 "비하여 천지가 실을 수 없고, 은하여 귀신이 엿볼 수 없다." 무성무취는 곧 품휘의 근저가 되기 때문이다.

이제 "'리'와 '기' 이물二物이 원래 서로 분리될 수 없고, '기'의 '형形'도 없고 '성聲'도 없는 곳에 '리'의 미묘함이 있으므로, '기'의 '형'과 '성'이 없음은 '리'의 '형'과 '성'이 없는 것이라 해도 무방하다"[어떤 이의 말이 이와 같음]고 한다면, 나는 이해할 수가 없다. '기'가 '형'과 '성'이 없는 것은 본래부터 '기'가 '형'과 '성'이 없는 것이고, '리'가 '형'과 '성'이 없는 것은 본디부터 '리'가 '형'과 '성'이 없는 것이다. '리'와 '기'가 하늘과 땅처럼 다른데, 이처럼 뒤섞여 말한다면, 두루뭉술하고 흐리멍덩하여 '도道'와 '기器'를 구분하는 데 해로움이 있지 않을까? 또 '리'와 '기'가 서로 분리될 수 없다고 하여 '기'가 그렇고, '리'가 그렇다 하면, '형'이 있고 '성'이 있다는 것을 두고 "'기'가 '형'과 '성'이 있으니, '리'도 또한 '형'과 '성'이 있다"고 말할 수 있을 것인가?[63]

담헌은 '상천지재, 무성무취'란 것이 '리'의 속성을 말하는 것이라고 생각한다. 이 생각에 근거하여 혹자의 주장을 반박한다. 혹자는 '기'의 무형무성의 상태에 근거하여, 그 상태에 바로 '리'의 미묘한 속성이 존재한다고 주장한다. 이 주장에 의하면, '리'와 '기'는 불리不離의 관계에 있으므로, '기'의 무형무성을 '리'의 무형무성이라고 해도 상관없다는 것이다. 담헌은 이것을 반박한다. '기'의 무형무성과 '리'의 무형무성은 본질적으로 다르다. 곧 무형무성이라는 점에서는 외견상 동일하게 보일지도 모르지만, 그 무형무성의 성질이 다르다는 것이다. 말하자면 역으로 '리'와 '기'의 떨어질 수 없는 관계를 들어 기가 '유형유성'이므로, '리'도 '유형유성'이라고 말하는 것은, 본래 '리'의 성질을 도외시한 판단이라는 것이다.

〈서전문의〉

앞의 사서문변은 모두 김원행에게 올린 질문이었다. 앞서 말한 바와 같이 〈대학문의〉와 〈논어문의〉에 대한 답만 일부 남아 있을 뿐이고, 나머지는 답이 없다. 〈서전문의書傳問疑〉 역시 김원행에게 올린 것이겠지만, 그 답은 남아 있지 않다. 이 점을 고려하면서 이 질문들을 검토해 보자.

《서경》에 대한 질문은 모두 12개다. 《서경》을 읽어 나가다가 의문이 드는 부분을 질문으로 남긴 것이다. 모두 다 다룰 필요는 없고 일부만 검토해 보자.

- 우서虞書, 〈순전舜典〉, 2·6·8·11·21·23장
- 하서夏書, 〈우공禹貢〉 9·10·105장
- 주서周書, 〈낙고洛誥〉 26·29장, 〈다방多方〉 5장

이 중에서 몇 가지를 검토하겠다. 《서경》은 워낙 난해한 텍스트여서 주로 센텐스의 정확한 의미를 둘러싸고 논란이 많았다. 담헌의 지적도 여기에서 벗어나지 않는다.

〈순전〉 2장부터 검토한다. 《서경》의 본문을 미리 인용한다.

오전五典을 삼가 아름답게 하라 하시니 오전이 순조롭게 실천될 수 있었고[五典克從], 백규百揆의 자리에 앉히시자 백규의 일이 제때 이루어졌다[百揆時敍]. 사문四門에서 손님을 맞이하게 하시자 사문이 화목해졌으며[四門穆穆], 큰 산기슭에 들어가게 하시자 열풍烈風과 뇌우雷雨에 정신이 혼미하지 않았다[烈風雷雨不迷].[64]

여기에 대해 담헌은 다음과 같이 의문을 표했다.

'열풍뇌우불미烈風雷雨不迷'의 소주小註는 채침蔡沈의 설을 채택했는데, 또한 의견이 있을 것 같다. 바람과 우레에도 놀라지 않는 것은 보통 사람 중에서도 기백氣魄이 많은 사람이라면 본디 능히 그럴 수 있으니, 이것이 어찌 순舜을 찬미하기에 충분할 것인가?
'극종克從'과 '시서時敍'와 '목목穆穆'은 모두 저로부터 말하는 것인데, 이것은 홀로 순舜을 가지고 말하였으니, 문례文例에도 어긋난다. '여척제위汝陟帝位'란 말에는 두 임금의 혐의가 없겠는가?[65]

〈순전〉의 2장은 요堯가 순舜의 능력을 시험하는 장면이다. 담헌은 이 장면의 맨 끝 "큰 산기슭에 들어가게 하시니 열풍과 뇌우에 혼미하지 않으셨다[納于大麓, 烈風雷雨, 弗迷]"라는 부분에 딸린 《서경대전書經大全》의 소주小註에 대해 언급한다. 이 부분의 소주는 여러 사람의 학설이 인용되어 있는데, 담헌은 아마도 주자의 설을 지적한 것으로 보인다. '큰 산기슭에 들어가게 했다'는 게 아마도 산우山虞의 벼슬[산림을 관장하는 벼슬]을 한 것으로 보인다는 주자의 주해[66]에 대해 다음과 같이 반박한다.

만약 '산우'가 되는 것이라면 그 직임이 더욱 낮다. 또 《사기》의 설을 합쳐 따르면, 산으로 들어가게 하니, 열풍과 뇌우를 만나도 그 길을 잃지 않았다는 것이다.

'납우대록納于大麓'은 마땅히 《사기》를 준거로 삼아야 할 것이니, 치수 때 길을 잃지 않은 것 같음을 말하고, '불미弗迷'는 순이 비바람에도 길을 잃지 않았음을 말한다. 제사를 주관했다는 설은, 나는 감히 믿을 수 없다. 또 우레와 비가 하늘에 있거늘 어떻게 길을 찾을 수 있겠는가? 이와 같이 순이 제사를 주관하였는데도 도리어 바람과 우레의 변괴가 있었다면, 어찌 좋은 일이었겠는가? '열풍뇌우불미烈風雷雨弗迷'는 단지 마땅히 태사공太史公(사마천司馬遷)의 설을 따라야 할 것이다. 제사를 주관했다는 설을 따르면 '불미弗迷' 두 글자는 말이 되지 않고, '불미'는 다른 사람을 가리켜 말한 것이 된다.[67]

주자는 순이 산기슭에 들어가 바람이 몰아치고 우레가 울려도 길을 잃지 않았다는 《사기》의 설을 따라야 한다고 말한다. 제사를 주관했다는 주해는 옳지 않다는 것이다. 이런 주자의 견해는 《서경대전》의 채침 주해를 따른 것이었는데,[68] 담헌은 채침과 주자의 주해를 의심한다. 우레와 비바람에 놀라지 않는 것은 담이 큰 보통 사람이라 해도 가능한 일이다. 겨우 풍우에 놀라지 않았다는 표현 정도는 성인인 순을 찬미하는 말이 될 수 없다는 것이다. 또한 본문에서 '극종克從'과 '시서時叙'와 '목목穆穆'은 순이 아닌 다른 주체의 술어인데, '불미'만 순을 주어로 삼는다고 하는 것은 문장의 속성상 그럴 수가 없다는 말이다. 아울러 3장에서 요堯가 순에게 "네가 제위에 오르라[汝陟帝位]"고 하는 것은 두 임금이 동시에 존재할 가능성이 있지 않겠느냐는 것이다.

〈순전〉 11장의 본문은 다음과 같다.

법과 형벌을 널리 알리되, 유형流刑으로 오형五刑을 용서해 주었다. 채찍은 관부의 형벌로, 회초리는 학교의 형벌로 삼고, 돈으로 형벌을 대신 갚도록 하였다. 실수와 불운한 탓에 지은 죄는 용서해 주고[眚災肆赦], 믿는 데가 있어 다시 범하는 자는 사형에 처했다[怙終賊刑]. 다만 공경하고 공경하는 마음으로 형벌을 신중하게 적용하셨다.[69]

담헌이 의문을 표한 부분은 '생재사사眚災肆赦'와 '호종적형怙終賊刑'이다. 《서경대전》의 '생재사사'와 '호종적형'에 대한 주해는 다음과 같다.

'생재사사'의 '생眚'은 실수를, '재災'는 불운을 말한다. 사람이 이런 경우에 들어 형벌을 받게 된다면, 유형이나 돈으로 속바치게 하지 않고 곧바로 용서해 주었다. '적賊'은 죽이는 것이다. '호종적형'의 '호怙'는 믿는 데가 있는 것이고, '종終'은 다시 범하는 것이다. 사람이 이런 경우에 들어 형벌을 받게 된다면, 유형이나 돈으로 속바치게 하는 경우에 해당하더라도 허락하지 않고 반드시 형벌을 베푸는 것이다.[70]

담헌은 이 주석에 대해 다음과 같이 지적한다.

'생재사사'와 '호종적형'. 오형五刑의 죄는 비록 '생재'에 관계된 것이라 해도 곧바로 용서하기는 어려울 것이다. 학교에서의 형벌은 아무리 참작할 만한 것이 있다 하더라도 어떻게 반드시 '돈'으로 용서해 줄 수 있겠는가? '적'을 '죽이는 것'으로 해석하는 것은 너무 무겁다. 오형의 가벼운 죄를 어찌 꼭 죽일 것인가. 비록 재범再犯이라 해도 또한 의심스럽다. 아마도 '방종하여 거리낌이 없다'는 뜻인 것 같고, '적형賊刑'은 아주 세게 징치하는 뜻이 아닌가 한다.[71]

담헌은 오형五刑(墨·劓·剕·宮·大辟)에 해당하는 죄는 그것이 설령 과오와 불행에 해당하는 경우라 하더라도 막 바로 용서하기 어려울 것이고, 학교의 형벌은 아무리 정상을 참작할 여지가 있다 하더라도 '돈'으로 용서할 수는 없다는 것이다. 학교는 교육을 하는 곳이므로, 재물로 죄를 용서하는 것은 이치에 맞지 않는다는 뜻이다. 유가적 근본주의자 담헌의 성격이 역시 여실히 드러나는 장면이라 하겠다.

'호종적형'에서 '적賊'을 《서경대전》은 '살殺'로 이해했는데, 담헌은 너무나 무겁게 해석한 것으로 생각한다. 오형에 해당하는 가벼운 죄를, 믿는 곳이 있어서 다시 범했다 하여 예외 없이 모두 죽일 수는 없다는 것이다. 담헌은 '호종怙終'은 방종하여 거리낌이 없는 것으로, '적賊'은 '세게 징치하는' 뜻으로 해석함이 온당하다고 말한다.

〈순전〉 21장의 본문은 다음과 같다.

제순帝舜이 말했다.
"누가 나의 백공百工의 일을 순조롭게 잘 다스릴 수 있겠는가?"
모두 답했다. "수垂입니다."
"그렇다. 수야! 너는 공공共工이 되거라."

수가 절하고 머리를 조아리며 수垂와 장斨, 백여伯與에게 양보하였다. "그렇다. 가서 너의 직책을 조화롭게 해내거라[往哉汝諧]" 하였다.[72]

담헌이 문제삼은 것은 '왕재여해往哉汝諧'란 부분이다. 《서경대전》은 이 부분을 "가서 너의 직책을 조화롭게 해 내거라[往哉汝諧者, 往哉, 汝和其職也]"고 해석했다. 담헌은 이 부분이 문제가 있다고 지적한다.

'왕재여해'는 수垂와 익益에게만 명하는 말이다. 수垂·장斨과 백여伯與와 주호朱虎와 웅비熊羆에게는 다른 일을 명하지 않았으니, '여해汝諧'는 역시 '함께하라[偕作]'의 뜻일 것이다.[73]

'왕재여해'는 《서경》〈순전〉에 두 번 나오는 말이다. 위에 인용한 21장 외에 22장에 한 번 나온다. 22장에는 순이 산택과 초목, 조수를 맡아 다스릴 사람으로 익益을 추천받자 익이 다시 주호·웅비에게 사양하는데, 이에 순이 익에게 '왕재여해'라고 말했던 것이다. 담헌은 '왕재여해'는 오로지 수와 익에게만 하는 말이고, 다른 사람에게는 특별히 명령한 바가 없으니, '여해汝諧'의 '해'는 '여화기직야汝和其職也'의 의미가 아니라, '해작諧作' 곧 익이 수·장·백여와 같이 일을 하라는 의미라고 주장한다. 합리적 의심으로 생각된다. 이하 주서周書에 대한 의문도 대체로 같은 성격의 것이다. 더 다룰 필요가 없을 것이다.

〈시경변의〉

이상의 사서문변과 〈서전문의〉는 김원행에게 올린 문목問目이지만, 〈시경변의詩經辨疑〉[74]는 그 성격이 다르다. 〈시경변의〉는 《삼연집三淵集》 35권의 〈일록日錄〉, 곧 일기에 실린 《시경》에 대한 김창흡金昌翕(1653~1722)의 해석을 담헌이 비평한 것이다. 김창흡은 1720년 3월부터 《시경》, 곧 주자의 《시집전詩集傳》을 읽어 나가면서 주자와 선배들의 해석에 의문을 표하고 나름의 견해를 일기에 써 두었는데,[75] 담헌이 다시 그것을 읽고 비평했던 것이다. 담헌이 김창흡의 〈일록〉을 언제 읽었는지는 분명하지 않다. 다만 1766년 1월 북경에서 엄성 등 중국인 친구와 《시경》에 관해 토론했을 때 《시집전》 외에는 본 적이 없다고 밝히고 있고, 중국의 새 학설에 대해 전혀 아는 바가 없다고 말한 사실을 고려해 볼 때 〈시경변의〉 역시 1765년 북경에 가기 전에 쓴 것이 분명하다. 담헌은 김창흡의 새 해석에 대해 "새로운 것이 많고 동의할 부분도 많지만, 의심스러운 것도 있기에 조목조목 따진다"[76]고 말하고 있다. 앞에서 말한 바와 같이 담헌은 김창흡에게서 적지 않은 영향을 받은 것으로 보인다. 그는 뒷날 북경에서 사귄 친구인 엄성에게 보내는 편지에서 김창흡의 이야기를 집중적으로 인용하기도 했다.

〈시경변의〉의 물음은 57문항이다. 이것은 전반부 27문항, 후반부 30문항으로 나눌 수 있다. 전반부의 문항이 어디서 유래했는지 살펴보자.

- 주남周南, 〈권이卷耳〉, 〈규목樛木〉
- 소남召南, 〈소성小星〉

- 패邶, 〈연연燕燕〉, 〈종풍終風〉, 〈개풍凱風〉, 〈포유고엽匏有苦葉〉, 〈천수泉水〉 ①, ②
- 위衛, 〈기오淇奧〉, 〈백혜伯兮〉
- 왕王, 〈서리黍離〉, 〈군자양양君子陽陽〉, 〈양지수揚之水〉, 〈갈류葛藟〉
- 제齊, 〈저著〉
- 위魏, 〈원유도園有桃〉, 〈척호陟岵〉, 〈벌단伐檀〉, 〈석서碩鼠〉
- 당唐, 〈채령采苓〉
- 진秦, 〈권여權輿〉
- 진陳, 〈횡문衡門〉, 〈방유작소防有鵲巢〉
- 빈豳, 〈칠월七月〉, 〈벌가伐柯〉, 〈공손석부公孫碩膚〉

이상은 삼연(김창흡)의 비평문이 있고, 이에 대한 담헌의 비평이 있는 경우다. 그런데 이어지는 〈시경변의〉는 약간 이상하다. 《시경》 국풍은 주남, 소남, 패, 용鄘, 위, 왕, 정鄭, 제齊, 위魏, 당, 진, 진, 회檜, 조曹, 빈의 순으로 되어 있다. 위 삼연과 담헌의 비평문은 용풍, 정풍, 회풍, 조풍을 빼고 순서대로 실려 있다. 빈풍이 마지막인 것인데, 그 뒤 정풍이 이어지고 있음을 주목할 필요가 있다. 2차 비평문의 순서는 다음과 같다. 편의를 위해서 번호를 붙이며, 삼연과 담헌의 호 앞글자를 따서 뒤에 붙임으로써 그들의 문제와 답이 어디 있는지 밝힌다.

(1) 정鄭, 〈양지수揚之水〉, 〈진유溱洧〉 삼, 담
(2) 소아小雅, 소민지십小旻之什, 〈소완小宛〉 ①, ②
(3) 소남召南, 〈강유사江有汜〉 삼
(4) 패邶, 〈곡풍谷風〉 ①, ②

⑸ 왕王, 〈군자우역君子于役〉 담

⑹ 정鄭, 〈대숙우전大叔于田〉, 〈청인淸人〉, 〈고구羔裘〉 ①, ② 담

⑺ 제齊, 〈저著〉, 〈남산南山〉, 〈폐구敝笱〉, 〈의차猗嗟〉 담

⑻ 패邶, 〈천수泉水〉 담

⑼ 위魏, 〈벌단伐檀〉 삼, 담

⑽ 진秦, 〈신풍晨風〉 담

⑾ 진陳, 〈횡문衡門〉 담

⑿ 조曹, 〈후인候人〉 담

⒀ 소아小雅, 동관지십彤宮之什, 〈거공車攻〉 담

⒁ 소아, 기보지십祈父之什, 〈절남산節南山〉 담

⒂ 소아, 소민지십小旻之什, 〈소완小宛〉 담

⒃ 소아, 소민지십, 〈육아蓼莪〉 ①, ② 담

⒄ 소아, 소민지십, 〈대동大東〉 담

⒅ 소아, 기보지십祈父之什, 〈우무정雨無正〉 ①, ②

⒆ 소아, 문왕지십文王之什, 〈문왕文王〉 담

보다시피 정풍의 〈양지수〉가 나왔다가 뒤에 소아 소민지십의 〈소완〉에서 두 문제가 나오고 다시 소남에서 패, 왕, 정의 순서로 실려 있다. 이것도 정확한 순서는 아니다. ⑻번에서 다시 패풍이 나오고 있기 때문이다. 또 하나 지적해야 할 것은, ⑴과 ⑼에는 삼연과 담헌의 문제가 다 있고, ⑶에는 삼연의 문제만 있다. 나머지는 모두 담헌의 문제만 있는 것이다. 따라서 두 번째 세트는 매우 불완전하다. 현행본 《삼연집》에는 위의 19항목 중 ⑶과 ⑼를 제외하고는 문제가 없다. 담헌은 아마도 인쇄본 《삼연집》이 아니라, 필사본 《삼연집》이거나 《삼

연집》에 실리지 않은 〈삼주일록〉 원본을 본 것이 아닌가 한다. 여기서는 삼연의 문제가 없는 두 번째 세트의 문제는 다루지 않기로 한다. 삼연의 문제를 현재 알 수 없으니, 담헌의 답 역시 무의미한 것이기 때문이다.

〈시경변의〉는 전체를 다루기에는 상당히 많은 양이다. 또 전체를 모두 다루는 것도 의미가 없다. 그중 삼연과 담헌의 견해가 모두 있는 것 중 몇몇을 골라 살펴보기로 하자. 먼저 주해에 관한 것. 삼연은 주남周南의 〈규목樛木〉에 대해 이렇게 말한다.

'낙지군자樂只君子'에서 '군자' 두 글자는 아마도 억지로 '소군小君'이라 볼 수 없을 것 같다. 단지 궁중의 사람이 문왕이 집안을 잘 다스리는 걸 찬탄한 것으로 보인다. 주남 한 편을 반드시 순전히 후비后妃의 일로 채운다면, 〈토저장兎罝章〉 또한 빼버려야 할 것이다.[77]

〈규목〉의 해당 부분은 다음과 같다.

남쪽에 있는 규목樛木, 칡덩쿨이 감고 있구나 南有樛木, 葛藟纍之,
즐거운 군자여, 복이 있어 편안하구나   樂只君子, 福履綏之.[78]

〈규목〉은 모두 2장인데, 1장의 '葛藟纍之'가 2장에서는 '葛藟荒之'로, 3장에서는 '葛藟縈之'로 되어 있고, '福履綏之'는 '福履將之'(2장), '福履成之'(3장)으로 되어 있을 뿐 나머지는 동일하게 반복된다.

이 시는 시인이 어떤 남성의 안정적인 삶을 부러워하는 내용이다. 그 이상은 추정할 수가 없다. 하지만 주자는 이 시를 "후비의 덕이 아랫사람에게 미칠 수 있어 아랫사람들이 질투하는 마음이 없었다. 그러므로 여러 첩이 후비의 덕을 즐거워하면서 '남쪽에 있는 규목, 칡덩쿨이 감고 있구나. 즐거운 군자여, 복이 있어 편안하구나'라고 칭원稱願한 것이다"[79]라고 풀이했다. 즉 첩들이 후비들을 찬미한 시라는 것이다. 이 풀이에서 주자는 군자를 후비로 해석하고 있다. 좀 더 상론하자면, 주자는 "군자는 여러 첩의 입장에서 후비를 가리킨 것이다. 소군小君과 내자內子라고 말하는 것과 같다"[80]라고 했다. 곧 군자는 첩들이 후비를 지칭하는 소군·내자와 같은 말이라는 것이다.

삼연은 이것이 오류라는 것이다. 다만 궁중 사람이 문왕이 집안을 잘 다스린 것을 찬미한 것으로 보는 것이 옳다고 보았다. 이는 주자가 주남에 실린 시를 후비의 덕을 노래한 것으로 파악한 사실을 부정한 셈이다. 삼연은 그 증거로 주남의 〈토저〉를 든다. 〈토저〉는 훌륭한 무인이 공후公侯의 간성干城이 되는 것을 노래했을 뿐이지 후비와는 아무런 상관이 없다는 것이다.

삼연의 주장은 타당해 보인다. 물론 그렇다고 해서 주남의 시편을 문왕과 관련지어 온 전통적인 해석을 크게 벗어난 것은 아니다. 담헌은 삼연의 해석에 대해 "〈규목〉의 '군자'란 두 자는 설명이 매우 좋다. 집주集註에서 반드시 '소군小君'이라 한 것은 아주 의심스럽다"[81]라고 찬동을 표한다.

이처럼 〈시경변의〉는 담헌의 간단한 의견 표시가 대부분이다. 패풍邶風 〈연연燕燕〉에서 삼연은 "'연연'은 두 마리의 제비로 해석하는 것이 문의文義에 맞다. 그 '힐항頡頏 차지差池'하며 위로 아래로 날면서 우는 것은 무한한 정취가 있다. 귀신도 울게 할 수 있다고 한 이 시의 평은 정말 그렇다"[82]라고 말했다. 〈연연〉의 전반부를 인용한다.

제비와 제비가 나는데, 깃이 나란하지 않구나
그대[之子] 돌아간다기에 멀리 들까지 나가 떠나보내노라
저 멀리 바라보지만 보이지 않아 비처럼 눈물을 쏟네

燕燕于飛, 差池其羽. 之子于歸, 遠送于野. 瞻望弗及, 泣涕如雨.

제비와 제비가 위로 아래로 나는구나
그대 돌아간다기에 멀리 가서 떠나보내노라
저 멀리 바라보지만 보이지 않아 우두커니 서서 흐느끼노라

燕燕于飛, 頡之頏之. 之子于歸, 遠于將之. 瞻望弗及, 佇立以泣.

제비와 제비가 날며 지저귀는구나
그대 돌아간다기에 멀리 남쪽에서 떠나보내노라
저 멀리 바라보지만 보이지 않아 정말 내 마음 괴롭구나

燕燕于飛, 下上其音. 之子于歸, 遠送于南. 瞻望弗及, 實勞我心.[83]

〈연연〉은 보다시피 연인의 이별을 노래한 시다. 이 작품에 대한 삼연의 지적은 특별하지 않다. '연연'을 제비 두 마리로 보자는 것이다. 주자는 '연연이라고 한 것은 거듭 말한 것'[84]이라고 말하고 있는데, 이것은 한 마리 제비를 거듭 부른다는 의미로 읽힌다. 하지만 삼연은 그것이 두 마리 제비라고 지적함으로써 제비가 날고 우는 것에 대해 훨씬 더 큰 구체성을 부여했다. 두 마리 제비는 크기가 다르므로 그 깃이 나란하지 않다. 두 마리 제비니까 오르내리는 것에 훨씬 더 역동성이 부여되며 소리도 다양해진다. 담헌은 이에 대해 찬동했다. "연연의 해석은 아주 정교하다."[85]

패풍의 〈종풍終風〉은 모두 4장인데, 그중 문제가 되는 것은 3장이다.

종일 바람 불고 게다가 음산하고   終風且曀
하루가 못 되어 또 음산하네   不日有曀
잠 깨어 뒤척이며 이 생각 저 생각에   寤言不寐
눈물 콧물 흘리노라   願言則嚏.[86]

위의 인용 부분에 대해 김창흡은 다음과 같은 견해를 제시했다.

〈종풍장〉의 '불일유예不日有曀'에서 '有'자를 '又'라고 했는데, 꼭 그렇지는 않은 것 같다. 정말 '또 음산하다'고 한다면, 애초에 일찍이 날이 맑게 갠 적이 없는 것이다. 다만 하루가 아닌 것이니, 불월불일 不月不日[왕풍王風의 〈군자우역君子于役〉에 나오는 구절. 날짜와 달수로 셀 수 없다는 말]처럼 또한 그 오래됨을 말하는 것이다.[87]

주자는 "음산하고 바람 부는 것을 예曀라 한다. 유有는 우又[또]이다. 불일유예는 이미 음산하였는데, 하루가 못 되어 또다시 음산함을 말한 것"[88]이라고 주해했다. 곧 하루 안에 음산한 날씨가 반복되었다는 것이다. 이에 대해 삼연은 '不日'을 오랫동안 음산한 것으로 풀이하는 게 옳다고 주장한다. 이를 두고 남헌은 삼연의 설도 말은 되지만, 주자의 주해가 더 설득력이 있다고 말한다.

종풍의 해설 또한 말은 된다. 다만 아래의 '예曀'자는 말이 겹쳐져서 본래 주석의 뜻이 부드러운 것만 못하다. 애초 청제晴霽하지 않았다한 것이 근사하다. 하지만 하루가 못 되어 또 '예' 하면 '청제'의 뜻이 절로 그 가운데 있는 것이니, 꼭 의심해야 할 것은 아닌 듯하다.[89]

담헌은 '예' 자가 두 번 나오는 것은, 그 중간에 날이 개었던 것을 포함하고 있으니, 삼연이 불필요하게 의심한 것이라고 주장한다.
다음은 정풍鄭風 〈양지수揚之水〉의 1장이다.

느릿느릿 흐르는 물은	揚之水
나뭇단도 흘려보내지 못하지	不流束楚
도무지 형제가 적어	終鮮兄弟
오직 너와 나뿐이네	維子與女
남의 말을 믿지 말아라	無信人之言
남이 너를 속이나니	人實迋女

이 시는 원래 시서詩序에서 '훌륭한 신하가 없는 것을 딱하게 여겨 지은 것'이라 하고, 구체적으로 "군자가 태자太子 홀忽에게 충신과 어진 신하가 없어 끝내 사망한 것을 딱히 여겨 이 시를 지었다"[90]고 해석했으나, 주자는 이것을 비판하여 남녀의 음분淫奔을 노래한 것이라고 보았다. 사실 문면에서는 이 시가 남녀의 비정상적인 성적 관계의 증거를 찾을 수 없다. 그것은 정풍이 음란한 시의 모음이라는 통설에 기인한 것이다. 주자는 그 증거로 '종선형제終鮮兄弟, 유여여녀維子與女'의 '형제'를 혼인한 사람의 칭호라 보았고, '子'와 '女'는 남녀가 자기들끼리 부르는 말이라고 하였다.[91] 이런 주해를 기반으로 하여 주자는 이 시는 형제(남매)가 부부가 된 경우라고 판단했다. 하지만 문

면에서 형제를 부부라고 판단할 근거는 없다. 삼연은 이런 주자의 해석에 의문을 표한다. "정풍은 〈풍우風雨〉에서 〈양지수〉까지는 음분으로 단정할 수 없다. 〈양지수〉의 '종선형제'에서 형제를 부부로 여기는 것은 견강부회에 속한다. 시서詩序의 자홀刺忽은 이미 정리情理가 없는데, 그것을 교정하는 것이 지나쳐 다른 제목으로 음분이라고 하였으니, 아마도 공평함을 잃은 듯하다."[92] 담헌은 이에 대해 "양지수는 형제가 혼인하는 것이 되니, 과연 견강부회가 된다"[93]고 삼연의 견해를 긍정했다.

담헌은 〈시경변의〉에서 《시경》에 대한 주자와 삼연의 설을 비평하고, 자신의 해석을 제출하였다. 하지만 이것이 주자 시경학에 대한 전면적 비판을 의미하지 않음은 물론이다. 담헌은 여전히 정주학적 경전 해석의 범위 내에 있었다.

〈주역변의〉

담헌은 《주역》에 관한 비평문인 〈주역변의〉와 〈계몽기의〉도 남기고 있다. 〈주역변의〉는 조선시대 《주역》의 기본 텍스트인 《주역전의대전 周易傳義大全》을 읽고 비평을 남긴 것이다. 《주역전의대전》은 《주역》에 관한 정자의 저술인 《역전易傳》과 주자의 《주역본의周易本義》를 합친 책이다. 두 책은 《주역》의 경문經文, 곧 괘사卦辭와 효사爻辭 및 십익十翼에 대한 주해다. 주자는 《본의》를 쓰는 한편, 《주역》이 원래 점서占書라는 데 주목하여 점치는 방법을 재구성한 《역학계몽》을 저술하였다.

〈주역변의〉는 《주역》 64괘 중 건괘(1)에서 진괘晉卦(35)까지의 비평이다. 원래 64괘 모두 비평이 있었는지 아니면 애초 진괘까지만 있었는지는 알 수 없다. 담헌은 〈주역변의〉에서 드물지만 《역전》과 《본의》의 해석에 의문을 표하는 경우도 있지만, 대개는 《역전》과 《본의》의 해석을 인정하는 선에서 자신의 견해를 추가하고 있다.

《주역》이란 텍스트는 원래 점서였기에 그 언술들 자체가 구체성이 극히 희박하고 원래 괘와 괘사, 효와 효사 사이에는 어떤 필연적인 관계도 없다. 즉 《주역》의 어떤 경문도 확정적인 의미를 갖지 않기에 해석은 개방적일 수밖에 없다. 예를 들어 건괘의 괘사 '원元, 형亨, 이利, 정貞'은 특정할 수 있는 컨텍스트가 없는 언술이다. 따라서 이에 대한 해석도 무한히 개방적이다. 엄밀히 말해 《역전》과 《주역본의》의 괘사·효사에 대한 어떤 해석도 자의적일 뿐이다. 담헌의 〈주역변의〉 역시 《주역》의 경문과 십익에 대한 자의적·선언적 해석이라는 점에서 《역전》이나 《본의》와 다를 것이 없다.

〈주역변의〉는 건괘에서 진괘까지 비평하고 있지만, 모든 비평을 다 다룰 수는 없다. 먼저 건괘에 관련된 담헌의 비평을 모두 다루어 〈주역변의〉의 비평 양상을 살펴보고, 이어 몇몇 주요한 몇몇 비평을 언급하여, 〈주역변의〉의 성격을 짐작해 보겠다.

〈주역변의〉는 건괘에 대한 비평으로 시작된다.

> 원元과 형亨과 이利와 정貞은 6양六陽의 단斷이다. 괘체卦體가 순양純陽이니, 마땅히 대통大通할 것이다. 그러나 지나치게 강하기 때문에 정고正固를 위주로 해야 이로울 것이다. 원·형은 사람에게 길함을 보이는 근거고, 이·정은 사람을 경계하여 끝을 보존하게 하는 근거다.[94]

'원·형과 이·정이 6양의 단'이란 말의 의미는 분명하지 않다. '단斷'은 이 괘에 인용되어 있는 주자 《본의》의 "원·형·이·정은 문왕이 붙인 말로 한 괘의 길흉을 판단한 것이다"[95]에서 가지고 온 것일 터이다. 곧 아마도 판단한다는 의미에서, 단사의 '단彖'과 같은 의미일 것이다. 그렇다면 원·형·이·정은 건괘의 6효에 대한 총체적인 판단이다. 실제 그것은 괘사를 단사로 보는 것과 같다.

담헌은 건괘의 여섯 효가 모두 양효陽爻이기 때문에 '크게 형통함'을 의미하지만, 동시에 여섯 효가 모두 양효인 것은 지나치게 강함을 의미하기[96]에 '올바르고 굳은 것[正固]'에 주의를 기울여야 이로울 것이라고 말한다. 즉 점으로 건괘를 얻을 경우 워낙 형통할 것으로 예상되지만, 아울러 모든 효가 양이라는 것은, 양의 강함이 지나치게 크기 때문에 자신을 올바로 굳게 지키는 일이 필요하다는 뜻이다. 담헌의 이 해석은 다음과 같은 《본의》의 해석에 기반하고 있다. "'원'은 큼이요, '형'은 통함이요, '이'는 마땅함이요, '정'은 바르고 굳음이다[正固]. 문왕은 건도乾道가 크게 형통하고 지극히 바르다고 생각하였다. 그러므로 점을 쳐서 이 괘를 얻고 6효가 모두 변하지 않은 경우에는 그 점이 마땅히 대통함을 얻고 반드시 이로움이 정고正固함에 있다고 말하였으니, 이렇게 한 뒤에야 그 끝을 보존할 수 있는 것이다."[97] 다만 여기서 '정고'란 문자의 의미가 정확하지 않으므로 담헌은 그 의미를 확정하고자 한 것이다. 그러기에 "원·형은 사람에게 길함을 보이는 근거고, 이·정은 사람을 경계하여 끝을 보존하게 하는 근거다"라는 해석이 붙을 수 있었다.

이어지는 비평은 이 해석에 타당성을 부여한다. 그는 괘·효에 달린 괘사·효사는 괘나 효의 상象에 근거한 것이 있으니, 건괘의 '원·형·

'이·정'이란 괘사에서 '원·형'이 바로 그 경우에 해당한다고 말한다. 즉 건괘는 모두 양효로 이루어져 있고 내괘(內卦)와 외괘(外卦) 둘 모두 건괘이므로, '크게 형통함[大通]'의 의미가 본래부터 있다는 것이다. 곧 그것을 '원·형'이란 말로 표현했다는 것이다. 그렇다면 '이·정'은 무엇인가. 그것은 건괘를 얻은 사람이 가져야 할 태도를 말한 것이라는 것이다. 담헌의 말을 들어 보자. "강강(剛剛)은 중(中)을 얻는 것이 귀하니, 이(理)가 끝까지 통하는 법이 없기 때문이다. 이·정은 원·형에 처하는 도다. 건 속에 이·정의 상(象)이 있는 것이 아니고, 성인이 사람에게 건에 처하는 도를 보인 것이다."[98] 건괘는 양효로만 이루어진 것이기에 강할 수밖에 없다. 이것은 지나친 것일 수 있기에 중도를 얻어야만 하고, 이 괘의 형통함 역시 끝까지 형통할 수는 없다. 따라서 그 지나침은 절제되어야 할 것이기에 이 괘를 얻는 사람은 '이·정'이란 중도에 처할 것을 성인이 권고했다는 말이다. 곧 '이·정'은 원래 건괘의 상(象)으로부터 얻은 것이 아니다. '원·형'을 건괘의 상으로부터 얻고, '이·정'은 건괘를 얻은 사람이 처할 방도를 보인 것이라는 말이다.

담헌의 이 해석에는 당연히 문제가 있다. 담헌의 해석에 따르면 '이·정'은 양의 지나친 강함을 절제하는 것이어야 한다. 하지만 '이·정'에는 그런 의미가 부여되어 있지 않다. 따라서 '이·정'에 자신이 그런 의미를 부여해야만 했다. 그는 이렇게 말한다. "'정'에는 조용한 데다 지키는 뜻이 있다. 천하의 일이 들썩이며 안정되지 못하면 실패하지 않는 경우가 드물다. 하물며 순강(純剛)한 본체에 처할 때는 지극히 굳센 덕이 있으니, 조용함이 아니면 움직임을 제어할 수 없고, 지킴이 아니면 먼 곳에 이를 수가 없다. 그러므로 '이·정'이라 말하는 것이다."[99] 그는 곧 '정'에는 '조용하고 지키는 뜻', 곧 무언가 '조용하고 움직이지 않는' 의미가 있다고 말한다. 그것은 양강, 혹은 양의 동함을 제어하게 될 것이다. 담헌의 해석이 타당한지 여부는 논증 대상이 아니다. 《주역》의 괘사 혹은 효사에 대한 모든 해석은 일방적·선언적인 것이기 때문이다.

 이제 각 효사에 대한 담헌의 해석을 보자. 담헌은 맨 아래 효 곧 초구初九의 효사 "초구는 못에 잠겨 있는 용이니, 쓰지 말아야 한다"[100]에 대해 "현자가 아래에 있으면 잠거潛居하여 도를 안고 그때를 기다려야 한다. 경거망동하여 위쪽을 잡아당기면 회린悔吝이 반드시 이를 것이므로, '쓰지 말라'고 하는 것이다"[101]라고 말한다. 이것은 《역전》이나 《본의》의 해석과 동일하다.

 두 번째 효의 효사는 "구이九二는 나타난 용이 밭에 있으니, 대인을 만나 봄이 이롭다"[102]인데, 이에 대해 담헌은 "양효가 양위陽位에, 음효가 음위陰位에 있는 것이 '정正'인데, 구이가 '정'이 되는 것은 무엇 때문인가?"[103]라고 의문을 표한다. 이것은 《본의》가 "구이는 강건하고 중정中正하며 잠겨 있던 곳에서 나오고 숨어 있던 곳에서 떠나 혜택이 물건에 미치니, 물건을 만나 봄이 이롭다"[104]라고 한 것을 염두에 둔 것이다. 원래 양효가 초·3·5의 자리에 있고, 음효가 2·4·상의 자리에 있으면 '정'이라 한다. 한편 하괘의 두 번째 자리와 상괘의 다섯 번째 자리는 모두 상괘와 하괘의 중앙에 있기 때문에 이를 '중中'이라 한다. 이에 의하면, 건괘 구이는 원래 음효가 와야 '정'이라 부를 수 있다. 하지만 《본의》는 '중정'하다고 말하고 있다. 하지만 위의 규칙에 따르면 '중정'의 '정'이란 표현을 쓸 수 없다. 담헌은 바로 이 점을 지적하고 있는 것이다. 이 비평은 《본의》의 해석에 의문을 제기한 경우다.

'구삼'의 효사는 이러하다. "구삼은 군자가 종일토록 힘쓰고 힘써 저녁까지도 두려워하면 위태로우나 허물이 없으리라."[105] 이에 대해 《역전》과 《본의》는 구삼의 양효가 위태로운 자리이고, 그러기에 두려운 마음을 가지고 조심하면서 노력해야 할 것이라고 해석했다. 담헌은 이렇게 해석한다.

'삼'은 사람의 자리이므로 '용'이라 하지 않고 '군자'라고 하는 것이다. 하괘의 끝에 처하므로 '종일', '저녁'이라 한다. 두 '건乾'이 모이므로 '건'이라 하고, 건효가 강양剛陽이 되므로 '척惕'이라 한다. 이것이 구삼의 상象이다. 강剛함을 거듭하는 것은 '중中'이 아니고, 아래에 처하여 위를 핍박하므로 '여厲'라 한다. '건'하고 '척'할 수 있으므로 '무구无咎'라 한다.[106]

"'삼'은 사람의 위치이므로 '용'이라 하지 않고 '군자'라고 한다"는 것은 대성괘를 기준으로 할 때 구삼과 구사는 천지인 중 '인', 곧 사람의 자리에 해당하기 때문이다. 따라서 건괘의 다른 모든 효사는 모두 '용'을 주체로 삼지만, 구삼의 경우 '사람'의 자리이기에 '군자'라고 말했다는 것이다. 구삼은 하괘의 맨 위, 곧 끝에 있으므로 '종일'이라든가 '저녁'이라는 끝을 의미하는 어휘를 사용했으며, 소성괘로의 두 건괘가 구삼에 와서 모이므로 '종일건건'이란 부분의 '건건'이란 말을 사용했다는 것이다. 뿐만 아니라 건효는 양강의 성질을 띠기에 두려워[惕]해야 하는 것이다. 건효의 중첩은 지나치게 양강의 성질을 띠기에 조심해야 한다는 것은 앞에서 이미 지적한 바 있다. 이것이 담헌이 본 구삼의 효상이다. '강'이 겹친 것은 지나치기에 중도가 아

168

니고, 하괘에 있으면서 위를 핍박하는 상이기에 '위태롭다'고 한 것이다. 따라서 구삼의 건의 자리에 있으면서 두려워해야 '허물이 없게 된다[无咎]'. 담헌의 구삼에 대한 해석 역시 《역전》과 《본의》를 크게 벗어나지 않는다. 하지만 담헌은 보다 풍부한 의미를 부여하고 있다.

"혹 뛰어오르거나 연못에 있으면 허물이 없으리라"[107]는 구사의 상象을 담헌은 이렇게 해석한다. "구사는 이미 하괘에서 떠났으니 밭에 있지 않고, 구오에는 이르지 못했으니 하늘에 있지 않다. 땅 위에 있고 하늘에 이르지 못한 경우라면 오직 '못'일 수밖에 없다. 그러므로 '못에 있다'고 한 것이다. 걷는 자는 땅에 있고, 나는 자는 하늘에 있다. 걷지도 날지도 않는 경우는 오직 도약하는 것일 뿐이다. 그러므로 '도약한다'고 한 것이다."[108] 이것은 '구사'란 효의 위치에 주목한 해석이다. 구사는 땅을 상징하는 하괘를 떠났으니 밭에 있는 것은 아니다. 하지만 하늘인 구오에는 이르지 못하고 있다. 따라서 구사의 위치는 '못'이다. 땅을 떠났으니 걷지 않는 것이고, 하늘에 오르지 못했기에 날지 못한다. 그래서 '도약한다'고 했다는 것이다. 이런 해석은 《역전》과 《본의》가 언급하지 않은 것이다.

건괘에는 저 유명한 "구오는 나는 용이 하늘에 있으니, 대인을 만나 봄이 이롭다"[109]는 효사와 "상구上九는 끝까지 올라간 용이니, 뉘우침이 있으리라"[110]라는 상구의 효사를 남기고 있으나, 담헌은 이에 대해 아무런 비평을 남기시 않았다. 워낙 기존의 해식이 빼어나 딧붙일 말이 없었던 것인가.

대개의 해석은 이런 식이다. 〈문언전〉 2절은 건괘의 초구에서 상구까지 여섯 효사에 대한 언급으로 '〈상전〉의 뜻을 거듭 밝힌 것'이다. 담헌은 초구·구삼·구사·구오에 대해 평문을 남기고 있으며, 그중에서도 구삼·구사를 집중적으로 비평하고 있다. 가장 흥미로운 것은 구사의 "혹 뛰어오르거나 연못에 있으면 허물이 없다"[111]에 대한 공자의 해석에 담헌이 남긴 비평이다. 공자는 '혹 뛰어오르거나 ……'에 대해 "오르고 내림에 일정함이 없는 것이 간사함이 되지 않으며, 나아가고 물러감에 항상 함이 없는 것이 동류를 떠남이 아니다. 군자가 진덕進德하고 수업修業 함은 때에 미처 도를 펴고자 함이다. 그러므로 허물이 없는 것이다"[112]라고 말했다. 공자의 진퇴에 일정함이 없는 것은 동류를 떠남이 아니고, 군자의 진덕·수업은 때에 맞추어 이루어져야 한다는 발언은 담헌에게 퍽 인상적이었던 것 같다. 그는 이렇게 말한다.

> 위로 나아가는 것은 뛰는 것[躍]이고, 아래로 물러가는 것은 '못에 있음[在淵]'이다. 위와 아래에 일정함은 없지만, 중요함이 '위[上]'라는 글자에 있으니, 그 위에 있는 것이 즐거우면 행하는 것이고, 영화를 탐하여 삿된 일을 하는 것이 아니다. 나아가고 물러남이 일정함이 없지만, 무거움이 '물러난다[退]'는 글자에 있으니, 그 물러남을 근심하면 어긋나는 것이다. 하지만 세상을 잊고 '무리[群]'를 떠나는 것은 아니다.[113]

'나아가고 물러남에 일정함이 없음'을 상황에 따라 진퇴가 적절하게 이루어져야 한다고 해석하는 것은 일반적이다. 곧 "군자는 나아가기 어렵고 물러남이 쉬우니, 때맞춰 나가면 때맞춰 물러나기"[114] 때문이고, 따라서 "마땅히 나아가야 할 때 나아가니 정말 그때를 맞춘 것이고, 마땅히 물러나야 할 때 물러나니 정말 그때를 맞춘 것이다. 혹 나아가고 혹 물러나되 오직 때에 맞추어 할 뿐이다."[115] 하지만 '진'과

'퇴' 중에서 담헌은 '퇴'가 더욱 무거운 의미를 갖는다고 말한다. 만약 물러날 때 물러남을 근심한다면 그것은 잘못이며, 또 물러남은 세상을 잊거나 무리(동류)를 떠나는 것일 수는 없다. 이런 차원에서 그는 '급시及時'를 "때에 맞추어 나아감"으로 해석한다. 진덕·수업의 목적은 "스스로 그 덕을 밝히고 천하의 민을 새롭게 하려 하는 것"이며, 때가 되었는데도 나아가지 않는 자는 완전히 세상을 등진 자로 판단했다.[116]

이하 〈주역변의〉의 서술 내용은 대체로 동일한 방식으로 이루어진다. 《역전》과 《본의》의 해석에 대해 극히 일부 비판적인 부분이 있기는 하지만, 그 해석의 지평은 사실상 동일하다. 따라서 《주역》 연구사에서 〈주역변의〉에 대단한 의미를 부여할 필요는 없을 것이다. 〈주역변의〉에 의미를 부여할 부분이 있다면, 아마도 담헌 개인사에서 갖는 의미일 것이다. 곧 담헌은 〈주역변의〉에서 자신의 가치관을 종종 노골적으로 드러낸다. 예컨대 소축괘小畜卦의 괘사 상전은 "바람이 하늘 위에 행함이 소축이니, 군자가 보고서 문덕文德을 아름답게 한다"[117]인데, 이 중 '문덕'이란 말이 마땅찮았던지 담헌은 "유순한 기운으로 강건한 몸을 기르므로 그 쌓음이 두텁지 않고 그 베풂이 멀지 않다. 군자가 그 상象을 본다면, 마땅히 반성하여 그 덕을 두텁게 쌓아 장구함을 기약해야 한다. 어찌 그 요계고식擾係姑息의 상을 본받아 '문예의 소기小技'에 구구하게 집착할 것인가? 이것이 의심스럽다"[118]라고 말했다. '요계'란 《역전》이 건乾의 강건한 성질을 유순함으로 저지할 수 있으나, 본디 그 강건함 자체를 강력히 제어할 수 있는 것은 아니고, 임시적으로 유순함을 길들이고[擾] 매어 놓을[係] 수 있다고 말한 데에 근거한다. 이것은 영원히 통제한다기보다 잠시 그렇게 해 놓는 것이기 때문에 고식姑息이란 말을 덧붙인 것이다. 문학을 '문예의 작은 기술'로 보는 것은 정자의 생각이다. 정자는 《역전》에서 "군자가 온축하는 것은 큰 것은 도덕과 경륜의 사업이고 작은 것은 문장과 재예이니, 군자가 소축의 상象을 관찰하여 문덕을 아름답게 한다. 문덕을 도의에 비교하면 작은 것이 된다"[119]라고 한 바 있다.

자신의 처세에 대한 생각도 〈주역변의〉를 통해 밝혀 놓았다. 관괘 觀卦 상구의 효사는 "그 내는 것을 관찰하되 군자다우면 허물이 없으리라"[120]인데, 이에 대해 상전象傳은 "'관기생觀其生'은 뜻이 편안하지 않은 것이다"[121]라고 풀이하고 있다. 다시 이를 《본의》는 "뜻이 편안하지 않다는 것은 비록 지위는 얻지 못하였으나 계구戒懼를 잊어서는 안 됨을 말한 것이다"[122]라고 말했다. 다시 담헌은 이에 다음과 같이 덧붙인다.

선비가 이 세상에 태어나서 현달하면 천하를 겸선兼善하여 임금이 등용하면 부를 편안히 누리고 존귀하게 되고, 궁박하면 홀로 자신의 몸을 착하게 가져야 할 것이다. 그러면 자제들이 그를 본받아 효제孝悌와 충신忠信을 실천할 것이다. 그 우근憂勤하고 척려惕厲하는 바는 날로 새로워져 그치지 않을 것이니, 어찌 현달하거나 궁박하다 하여 조금이라도 다를 것인가? 그러므로 상구의 지위가 없는 사람은 마땅히 경계하고 두려워하는 데 뜻을 두어야 할 것이다. 그런 뒤에야 허물이 없을 수 있다.

세상의 자호自好하고 기이한 것을 숭상하는 자들은 색은행괴索隱行怪하면서 이리저리 떠돌며 깨우친 척하는데, 그 행동을 살펴보면 밖으로는 볼 만한 위의威儀와 풍지風旨가 없고, 안으로는 일컬을 만한 충신忠信과 재지才智도 없다. 그러고도 마음은 산수에 노닐고 제 몸을 시와 술에 내던진 채 서로 흉내 내어 따르고 스스로 맑고 높다고 자부한다.
이는 명예와 이익을 얻기 위해 조급하게 굴거나 권세를 탐하는 자들과는 맑고 탁한 구별은 있다. 하지만 세상을 그르치고 풍속을 병들게 하는 것으로 말하자면 맑고 높은 경지에 가까울수록 크게 어지러워질 터이니, 그 해로움이 더 심하다 하겠다. 군자 된 사람으로서 이런 자들을 억눌러 바로잡지는 못한다 하더라도 도리어 허락해 도울 수가 있겠는가?[123]

전형적인 유가의 출처관이다. 현달할 경우와 궁박할 경우 모두 유가의 윤리적 준칙을 벗어나지 않아야 한다. 하지만 유가의 출처를 벗어나 방외지사方外之士가 되는 것은, 명리와 권력을 탐하는 것과 본질적으로 다를 게 없을 뿐만 아니라, 어떤 의미에서는 도리어 더욱 세상에 해로울 수 있다는 것이다.

담헌은 한 치 어긋남도 없는 정주학의 가치관을 내장하고 있다. 그는 출세하지 않더라도 유자는 세상에 대한 뜻을 저버릴 수 없다고 말한다. 곧 비괘否卦 상전의 "천지가 사귀지 않음이 비否이니, 군자가 보고서 덕을 검약儉約하여 난難을 피해서 녹祿으로써 영화롭게 하지 말아야 한다"[124]에 대해 "검덕儉德으로 난을 피하는 것은 세상을 과감하게 잊어버리는 데 가깝지 않겠는가? 군자는 비색否塞한 때는 나아가 정치를 할 수 없으므로 물러나 아래에 궁하게 있을 뿐이다. 하지만 어찌 천하에 대한 마음을 잊을 수 있겠는가?"[125]

그는 지知와 행行의 합일도 말한다. 동인괘同人卦의 "사람과 함께하되 들에서 하면 형통하리니, 대천大川을 건넘이 이로우며 군자의 정貞

으로 함이 이롭다"[126)]의 상전에 "문명文明하고 굳건하며 중정中正으로 응함이 군자의 올바른 도이다"[127)]라는 부분이 있다. 이에 대해 담헌은 "군자의 도는 '지'와 '행'일 뿐이다. 명明하다 함은 '지'의 지극함이고, 건健하다 함은 '행'의 지극함이다. 능히 밝고 건할 수 있으면 어찌 '동인'뿐이겠는가? 자신을 이루고 물物에 미치어 어디를 가더라도 형통하지 않음이 없을 것이다"[128)]라고 말한다.

〈계몽기의〉

〈계몽기의啓蒙記疑〉[129)]는 주자의 《역학계몽》에 대한 비평이다. 주자는 《주역》에서 의리만 찾고 점복의 기능을 무시한 것을 비판하여 《역학계몽》을 썼다. 주자는 점치는 것을 부정하지 않았고, 점의 가능성을 진지하게 믿었다.[130)]

　《역학계몽》은 '본도서本圖書', '원괘획原卦畫', '명시책明蓍策', '고변점考變占'의 4장으로 구성되어 있다. 앞에 보았듯 《역학계몽》은 《주역》의 점서로서의 성격에 주목한 저작이다. 곧 '원괘획', '명시책', '고변점'은 실제 점을 치는 방법을 논한 것이다. 담헌은 이 중에서 제1장인 '본도서'만 비평하고 있다. 왜 그가 '본도서'만 비평했는지는 알 수 없다. 담헌이 '점치는 방법'에 대해서 아무런 관심이 없었던 것도 아니다. 1765~1766년 연행 때 그는 점을 치는 데 필요한 시초蓍草를 구하려 했고, 또 1768년 중국인 벗 손유의孫有義가 보낸 시초를 받기도 했다. 《역학계몽》의 점술에 관심이 없었다면 시초를 구하고자 했을 리가 만무한 것이다. 또 〈본도서〉는 점치는 방법의 원리로서 〈하도河

圖〉와 〈낙서洛書〉에 대해 논한 것이기도 하다. 어쨌든 담헌의 〈본도서〉에 대한 비평은 뒷날 《의산문답》에서 완성되는 그의 사상과 관련하여 매우 중요한 의미를 갖는다. 《의산문답》에서 담헌은 세계에 대한 상수학적象數學的 해석, 음양론 등을 일괄하여 부정하는데, 그 단초가 〈계몽기의〉에서 이미 보이기 때문이다. 이 점에 유의하여 〈계몽기의〉를 읽어 보자.

《역학계몽》에서 다루고 있는, 〈태극도〉와 〈하도〉, 〈낙서〉, 〈팔괘도〉, 〈육십사괘도〉와 같은 도서圖書들이 처음으로 그려지고 등장하기 시작한 것은 송대 도서학圖書學의 문헌에서부터다. 특히 조선시대 유학자들이 접했던 〈하도〉와 〈낙서〉의 그림은 채원정蔡元定이 처음 확정한 이후 《역학계몽》에 실림으로써 세상에 퍼지게 된 것이다.[131] 《주역》에는 태극으로부터 팔괘의 차서나 방위에 관한 도식을 끌어낼 만한 명시적인 구절 또한 발견할 수 없었으니, 〈하도〉와 〈낙서〉, 〈태극도〉 및 이런 도서들에 대한 상수학적 논의들은 애초 《주역》에서 비롯된 것이 아니라, 도가적 전통으로부터 도출된 것이다.[132]

따라서 《역학계몽》의 〈본도서〉에서 논하고 있는 〈하도〉와 〈낙서〉는 사실 어떤 내용도 없는 텅 빈 기호에 불과했다. 황하에서 출현한 용마龍馬와 낙수洛水에서 출현한 거북의 등에 어떤 무늬가 있었다고 하는 것은 근거 없는 전설에 불과하다. 《서경》에 나오는 〈하도〉와 〈낙서〉는 제왕을 상징하는 옥기玉器와 지도로 추측된다. 따라서 그것은 《주역》 〈계사전繫辭傳〉의 '황하에서 그림이 나오고 낙수에서 글이 나오자, 성인이 그것을 본떴다 [河出圖, 洛出書, 聖人則之]'란 말과 원래 무관하였다. 〈하도〉가 1에서 10까지 수의 특수한 배열이라는 것은 양웅揚雄의 《태현경太玄經》에서, 〈낙서〉가 1에서 9까지 숫자의 특수한 배열이라는 것은《대대례기大戴禮記》의 〈명당편明堂篇〉과《역위건착도易緯乾鑿度》의 구궁설九宮說에서 유래한 것이다. 한편《주역》〈계사전〉이 〈하도〉와 〈낙서〉를 인용하자 공안국孔安國은 그것을 팔괘와 구주九疇와 연결시켰다. 하지만 이것은 견강부회에 가깝다. 〈하도〉와 〈낙서〉가 담은 수의 배열은 흥미롭지만(특히 〈낙서〉가 마방진을 이룬다는 사실) 그것은 본래 지시하는 대상이 없기 때문이다.

 주자를 위시한 성리학자들에게 왜 이런 도서가 필요했던가? 성리학에서 말하는 "'리理'는 '기'로 이루어진 사물의 존재 양식과 변화의 모습을 통해 간접적으로 드러난다. 따라서 인간이 '리'를 직접 파악하기란 불가능하다. 불가피하게 그것이 현상화된 상象과 수數를 통해서 간접적으로 포착할 수밖에 없는 것이다. 〈하도〉와 〈낙서〉를 비롯한 여러 도서들이 이 지점에서 성리학과 접속했다. 곧 이 도서들이 '리'가 현상화된 '상'과 '수'의 실체라는 것이다. 곧 송대 이후 사람들은 하늘이 용마와 거북의 등에 어떤 형상과 수를 보여 주자 복희와 문왕이 〈하도〉와 〈낙서〉로 그려 냈고 다시 이 도서에 깃든 천지의 이치를 설명하기 위해《주역》의 괘들을 그렸다고 믿었다. 결국, 도서와 상수의 개념은 이런 논리를 거쳐 신유학의 형이상학적 이론 속에서 '리', '기'와 결합했고, 인문人文의 기원으로서의 의미를 지니게 되었다."[133] 도서학은 송대 이후 유학자들의 역학에서 하나의 중요한 학문으로서 자리 잡게 되었을 뿐만 아니라 성리학 일반의 우주론과 심성론적 논의를 전개하는 중요한 도구가 되기 시작했다.[134]

 주자는《역학계몽》에서 재래의 도서학을 구성하는 다양한 지식을 완전히 균질적이고 통합적인 것으로 만들고자 했다. 그러나《역학계몽》에 의해 철학적·역사적 정합성을 획득한 도서와 상수들은 거꾸로 역학적 논의의 차원을 넘어서서 송대 이후 중국과 조선에서 전개된 성리학 전반에 개념적·방법론적 기초를 제공하게 되었다. 이뿐만 아니라 《역학계몽》에 수록된 〈하도〉와 〈낙서〉, 〈선천도〉, 〈후천도〉, 〈괘변도卦變圖〉의 도식들과 그에 대한 설명은 주자의 권위에 힘입어 성리학의 자연철학, 특히 상수학 지식체계 전반에서 핵심적인 역할을 수행했다.[135] 《역학계몽》은 도서를 둘러싼 복잡한 주석학적 논의의 출발점이 되었다. 따라서 상수 역학, 혹은 도서학의 논의에서 학문적 입지를 세우고자 하는 유학자라면 대부분 도서학의 기본 서적이라고 할 수 있는 《역학계몽》에 대한 약간의 논변이라도 제출하게 마련이었다.[136] 넓게 보아 담헌의 〈계몽기의〉도 여기에 속한다.

〈계몽기의〉는 두 부분으로 이루어져 있다. 〈계몽기의〉 1은 두 문제, 〈계몽기의〉 2는 모두 38문제로 이루어져 있다. 〈계몽기의〉 1의 첫 번째 문제는 이러하다.

> (1-1) 마도馬圖의 선모旋毛의 점은 이치상 그럴 것 같기도 하지만, 귀서龜書의 탁문坼文의 점은 말이 되지 않는다. 〈낙서〉에는 다만 '일'부터 '구'에 이르는 수만 있을 뿐이고, '구주九疇'의 이치는 전혀 볼 수 없으니, 우禹가 차례를 정했다고 하는 말은 과연 어디에 근거한 것이란 말인가?[137]

《역학계몽》의 본문 첫 문장에 대한 의문이다. 《역학계몽》의 본문은 "〈역대전易大傳〉에 '황하에서 〈하도〉가 나오고 낙수에서 〈낙서〉가 나오자 성인께서 그것들을 본떴다' 하였다"[138]는 문장으로부터 시작한다. 이 중 '황하에서……본떴다'는 문장, 곧 '河出圖, 洛書出, 聖人則

之'란 문장은 《주역》〈계사전 상繫辭傳 上〉의 11장에서 인용된 것이다. 담헌이 말하는 마도의 선모[139]는 곧 〈하도〉를 말하는 것으로, 용마의 등에 털이 소용돌이 모양을 한 점이 있었기에 이르는 말이다. 담헌은 〈하도〉는 그럴 수도 있겠지만, 〈낙서〉는 신빙성이 떨어진다고 말한다. 아마도 담헌은 말의 잔등에 있는 털이 소용돌이 형태를 이루고 있다면 그것들의 수를 세고 배열한다는 것은 이해할 수도 있지만, 낙수에서 나타난 거북의 등에 숫자 형태로 갈라진 무늬가 있었다는 것은 믿을 수 없다고 말한다. 아울러 그는 낙서는 1에서 9까지의 수만 있을 뿐, '구주의 이치'는 전혀 볼 수 없는데, 우禹가 차례를 정했다고 한 것은 근거가 희박하다고 말한다.

　《역학계몽》은 〈계사전 상〉을 인용하고 이어 공안국의 말을 인용하였다. 공안국은 〈하도〉와 〈낙서〉가 각각 황하와 낙수에서 나왔다 하고, 그중 특별히 〈낙서〉에 대해서 "우 임금이 그것을 바탕으로 차례를 정해 '아홉 부류[九類]'로 이루어 낸 것이다"[140]라고 하였다. 아홉 부류란 곧 《서경》〈홍범洪範〉의 '구주九疇'를 말한다. 〈홍범〉은 기자箕子가 자신을 찾아온 무왕武王에게 말해 준 정치의 원리 아홉 가지, 곧 오행五行·오사五事·팔정八政·오기五紀·황극皇極·삼덕三德·계의稽疑·서징庶徵·오복五福 등을 말한다. 기자는 〈홍범〉에서 '구주'가 자신이 지은 것이 아니라 우가 하늘로부터 받은 것임을 밝히고 있다.[141] 하지만 기자는 '구주'가 〈낙서〉와 관계가 있다고는 말하지 않았다. 공안국의 "禹遂因而第之以成九類"란 문장에서 '第之'란 말의 의미는 불분명하다. 그것은 차례를 정했다는 뜻이지만, 구체적으로 거북 등의 무질서한 숫자를 현재의 마방진 형태로 배열했다는 것인지, 또 그것이 〈홍범〉의 '구주'를 지칭하는 것인지 여부도 사실상 애매한 것이다. 하지만 주자가 인용하고 있는 유흠劉歆은 "우가 홍수를 다스릴 때 낙서를 하사받고 그것을 본떠 펼쳤으니, 구주가 그것이다"[142]라고 말했다. 낙서와 구주는 원래 연관이 없는 것이지만, 이렇게 근거 없는 부연은 주자의 시대에 와서 실제 연관이 있는 것으로 이해되었다. 담헌은 바로 이 점을 묻고 있는 것이다. 이 질문은 《역학계몽》이란 책 자체의 근거를 뒤흔드는 것이다.

두 번째 문제는 다음과 같다.

(1-2) 〈하도〉의 점은 홀수·짝수다. 홀수·짝수는 음·양이니 〈하도〉를 본떠 괘를 그린 것은 괴이할 것이 없다. 하지만 오행과 오사와 오복과 육극六極의 부류를 어찌 '일'에서 '구'까지의 수에서 취하는 것인가?[143]

담헌은 〈하도〉는 양수인 홀수와 음수인 짝수로 이루어져 있으니, 음·양 두 효를 가지고 괘를 그리는 것은 이상할 게 없다고 말한다. 말하자면 전설상의 제왕인 복희가 음·양으로부터 사상四象을 거쳐 팔괘를 그린 것은 논리적 정합성을 갖는다. 하지만 〈홍범〉 '구주'의 오행·오사·오복·육극이 왜 1에서 9까지의 순서로 배열되어야 하는가. 그것은 서수화序數化할 필연성이 없다. 담헌은 〈낙서〉와 〈홍범〉 구주의 관계가 필연적일 수 없다는 것을 따져 물었다. 스승에게조차 노론과 송시열의 오류를 따지고 들며 "큰 의심이 없는 자는 큰 깨달음이 없다"고 했던 담헌의 발본적 사유가 여지없이 드러나는 장면이다.

〈계몽기의〉 2의 1에서부터 7까지의 문제 역시 〈계몽기의〉 1의 두 문제와 상통하는 것이다. 먼저 (2-1)을 보자. "관자명關子明의 〈하도〉의 문장은 칠·육·팔·구를 말하고 일·이·삼·사를 말하지 않았다."[144] 주자는 앞서 인용한 유흠의 말에 이어 관자명(북위北魏의 학자 관랑關朗)의 말을 인용해서 〈하도〉와 〈낙서〉의 숫자 구성을 말한다. 관자명의 말은 이렇다. "〈하도〉의 문양은 7이 앞, 6이 뒤, 8이 왼쪽, 9가 오른쪽에 있다. 〈낙서〉의 문양은 9가 앞, 1이 뒤, 3인 왼쪽 7이 오른쪽, 4가 앞의 왼쪽, 2가 앞의 오른쪽, 8이 뒤의 왼쪽, 6이 뒤의 오른쪽에 있다."[145]

그림을 보면 알 수 있듯, 〈하도〉는 1, 2, 3, 4의 수를 배열하고, 다시 그 곁에 6, 7, 8, 9의 수를 배열하고 있다. 담헌은 왜 6, 7, 8, 9를 배열하지 않은 관자명을 인용했느냐고 묻는 것이다. 그런데 담헌이 지적하고자 하는 바는 여기에 있지 않고, 관자명의 인용 자체에 있다. 관자명의 말은 원래 그가 지었다는 《동극경洞極經》이 출처라고 한다. 하지만 《동극경》은 송대 완일阮逸의 위작이다. 주자 역시 그 사실을 알고 있었다. 그럼에도 불구하고 주자가 굳이 관자명의 말을 인용한 것은 무엇 때문이냐고 담헌은 따져 묻는다.[146]

〈하도〉, 〈낙서〉를 《주역》과 연관짓고 1에서 10, 혹은 9까지의 정수에서 자연 혹은 문화 현상을 추리하는 것이 《역학계몽》의 수비학數秘學numerology이다. 수비학의 내용은 선언적일 뿐이고 논리적 정합성을 갖지 않는다. 담헌은 이런 관점에서 《역학계몽》을 비판한다. 예컨대 주자가 《역학계몽》에서 인용하고 있는 소옹邵雍의 수비학은 〈하도〉와 〈낙서〉에서 천문역법과 중국의 구주, 정전을 나누는 법 등이 만들어졌다고 말한다. 주자가 인용한 소옹의 말은 이러하다.

소자가 말하기를, "둥근 것[圓者]은 별이니 역기曆紀의 수는 여기서 비롯되었도다. 네모진 것[方者]은 땅이니, 주州를 가르고 땅을 정井 자로 나누는 법은 이것을 본뜬 것이로다! 생각건대 둥근 것은 〈하도〉의 수요, 네모진 것은 〈낙서〉의 모양이다. 그러므로 복희씨의 문양은 그것(〈하도〉)으로 말미암아 《역》을 만들었고, 우 임금과 기자는 그것(〈낙서〉)을 펼쳐서 〈홍범〉을 만들었다"고 하였다.[147]

소옹은 〈하도〉와 〈낙서〉의 숫자를 배열한 형태를 각각 원과 사각형

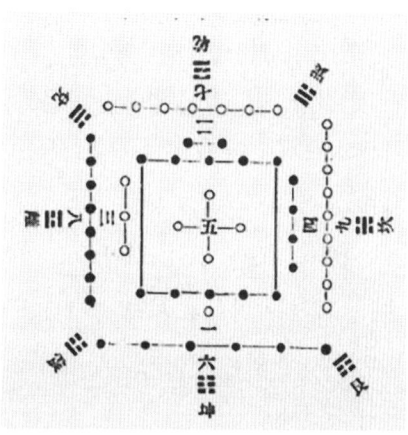

〈그림 1〉 〈계몽기의〉 1, 〈하도〉.

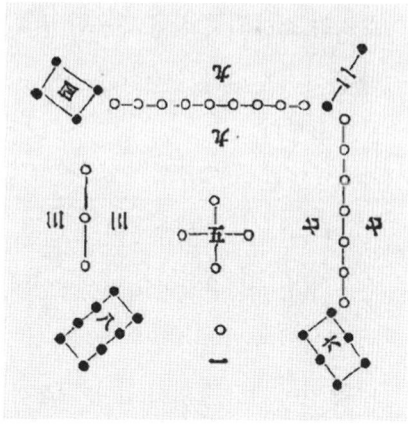

〈그림 2〉 〈계몽기의〉 1, 〈낙서〉.

으로 본다. 소옹은 별은 둥글고, 땅은 사각형이라고 생각했기에, 〈하도〉는 별과 관련된 것, 〈낙서〉는 땅과 관련된 것이 된다. 소옹은, 역기曆紀 곧 책력의 수는 별, 〈하도〉에서 나온 것이고, 구주九州를 나누고 정전을 구획한 것은 땅, 〈낙서〉에서 유래한 것이라고 말한다. 주자 역시 소옹의 설을 별 비판 없이 수용한다.[148] 하지만 소옹의 주장은 선언적인 것일 뿐이고, 〈하도〉-별-역기, 〈낙서〉-땅-구주·정전 사이에는 어떤 필연성도 없다. 철저한 담헌은 바로 그 점을 지적하여 '미루어 나간 것'이 너무나 심하다고 비판했다.[149]

담헌은 실제 〈하도〉, 〈낙서〉와 《주역》과의 관계에 대해 부정적이었던 것 같다. 당나라 공영달孔穎達은 《상서정의尙書正義》에서 "경經에는 거북이 낙서를 등에 지고 나왔다는 말이 없다. 중후中候와 제율諸律에 황제黃帝와 요·순이 도서를 받은 일을 많이 말하지만, 모두 용이 도圖를, 거북이 서書를 지고 나왔다 하였다. 위후緯候의 글은 애제哀帝·평제平帝 때부터 가짜로 시작된 것이다"라며 〈하도〉와 〈낙서〉의 근거를 모두 위서에 의한 것이라고 부정하고 있는데, 담헌은 이 말을 그대로 옮겨 두었다.[150]

주자는 소옹의 주장을 인용한 뒤 다시 〈계사상전〉 9장을 인용하고 이어 자신의 설명을 첨가하였는데, 이 부분에 대해 담헌은 가장 많은 의문을 표했다.

① 하늘은 1이요 땅은 2며, 하늘은 3이요 땅은 4며, 하늘은 5요 땅은 6이며, 하늘은 7이요 땅은 8이며, 하늘은 9요 땅은 10이다. 이처럼 하늘의 수가 다섯이요, 땅의 수가 다섯인데, 다섯 개의 위치가 서로를 얻어 각각에 합이 있다. 그래서 하늘의 수는 그 합이 25요, 땅의

수는 그 합이 30으로서 무릇 천지지수天地之數는 그 합이 55인데, 이 것이 세상의 변화를 반영하여 64괘를 이루고 그 64괘가 이루어지는 속에서 귀신이 신묘한 작용을 행한다[此所以成變化而行鬼神也].[151]

② 이 구절은 공자가 〈하도〉의 수를 분명하게 밝혀 낸 바다. 하늘과 땅 사이는 하나의 기일 따름이다. 이것이 나뉘어 둘이 되면 음·양이 되는데, 오행의 조화나 만물의 처음과 끝이 모두 이 하나의 기에 포괄되지 않음이 없다.

③ 그러므로 〈하도〉의 위치를 보면, 1과 6이 함께 마루를 이루어[共宗] 북쪽에 자리 잡고, 2와 7은 벗[朋]이 되어 남쪽에 자리 잡으며, 3과 8은 같은 길을 걷는 이들[同道]로서 동쪽에 자리 잡고, 4와 9는 친구[友]가 되어 서쪽에 자리 잡으며, 5와 10은 서로의 지킴이로서[相守] 중앙에 자리 잡고 있다.

④ 그런데 이것들이 수數가 되는 원리를 보면, 다름 아니라 '한 번은 음이 되고 한 번은 양이 됨[一陰一陽]', '한 번은 홀수가 되고 한 번은 짝수가 됨[一奇一偶]'이 그 오행을 둘로 하는 것일 따름이다.

⑤ 이른바 하늘이라는 것은 양陽의 맑고 가벼운[陽之輕淸] 기氣가 위에 자리 잡고 있는 것이며, 이른바 땅이라는 것은 음陰의 무겁고 흐린[陰之重濁] 기가 아래에 자리 잡고 있는 것이다. 양수는 홀수이기 때문에 1, 3, 5, 7, 9가 모두 하늘에 속하니 '하늘의 수가 다섯'이라고 말한 것이다. 음수는 짝수이기 때문에 2, 4, 6, 8, 10이 모두 땅에 속하니 '땅의 수가 다섯'이라고 말한 것이다. 하늘의 수와 땅의 수가 각기 동류를 이루어 서로를 구하니[各以類而相求], 이른바 '다섯 개의 위치가 서로를 얻는다[相得]'고 말한 것은 바로 이를 가리킨다.

⑥ 하늘은 1로써 수水를 생하고 땅은 6으로써 그것을 완성한다. 땅은

2로써 화火를 생하고 하늘은 7로써 그것을 완성한다. 하늘은 3으로써 목木을 생하고 땅은 8로써 그것을 완성한다. 땅은 4로써 금金을 생하고 하늘은 9로써 그것을 완성한다. 하늘은 5로써 토土를 생하고 땅은 10으로써 그것을 완성한다. 이는 또한 그 '각각에 합이 있다'[有合]고 함이다.
⑦ 다섯 홀수를 합산하면 25가 되고 다섯 짝수를 합하면 30이 되며, 이 둘을 합하면 55가 되는데, 이것이 〈하도〉의 전체 수로서 공자가 밝힌 뜻이기도 하고 여러 유학자들이 말한 설이기도 하다.[152]

먼저 담헌은 "오행의 생성 순서는 어느 글에서 처음 나왔는가? 주자의 〈태극도해太極圖解〉에도 '오행은 질質로 말하는 것인데, 그 생성의 순서는 수·화·목·금·토이다'라 하였다"고 말한다.[153] 이것은 앞의 ⑥에서 말한 오행 생성의 수와 일치한다. 그리고 〈태극도해〉에서도 주자는 꼭 같이 말한 바 있다. 담헌은 이 사실을 확인한 뒤 그 순서에 의문을 표한다. 즉 ⑤의 양의 맑고 가벼운[陽之輕淸] 기와 음의 무겁고 흐린[陰之重濁] 기 중에서 맑고 가벼운 것이 먼저 생성되고 무겁고 탁한 기가 나중에 형성되는 것이 확실한 사실이라면 수·화가 먼저 생성되고 목·금이 생성되는 것은 타당하다. 하지만 목과 금은 토가 아니면 '의부'할 곳이 없다. 즉 우리의 경험상 목과 금은 오직 토가 먼저 생성된 뒤 그 토로부터 생성되는 것이 아닌가. 담헌은 토가 뒤에 생성된다는 것은 '반드시 그렇지 않을 것'이라고 의문을 제기한다.[154] "'토'가 또 '금', '목'보다 무겁다……" 하였는데 '토'의 정精한 것이 쌓이고 엉겨 '금'이 되고, '목'은 허공에 뿌리를 내릴 수 없으니, '토'가 뒤에 생겼다 하는 말은, 실로 그럴 이치가 없는 것이다"(2-16).[155]

담헌은 주자가 주장하는 천지 오행의 생성을 쉽게 납득할 수 없었다. 그는 계속 주자의 주장에 의문을 표한다. "(2-9) 조화와 발육은 하늘이 낳고 땅이 이루니, 이것은 바꿀 수 없는 이치인 것이다. 수·목의 생성은 본디 그렇겠지만, 화·금의 생성은 이치가 아주 거꾸로 된 것이다."[156] 담헌에게 모든 존재의 근거, 곧 모든 존재를 낳는 존재는 하늘이다. 땅은 그것을 완성할 뿐이다. 이런 원리에 의하면, 주자가 ⑥에서 말한 하늘이 수와 목을 낳고 땅이 그것을 완성한다는 말은 타당하다. 하지만 목·금을 땅이 낳고 하늘이 완성한다는 것은 이해할 수 없는 일이다. 담헌은 만물의 발생은 기가 있고 난 뒤 질이 형성됨으로써 이루어지는데,[157] 그 기와 질의 관계는 하늘과 땅의 관계와 같다. 따라서 물의 발생은 오직 하늘에 근거한다. 그럼에도 불구하고 주자는 왜 ⑥에서 땅이 화와 금을 낳는다고 했던가? 오행의 생성은 수·화·목·금·토의 순서로 이루어진다. 여기에 숫자 1, 2, 3, 4, 5를 배치하면 화와 목은 2와 4가 되고 이것은 땅의 수인 짝수가 된다. 하지만 주자는 생성의 순서를 따라 땅이 화와 목을 생한다고 말할 수밖에 없었다. 담헌은 그것을 '견강부회'라고 비판한다.[158]

〈하도〉와 〈낙서〉를 《주역》과 연관지은 것, 그리고 그것으로부터 우주의 발생을 수비학적으로 끌어낸 것은 객관적인 근거가 없었다. 이로 인해 의심을 품기 시작하자 많은 것의 근거가 희박해졌다. 담헌은 천天 5가 토를 생하고, 지地 10이 이룬다는 것은 성립 불가능한 말이라고 지적한다. 왜냐하면 '지'는 '토'와 동일한 것이기 때문이다. '토'와 '지'가 다르다고 한다면, '지'가 무엇인지 다시 정의해야 할 것이다.[159] 이런 의심은 뒷날 담헌이 《의산문답》에서 오행설을 비판하는 데 깊은 영향력을 행사했을 것이다.

담헌은 주자의 설을 대단히 미심쩍어했다. "토는 사계절의 각 18일에 빌붙어 흥왕興旺하는데, 어찌 유독 화만이 토를 낳고 토가 금을 낳습니까?"라는 질문에 주자는 "여름철 18일에 토기土氣가 가장 왕성하므로 가을의 금을 낳을 수 있다"[160]고 답한 바 있는데, 담헌은 이에 대해 (2-17)에서 "'여름철 18일은 토기가 가장 왕성하다.……'라고 하였는데, 이것은 모두 술수가術數家의 견강부회한 말이다. 경전에도 보이지 않고 '유자儒者'가 말하지 않은 것인데, 주자가 홀로 취한 것은 무엇 때문인가?"[161]라고 반박한다. 주자가 의심 없이 인용한 〈계사전 상〉의 경문의 의미도 따져 묻는다. "(2-12) 천지의 수가 변화를 이루고 귀신을 행하게 하는 원인이라 하는데 무엇을 두고 말하는 것인가?"[162] 토를 흙덩이로 생각하는 담헌은 숫자가 천지의 변화를 이루고 귀신을 행하게 하는 원인이라는 말의 의미를 묻는다. 그것은 사실상 아무런 근거가 없는 말이다.

〈계몽기의〉는 담헌의 경전 이해에 있어서 중요한 성향을 드러내고 있다. (2-13)에 보이는 '분속分屬'이란 말에 주목해 보자. 그는 "(2-13) 공종共宗과 상수相守를 상득相得이라 하고, 천지의 생성을 유합有合이라 하는데, 상득과 유합은 꼭 분속分屬시킬 것이 없을 듯하다"[163]고 말한다. 그는 주자가 1·6을 공종共宗, 5·10을 상수相守라고 부르는 등 홀수·짝수의 관계에 특정한 의미를 부여한 뒤 그것을 〈계사전 상〉의 '상득'에, 생·성의 관계에 있는 두 숫자가 〈계사전 상〉의 '유합'에 나누어 소속시킨 것을 과잉 해석으로 판단했다. 말하자면 경전의 모든 언어가 유의미함을 입증하기 위해 간단명료한 개념의 구조를 만들고 거기에 경전의 부분을 나누어 소속시켜 정합성을 지나치게 추구한 것을 상당히 못마땅하게 여겼다. 담헌은 분속이란 말로 기성의 경전 이해를 자주 비판한다. 이에 대해서는 뒤에 다시 언급하겠다.

담헌은 오행설의 모순에 대해 깊이 인식했던 것으로 보인다. 왜 이런 사태가 빚어졌던가? 담헌은 그 역사성을 되짚는다. "(2-14) 오행 생극生克의 설은 대개 《역위易緯》에서 나온 것이다. 술수術數의 학문은 초연수焦延壽와 경방京房 등 여러 선비가 말하고 진희이陳希夷와 소강절이 전수한 것인데, 주자가 비로소 그것을 취해 〈태극도太極圖〉를 풀이하고 아울러 《주역》에까지 이르렀다."[164] 담헌은 오행설은 한漢의 위서에서, 역학의 상수적 해석 역시 한의 초연수와 경방이 주장한 것이라고 지적하고, 아울러 주자설이 송대 진희이와 소강절, 곧 소옹의 도서학圖書學의 맥락에 있음을 떠올린다. 주자설의 기원을 거슬러 올라가면, 《역학계몽》의 허구성이 드러날 것이다.

〈계몽기의〉는 담헌의 사상에서 매우 중요한 위치를 차지한다. 그의 〈주역변의〉는 《주역》에 대한 새로운 해석을 포함하고 있지만, 그것이 《역전》과 《본의》의 기존 해석을 능가하는 것은 아니다. 여전히 《역전》과 《본의》와 동일한 해석의 지평 위에 서 있다. 양자는 동일한 지평 위에서 다른 해석을 내놓았을 뿐이다. 하지만 〈계몽기의〉는 〈하도〉, 〈낙서〉의 수비학과 음양론을 정면으로 부정하지는 않았지만, 오직 추상적인 기호인 수와 음·양으로 세계의 발생을 설명하려는 소옹과 정주학의 비논리성에 상당한 의문을 던지고 있다. 성인과 정자·주자의 주석이 갖는 권위에 눌리지 않고 근본적 차원에서 의문을 제기하는 담헌의 발본적拔本的 사유는 뒷날 《의산문답》에서 본격적으로 드러날 그의 사상 변화의 기초가 되었다.

성리설을 공부하다

• 〈심성문〉

담헌은 《소학》과 《주자가례》에 대한 문의問疑, 사서와 삼경에 대한 문변問辨 외에 '심성'에 대한 글을 남기고 있다. 앞에서 말한 《담헌서》 1권의 '심성문心性問'이 그것이다. '심성문'에는 〈심성문心性問〉[165]과 〈답서성지논심설答徐成之論心說〉이란 글 두 편이 실려 있다. 〈심성문〉은 당연히 어떤 사람에게 심성에 대해 묻는다는 뜻이다. 김원행에게 보낸 질문으로 볼 수도 있겠지만 입증할 근거는 없다. 또 〈심성문〉이 편지 형식으로 만들어진 것인지 아닌지도 분명하지 않다. 편지 형식이라면 반드시 전후에 인사말이 있을 터인데, 그것이 없으니 편지라 하기도 어렵다. 하지만 별지 형식을 통해 정식으로 문목을 따로 작성하는 경우도 있으니, 이 가능성 때문에 편지가 아니라 하기도 어렵다. 편지건 아니건 간에 질문 대상을 알 수 없으니, 이 질문이 어떤 의도에서 제기되었는지 알 길이 없다. 따라서 〈심성문〉의 성격을 정확하게 파악하기는 어려운 일이다. 이 점을 일단 고려해 두자.

〈심성문〉은 심성에 대한 물음이지만, 15개 단락 중 물음에 해당하는 것은 맨 앞의 긴 한 단락뿐이다(원문에서 행行을 달리하는 것을 기준으로 삼은 것이다. 이렇게 하면 모두 15단락이 된다). 나머지 짧은 진술로 이루어진 14개 단락 중 (2)에서 (12)까지는 성리설性理說로 이루어져 있고, 그 외 (13), (14), (15)는 성리설과는 약간 거리가 있다. "천하의 의리를 다함이 없다"는 말로 시작되는 (13)은 진리는 특정한 인물의 독점물이 아니라는 것을 말하고 있다. 그런데 바로 뒤에 단락을 바꾸지 않은 채 전혀 다른 성격의 이야기가 이어진다. 곧 흉노에 인질로 잡혀 갔던 소무蘇武가 한漢에 대한 충성심을 19년 동안 저버리지 않다가 성욕을 참을 수 없어 흉노 여인과 결혼하여 아들을 낳았다는 이야기와 진회秦檜를 죽이려고 했다가 귀양까지 갔던 남송의 호전胡銓이 기녀 여천黎倩과 성관계를 가졌다가 망신을 당한 일화가 실려 있다. 이 이야기의 끝에서 담헌은 인간의 욕망 중 성욕을 가장 조심해야 할 것이라 말한다. 곧 (13)은 이질적 내용의 두 언설言說을 이어 놓은 것이다. 《담헌서》를 편집하는 과정에서 실수가 있었다고 여겨지는데, 어쨌든 심성에 대한 진술은 아니다. 이어지는 (14)는 도의道義를 즐긴 안연顏淵의 짧은 삶이 구차하게 오래 산 삶보다 낫다는 이야기이고, (15)는 남이 자신보다 낫다 하더라도 시기하지 말고 그의 선처善處를 배우기를 말하고 있다. 요컨대 〈심성문〉은 성리설에 대한 순수한 물음으로 상당히 긴 단락인 (1)과, 성리설에 대한 (2)에서 (12)까지의 짧은 언설, (13)부터 (15)까지의 잡다한 윤리적 언설로 이루어져 있다. 상호 연관이 희박한 이 세 부분이 어떻게 한데 모이게 되었는지, 각각의 언설이 어떻게 작성되었는지 지금으로서는 전혀 알 길이 없다. 따라서 〈심성문〉에서 담헌의 뚜렷한 주장을 끌어내는 것은 아마도 불가능하다. 이 점을 전제하고 〈심성문〉을 검토해 보자.

먼저 (1)을 검토해 보자.

(1-1) 무릇 '리'를 말하는 사람은 반드시 "'형形'이 없고 '리'가 있다" 한다. '형'이 없다 한다면 있다는 것은 무슨 '물物'인가? '리'가 있다 한다면, 어찌 '형'이 없는데, 있다고 할 수 있겠는가?

대개 소리가 있으면 있다고 하고, 빛이 있으면 있다고 하고, 냄새와 맛이 있으면 있다고 하니, 이미 이 네 가지가 없으면 이것은 형체도 없고 방소方所도 없는 것이니, 이른바 있다는 것은 무슨 '물'이란 말인가?[166]

'리'는 존재하지만 소리, 빛, 냄새, 맛 등 감각적 구체성이 없다. 그렇다면 '리'의 실재성은 어디서 찾아야 하는가? 이것이 담헌이 던지는 질문이다. 아마도 담헌은 성리설을 처음 배울 때 갖는 의문, 곧 '리'가 존재하지만 그것이 감각적으로 존재하지 않는다는 것을 실감할 수 없어서 이런 질문을 던졌을 것이다.

이하도 모두 질문이다.

(1-2) 또 "소리도 냄새도 없으면서 조화의 추뉴樞紐가 되고 품류品類의 근저가 된다"고 한다면, 이미 작위하는 바가 없는데, 무엇으로 추뉴와 근저가 되는 것을 확인할 수 있는가?

(1-3) 또 이른바 '리'는 것은 '기'가 선하면 선하고, '기'가 악하면 또한 악하니, 이것은 '리'는 주재하는 바가 없고 '기'가 하는 바를 따를 뿐인 것이다. 만일 '리'가 본래 선하고 그 악한 것은 기질에 구애된 바요, 그 본체가 아니라고 하자. 그렇다면 이 '리'는 이미 만화萬化의 근본이 되어 있으면서 왜 '기'를 순선純善하게 만들지 않고 이 박탁駁濁하고 어그러진 '기'를 낳아 천하를 어지럽게 만드는 것인가?

(1-4) 선의 근본도 되고 또 악의 근본도 된다면, 이것은 '물物'에 따라 변천하는 것이요, 주재함이 전혀 없는 것이다. 그런데 옛날부터 성현은 무엇 때문에 '리'란 한 글자를 극구 말하는가? 노씨老氏의 허무·불씨佛氏의 적멸도 여기에서 갈라지는 것이다. 그 까닭은 어디 있는가?

190

(1-5) 지금 학자는 입만 열면 '성선性善'을 말하지만, 이른바 '성'에서 어떻게 선을 확인하는가? 어린아이가 우물에 빠지는 것을 보고 측은 지심이 드는 것은 정말 본심이라 할 수 있겠지만, 완호물玩好物을 보자 탐내는 마음이 생기고 다시 따질 겨를도 없이 곧장 그것을 가지려는 행동을 하게 된다. 그러면 그것을 어찌 본심이 아니라고 할 수 있을 것인가? 또 '성'이란 일신의 '리'인데, '리'는 소리도 냄새도 없다. 그러니 선·악 두 글자를 어디에 붙일 수 있을 것인가?[167]

모두 질문으로 이루어져 있다는 데 주목할 필요가 있다. 〈심성문〉은 성리설에 대한 담헌의 주장을 정리한 게 아니고, 문자 그대로 성리설에 대한 자신의 의문을 모았을 뿐이다. 성리설을 공부하는 데 있어 매우 오래된, 중요한 물음이지만, 담헌의 답은 찾을 수 없다! 따라서 이 물음에서 담헌의 '리'에 대한 어떤 구체적인 견해를 도출할 수는 없다.

담헌이 제기하는 문제의 핵심은 '리'가 세계와 윤리의 변치 않는 법칙이라면, 위의 질문을 해소할 '리'의 성격은 구체적으로 어떤 것이냐는 것이다. (1)과 (2)를 근거로 하여 담헌이 '리'의 주재성을 부정했다고 결론을 이끌어 내고, 만년에 쓴 《의산문답》에서 우주가 '기'란 질료로 생성되었음을 논하는 것과 연결하여, 담헌을 기일원론자氣一元論者로 규정하는 것은 납득할 수 없다. 왜냐하면 '리'의 중요성에도 불구하고 구체적인 자연 현상을 다룰 때는 '기'의 개념을 위주로 논의를 전개할 수밖에 없기 때문이다. '리'라는 개념은 본성과 같이 근원적인 문제를 논의할 때 주로 쓰였지, 자연세계의 구체적 현상에 대한 설명의 과정에서는 자주 사용되지 않았다.[168]

(1)과 (2)는 '리'가 존재함을 일단 전제하고 그 '리'의 속성과 '기'와의 관계를 어떻게 설정할 것인가에 대한, 근원적인 물음일 뿐이다. '리'의 주재성을 부정하는 데 초점을 맞추는 것은 아니다. 그는 여전히 '리'가 '선'이며, 또 '리'가 '성'이라는 전제를 부정하지 않는다. 만약 (5)를 근거로 하여 '리'가 선이 아니고, '리'를 선·악과 관련 지을 수 없다고 한다면, 담헌은 성리학의 윤리관 자체를 벗어난 것이 된다. 따라서 '리'의 주재성을 부정한다 하더라도, 이는 '리' 자체의 존재 자체, 설정 자체를 부정하는 것은 아니다. 더구나 '리'가 갖는 윤리적 속성을 부정하는 것은 물론 아닐 터이다. 담헌의 사유는 여전히 성리학의 관념과 사유 방식, 체계에 의해 이루어지고 있다.

이상의 의문에 대해 이론의 여지를 남기지 않는 답은 있을 수 없었다. 그것은 신념과 주장의 영역에 속한다. 즉 이 질문에 대한 답에 따라 정주학과 노장, 불교가 갈라지고, 정주학과 육상산陸象山, 양명학이 갈라졌던 것이며, 정주학 안에서도 각각의 입장이 달라졌던 것이다. 하지만 담헌은 다만 질문했을 뿐, 이 문제에 대해 어떤 답도 내놓지 않았다. 담헌은 아마도 젊은 시절, 성리설이 내포한 난제들에 대해 고민했을 것이고, 〈심성문〉은 그 고민의 흔적을 보여 주는 것이다.

(2)부터 (12)까지는 모호하지만 어떤 특정한 목적을 위해 나열된 단편들이다.

(2) '인仁', '의義'를 말하면 '예', '지智'가 그 가운데 있고, '인'을 말하면 '의'가 또한 그 가운데 있다. '인'이란 '리'다. 사람은 사람의 '리'가 있고 '물物'은 물의 '리'가 있다. 이른바 '리'란 '인'일 따름이다.[169]

(3) '천天'에 있어서는 '리'라 하고, 물에 있어서는 '성性'이라 한다. 천에 있어서는 원元·형亨·이利·정貞이라 하고, 물에 있어서는 인의예지라 한다. 그 실은 하나다.[170]

(4) 초목도 전혀 지각이 없다고는 할 수 없다.[171]

(5) 비와 이슬이 내리면 싹이 트는 것은 측은지심이고, 서리와 눈이 내리면 가지와 잎이 떨어지는 것은 수오지심羞惡之心이다.[172]

(6) '인'은 곧 '의'이고 '의'는 곧 '인'이다. '리'라는 것은 하나일 뿐이다.[173]

(7) 호리毫釐처럼 미세함도 다만 이 '인'과 '의'요, 천지처럼 큰 것도 다만 이 '인'과 '의'다. 더할 수 없이 크고, 덜 수 없을 정도로 작으니, 지극하도다![174]

(8) 초목의 '리'는 곧 금수의 '리'다. 금수의 '리'는 곧 사람의 '리'다. 사람의 '리'는 곧 하늘의 '리'다. '리'라는 것은 '인'과 '의'일 따름이다.[175]

(9) 호랑虎狼의 '인'과 봉의蜂蟻의 '의'는 그 발현하는 곳을 두고 하는 말이다. 그 '성性'을 말하면 호랑이 어찌 '인'에만 그칠 것이며, 봉의가 어찌 '의'에만 그칠 것인가? 호랑의 부자父子는 '인'이고 이 '인'을 행하는 소이는 '의'이며, 봉의의 군신君臣은 '의'이고 이 의를 발하는 소이는 '인'이다.[176]

(10) 대저 같은 것은 '리'이고, 같지 않은 것은 '기'다. 주옥은 더없는 보배요, 분양糞壤은 더없이 천하니, 이것은 '기'다. 주옥이 보배가 되는 소이와 분양이 천하게 되는 소이는 '인'과 '의'이고, 이것은 '리'다. 그러므로 이르되 주옥의 '리'는 곧 분양의 '리'고, 분양의 '리'는 곧 주옥의 '리'이다.[177]

(11) 일은 선하고 악하고 할 것 없이 사단四端에서 벗어나지 않는다.[178]

(12) 꽃이 피고 잎이 떨어지는 것을 사람들은 모두 하늘의 조화라 한다. 하지만 사람의 일동一動 일정一靜 역시 또한 하늘의 하는 것이 아님이 없음을 알지 못하고 있다.[179]

(2)에서 (12)까지는 《담헌서》의 원문에서 이미 단락을 떼어놓았다. 따라서 (2)~(12)는 언뜻 보아 수미일관한 진술로 보기 어렵다. 문집이 편집되기 전의 이 단편들이 어떤 형태로 존재했는가를 현재 확인할 수 없음은 물론이다. 더욱이 앞서 지적한 것처럼 (13), (14), (15)는 성리학적 진술이 아니기에 (2)에서 (12)까지는 담헌의 단편적 메모에 가까운 것으로 볼 수도 있다. 하지만 면밀히 읽어 보면 (2)에서 (10)까지는 정연하지는 않지만, 어떤 의도를 갖는 진술들의 모음이라는 것을 알 수 있을 것이다. 특히 (8)과 (9)는 인물성동론, 곧 사람과 동물의 성품이 같다는 논지를 주장하는 견해를 싣고 있는데, 나머지 단편들 역시 이 논리에 호응하고 있는 것으로 보인다. 다만 (11)과 (12)는 위의 것과 쉽게 접속하지 않는다. 이에 유의하면서 각 단편들을 읽어 볼 필요가 있다.

(2)에서 담헌은 '인의'를 말하면 '예지'가 그 안에 있고, '인'을 말하면, '의'가 그 안에 있다고 말한다. '인'이 '의', '예', '지'를 포괄한다는 말은, '인'이 가장 핵심이라는 주장이다. 이 논리는 담헌의 독창이 아니라, 주자의 논리다. '인', '의', '예', '지'는 모두 한 가지 '리'이며, '인'을 들면 '의', '예', '지'는 그 속에 포괄된다는 논리[180]는 주자와 그 문도들 사이에 널리 알려진 것이었다.[181] 특히 주자는 〈논인설論仁說〉에서 '인'이 사덕四德을 포괄하고 사단四端을 관통하는 것

이라고 설파했다.[182]* 담헌이 이 논리를 차용한 것은, '인'이 '리'라는 논리를 끌어내기 위한 것이다. 인의예지는 인간의 '성'이다. 성은 곧 '리'이므로 인은 '리'라는 논리가 성립한다. '리'는 '이일분수理一分殊'이므로 사람에게는 사람의 '리'가, 물物에는 물의 '리'가 있게 된다. 담헌은 특별한 말을 꺼낸 게 아니라, 성리학의 기본 논리를 반복하고 있을 뿐이다.

담헌은 왜 이런 말을 한 것인가? '리'는 천의 '리'다. 곧 '천리'다. 천의 '리'가 물物에 부여되면 '성性'이 된다. 담헌은 성리학의 기본 언술을 이렇게 반복한다. "'천'에 있어서는 '리'라 하고, 물에 있어서는 '성'이라 한다. 천에 있어서는 원형이정이라 하고, 물에 있어서는 인의예지라 한다. 그 실은 하나다."[183] 원형이정과 인의예지를 대비하고 그것을 동일한 것으로 보는 방법은 성리학의 관습적 표현이다. 주자는 〈소학제사小學題辭〉에서 '원형이정은 천도의 상常이고, 인의예지는 인성人性의 강綱'[184]이라고 말한다. 《주자어류》에서도 인의예지는 곧 원형이정이라고[185] 말한다.

담헌이 이렇게 말하는 것은, '천'과 '물'에 동일성이 관철되고 있음을 말하기 위해서다. (4)에서 "초목도 전혀 지각이 없다고 할 수 없다"고 말하는 것 역시 그런 의도에서다. 상식적으로 초목에 지각하는 능력이 있을 리 만무하다. 그럼에도 초목에 지각이 있다고 말하는 것은 무엇 때문인가. 초목에 지각이 있다는 것은 주자가 말한 바 있다. 주자는 〈답여방숙答余方叔(大猷)〉에서는 혈기와 지각이 있는 것은 금수

* 주자는 〈인설仁說〉에서 천지는 물을 살리는 것, 물을 낳는 것을 마음으로 삼고 있으며, 천지의 마음은 원형이정이란 4덕을 가지고 있으며, 그것이 사람의 마음이 되면 인의예지가 된다고 하였다.

이고, 혈기와 지각이 없고 단지 생기만이 있는 것은 초목이라고 했지만,[186] 《어류》에서는 초목 역시 지각이 있다고 말한다. 주자는 사람과 금수는 지각이 있되 다만 통通·색塞의 차이가 있을 뿐이지만, 초목 역시 지각이 있느냐는 질문에 "만약 화분의 꽃에 물을 뿌려 주면 곧 피어나고, 만약 꺾으면 말라 버리니, '지각'이 없다고 하면 옳겠는가?"라고 말한다. 다만 그 지각은 사람과 금수의 것과는 분명 열등한 차별성이 있다는 것이다.[187]

사람의 지각은 '허령한 지각[虛靈知覺]'이지만, 초목은 그 '허령'함이 없다. 하지만 허령지각은 원래 인간의 '심'이 작용한 것이다. 초목도 지각이 있다는 담헌의 말은 비록 인간의 '심'과는 그 성능이 다르지만, 초목 역시 본래 '심'을 갖추고 있음을 말하기 위해서다. 그래서 (5)의 진술이 이어진다. 비와 이슬이 내릴 때 초목의 싹이 트는 것은, 측은지심의 표현이다. 왜냐? 비와 이슬이 내리는 것은 봄이며 봄은 인仁의 표현 시기이기 때문이다. 서리와 눈이 내리는 것은, 수오지심의 표현이다. 왜냐? 서리와 눈이 내리는 것은 가을부터이며, 가을은 의義의 표현 시기이기 때문이다.[188] '의'는 옳고 그름을 따진다. 이에 자신을 반성하고 부끄러운 마음을 갖게 된다. 낙엽이 지는 것을 담헌은 초목의 반성하는 마음으로 본 것이다.

논리적 연결이 쉽지 않은, 메모에 가까운 글로 담헌은 무엇을 말하고자 하는가? 결국 초목도 지각, 곧 마음이 있으며, 또 측은지심과 수오지심을 가지고 있음을 말하고자 하는 것이 아닌가? 곧 불완전하기는 하지만 초목도 지각을, 마음을 가지고 있다. 담헌은 모든 것에 '리'가 공통적으로 있고, 그 '리'는 곧 '인'과 '의'라고 다시 말한다. "(6) '인'은 곧 '의'이고 '의'는 곧 '인'이다. '리'라는 것은 하나일 뿐이다." 따라서 (7)을 이해할 수 있게 된다. "(7) 호리처럼 미세함도 다만 이 '인'과 '의'요, 천지처럼 큰 것도 다만 이 '인'과 '의'다. 더할 수 없이 크고, 덜 수 없을 정도로 작으니, 지극하도다!" 털끝만큼 작은 미세한 사물에도, 하늘과 땅처럼 큰 것에도 '인'과 '의'는 본래적으로 존재한다. 모든 존재는 본래 '인'과 '의'를 가지고 있다.

담헌은 이제 (9)에서 자신이 하고 싶은 이야기를 꺼낸다. 그는 범과 이리의 '인'과 벌과 개미의 '의'를 말하는 것은, 단지 범·이리와 벌·개미가 각각 '인'과 '의'만 갖추고 있음을 말하고자 하는 게 아니라고 한다. 그는 '인', '의', '예', '지'는 모두 하나의 '리'에 근거한 것이라고 말한 바 있었다. 곧 인·의·예·지는 동일한 본질인 '리'가 경우에 따라 달리 발현한 것이다. 또한 이들은 상호 연관되어 있다. 범과 이리의 '인'을 발하는 근원은 '의'이며, 벌·개미의 '의'를 발하게 하는 근원은 '인'일 수 있다는 것이다.

담헌은 결국 인간이 아닌 '물'도 '인', '의', '예', '지'를 갖추고 있다는 것을 어렵게 논증하고자 한 것이다. 이어지는 (10), (11), (12)도 이와 연관된 언술로 보인다. 동일한 것은 '리'이고 동일하지 않은 것은 '기'라는 발언은, 인간과 물 사이에 '리'라는 동일성이 존재하나 그것이 외적으로 달리 빌현하는 건 '기'의 차별성 때문이라는 뜻이다. 천한 분양糞壤과 귀한 주옥珠玉은 '기'로 인하여 차별성을 갖는다. 그 차별성에 대한 인식은 보편적 사유 작용에 의해 이루어지는데, 그것이 바로 '리'다. 담헌은 이것을 "주옥의 '리'는 곧 분양의 '리'고, 분양의 '리'는 곧 주옥의 '리'라고 한다"는 말로 표현한다. 납득하기 어렵지만, 그 '리'는 곧 '인'과 '의'이기도 하다. '인'과 '의'는 측은지심과 시비지심으로 드러난다. 이것은 감정적·논리적 인식 능력을 말하기에

'리'와 연결될 수 있다(인간의 '심'은 허령하여 지각하는 능력을 갖는다).

위에서 살폈듯 〈심성문〉 자체는 대단한 사유가 내포된 글이 아니다. 담헌이 성리학을 공부하는 과정에서 떠오른 사유의 단편을 보이고 있을 뿐이다. 담헌은 성리학에 대해 공부하면서 가졌던 의문을 〈심성문〉의 앞부분에서 정리하고, 이어 당시 학계에 논란이 되었던 인물성동이론의 문제를 나름대로 풀어 보고자 했다고 여겨진다.

• 〈답서성지논심설〉

담헌의 성리설에 대한 보다 정교한 논리는 〈답서성지논심설答徐成之論心說〉[189]에서 찾아야 할 것이다. 김원행의 문집 《미호집》에는 〈서묵수에게 답한다[答徐黙修]〉란 제목의 편지 7통이 실려 있는데, 모두 경전에 대한 질문에 대한 답이다. 앞서 보았듯 담헌은 서묵수와 같이 석실서원에서 공부했다. 서묵수는 '심'의 속성을 논하는 〈논심설〉을 지어 담헌에게 보냈고, 담헌은 그에 대한 답으로 〈답서성지논심설〉을 써 보냈던 것으로 보인다. 기본적으로 이 편지에서 토론 대상이 된 문제는 〈맹자문의孟子問疑〉의 송시열의 고민과 연관되어 있다. 〈맹자문의〉와 〈답서성지논심설〉은 비슷한 시기에 쓴 것일 테지만, 어느 것이 먼저 쓴 글인지는 알 수 없다. 다만 동일한 문제에 대해 후자가 보다 넓고 정교하게 접근하고 있다고 보인다. 송시열은 '심'을 '기'로 보면서도 '리'를 떠나 생각할 수 없는 '기'와 '리'가 착종된 상태로 생각했는데, 담헌은 이에 대해 '심'은 오직 '기'라고 반박하였다. '심'이 '기'이냐, 혹은 '리'를 동반하고 있는가 하는 문제는 극히 고전적인 문제였다. 주자 역시 '심'에 대해 애매한 태도를 취했기 때문이었다.

담헌의 논설은 다음 문장으로 시작한다.

무릇 '물物'은 같으면 모두 같고, 다르면 모두 다르다. 그러므로 '리'는 천하가 같이하는 바이고, '기'는 천하가 달리하는 바이다.
지금 저 '심'의 물 됨이 자취가 있고, 작용이 있으니 '리'라 할 수 없고, 보지도 듣지도 못하니 '기'라 할 수도 없다[이것이 곧 주선생(주자)의 "'리'에 비하면 약간의 자취가 있고, 기운과 비교한다면 저절로 그러하면서도 영명하다"는 뜻이다. 하지만, 이것에 근거해 곧 '리'도 아니요, '기'도 아닌 '물'이라고 말할 수는 없다. 마땅히 활간活看해야 할 것이다]. [190)]

'물'은 같으면 모두 같고 다르면 모두 다르다는 말은, 세계는 동일성의 차원에서 파악하면 동일성을 말할 수도 있고, 차이성의 차원에서 파악하면 차이성을 지적할 수도 있다는 것이다. 동일성은 곧 '리'다. 그것은 만물에 동일하게 내재한다. 하지만 만물은 모두 구별되는 개별적 존재로서 차이를 갖는다. 그것은 '기'에 의한 것이다.

그렇다면 '심'은 어떤 것인가. '심'은 자취[跡]도 있고, 작용도 있다. 그것은 가시적으로 인식할 수 있는 물리적 차원에서 존재하며, 아울러 작용성도 있다. 곧 자취가 있는 것은 '심'이 곧 물질적 형태의 장기임을 의미하며, 작용이 있다는 것은 의식 작용, 곧 인식과 감정의 작용이 존재함을 뜻한다. 이것은 '심'의 본질이 '기'임을 의미한다. 하지만 '심'의 의식 작용은 보이지도 않고 들리지도 않는다. 따라서 '심'을 '기'라고 단정할 수도 없다. '심'에서 '리'를 쉽게 떼어낼 수 없었던 사정은 바로 여기에 기인한다. 담헌이 인용한 주자의 말도 그런 난처한 문제를 의식한 것이다. 담헌이 인용한 주자의 말을 그대로 옮기면 다음과 같다.

"사람의 마음은 형이상, 형이하 중에서 어떤 것입니까?"
"폐나 간과 같은 오장 중 하나로서 심장은 실제로 있는 하나의 물物이다. 하지만 요즘 배우는 사람들이 논하는 바 '붙잡으면 간직되고 놓아 버리면 잃는' 그런 마음은 본디 신명하여 헤아릴 수 없다. 그러므로 오장의 하나로서 심장은 병이 들면 약을 써서 보양할 수 있지만, 이 마음은 창포나 복령으로 보양할 수 없다."
"그렇다면 마음의 이치는 형이상의 것이 아니겠습니까?"
"마음은 성과 비교한다면 작기는 하지만 자취가 있고, 기와 견주어 보면 저절로 그러면서도 영명하다."[191]

주자의 말은 명료하지 않다. 마음을 심장과 의식 둘로 나누어서 보는 것이 확실한데, 그가 논하는 마음은 주로 의식 쪽이다. 의식 쪽이라면 마음은 형이상의 속성이 뚜렷하지 않은가라는 물음에 주자는 '심'은 '성'과 비교하면 희미하지만 자취가 있고, '기'와 비교하자면 절로 그러하면서 또 영명한 데가 있다고 답한다. 만약 심이 '성' 곧 '리'라면 그것은 구체성을 가질 수 없다. 하지만 '심'은 이미 장기로서의 구체성을 가질 뿐만 아니라, 의식으로서의 작용성을 갖기에 '성' 혹은 '리'에 비해 구체성을 갖는다. 그러나 일반적으로 '기'가 운동할 뿐 외물을 인식하거나 감정적 반응을 보이지 않는 데 비해, '심'은 외물에 대한 영명한 반응과 작용을 보인다. 주자의 말은 애매하다. 곧 심이 '리'인지, '기'인지 분명하게 밝히지 않고 있다. 그것은 '기'이지만, 완전히 '기'라고 하기에는 무언가 다른 점이 있다는 것이다. 담헌은 주자의 이 말에 근거해서 심이 '기'도 아니고 '리'도 아닌 물이라고 오인해서는 안 된다고 단언한다. 이것은 이미 〈맹자문의〉에서 이미 말한 바 있다. 그에게 있어 '심'은 '기'다.

담헌은 '기'로써 '심'의 속성을 말한다. 만약 심을 이루는 '기'가 순수하고 따라서 '심'이 신령스럽다면, 대상의 대大·소小, 후厚·박薄, 명明·암暗, 통通·색塞에 상관없이 그것을 지각할 수 있어 '허령불매虛靈不昧'하게 된다.'[192] 그렇다면 이 '심'은 천하에 존재하는 모든 것이 공유하는 것인가? 곧 성聖·우愚, 금禽·수獸, 초草·목木의 구별에 상관없이 모든 존재가 이와 동일한 '심'을 가지는가? 혹 공유하지 않는가?[193]

담헌은 모든 존재가 동일한 심을 소유하고 있다는 주장은 현상적으로 부정된다고 말한다. 성인의 총명예지聰明睿智와 어리석은 인간의 치애망량癡獃魍魎은 확연히 구분되기 때문에 동일한 속성의 '심'을 같이 가지고 있다고 말할 수 없다는 것이다. 인간의 '심'은 개별적으로 구분되는 것이다. 차별성이 있다. 하지만 담헌은 인간의 '심'은 본질적으로 동일하다고 말한다. 담헌은 맹자가 인간의 성性이 사단四端을 공유하고 있음을 말했고, 정자가 심의 본래 선한 속성을 말했던 것을 환기시키며, 두 사람의 주장을 근거로 인간의 심은 동일하게 '선'이란 속성을 갖는다고 말한다. 따라서 '심'을 본질의 차원에서 말하면 '심'은 동일한 것이 된다. 이런 추론의 과정을 거쳐 담헌은 '심' 역시 본질적인 동일성과 현상적인 차이성은 양 방면에서 고찰하는 것이 가능하다고 말한다.

정자程子가 '심'을 논할 때 그 본래 선함을 반드시 말했으니, 그 까닭은 무엇인가? 그 쓰임을 보면 다르지만, 그 근본을 말하면 같은 것이니, 오직 그 본체의 밝음은 성인이라 해서 드러나는 것도 아니고, 우인愚人이라 해서 어두운 것도 아니다. 금수라 해서 모자라는 것도 아니고, 초목이라 해서 완전히 없는 것도 아니다.

그 이유는 다른 게 아니다. 본체는 신성하고 또 순수한 것이라서 '기'에 구애되어 그 근본을 잃는 것이 아니기 때문이다. 이로써 본다면 성현과 우인의 같고 같지 아니함을 알 수 있고, 성현과 우인의 같고 같지 아니함을 알 수 있으면 금수의 같고 같지 아니함을 알 수 있을 것이며, 금수의 같고 같지 아니함을 알 수 있으면 초목의 같고 같지 아니함을 알 수 있을 것이다.

체體는 신성하고 또 순수하여 기에 구애되었다고 그 근본을 잃는 것이 아니기 때문이다. 이로써 보면 현우賢愚의 같음과 같지 아니함을 알 수 있다. 현우의 같고 같지 않음을 알면 금수의 같고 같지 않음을 알 것이요, 금수의 같고 같지 않음을 알면 초목의 같고 같지 않음을 알 것이다.[194]

담헌은 본질의 동일성과 현상의 차이성을 '본'과 '용'으로 설명한다. '심'의 본질, 즉 본체의 '밝음'[本體之明]은 성인과 우인의 차이가 없다. 담헌의 이 논리는 주자가 쓴 〈중용장구서中庸章句序〉의 '마음의 허령지각'[心之虛靈知覺]에서 따온 것이며, 동시에 《대학장구》의 경문 "대학의 도는 명덕을 밝히고, 백성을 새롭게 하고, 지선至善에 그치는 데 있다"[195]고 한 부분에 대한 주자의 주석을 가공한 것이다. 주자는 이렇게 말한다. "명덕은 사람이 하늘에서 얻은 것으로서 허령하고 어둡지 않아 중리衆理를 갖추어 만사에 응하는 것이다."[196] 다만 성인과 우인은 기품氣稟에 따라 달라지는 것이다. "다만 기품에 구애되고, 인욕에 가려져 때때로 어두워지기도 하지만, 그러나 그 본체의 밝음[本體之明]은 일찍이 쉬지 않았기 때문이다."[197] 담헌은 주자의 교설을 충실히 따르고 있다. 다만 그는 '심'의 본체의 밝음을 금수와 초목까지 확장한다. 금수라고 해서 그 본체의 밝음이 없는 것이 아니고, 초목이라 해서 전혀 없는 것도 아니다! 그 논리는 성인과 우인을 구별했던, 품부받은 '기'의 성격 때문이다.

모든 존재는 '심'의 본체의 밝음을 공유하되, 다만 그 품부받은 '기'의 성격에 따라 현상적인 '심'의 상태가 달라진다. 그 동일성과 차이성에 근거하여 사람이 자애롭지 않을 수 있는데도 범이 새끼를 사랑하는 것과, 사람이 충성스럽지 않을 수 있는데도 벌이 여왕벌을 공경하는 것을 이해할 수 있다. 사람에게는 음분淫奔한 행동이 있을 수 있지만 비둘기에게 분별심이 있음과, 사람에게 명행冥行이 있을 수 있지만 기러기가 때를 기다리는 사려 깊음이 있음을 이해할 수 있다. 담헌은 나아가 기린의 인仁과 거북의 신령함, 나무가 연리連理하는 것, 풀이 밤에 합쳐지는 것, 비가 오면 기뻐하고, 서리가 내리면 시드는 것 등을 들면서, 이 동물과 식물의 마음이 영명한가, 영명하지 않은가 묻는다. 말하자면, 제한적이기는 하지만 동물과 식물 역시 사람 못지않게 영명할 수 있음을 주장하는 것이다.

담헌은 사람에게서 동물(금수)로, 동물에서 식물(초목)로 범위를 확장하면서 모든 물에 '심'이 존재하고 그 '심'이 영명할 수 있다고 주장해 왔다. 최후로 그는 사람을 제외한 물物의 '심'이 사람과 동일한가 동일하지 않은가를 묻는다. "이 모두 그 마음이 영靈한 것인가 영하지 않은 것인가? 영하지 않다면 그만이겠지만, 영하다고 한다면 사람과 견주어 다르지 않을 뿐만 아니라 혹 낫기도 하니, 사람과 물의 마음은 과연 같지 않은 것인가?"[198] 담헌은 여기서 비로소 자신이 말하고자 하는 의도를 드러내었다. 인간과 물은 본질적으로 동일한 '심'

을 갖는가, 아닌가? 이제 '심'에 대해 보다 깊은 접근이 필요하다. 담헌은 '심'을 이렇게 말한다.

> 또 '심'은 신명神明하여 헤아릴 수 없는 '물'이다. 형상도 소리도 냄새도 없다. 같지 않으려고 하더라도, 어떻게 떨어지고 어떻게 합하며 어떻게 완전해지고 어떻게 이지러지겠는가?
> 하나라도 같지 않음이 있다면, 이 '심'은 '기'를 따라 체體를 바꾸니, 영靈함은 정해진 근본이 없다. 정해진 근본이 없으면 지혜로운 자는 어리석은 자에 대해, 현명한 자는 불초한 자에 대해, 모두 같지 않은 것이다. 하지만 이것이 어찌 '리'이겠는가?
> 그러므로 어리석음은 '기'에 국한되고, '물'은 '질質'에 국한되나 '심'의 영함은 한 가지라는 것이다. '기'는 변할 수 있어도 '질'은 변할 수 없다. 이것이 사람과 '물'의 다른 점이다.[199)]

'심'은 신명하여 헤아릴 수 없는 '물'이고, 형체도 소리도 냄새도 없다. 그것은 분리할 수도, 합할 수도, 완전할 수도, 이지러질 수도 없다. 신명하여 헤아릴 수 없는 것이다. 이런 점에서 '심'은 본질적으로 동일하다. 하지만 동일하지 아니함, 곧 차이가 존재한다면, 그것은 '심'이 '기'를 따라 '체'를 변화시켰기 때문이다. 또 심은 신령스러워 그 변화에는 일정한 근본, 곧 어떤 고정성이 있을 수 없다. 그러므로 인간에게는 지智와 우愚, 현賢과 불초不肖 등의 동일하지 아니함, 곧 차이가 생긴다. 하지만 그 현상적 다양성은 '리'일 수는 없고, '기'의 이질성에 기인한다. 사람의 어리석음[愚]은 '기'에 직접적으로, 물은 '기'가 엉기어 이루어진 '질質'[200)]의 성격에 구속되는 것이지만, '심'

의 신령함은 동일하다. 다만 '기'는 변할 수 있고, '질'은 변할 수 없다. 이 때문에 사람과 물의 차이가 생기는 것이다.

담헌은 다시 이 논리를 부연한다. 특히 '기'의 운동이 가져오는 현상의 다양성을 집중적으로 검토한다.

(1) 천지에 가득 찬 것은 다만 이 '기'뿐이고 '리'는 그 가운데 있다. '기'의 근본을 논하면 담일澹一하고 충허沖虛하여 말할 만한 청淸·탁濁이 없다. 하지만 올라가고 내려가고, 날고, 서로 부딪히고 흔들리면서 찌꺼기[糟粕]와 잔여[煨燼]가 생겨 고르지 않은 상태가 되는 것이다.
(2) 이에 맑은 '기'를 얻어 변화한 것은 사람이 되고, 탁한 '기'를 얻어 변화한 것은 '물'이 된다. 그중에서 지극히 맑고 지극히 순수하고 신묘하여 헤아릴 수 없는 것이 '심'이 되니, 이것이 '심'이 오묘하게 모든 '리'를 갖추고 만물을 재제宰制하는 까닭인데, 이것은 사람과 '물'이 동일하다.
(3) 호랑이가 새끼에게 사랑하는 마음이 유연히 일어나고, 벌과 개미가 그 임금에게 경외하는 마음이 자연스럽게 생겨나는 것이니, 여기서 그 '심'의 본래 선함이 사람과 같다는 것을 알 수 있다.[201]

천지에 가득 찬 것은 '기'이고, '리'는 그중에 있다. '기'의 기본 성격은 담일 중허할 뿐, 정·탁은 존재하지 않는다. 하시만 '기'는 운동성을 갖는다. '기'의 운동으로 말미암아 '기'는 다양하게 현현顯現하며, 찌꺼기와 잔여물까지 갖게 된다. 이 말은 찌꺼기와 잔여물로 변한다는 의미가 아니라, 그것'까지' 발생시킴을 말한다. 거칠게 요약하자면 기는 맑은 기와 탁한 기로 나뉘는 것이다.

맑은 '기'는 인간이 되고, 탁한 '기'는 '물'이 된다. 그리고 그중 특별히 더 맑고 순수하며 신묘하고 헤아릴 수 없는 '기'는 '심'이 되어 뭇 '리'를 갖추고 만물을 재제宰制하는 도구가 된다. 이런 '심'은 인간과 '물' 모두에 존재하기에 당연히 범과 이리에게 자식을 사랑하는 마음이 있고 벌과 개미가 여왕을 공경하는 것은 당연한 일이다. '물'의 '심'이 본래 선한 것은, 인간과 동일하다!

인간과 물의 심은 동일성을 갖지만 동시에 차이가 없을 수 없다. 동일성만 존재한다면, 인간과 물이라는 구분 자체가 있을 수 없다. 담헌은 그 차이를 이렇게 말한다. 인간의 '격물'에서 '치지'로, '치지'에서 '성의'로, 성의에서 '정심'으로, 정심에서 '수신', '제가', '치국'을 거쳐 마침내 '평천하'의 이상에 도달하게 된다. 물도 그럴 수 있는가? 물도 '능히 찌꺼기를 씻어 버리고 그 순수한 데로 돌아가면' 곧 세계에 대한 인식과 윤리적 수양을 통해 정치적 행위까지 할 수 있는가? 즉 마음에 대한 의식적이고 능동적인 작용이 있을 수 있는가? 담헌은 '물'은 '기'가 형태를 갖춘 '형形'(형질)으로 인해 그럴 가능성이 없다고 말한다. 하지만 담헌은 이 '형'의 제한으로 인한 불가능성을 근거로 하여, 인간과 '물'의 '심'이 다른 것일 수는 없다고 잘라 말한다. 그가 펼친 주장의 핵심은 바로 여기에 있다. 그것은 백성의 '심' 역시 허령통철虛靈洞徹하여 뭇 '리'를 갖추었지만, 요와 순의 총명예지와 같지 않음은 '기'에 제한을 받기 때문인 것과 동일하다. 만약 백성과 요·순의 현상적 차이를 근거로 하여 중인의 '심'과 성인의 '심'이 동일하지 않다는 데 그는 동의할 수 없다.[202] '심'의 본질은 동일하기 때문이다.

담헌은 계속해서 인간과 '물'의 '심'의 동일성을 강조한다. 차이는 있지만 그것은 현상적일 뿐, 본질은 동일하다는 것이다.

'한두 갈래의 밝음[一兩路明]'과 '만물을 두루 아는 지혜[智周萬物]'가 같고 다름의 차이가 천양지차이다. 다만 '한두 갈래의 밝음'이 하늘에서 품부를 받은 것이 그래서 그런 것인지, 아니면 품부받은 것은 온전하나 '기'에 의해 국한되어 그런 것인지 알 수 없지만, 만약 사람은 온전한 것을 품부받고 물은 치우친 것을 품부받았다고 말한다면, 이는 마음의 물物 됨에 크게 허령한 것과 작게 허령한 것과 통한 허령과 막힌 허령이 있어, 떨어지고 막히고 조각이 나서 그것이 아주 하나의 물과 같아지고 말 것이니, 어찌 만화萬化의 주체가 될 수 있겠는가?[203]

'한두 갈래의 밝음[一兩路明]'은 주자의 말이다.[204] 그것은 금수 중에도 '부자유친父子有親'과 '자웅유별雌雄有別'처럼 특별히 윤리성을 갖춘 경우를 말한다. '만물을 두루 아는 지혜[智周萬物]'는 《주역》〈계사전 상〉이 그 출처다.[205] 곧 성인의 지혜를 말한다. 담헌은 금수가 한두 가지 명지를 가지고 있는 것이, 하늘로부터 한두 가지 자체만 특별한 상태로 타고난 것인지 아니면 모든 것을 온전히 갖고 태어났지만 '기'의 제한성으로 말미암아 한두 가지만 드러난 것인지는 알 수 없지만, 만약 그 현상적 차이에 근거하여 사람은 '심'의 온전한 상태를, '물'은 온전하지 못한 치우친 상태를 원래 타고났다면 그것은 심의 본질적 성격을 오해하게 만든다고 한다. 즉 '심'의 본질적 성격은 '허령'인 바, 인간과 물이 각각 '심'을 달리 타고난다면, 그때 '심'의 '허령'은 대·소, 통·색 등으로 차원을 달리하여 분열된다. 즉 '심'은 큰 허령, 작은 허령, 통한 허령, 막힌 허령 등으로 분열되는 것이다. 이 분열은 무한정 계속될 수 있다. 따라서 '심'은 허령이 거의 없는, 희박한 상태에까지 도달할 수 있다. 그것은 한 가지 범상한 사물에 한없이 접근하게 된다. 그때 '심'은 본래적 '허령'을 잃고, 사실상 '심'으로 기능할 수 없다. '만화'의 주체가 될 수 없는 것이다. 담헌은 이런 논증 과정을 통해, 인간과 물이 모두 동일한 '심'을 가지고 태어남을 입증하려 했던 것이다.

담헌의 마지막 발언 역시 인간과 '물'의 '심'이 그 속성은 동일하다는 결론이다.

(1) 사람도 치애망량癡獃魍魎한 자가 있고, '물'도 통명민오通明敏悟한 것이 있다. 개미가 비가 올 줄 먼저 알고, 기린은 풀을 밟지 않으니, 그 '심'의 영靈함이 또 사람보다 현명한 경우가 있는 것이다. 어찌 그들이 저 치애망량한 사람만 못하겠는가?
(2) 만일 그 형체를 가지고 그 '심'의 같지 않음을 말한다면, 염제炎帝는 소의 머리를 가지고, 복희伏羲는 뱀의 몸을 가졌음에도 그 성인 됨에 해로울 것이 없었다. 성성이가 사람 소리를 내고 모래무지가 사람처럼 걷는 것이 어찌 사람과 아주 동떨어진 것이겠는가?[206]

사람도 어리석은 사람이 있을 수 있고, 동물도 사람보다 그 마음이 신령한 경우도 있다. 따라서 인간과 물의 마음, 그 마음의 속성이 다르다고 할 수 없다.

(2)에서 담헌은 인간과 물의 형태를 보고 심의 차이성을 주장할 수 없다고 말한다. 염제는 소의 머리를 가졌고, 복희는 뱀의 몸을 가졌지

만 성인이었다. 성성이의 사람 소리와 모래무지의 사람 걸음은, 사람의 소리와 걸음과 본질적으로 다르지 않다. 따라서 '형'을 근거로 하여 인간과 물의 심이 다르다고 말할 수는 없다. 담헌은 인과 물이 동일한 속성의 '심'을 가졌음을 재삼 강조하는 것이다.

가장 흥미로운 것은 이 글의 끝 부분이다.

(3) 아득한 북쪽 변방 불모의 땅에서 짐승처럼 먹고 짐승처럼 다니는 자는 비록 둥근 머리와 모난 발을 가지고 있다지만, 개나 말과 무엇이 다를 것인가. 요 임금의 옷을 입고 공자의 문하에 노닌다 해도 결코 잡기雜氣를 깡그리 버리고 지혜가 만물을 두루 알지는 못할 것이다. 하지만 이것을 빌미로 일찍이 재능이 있지 않았다고 한다면, 어찌 그것이 실상이 그러한 것이겠는가?[207]

짐승처럼 사는 북극의 사람은, 사람의 형태를 가졌지만 개와 말과 다르지 않다는 말은 어떤 특수한 부류의 인간을 말한다. 이 부류의 인간이 요 임금의 옷을 입고 공자의 문하에서 공부를 한다 해도, 잡기를 완전히 다 버릴 수 없을 것이다. '잡기'는 타고나는 것이고, 개나 말과 다르지 않은 상태의 인간이 된 것 역시 '잡기' 때문이다. 따라서 그는 지주만물智周萬物할 수가 없다. 인간과 특수한 종류로서의 인간 사이에 있는 현상적 이실성을 지석한 것이다. 하지만 담헌은 인간과 물의 '심'이 동일하다는 논리를 여기에도 적용하여, 그 인간에게 '재才'가 없다고 말할 수는 없다고 주장한다.

이것은 《맹자》를 인용한 것이다. 맹자는 원래 숲이 무성한 산에서 함부로 벌목하여 민둥산이 된 것을 보고, 나무 없는 산을 원래 산의 본질[性]이라고 말할 수 없는 것처럼 금수처럼 행동하는 사람을 보고 그에게 훌륭한 재질이 없었다고 판단할 수는 없다고 말한다. 맹자는 그에게 원래 '인의'와 '양심'이 내재하고 있음을 말하고자 한 것이다. 담헌은 재질이 없다고 말할 수 없다는 부분을 인용하면서 북쪽 변방 불모의 땅에 사는 짐승 같은 인간 역시 인간과 동일한 '심'을 가지고 있음을 암시적으로 드러낸다.

원래 인물성동이론은 주자의 주장 자체에 이미 궁발에 분열적 성격을 내포하고 있었고, 그것은 동일한 사안의 어떤 면에 주목하는가에 따라 동론이 될 수도 있었고, 이론이 될 수도 있었다. 다만 그것은 논쟁 외부와의 연관에 따라 미묘한 파장을 불러일으킬 수 있었다. 인물성이론을 주장했던 한원진韓元震은, 사람과 물이 모두 오상五常을 온전히 구비하고 있다는 동론은 사람과 금수의 구분, 불교와 유교의 구분, 화華와 이夷의 구분을 없앨 것이라고 우려했다.[208] 하지만 동론이 한원진의 우려처럼 현실화되지는 않았다. 담헌은 낙론의 대표주자였던 스승 김원행의 견해를 따라 동론을 주장했지만, 그는 여전히 이단에 대해 지나칠 정도로 엄격한 비판적 태도를 유지했고, 또 화와 이도 날카롭게 구분했다. 다만 그는 알려진 바와 같이 생의 후반기에 쓴《의산문답》의 마지막 부분에서 '화'와 '이'의 구분은 무의미하다고 주장한다.

유독 담헌만 화이론을 부정하게 되었던 것은 그의 개인사적 경험과 관련이 있다. 즉 1765~1766년 북경 여행과 그에 대한 김종후와의 논쟁, 그리고 서양 천문학과의 만남이 복합적으로 작용한 결과이다. 다만 담헌의 초기 주장에서 주의할 점은 있다. 북쪽 변방 불모의 땅에 사는, 개와 말과 같은 사람의 존재에 대한 그의 언설은 함의가 대단히 풍부하다. 이 부류의 인간은 금수와 가깝고, 완전한 인간이라고 할 수 없다. 그가 비록 '이적'이란 어휘 자체는 구사하지 않았지만, '이적'으로 바꾸어 써도 무방할 것이다. 이적 역시 본질적으로 인간과 동일한 '심'을 가지고 있다는 말이다. 이 생각은 뒷날《의산문답》과 연결되었다.

〈사론〉,《자치통감》비평

《담헌서》내집 2권에 〈사론史論〉이란 제목으로 담헌의 역사비평 250건이 실려 있다. 한국고전번역원에서 발간한《담헌서》의 해제는 사론이 '주로《삼국지》와《진서晉書》에 등장하는 인물과 사건들에 대해 논한 것'이라고 하지만, 정확하게 말하자면《자치통감》을 읽고 자신의 비평을 곁들인 것이다. 담헌이《자치통감》을 읽고 사평史評을 쓴 시기는 확실하지 않다. 젊어서 경전을 공부할 때 같이 읽었던 것으로 보이지만, 연대를 확정할 수는 없다.

약간의 단서는 있다. 담헌은 거리를 측정하는 수레인 '기리거記里車'에 대한 기사를《자치통감》에서 발췌해 놓았다. 담헌은《주해수용籌解需用》에서 기리거를 지구의 지름과 둘레를 측정하는 수단으로 소개하고 있다. 이것을 근거로 삼아 〈사론〉은 1759년 나경적羅景績을 만나 혼천의를 만들고 서양 천문학에 관심을 갖고 연구하던 시기 이후에 쓴 것이 아닌가 한다. 물론 이것은 확언하기 어려운 조심스러운 추정에 불과하다. 한편 〈사론〉의 내용, 특히 북벌에 관한 언설들을 보면, 생의 후반부에 쓴 것은 아니라고 여겨진다. 뒤에 다시 살피겠지만 담헌은 1765~1766년 북경 여행에서 돌아와 김종후와 논쟁을 벌이게 되는데, 이때부터 화·이의 구분에 대해 고민했던 것으로 보인다. 1766년 이후 담헌에게서 강경한 화이론과 북벌 주장은 찾아보기 어렵다. 이로 미루어 보아 아마도 〈사론〉은 1765~1766년 이전에 쓴 것일 터이다.

사평은 《자치통감》 78권(원제元帝 경원景元 3년 262년)에 실린, 강유姜維를 비판하는 요화廖化의 말을 직접 인용하면서 시작된다. 이 비평은 강유가 이전부터 활동한 것을 모두 포함하기에, 담헌이 《자치통감》을 78권부터 본 것은 아닐 것이다. 그 앞에서부터 보았겠으나, 《자치통감》의 처음부터인지는 알 수 없다. 강유가 처음 등장하는 기사는 《자치통감》 명제明帝 태화太和 2년(218)의 "제갈량이 기산으로 진출할 때 천수天水의 참군參軍 강유가 제갈량에게 와서 항복하였다. 제갈량은 강유의 담력과 지모를 좋게 보고 그를 불러올려 창조연倉曹掾(창고와 곡식을 맡아 보는 관리)으로 삼고, 그에게 군사에 관한 일을 관장하게 하였다"는 것이 최초의 기사다. 담헌이 대체로 위·촉·오 삼국의 정립부터 본 것만은 확실하다.

사평의 마지막은 《자치통감》 119권 남북조 송기宋紀 2 무제 영초永初 3년(422) 6월 1일 조의 사방명謝方明에 대한 비평이다. 그런데 사평(85)에서 431년 단도제檀道濟의 기사를 인용하고 있으니, 최소한 431년까지는 보았던 것 같다. 대체로 2세기에 걸친 《자치통감》 속 역사에서 사건과 인물을 취해서 비평을 남겼다.

사평은 《자치통감》을 대상으로 한 것이지만, 다른 텍스트를 참고하기도 하였다. 사평(68)에서 담헌은 "팽천호彭天護가 가필賈疋을 죽인 건 아버지의 원수를 갚은 것이다"[209]라고 평가했다. 이어 담헌은 주자가 그를 도적이라고 평가한 것은 무엇 때문인지 모르겠다고 언급하고 있다.[210] 주자의 평가는《자치통감강목資治通鑑綱目》의 것[211]이다. 《자치통감강목》은 물론《자치통감》을 베이스로 한 책이니 참고한 것이 이해가 되지만, 드물게는 전혀 맥락에 닿지 않는 책이 인용되기도 한다. 사평(94)에서는 왕도王導에 대한 명나라 사람 양신楊愼의 비평을 그대로 인용하고 있으니, 담헌은 아마도 양신의《승암집升菴集》을 보았을 것이다. 어떤 경우 출처를 알 수 없는 사례도 있다. 사평(96)의 불도징佛圖澄에 관한 비평은《진서晉書》[212]에 근거를 둔 어떤 텍스트에서 인용된 것이다. 이렇듯 담헌은《자치통감》을 읽어 나가면서, 필요한 경우 다른 텍스트를 병행해서 읽으며 사평을 남기기도 하였다.

　담헌은 어떤 준거에 의해 사평을 남겼던 것인가. 이 점을 살필 필요가 있다. 담헌의 사평은 사건에 대한 것이 아니고 인물에 대한 평가다. 정확히 말하자면, 인물의 행위에 대한 평가다. 그 행위를 평가하는 기준은 엄격한 유가의 역사관이다. 먼저 주목해야 할 것은 담헌이 비평 대상으로 삼고 있는 삼국시대와 위진남북조시대의 독특한 성격이다. 이 시기는 중국 역사상 유례가 드문 혼란기였다. 위진남북조시대는 220년 위의 건국부터 589년 수의 건국까지 약 2세기 반 동안으로, 이 시기 중국 지역에는 통일왕조가 없었다. 그런데 사평은 그중에서도 (1)에서 (12)에 이르는 삼국시대를 제외하면, 모두 서진西晉과 동진東晉, 그리고 유유劉裕가 세운 송宋의 초기에 이르는 시기를 대상으로 하고 있다. 동시에 이 시기는 서진의 혜제惠帝 영흥永興 원년(304) 유연劉淵이 한왕漢王을 자칭하여 자립한 뒤로부터 남조의 송宋 문제文帝 원가元嘉 16년(439) 북위北魏가 북방 지역을 통일할 때까지 이른바 오호五胡, 곧 흉노·갈羯·선비鮮卑·저氐·강羌이 10여 개의 왕조를 세운 5호16국시대이기도 하다. 앞으로 서술상 편의를 위해 5호16국 중 16

국의 명칭을 간단히 제시한다.

- 흉노匈奴—전조前趙, 북량北涼, 하夏.
- 갈羯—후조後趙.
- 선비鮮卑—전연前燕, 후연後燕, 남연南燕, 서진西秦, 남량南涼.
- 강羌—후진後秦.
- 저氐—전진前秦, 후량後涼, 성한成漢

모두 13개국이고, 여기에 한인漢人이 세운 전량前涼·서량西涼·북연北燕을 포함하면 모두 16개국이 된다(이외에도 선비가 세운 서연西燕, 요서遼西, 대代(북위北魏의 전신). 저가 세운 구지仇池(한인이 세운 염위冉魏 등이 있으나 16국 안에는 안 들어감). 한인 국가는 그다지 영향력이 없었고, 실제 세력은 5호가 쥐고 있었다.

한족이 아닌 이민족 왕조, 곧 과거의 표현을 가져오자면 오랑캐 왕조의 대거 출현은 담헌시대의 중국을 연상시키는 바 있었다. 즉 이적의 중국 침입, 그리고 이적 왕조의 출현은 명조明朝의 멸망에 이은 여진족의 중국 지배와 다르지 않았다. 담헌이 이민족 왕조의 대거 출현과 그들이 북조를 이룬 시대에 대해서만 사평을 남긴 것이 의도적이었는지는 알 수가 없지만, 5호16국과 남북조시대에 대한 담헌의 사평을 검토하여 이적과 중화의 관계에 대한 그의 인식을 짐작할 수 있다.

위진남북조 시기 왕조의 교체는 대단히 빈번했고 왕조의 역년歷年은 매우 짧았다. 예컨대 위는 220년에서 265년, 서진은 265년에서 316년으로 50년 정도 지속되었고, 동진 역시 겨우 1세기를 버텼다(317~419). 북방 지역을 일시 통일했던 전진前秦 역시 43년 동안 유지되었을 뿐이었다(351~394). 왕조의 잦은 교체로 권력의 정당성 혹은 정통성에 대한 의문이 제기되었고, 한편 각 왕조 관료의 처신과 행로의 윤리성에 대한 질문을 낳았다. 그 질문은 담헌시대 중국과 조선 지식인에게 청조淸朝에 대한 태도의 표명을 요구했을 것이다. 담헌은 이에 대해 어떻게 답하고 있는가.

먼저 최초의 사평을 예시해 본다. 첫 번째 사평은 다음과 같다.

> 강유는 무후武侯의 재주가 없는데도 무후의 사업을 하고자 했으니, 그 뜻이야 충성스럽다 하겠다. 하지만 자신의 역량을 헤아리지 못하고 마침내 실패하고 말았던 것이니, 또한 마땅하지 않으랴! 요화가 이른바 "지모도 적보다 나은 것도 아니고 병력도 적보다 적으면서 용병을 싫어하는 법이 없었으니, 어떻게 살아남겠는가. 또한 모사를 잘하는 사람은 근본을 먼저 챙기고 끝을 나중으로 돌리며, 안의 일을 급히 처리하고 바깥의 일은 천천히 한다. 소인이 안에서 권세를 부리고 있을 적에 장수가 바깥에서 성공하는 경우는 있지 않았다. 강유는 황호黃皓가 권력을 제멋대로 휘두르는 것을 제어할 수 없음에도 한창 강성한 적을 이기려 했으니, 지혜롭다고 할 수 없다"라고 한 것은 참으로 정확한 말이다.[213]

강유는 제갈량 사후 촉한의 군사력을 장악하고 위魏를 평정하기 위해 자주 출병했으나 별 성과가 없었다. 강유의 성과 없는 잦은 출병은 내부의 반발을 불러일으켰다. 정서대장군 장익張翼이 조정에서 공개적으로 비판하는가 하면,[214] 중산대부 초주譙周가 〈구국론仇國論〉을 지어 비꼬기도 하였다.[215]

262년 강유가 다시 출병하려 하자, 우거기장군 요화는 "지모도 적보다 나은 것도 아니고 병력도 적보다 적으면서 용병을 싫어하는 법이 없으니, 어떻게 살아남겠느냐"고 비판한다.[216] 강유는 이 말을 무시하고 10월에 위를 쳤지만 등애鄧艾에게 패배한다. 《자치통감》은 이 기사에 이어 강유와 황호의 대립에 대해 논한다. 중상시 황호는 강유의 계속된 실패를 구실로 삼아 그를 제거하고 자신과 가까운 우대장군 염우閻宇를 발탁하고자 하였다. 강유는 이것을 알고 황제 유선劉禪에게 황호가 국가를 패망케 할 것이라면서 죽이기를 청했다. 황호를 깊이 신임하고 있던 유선은 황호를 과소평가하면서 강유에게 가서 사과하게 하였다. 이 일로 강유는 황호를 두려워하게 되었다. 263년 위는 등애·제갈서諸葛緒·종회鍾會 등을 보내어 촉한을 침공했다. 위의 공세를 견디지 못한 촉한 황제 유선은 등애에게 항복하고, 강유에게는 종회에게 항복하라 명하였다. 강유는 그 명령으로 무장을 해제하고 항복하고 말았다.

강유에 대한 담헌의 비판은 이런 상황을 배후에 두고 있다. 그런데 황호는 강유의 패배, 촉한의 멸망에 어떤 역할을 했던가. 위의 침공이 있기 전 종회 군대의 침공 의도를 알아챈 강유는 유선에게 장익과 요화를 보내어 양안陽安의 관구關口와 음평陰平의 교두橋頭를 보호하여 미리 막을 것을 요청했으나, 황호는 무당의 점괘를 믿고 위가 침공하지 않을 것이라고 유선에게 말했고, 유선은 황호의 말을 따라 강유의 청을 듣지 않았다. 곧 환관 황호를 제거하지 못했던 것이 촉의 결정적인 패인이었다. 담헌은 이 부분을 냉정하게 지적했다.[217]

아울러 제갈첨諸葛瞻의 평가에서도 거듭 황호에 대해서 지적한다. 담헌은 제갈첨이 아버지 제갈량에 대한 충성심은 있었지만, 능력이 없어 자신은 죽고 집안도 망했으며 결국 나라에도 도움이 되지 않았다고 지적한다. 제갈첨은 등애의 군대를 막으려 했지만 부현涪縣에 이르러서는 머뭇거리며 더 이상 전진하지 않았다. 상서랑 황숭黃崇이 험준한 요충지를 점령해 적이 평지로 진입하지 못하도록 전진해야 한다고 주장했지만, 제갈첨은 듣지 않았고 마침내 면죽綿竹으로 물러나 움직이지 않았다. 등애가 제갈첨을 격동시키려고 항복하면 낭야왕으로 만들어 줄 수도 있다는 편지를 보내자 이에 제갈첨이 전투에 응했다가 패배하여 죽고 말았다. 그의 아들 제갈상諸葛尙은 부자가 국가의 은혜를 입고 황호를 죽이지 못해 나라를 망치고 백성을 죽게 만들었다는 말을 남기고 적진으로 돌진했다가 죽고 말았다.[218] 당시 촉한 사람들 역시 황호를 문제의 핵심으로 보았던 것이다.

담헌은 무장을 해제하고 항복한 강유에 비해 제갈첨의 행동은 사람을 감동시키는 바가 있으나, 황호를 죽이지 않은 것은 아들 제갈상조차 격분, 한탄하는 바였다고 말한다. 그렇다고 해도 그것을 제갈첨의 죄목으로 삼는 것은 너무 지나친 일이라 평가한다.[219] 담헌은 강유의 충성심도 높이 산다. 강유는 종회에게 항복한 뒤 종회를 격동시켜 등애를 제거하고 반란을 일으키도록 음모를 꾸민다. 궁극적인 목적은 촉한의 부활이었다. 종회는 과연 등애의 글씨를 흉내 내어 편지와 보고서를 위조해 황제에게 올리고, 등애가 모반할 계획을 갖고 있다고 음모를 꾸며 등애를 제거한 뒤 반란을 일으켰다가 실패하여 죽는다. 강유 역시 종회와 함께 죽었다. 담헌이 "강유가 죽기 직전 모의한 것은 뜻이 독하기는 했지만 계획 자체는 허술했다"고 평가한 내용이다. 하지만 담헌은 강유의 충성심만큼은 죽을 때까지 변하지 않았다고 높이 평가했다.[220]

● 화이론華夷論

5호 중 최초의 왕조를 건설한 사람은 흉노의 유연劉淵이었다. 유연은 서진西晉의 '팔왕의 난'*을 계기로 304년 한왕漢王을 자칭하고, 이어 308년 황제 자리에 오른다(전조前趙). 유연이 한왕을 자칭한 것이 5호16국시대의 시작이다. 담헌은 유연을 이렇게 평가한다. 곧 "유연은 '한갓 갈노羯奴(갈족이 아니고 흉노족이다. 담헌의 착오다)'로서, 중국이 어지러운 틈을 타서 교활한 지모로 참람한 계획을 꾸민 건, 오직 신주神州(중국)를 차지하려는 목적일 뿐이었고, 중국에 제왕이 없는 것을 걱정하고 백성을 곤경에서 구해 내려는 뜻은 전혀 없었다"[221]고 판단한다. 흉노족인 유연을 '갈노'라 표현한 것은 담헌의 실수이겠지만, 그가 비한족非漢族 왕조를 야만시하는 시각은 뚜렷하다.

이처럼 담헌은 5호16국시대에 북방을 점령했던 이민족 왕조의 출현을 비정상적이라고 파악한다. 그는 후조後趙의 장빈張賓에 대한 비평에서 "이적夷狄이 중국을 어지럽히는 것은 천하의 큰 변고"라고 말한다.[222] 장빈은 유연 휘하의 장군으로 328년 전조를 멸망시키고 후조를 세웠던 석륵石勒에게 발탁된 사람이다. 담헌은 장량張良이야말로 한 시대의 영웅이었던 고조高祖도 신하로 삼을 수 없던 인물이었으니, 장량이 장빈과 동일한 시대를 살았다면, 석륵을 물리쳤지 굴복해 섬기지는 않았을 것이라고 말한다.[223] 담헌의 발언에는 석륵이 한족이 아닌 갈족이라는 종족성에 대한 뿌리 깊은 편견이 담겨 있었다.

---

* 진晉 무제武帝 사후 어린 혜제惠帝가 즉위하자, 황후 가씨賈氏가 권력을 휘둘렀다. 이에 조왕趙王 사마륜司馬倫이 쿠데타를 일으켜 가씨를 죽이고 혜제를 폐한 뒤 스스로 황제가 되었다. 이 쿠데타에 반발하여 분봉왕分封王들이 잇달아 난을 일으켜 권력을 다투었다. 모두 8명의 분봉왕이 개입하였으므로 '팔왕의 난'이라 한다. 이들이 끌어들인 흉노와 선비 등이 화북 지방에 나라를 세웠고, 이것이 5호16국시대의 시작이었다.

담헌은 중국과 이적을 엄격히 구분하여, 전자를 정상, 후자를 비정상, 전자를 문화, 후자를 야만으로 평가한다. 311년 서진의 유곤劉琨이 전조 유총劉聰의 휘하에 있던 석륵에게 편지를 보내어 역적인 유총의 편에 서지 말고, 서진의 편에 서서 서진 황제가 내리는 높은 관작을 받을 것을 권유했다. 이에 석륵은 "사공事功은 길이 다르니 썩은 선비가 알 바가 아니다. 그대는 마땅히 본조를 위해 절개를 드러내어야 할 것이지만, 나는 본디 오랑캐라 본받기 어렵다"[224]라며 거절한다. 담헌은 석륵의 호쾌한 기상을 높이 평가하지만, "결국은 불학무식하여 오랑캐짓을 달게 여기고 정도正道로 돌아가지 못한 것이 안타깝다"고 평가한다.[225]

이적이란 종족성은 비한족 출신 인물을 평가하는 절대적 기준이다. 전연前燕의 모용각慕容恪에 대한 평가를 보자. 모용각은 초대 황제 모용황慕容皝의 4남이다. 2대 황제는 2남 모용준慕容儁이었는데, 모용준이 모용각에게 황제의 자리를 넘기려 하자, 모용각은 태자 모용위慕容暐에게 사양하였다. 모용위 역시 숙부인 모용각을 믿어 그를 참소하는 말에도 전혀 동요하지 않았다. 모용각은 장수로서도 유능하여 그가 참가한 전투에서 패배한 적이 없었다. 《자치통감》은 그에 대해 이렇게 평가했다.

> 태재 모용각이 장수가 되었는데, 위엄을 가지고 일을 하지 않고 전적으로 은혜를 베풀고 믿는 방법을 사용하면서 사졸들을 위무하고 대요를 종합하기에 힘썼고, 가혹한 명령을 내리지 않고 사람들이 편안할 수 있게 하였다. 평시엔 군영에 관대함과 자유로움을 주어서 흡사 범접할 수 있는 것 같았지만, 그러나 경비는 엄격하고 자세하여 적이 이르러도

가까이 올 수 없었으니, 그러므로 일찍이 패배한 일이 없었다.[226)]

《자치통감》에 그려진 모용각은 유가적 가치관에 부합하는, 거의 완벽한 인간이다. 담헌 역시 모용각을 동일하게 평가한다. "너그럽고 어질고 충성스럽고 용감하고, 사람을 잘 알아보고 장수 노릇도 잘하였으니, 관중·제갈량에 버금가고 왕맹王猛·사현謝玄의 위였다"는 것이다. 하지만 그는 모용각이 이적의 나라에 태어났고 거기다 시운이 불행하여 공업을 천하에 베풀 수 없었기에 애석하다고 평가한다.[227)] 역시 이적이라는 종족성이 꼬리표처럼 붙어 있다.

종족성이란 기준에 입각해 담헌은 이적 왕조에 벼슬하는 것은 정당하지 못한 행위라고 주장한다. 담헌은 이적 왕조에서 벼슬했던 장빈張賓·왕맹王猛·조진趙振 등을 예로 든다. 장빈은 석륵(후조後趙의 초대 황제)을, 왕맹은 부견苻堅(전진의 3대 황제)을, 조진은 오고烏孤(남량南涼의 초대 황제 독발오고禿髮烏孤)를 보좌했던 한인이었다. 담헌은 장빈 등의 협조가 없었다면, 석륵 등이 중원을 횡행하거나 한 지역을 통일할 수 없었다고 말한다. 하지만 담헌은 대장부가 때를 얻지 못하면 암혈에서 죽을 뿐이고, 호갈胡羯에게 몸을 맡겨 중국을 어지럽히려는 계책을 도와줄 수는 없다고 말한다. 곧 장빈 등은 이적이 중국을 유린하는 데 협조했으니, 후세에 죄가 없을 수 없다는 것이다.[228)]

이와는 달리 진晉에 충성했던 단필제段匹磾는 외이外夷로서 진에 마음을 다 바쳤고, 죽을 때까지 변심하지 않았다면서 높이 평가했다.[229)] 단필제는 원래 선비족이었다. 그는 서진 회제懷帝 때부터 서진의 벼슬을 받았고 동진 원제元帝 건무 원년(317?)에는 유곤劉琨과 삽혈을 하고 동맹을 맺어 진 황실에 충성을 맹세하였다.[230)] 321년 후조後趙 석호石

虎와의 전투에서 패배한 뒤 "나는 진의 은혜를 받은 사람이어서 마음 속으로 너를 없애려 하였는데, 불행하게도 이런 상황에 이르렀지만 그대에게 공경하는 예의를 차릴 수 없소"[231]라 하였다. 후조의 왕 석륵은 단필제를 관군 장군冠軍將軍으로 삼는 등 예우를 아끼지 않았지만, 단필제는 석륵에게 예를 차리지 않았고, 항상 진의 조복朝服을 입고 진의 부절符節을 갖고 있었다. 뼛속까지 한화漢化된 사람이었던 것이다. 담헌은 이 한화를 높이 평가했다. 요컨대 이적에 대한 한족의 협조는 심각한 윤리적 결함이라는 것이 담헌의 기본 시각이다.

한족 왕조, 곧 서진과 동진의 제왕에 대한 평가에서도 화이론이 정확하게 작동한다. 담헌은 서진의 회제懷帝를 이렇게 평가했다.

> 회제는 대정大政을 직접 살피고 온갖 업무에 마음을 기울였으니, 같이 훌륭한 정치를 할 만하였다. 만약 동해왕東海王에게 영웅을 불러 거두어들이게 하고, 치밀한 마음으로 서로 협조하여 오랑캐를 쳐서 없애고 백성들의 질고를 묻고 보살폈다면 천하를 쉽게 평정해서 부귀를 편안히 누리고 이름이 역사에 남았을 터인데, 이렇게 하지 않고 오직 목전의 이익만을 도모하여 교만하고 사납게 굴며 사치스럽게 지내다가 마침내 패망하고 말았으니, 어리석지 않으랴?[232]

혜제에 이어 즉위한 회제는 황제로서의 능력을 발휘했다. 《자지통감》은 "회제는 비로소 옛 제도를 준수하여 동당東堂에서 정치에 관한 보고를 받고, 매번 연회에 나가서 여러 관리들과 많은 업무를 논의하고 경전과 전적을 상고했다"고 긍정적으로 평가했고, 이를 본 황문시랑 부선傅宣은 "오늘에서야 다시 무제 때의 모습을 보게 되었구나!"

라고 감탄했으니,[233] 초기에는 꽤나 능력을 발휘했던 것이다. 하지만 회제는 당시의 실력자 동해왕 사마월司馬越과 갈등이 있었다.

《자치통감》은 회제가 "굵직한 정치적인 일을 살펴보고, 보통 일에 대해서도 마음을 쓰자 태부 사마월이 기뻐하지 않고 번부藩部[자신의 근거지로 나가기를 청했고, 결국 허창許昌을 진수鎭守했다"고 전하고 있다.[234] 사마월은 회제가 자질구레한 정무까지 관할하자 불만을 품고 떠난 것으로 보인다. 311년 사마월과 갈등이 있었던 구희苟晞가 사마월을 참소하자, 회제 역시 권력을 쥐고 있던 사마월이 자신에게 굽히지 않는 것을 싫어하여 구희에게 사마월을 토벌하게 하였다. 사마월 역시 군사를 일으켜 구희를 치던 중 분노로 병을 얻어 죽고 만다.[235] 이로써 '팔왕의 난'이 사실상 끝났다.

담헌은 회제가 사마월과 협력하여 인재를 끌어들인 뒤 이적을 제거하지 않은 것이 그의 결정적인 오류라고 말한다. 회제는 권력자 사마월을 제거하는 것이 당장의 목적이었고, 이적을 물리친다는 보다 큰 목적을 잊었다는 것이다. 담헌은 그런 회제를 비난한다. 한漢(전조前趙)의 군주 유총은 311년 낙양을 함락시키고 회제를 사로잡았다. 이른바 '영가永嘉의 난'이다. 이로써 서진은 멸망하였다. 담헌은 "회제가 유총에게 한 말은 너무나도 빌붙고 아첨하는 말이었다. 당당한 천자가 때를 얻지 못하면 죽음뿐이다. 어찌 차마 오랑캐의 목구멍을 향해 달콤한 말로 살려 달라면서 잠깐의 편안함을 도모할 수 있단 말인가?"[236]라고 비난했다. 유총과 회제가 나눈 대화가 비난의 근거다.

"경이 옛날 예장왕豫章王이었을 때 짐과 왕무자王武子가 경을 방문했더니 경은 그 이름이 오래갈 것이라는 말을 들었다고 말하면서 짐에게 자궁柘弓(뽕나무 활)과 은연銀硯(은으로 만든 벼루)을 주었는데, 경은 이를 기억하고 있소?"

"신이 어찌 감히 그것을 잊었겠습니까? 다만 그날 일찍이 용안을 알아보지 못한 것을 한스럽게 생각할 뿐입니다."

"경의 집안에서 어찌하여 골육들이 이처럼 서로 해치게 되었소?"

"위대한 한(전조前趙)은 장차 하늘의 뜻에 감응하여 천명을 받았던 연고로 폐하를 위하여 스스로 서로 몰아내고 제거하였으니, 이는 거의 하늘의 뜻이지 사람이 한 일이 아닐 것입니다. 또 신의 집안이 만약에 무황제의 기업을 받들 수가 있고, 9족이 두텁게 하였다면 폐하께서 어떻게 이를 얻었겠습니까?"[237]

회제는 서진 왕실의 내부 분열, 곧 '팔왕의 난'은 한漢이 천하를 얻도록 하늘이 명한 것이라고 말하여 유총의 비위를 맞춘다. 담헌은 이것을 비굴하기 짝이 없는 언사라고 비난했다. 회제의 말로 역시 비참했다. 유총은 313년 2월 회제에게 노비들이 입는 푸른 옷을 입혀 술을 돌리게 하였다. 이에 진의 옛 신하들이 분해하면서 통곡하니, 이내 회제를 죽였다.[238]

이적의 구축은 한족 왕조, 특히 제왕을 평가하는 중요한 기준이 된다. 담헌은 동진을 세웠던 사마예司馬睿, 곧 원제元帝가 북벌에 뜻이 없었음을 사평에서 수차례 비판했다.

낭야왕瑯琊王은 좁은 한쪽 땅에서 창업하였으나 임금의 뜻을 엿보던 자들이 먼저 임금의 신임과 사랑을 얻었으니 어찌 성공할 수 있었겠는가? 그러므로 임금이 꼭 해야 한다는 뜻이 없는데도 외방에서 성공할 수 있는 사람은 없었던 것이다. 조적祖狄은 지혜로웠으나 '북벌'에는 뜻이 없었고, 외로운 군사로 중원을 숙청하려는 맹세를 하고자 했으니 뜻이야 충성스러웠지만 계획은 허술했던 것이다.[239]

'영가의 난'으로 서진 회제가 한의 유총에게 잡혔다가 313년 2월 1일 살해당하자, 4월 1일 황태자 사마업司馬業이 새 황제의 자리에 올랐다(민제愍帝). 민제는 5월 18일 낭야왕 사마예를 좌승상 대도독으로 삼고 섬현 동부의 군사에 관한 일을 감독하도록 한 뒤, 조서를 내려 유총의 군대를 섬멸하고 회제의 시신을 모셔 올 것을 명했다. 7월에 서진과 한은 대치 중이었고, 민제는 다시 사마예에게 진군하여 중원에서 자신과 만날 수 있게 하라고 명했다. 하지만 사마예는 강동 지역을 평정하느라 '북벌'할 겨를이 없다고 답했다.[240] 조적은 이 시기에 사마예가 군자좨주軍諮祭酒로 삼은 장수였다. 사마예는 원래 북벌의 뜻이 없었다. 조적 역시 북벌의 뜻이 없고 다만 중원 지방을 회복하려는 의도만 가졌을 뿐이었다.[241] 담헌은 무엇보다 이적을 구축하는 북벌을 기준점으로 삼아, 제왕과 장수를 평가한다.

한의 유총이 황제로 있을 때 한의 유요劉曜가 장안을 공격하여 함락시키자, 민제는 11월 11일에 항복하였다. 장안이 함락되었다는 소식을 들은 사마예는 각지에 격문을 보내어 날짜를 정해 북정北征을 다짐했다. 그런데 조운漕運이 기한을 넘기자 사마예는 그 담당자인 독운령사督運令史 순우백淳于伯을 참형에 처한다.[242] 순우백은 억울하게 죽었다는 것이 당시의 평가였다. 담헌은 이 사건에 대해 "장차 중원을 경영하려 하면서 먼저 죄 없는 자를 죽이고 백성의 기대를 잃었으니, 진晉나라의 떨치지 못함은 마땅하다"라고 평가한다.[243] 사마예가 북벌에 뜻이 없었을 뿐만 아니라, 무능한 인물이었음을 간파한 것이다.

민제는 항복하기 전날 황문랑 사숙史淑과 시어사 왕충王沖을 보내 낭야왕에게 대위大位에서 섭정하라는 조서를 내렸던 사실을 전했고, 317년 2월 28일 이 조서가 건강建康(남경)에 있던 사마예에게 전해지자, 사마예는 3월 9일 진왕에 오른다. 318년 3월 7일 민제가 죽었다는 소식이 건강에 전해지자, 신하들의 요구에 의해 10일에 사마예는 황제의 자리에 오른다. 319년 원제가 교사郊祀를 지내려고 하자, 신하들이 낙양으로 돌아가서 지내야 한다고 주장했다. 북벌 이후에 지내자는 것이었다. 하지만 원제는 찬성파의 의견을 따라 남경에서 교사를 지냈다.[244] 담헌은 이렇게 평가한다. "중원의 오랑캐도 쫓아내지 못하고 선제先帝의 원수도 갚지 못했으니, 창을 베고 쓸개를 씹기에도 겨를이 없을 것인데, 어찌하여 교사만 다스렸던가? 여기서 원제가 천하에 뜻이 없었다는 것을 알 수 있다."[245] 담헌은 원제가 건강에서 교사를 강행한 사실을 보고 북벌에 전혀 의지가 없다는 것을 읽었다.

원제의 즉위를 도운 공으로 병권을 쥐고 있었던 왕돈王敦이 322년 반란을 일으키자, 원제의 편에 섰던 족숙 초왕譙王 사마승司馬丞이 병사를 일으켜 왕돈과 싸웠으나 패배하여 죽임을 당한다. 2년 전 원제는 왕돈이 반역할 것을 미리 알고 전략상 요충지인 상주湘州에 사마승을 보내어 대비하게 하였다 사마승은, 상주는 백성이 피폐한 곳이라 3년을 지나서야 비로소 전쟁을 할 수 있을 것이라 하고 상주자사로 부임했다. 사마승은 상주 백성을 위무하여 유능하다는 평판을 얻었다. 하지만 그가 말한 것처럼 3년이 지나지 않아 왕돈이 반란을 일으킨다. 왕돈은 사마승에게 사람을 보내어 자신의 군사郡司를 맡아 달라고 부탁했다. 하지만 사마승은 "나는 죽어야겠구나! 땅은 황폐하고,

백성들의 수는 적으며, 형세는 외롭고 원조는 끊어졌는데, 장차 어떻게 이를 헤쳐 나가랴? 그러나 충성과 의로움을 위하여 죽는다면 무릇 다시 무엇을 찾을 것인가?"[246] 라 하고, 왕돈을 토벌하는 데 앞장섰다가 죽었다. 사마승에 대한 담헌의 평가는 이러하다.

초왕 사마승이 상주로 나가 진무할 때 백성의 상처가 아물지도 않았는데, 큰 도적이 갑자기 닥쳤다. 마침내 죽음으로써 처음 했던 말을 저버리지 않았으니 슬픈 일이다. 만약 원제의 위位에 있었더라면 반드시 한 모퉁이에서 구차하게 편안하게 지내며 복수의 대의를 잊으려 하지 않았을 것이다. 애석한 일이다.[247]

담헌은 사마승이 원제의 위, 곧 동진의 황제에 있었더라면 원제처럼 중국의 한 귀퉁이를 차지하고 있는 데 만족하지 않고, 이적에게 복수했을 것이라고 말한다. 역시 북벌과 관련이 있다.

동진의 제위를 찬탈하고 송조를 연 유유劉裕에 대한 평가도 동일하다. 태위 유유는 417년 후진을 멸망시키고 장안을 점령한다. 유유는 장안으로 천도하고자 했지만, 때가 아니라는 자의참군諮議參軍 왕중덕王仲德의 견해에 따라 천도를 포기한다. 유유는 장안에 머물면서 서북 지역의 하夏·서진西秦·북량北涼 등을 공략하려 했지만, 오랜 전투에 지친 장수와 병사들이 돌아가기를 원했고, 또 후진을 멸망시키고 얻은 장안 일대를 통치하고 방어하는 임무를 맡길 적임자라 생각했던 참모 유목지劉穆之가 사망하자 돌아갈 마음을 굳혔다. 그는 자신의 열두 살 된 아들 유의진劉義眞에게 그 임무를 맡기고, 후진을 멸망시키는 데 공이 가장 컸던 장군 왕진악王鎭惡과 심전자沈田子를 남겨 유의진을 보좌하게 한 뒤 다시 동진으로 돌아갔다.

유유가 동진으로 돌아간다는 소문을 들은 대하大夏의 혁련발발赫連勃勃은 12월 장안으로 군대를 보내는 한편 요충지인 동관潼關과 청니青泥에 대군을 주둔시켰다. 동진 쪽에서는 과거부터 있었던 왕진악과 심전자 사이의 갈등이 불거져 살상을 벌인 끝에 둘 모두 죽는 등 내분으로 인해 혁련발발의 공세에 제대로 대처할 수 없었다. 결국 유의진은 달아나다가 청니에서 대패하였다. 유유는 유의진이 살아 있다는 소식을 전해 듣고 팽성彭城에 올라가 눈물을 쏟았다.[248] 청니에서의 패배로 동진은 겨우 확보했던 관중 지방을 상실하게 되었다. 유유의 치명적인 실책이었다. 담헌은 이렇게 평가한다.

유유는 왕위를 찬탈하는 데 급급하여 지레 강동으로 돌아가 천 리 옛 도읍을 어렵게 얻었다가 쉬 잃었다. 그 결과 발발勃勃이 틈을 타 갑자기 침입해 장안을 진압하게 만들었으니 애석한 일이다.
이때에 진晉의 운수가 옮겨질 판이었으니 공덕이 있는 사람이라면 임의로 나라를 얻을 수 있었다. 만약 유유가 삼진三秦을 차지하고 앉아 옆으로 옹주雍州와 농서隴西를 공략하고 북쪽으로 굴개屈丐를 쫓으며, 서쪽으로 몽손蒙遜을 물리쳤다면 수백 년 동안 빼앗긴 신주神州(중국)를 별다른 수고 없이 평정할 수 있었을 것이다. 그와 같이했다면 위세와 이름이 날이 갈수록 드러나고 공업이 날이 갈수록 높아져 천명과 인심을 앉아서 불러올 수 있었을 것이다.
하지만 그렇게 하지 않고 요모조모 따지며 의심하다가 낭패를 보고 군사를 돌리고 말았다. 변거汴渠를 겨우 열었으나 동관이 이미 끊겼고 청니에서 패배했을 적에는 해골이 언덕을 이루었다. 성에 올라 눈

물을 흘린들 일에 무슨 도움이 되었으리!$^{249)}$

담헌은 유유가 후진을 멸망시켰을 그 무렵 동진의 운수가 끝난 시기고, 덕이 있는 자는 제왕의 자리에 오를 수 있었다고 주장한다. 곧 유유가 제위에 오를 수밖에 없는 상황이라는 것이다. 따라서 유유가 만약 동진으로 돌아오지 않고 장안을 지켰더라면 이적들을 물리치고 제위에 오를 객관적인 명분을 자연스럽게 확보할 수 있었을 것이다. 하지만 유유는 그보다 제위를 찬탈하는 데 마음이 있었기에 애써 확보했던 장안 일대를 상실하고 말았다. 유유는 420년 공제恭帝의 선양으로 제위에 올랐다. 담헌은 유유가 제위를 찬탈하고자 하는 의도가 북벌을 불가능하게 만들었다고 판단한다.

담헌은 《자치통감》을 여러 준거로 읽어 내고 있지만, 그중 가장 강력한 준거는 '이적의 구축驅逐', 곧 '북벌'이란 주제다. 이것은 당연히 18세기 조선 조정의 북벌론과 관련된다. 담헌은 《자치통감》에서 북벌이 가능하다고 생각했던 것인가? 담헌의 생각을 엿볼 수 있는 자료가 있다. 평서장군 유량庾亮은 334년 3월에 은호殷浩를 발탁해 기실참군記室參軍으로 삼는다. 은호는 이 당시 《노자》와 《주역》에 정통하고, 현담을 잘하는 것으로 알려져 있었다.$^{250)}$ 그는 관중이나 제갈량과 같다는 평가를 받았지만, 출사를 완강히 거부하고 있었다.$^{251)}$ 은호는 346년 3월 건무장군·양주자사에 임명되었으나 거절하였다가 회계왕 사마욱司馬昱의 설득 편지를 받고 출사하였다.$^{252)}$ 은호는 이로써 사마욱과 연결되었다. 347년 환온桓溫은 촉 지방의 성한成漢을 공격해 멸망시키는 공을 세움으로써 동진의 실력자가 되었다. 사마욱은 환온을 견제하기 위해 조야에 명성이 높았던 은호를 조정으로 끌어들여 심복으로 삼았다. 이로 인해 사마욱·은호와 환온은 서로 적대시하는 관계가 되었다. 은호는 당시 이름이 높았던 왕희지王羲之를 발탁하여 호군장군으로 삼았다. 왕희지는 나라의 안전을 위해서는 화합이 중요하다고 생각하여 은호에게 환온과 대립하지 말 것을 충고했지만, 은호는 듣지 않았다.[253]

이 시기 후조後趙에 큰 정변이 있었다. 350년에 염민冉閔이 황제 석감石鑑을 폐위시키고 염위冉魏를 세웠고, 이에 석지石祗가 양국襄國에서 즉위하여 후조의 황제가 되었다. 352년 염민은 양국을 함락시켰지만 전연前燕과의 전쟁에서 패배한 뒤 체포되어 처형된다. 염민의 쿠데타로 인한 후조와 양국의 대립은 동진에 중원 지역을 회복할 기회를 주었다. 354년 환온이 먼저 북벌하고자 군대를 동원했다가 사마욱의 만류로 중지한 적이 있었다. 이어 같은 해 은호의 북벌이 있었지만 전진前秦의 부건苻建에게 패하고 말았다. 은호가 북벌을 단행할 때 왕희지는 편지를 보내어 중지할 것을 요청했지만 듣지 않았고, 패배한 뒤 다시 군사를 일으키려고 하였다. 이에 왕희지가 다시 은호와 사마욱에게 편지를 보내어 북벌을 만류했다. 두 편지는, 현재 동진은 국세가 미약하여 북벌이 사실상 불가능한 상태라는 것, 따라서 전쟁을 멈추고 백성을 안정시키는 것이 먼 훗날의 북벌을 가능케 할 첩경이라고 주장하였다. 몇 대목을 보자.

> 지금 군대는 밖에서 깨뜨려지고 밑천은 안에서 고갈되어 회하淮河를 보전하려는 뜻도 다시 도달할 수 있는 것이 아니니 장강으로 돌아와서 지키고 장수들을 독려하여 각기 옛 진鎭을 회복시키는 것만 못하며 장강 밖으로는 기미羈縻하는 것뿐입니다.

허물을 끌어다가 자기에게 책임을 돌리고 다시 좋은 정치를 하고, 부역을 줄여 주며 백성들과 함께 다시 시작하면, 대체로 거꾸로 매달린 것 같은 위급함을 구할 수 있을 것입니다(은호에게 보낸 편지).

공로를 세우는 것은 아직 기대할 수 없고, 남겨진 백성들은 거의 다 죽어 가며 노역은 시도 때도 없이 일으키고, 거둬들이는 것은 날로 무거우며, 작디작은 오·월을 가지고서 천하의 10분의 9를 경영하려 한다면 망하지 않고 무엇을 기대하겠습니까?……바라건대 전하께서 잠시 텅 비고 먼 곳을 생각하는 마음(청담淸談을 말한다)을 그만두시고 거꾸로 매달린 듯한 위급함을 구하시면, 망하는 것을 가지고 살리게 하는 것이며, 화를 돌려서 복이 되게 하는 것이라고 생각할 수 있습니다[254](사마욱에게 보낸 편지).

은호와 사마욱은 모두 듣지 않았다. 은호는 계속 북벌에 나섰으나 패배를 거듭하여 무기와 군량이 모두 소진되었다. 조야의 원성이 높아지자 환온은 은호의 죄를 탄핵했고, 조정은 은호를 면직시켜 서인으로 만들어 귀양을 보냈다. 은호가 제거되자 환온이 권력을 장악하게 되었다.[255]

담헌은 은호와 사마욱의 북벌에 대해 이렇게 평가했다.

왕희지가 은호와 사마욱에게 보낸 두 통의 편지는 뼈에 사무칠 정도로 간절하여 당시의 폐단을 깊이 맞춘 것이었다. 대개 그때는 중원을 회복하는 것이 으뜸가는 중요한 일이었다. 다만 행동에는 선후가 있고 일에는 완급이 있는 법이다. 싸움을 잘하는 사람은 상대가 자신을 이길 수 없는 형세를 만들어 놓고 이길 수 있기를 기다린다. 그런데 임금의 뜻은 확고하지 않고 백성의 힘이 날이 갈수록 바닥나는 판에 강한 번국藩國이 상류를 차지하고서 넘겨다보는 낌새가 현저하고, 교활한 오랑캐는 중원에 걸터앉아 날뛰려는 형세가 한창이었다.

이런 때라면 관중 같은 재주와 무후의 충성심이 있다 하더라도 중원의 회복은 쉽게 논할 수 없다. 게다가 조급하고 경솔한 은호라면 앉아서 제 땅을 지키는 것도 오히려 여유가 없을 것인데, 도리어 외로운 군사를 동원해 강을 건너 천 리 밖에서 승리를 거두고자 했으니 말해 무엇하리오? 그 사공事功에 급급하여 자기 역량을 헤아리지 않은 것이 심하였다.[256]

담헌은 동진이 지향해야 할 최고의 가치는 북벌이라고 생각한다. 하지만 북벌에 앞서 조건을 먼저 충족시킬 필요가 있다는 것이다. 담헌의 논리는 타당하지만, 그것은 북벌을 명분으로 내걸면서도 사실상 북벌을 회피하는 것과 다르지 않았다. 이것은 곧 노론의 북벌론이었다.

담헌의 뇌리에는 아마도 북벌과 관련한 아이디어가 있었을 것이다. 307년 서양西陽(호북성 황강현黃岡縣)의 이적이 강하江夏(호북성 운몽현雲夢縣)를 침구했을 때 태수 양민楊珉이 제상과 의논하자, 기독騎督 주사朱伺만 말이 없었다. 양민이 왜 홀로 말이 없느냐고 묻자, 주사는 여러 사람은 혓바닥을 가지고 적을 치고 있지만, 자신은 오직 힘만 가지고 할 뿐이라고 답했다. 양민이 그동안 어떻게 늘 이겼는지를 묻자, "양쪽에서 대적하고 있게 되면 오직 참고 있어야 마땅하다. 저들이 참을 수 없고 내가 참을 수 있으니 이리하여 승리한 것입니다"라고 답한다.[257] 담헌은 "이 말은 정말 이치에 맞다. 무릇 작은 이익을 보려고 큰일을 소홀히 여기고, 사사로운 분노를 드러내고자 하여 원대한 전략을 잊는다면, 패배하지 않는 자가 드물다"라고 평가한다.[258]

담헌의 논리는 간명하다. 북벌은 반드시 이루어야 할 절대적 과업이지만, 자신의 현재 부족한 능력을 정확하게 인식하고, 백성을 위무하는 등 실력을 양성해야 할 것이다. 이것은 조선에도 그대로 적용될 것이다. 그것은 북벌은 절대적인 가치지만, 우선 조선의 현재 상황을 냉정히 검토하고, 언젠가 이루어야 할 북벌을 위해 실력을 양성하자는 논리다. 이것은 북벌에 대한 노론 내부의 가장 합리적인 견해지만, 동시에 북벌이 사실상 불가능하다는 것을 의미했다. 한편으로 여전히 살아 있는 북벌의 정당성은 언제나, 북벌론과 그것의 근저에 있는 화이관을 비판할 경우, 탄압을 받을 수도 있음을 의미하였다.

담헌의 북벌론과 화이관은 노론의 그것과 다르지 않지만, 여전히 문제는 남는다. 이적과 중화는 끊임없이 교섭하여 상호 영향을 주고받았으며, 이적이 중국을 지배할 경우 스스로 한화漢化하여 유가적 통치원리를 실천하지 않을 수 없었다.《자치통감》은 그런 경우를 허다하게 보여 준다. 예컨대 강족 출신으로 후진後秦을 건국했던 요장姚萇은 죽기 직전 아들 요흥姚興에게 "골육은 은혜와 사랑으로 어루만지고, 대신은 예로 대우하며, 남과 사귈 때는 신의를 지키고 백성을 다스릴 때는 인仁으로써 하라"고 유언을 남긴다. 담헌은 유언을 그대로 인용하며 "착하구나! 임금의 도리가 갖추어졌다"라고 평가한다.[259] 요장의 발언은 유가 정치의 원리를 그대로 옮기고 있다. 과연 "요흥은 둘째 숙부 요석덕姚碩德을 섬기고 국가의 큰 정사는 모두 물어서 행하였다. 너그럽고 어질고 어진 이를 예우하는 것이 부견苻堅과 똑 같았다"[260]라는 담헌의 평가를 얻었다.

5호16국은 대부분 이적 왕조였고 역년이 짧았지만 탁월한 제왕이 없지는 않았다. 담헌은 유가적 정치 원리에 입각해서 그들을 평가한다. 담헌은 한때 북부 지역을 통일했던 전진前秦의 부견을 높이 평가한다. 부견은 370년 수도 업鄴을 함락해 전연을 멸망시킨 뒤 풍속을 살피고 농업과 잠상을 권장하며 가난하고 고단한 사람을 구휼하고, 죽은 사람을 거두어 장사지내고 절개 있는 행동을 한 사람을 표창하는 등 덕정을 펼쳤다.[261] 담헌이 "가혹한 정사를 없애고 곤궁한 백성을 구휼했으며, 농사를 권장하고 풍속을 살폈으며, 충절 있는 사람은 포상하고 어진 선비를 권면했다"[262]고 한 부분은 바로 《자치통감》의 기사를 그대로 옮긴 것이다. 그는 관중關中에 처음 들어갔던 한 고조와 파촉巴蜀에 들어갔을 때 소열제昭烈帝가 펼친 덕정도 그보다 더 나을 것이 없을 것이라며 부견을 평가했다.[263] 앞서 담헌은 유유가 동진의 제위를 찬탈하기에 급급하여 북벌에 나서지 못한 것을 비판했지만, 그가 태후에게 아침마다 문안을 올린 것을 두고서는 영웅으로서 큰 사업을 이룩한 자는 모두 효도에 근본을 두었다면서 높이 평가했다.[264] 아울러 그가 사적으로 재산을 축적하지 않았음도 상찬하였다.[265]

• **선비의 자세**

담헌은 《자치통감》을 읽으며, 이적이 중화를 어지럽히는 시대를 살아야 했던 신하와 지식인의 자세를 묻는다. 당연히 이 문제는 이적인 청이 중화를 점령해 다스리는 담헌시대의 지식인과 신하의 문제와 고스란히 겹친다. 촉한의 극정郤正에 대한 담헌의 비평을 보자.

극정은 비서령秘書令으로 내직에 오래 있었다. 그는 황호와 이웃해 살며 30년 동안 왕래했지만 담박한 성격이라 황호가 아끼는 사람도, 미워하는 사람도 아니었다. 그는 황호에게 위해를 당한 적도 없었다.[266] 263년 촉한의 수도 성도成都가 위군魏軍에게 함락된 뒤 황제 유선은 동쪽의 낙양으로 옮겨 갔는데, 대신들 중 따라간 사람은 오직 극정과 장통張通 두 사람뿐이었다. 유선은 극정의 세심한 배려로 불편 없이 지내게 되었고, 진작 극정을 알지 못한 것을 아쉬워하였다.[267] 담헌은 극정에 대해 충신이라면 충신이겠지만, 사직의 신하, 곧 사직을 위해 목숨을 바치는 신하는 아니라고 평한다. '임금을 섬기는 도리는 의리를 따르는 것일 뿐, 임금의 명령을 따르는 것은 아니기' 때문이다. 극정은 자신을 굽히고 나라를 욕되게 하면서 죽건 살건 임금을 따랐으니, 그것은 첩이나 부녀자의 도리라는 것이었다.[268] 극정은 분명 망한 나라의 황제를 끝까지 보필했으니 충신이다. 하지만 황호와의 관계에서 보듯, 의리에 엄격한 사람이 아니었다. 의리를 따라야 하고 명령을 따라서는 안 된다는 담헌의 발언은, 그가 단호한 원칙주의자임을 드러낸다.

담헌은 동일한 원칙을 촉한의 곽익霍弋과 나헌羅憲에게도 적용한다. 건녕태수 곽익은 위군의 공격이 시작되었다는 것을 듣고 성도로 가려 했지만, 유선은 방어책이 있다고 거절하였다. 성도기 함락된 뒤 수하 장수들이 항복을 권하자, 곽익은 위가 유선을 예우하는 것을 확인한 뒤 항복할 것이고, 만약 예우하지 않는다면 죽음으로 항거할 것이라면서 일단 항복을 거부하였다. 곽익은 유선이 '동쪽 낙양'으로 안전하게 모셔졌다는 소식을 듣자 위의 진왕晉王 사마소司馬昭에게 항복했고 남중도위의 관직을 받아 위에서 벼슬을 하였다.[269]

파동태수 나헌은 유선의 명으로 영안을 지키고 있다가 성도가 함락되었다는 소식을 듣고, 다시 유선의 조서를 받고 도정에 주둔하고 있었다. 오吳가 구원을 가장하여 공격해 오자, 촉한과의 맹약을 배반한 오에게 항복할 수 없다면서 결사 분전하였다. 나헌의 저항으로 오는 촉 지역을 차지할 수 없었다. 오군을 막는 데 힘이 부친 나헌은 위의 진왕 사마소에게 항복하였고, 오는 군대를 더 파견하여 나헌을 포위하였다. 사마소 역시 원병을 보내어 오군을 격퇴하고 나헌을 구하였다. 나헌은 위로부터 벼슬을 받고 오를 평정하는 장수의 임무를 맡았다.[270]

곽익과 나헌은 역부족으로 항복했지만, 결과적으로는 적대국이었던 위에서 벼슬을 하여 위를 위해 봉사했다. 담헌은 이 부분을 비평한다.

> 곽익과 나헌은 임금을 배반하고 투항한 자와는 차이가 있다. 하지만 그들은 한漢의 신하고, 땅은 한의 땅이었다. 힘이 한실漢室을 중흥하기에 부족하다면 죽음으로 그 땅을 지켜 신하의 절개를 보존해야만 옳을 것이다. 어찌 나라가 망하고 임금이 신하 노릇을 하는 상황에서 저 원수의 나라에 무릎을 꿇는단 말인가?[271]

담헌은 그들이 죽음으로써 신하의 절개를 지켰어야 했다고 말한다. 원칙적 의리론자로서의 면모가 약여하다. 담헌의 평가에 의하면, 가장 완벽한 신하는 위魏의 범찬范粲이다.

> 조방曹芳이 폐위되자, 태재太宰 범찬은 병을 핑계로 말을 하지 않았다. 침소에서도 수레를 탔고 발을 땅에 딛지 않았다. 그렇게 36년을 살다가 죽었다. 그의 성실함과 독실함, 확고함은 천 년 이래 단 한 사람뿐이라고 할 수 있다.[272]

254년 위의 권신權臣 사마사司馬師가 3대 황제 소릉여공 조방을 폐위시키고, 새 황제로 조모曹髦를 세웠다. 뒤에 사마사의 조카 사마염司馬炎이 제위를 찬탈하여 서진西晉의 무제가 된다. 폐위될 때 21세였던 조방은 274년 사망한다.《자치통감》은 274년 기사의 맨 마지막에서 조방이 이해에 죽었음을 기록하고, 조방에 대한 범찬의 태도를 서술했다. 범찬은 조방이 폐위되어 금용성金墉城으로 옮겨질 때 흰옷을 입고 배웅했고, 이후 병을 핑계 대고 나오지 않았으며 말문을 닫은 채 오직 수레에서만 지내며 땅을 밟지 않았다. 사마염이 진晉의 황제가 된 뒤 녹봉과 비단을 하사했으나 받지 않았다.[273] 진에 대해 철저히 비타협적인 자세를 견지한 셈인데, 이런 비타협적 자세를 담헌은 천백 년을 통틀어 단 한 사람뿐이라고 평가했다.

범찬처럼 완벽한 비타협성은 아니지만, 그에 근접하는 사람도 있었다. 280년 진이 오를 공격하자 오에서는 승상 장제張悌에게 단양태수 심영沈瑩, 호군 손진孫震, 부군사 제갈정諸葛靚 등을 거느리고 방어하게 하였다. 여러 차례 전투에서 오군은 대패하였다. 제갈정은 패주하면서 장제를 만나 같이 달아나자 설득했지만, 장제는 자신은 사직을 위해 죽겠다 하고 싸우다 죽었다.[274] 진의 무제는 달아나 숨은 제갈정을 시중侍中으로 삼았지만, 굳게 거절하여 향리로 돌아가 죽을 때까지 진나라 조정을 향해 앉지도 않았다. 제갈정은 나름대로 오에 대해 충절을 지킨 것이다. 담헌은 제갈정이 장제와 함께 죽지 않은 건 구차하게 목숨을 건진 것이지만, 죽을 때까지 달아나 숨어 살며 진의 신하가 되지 않은 건, 절의를 지킨 것이라고 평가했다.[275]

담헌은 실제 자살을 선택한 사람을 높이 평가했다. 316년 한漢(전조前趙)의 대사마 유요劉曜의 대대적 공세로 장안이 함락되자 진晉의 민제는 백성과 병사들을 살린다는 명분으로 항복하기로 결정했다. 원래 민제는 색림索綝을 상서복야·도독궁성 제군사로 삼고, 국윤麴允을 대도독·표기장군으로 삼아 유요의 침공을 방어하게 하였다. 색림과 국윤은 방어에 실패했다. 항복을 결정한 민제는 사태가 이렇게 된 것은 색림과 국윤 때문이라 하고, 시종 종창宗敞을 시켜 항서를 유요에게 보냈다. 색림은 종창을 눌러 앉히고 자신의 아들을 보내어 유요에게 아직 성안에는 1년을 지탱할 수 있는 식량이 있으니, 자신에게 '의동삼사·만호군공'이란 직책을 준다면, 항복을 성사시키겠다고 제안하였다. 유요는 비열한 짓이라면서 색림의 아들을 목 베어 보냈다. 이어 종창이 유요의 진영에 도착했고, 민제가 다음 날 어깨를 드러내고 입에 구슬을 문 채 관을 수레에 싣고 찾아와 항복하였다. 이때 어사중승 길랑吉郎은 "나의 지혜는 꾀를 낼 수 없고, 용기는 죽을 수도 없지만 어찌 차마 임금과 신하가 함께 북쪽을 향하여 도적놈들을 섬긴단 말인가?"라고 하고 자살한다. 7일 뒤 민제가 한의 군주 유총 앞에 머리를 조아리니, 국윤은 땅에 엎드려 통곡하였다. 유총이 화가 나서 가두자 국윤은 자살하였다. 담헌은 이들에 대해 이렇게 평가했다.

> 색림은 몰래 항복하는 표문을 남겨 놓고 먼저 유요에게 만군萬郡을 달라고 하였으니, 사람의 악한 짓이 어찌 이런 극단적인 지경에 이를 수 있단 말인가?……국윤은 땅에 엎드려 통곡하였으나 그는 유민庾珉과 왕준王儁의 무리였다. 그러나 꼭 같은 죽음일 뿐인데, 어찌 길랑처럼 일찍 결단하지 못하고, 오랑캐의 포로가 되는 신세를 면하지 못했단 말인가?[276)]

오직 길랑에 대해서만 그의 말을 그대로 인용하고, 자살로 인을 이루고 의를 취했으니 충성과 절의가 부끄러움이 없다고 평가했다.[277]

어지러운 시대를 사는 삶의 방식! 담헌은 아마도 《자치통감》에서 이런 것을 배웠을 것이다. 담헌은 육희陸喜의 말을 길게 인용하고 어지러운 나라, 혼란한 세상에 사는 사람의 자세에 대해 말한다. 282년 산기상시 설영薛瑩이 죽자, 어떤 사람이 육희에게 설영이 오의 인사 중 으뜸일 것이라면서 동의를 구했다. 육희는 손호孫皓, 곧 폭정을 일삼았던 오의 마지막 황제인 말제末帝 치하에서의 지식인의 삶의 자세를 다섯 등급으로 나누었다. 무도한 말제의 시대였으니 침묵을 지키고 숨어 벼슬하지 않았던 사람이 첫째, 높은 자리를 피하고 낮은 자리에서 녹봉 대신 밭을 갈던 사람이 둘째, 강직한 성품으로 두려워하지 않고 나랏일을 바로잡기 위해 나섰던 사람이 셋째, 상황을 보아 가면서 나라에 조그마한 이익이라도 끼치고자 한 사람이 넷째, 온화하고 공손하며 아첨을 떨지 않았던 사람이 다섯째였다. 육희는 중간 등급 이상의 사람은 모두 몰락하거나 재앙을 만났다고 하면서, 끝까지 살아남은 설영은 높은 평가를 결코 받을 수가 없다고 답했다.[278] 담헌은 육희의 말을 압축해 인용하고, "이 말은 출처에 뜻을 깊이 깨친 것이다. 어지러운 나라에 살거나 혼란한 세상에 사는 사람은 알아 두지 않을 수 없다"[279]라고 평가했다. 이것은 담헌의 처세에도 상당한 영향을 끼쳤을 것이다.

• **천문학과 기술**

담헌의 사평은 거개 인물과 사건에 대한 비평이지만, 간혹 성제城制와 무기, 병법 등을 채록해 놓고 있어서 흥미롭다. 담헌은 알려져 있다시피 천문학과 수학을 연구하고, 혼천의와 망원경 등의 천문관측 기기에 관심을 보여 직접 제작하기도 하였다. 그런가 하면 〈임하경륜〉에서는 성제와 병법에 대해서도 소상히 언급하는데, 《자치통감》에 대한 사평에서도 그런 부분에 대한 관심이 짙게 드러나고 있다. 아마도 담헌은 젊은 시절부터 그런 방면에 관심이 있었던 것 같다. 이 방면을 약간 검토해 보자.

담헌은 수레에 대한 비평을 남겼다. 서진의 마륭馬隆이 서량西涼을 칠 때 산길이 좁고 험하다 하여 제작해 썼던 편상거扁箱車에 대한 비평이 그것이다. 마륭은 편상거를 이용해 전투를 유리하게 이끌었다. 편상거는 좁은 산길에도 다닐 수 있는 폭이 아주 좁은 수레이고, 나무로 만든 지붕은 비바람과 시석矢石을 피하기 위해 설치한 것이라 한다.[280] 편상거는 담헌의 관심을 끌었다. 담헌은 나무로 만든 집을 편상거 위에 설치했다는 데 대해 "편상거의 제도는 자세하지 않다. 산길이 험하고 좁으면 말도 통행하기가 어렵다. 어떻게 수레가 다닐 수 있겠는가?"[281]라고 의문을 표하고 있다. 후송後宋 인종仁宗(천성天聖) 5년에 내시 노도륭盧道隆이 제작한 기리고거記里鼓車에도 큰 관심을 보였다. 이 수레는 1리를 가면 내부에 장치한 작은 목인木人이, 10리를 가면 큰 목인이 징을 치게 하여, 수레가 운행한 거리를 측정할 수 있게 제작되었다.[282]* 거리를 측정할 수 있는 장치인 것인데, 담헌은 이런 기계 장치에 비상한 흥미를 느껴 옮겨 놓았다. 후연後燕의 모용수慕容垂가 적소翟釗[돌궐족 계통의 정령족丁零族으로 석위翟魏를 세운 직료翟遼의

---

* 유유가 기리고거와 지남거를 건강建康으로 보냈다는 기사가 있는데, 《자치통감》의 이 기사에 해당하는 《자치통감강목》의 기사에 노도륭이 기리고거를 만들었다는 주석이 달려 있다. 조선에서는 1441년 3월 1일 세종이 온수현溫水縣에 거둥할 때 처음 사용되었다고 한다(《세종실록》 23년 3월 17일(1)). 이후 지도 제작이나 토목공사에 사용되었다.

아들를 칠 때 사용했다는 우피선牛皮船에도 관심을 보였다.[283]

성에 대한 자료도 사평에 옮겨 놓았다. 유유가 412년 왕진악을 시켜 금성金城을 공격하게 했는데, 금성이란 성안에 있는 아성牙城이었다. 《자치통감》은 여기에 딸린 "무릇 성안의 아성을 진晉·송宋 때는 금성이라 불렀다"[284]고 주석을 달고 있는데, 담헌은 이것을 그대로 옮겨 두었다.[285] 413년 대하大夏를 세웠던 혁련발발이 삭방수朔方水 북쪽, 흑수黑水 남쪽에 천하를 통일하여 만방에 군림하겠다는 뜻으로 통만성統萬城을 흙을 쪄서 쌓았다.[286] 담헌은 아무런 평가 없이 이것을 그대로 옮겨 두었다.[287] 어려운 내용이거나 따져야 할 사항이 있는 것이 아닌데 이렇게 옮겨 둔 것은 성제에 대한 관심 때문일 것이다.

병법, 혹은 전투 방법도 관심 대상이었다. 312년 한漢 유총의 장수 석륵은 진晉의 지배하에 있던 선비족의 단질육권段疾陸眷·단말배段末柸와 싸워 여러 번 패배했고, 성안에 갇혀 공격을 받게 되었다. 석륵은 단질육권이 공성구를 만드는 것을 보고 두려워 제장에게 의견을 물었다. 장빈張賓·공장孔萇은 성을 나가서 응전하지 않아 겁을 먹고 있는 것처럼 보이게 하고, 성의 북쪽에 '돌문突門' 20여 곳을 만들어 공격해 오기를 기다렸다가 수비 태세를 갖추기 전에 기습 공격한다면 이길 수 있다는 의견을 내었다. 석륵은 이 아이디어를 따라 해서 승리한다. 《자치통감》은 '돌문' 부분에 두우杜佑의 설명을 주석으로 달았다. "성을 파서 암문闇門을 여럿 만들고, 일이 있을 때 5, 6치는 뚫지 않게 했다가 혹 밤에 적이 막 도착해 진영을 아직 갖추지 못했을 때 정기병精騎兵이 돌문으로 뛰쳐나가 대비하지 않고 있는 적을 불의에 습격한다."[288] 담헌은 적을 방심하게 했다가 성 바깥으로 판 비밀문으로 정기병을 내보내어 기습하게 하는 전술이 전국시대 때 제齊의 전단田單

이 꼬리에 불을 붙인 소를 연燕의 군대로 쳐들어가게 해서 이겼던 전술과 같다고 평가한다.[289]

317년 한의 주군 유총은 사촌 유창劉暢을 보내어 동진의 형양滎陽을 급습하게 하였다. 형양태수 이구李矩가 항복하자 유창은 연회를 열었고, 이에 이구는 방비가 없는 유창을 밤에 습격하고자 하였다. 군사들이 겁을 먹고 따르지 않자, 그는 장수 곽송郭誦을 자산사子産祠[290]에 보내어 기도하게 하고, 무당에게 "자산이 신병神兵을 보내어 도와주겠다"고 했다는 말을 퍼뜨리게 하였다. 이 말을 믿은 군사들이 용기백배하여 유창의 군대를 패배시켰다고 한다.[291] 담헌은 여기에 대해 "병법은 정해진 법이 없고 적에 대해 기이한 계책을 내는 것이 중요하다"[292]고 했다.

담헌은 또 대代의 왕 탁발십익건拓跋什翼犍이 368년 유위진劉衛辰(혁련발발의 아버지)을 공격했을 때 황하를 건넌 방법을 옮겨 놓고 있다. 유위진의 군대가 황하 건너에 있었으므로 탁발십익건은 황하를 건너야만 했다. 겨울이지만 황하가 얼지 않았기에 먼저 갈대로 엮은 굵은 밧줄을 물 위에 걸치자, 밧줄을 중심으로 얼음이 얼었다. 하지만 얼음이 단단하지 않아 그 위에 다시 갈대를 흩었다. 얼음이 단단히 얼어 마치 부교처럼 되자, 순식간에 황하를 건너 방심하고 있던 유위진의 군대를 공격해 승리를 거두었다.[293] 담헌이 이 기사를 그대로 옮겨 둔 것은,[294] 겨울에 강을 건너는 특이한 방법으로 이겼기 때문일 것이다.

320년 동진 조적組迹의 장수 한잠韓潛은 후조後趙의 도표桃豹와 대치 중이었다. 조적은 군사 1천여 명에게 흙을 담은 베주머니를 지고 가도록 하여 마치 군량을 운반하는 것처럼 보이게 하고, 몇 명의 군사는 쌀자루를 지고 가다가 후조의 군사가 오면 버리고 달아나게 했다. 굶주리던 후조의 군사는 그 쌀자루를 보고, 조적의 군사가 많고 군량도 풍부하다고 생각하여 두려움에 떨었다. 이런 전술로 조적이 승리를 거둔다.[295] 담헌은 이것을 431년 단도제가 북위와 싸울 때 군량이 적다는 사실이 북위군에 알려지자 소리를 내어 모래주머니를 쌀가마니 세 듯하고, 또 남은 쌀을 모래 위에 덮어 쌀로 보이게 했던 사실과 동일하다고 했다.[296]

유유가 412년 10월 정적 유의를 공격할 때 왕진악이 사용한 전술에 대한 담헌의 평가는 이렇다. 왕진악은 강릉성江陵城을 20리 남겨 놓고 배를 버리고 육지로 걸어갔다. 배에는 한두 사람만 남겼고 배가 있는 강 언덕에는 6, 7개의 깃발을 꼽고 그 아래 북을 칠 사람을 두었다. 왕진악은 자신이 강릉성에 도착할 즈음에 배후에 대군이 있는 것처럼 북을 크게 치라고 하였다.[297] 이 방법으로 왕진악은 적을 속여 승리할 수 있었다. 담헌이 이 방법을 인용한 것[298] 역시 병법에 대한 그의 관심 때문으로 보인다.

417년 동진의 태위 유유가 후진을 칠 때 북위의 탁발사拓拔嗣에게 길을 빌려줄 것을 청하자, 최호崔浩는 그 청을 들어 주자고 했으나 그 외의 신하들은 반대하였다. 탁발사는 신하들의 말을 듣고 길을 빌려주지 않았다. 이에 유유의 군대는 먼저 북위의 군대와 전투를 벌이게 되었다. 유유는 정오丁旿를 보내, 장사 700명, 수레 100대를 거느리고 황하를 건너 물과 100보 떨어진 곳에 각월진却月陣을 치게 하여 양쪽 끝이 황하를 안게 하였다. 그리고 수레마다 7명의 장사를 배치하고 그 일이 모두 끝나면 흰 깃발을 세우게 하였다. 위나라 사람들은 그 의미를 이해하지 못했다.

유유는 다시 주초석朱超石에게 흰 깃발이 올라가면 대노大弩 100개와 군사 2천 명을 거느리고 각월진이 있는 곳으로 가서, 수레 하나에 20명을 배치하되 수레 양쪽에 방패를 세우게 하였다. 위의 군사가 진지를 포위해 육박전을 벌였는데, 유유의 군대는 대노로 그들을 제압할 수 없었다. 그때 주초석이 따로 가지고 갔던 쇠로 만든 삭矟(끝이 세 갈래가 난 창) 1천 개를 3, 4척 길이로 잘랐다. 같이 가지고 갔던 추鎚(쇠로 만든 망치, 사슬을 달아 휘두른다)로 삭을 치자, 한 번 칠 때마다 삭은 3, 4명을 꿰뚫어 죽였다. 이에 위군이 달아났고 대승할 수 있었다.[299] 담헌은 육박전에서 창과 추로 한꺼번에 3, 4명을 죽인 방법이 희한했던지 그대로 옮겨 놓고 있다.[300]

천문학에 대한 관심도 풍부하다. 357년 전진前秦의 천문을 맡은 관리가 태백성이 동정東井으로 들어간 천문 현상을 보고, 왕 부생苻生에게 "태백성은 벌을 주는 별이고, 동정은 우리 진나라에 해당하는 별자리이니, 반드시 폭동을 일으키는 군사가 경사京師에서 일어날 것"이라고 하자, 부생은 "태백성이 '동쪽 우물'로 들어갔으니, 말라 버릴 것인데 무엇이 괴이한가?"라고 답했다.[301] 담헌은 "하늘을 이같이 무시하고서 망하지 않을 자가 있으랴?"[302]라고 평가한다. 폭정과 살인을 일삼던 부생은, 바로 그해에 부견에 의해 쫓겨난다.

이처럼 담헌은 천문 현상에 대한 기록들을 자주 인용한다. 365년 애제가 후사 없이 죽자 낭야왕 사마혁司馬奕이 황제로 즉위한다. 하지만 사마혁이 제위에 있었던 것은 불과 6년이었다. 동진의 권력을 한 손에 쥐고 있던 환온은 371년 사마혁을 폐위시켜 동해왕으로 삼았다가 다시 해서현후海西縣侯로 삼았다. 《자치통감》은 이와 관련하여 "형혹성이 태미원太微垣 정문正門에 자리 잡은 지 한 달 만에 해서공이 폐

출되었다"[303]고 기록하고 있다. 담헌은 이 기록을 아무런 비평 없이 옮기고 있다.[304]

373년, 길이가 10여 장이 되는 혜성이 미성尾星과 기성箕星 사이에 나타나 태미원을 거쳐 동정을 쓸고 지나갔다. 4월부터 보이기 시작한 혜성은 겨울까지 사라지지 않았다. 전진前秦의 태사령 장맹張孟이 부견에게 "미성과 기성은 연燕의 분야이고, 동정은 진秦의 분야인데, 혜성이 미성과 기성에서 일어나 동정을 쓸고 지나가니, 10년 안에 연이 진을 멸하고, 20년 뒤에는 대代가 연을 멸할 것"이라면서, 조정에 있는 모용위 부자와 형제들을 제거하여 천변을 소멸시켜야 한다고 말했지만, 부견은 듣지 않았다.[305] 담헌은 이 기사를 압축해서 옮기고 있다.[306]

전진이 370년 전연을 멸망시키고 전연의 황제 모용위를 잡아 와 신흥후新興侯로 삼았다. 383년 비수대전淝水大戰에 출전했지만, 부견은 패배했고, 모용위는 부견 암살 모의에 가담했다 하여 살해된다. 하지만 모용위의 숙부 모용수慕容垂는 384년 자립하여 후연後燕을 세운다. 모용위의 형제 모용홍慕容泓, 모용충慕容沖도 전진에 반기를 들었고, 뒤에 서연西燕을 세웠다. 이들은 386년 선비족 출신 탁발규에 의해 부활한 대국代國이 북위로 이름을 바꾼 뒤에 세력을 확장해 최종적으로 화북을 통일할 때까지 계속되었다.

담헌은 성변星變에 대해 특히 큰 관심을 보인다. 415년 북위의 태사太史(천문학관)가 포과匏瓜[28수의 하나인 여수女宿에 딸린 별자리 이름] 가운데 있던 형혹성이 홀연 사라졌다. 이것은 위기의 징조였다. 황제 탁발사가 유학자와 천문학관을 불러 형혹성이 간 곳을 찾아보게 하였다. 최호는 형혹성은 경오일庚午日(19일)과 신미일辛未日(20일) 사이에 없어졌는데, 경庚은 오午와 함께 모두 진秦을 가리키고, 신辛은 서이西夷를 가리킨다 하고, 현재 서진西秦의 황제 요흥姚興이 장안長安에 있으므로, 형혹성은 진으로 들어갔을 것이라 하였다. 사람들은 근거가 없다면서 최호의 말에 반발했지만, 80여 일 뒤 형혹성은 동정에 나타났고 한참을 왔다 갔다 하며 머무르다가 자리를 옮겼다. 진秦에는 큰 가뭄이 들었고, 곤명의 저수지가 말랐다. 동요와 요언에 나라 사람들이 불안해하였고 1년 만에 나라가 망했다.[307] 동진의 유유에게 망하고 만 것이다. 담헌은 이 이야기를 압축해서 옮기고 있다.[308]

418년 혜성이 천진天津에서 나와 태미원으로 들어갔다가 북두성을 지나 자미원紫微垣으로 이어졌는데, 80여 일 있다가 사라졌다. 북위의 황제 탁발사가 유학자와 술사를 불러 재난과 허물을 받아야 하는 나라가 어느 나라인지를 물었다. 최호가 "무릇 재이가 일어나는 것은 모두 사람의 일을 본뜬 것이니, 사람이 참으로 허물이 없다면 또한 어찌 두렵겠습니까?"라고 말하고, 지금 혜성의 출현은 옛날 왕망이 제위를 찬탈하려 할 때 성변과 같으니, 아마도 진의 유유劉裕가 찬탈하려고 하는 조짐일 것이라고 답했다.[309] 담헌은 과연 그렇게 되었다고 말한다.[310]

● **기상 현상**

북위의 탁발규가 후연의 태자 모용보를 공격하고자 군수부대를 남겨놓고 정예 기병 2만 명만 이끌고 황하를 건넜다. 모용보의 군대가 참합피參合陂에 도착했을 때 큰바람이 불어, 검은 기운이 제방처럼 군사들의 후면에서부터 군대를 덮었다. 이에 승려 지담맹支曇猛이 "바람의 기세가 사납고 빠르니, 위의 군사가 장차 도착한다는 징후입니다. 마땅히 군사를 보내어 막아야 합니다"라고 건의했으나 모용보는 듣지 않았다. 결국 북위의 군대는 두 배의 속도로 행군하여 참합피 서쪽에

도착해 연을 습격해 패배시켰다.[311] 담헌은 이 사실을 그대로 옮기고 있다.[312]

397년 후연의 황제 모용린이 신시新市(하북성 신낙시)를 공격하자, 북위의 황제 탁발규가 공격하려고 하였다. 태사령 조숭晁崇이 "주紂가 갑자일에 멸망하였기 때문에 갑자일을 질일疾日이라 부르고, 전쟁에 참여하는 군사들이 이날을 꺼립니다" 하자, 탁발규는 "주는 갑자일에 망했지만, 무왕은 갑자일에 흥하지 않았는가?" 하고 공격해 대파하였다.[313] 담헌은 이것을 압축해서 인용하고 있다.[314]

• 유가적 근본주의

《자치통감》을 비평하는 준거는 유가적 근본주의다. 즉 유가적 가치관이 모든 사건과 행위의 판단 준거가 된다. 어떤 곳에서 담헌은 유가적 근본주의를 노골적으로 드러낸다. 예컨대 그는 서진의 배외裵頠가 지은 〈숭유론崇有論〉[315]을 문장과 이치가 모두 창달하였다고 높이 평가한다.[316] 〈숭유론〉은 청담사상의 허무주의를 비판한 글이다. 그는 모든 만물이 형체를 갖게 되는 것이 비록 무에서 나왔다고는 하지만 일단 생겨난 뒤에는 '유'는 '무'와 엄격히 구분되는 것이므로, 그것은 이미 '무'로써 운용할 수 없는 것이라 말한다. 배외는 현실을 의도적으로 외면하거나 무시하고, 예와 윤리를 방기하는 것을 고상한 풍치로 여기는 허무주의로는 현실의 문제를 해결할 수 없을 뿐만 아니라 도리어 현실에서의 명예를 추구하는 것이라고 비판했다.[317] 노장의 허무주의를 비판하는 배외의 〈숭유론〉에 공감하는 담헌 사유의 배후에는 유가의 가치관이 있다.

담헌이 배외에게 동조했던 것은 그의 일관된 신념이었다. 그는 역시 동진 범녕范寧의 "왕필王弼과 하안何晏이 전장典章과 문물을 무시해 없애고 후생을 방탕하게 만든 것이 지금까지 화가 되었으니, 그의 죄는 걸桀·주紂보다 더하다"란 말을 확론이라 말할 수 있다고 평가한다.[318] 361년 환온은 평소 싫어했던 범왕范王에게 죄를 씌워 면직시켜 서인으로 만들었고 범왕은 집에 돌아와 죽는다.《자치통감》은 이 기사에 이어 그의 아들 범녕에 대해 간단히 덧붙였다. 유학을 좋아했으며 성품이 질박하고 곧았던 범녕이 담헌이 인용한 문제의 말을 하자, 지나친 폄하라고 하는 사람이 있었다. 범녕의 논리는 이러하였다.

> 왕필과 하안은 전적에 나오는 글을 멸시해 버렸고, 인과 의를 그윽이 가라앉게 하였으며, 들뜬 말을 하여 후생들에게 파급시켜 버려서 진신縉紳의 무리로 하여금 돌아서서 갈 길을 바꾸게 하여 예악을 붕괴시키고, 중원이 기울어져 전복하게 하였으며, 그가 남겨 놓은 풍속은 오늘에 이르러서 걱정거리가 되었습니다.
> 걸과 주는 설사 한 시기에 포학했다고 하지만 바로 자기 자신을 죽이고 나라를 엎어 놓은 것이 후세에 감계鑑戒가 되게 하였으니, 어찌 백성들이 보고 듣는 것을 돌이킬 수가 있겠습니까? 그러므로 나는 한 시대의 화는 가볍지만, 몇 대를 거친 걱정거리는 무겁다고 생각합니다. 스스로를 죽이는 악함은 작지만, 대중을 미혹한 죄는 큰 것입니다.[319]

왕필(226~249)과 하안(?~249)은 노장 청담사상의 기원이 된 인물들이다. 범녕은 청담사상의 허무주의·염세적 태도 등이 유행해 위진의 귀족들을 사상적으로 감염시켰고, 그 풍조가 최종적으로 윤리와 도덕의 방기, 문화의 붕괴로 이어지고 결국에는 중원의 이적화를 초래했다고 판단한다. 따라서 한 시대의 폭군인 걸과 주보다 더 역사에 큰 화를 장구하게 끼쳤다는 것이다. 범녕의 논리적 연쇄를 필연으로 볼 수는 없지만, 청담사상의 허무주의와 현실을 우습게 보는 풍조가 5호 16국의 출현과 위·진의 쇠락에 전혀 관계가 없는 것도 아닐 터이다. 정통 정주학을 굳게 신념하고 있던 담헌은 범녕의 논리에 찬동하지 않을 수 없었을 터이다. 그는 또 범녕이 서진의 무제에게 공자묘를 수리하고 청소할 호구를 배정해 주며 학교를 세워 달라고 표문을 올려 청한 것을 높이 평가했다.[320]

《자치통감》은 담헌의 역사관 형성에 깊은 영향을 끼쳤던 것으로 보인다. 2세기 반에 걸친 남북조시대는 전쟁이 일상화된 시대였다. 전쟁의 일상화는 곧 죽음의 일상화를 의미했다. 인구가 또한 급감했다. 담헌은 살육이 일상화된 이 시대의 역사를 읽고 인간의 역사에 대해 어떻게 인식했을까? 아마도 《자치통감》의 독서 경험은 뒷날 《의산문답》과 〈임하경륜〉의 부정적 역사관과 깊이 관련될 것이다.

담헌의 경학과 성리설, 역사비평은 어떤 의미를 지니는 것인가? 담헌이 《논어》에 대해 김원행에게 질의한 시기로 보아 대체로 그의 경학과 성리설의 기틀은 20대에 마련된 것으로 보인다. 담헌은 김원행의 문하에서 경전과 역사를 깊이 공부하였다. 그 공부의 흔적이 《담헌서》 내집 1권에 실린 사서문변과 삼경문변이다. 하지만 이것은 경전에 대한 의도적 저술이 아니었다. 경전을 공부하는 과정에서 생긴 의문을 김원행에게 물어본 문목問目이 불완전하게 남은 것이었다. 즉 〈논어문의〉와 〈시전문변〉을 제외한 《대학》, 《맹자》, 《중용》, 《서경》에 대한 문의는 일관된 체계를 갖는 저작이 아니고 단편적인 질문들을 소량 모은 것이어서, 각 텍스트에 대한 그의 전체적인 인식을 끌어내기가 어렵다. 삼경문변 중 〈시경변의〉의 경우는 김창흡의 《시경》 해석을 읽은 뒤 그것을 비평한 것이었고, 〈서전문의〉는 워낙 내용이 짧아서 무어라 단정할 수는 없지만 대체로 본문의 의미를 확정하는 데 있어서 제기한 의문이었다. 〈주역변의〉는 담헌의 의견을 가장 많이 수록하고 있지만 그것은 원래 《주역》이 해석의 폭이 넓을 수밖에 없는 텍스트였기 때문이었다.

성리설로서 담헌은 〈심성문〉과 〈서성지에게 답하여 심설을 논함〉을 남겼지만, 〈심성문〉은 성리학을 처음 공부하면서 느낀 의문점을 정리한 것이고, 〈서성지에게 답하여 심설을 논함〉은 노론 내부에서 진행된 인물성동이 논쟁을 나름대로 정리한 것일 뿐이다. 담헌의 경설과 성리설은 체계적인 형태의 저작이 아니었던 것이다. 그런 담헌의 경설과 성리설은 주자학의 범위를 이탈한 것도 아니었다. 그럼에도 담헌의 경학은 그의 개인사에서 여러모로 중요한 의미를 갖는다.

담헌은 1766년 2월 북경에서 중국인 친구 반정균·엄성·육비를 만나 《시경》〈소서小序〉의 준신 여부를 놓고 토론이 벌어졌을 때 엄·반·육 세 사람은 모기령毛奇齡 등 청대의 신학설을 따라 시서詩序를 믿을 수 있다면서, 〈시서변설詩序辨說〉을 써서 시서를 믿을 수 없다고 주장한 주자의 견해를 반박했고, 담헌은 주자를 믿을 수 있다고 반박했다. 다만 반정균 등은 모기령과 고증학의 경학에 의거하여 논리를 전개한 데 반해, 담헌은 자신은 오직 주자의 《시집전詩集傳》만 읽었노라고 고백하였으니, 그는 모기령이나 고증학에 대해서는 아는 바가 전혀 없었다. 그리고 2월 23일 마지막 만남에서 청대 시경학에 대한 정보가 없었던 담헌은 주자의 시경학이 "훈고訓詁는 정말 유감이 있습니다.

하지만 끝내 그 전체적으로 옳은 것은 부정할 수 없을 것입니다"라고 말한다. 즉 부분적으로 《시경》의 어휘나 어구의 훈고적 해석에는 오류가 있을 수 있지만, 그것이 주자 시경학의 정당성을 훼손할 수는 없다는 말이었다.

물론 담헌은 1766년 북경에서 돌아와 주자에 대해 이렇게 말한 바 있다. "조선의 선비들이 주자를 높이 받드는 것은 실로 중국 사람이 미칠 수 있는 바가 아니다. 하지만 높이 받드는 것만 귀한 줄 알고, 의심스럽고 따질 만한 경의經義에 대해서는 그냥 바라만 보고서도 부화뇌동하여 한결같이 덮어 비호하고 온 세상의 입에 자물쇠를 채우려고 든다." 즉 그는 의심스럽고 따질 만한 주자의 경전 해석을 충분히 의심할 수 있고 따질 수 있다고 생각했다. 하지만 그것은 그래도 주자학의 범위 속에 있는 '훈고'적 해석에 그치는 것이었다.

담원의 경전 비평은 경전 해석에서 때로는 주자의 해석을, 때로는 경전의 본문을, 때로는 공자의 언행까지 비판한다. 그러나 이는 정주학, 좁게 말해 주자학에 대한 조선 학계의 이해가 심화된 결과라는 사실이다. 조선 학계는 1392년 건국 이후, 또는 1419년 《사서오경대전》이 전래된 이후, 대전과 주자의 수해를 계속 탐구하였으니, 그 과정에서 주자의 경전 이해에 적지 않은 의문과 모순을 발견했던 것이고, 그것을 어떻게든 교정하려 했다. 김창흡의 〈일록〉에 나타난 《시경》의 새로운 해석은 곧 주자의 《시집전》을 엄밀하게 독서한 결과물이다. 다시 〈일록〉을 비평 대상으로 삼은 〈시전변의〉 역시 《시집전》에 대한 부분적 교정의 의미를 지닌다. 한편 그는 사서문변과 삼경문변에서 대단히 중요한 의문을 제기했음에도 불구하고 더 이상 경전에 대한 비평이나 연구를 남기지 않았다.

이것은 경전에 대한 그의 기본적인 태도와 관련이 있었다. 그는 경전의 대의만 파악하면 된다는 생각이 있었고, 경전의 암송이나 구절에 대한 지나친 천착이야말로 경전이란 존재를 오해하게 된다고 생각했기 때문일 것이다. 요컨대 담헌의 경학은 주자 경학에 대한 전면적 비판을 의도한 것이 아니라, 주자학을 보다 엄밀하고 정확한 형태로 완성하고자 한 것이었다. 〈논어문의〉에서 공자의 언행에 대해 의문을 제기한 것은, 공자를 비판하거나 부정하기 위해서가 아니라 주자의 주석만으로는 그것을 이해할 수 없음을 지적한 것이다. 주자의 주해를 비판하고 한편 공자의 언행에 나타나는 모순까지 비판한 비평의 준거는 보다 엄격한 유가적·정주학적 가치관이었다. 요컨대 이 시기의 담헌은 유가적 근본주의자라고 부를 수 있다.

또 하나 중요하게 지적해야 할 것이 있다. 담헌은 경전 비평에서 주자의 경전 해석은 물론 공자의 언행에 보이는 모순까지 비판했다. 그 비판의 근거는 유가적 근본주의의 입장이었기에, 이 비판으로 담헌이 정주학과 공자를 이탈하는 것은 아니었다. 도리어 공자와 주자가 내세운 가치관의 완벽한 실현을 근본적으로 지향했다고 보아야 할 것이다. 그럼에도 불구하고 한편으로 담헌의 비판은 유의미하다. 그 비판은 '큰 의심이 없으면 큰 깨달음이 없다'는 그의 '발본적拔本的 사유'에서 나왔기 때문이다. 이것은 앞서 검토한 송시열과 노론의 행위에 대한 통렬한 비판에서도 확인할 수 있다. 비록 자기 조부에 관련된 일이기에 물러설 수밖에 없었지만, 적당한 선에서 그치지 않고 문제를 극한까지 밀어붙이는 성향은 여러 곳에서 확인된다. 이 사고의 성향은 어떤 계기가 있으면 보다 심각한 수준으로 발전할 터였다.

05

실천적 정주학자의 탄생

주필남에게 주는 글

앞에서 담헌의 경학, 성리설, 역사비평을 검토하였다. 이 중 가장 흥미로운 것은 〈논어문의〉이다. 담헌은 양화와 공산필힐 등의 반신에게 협조하려 했던 공자의 태도를 비판했는데, 그 비판의 준거는 다름 아닌 공자의 말이었다. 그는 공자보다 더 공자다운, 혹은 정자·주자보다 더 정자·주자다운 엄격한 태도를 지니고 있었다. 불교 경전에까지 빠졌던 20대 초기까지의 정신적 방황을 끝내고 드디어 담헌은 엄격한 유가적 근본주의자가 되었던 것이다. 이 과정을 다른 자료를 통해 되짚어 보고, 20대를 통과한 담헌의 인격을 요약해 보자.

담헌은 20대 초반부터 자신에 관한 기록을 조금씩 남기는데, 그중 흥미로운 글 한 편이 있다. 드물게도 석실서원에서 만난 사람에 관한 글인데, 담헌이 석실서원에서의 생활과 그곳에서 만난 사람들에 대한 정보를 거의 남기고 있지 않다는 점을 떠올린다면 상당히 이례적이다. 또 이 사람은 경화세족도 아닌 경상도 칠원 사람 주필남周必南이다. 앞서 언급한 바와 같이 담헌 당시 경상도는 정계에서 완전히 배제되어 있었다. 경신대출척 이후 경상도 사람은 문경새재를 넘지 않는다고 할 정도로 경상도 사족들은 정계에서 배제되었고, 또 스스로 과거와 출사出仕를 기피하였다. 담헌은 이런 영남을 두고 "경상도의 72

고을이 이적夷狄과 금수의 지역이 된 지 100년이 되었다"고 말하고 있으니, 이는 당시 영남에 대한 경화세족의 시각을 에누리 없이 드러낸 것이었다.

주세붕周世鵬의 후손 주필남은 이런 상황 속에서 서울로 올라와 경화세족가를 두루 돌아다니며 스승을 찾았다. 처음에는 민우수閔遇洙를 스승으로 섬기다가 다시 석실서원의 김원행을 찾아가 배웠다. 담헌은 주필남의 소문을 듣고 만나기를 희망하던 중 1753년(23세) 동짓달에 석실서원에서 그를 처음 만났다. 이때는 담헌이 아버지 홍역을 따라 문경으로 갔다가 남인들의 당론을 듣고 돌아와 석실서원에서 노론과 송시열을 비판하다가 스승 김원행과 한바탕 충돌이 있었던 직후다. 담헌은 주필남이 영남 사람임에도 불구하고 진지한 자세로 서울 노론가의 경화세족을 찾아 학문을 하겠다는 데 큰 호감을 가졌던 것 같다.

주필남이 1754년 결혼을 위해 일시 칠원으로 돌아갈 때 담헌은 〈주도이에게 주는 서문贈周道以序〉을 써서 증정한다.

(1) 요·순의 덕은 '리理'일 뿐이다. 나와 그대도 이 '리'를 가지고 있다. 요·순이 능히 할 수 있었던 것은 '마음'일 뿐이다. 나와 그대도 그 '마음'이 있다. 그러므로 실천하면 요·순이 되고 실천하지 않으면 걸·주가 될 것이다. 이것이 나와 그대가 함께 힘써야 할 것이 아니겠는가? 요·순이 성인이 된 까닭은 일마다 그 '리'에 맞게 했기 때문이고, 걸·주가 하우下愚가 된 까닭은 일마다 그 '리'에 맞게 하지 않았기 때문이다. 그러므로 잘 찾지 않음을 걱정해야 할 뿐이다. 어찌 이르지 못함을 걱정하겠는가?

(2) 옛날 학자들은 한 가지 일을 알면 즉시 그 일을 실천했다. 마치 한

번 뺨을 치면 손바닥에 멍이 들고, 한번 몽둥이로 때리면 한 줄 자국이 생기는 것과 같았다. 지금 학자들은 입만 열면 곧 성선性善을 말하고, 말만 하면 반드시 정程·주朱를 일컫지만, 수준이 높은 자는 훈고에 골몰하고 수준이 낮은 자는 명예와 이욕에 떨어진다. 아이! 성인이 좋은 줄을 누가 모르랴? 세상에는 성인과 같은 사람이 없고, 하류가 나쁜 줄을 누가 모르랴? 뭇 사람은 모두 그쪽을 찾아간다. 이것은 다른 이유가 있어서가 아니다. 실천하지 않기 때문이다.

(3) 사람이 자신이 아는 바를 실천할 수 있다면, 어찌 옛사람에게 미칠 수 없겠는가? '정일精一'을 읽으면 곧 '정일'로 가고, '경의敬義'를 읽으면 '경의'로 가야 할 것이다. 나는 그대에게 '행行(실천)'이란 한 글자를 준다(마침 그대가 《심경》을 읽는 까닭에 이런 말을 한다). [1)]

담헌은 인간의 성性이 선하다는 정주학의 원칙적 발언만 반복하거나, 혹은 텍스트의 훈고적 이해에 몰두하거나, 아니면 명예와 이익을 추구하는 당시 지식인의 행태, 곧 사족의 행태를 싸잡아 비판한다. 담헌은 정주학의 절대적 지향, 요·순만이 갖는 것이 아니라, 모든 인간의 생득적 도덕 원칙인 성性은 언설이 아니라, 곧 행동으로 실천되어야 한다고 말한다. 정주학의 윤리적 원칙들을 삶 속에서 실천하는 것이 곧 학문하는 행위라는 것이다. 곧 앞서 말한 바 있는 윤리적 완정성의 실현이 그것이다.

주필남에게 주는 충고 역시 '윤리적 완정성의 실현'의 반복이다. 젊은 담헌의 어조는 자신감이 넘친다. 사실 담헌의 말은 김원행이 〈유석실서원강생論石室書院講生〉에서 했던 말의 반복이다.

칠원에서 결혼한 주필남은 임신한 지 일곱 달이 된 아내를 남겨 두고 다시 서울로 올라왔다. 인정을 벗어나는 일이기는 하지만, 담헌은 주필남의 행동을 학문을 위한 진지한 의지로 보고 퍽 감동했던 것 같다. 담헌은 또 주필남의 글 읽는 소리를 듣고 게으른 자신을 반성하는 등 도움이 적지 않았다고 고백한다. 하지만 주필남은 학문을 향한 의지에도 불구하고 1754년(영조 30) 봄 석실서원 부근의 촌사村舍에서 죽었다. 스승 김원행은 제문을 짓고, 영의정에게 편지를 보내어 경상도 칠원까지 운구할 수단을 마련해 줄 것을 부탁했다. 담헌은 〈주도이에게 한 애사[周道以哀辭]〉를 지어 비통한 심정을 쏟아 냈다.

담헌은 주필남이 신혼의 아내를 남겨 두고, 안락한 고향에서의 삶을 외면하고 타향에서 고생스런 삶을 살다 죽은 데 주목하여 학문의 목적을 진지하게 묻는다. 인간은 단지 먹고 생명을 이으며 번식하는 존재일 뿐인가. 그것을 넘어선 생의 목적은 없는가? 세속적 가치와 삶의 방식을 넘어서서 인간이 인간다울 수 있는 것은 무엇인가? 그것은 과거와 현세적 가치, 욕망만을 추구해서는 답을 얻을 수 없는 문제였다. 그 답을 찾는 것이 학문이 아닌가. 이런 질문을 던지는 것은, 과거로부터, 세속적 가치의 추구로부터 멀어지는 것이었다. 24세의 담헌은 이제 이런 물음을 던지기 시작했다. 그는 과거가 아닌 윤리적 완정성의 실현을 위한 학문을 향해 보다 단단한 발걸음을 내딛고 있었다.

실천적 정주학자의 탄생

담헌은 정주학이 말하는 모든 인간의 생득적 도덕 원칙인 성性을, 언설의 차원이 아니라 일상 속에서 행동으로 실천하는 것이 학문하는 행위라고 말했다. 담헌의 생각은 그의 〈자경설自警說〉에서 뚜렷하게 정리된다. 〈자경설〉은 담헌 스스로 아내와 자식을 두고 있다는 말이 있는 것으로 보아 아들 홍원洪薳이 태어난 1764년, 곧 34세 이후에 쓴 것으로 보인다. 또 부모가 모두 생존해 있음을 말하고 있으니, 아버지 홍역이 사망한 해인 1767년 이전에 쓴 것이 분명하다. 곧 〈자경설〉은 대체로 담헌 30대 중반의 어느 시기에 쓴 글이다. 〈자경설〉에서 정주학적 도덕 관념에 따라 자신의 몸과 마음을 엄격히 통제하는, 곧 정주학적 원칙을 자신의 신체로 실천하는 담헌의 모습을 확인할 수 있다.

〈자경설〉은 부모·부부·형제·존장尊長·붕우·친족 등 주로 피붙이와 부부, 존장, 친구 등에 관한 유가적 윤리의 실천 의지를 천명한 글이다. 중요한 내용을 살펴보자. 담헌은 무엇보다 먼저 일상에서 신체를 엄격하게 통제해야 한다고 말한다.

정좌하는 것은 학문의 진보에 가장 큰 힘이 되니, 반드시 심신을 깨끗이 하고 엄숙한 자세로 눈을 감아야 할 것이다[선가禪家에서는 눈을 감는 것을 가장 꺼리는데, 아마도 반드시 잠이 들까 하여 그런 것일 터이다. 또한 그럴듯한 견해다. 아래로 코끝을 내려다보면서 망령되게 움직이지 않으면 또한 좋다]. 사당에서처럼 혹은 엄군嚴君(아버지)을 뵙듯 왼손을 오른손에 포개어 잡고 고요한 중에 정신이 깨어 있어 어둡지도 혼미하지도 않을 것이다. 정情이 움직이면 생각하는 바가 무엇인지 관찰해 합당하지 않으면 막아서 끊어 버리고, 합당하면 실천하되 그 도를 끝까지 따른다. 그 과정이 끝나면 다시 예전처럼 고요한 상태로 돌아간다.

꿇어앉는 것은 몸을 닦는 데 있어 말절末節이기는 하지만 두 발을 쭉 뻗고서 마음이 방종하지 않은 경우는 없으니, 마음을 바로잡으려 하는 사람은 먼저 꿇어앉는 일부터 시작해야 할 것이다. 만약 기운이 지친다면 책상다리를 하고 앉아야 할 것이다. 그러나 역시 옷깃을 여미고 단정히 앉아야지 게으르게 퍼져 누워서 용의容儀를 잃어서는 안 될 것이다.[2]

신체는 일상에서 의식적으로 통제해야 할 것이다. 피곤할 때도 옷깃을 여미고 단정하게 책상다리를 하고 앉아야 한다. 신체를 통제하는 것은, 신체의 욕망을 제어하기 위해서다. 독서 역시 먼저 신체를 통제해야만 했다.

글 읽을 때에는 반드시 옷깃은 단정하게, 얼굴은 엄숙하게, 마음은 전일하게, 기운은 평이하게 하며, 잡된 생각을 내지 말고 선입견을 주장하지 말아야 한다.[3]

신체적 욕망의 통제는 '성性'에 대한 금욕적 태도에서 절정을 이룬다.

무릇 부부의 임석지간衽席之間은 실로 도의 발단發端하는 것이요, 학문이 시작하는 바다. 남을 대해서는 무릎을 여미고 스스로 도를 배운다고 하면서, 어두운 방 안에서는 하고 싶은 대로 다 하며 행동이 금수와 같으면 스스로를 속이고 남을 속이는 것이니, 부끄러움이 이보다 더 클 수 있을 것인가?
온화하게 대하고 공경하는 도는 시간이 갈수록 즐거움이 더 커지고, 제멋대로 음욕을 푸는 것은 한 번만 지나게 되어도 후회가 생기게 마련이다. 만약 온화하게 대하고 공경하게 되면 도가 자기 자신에 이루어져 그 즐거움을 잃지 않을 것이고, 만약 제멋대로 음욕을 푼다면 욕망이 안에서 불타올라 후회하는 지경에 이를 수밖에 없는 것이다. 그러므로 "도로써 욕망을 잊으면 미혹되지 않고, 욕망으로 도를 잊으면 즐겁지 않다"고 한 것이다. 그러니 도가 즐거운 것이 아니고, 욕망이 미혹되는 것이 아니라고 한다면, 어찌 큰 미혹이 아니겠는가?[4)]

임석지간의 '임석'은 잠자리 혹은 이부자리, 곧 성행위가 이루어지는 장소를 의미한다. 하지만 담헌에게 부부간의 성행위는 도와 학문이 시작되는 곳이다. 왜 성행위를 도와 학문이 시작되는 곳이라 하는가? 성적 교섭은 행위 자체가 남성과 여성의 고도의 친밀성을 전제하는 것이기에 예와 도덕이 작동하지 않을 가능성이 큼을 의식한 것이 아닌가. 담헌은 남에게 무릎을 꿇고 도를 말할 때의 몸가짐이 부부의 성적 행위가 이루어지는 공간, 곧 어두운 방[暗室]까지 유지되어야 한다고 말한다. 성행위가 이루어지는 공간에서조차 예와 도덕이 작동해야 한다는 것이다. 요컨대 담헌은 성을 금수의 행위로 떨어질 수 있는 위험한 기회로 보았던 셈이다.

담헌은 〈심성문〉의 한 단편에서 전한 무제 때 흉노에 사신으로 파견되었다가 19년 동안 억류되었던 소무를 선혀 다른 맥락에서 비판했다. 수무가 눈보라와 추위, 굶주림에도 한에 대한 충절을 바꾸지 않았지만, 호녀胡女와 성관계를 가져 아들을 낳았는데 이는 성욕을 참지 못해서라는 것이다. 소무의 이야기에 그는 간신 진회를 죽일 것을 청하는 과감한 상소로 이름을 떨쳤던 호전胡銓의 일화를 병치한다. 호전의 이야기는 이러하다. 진회를 죽이라는 그 상소로 귀양을 갔던 호전은 귀양이 풀려 돌아오는 길에 미인 여천黎倩의 미모에 반해 통정을 했다가 그녀의 남편에게 들킨다. 여천의 남편은 호전을 짐승 같은 자라면서 밥 대신 콩깍지를 먹으라 강요했고, 호전은 할 수 없이 그것을 먹는다.[5]

소무와 호전의 사건은 전혀 다른 성격이지만, 담헌은 두 사건을 모두 일탈된 성적 욕망의 표현으로 파악한다. 부부의 성관계까지 도덕의 감시에 따라야 한다고 생각했던 담헌은 성관계 자체를 부도덕한 일로 본 것이 아닌가 한다. 조선 사족이 신봉했던 유교적 가부장제가 축첩제와 기녀제를 제도화하고, 관비官婢와 사비私婢의 성을 수탈함으로써 남성의 성욕을 충족시키려 했던 것을 생각한다면, 담헌의 성에 대한 금욕적 태도는 이상스럽기조차 하다. 어쨌건 담헌의 금욕적인 태도는 뒷날 일관되게 실천되었다. 1766년 2월 북경에서 엄성·반정균·육비와 사귈 때 성과 관련된 반정균의 가벼운 언급을 담헌이 철저히 외면한 것도 그가 평소 지닌, 욕망에 대한 절제에 기인하는 것이었다.

신체를 엄격히 통제하는 금욕적 태도는, 경전의 가르침을 문자 그대로 실천하려는 그의 정주학적 실천주의에서 배태된 것이었다. 〈자경설〉에서 담헌은 독서에 대해 이렇게 말하고 있다.

> 먼저 그 큰 뜻을 파악하고 그다음에 그 곡절을 미루어 생각하되, 반드시 일에 실천하고 장구에 얽매이지 않아야 한다. 한 구절을 보았다면 반드시 그 구절을 알도록 해야 하고, 한 구절을 알았다면 반드시 그것을 실천에 옮겨야 할 것이다. 하나를 알고 하나를 실천하면 발과 눈이 동시에 나아갈 것이다.[6]

경전은 읽어서 먼저 대의를 파악하고, 그다음 문맥 속에서 그 의미를 찬찬히 따져보며 사업, 곧 어떤 구체성이 있는 일과 연관되어서 해석되어야 한다는 말이다. 장구에 얽매이는 것, 곧 경전의 의미에 지나치게 천착하여 본래의 대의와 실천을 저버리는 것은, 지양되어야 할 일이다. 담헌의 사촌동생 홍대응은 담헌의 독서법을 "문장의 뜻을 무리하게 따지지 않고 넓게 보는 곳이 많았다"라고 전하며, 담헌의 독서가 지향하는 바를 이렇게 요약했다.

> 글을 읽고 내 몸으로 실천해 보지 않는다면, 글은 글이고 나는 내가 되고 말 것이니, 결국 실제 보람이 없게 될 것이다. 한 장章을 읽으면 곧 "나는 이 구절에서 얼마나 실천했는가?"라고 자신을 반성해야 할 것이다. 얼마 정도 실천했다면, 또 갑절을 실천할 수 있도록 애써 계속 노력해 마지않은 연후에 진정 오랫동안 노력을 쌓는다면 저절로 성숙한 경지에 이를 것이다.[7]

담헌의 지향점은 텍스트 내용의 실천에 있었다. 이런 차원에서 담헌은 대의를 도외시하는, 실천을 결여한 텍스트의 암송, 곧 기송記誦과 시문 창작을 위해 텍스트에서 어휘와 문장을 절취하는 행위, 곧 심장적구尋章摘句를 일체 배격하였다.[8] 실천을 강조하는 담헌의 태도는 그가 남긴 텍스트 곳곳에서 반복되었다. 담헌은 사평에서 유연劉淵의 아들 안창왕安昌王 유성劉盛이 독서를 좋아하지 않고 오직 《효경》과 《논어》만을 외우며 "이것만 외워서 실천하면 충분하다. 어찌 여러 글을 많이 외우기만 하고 실천하지 않아서야 되겠는가?"라고 한 말을 인상 깊게 인용한 것도 이 때문이었다. 담헌은 유성의 말을 인용하며 "후세에 기송만을 일삼고, 성명性命만 큰 소리로 떠드는 자는 유성에

게 부끄럽지 않겠는가?"라고 말한다.[9]

학문은 곧 '실천'이라고 했기에 관료로의 입신, 곧 세속적 출세를 위한 과거 공부 역시 배격해야 할 일이었다. 〈자경설〉에서 그는 과거에 대해 이렇게 말한다.

> 과거 공부란 면하지 못할 것이지만, 또한 공부가 대충이라도 이루어지면 그만두어야 할 것이다. 정신을 온통 기울이고 힘을 다 쏟아 반드시 합격하기를 기약하여 실학實學을 해쳐서는 안 된다. 굽은 길을 통해 벼슬하기를 바라는 것은 추하기가 도둑보다 심하니, 절대 경계해야 할 것이다. 처음 입신할 때 도둑이 하는 짓을 한다면, 높은 벼슬, 아름다운 관직을 하고 싶을 때는 무슨 짓을 못하랴? 그것은 과거에 비할 바가 아닌 것이다. 남의 종기를 빨고 치질을 핥을 것이니, 무슨 일인들 못하겠는가?[10]

알려져 있듯, 담헌시대의 과거는 소수 경화세족의 출세 수단으로 전락했고, 과거 응시를 위한 공부는 인격의 완성, 문학 수련, 국가 경영과는 심각하게 유리되어 있었다. 담헌 역시 과거의 부패, 그리고 관직과 출세에 관련해 "종기를 빨고 치질을 핥는" 사족의 부패와 타락에 대해 충분히 인지하고 있었다. 담헌이 과거 응시 자체를 비판한 것은 물론 아니다. 다만 그는 과거 공부를 하여 응시하되, 합격을 위해 개인의 역량을 다 쏟아붓는 건 '실학'을 해치는 것이라 비판한다. 여기서 실학은 실천성이 희박한, 스콜라적인 학문 태도에 대비되는 실천적·구체적 학문을 말하는 것일 뿐이다. 그것은 성리학 전체를 부정하는, 성리학과는 다른 무엇이 아니었다. 물론 그의 과거 비판은 움직

진출이 보장된 최상위 경화세족이었기 때문에 가능했음도 반드시 지적되어야 할 것이다. 담헌에게 실학은 유가 경전과 같은 텍스트의 내용을 실천하는 것을 뜻한다. 물론 '실학'이 정치적·사회적·경제적 실천과 유리되어 있는 건 아니고, 담헌의 실학이 그것을 또 완전히 배제하는 것도 아니다. 하지만 《담헌서》 전체에서 담헌이 구사하는 실학이란 어휘는 일차적으로 '윤리적 완정성'의 실현을 위한 실천을 의미한다. 담헌, 그는 곧 실천적 정주학자程朱學者다.

실천적 정주학자로서의 담헌은 여러 면에서 정·주의 말을 그대로 실천하고자 하였다. 사실 출세를 위해 과거에 집착하는 것 역시 정주학이 비판하는 바였다. 또한 담헌은 문학적 글쓰기에 관심을 쏟지 않았다. 예컨대 담헌은 1766년 북경에서 엄성·반정균·육비를 만났을 때 시를 쓰지 않았다. 2월 8일 담헌에게 반정균은 이렇게 말했다. "홍형은 정통하지 않은 술업術業이 없고 또 박람강기한 분인데, 시를 짓지 않으시는 것은 어째서입니까?" 홍대용의 답은 이랬다. "본디 시를 짓는 데 소질이 없고 또 그리 좋아하지도 않습니다. 또 생각하면 늘 어렵고 껄끄러운 말만 떠올라, 우연히 시구를 이루어도 모두 진부합니다. 그래서 하지 않기로 한 것입니다." 반정균은 이 말에 "하지 않는 것이지, 하지 못하는 것은 아닐 테지요."[11] 에둘러 말하기는 했지만, 담헌이 시를 짓지 않는 것은 스스로 결정한 일이었다.

중국과 조선의 지식인 사회에서 시가 보편적 사교의 수단이었음을 상기한다면, 담헌이 시 짓기를 거부한 것은 비상식적이었다. 담헌은 '이천伊川(정이程頤)의 시를 짓지 않는 법문法門'[12]을 따른 것이었다. 주돈이周敦頤와 이정二程, 주자는 시와 문장의 창작에 부정적이었다. 주돈이는 문장이란 도를 싣는 도구에 불과한 것으로 그것에 정력을 쏟는 것은 의미 없는 일이라 했고,[13] 정이천은 문장은 '쓸모없는 군말'을 넘어서 참다움을 잃게 하고, 도를 해치는 것이라 극언하였다.[14] 그는 나아가 문장을 짓는 것이 도를 해치는 것이냐는 제자의 질문에 "해친다"라고 하였다. 글을 짓기 위해서는 집중적 노력이 필요한 바, 완호물을 즐기다가 본성을 해치는 것처럼 그 노력은 진리에 대한 탐구를 소홀하게 만들 것이라 했다.[15] 또한 문장을 잘 지으려 애쓰는 것은, 결국 타인의 눈에 들기 위한 배우의 짓거리와 같다고 혹평하였다.[16] 시 창작은 무의미한 한가로운 언어를 만드는 것에 불과하다는 것이 이정의 판단이었다.[17] 진리의 추구, 도덕적 인격의 함양과 비교하여, 문학의 창작을 무의미하다고 판단하는 것은 비록 이해되는 바가 없지는 않지만, 문학의 예술적 가치를 인정하지 않는다는 점에서 지나치게 경직된 견해다. 스승 김원행도 젊은 시절의 시를 모아 시집으로 묶지 않았던가.[18] 하지만 담헌은 문학 창작, 특히 시의 창작을 무의미한 행위로 보는 정주학의 문학관을 그대로 실천하였다. 《담헌서》에는 단 23편의 시가 실려 있을 뿐이다.

  담헌은 시를 쓸 경우 그것조차 자기 신념을 벗어난 것으로 강박적으로 생각하고 변명해 마지않았다. 담헌은 1766년 북경에서 돌아와 엄성에게 보낸 편지에서, 귀국길에 삼하三河에서 등사민·손유의와 사귀게 되어 앞으로 서신을 주고받기로 약속하고 시를 지어 작별했노라 말한다.[19] 등사민과 손유의를 사귄 것은 물론 전할 수 있는 내용이다. 그렇지만, 특별히 '시'를 언급했던 것은, 2월의 북경 모임에서 엄성 등의 요구에도 불구하고 시를 짓지 않았던 그가 등사민과 손유의의 요청에 시를 지어 준 것이, 스스로의 원칙을 어긴 것이고, 또 엄성과 반정균 등 북경의 친구를 속인 것이 되었기 때문이었다. 엄격한 담헌은 이것을 내심 괴로워했고 그 결과 등·손에게 준 시와 함께 해명의 말을 꺼낸 것이다.

시와 산문의 창작을 몰가치한 것으로 여겼던 담헌의 생각과 행동은 당시 다른 경화세족들과도 판이하게 달랐다. 경화세족들은 문학으로 자신의 존재를 드러내려 하였다. 담헌 당시 중국에서 다양한 한시 창작이론과 비평이론이 도입되었고, 서울의 시단은 그것을 창작으로 옮기고 있었다. 노론 일계로 말하자면, 김창협은 명대 당송파唐宋派의 창작이론을 수용하여 산문작가이자 비평가로서 당대 최고의 위치에 올랐다. 그의 아우 김창흡은 경릉파竟陵派의 시 창작론에 깊이 기울어져 있었다. 당시 노론 일계의 문학은 이들의 비평적 자장 속에 있었다.

담헌이 그런 문학의 경향을 알았는지 몰랐는지 확인할 수는 없지만, 적어도 현재 확인되는 바 그는 당시 경화세족 문인들의 관심사였던 시와 산문의 창작에 일체 관심을 두지 않았다. 그의 시대에는 이덕무와 박지원이 명대 공안파公安派의 비평을 소화해서 참신하기 짝이 없는 산문으로 명성을 쌓고 있었지만, 역시 아무런 관심을 보이지 않았다. 담헌은 오직 정주학의 문학 관념을 강박적으로 실천하려 했으니, 그를 실천적 정주학자라고 부를 수밖에 없는 까닭이 여기에 있다.

담헌은 이렇게 하여 드디어 오로지 '담헌'이라고 부를 수 있는 인격을 갖추게 되었다. 〈홍백능에게 주는 설[贈洪伯能說]〉*에서 담헌은 세상의 선비를 경학·문장·거업擧業의 선비 등 셋으로 나눈 뒤 각각 비

---

* 홍백능은 홍낙순洪樂舜으로 담헌의 스승이었던 김원행의 사위다. 《승정원일기》에 의하면 홍낙순은 1771년 12월 22일 가감역假監役이 되어 관로에 올랐으므로, 이 글은 적어도 그 이전에 쓴 것이다. 아울러 이 글에는 홍낙순이 과거 공부를 하는 것을 은근히 비판하고 있으므로 아마도 훨씬 젊은 날 김원행의 문하에서 같이 수학할 때 쓴 것으로 짐작된다.

판한다. 비판의 요지는 이러하다. 시문을 익혀 과거를 통해 관료가 되는 것을 목적으로 삼는 사람은 재사일 뿐 선비가 아니다. 경전과 반고·사마천의 말을 따서 문장을 짓고 명예를 노리는 사람은 문사일 뿐 선비가 아니다. 언론은 고명하고 시원하며 몸가짐은 단정하고 엄숙하며 요·순의 정치와 공·맹의 학문이 입에서 끊이지 않아, 유사有司의 천거로 벼슬이 몸에 더해지는 경학의 선비가 있다. 하지만 그의 행동을 살펴보면, 안으로는 어두운 방에서 속이지 않는 덕이 없고, 겉으로는 천하를 경륜할 재주가 없다. 텅텅 비어 아무것도 없는 사람이 오늘날 경학하는 선비다. 이 사람은 선비라 부를 수 없다. 담헌이 생각한 이상적 선비는 인의를 생각하고 예법을 실천하여, 부귀와 가난에도 전혀 흔들리지 않으며, 천자도 신하로 삼지 못하고, 제후도 신하로 삼지 못하는 독립된 인간으로서, 벼슬을 하게 되면 혜택이 천하에 미치고, 벼슬하지 않아도 진리를 후세에 영원히 밝힐 수 있는 인간이다.[20]

담헌은 그의 근본주의적 원칙에 관한 한 타협의 여지가 없는 인물이 되었다. 앞서 공자에 대한 비판에서 보듯, 혹은 주자의 경설에 대한 비판에서 보듯, 누구든 정주학적 원칙에 어긋난다면 예외 없이 담헌의 비판 대상이 되었다. 노론과 송시열을 비판하여 김원행의 질책을 받게 되자, 담헌은 "큰 의심이 없는 자는 큰 깨달음이 없습니다. 의심을 품고서 입을 다물고 있기보다는 찬찬히 묻고 따져 보는 것이 낫지 않겠는지요. 얼굴로 구차하게 따르기보다는 차라리 하고 싶은 말을 다하여 결국 의견을 같이하는 것이 낫지 않겠는지요"라고 말한 바 있다. 납득이 되지 않은 일을 권위에 눌려 침묵으로 동의하지 말고 정직하게 말하여 의문을 푸는 것이 낫다는 말이다. 담헌은 〈자경설〉에서도 이 문제에 대해 "어른 앞일지라도 반드시 질문에 따라 분명히 분변해 자기 소견을 다 밝히는 데 힘써야 한다. 결코 입을 다물고 구차하게 찬동하며 속이지 않아야 할 것이다"[21]라고 말한 바 있다. 그 이면에는 담헌의 정주학적 가치관에 대한 철저한 신념이 있었다. 〈사론〉에서 검토한 극정에 대해 그가 "임금을 섬기는 도리는 의리를 따르는 것일 뿐, 임금의 명령을 따르는 것은 아니다"라고 했던 것[22]은, 행동의 준거는 권력이나 권위가 아니라, 진리 그 자체여야 한다는 담헌의 생각을 명징하게 드러낸 것이다.

담헌은 김원행에게 올리는 편지[23]에서 스승의 행동을 대놓고 비판한 바 있다. 이 편지는 대체로 담헌이 21세 되던 1751년 2월 27일 이후에 쓴 것으로 보인다. 담헌은 편지에서 김원행이 사헌부 장령을 거부한 일을 들고 있는데, 김원행이 사헌부 벼슬에 임명된 것은 두 차례다. 《승정원일기》에 의하면, 김원행은 1751년 2월 27일 사헌부 지평에 임명되었으나 실제 근무하지는 않았다. 이어 1754년 2월 25일 서연관으로 임명되자, 김원행은 '지평'으로서 3월 18일 사양하는 상소를 올리면서 전세前歲에 대직臺職을 사양했음을 말하고 있다.[24] 이어 1755년 1월 27일에는 사헌부 장령에 임명된다. 따라서 이 편지는 적어도 1751년 2월 27일 이후에 쓴 것이다.

담헌이 문제삼은 것은 산림으로 자처하는 김원행이 왜 문암文巖에 있는 고관 아들의 관례에 빈賓으로 참여했느냐는 것이었다. 문암은 여주 석실서원과 가까이 있는 지명으로 보인다. 1746년(영조 22) 김원행은 조광조와 송시열을 배향한 도봉서원을 찾은 적이 있었다. 이에 도봉서원 쪽에서는 김원행에게 서원의 직임 중 하나인 직월直月을 맡아 줄 것을 부탁했던 모양이다. 담헌의 표현에 의하면 도봉서원은 유자의 집[儒宮]이니, 직월을 맡아 강학하는 것은 선비의 직분이었다. 그럼에도 김원행이 거부했으니, 그 까닭이 궁금했다. 담헌은 굳이 물어보고서, 김원행이 여러 사람이 모인 자리에 얼굴을 들고 나서지 않고자 함을 알게 되었다.[25] 담헌은 김원행이 사헌부 벼슬을 하지 않은 이유도 물었다. 가문이 당화를 겪은 뒤라 벼슬을 하고 싶지 않다는 답이 돌아왔다. 스승은 서원을 방문해도, 유명한 산을 찾아도 일체 자신의 이름을 남기지 않았다. 세속적 명예와 권세를 멀리하는 김원행은 확고하게 자신의 원칙을 지키는 사람이었다.

김원행은 오직 학문에 전념하며 인격이 높은 재야의 지식인, 곧 산림 유일遺逸이었다. 그런 김원행이 빼어난 인품의 소유자도 아니고, 예전부터 어울려 사귄 사이도 아닌, 서울 도성의 지척에 있는 고위관료 아들의 관례에 참여한 것은 도저히 납득할 수 없는 일이었다. 담헌은 김원행이 평소 시재時宰(현재의 재상)와 속사俗士들의 모임에 참여하기 싫어한다는 것을 알고 있었다. 시재와 속사들이 처세에 있어 볼 만한 말과 의론이 없고, 조정에서 평가할 만한 사업이 없는 것은, 서울이나 서울 근처에 있는 사람이나 다를 것이 없었다. 그런데 담헌은 김원행이 왜 서울의 모임은 한사코 참여하지 않으려 하면서 문암의 초청에는 응했는지 물었다. 말은 조심스럽지만, 일관성이 없는 태도라고 그를 비판한 것이다. 나아가 김원행의 명망을 익히 알고 있는 고관들은 반드시 자기 자식의 관례에 김원행을 초청할 것이고, 거부할 경우 왜 자신에게는 허락하지 않느냐고 항의할 것이다. 이것은 문제가 아닌가.

젊은 담헌에게 김원행은 삶의 표준이었다.

소자는 우매하여 배움의 방향도 알지 못하다가 문하의 가르침에 힘입어 제 역량도 헤아리지 못하고 자못 성현의 학문에 뜻을 두게 되었습니다. 배운 것을 존중하고 아는 것을 실천하려 하니 그것은 오직 선생님의 말씀을 따른 것이고, 우러러 준칙으로 삼으려 하니 그것은 오로지 선생님께서 실천하시는 것을 따를 따름입니다. 선생님의 말씀과 실천이 조금이라도 공자·맹자·정자·주자의 도에 합치되지 않는다면, 이것은 소자가 끝내 공자·맹자·정자·주자의 도를 들을 수 없게 만드는 것입니다. 문하의 말씀과 실천에 대해 자세히 보고 꼼꼼하게 살피는 과정에서 의심이 있다면 물어 보지 않을 수 있겠습니까? 삼가 바라옵건대, 선생님께서는 평일의 의리를 돌아보시어 '저것도 한때 이것도 한때'라는 도리를 보여 주시고, 소자의 우매함을 딱히 여기시어 고민하고 꽉 막힌 소견을 부디 열어 주십시오.[26]

스승에 대한 제자의 가차 없는 비판에서 정자·주자보다 정주학의 원칙에 엄격했던 실천적 정주학자의 모습을 확인할 수 있다. 1766년 북경에서 사귄 중국 지식인 육비陸飛는 담헌에 대해 "그의 말은 모두 정자·주자의 깊은 이치였기에 나는 몸을 움츠리며 그를 공경하였다"[27]라고 말했다. 다른 사람의 눈에도 그는 오갈 데 없는 정주학자로 비쳤던 것이다.

화이론자 담헌

담헌은 20대를 통과하면서 타협의 여지가 없는, 엄격한 실천적 정주학자가 되었던 것으로 보인다. 그의 이러한 태도는 현실 문제와 결합할 경우 매우 흥미로운 효과를 가져왔다. 이 점을 조선 후기 지식인 사회의 중요한 문제였던 화이론과 연결지어 보자. 담헌은 앞서 검토한 《자치통감》을 읽고 쓴 역사비평에서 화이론적 태도를 유감없이 드러낸 바 있다. 이것을 담헌 당대의 현실에 적용한다면, 당연히 청淸 체제에 대한 태도의 표명을 요구하였다.

청에 대한 조선 후기 지식인들의 태도는 사실상 애매하였다. 병자호란 때 조선은 과거 신하라 일컬으며 조선 조정을 찾았던 오랑캐 여진족에게 허망하게 항복했다. 1491년 허종許琮이 여진족을 정벌한 때로부터 약 한 세기 반 뒤인 1637년 1월 인조는 남한산성에 갇혀 추위와 굶주림에 시달리다가 성을 나와 삼전도의 얼어붙은 땅에 꿇어앉아 삼배구고두三拜九叩頭를 올렸다. 한 번 절할 때마다 세 번 머리를 땅에 대는 행위를 세 번 반복한, 잊을 수 없는 치욕이었다. 임진왜란 때 조선을 도왔던, 문명의 중심 명明 역시 이자성李自成이 이끄는 농민반란군에게 패망한 뒤 대륙의 지배권을 간단히 청에게 넘겼다. 문명의 중심이 '야만'인 오랑캐에게 허망하게 점령당한 것은, 조선의 지배층에 이루 말할 수 없을 정도의 큰 충격이었다.

이적의 중원 점령은 정주학적 세계관에 의하면 있을 수 없고 있어서도 안 되는 비정상이었다. 주자는 이적을 인간과 금수의 중간에 있는 존재로 파악하였다.[28)] 이런 태도가 북방의 이민족 국가인 요遼·금金 등에게 굴욕을 당했던 송대 지식인의 편협한 견해라는 것은 굳이 말할 필요도 없다. 다만 주자의 화이론이 조선의 지식인들에게 처음부터 깊이 각인된 것은 아니었다. 이는 무엇보다 화이론을 포함한 주자 사상의 전모를 알 수 있는 《주자대전》과 《주자어류》가 늦게 간행되었기 때문이다. 전자는 1543년, 후자는 1575년에야 비로소 조선에서 목판으로 인쇄되었다. 이 텍스트들에 대한 연구가 진행되는 도중에 임진왜란과 병자호란이 일어났다. 조선이 청에 항복하고 대륙에서 명·청이 교체된 사건은 텍스트 안에 잠들어 있던 화이론에 생기가 돌게 만들었다. 이제 화이론은 조선인들에게 중요한 담론으로 부상했다. 이적의 중화中華 지배는 비정상이니, 이 비정상을 정상으로 돌릴 필요가 있었다. 조선은 복수를 하여 치욕을 씻고 중국에 다시 한족 체제가 들어서기를 희망하였다.

그 희망을 실현할 구체적 계획이 '북벌'이었다. 한 세기 반 전에 조선이 여진족을 군사적으로 제압했던 경험이 북벌의 가능성을 떠올렸을지도 모를 일이다. 실제 직접 청에 인질로 끌려갔던 효종의 치세, 혹은 효종의 기억이 사라지지 않았던 현종과 숙종의 시대에는 북벌의 방안이 조정에서 때로 강구되기도 했다. 하지만 18세기 전반 영조의 시대에 들어서는 조선의 군정軍政 자체가 모순에 빠져 북벌을 거론할 형편이 되지 않았다. 청에 인질로 잡혀갔던 효종은 군제軍制를 정비하는 등 무력을 통한 북벌의 구체적 실천에 착수했지만 즉위 10년 만에 급서함으로써 이후 사실상 북벌은 구호로 전락하고 말았다. 물론 1670년대 삼번三藩의 난 때 윤휴尹鑴에 의해 북벌이 추진되었지만, 허적許積 등의 반대로 실현되지 않았다. 이후 북벌은 철저히 구호에 불과하였다.[29]

북벌이 불가능하다는 인식은 당시 지배층 내부에서도 나오고 있었다. 그 실제 사례를 이재李栽(1657~1730)의 〈북벌의北伐議〉에서 찾아볼 수 있다.[30] 18세기에 들면서 청 체제는 안정되었고, 담헌이 태어나 활동한 18세기 후반이면, 청은 강희·옹정을 거쳐 건륭의 시대가 되어 절정기를 맞이하고 있었다. 북벌은 사실상 불가능한 일이었고, 북벌을 구체화하는 계획도 있을 수 없었다. 또한 청과의 외교관계도 의외로 원만하였다. 조선과 청은 별다른 갈등이 없었고, 명대 말기처럼 환관이 파견되어 은銀을 토색하는 일도 없었다. 한참 뒤의 이야기지만, 1775년 담헌이 세손익위사 시직으로 입시했을 때 정조(이때는 즉위 전이었다)가 송시열의 북벌을 빈말이라고 하자, 담헌은 "그것은 빈말이 아니다"라고 단호히 말했다. 정조가 별 느낌 없이 내뱉은 그 말이 아마도 당시 조선 지배층의 북벌에 대한 일반적인 생각이었을 것이다. 개인적인 발화 혹은 사적인 공간에서 이미 북벌은 사실상 불가능한 것으로 인식되었던 것이다.

그럼에도 불구하고 청을 이적시夷狄視하는 시각과 북벌의 당위성은 공적 담론의 영역에서는 비판 대상이 아니었다. 담헌이 송시열의 북벌을 빈말이 아니라고 즉각 받아친 것은, 그것이 자신의 신념이기도 했지만 또 북벌을 공공연히 부정할 수 없기 때문이었다. 특히 노론이란 당색이 그런 신념의 배후에 있었다. 노론의 정신적 지주였던 송시열이 죽기 전 "학문은 주자를 주로 삼고 사업은 효종대왕이 하고자 한 뜻을 주로 삼아야 한다"고 제자들에게 지시하고, "우리나라는 나라가 작고 힘이 약하여 뜻을 이룰 수는 없으나 항상 '인통함원 박부득이忍痛含冤迫不得已(고통을 참고 원통함을 머금은 채 절박한 나머지 어쩔 수 없이 한다)' 여덟 글자를 가슴속에 새겨 뜻을 같이하는 사람끼리 전수해야 할 것이다"[31]라고 말한 것을 노론이 부정할 수는 없었다. 더욱이 노론은 이 명분을 장악함으로써 권력을 유지할 수 있었으니 말이다.

담헌은 노론이었다. 그는 당연히 노론의 의리를 저버릴 수 없었다. 그래서 그는 화이론에 입각해서 청을 이적시하고, 북벌의 정당성을 의심하지 않았다. 앞에서 검토한 인물성동론에 의하면 이론적으로는 이적도 '성'의 본질적 속성을 공유할 수 있었다. 하지만 인간과 금수가 현상적으로 구분되듯이 중화와 이적은 엄연히 구분되는 존재였다. 담헌의 사유, 특히 인물성동론은 한원진이 우려했던 바 이적과 인간을 동일시하는 견해로 발전하지 않았다. 이제 〈한중유에게 답하는 편지[答韓仲由書]〉를 통해 담헌의 화이론·북벌·대명 의리론을 구체적으로 검토해 보자.

한중유가 어떤 사람인지는 미상이지만,[32] 담헌은 그와 병자호란 때의 척화론을 두고 논쟁을 벌였고, 자신의 의견과 대립했던 한중유에게 편지를 보내어 재차 척화를 지지하는 입장을 되풀이하였다. 편지의 서두에서 담헌은 조선과 중국, 청과의 관계에 관해 이렇게 말한다. 조선이 명을 섬긴 지가 200년이 넘었고, 임진왜란 때 재조再造의 은혜를 입고 나서는 군신의 의에 부자의 은혜까지 더하게 되었다는 것, 명나라는 조선을 다른 주변국과는 달리 내번內藩처럼 대우했다고 정리한다.

이어 청과 조선과의 관계다. 담헌은 금한金汗, 곧 청이 중국을 침공했으니, 정묘년(1627) 조선이 청과 형제지국의 관계를 맺은 것은, 명에 죄를 얻는 것이고 만세의 수치라고 말한다. 청은 1618년 누르하치가 칠대한七大恨을 발표한 뒤 요동 지역을 공격하고 1619년 사르후에서 명이 대군을 격파한 데 이어 1626년 산해관 동북쪽의 영원성寧遠城을 공격한다. 이어 1627년 3만 명의 군사를 동원하여 조선을 공격했다. 조선은 패퇴하였고, 결국 청의 요구대로 명의 연호 천계天啓를 쓰지 않고 청과 형제의 나라가 되는 것을 내용으로 하는 화약和約을 맺었다. 담헌은 청에 굴복한 이상 조선의 입장은 "오직 국세가 쇠약하여 망할 날이 닥쳐 있었으니, 임시변통으로 복속한다고 말하고 모욕을 참으며 생존을 도모하고, 인구를 불리고 재물을 비축하면서 월왕越王 구천句踐처럼 복수를 도모하는 건 근거가 없지 않고, 또 혹시라도 중국에 이해를 받을 수 있을 것이었다."[33]

하지만 병자년의 일은 상황이 달랐다. 청은 황제라 일컫고 장상將相과 몽골을 시켜 조선에 국서를 보내어 함께 황제로 받들게 하였다. 그 속내는 이적과 중국에 위세를 보이려는 것이었다. 조선은 청의 요구를 따라 청을 황제로 섬기고 복속하였다. 담헌은 이것이 결정적으로 잘못이라고 주장한다. 즉 형제관계와는 달리 군신의 윤리는 임시변통하는 말로 거짓으로 높이며 자신을 속국이라고 말할 수 있는 관계가 아니라는 것이다. 이어 노론 척화파 특유의 강경론이 담헌의 입을 통해 나온다.

죽지 않은 사람은 없고 망하지 않는 나라는 없다. 하지만 삼강과 오륜이 한번 땅에 떨어지면, 천하 사람들에게 모욕을 당할 것이다. 사는 것이 죽는 것만 못하고 나라를 유지하는 것이 망하는 것만 못한 것이다. 이 의리는 이적과 중국, 귀한 자와 천한 자에 꼭 같이 적용되며 백 세를 지나도 바꿀 수 없다.

당시 척화론은 중국을 높이고 신하의 절의를 지키며 큰 은혜를 갚고 대의를 펼친다는 것이었다. 비록 이로 인해 화기禍機를 격동시켜 나라가 망하고 집안이 무너지며, 임금과 신하 모두가 죽고 썩어지는 한이 있더라도 그것을 돌아볼 겨를이 없을 것이다. 하물며 수천 리 험한 땅에 본디 금성탕지金城湯池와 같은 견고한 요새가 있고, 전국의 수십만 명 군사를 한 번의 호령으로 불러올 수 있었음에랴![34]

담헌이 말하는 골자는 명과 조선의 관계는 군·신, 부·자와 같은 천부적 윤리의 관계라는 것이다. 윤리는 현실에 선행하는 가치다. 병자년 척화론의 논리는 그 윤리를 실천하자는 것이었다. 나라와 집안의 멸망은 그에겐 일단 고려 대상이 아니다.

담헌의 강경하고 근거 없는 주장은 이어진다. 당시 조정의 관료들이 삼학사처럼 생을 포기하고 의리에 입각한 '실천적' 행동을 했다면, 꼭 청을 쓸어 버리고 천자를 안정시킬 수는 없었을지라도 청과 맺었던 약속을 파기하고 조선만은 충분히 굳게 지킬 수 있었을 것이라고 주장한다. 이 논리를 근거로 담헌은 척화론이 "해만 있고 이익이 없었다", "척화가 원망을 돋우고 화를 부르는 단서가 되었다"는 한중유의 견해를 반박했다. 담헌의 주장은 계속 이어지지만, 주장은 오직 하나다. 끝까지 강경한 원칙론과 척화만이 유일한 해결책이라는 것이다.

다만 그는 북벌의 실행과 관련해서는 사뭇 조심스러웠다. 앞서 검토한 〈주역변의〉에 그런 생각이 나타나 있다.《주역》사괘師卦 육사六四의 효사는 "육사는 군대가 후퇴하여 머무니, 허물이 없도다"[35]인데, 이에 대한《역전》과《본의》의 해석은 상황을 보아서 후퇴해야 할 때 후퇴하는 것이 옳다는 것이었다. 이에 대해 담헌은 다음과 같이 말한다.

병법에 '상대를 알고 나를 알면 백 번 싸워 백 번 이긴다' 하였나. 그러므로 나아간다 해서 늘 이기는 것은 아니고, 물러난다 해서 늘 지는 것은 아니다. 나아갈 만하면 나아가고 물러날 만하면 물러나는 것이 군대를 운용하는 변함없는 법이다. 장수가 되어 일에 임하여 겁을 내고 우물쭈물하다가 기회를 놓치는 자는 본디 말할 가치조차 없거니와, 천시가 순조롭지 않고 병력으로 대적할 수 없는데도, 자신의 용기만 믿고 무조건 나아가는 자는 맨손으로 범을 때려잡고 황하를 뛰어 건너려는 무리이고 맹시사孟施舍의 용기일 뿐이니, 여시輿尸(전쟁에 져서 시신을 수레에 싣고 가는 것)의 흉함을 앉아서도 알 수 있다.[36]

어떤 이가 "군부君父가 난을 당하고 나라가 한창 위태로운데도 후퇴하는 도리가 있는가?"라고 하면, 이렇게 답할 것이다.
"물러나도 할 수 있는 일이 없고, 나아가도 또한 망할 뿐이라면 내 몸을 버리고 적에게 달려들어 나라를 위해 함께 죽는 것이 신하의 절개다. 만약 나아가면 반드시 패배할 상황이고 물러나면 이용할 수 있는 기회가 있다면, 군대를 거두고 예기銳氣를 모아서 틈을 엿보아 움직이는 것이 용병用兵하는 당연한 방법이다. 이것이 병법에서 무거움을 귀중하게 여기고 가벼움을 싫어하는 까닭인 것이다. 만약 한갓 난에 죽는 것이 충성이 되는 줄로만 알고 힘을 헤아리는 것이 지혜가 되는 줄은 알지 못하며, 양 떼를 몰아 범을 치게 하고 달걀을 바위에 던진다면, 대군이 한 번 패배한 뒤 나라가 더욱 위급해질 것이니, 병법을 모르는 허물인 것이다."[37]

이것은 북벌론이지만, 내부에서 나름의 정리를 거친 것이었다. 대명 의리는 원칙이고 거듭 천명되어야 마땅하지만 현실적으로 북벌이 불가능하므로 실력(내실)을 양성하면서 기회를 기다려야 한다는 자강론으로 전환했던 것이다. 정세의 변화에 맞게 조정한 조선 나름의 대응 논리였다.[38]

요약하자면, 20대를 통과하면서 담헌이 과거를 완전히 포기한 것은 아니었지만, 과거로 인한 내면의 갈등과 방황은 차츰 가라앉았고, 그는 정주학의 가치관을 체화하여 사고하고 실천하는, 엄격한 도덕적 인간을 지향하기 시작한다. 그에게 중요한 건 경전의 대의를 삶 속에서 완벽하게 실천하는 것이었다. 곧 도덕적으로 완정完整한 삶을 실현하는 것이 경전을 공부하는 궁극적 목적이지, 경전의 암송이나 센텐스의 의미를 보다 엄밀하게 확정하려 하는 것은 경전의 오독일 뿐이었다. 그에게서 실학이란 곧 윤리적 완정성을 추구하는 '실천적' 학문이었다. 이런 의미에서 담헌은 '실천적 정주학자'였다.

06
서양 천문학과 만나다

아버지 홍역을 따라 나주로 가다

담헌은 20대에 윤리적 완정성의 실현을 추구하는 실천적 정주학자로서 자신의 삶을 정립하고 있었다. 그가 서양 천문학을 만나는 일이 없었다면, 아마도 스승 김원행처럼 재야의 학자로 살거나, 아니면 과거에 합격하지 못한 경화세족이 으레 그랬듯 문음門蔭으로 지방관이 되는 범상한 삶을 살았을 가능성이 크다. 사실 북경에 다녀온 뒤 문음으로 지방관을 역임하기도 했다. 저술하기를 즐기지 않았으니, 당대에는 자신을 엄격히 절제하는 도덕적 인물로 평가받았겠지만, 후대에는 그가 남긴 저술로 기념하는 일도 없었을 것이다. 그런데 29세 되던 1759년 나주에서 자명종 제작자 나경적羅景績(1690~1762)과 서양 천문학을 만난 것이 일대 전환점이 되었다. 천문학에 대한 담헌의 관심은 뒷날 지전설로 발전했고, 그는 지전설로 한국 역사에 이름을 남겼으니, 나경적을 만난 것은 담헌의 생애에 더할 수 없이 중요한 사건이었다.

먼저 나경적을 만나기 전 담헌의 집안 사정을 간단히 살펴보자. 담헌의 아버지 홍역은 과거에 합격하지 않았기에 큰 출세는 할 수 없었지만, 가문의 후광을 입어 체면치레를 할 정도의 벼슬은 끊이지 않았다. 1753년 정선군수에 임명되었다가 전임 군수 한사직韓師直과 이종

사촌이라 하여 임명이 취소되었고, 담헌이 《소학》의 회강에 참여했던 1754년의 윤4월 25일에는 호조정랑에 임명되었다. 같은 해 8월 8일 금산錦山군수에 임명되었지만 홍역이 구임낭청久任郎廳으로 호조의 중요한 일을 맡고 있으므로 금산군수로 보낼 수 없다고 하자 임명이 취소되었다.

1754년 12월 28일 앞서 두 번 군수에 임명되었던 것을 경력으로 삼아 담양부사에 임명되었으나, 한 번은 실제 부임한 것이 아니라는 좌의정 김상로金尙魯의 반대로 취소되었다. 1755년(영조 31) 1월 9일 홍역은 상의원 주부에 임명되었고, 같은 해 3월 25일 영천榮川군수에 임명되어 4월 10일 하직하였다. 11월 14일에는 해주목사에 임명되었지만 12월 26일 하직하였다. 홍역은 1758년(영조 34) 9월 17일 나주목사에 임명되었고, 임지로 떠난 것은 10월 4일이었다. 《승정원일기》에 의하면 그는 1762년 6월 21일까지 나주목사로 재직하고 있었음이 확실하다.

담헌 가문은 정국의 변화에 관계없이 안정적인 성세를 누리고 있었다. 1755년 을해옥사로 정국이 요동쳤지만 담헌 가문에 불리할 것은 전혀 없었다. 영조 즉위 직후 신임사화의 주동자였던 김일경金一鏡을 제거할 때 연좌되어 고문 끝에 사망한 윤취상尹就商의 아들 윤지尹志가 1755년 1월 나주 객사에 노론과 조정을 비난하는 괘서掛書를 붙인다. 이 사건을 조사하는 과정에서 소론 중 준소峻小계열은 철저히 몰락했고, 유수한 소론 가문이 대거 연루되어 소론은 당파로서의 존재 자체가 위태로울 정도가 되었다. 노론은 절대적 우위를 점하게 되었고, 아마도 그것은 담헌의 가문에도 간접적이나마 긍정적인 영향을 끼쳤을 것이다. 물론 담헌이 이 사건을 어떻게 인식했는지는 전혀 알 길이 없다.

《소학》의 회강과 박성원의《시경》강론이 있었던 1754~1756년 뒤로부터 몇 년간, 곧 20대 후반을 담헌이 어떻게 보냈는지는 알 수 없다. 담헌의 움직임이 다시 포착되는 것은, 1759년 홍역의 근무지인 나주로 가서 나경적을 만나 서양 천문학을 알게 된 시점부터다. 홍역이 1758년 나주목사로 부임하자, 담헌도 따라갔다. 나주에서 담헌이 쓴 글 2편 〈향약서鄕約序〉와 〈권무사목서勸武事目序〉를 읽어 보자. 〈향약서〉는 홍역이 나주에 부임한 뒤 만든 〈향약〉 앞에 붙인 서문이다.

> 아아, 흉년으로 굶주리게 되자 백성들이 흩어진 지 오래다. 전지田地를 나누고 생업을 마련해 주는 정사를 베풀지 않고 법도와 예의의 교화를 앞세운다면, 사람들이 그 누군들 웃지 않겠는가? 그렇기는 하지만, 법이 없는 것을 걱정하지 말고 실천하는 것이 성실하지 못함을 걱정해야 할 것이다. 무릇 이 향약에 가입한 사람이 만약 한마음으로 준수하여 군자는 곤궁해도 넘치는 행동을 하지 않고, 소인은 위엄을 두려워한다면, 반드시 풍교風敎에 만에 하나 도움이 되는 것이 없지 않을 것이고, 훗날 왕정王政의 실현 역시 여기서 본보기를 취하지 않을 줄 어찌 알겠는가?[1]

흉년과 백성의 이산을 지적한다. 백성을 안정시키기 위해서는 농토의 분배와 생업의 제정이 필요하다. 이것이 전제되지 않고 법도와 예의를 앞세울 수는 없다. 과연 홍역(담헌)이 그것을 위한 구체적인 방법을 제시했는가? 그럴 리가 없다. 다만 권한 것은 향약이었다. 향약은 '자율'의 이름 아래 향촌의 농민을 유가의 도덕적 규율로 통제하기 위해 사족이 고안한 것이었으니, 나주향약이라 해서 특별한 내용을 갖추고 있는 건 아니다. 〈권무사목서〉 역시 〈권무사목〉 앞에 붙인 서문이다. '권무사목'은 무예를 권장하는 규정이란 뜻이다. 나주목사로 부임한 홍역은 나주가 서쪽으로는 청과, 동쪽으로는 일본과 접하고 있는 국방의 요지인데도 무비武備가 부실하다고 하여, 과거 권무청勸武廳에서 활쏘기를 권장하던 규정을 복구했고, 거기에 담헌이 서문을 썼던 것이다.

나경적을 만나다

아버지 대신 글 두 편을 쓴 것은 별반 특기할 만한 일이 아니다. 실제 담헌의 삶에서 의미 있는 사건은 나주 근처의 동복同福(지금의 전라남도 화순)에서 있었다. 담헌은 1759년 유람차 광주 북쪽의 서석瑞石을 찾아가던 길에 동복의 나경적을 찾아갔다. 나경적은 금성錦城 나씨로 그의 일계는 크게 부요하지도 않았고 내세울 관력官歷도 없었지만, 사족으로서의 지위는 그대로 유지하고 있었다.[2] 흥미로운 것은 담헌의 아버지 홍역이 나경적에게 보낸 편지 1통이 남아 있는데,[3] 편지 내용은 홍역이 나경적의 부탁을 거절한다는 것이다. '시관試官'에 관한 말이 나오는 것으로 보아 아마도 과거에 관련된 일을 부탁했다고 추정된다. 홍역은 점잖은 말로 거절했는데, 편지를 보낸 연대는 1761년(영조 37)으로 담헌이 나경적을 만난 뒤이다. 아마도 담헌이 나경적을 만난 뒤에 홍역도 나경적과 알게 되었던 것이 아닌가 한다.

황윤석의 《이재난고》에 의하면 당시 나경적은 서울의 최천약崔天

若·홍수해洪壽海와 아울러 자명종을 만들 수 있는 사람으로 꼽혔다. 1746년(영조 22)의 기록이고 나경적을 동복 사람으로 기록하고 있으니, 나경적은 담헌이 방문하기 오래전부터 자명종을 만들 수 있는 사람으로 소문이 나 있었던 것이다.[4] 담헌이 나경적을 미리 알고 찾아갔는지 아니면 나주에 간 길에 처음 알게 되었는지 명확하지 않으나, 황윤석이 알 정도라면 나경적이 유명한 자명종 제작자라는 사실을 알고 방문했을 가능성이 크다. 나경적을 만난 담헌은 그가 '서양의 법'을 따라 만든 자명종을 보고 그 정교함에 놀라움을 금치 못했다.

나경적과 몇 시간 동안 대화를 나눈 담헌은 나경적이 용미龍尾·항승恒升·수고水庫·수마水磨 등도 연구하여 오묘함을 터득한 사람이라는 것을 알게 되었다. 용미·항승·수고·수마는 웅삼발熊三拔P. S. de Urisis의《태서수법泰西手法》(1612)과 서광계徐光啓의《농정전서農政全書》에 실려 있다.[5]《태서수법》의 1권은 용미거龍尾車(강물의 이용을 위해 만든 것), 2권은 옥형거玉衡車·항승거恒升車(우물과 샘의 물의 이용을 위한 것), 3권은 수고水庫(빗물과 눈 녹은 물을 이용하기 위한 것)의 제작 방법을 해설한 것이다. 4권은 높은 지대에서 우물을 찾고 파는 법, 온천과 약로藥露로 병을 치료하는 법에 대해 언급하고 있다. 하지만《태서수법》에는 흐르는 물의 힘을 동력으로 사용하는 맷돌인 '수마'에 대해서는 언급이 없다. '수마'를 소상히 언급하고 있는 문헌은《농정전서》다. 나경적은《농정전서》에 실린《태서수법》을 읽었을 것이다.

담헌을 더욱 놀라게 한 것은 나경적이 '서양'의 천문학을 연구해 혼천의를 만들 능력이 있었다는 사실이었다. 나경적은 "선기옥형璇璣玉衡과 혼천의 제도는 주자의 문하에서 남긴 법이 있지만, 후인들이 고증한 바도 없어, 감히 의문점을 메우고 빠진 부분을 보충하고, 거기에 서법西法(서양의 법)을 참고해서" 제작 방법을 알아냈지만, 가난 때문에 비용을 마련할 수 없어 제작할 수 없다고 하였다.[6] 나경적이 주자 문하의 제도라고 말하는 것은, 채침의 《서집전》〈순전舜典〉의 '선기옥형'에 부기附記된 주석을 말한다. 원래 '선기옥형'이 '혼천의'는 아니지만, 양자가 동일하다고 착각한 채침은 혼천의의 구조와 제작에 대해 장황한 주석을 달았으니, '주자의 문하에서 남긴 법'이란 바로 이 채침의 주석을 뜻한다.

담헌은 나경적과 대화를 나누고 큰 충격을 받는다. 그는 혼천의에 대해 비상한 관심이 있었다. 앞서 언급한 바와 같이 김이안이 《서집전》〈순전〉의 선기옥형에 대한 주석을 보고 대나무를 엮어 조잡한 형태의 혼천의를 만들어 비웃음거리가 되었을 때 담헌만 진지한 관심을 보였다.[7] 나경적이 혼천의를 만들 수 있다는 말을 듣자 담헌은 도산서원의 이황李滉이 만든 혼천의(사실은 혼천의가 아니고 혼의渾儀)와 화양동의 우문尤門(곧 송시열의 문하)에서 전해지는 혼천의가 모두 파손되고 엉성하여 그 원리를 짐작할 수 없었던 기억을 떠올렸다. 담헌은 1755년 도산서원을 찾아가 하루를 묵었을 때 혼천의를 보았을 것이고, 화양동의 혼천의는 그가 화양서원의 재임齋任으로 있을 때 익히 본 것일 터이다.

1760년(영조 36) 담헌은 나경적과 그의 제자 안처인安處仁을 나주 관아로 불렀다. 그리고 그들에게 나주 관아의 장인을 붙여 혼천의를 만들었다. '수백 금'의 비용은 담헌이 맡았다.[8] 1년 뒤 혼천의가 완성되었다. 하지만 "도수度數에 자못 착오가 있었고" 장치가 너무 많고 복잡하였다. 황윤석에 따르면 이때 일찍이 나경적과 윤종을 제작한 적이 있었던 염영서廉永瑞도 참여해 '큰 선기옥형[大璣衡]'을 제작해 금성관錦城館 곧 나주 객사에 두었는데, 총 비용은 4, 5만 문文이었다고 한다.[9] 그런데 담헌은 이 거대한 혼천의가 마음에 들지 않았다. 1760년 6월 3일 하정철河廷喆(전라도 화순의 실학자로 알려진 하백원河百源(1781~1845)의 조부)에게 보내는 편지에서 담헌은 선기옥형을 만드는 데 필요한 도구를 보낸다면서, 제작을 마친 혼천의가 너무 거칠고 크니 따로 작게 만들어 달라고 부탁하고 있다.[10] 편지 내용으로 미루어 보건대, 나경적이 만든 혼천의는 금속제였으나 너무 거칠고 커서 정교한 맛이 없었던 것으로 보인다. 현재 출처가 담헌 집안으로 알려진 혼천의의 일부가 숭실대학교 박물관에 소장되어 있는데, 이것은 담헌이 1766년 2월 중국인 벗 육비에게 설명한 혼천의의 구조 및 〈농수각의기지籠水閣儀器志〉에 실린 〈통천의通天儀〉의 구조와 일치하지 않는다. 때문에 숭실대학교 혼천의는 담헌이 처음 제작한 혼천의일 것이라고 추정하기도 한다.

1차 혼천의가 실패로 돌아가자 담헌은 자신의 아이디어에 따라 기계의 규모를 줄이고 자명종의 톱니바퀴를 이용한, 작지만 정확한 통천의統天儀[혼천의]와 혼상의渾象儀를 만들어 먼저 구해 둔 서양 자명종과 함께 자신의 거처인 수촌의 농수각籠水閣에 설치했다(1762). 담헌이 스스로 밝히고 있듯, 혼천의 제작에 있어서 이론적 배경인 '명물名物과 도수度數' 아이디어는 대개 나경적의 생각에서 나왔고, 제작 기술은 "나경적 학문의 핵심을 얻은" 제자 안처인에게서 나왔다. 아마도 담헌은 첫 혼천의를 제작하는 2년 동안 서양 천문학과 수학을 배웠던 것 같고, 그 결과 오류를 바로잡아 재차 혼천의를 제작했던 것이 아닌가 한다. 요컨대 담헌은 나경적을 만나기 전까지 천문학에 관심은 있었지만, 대단한 지식을 갖추었던 것은 아니었던 듯하다. 곧 1759년 나경적과의 만남이 담헌을 서양 천문학과 수학으로 이끈 계기가 되었다고 여겨진다.

혼천의의 제작은 1762년(영조 38) 5월 전에 끝났을 것이다. 나경적이 같은 해 6월 6일 사망하기 때문이다. 담헌은 1766년 2월 25일 엄성과 반정균에게 보낸 편지에서 나경적이 혼천의를 만든 것이 빌미가 되어 죽었다는 당시 사람들의 말을 옮기고 있다. 나경적은 혼천의를 만드는 데 혼신의 힘을 기울인 결과 탈진하여 죽은 게 아닐까? 담헌은 직접 조문하지는 못했지만 제문을 지어 깊이 애도했다. 제문에서 그는 나경적이 자명종을 만들었고 서양 역법에 정통한 인물이었다고 평가하였다.[11]*

덧붙이자면 혼천의 제작에는 엄청난 돈이 들었다. 앞서 언급한 바와 같이 혼천의 제작에는 '수백 금' 혹은 '4, 5만 문文'의 비용이 들었다. '수백 냥', '4, 5백 냥'이다. 이 돈이 어느 정도의 가치가 있는지 알아 볼 필요가 있다. 1769년(영조 45) 10월 14일 황윤석은 당시 서울의 집값을 자신의 일기에 적었는데, 초가는 1간에 10냥, 기와집은 1간에 20냥이었다.[12] 다음 날인 15일 일기에는 급매일 경우 정가 140냥의 7간 기와집이 60냥으로 값이 떨어진 경우를 기록하고 있다.[13] 하지만 1760년대 평균적 규모의 7간 기와집은 140냥 정도다. 따라서 혼천의 제작에 4, 5백 냥이 들었다면 7간 기와집 3채에 해당하는 돈이다. 그런데 담헌은 두 차례에 걸쳐 혼천의를 만들었다. 적어도 그 비싼 서울의 기와집 5, 6채를 살 수 있는 돈이다. 이 돈은 어디서 났을까?

---

* 나경적이 사망한 그다음 날 담헌은 하정철에게 보내는 편지에서 집안 제사 등의 일로 즉시 빈소로 찾아가지 못하는 사정을 말하고 장례 날짜를 물었다. 하지만 제문을 보면 장례에도 가 보지 못한 것으로 보인다

조선의 혼천의

흔히들 착각하곤 하지만, 담헌의 혼천의는 천체 혹은 우주를 관측하는 기기가 아니다. 그것은 혼천설을 형상화한 모형이다. 혼천설은 잘 알려져 있다시피 중국 고대에 만들어진 우주관이다. 장형張衡의 〈혼천설渾天說〉을 요약하면 다음과 같다. 우주의 형태는 새알 속에 노른자가 있듯, 하늘이 땅(지구)을 둘러싸고 있다. 하늘의 안팎에는 물이 있고, 천지는 각각 기氣를 타고 서고, 물을 싣고 운행한다.[14] 하늘의 둘레[周天度數]는 365와 4분의 1도인데, 절반은 땅 아래, 곧 지평地平 위에 있고, 절반은 지평 아래에 있다. 따라서 28수의 절반은 보이고 절반은 보이지 않는다. 지평으로부터 위로 36도 되는 곳에 북극이 있고, 그 대척점에 남극이 있다. 그 가운데를 적도赤道가 지나고, 적도로부터 24도가 기울어서 황도黃道가 지난다. 남·북극을 축으로 하늘은 수레바퀴처럼 돈다.

혼천설에 입각해서 만든 천체 모델이 곧 혼천의다. 이는 한나라 낙하굉落下閎이 처음 제작한 이후 여러 차례 만들어진 기본적인 천문 모델이었다. 현재 우리가 인지하고 있는 혼천의의 구조는 대개 당의 천문학자 이순풍李淳風이 정비한 것에 송의 심괄沈括이 수정한 것이라 한다. 이순풍이 정비한 혼천의의 구성은 다음과 같다. 외곽에 육합의六合儀가 있고, 그 안에 산진의三辰儀가 있으며, 그 내부에 사유의四遊儀가 설치된 삼중구조다. 이 삼중구조는 각각 다음과 같은 환環과 부속으로 이루어져 있다.

- 육합의
  지평흑단환地平黑單環, 천경흑쌍환天經黑雙環, 천위적단환天緯赤單環

● 삼진의

삼진흑쌍환三辰黑雙環, 적도적단환赤道赤單環, 황도황단환黃道黃單環

● 사유의

사유흑쌍환四遊黑雙環, 직거直距, 망통望筒

각 환에 '흑', '적', '황'은 그 환의 색깔이 검은색, 붉은색, 황색임을 나타낸다. 쌍환은 두 개의 환이 겹쳐 있음을, 단환은 단 하나의 환임을 나타낸다. 참고로 송이영宋以穎(1610~1692)이 제작한 혼천의 복원품의 구조를 나타낸 도판을 제시한다(〈그림 1〉).[15]

육합의 지평흑단환은 그림에서 보듯 천구天球의 지평을 나타내는 검은색의 고리다. 여기에는 임壬·자子·계癸·축丑·간艮·인寅·갑甲·묘卯·을乙·진辰·손巽·사巳·병丙·오午·정丁·미未·곤坤·신申·경庚·유酉·신辛·술戌·건乾·해亥의 24자를 새겨서 24방위로 삼는다. 여기서 자子는 북쪽, 오午는 남쪽, 묘卯는 동쪽, 유酉는 서쪽을 나타낸다.

천경흑쌍환은 지평흑단환의 자子와 오午를 수직으로 통과하는 환이다. 곧 천구의 자오선子午線에 해당한다. 쌍환은 두 개의 단환을 겹쳤다는 뜻이다. 천경환에는 북극과 남극의 축에 해당하는 구멍이 뚫려 있다. 지평흑단환의 '자子'에서 위로 36도 떨어진 곳에 구멍을 뚫고, 그 대척점에도 역시 구멍을 뚫어 축을 꿴다. 지평흑단환에는 북극과 남극으로부터의 거리를 각도로 나타내어 새긴다. 육합은 천지와 사방을 의미하니, 육합의는 곧 동·서·남·북과 천정, 천저의 방향을 정하는 장치다.

남극과 북극의 축에 삼진의가 설치된다. 남극·북극의 축과 91도를 이루는 지점에서 지평환의 묘卯와 유酉를 통과하며 천경흑쌍환과

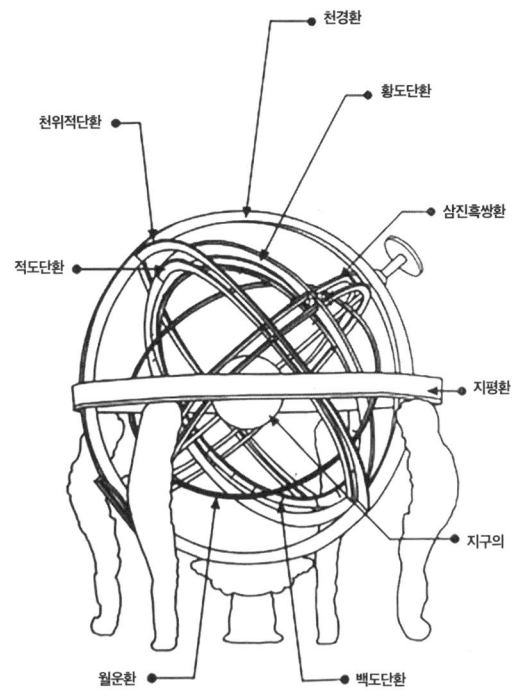

〈그림 1〉 송이영 혼천의 복원품 구조

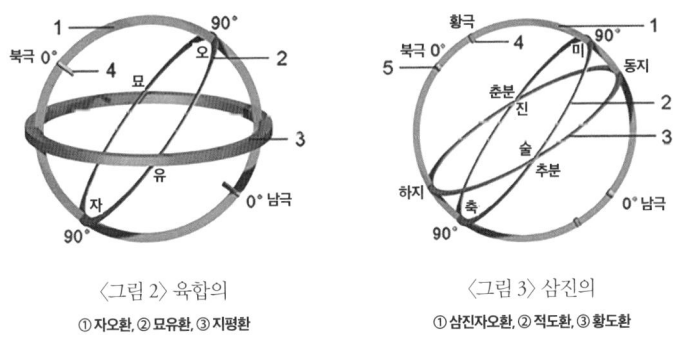

〈그림 2〉 육합의
① 자오환, ② 묘유환, ③ 지평환

〈그림 3〉 삼진의
① 삼진자오환, ② 적도환, ③ 황도환

얽히는 환을 설치한다. 이것이 하늘의 적도를 나타내는 적위적단환이다. 적위적단환에는 주천수도周天宿度를 새겨 놓는다. 삼진의의 '삼진三辰'은 태양과 달, 별이다. 그러므로 삼진의는 태양과 달, 별의 위치를 측정하는 장치다. 검은 두 개의 환을 겹친 삼진흑쌍환은 북극과 남극의 축에 설치된다. 여기에는 거극도距極度, 곧 북극과의 거리를 잰 각도를 새겨 놓는다. 삼진흑쌍환에 적도적단환과 황도황단환이 묶여서 설치된다. 이것들은 삼진흑쌍환에 고정된 것이고 움직일 수가 없다. 적도적단환은 당연히 천위적단환과 같은 평면에 설치되고 적위적단환처럼 주천수도가 새겨진다. 황도황단환은 황도를 나타내는 것으로 적도적단환으로부터 남쪽으로 24도-위치에 설치된다. 역시 주천수도를 새긴다.

가장 안쪽에 설치하는 사유의는 검은색의 두 환을 합친 흑쌍환으로, 형태는 삼진의처럼 남극과 북극의 축 위에 설치된다. 그 안에 직거直距를 걸고 그 위에 다시 규형窺衡을 설치한다. 실제 관측을 수행할 수 있는 장치는 규형이다.[16] 약간 더 자세히 말하자면, 직거는 사유환의 내경을 양극 방향으로 잇는 2매의 동판이다. 직거는 그 중간에 작은 축이 끼워져 망통(옥형)과 조립된다. 옥형은 퉁소와 같은 것으로 옥으로 만들고 속이 비어 있는 대롱과 같다.[17] 이 규형은 사유의에 부착되어 하늘의 남북 방향(현대 천문학의 적위赤緯 값에 해당)과 동서 방향(현대 천문학의 적경赤經 값에 해당)을 측정할 수 있어 천체의 위치를 측정할 수 있다.[18]

이것이 혼천의의 가장 기본적인 구조다. 하지만 송대부터 이런 혼천의의 삼중구조가 복잡해서 관측에 불편하다는 비판이 있었고 심괄에 의해 대폭 정비되기도 하였다. 1092년 소송蘇頌과 한공렴韓公廉에 의해 수력으로 작동하는 수운의상대水運儀象臺가 만들어졌을 때도 관측 기능을 갖는 혼천의가 최상층에 설치되었지만, 그것은 지붕이 있는 건물 내부에 있었기 때문에 실제 관측은 이루어지지 않았다. 즉 북송 때부터 혼천의에 설치된 사유의에 의한 관측은 거의 이루어지지 않았고, 원대에 와서 천체의 관측에 편리하도록 혼천의에서 사유환과 망통을 들어낸 열린 구조의 간의簡儀가 등장하자 혼천의의 관측 기능은 급속하게 쇠퇴했다.[19] 수운의상대의 혼천의는 이런 점에서 변화의 전환점이라 할 수 있다. 물의 힘으로 혼천의가 자동으로 움직이게 하여, 천체의 운행을 입체적으로 보여 주고 동시에 시간을 알려 주는 천문시계로서의 기능이 더 강조되기 시작한 것이다. 혼천의는 1279년 원나라 태사원太史院의 영대靈臺에도 설치되었는데, 이 역시 수격식 혼천의로서 관측 기능은 사라지고, 천체 운행의 연시演示와 시보時報 기능을 갖는 혼천시계渾天時計였다.[20]

관측 기능이 사실상 사라지면서 혼천의는 천체의 모형이 되었다. 혼천의에서 태양의 위치를 확인하면 시간과 절기를, 달의 위치를 알면 달의 위상을 파악할 수 있었다. 그런데 천체는 움직이므로 혼천의의 제작자는 천체의 운행을 자동적으로 드러내는 데 힘을 쏟았다. 동력은 수력이거나 자명종의 추를 이용한 추동식으로, 삼진의가 설치된 남극과 북극을 잇는 축을 통해 전달되었다. 그런데 천구와 태양, 달의 운행 속도와 궤도가 다르므로 축의 회전을 통해 각기 다른 운행 속노에 따른 천체의 위치를 표현하고, 달의 경우 위상까지 표현하는 데에는 많은 어려움이 따랐다. 이것은 운동을 전달하는 장치와 톱니기어의 수를 미세하게 조정해야 가능한 일이었다. 다음에서 언급할 최유지崔攸之·이민철李敏哲·송이영·담헌의 혼천의가 모두 사라졌기에 기계의 구조와 세부적 장치, 그 작동 방식을 완벽하게 이해하는 것은 사실상 불가능하다.

한국의 경우 1432년(세종 14)에서 1434년(세종 16) 사이에 다수의 천문기기를 제작할 때 혼천의도 같이 만들기 시작했는데, 대체로 1435년(세종 17) 여름쯤 완성되어 간의대 옆의 작은 건물에 혼상渾象과 함께 배치되었던 것이 최초로 제작된 혼천의이다. 그 기본적인 설계는 원나라 오징吳澄의 《서경》 주석서인 《서찬언書纂言》을 따랐다. 곧 《서경》〈순전舜典〉 5장에 "선기璿璣와 옥형玉衡으로 살펴 칠정七政을 고르게 하셨다[在璿璣玉衡, 以齊七政]"란 부분이 있는데, 여기서의 '선기옥형'을 앞에서 본 채침을 비롯한 주석가들은 혼천의로 오해하였고, 《서찬언》 역시 혼천의 구조에 대한 긴 주석을 달았다.

오징의 주해는 앞서 설명한 혼천의의 구조를 그대로 서술하였다. 다만 그는 백단환이라는 환을 추가하고 있는데, 이것은 원래 한공렴이 수운의상대에서 천운환天運環과 적도적단환·황도황단환을 지지하기 위해 고안한 것이다. 사상백단환四象白單環이라고도 불리는 백단환이 지지하는 '천운환'이란 것 역시 한공렴이 새로 고안해 설치한 장치이다. 그것은 혼천의의 작동을 위해 물로 작동하는 기륜機輪의 회전을 받아 삼진의를 자동으로 움직이기 위해 처음으로 추가한 것이다.[21] 따라서 오징의 《서찬언》은 천운환에 대한 언급은 없지만, 기본적으로 물의 힘으로 작동하는 수격식 혼천시계의 구조를 서술하고 있고, 세종 대에 만들어진 혼천의 역시 수격식 혼천시계로 추정된다. 다만 그 구조와 실제 작동에 대한 기록은 남아 있지 않다.

임진왜란으로 경복궁의 간의대와 자격루, 흠경각 옥루玉漏가 한꺼번에 소실될 때 세종 때 제작한 천문의기 역시 모두 소실되었다. 혼천의 역시 사라졌다. 당연한 일이지만, 즉각 복구가 시작되어 1602년(선조 35) 그중 일부인 물시계와 간의, 혼상이 복구되었다. 하지만 다른 천문의기는 상당한 시간을 요하였다. 임진왜란 이후 60년이 지나 효종은 홍문관 관원 홍처윤洪處尹에게 혼천의를 만들라고 명한다(1656). 하지만 홍처윤의 혼천의는 오류가 많았다. 홍문관은 이듬해 김제군수로 임명된 최유지가 제작해 서울의 자기 집에 둔 수격식 혼천의가 정밀하다면서 그것을 본떠 새로 혼천의를 제작해 홍문관에 보관할 것을 청했다.[22] 이렇게 제작된 최유지의 혼천의는 현재 실물은 남아 있지 않으나, 문헌으로 그 구조와 작동 원리는 대충 파악할 수 있다.

최유지가 제작한 혼천의의 기본 구성은 앞서 설명했던 혼천의와 같다. 육합의에 지평환·천경쌍환·천위적단환이 있고, 삼진의에 삼진환·황도환이 있다. 다만 적도환에 대한 언급은 없는데, 너무나 당연해서 빠트린 것이 아닌가 한다. 그리고 맨 안쪽 원래 사유환이 자리 잡을 곳은, 땅을 상징하는 지평면, 곧 '지방地方'을 설치하였다. 이것 역시 자오환의 회전축을 통과하게 되어 있었다. 특이한 것은 《서찬언》의 백단환 대신 13도 간격으로 못을 박은 백도환白道環이 설치되어 있다는 것이다. 황도환은 천구에서의 태양의 궤도를, 백도환은 달의 궤도를 나타내는데 거기에 각각 일축日軸과 월축月軸을 만들었다. 그런데 달은 태양과 달리 위상의 변화가 있으므로 달 운행 장치를 달리 설치하여 달의 위상 변화도 나타나도록 하였다. 기본적으로 수력이 삼진환에 전달되면, 삼진의는 하루에 1번 회전했고, 여기에 실과 톱니기어 등이 복합적으로 작동하여 일축의 태양의 모형은 하루에 1도, 월축의 달의 모형은 13도를 후퇴하게 하였다. 곧 자동적으로 해와 달이 움직이는 모습과 달의 위상 변화를 동시에 보여 주었다. 아울러 삼진의를 회전하게 했던 수력은 시보 장치를 작동시켜 시간에 따라 12 관패를 보여 주고, 경쇠를 쳐서 시간을 알려 주었다.[23]

1664년(현종 5) 3월 9일 최유지의 혼천의에 수리할 곳이 있어 이민철과 송이영이 그 일을 맡는다.[24] 이때의 경험을 바탕으로 삼아, 두 사람은 현종의 명으로 1669년(현종 10) 각각 혼천의를 제작해 올린다.[25] 이민철의 것은 물로 움직이는 수격식 혼천의였고, 송이영의 것은 자명종의 추를 이용한 추동식 혼천의였다. 이민철의 혼천의 역시 기본적으로 《서찬언》의 것을 그대로 따랐다. 육합의는 기본적으로 전혀 다르지 않았고, 삼신의 역시 삼진흑쌍환, 황도환, 적도환이 있었다. 혼천의는 이미 관측 기능이 사라졌기에 사유의는 설치하지 않았다. 특이한 것은 역시 백단환이었는데, 이 역시 별 기능이 없다 하여 대신 삼진의 안에 백도환을 설치했으니, 이민철의 수격식 혼천의 역시 사실상 최유지의 것과 동일한 구성을 갖는 물건이었다. 사유의는 설치하지 않았고 그 속에 대신 구주오악비해제국九州五嶽裨海諸國을 그린 산하도山河圖를 설치하였다. 이민철의 혼천의는 본질적으로 최유지의 것과 다르지 않았다. 그 역시 수력이 삼진의를 하루에 한 번 회전시키면, 실제 천구에서의 태양과 달의 위치와 위상을 그대로 드러내었다.

약간 특이한 것은 이민철의 수격식 혼천의와 같이 제작된 송이영의 혼천의다. 이것은 자명종의 구동 원리를 응용한 것이다. 자명종은 1631년 진주사 정두원鄭斗源이 중국에 갔을 때 서양 선교사 로드리게즈를 만나 받아 온 서양 서적과 기기에 포함된 것이 최초이다. 이후 1650년(효종 1)에도 일본에서 효종의 즉위를 축하하기 위해 보낸 선물에 포함되어 있었다. 이 시기 자명종은 추를 이용한 추동식錘動式 자명종이었으니, 송이영은 물로 움직이던 혼천의의 구동 방식에 일대 혁신을 가져온 것이었다. 하지만 송이영의 혼천의가 이민철의 혼천의나 그 이전의 혼천의와 결정적으로 구조가 구분된다고 생각되지는 않는다.[26]* 이민철의 혼천의는 1732년(영조 4)에도 보수되어 경희궁 흥정당興政堂의 동쪽에 규정각揆政閣을 지어 봉안하였다. 사용할 수 없었지만 건물을 따로 지어 봉안한 것은, '경천근민敬天勤民'의 뜻을 나타내고자 했기 때문이었다(《연려실기술》별집 제15권, 天文典故, 儀象). 정조는 서운관 제거提擧 서호수徐浩修에게 이민철이 만든 혼천의의 수리를 명한다. 정조는 이민철의 혼천의를 높이 평가했지만, 한편 남극과 북극을 36도로 주조해 고정하여 북극 고도가 지역에 따라 달라지는 것을 알지 못한 것과 가운데 산하도를 두어 옥형玉衡을 대신한 것은, 지구가 완전한 원형이라는 것과 항성천恒星天에 비하면 한 점도 되지 못하는 것을 알지 못한 소치라고 비판했다. 또한 이것들은 모두 실제 관측하는 용도가 아닌 연시용演示用이었을 뿐이다. 이민철의 것에는 사유의와 규형窺衡이 없었다.

이 지점에서 하나 주목해야 할 사실은 이민철의 혼천의가 오징의 《서찬언》이 아니라, 송나라 채침이 《서집전》에서 '선기옥형'에 붙인 주석에 따라 제작되었다는 것이다. 이 시기 조선에서 오징의 《서찬언》은 거의 볼 수 없는 책이 되어 있었다. 사서오경에 대한 조선의 표준 주해서는 명나라 영락제의 명으로 제작된 《사서대전》과 《오경대

---

* 이민철이 제작한 것은 어좌 옆에, 송이영이 제작한 것은 홍문관에 두었으나, 이내 대내大內로 옮겨졌다. 이때 만들어진 혼천의는 오랫동안 사용되지 않아, 숙종 13년(1687) 7월 17일 왕은 최석정崔錫鼎의 건의에 따라 수격식水激式은 이민철에게, 자명종 방식은 송이영이 사망했기에 관상관원 이진李禛과 장인 박성건朴成建 등에게 수리를 맡겼는데, 14년(1688) 5월 2일 완성되어 희정각熙政閣 남쪽의 제정각齊政閣에 두었다(《숙종실록》 14년(1688) 5월 2일(4)).

전)이었다. 《서경》의 주해서 역시 《오경대전》에 포함된 《서경대전》이었다. '대전'이 과거의 표준 주해서로 사용되자, 다른 경전 주해서를 모두 배제했으니, 《서찬언》은 잊힌 텍스트가 되고 말았다. 그런데 《서경대전》은 《서집전》의 주해를 그대로 수용하였기에, 《서경대전》과 《서집전》은 전혀 다른 책이 아니었다. 아마 최유지와 송이영의 혼천의 역시 《서집전》의 '선기옥형' 주해를 따랐을 것이다. 또 《서집전》쪽은 《서찬언》에 비해 훨씬 설명이 간략하지만, 기본적인 내용은 동일하다.

원래 역법의 제작과 그것에 따른 천문의 관측, 혼천의 같은 천문기기의 제작은 제왕의 일이었으므로 천문대와 관측기기는 국가 차원에서 제작되었다. 최유지가 개인적으로 혼천의를 만든 것은 어떤 이유에서였던가? 현재 도산서원에 소장되어 있는, 이황이 만들었다는 혼상渾象은 대나무를 원형으로 엮고 그 위에 종이를 발라 둥근 공처럼 만든 뒤 별자리를 적어 넣은 약간 조잡한 형태다(원래 혼상 외부에는 여러 환丸들이 있었던 것으로 보인다). 이 외에 조선 전기에 개인이 혼천의나 혼상을 제작한 흔적은 찾을 수 없다. 그런데 도산서원의 혼상 역시 천체의 모습을 보여 주고자 하는 연시용이었다. 사대부들이 경전에 대한 이해가 깊어지면서 주해를 보다 완벽하게 파악하고자 하는 욕망이 있었으니, '선기옥형'에 대한 주해 역시 마찬가지였다. 하지만 그것은 말과 그림만으로 이해가 가능한 것은 아니었다. 아마도 최유지 역시 주해대로 혼천의를 제작한 뒤에야 비로소 혼천의의 구조를 이해할 수 있었을 것이다. 김이안 역시 '선기옥형'의 주해를 이해하기 위해 개인적으로 조잡한 혼천의를 만들었다.

가장 적실한 사례는 이희조李喜朝의 경우다. 1682년(숙종 8) 이희조가 스승 송시열에게 선기옥형의 제도를 이해할 수 없다고 하자, 송시열은 자신이 가지고 있는 선기옥형을 보여 주며 설명을 아끼지 않았다. 실물 혼천의 없이는 주해 자체가 어려웠던 사정을 여기서도 짐작할 수 있다. 그런데 송시열은 이 선기옥형, 곧 혼천의 제작자가 '이경여李敬輿의 서자 이민철'이라 밝히고, 그가 만든 물로 작동하는 아주 큰 치수의 선기옥형이 소제蘇堤(송시열의 강학처講學處가 있던, 지금 대전시 소제동)에 있다고 하였다. 여기서 보듯 이민철은 송시열을 위해 크고 작은 혼천의를 제작했다.[27] 이민철은 각종 기기의 제작에 재능이 있어 아홉 살 때 일본에서 전해진 자명종을 분해해 그 원리를 이해하고 다시 조립하는가 하면, 10여 세에 이경여로부터 《서경》에 실린 혼천의에 대한 주해를 배워 물시계를 제작하고,[28] 1679년(숙종 5) 왕명으로 수차水車를 제작하기도 하였다.[29] 송이영의 자명종식 혼천의 제작에도 상당히 관여한 것으로 보이는 만큼 송시열에게 만들어 준 작은 혼천의 역시 자명종식이 아니었을까 짐작해 볼 수 있다.

이민철과 송이영이 1669년에 만든 혼천의는 서울의 고급관료들에게 알려졌고 따로 제작을 요구하는 사람들도 있었을 것이다. 송시열이 보유한 두 종류의 혼천의가 그 증거다. 또 송시열은 이희조에게, 필요하다면 김수흥金壽興에게 부탁해 이민철을 불러 만들게 할 수 있다고 했으니, 필요한 경우 제작을 의뢰할 수도 있었던 것 같다. 송이영도 1669년의 혼천의 외에 다른 혼천의를 제작했다고 여겨진다. 송시열의 막역한 동지였던 송준길宋浚吉이 성균관에 송이영이 제작한 혼천의가 있다고 증언하고 있기 때문이다.[30]

담헌이 혼천의를 제작한 것도 이런 맥락에 놓인다. 담헌은 스스로도 혼천의 제작에 뜻을 기울인 적이 있었지만 요령을 얻지 못했고, 또 도산서원의 퇴계가 만든 것과 화양서원의 송시열이 만든 것(아마도 이민철이 만들 것일 터이다)도 있지만, 모두 망가지고 소략하여 그 원리를 알 수 없었다고 말하고 있으니,[31)] 원래 천문학에 대한 각별한 관심을 가져서가 아니라, 《서집전》을 공부하는 과정에서 김이안처럼 '선기옥형'의 주해를 보다 깊이 이해하고자 한 노력이 혼천의 제작에 대한 관심으로 나타났을 것이다. 그 관심이 혼천의의 구조를 이해하고 제작할 수 있는 기량을 갖춘 나경적을 만나 발아發芽했던 것이다.

담헌이 만든 혼천의

담헌의 혼천의는 2층 구조로 되어 있다. 그는 원래 육합의를 외층, 삼진의를 내층으로 불렀다. 맨 안쪽 사유의의 자리에는 산하총도山河總圖를 그린 철판을 설치했다. 명칭이 바뀐 만큼 환의 구성에도 변화가 있었다.

내평의 지평규地平規는 재래의 지평흑단환이다. 여기에 24방위와 24절기를 새겼다. 천경흑쌍환은 천정과 지평의 자오선을 지나는 환이었는데, 담헌은 이 환이 지평규의 자子와 오午를 통과하므로 자오규子午規라고 명명했다. 지평의 위, 아래로 지평과 36도를 이루는 지점에 방규方窺가 있어 남극과 북극을 연결하는 축을 꿸 수 있었다. 가장 큰 변화가 일어난 것은 천위적단환이었다. 우선 명칭이 묘유규卯酉規로 바뀌었다. 원래 천위적단환은 극축과 90도를 이루면서 지평환의 묘卯와 유酉를 통과하는, 천구의 적도를 나타내는 환이었다. 그런데 담헌의 묘유규는 묘와 유를 통과하지만 비스듬히 설치된 것이 아니라, 지평규와 직각을 이루며 천정을 통과하는 것으로 바뀌었다. "통천의의 육합의는 직교 구조를 취하여 구조적인 안정과 지평고도가 바로 읽힐 수 있게 했고, 24방위만이 아니라 24절기의 일출 및 일몰 위치까지 새겨 지평좌표에 관련된 정보의 양을 늘렸다."[32] 이 직교 구조는 삼진 의에도 그대로 적용되는데, 이 구조는 청초 학자인 유예游藝의《천경 혹문天經或問》에 그 형태가 보이며, 또 탕약망湯若望의《혼천의설》에서 그 아이디어를 얻었을 가능성도 있다고 추측하기도 한다.[33] 이 점에 대해서는 뒤에 약간 더 언급하기로 한다.

내층은 곧 삼진의에 해당하는 것으로, 담헌은 그것을 3개의 환으로 구성하며, 그중 하나가 극축에 횡으로 설치된, 주천도수를 새긴 환을 적도를 나타내는 환이라고만 하고 있을 뿐 다른 환에 대해서는 언급하고 있지 않다. 하지만 나머지 둘 중 하나가 적도환이 90도를 이루며 묶인 삼진환(곧 재래의 삼진의흑쌍환)이라는 것은 알 수 있다. 또 하나의 환은 언급이 없지만, 사상환(곧 사상백단환)으로 추정하며, 내층의 구조는 삼진환, 적도환, 사상환이 외층처럼 직교하는 구조라고 한다.[34] 이 세 환 중에서 적도환에는 다시 황도일규와 백도일규가 설치된다. 그리고 내층 북극 주위에 천운환天運環이 설치되었다.

먼저 천운환의 작동 방식부터 언급한다. 천운환은 하늘의 운행을 나타낸다. 태양일은 항성일에 비해 4분 정도 더 길다. 태양의 운행[日行]은 하늘의 운행[天行]에 비해 주천도周天度 1도, 곧 1/365.25회전만큼 느리게 움직인다. 이것을 반영하여 담헌은 천운환 바깥에 359개의 톱니바퀴를 만들었다. 그리고 자명종 장치로부터 동력을 전달받는, 남·북극의 축에 연결된 축에 15개의 톱니바퀴가 달린 소륜小輪이 14회를 회전하면, 모두 360개의 톱니바퀴가 돌게 된다. 여기에 연결된 천운환은 359바퀴를 돌고 한 바퀴를 더 돌아간다. 이 한 바퀴의 차이가 곧 태양일과 항성일의 차이를 반영한다.[35] 이것은 항성일에 맞춘 삼진의의 운행을 위한 것이다.

내층의 적도환 내부에 다시 황도일규와 백도일규를 설치했다. 담헌이 제작한 혼천의의 실물이 사라졌기에 〈농수각의기지〉만으로 그 작동 방식을 정확하게는 알 수 없지만, 이것과 담헌의 집에서 나온 것이라고 알려진 숭실대 소장 혼천의를 비교 검토하면, 황도일규는 대개 다음과 같이 구성되고 작동한다. 곧 적도환과 23.5도의 교각을 이루며 설치되는 황도일규는 외환과 내환 두 개의 층으로 나누어 있는데, 바깥쪽 방향으로 365개의 톱니바퀴가 설치된 내환은 심진의에 고정되어 있고, 안쪽 방향으로 365개의 톱니바퀴가 설치된 외환은 황도에 일륜(곧 태양의 모형)이 붙어 있다. 실제 동력을 받는 것은 항성일에 맞추어 회전하는 내층인 삼진의에 연결된 내환인데, 내환과 외환 사이에는 여러 장치가 있어서 결과적으로 태양의 모형이 부착된 외환은 태양일에 맞추어 회전한다[36] (이것은 과거 노끈으로 잡아당기던 것에 비해 기술적 진보라고 말할 수 있다).

백도월규는 달의 운행을 나타내는 환으로 적도환과의 교각이 28.5도를 이루는 곳에 설치한다. 114개의 톱니바퀴와 달의 모형이 설치되어 있다. 달의 공전 주기는 항성월이 27.32일, 삭망월이 29.53일이다. 백도월규는 삭망월에 따른 달의 위치를 표현한다. 그런데 백도일규를 움직이는 것은 항성일에 맞추어 회전하는 내층인 삼진의이므로, 달의 모형(월륜)은 하루에 13도 7/19씩, 즉 1/27.32회전만큼 뒤로 물러나야 한다. 〈농수각의기지〉에 의하면, 내층인 삼진의가 한 바퀴를 회전하는 동안 기계 장치(격기激機, 직철直鐵, 유아遊牙)로 인해 백도월규의 114

개 중 톱니바퀴 4개가 물러나서 하루에 달은 352도 강强을 돌고, 천구의 회전에는 13도 강强이 모자란다고 한다. 따라서 27일 약弱을 오른쪽으로 돌면 하늘과 만나게 되고, 다시 2일 강을 지나면 태양과 만난다고 한다.[37] 하지만 이것은 실제 정밀한 수치와는 어긋나는 것으로, 그 오류는 다음과 같이 수정되어야 한다고 한다. "백도월규는 하루에 4톱니바퀴씩 물러나서 하루에 달은 352도 약에 불과한 운행을 하고, 하늘의 운행에 13도 약이 모자라며, 27일 강을 오른쪽으로 돌면 하늘과 만나게 되고, 다시 2일 강을 지나면 해를 만나게 된다."[38] 하지만 실제 담헌의 혼천의가 〈농수각의기지〉의 서술을 그대로 따라 제작된 것인지, 아니면 위의 수정을 반영해 다시 제작되었는지는 실물이 현전하지 않는 이상 알 수 없다.

담헌의 혼천의에는 숭실대 혼천의나 고려대 혼천의와는 달리 달의 운행을 표시하는 월운환 및 달의 운행에 따른 달의 위상 변화를 나타내는 월상月相, 그리고 이것들을 움직일 수 있는 톱니바퀴를 설치하지 않았다. 그것은 담헌의 혼천의가 이것들을 생략함으로써 공간을 확보해 〈산하총도〉를 설치하고자 했기 때문이다. 추측건대 남극 측에서 중심을 향해 뻗어 나온 막대에 의해 지지된 〈산하총도〉는 고정된 넓은 판으로서 지평규와 동일한 높이에 설치되었다. 담헌이 알고 있었던 마테오 리치와 아담 샬의 천문학은 지구가 둥글다는 것을 역설했다. 담헌이 마테오 리치와 아담 샬의 천문학, 수학을 경탄의 어조로 인정하고 북경에 가서 서양인 신부를 만나고자 했으니, 서양 천문학이 가장 주장하고 싶어 했던 '지구설'을 인지하지 않았을 리는 없다. 하지만 그가 굳이 판형의 지구를 혼천의에 설치한 것은 무엇을 의미하는가? 그것은 대개 〈산하총도〉 주위의 환에 시각을 표시하여 삼진의와 더불어 회전하고 있는 태양의 위치로부터 현재 시각을 읽을 수 있는 수단으로 삼았는데, 〈산하총도〉와 같은 지판地板 형태가 원형의 지구보다 시야를 덜 가리기 때문으로 추측된다.[39]

담헌 혼천의가 갖는 의의는 송이영의 혼천의가 그랬던 것처럼 자명종의 추동식 작동 원리를 이용하여 해와 달과 별, 지구 등 천체 등이 시간적으로 정확하게 운동한다는 사실을, 정교한 입체적 형태로 구현한 데 있었다. 담헌의 통천의는 송이영의 것과 비교할 때 육합의와 삼진의가 삼환 직교 구조로 바뀌고, 태양과 달이 자동으로 움직인다는 점에서 일정한 변화와 발전이 있었다. 하지만 그것이 근본적으로 옛 혼천의와 달라진 것이라 보기는 어렵다. 그것은 혼천의의 구제舊制를 토대로 서양의 것을 참고했지만, 여전히 혼천의의 기본 구조를 벗어나지 않았다.

기본적으로 서양의 혼천의 역시 동양의 것과 발상이 유사하므로 근본적인 차이는 보이지 않는다. 따라서 담헌의 혼천의가 이전의 혼천의와 근본적으로 다른 건 없다. 다만 혼천의가 연시용으로 바뀌면서 추구한 목적, 곧 천체의 자동적 운행을 정확하게 시각화하는 것을 담헌의 혼천의가 가장 성공적으로 이루었다고 평가할 수 있다. 국가가 아닌 개인이 주체가 되어 만든 혼천의는 또한 당시엔 너무나도 희귀한 것이었다!

이 모든 것을 가능케 한 것은 담헌이 경화세족이었기 때문이다. 담헌이 나경적을 방문했던 1759년을 상상해 보자. 서양 천문학은 관상감과 경화세족 사이에서는 널리 알려져 있었다. 담헌만 천문학을 이해하고 연구한 것도 아니었다. 수학과 천문학에 관심을 갖고 이해하는 사람들이 경화세족 내부에서 차츰 나타나기 시작했다. 자명종과 같은 서양 기기들은 서재의 장식품이 되어 있을 정도였다. 17세기 전반기까지 자명종의 원리는 이해되지 않았지만,[40] 담헌의 시대에 오면 조선에서도 자명종을 제작하고 있었다. 혼천의의 제작도 이민철과 송시열의 경우에서 보듯 매우 어려운 일은 아니었다. 담헌의 재력은 그것을 가능하게 하였다!

이민철은 궁중의 수력식 혼천의뿐만 아니라, 서재에 비치할 만한 작은 혼천의를 송시열 등 노론 인사들에게 만들어 준 적이 있었다. 담헌의 혼천의 제작은 아마도 그런 전통을 의식했을 터이다. 아울러 시계추를 이용한 동력 장치가 있는 혼천의는 이미 송이영의 것이 있었다. 물론 담헌의 혼천의는 송이영의 것보다 개량되었다. 하지만 담헌의 혼천의가 결정적으로 그와 다른 부분은 보이지 않는다. 다만 담헌 개인사의 차원에서는 혼천의를 만들었던 것이 퍽 의미 있는 일이었을 터이다. 곧 그것은 혼천설에 기반한 것이기는 하지만, 우주에 대한 공간적 인식의 시작이었다. 혼천의를 만듦으로써 우주의 공간적 모델에 대한 감각을 갖게 된 것이, 뒷날 《의산문답》의 우주무한설과 지전설을 만들어 내는 기초가 되었을 것이다.

연행 전 담헌 천문학의 수준

담헌이 나경적을 만나 혼천의를 제작한 것은, 서양 천문학에 본격적으로 관심을 갖는 계기가 되었다. 1759년 나경적을 만나고 1762년 혼천의를 제작해 농수각에 두기까지 약 4, 5년 동안 담헌은 천문학과 자명종에 몰두하였다. 담헌은 나경적을 만나 혼천의를 만들었지만, 처음에는 실패했다. "도수度數에 자못 착오가 있었고 장치가 너무 많고 복잡하였다"는 말에서 보듯, 나경적의 천문학에 대한 이해는 생각보다 그리 깊지 않았던 것으로 보인다. 그 오류를 고쳐 새로 혼천의를 만드는 과정에서 담헌은 수학과 천문학 공부를 본격적으로 시작했을 것이다. 다만 당시 담헌의 수학과 천문학에 대한 이해 수준은 그리 높지 않았다. 1766년 2월 8일 북경에서 담헌은 중국인 친구 엄성 등에게 자신은 산서算書와 병서, 역법을 평생 좋아했지만, 하나도 그 요체를 파악하지 못했노라고 말한다. 이 말은 단순한 겸사가 아닌 것으로 보인다. 북경에 가기 전 조선 지식인 사회의 수준에서는 담헌이 주자학과 경학 외에 수학과 병학, 천문학에 일정한 지식을 쌓은 것은 사실이지만, 그것이 대단한 경지에 이르렀다고 보기는 어렵기 때문이다. 담헌이 이해한 천문학과 수학의 수준을 알려면 1765년까지 담헌이 어떤 책을 읽고 연구를 했는지를 알아야 할 터인데, 이에 대한 구체적인 정보는 거의 남아 있지 않다. 몇 가지 자료를 통해 간접적으로 추론해 보자.

앞서 나경적이 읽었을 가능성이 있는 책으로 《태서수법》과 《농정전서》를 꼽았는데, 나경적이 이 책들을 소장했을 가능성은 희박하다. 그럼에도 불구하고 담헌이 나경적을 통해 이 책들의 존재를 알게 된 것은 분명하다. 담헌이 1767년 반정균에게 《천학초함》을 구하고 싶다고 편지를 보낸 걸 보면, 아마도 그 전에 《태서수법》이 《천학초함》에 실렸음을 인지하고 있었기 때문일 것이다. 《천학초함》은 이편理篇과 기편器篇으로 나뉜다. 이편에는 《천주실의天主實義》 등 9종이 실려 있고, 기편에는 서양 과학서 10종이 실려 있다. 그 10종은 다음과 같다. 우르시스의 《태서수법》 6권, 마테오 리치의 《혼개통헌도설渾蓋通憲圖說》 2권, 《기하원본幾何原本》 6권, 울시스의 《표도설表度說》 1권, 디아스의《천문략天問略》1권, 울시스의《간평의설簡平儀說》1권, 마테오 리치의《동문산지同文算指》전편 2권 통편 8권,《환용교의圜容較義》1권,《측량법의測量法義》1권,《측량이동測量異同》1권,《구고의勾股義》1권. 그런데 담헌에 의하면 나경적은 "서양의 방법을 참고"하여 혼천의 제작법을 대강 이루었다고 했으니, 나경적은 특정한 서양 천문학 책을 보고 혼천의 제작법을 익혔을 것이고 담헌 역시 그것을 인지했다. 그렇다면 담헌은 어떤 책을 보았던가?《천학초함》의 기편에서 천문학을 다룬 책은《혼개통헌도설》,《천문략》,《간평의설》이고 이 중에서《혼개통헌도설》만이 혼천의를 다루고 있다. 과연 담헌은《혼개통헌도설》을 본 것인가?《혼개통헌도설》은 부록에서 측량술을 다루고 있는 바, 담헌은 자신의 혼천의 구조를 소상히 설명하고 있는, 〈농수각의기지〉의 '부잡법附雜法'에 이것을 그대로 인용한다. 하지만 그가《혼개통헌도설》을 직접 본 것 같지는 않다. 그 이유는 조금 뒤에 밝히기로 하자.

혼천의를 제작하기 위해서는 당연히 계산이 필요했다. 따라서 담헌은 수학을 배워야만 했다. 뒷날 그는《주해수용》이란 수학책을 저술하는데, 거기에는 서양 수학이 포함되어 있다.《천학초함》에는 마테오 리치가 구술하고 서광계가 옮긴《기하원본》,[41]* 역시 마테오 리치가 구술하고 이지조李之藻가 옮긴《동문산지》[42]와《환용교의》(원전은 클라비우스의 *Trattao della Figura Isoperimetri*. 원·삼각형·구 등의 도형에 관한 기하학서), 마테오 리치가 구술한 것을 서광계가 옮긴《측량법의》

---

* 《기하원본》은 크리스토퍼 클라비우스C. Clavius가 교정한《유클리드 원론 주해*Commentaria In Euclidis Elementa Geometria*》15권 중 전반부 6권을 마테오 리치가 구술한 것을 서광계가 한문으로 옮겨 1607년 간행했다.《수리정온數理精蘊》권2·3·4에도《기하원본》이 실려 있는데, 이것은 파제Ignace Gaston Pardies(1636~1673)의 *Elemens de Geometrie*를 번역한 것으로 서로 다른 책이다

(구도矩度와 표를 이용한 고심광원高深廣遠의 측량법 15제가 주된 내용이다) 에 이어 《측량법의》의 후속편인 《측량이동》, 《구고의》가 실려 있다. 기하학서 또는 기하학을 이용한 측량학 서적이다. 다만 《기하원본》에는 기하학을 이용한 사율법四律法과 방정식이 실려 있음에 유의할 필요가 있다. 《동문산지》는 사칙연산·방정식·개방법開方法·기하학(측량법) 등 수학의 다양한 영역을 다루고 있다.

여기서 중요한 것은 두 책이 현대의 필산법을 소개하고 있다는 사실이다. 예컨대 오늘날 필산의 아라비아 숫자를 한자 一, 二, 三, 四, 五……九로 대체하고 0을 ○으로 표기하여 가감승제를 하는 방식은 《동문산지》에서부터 소개되고 있고, 모든 서양 수학책은 이 계산법을 택하고 있지만, 담헌은 끝내 이 방법을 받아들이지 않았다. 즉 그가 북경에 다녀온 뒤 만년에 지은 것으로 추정되는 수학책 《주해수용》은 가감승제의 계산법으로 조선 전래의 산가지를 이용한 삼격산三格算을 그대로 채용하고 있으니(이것은 이미 중국에서도 사라진 방법이었다), 아마도 그는 혼천의를 만들 무렵 중국과 조선의 전통 수학을 공부했고, 서양 수학책은 본 적이 없었던 것으로 보인다. 전통 수학이란 《주해수용》의 인용 문헌으로 자신이 밝히고 있는, 송나라 양휘揚輝의 《적기수법摘奇數法》, 원나라 주세걸朱世傑의 《수학계몽數學啓蒙》, 명나라 정대위程大位의 《수학통종數學統宗》, 청나라 장수성蔣守誠의 《수법전서數法全書》, 조선 경선징慶善徵의 《상명수결詳明數訣》, 박율朴繘의 《수원數原》 중 어떤 책이었을 것이다.

북경 가기 전 담헌 천문학의 수준을 파악하기 위해 좀 다른 방법을 동원해 보자. 담헌은 1766년 1월 북경 천주당에서 유송령劉松齡·포우관鮑友官 두 서양 선교사를 만나 대화를 나눈다. 이 대화를 통해 1766

년 1월 즈음 그의 천문학 지식 수준을 가늠할 수 있다.

예컨대 태양 흑점의 문제를 들어 보자. 담헌은 천주당에서 천체망원경으로 태양을 관측하다가 흑점을 보고, "흑점이 셋이라고 들었는데 지금은 보이지 않으니 어떻게 된 일이냐"고 물었다. 이에 유송령은 흑점의 수는 일정하지 않고 태양이 공처럼 구르기에 바뀐다고 답한다. 1610년 갈릴레이는 망원경으로 태양 흑점을 관찰하고, 흑점의 이동 현상을 통해 태양이 자전한다는 사실을 밝혀 냈다. 유송령의 발언은 갈릴레이의 발견에 근거한 것이었다.

이 대화를 근거로 담헌이 태양의 흑점이 셋이라고 알고 있었음을 확인할 수 있다. 1766년까지 조선에 들어온 서학서는 《천학초함》과 《서양신법산서》, 《역상고성》, 《역상고성 후편》이다. 서양의 천문학과 수학을 소개하고 있는 이 거질巨帙의 과학서들 중 그는 과연 어떤 책을 보았을까? 《천학초함》의 천문학서에는 흑점에 관한 서술이 나오지 않는다. 담헌이 천체망원경을 알고 있는 것을 보면 망원경을 처음 소개한 탕약망의 《원경설遠鏡說》을 읽었던가. 망원경은 정두원이 1631년 로드리게즈에게서 여러 서양서를 받아 올 때 포함된 《원경설》로 조선에 알려지지만, 담헌은 《원경설》을 보지 않은 것 같다. 《원경설》은 망원경의 제작과 사용법 등에 대해 상세히 설명하고 있고, 담헌도 망원경을 알고 있던 것은 물론이지만, 한편 매우 낯설게 대하고 있기 때문이다. 《원경설》에도 망원경으로 흑점을 관찰한 사실이 언급되고 있으나, 다만 흑점의 크기와 수는 일정하지 않고 변화한다고 말하고 있다. 따라서 담헌이 《원경설》을 보지 않은 것은 명백하다.[43]

《측천약설測天約說》에서도 흑점을 말하고 있으나, 그 수는 혹은 하나둘, 혹은 셋, 넷, 혹은 크기도 하고 삭기도 하다고 말하고 있을 뿐,

흑점이 셋이라고 못박지는 않았다.[44] 김석문金錫文(1658~1735)의 지동설에 영향을 준 것이 분명한 나아곡羅雅谷Giacomo Rho(1598~1638)의 《오위역지五緯曆指》 역시 망원경의 중요성을 강조하면서 망원경으로 태양과 행성을 관측한다는 서술이 엄청나게 많다.[45] 《오위역지》에도 흑점에 관한 서술이 있기는 하지만, 이 또한 흑점의 수를 특정하지는 않았다.[46] 이런 이유로 담헌이 《오위역지》를 보았을 가능성도 없다. 또 《오위역지》가 수록된 《서양신법산서》 역시 보았을 리가 없다.

흑점의 존재 자체는 《진서》 천문지를 비롯한 《송서》, 《송사》, 《위서》 등 중국 사서에 보인다. 하지만 흑점이 2, 혹은 1개, 혹은 2개였다가 3개가 되었다고 말하고 있을 뿐이다. 다만 《남제서南齊書》에 흑자黑子가 3개라는 기록이 있다. 하지만 담헌이 《남제서》라는, 예사 독서인이 거의 보지 않는 역사서를 보았을 것 같지는 않다. 사실 흑점이 셋이라는 기록은 마단림馬端臨의 《문헌통고文獻通考》에 보인다.[47] 담헌이 이 기록을 보았을까. 어쨌든 서양 천문학서는 흑점의 수가 변한다는 것을 말하고 있지만, 담헌은 그런 사실을 전혀 인지하지 못하고 있었다. 이것은 담헌이 1765년 북경에 가기 전에는 《천학초함》과 《서양신법산서》 등 서양 수학서나 천문학서를 보지 못했음을 의미한다. 이 시기 《천학초함》은 매우 희귀한 책이었다. 예컨대 황윤석은 1762년 정언 이필선에게 《천학초함》을 빌려 달라고 편지를 보냈다. 나머지 가능성은 강희제의 명으로 편찬된 《율력연원律曆淵源》(1723년 완성) 100권이다. 이 책은 천문학을 다룬 《역상고성曆象考成》, 수학을 다룬 《수리정온數理精蘊》, 음악학을 다룬 《율려정의律呂正義》로 구성된 3부작인데, 담헌이 1766년 북경에서 구입해 왔으니, 북경에 가기 전 보았을리 없다.

담헌이 천주당에서 서양 선교사들의 초상화가 걸려 있는 것을 보고, 자신이 아는 사람은 오직 이마두와 탕약망뿐이고 그 외에는 전혀 모르겠다고 언급한 데에 주목할 필요가 있다. 그는 말하자면 1765년 12월 북경에 오기 전, 이마두와 탕약망 외의 주요한 서양 선교사들, 말하자면《천학초함》에 실린 서양서의 번역자들을 전혀 알지 못했다. 《서양신법산서》에 실린 책들의 저자, 역자를 전혀 몰랐다는 뜻이다. 마테오 리치와 아담 샬의 이름을 운위하는 것에서 그들의 저작을 보았을 가능성도 조심스럽게 점칠 수 있지만, 그 저작을 특정할 수는 없다. 다만 홍대용의 시기에 마테오 리치와 아담 샬은 조선 지식인들 사이에 널리 알려진 사람이었으니, 초상화에 부기된 두 사람의 이름을 알아 본 것도 이상한 일은 아닐 터이다. 어쨌든 담헌이 나경적을 만나 혼천의를 제작한 사건은, 그를 천문학과 수학의 세계로 이끌었고, 그것은 특정할 수는 없지만 어떤 한역漢譯 서양서를 읽는 계기가 되었던 것만은 분명하다.

또한 담헌이 읽었을 가능성이 큰《태서수법》이 단지 수차나 수마 등 수리水利 기계만 소개하는 것이 아니라, 서양의 자연학을 아울러 소개하고 있다는 점은 기억해 둘 필요가 있다. 이 책은 토土·수水·화火·기氣의 4원소로 만물의 생성을 설명하는 아리스토텔레스의 4원소설을 전제하고 있다. 저자 웅삼발은 서문인 〈수법본론水法本論〉에서 4원소설을 언급하고 있고, 5권 〈수법혹문水法或問〉에서는 물에 관련된 모든 것을 설명한다. 예컨대 바닷물이 짠 이유, 조석潮汐, 샘물, 우물, 비, 눈, 구름 등 물에서 유추되는 것들을 4원소설에 입각해 설명한다. 담헌이 만약《태서수법》을 읽었다면, 상당히 흥미로운 사실이다. 왜냐하면 〈수법본론〉에서 모습을 나타낸 아리스토텔레스의 자연학은 뒷날《의산문답》에서 담헌이 자연학을 다루는 계기의 일부가 되기 때문이다.

홍역의 부정축재 사건

담헌은 1762년 상반기에 혼천의를 완성했다. 그런데 같은 해 하반기에 담헌의 아버지 홍역에게 명예롭지 못한 문제가 발생했다. 홍역이 환자還子(곡식을 사창에 저장했다가 백성들에게 봄에 꿔 주고 가을에 이자를 붙여 거두는 일)를 가분加分한 것이 문제가 되어 10월 4일 의금부에서 조사를 받게 된 것이다.[48] 가분은 법에 정해진 한도를 넘어 백성들에게 환곡을 강제로 더 빌려주는 행위를 말한다. 환곡이 필요없는 백성에게까지 환곡을 강제로 배정할 경우 보다 많은 이자를 거두어 착복할 수 있었기 때문에 지방 수령들이 축재를 위해 흔히 쓰는 방법이었다.

홍역은 의금부에서 조사를 받았고, 모친상을 이유로 잠시 풀려났다가 다시 구금되었다. 같은 해 12월 14일《속대전》호전戶典 '창고' 조의 "절반을 창고에 남겨 둔 가운데서 그 반을 분급分給한 자는 3년을 한도로 도배徒配한다"[49]는 조항에 의거하여 홍역은 경기도 양주목 쌍수역에 도배되었다.[50] 이틀 뒤인 16일 영조는 호남의 쌀값이 대단히 비싼 상황에서 이포吏逋(벼슬아치가 공금을 쓴 빚)와 가분이 엄청나다면서 두 경우 모두 특별히 무겁게 치죄할 것을 지시했다. 영조는 홍역을 사례로 들며 보통의 예로 처벌하는 데 그쳐서는 안 될 것이라면서 금고禁錮 처분을 내릴 것을 명했다.[51] 19일 행부호군 홍상한洪象漢과 좌의정 홍봉한이 홍역의 처벌을 조정하자고 청한다.

홍상한 전 나주목사 홍역을 도徒 3년으로 의율擬律했다가 다시 금고로 고율考律하여 거행하라는 명이 있었습니다. 하지만 《대전》과 《속대전》을 살펴보아도 원래 가분으로 금고하는 율은 없습니다. 유사有司의 신하가 오직 마땅히 고율해야 할 뿐입니다. 대신大臣에게 하순下詢하시는 것이 어떠하겠습니까?

홍봉한 수령의 가분은 어느 때라도 죄가 아니겠습니까? 하지만 이 큰 흉년을 당한 때에 진휼할 곡식이 바닥나서 병침丙枕은 편치 않고, 성심聖心은 걱정과 근심이 가득합니다. 만약 환곡을 가분한 일이 없었다면 어찌 진자賑資가 부족하겠습니까? 나주는 조정에서 명령한 것 외에 가분한 것이 2만 석이란 많은 수에 이른다 합니다. 2만 석 곡식은 몇만 명을 살리고 남을 것입니다. 이런 때에 이미 드러난 이 죄를 단지 경기의 역驛에 도배하는 것으로 그쳤다가 사령이 있을 때 풀려 난다면, 이것이 어찌 기민飢民을 위해 국법을 적용하는 방도이겠습니까? 또 어떻게 뒷날 죄를 범하는 관리를 징치하겠습니까?

영조 아뢴 바가 참으로 옳다. 전례가 없는 예를 새로 만들기는 어렵지만, 도 3년의 율은 너무 가볍다. 특별히 원지遠地에 정배하는 율을 베풀라.[52]

홍봉한은 홍역이 가분한 2만 석의 곡식은 수많은 사람을 살릴 수 있는 것이라면서 특별히 무겁게 처벌하자고 요청했다. 영조는 이를 받아들였다. 영조는 홍역에게 5년 동안 금고하는 율을 베풀라고 명한다.[53] 홍역으로서는 치욕적인 사건이었을 것이다.

이듬해(1763) 영조는 여러 곳의 기민이 서울로 몰려들고 있는 상황을 우려하며 다시 나주의 기민을 문제삼았다. 곧 나주의 기민이 7월에 서울로 왔는데, 전 목사 홍역이 환곡을 죄다 써버렸으니 백성들을 진휼할 대책이 없어졌을 뿐만 아니라, 유민들을 서울로 몰려들게 만들었다는 것이다. 영조는 홍역을 의금부로 잡아들여 처벌[나처拿處]하라고 명한다.[54] 홍역은 경상도 예천군 배소配所에 있었는데, 어떤 이유에서인지 영조의 명은 곧 철회되었다.

홍역이 언제 유배에서 풀려 났는지는 확실하지 않다. 1763년(영조 39) 6월 11일 영조는 전라도 관찰사가 진휼을 마치고 올린 보고서를 보고, 스스로 진휼곡을 마련해서 진휼에 쓴 사람들을 높이 평가한다. 그중 홍역에 대한 언급이 있다. 홍역은 자비自備한 곡식의 수가 천을 넘지만(천이란 것이 어떤 단위인지 알 수 없다), 불법을 저지른 수령이 자비한 건 높이 평가할 수가 없다는 것이다. 다시 말해 홍역은 자신의 범죄를 지우기 위해 스스로 상당한 양의 곡물을 진휼곡으로 내놓았는데, 영조는 그조차 부패한 지방관의 것이라면서 평가절하했다.[55]

홍역이 풀려 난 것은 같은 해 10월 말이었다. 홍봉한은 자신이 엄하게 처분할 것을 요청하여 홍역이 원지에 정배된 지 오래되었고, 또 정리가 비절悲切하다고 들었으므로 은혜를 크게 베푸는 날 용서해야 할 것이라고 청하여 영조로부터 방송하라는 허락을 받아 내었다.[56] 30일 방송 명령이 떨어졌다.[57] 1764년 9월 9일 어떤 일인지는 모르지만 의금부에서는 전 나주목사 홍역과 전 화순현감 홍응성洪應盛을 나처하라는 명이 있었지만, 홍역은 충청도 청주에 있고 홍응성은 경기 안산에 있다 하여, 의금부의 서리와 나장을 보내어 잡아올 것을 청하여 허락을 받았다.[58]

1765년(영조 41) 9월 4일 영의정 홍봉한은 홍역이 자신의 요청으로 원배遠配까지 되었다가 현재 사면을 받아 돌아온 지 오래되었고 또 원래 선치수령善治守令이라고 말한 뒤, 죄가 있으면 처벌하고 재능에 따라 임용하는 것이 조정에서 징권懲勸하는 방법이라고 말을 꺼냈다. 이것은 다시 벼슬하는 길을 열어 달라는 말이었다. 영조는 직첩을 돌려주라고 했다.[59] 홍역은 직첩을 돌려받았지만, 이후 다시는 벼슬길에 오르지 못했다.

홍역이 실제 가분을 하지 않았다는 주장도 있다.[60] 홍역의 조카, 그러니까 홍억洪檍의 아들 홍대응은 홍역의 유사遺事[61]에서 10년 전부터 전라도 관찰사가 환곡을 높은 값에 팔고 가을에 산읍山邑에 있는 감영의 곡식을 채워 넣는 것이 관행이었는데, 1762년에 그렇게 팔아먹은 2만 석의 곡식이 가분한 것에 잘못 계산되어 들어갔다고 했다. 홍역은 이로 인해 조사를 받게 되었는데, 변명하지 않고 자신의 행위로 자인했다고 한다. 홍봉한은 앞서 보았듯 홍역의 처벌을 강력하게 주장했는데, 그것은 자신을 공격한 사헌부 집의 박치륭朴致隆이 유배 갈 때 홍역이 그에게 말을 빌려주는 등 편의를 보아 준 걸 미워했기 때문이라는 것이다. 홍대응에 따르면 전라도 관찰사 원경순元景淳이 저지른 범죄를 홍역이 변명도 하지 않고 스스로 떠맡고, 거기에 앙심을 품은 홍봉한이 합작하여 홍역을 가혹하게 처벌한 것이었다.

이것을 과연 믿어야 할지 의문이다. 홍대용 집안은 한미한 기문이 아니라 노론 본류에 속하고 있었고 한편으로는 안동 김씨 집안과 연결되어 있었다. 이런 명망 있는 집안의 홍역이 부패 관료로 낙인이 찍히고 귀양까지 가야만 하는 수치스러운 범죄 혐의를 어떤 변명도 없이 스스로 인정했다는 것은 납득하기 어렵다. 또한 뒷날 홍봉한이 원래 '선치수령'이라면서 홍역의 벼슬길을 다시 열어 주기를 요청한 것도 앙심을 품은 자가 선선히 할 일은 아닐 터이다. 홍대응은 홍역의 조카이니 그가 쓴 홍역의 유사를 액면 그대로 믿을 수는 없다.《승정원일기》의 공식 자료를 이 유사 하나로 깡그리 부정할 수는 없을 것이다.
아버지의 가분 사건을 담헌은 어떻게 보았을까? 담헌은 홍역의 비문에서 이렇게 말하고 있다.

갑자년에 사마시에 합격하고 을축년에 첫 벼슬을 하셨다. 제사의 낭관郎官을 거쳐 문경현감으로 나가셨다가 곧 영천군수가 되었으며, 해주·나주로 옮기셨다. 무릇 11년 동안 정사는 간략하고 상세했으며, 백성을 괴롭히지도 않고 아전을 학대하지도 않으셨다. 관정에는 소송 사건이 밀린 적이 없었고, 관고官庫에는 허부虛簿(허위 장부)가 없어 고적은 항상 '최最'였다.[62]

담헌은 홍역을 유능하고 청렴한 수령으로 그려 낸다. 홍역이 가분 사건으로 귀양까지 갔던 것은 부정할 수 없는 사실이다. 그런 홍역이 평가에서 늘 '최'를 받았다고 말하는 것은 왜곡이다.
홍역이 풀려 난 해인 1765년 봄 3월, 담헌은 스승인 김원행을 모시고 괴산 화양동 화양서원으로 나들이를 하였다. 김원행도 일찍이 화양서원 원장을 지냈거니와 그 이전 유척기兪拓基(1691~1767)가 화양서원 원장으로 있을 때(1757~1767)부터 담헌은 스승의 심부름으로 화양동 왕래가 잦았다. 그때의 인연으로 훗날 담헌은 유척기의 증손 유춘주兪春柱를 셋째 사위로 삼기도 하였다.[63] 어느 해인지는 모르지만, 적어도 1764년 이전 담헌은 화양서원의 재임齋任을 지내기도 하였다.[64] 김원행의 아들 김이안이 1765년 봄 화양서원 유람에 대해 남긴 글을 보면, 원래는 송명흠宋明欽이 같이 가기로 했으나 오지 않았고, 자신은 관청 일 때문에 이틀 뒤에 도착했노라고 하였다. 김이안은 도착한 날 선유동을 다녀오면서 담헌과 관련된 기억을 떠올렸다고 하였다. 곧 화양동과 선유동 사이에 있는 만전晩全이란 마을이 깊숙하여 세상을 피할 만하여 담헌이 그곳을 개간하여 살 계획을 세우고 자신더러 한 번 찾아오라고 했으나 바빠서 가지 못했다고 했다.[65] 그러니까 1765년 이전 담헌은 화양동 깊숙한 곳에 기거할 계획을 세운 적도 있었던 것이다.

  이 모든 계획이 방향을 바꾼 것은 나경적과의 만남이었다. 경전과 사서 공부에 열중하던 담헌에게 서양 천문학과 자명종, 그리고 혼천의의 제작은 그의 학문과 사상에 있어 사뭇 중요한 전환점을 제공하였다. 이것은 결국 1765년 겨울 그를 북경으로 떠나게 하였다. 담헌은 중국어를 공부하고 연행을 위해 김창업과 이기지李器之의 연행기, 곧 《노가재연행일기老稼齋燕行日記》와 《일암연기一菴燕記》를 읽었다. 김창업은 앞서 말한 바와 같이 김원행의 종조부이고, 이기지는 신임사화 때 죽은 노론 4대신 이이명의 아들이었다. 《일암연기》는 이기지가 신임사화에 연루되어 1722년 5월 사망하고 거의 40년가량 지난 뒤 아들 이봉상李鳳祥에 의해 1759년에야 겨우 필사, 정리될 수 있었다. 홍귀조가 죽었을 때 김창업의 아들 김신겸金信謙과 이기지가 제문을 쓰기도 했으니, 담헌은 이들과 쉽게 접촉할 수 있었을 것이다.

07

북경에서 본
청淸의 안정과 번영,
그리고 국경을
초월한 우정

1765년 가을 북경으로 떠나다

담헌은 1765년 11월 2일 서른다섯의 나이로 서울을 떠나 북경으로 향했다. 담헌은 좋은 집안의 영민한 젊은이였지만, 그렇다 해서 경화세족 사회에서 특별하게 인정받는 사람은 아니었다. 이런 담헌에게 1765년 말 1766년 초의 중국 여행은 그의 인정 욕구를 충족시키고, 또 경화세족 사회에서 그를 영향력 있는 존재로 만드는 기회가 되었다. 이제 그의 북경행을 따라가 보자.

  담헌이 북경에 도착한 것은 1765년 12월 27일이었다. 북경을 떠나 귀로에 오른 것은 이듬해인 1766년 3월 1일이었으니, 두 달 남짓 북경에 머무른 것이었다. 이 두 달은 담헌의 삶과 생각에 큰 변화를 가져왔고, 이후 그는 경화세족 사회와 조선 지식계에 상당한 영향력을 행사하게 되었다. 그런데 담헌은 왜 북경에 가려고 했을까? 이 문제를 따지기에 앞서 조선 후기 북경 여행의 전반적인 상황에 대해 간단히 살펴보는 게 담헌의 북경 여행을 이해하는 데 필요할 것 같다.

  고려는 원元 제국과 내왕이 자유로웠다. 원에서 명으로의 교체 이후 한반도에서도 고려–조선의 왕조 교체가 일어났다. 조선은 대륙과의 접촉 기회를 늘리기 원했다. 세종은 이를 위해 북경의 국학國學과 요동遼東의 부학府學에 유학생을 파견하려 했으나 명이 거절함으로써 북경 혹은 요동에 조선인을 상주시키려는 계획은 좌절되었다.[1] 대륙과의 접촉 기회를 늘리기 위해 조선은 사신단을 자주 파견하였다. 정기 사행은 정조사正朝使·성절사聖節使·천추사千秋使·동지사冬至使 등 네 차례였다. 그 외에 사은사謝恩使·주청사奏請使·진하사進賀使·진위사陳慰使 등 갖가지 명목의 사신단을 끊임없이 보냈다. 목적은 대륙의 동향을 파악하고 문화 수용의 기회를 늘리려는 데 있었다.

15세기까지 조선은 고립되지 않았다. 명의 사신은 물론이거니와 일본의 경우도 무로마치 막부室町幕府가 힘을 잃은 뒤 각지에서 세력을 얻은 호족, 슈고다이묘守護大名들이 반독립적인 상태에서 각각 따로 조선에 사신을 파견했고, 독립국인 유구琉球도 사신을 보냈다. 오도리斡朶里·우량하兀良哈·우디거兀狄哈 등으로 분열된 야인, 곧 여진족도 사신을 계속 보냈다. 적어도 성종 때까지 조선은 동아시아 국제관계에 있어서 작은 중심이었다.

16세기가 되면서 상황이 바뀌기 시작했다. 1522년(중종 17) 명은 조선의 역관 김이석金利錫이 외부 반출이 금지된 《대명일통지大明一統志》를 구입한 것을 빌미로 조선 사신단의 북경 시내 출입을 금했다.[2]* 이후 조선의 요청으로 문금門禁이 해제된 적은 있지만, 그것은 일시적인 해제였을 뿐이고 문금 정책은 계속 유지되었다.[3] 조헌趙憲(1544~1592)은 1574년 질정관으로 명에 갔다가 돌아와서 《동환봉사東還封事》를 써서 선조에게 올리는데, 그는 이 글의 첫머리에 "옥하관玉河館에 이르

---

* 이것은 명 내부의 사정과 관련이 있었다. 1521년 정덕제正德帝가 사망하고 가정제嘉靖帝가 즉위하면서 정덕제의 총애를 받았던 합밀哈密에서 온 회회인回回人 수령 사이드 후세인寫亦虎仙을 제거하는 과정에서 일어난 일이었다. 사이드 후세인은 회동관에서 3, 4년 머무르면서 회동관의 기강을 문란하게 하였다고 한다. 곧 사이드 후세인을 제거하는 명분으로 회동관의 문란함을 바로잡는다는 것이었는데, 여기에 조선까지 포함되어 출입이 금지되었다.

러서는 출입을 할 수 없었다"⁴⁾고 적고 있다. 조헌 역시 북경에 이르러서는 출입이 불가능했던 것이다. 사신단은 공식 일정 외에는 숙소인 옥하관에 갇혀 있었다. 명의 수도를 자유롭게 돌아다닐 수 없었으니, 조선으로서는 대륙의 정세와 문화를 감각하고 수용하는 데 큰 제약을 받았다. 그것은 실질적으로 조선의 대외관계의 범위를 축소하게 만들었다.

중종 이후 일본과 여진족과의 관계도 점차 성글어졌다. 일본 각지의 슈고다이묘와 여진족의 사신단이 점차 발길을 끊었다. 조선의 대외관계는 점차 명으로만 집중되었다. 그러던 중 임진왜란이 일어나 일본과 외교관계가 단절되었다. 1607년 다시 통신사를 보내고 국교가 정상화되었지만, 일본과의 관계는 그리 원활하지 않았다. 일본인이 서울을 찾는 일도 없었다. 임진왜란의 상처가 아물기도 전에 일어난 병자호란 역시 조선의 대외관계에 큰 충격과 변화를 초래했다. 1637년 청은 정조사·성절사·천추사·동지사 중에서 천추사를 없애고 세폐사歲幣使를 신설하더니, 1645년에는 4차 사행을 동지사로 단일화했다. 동지사행은 북경에 머물며 1월 1일을 맞이했으니, 사실상 정조사를 겸한 것이었다. 조선의 입장에서도 전쟁 후 경제가 워낙 허약하여 조선 전기처럼 많은 사행을 감당할 형편도 되지 않았다. 물론 동지사 외에 청으로부터 해마다 역서曆書를 받아오는 황력재자관皇曆賚咨官이 파견되기도 하였다. 재자관이 파견되는 시간은 시대에 따라 달랐는데, 담헌의 시대에는 보통 7월 말경에 출발하여 10월 1일 자금성 오문午門 밖에서 받았다. 그 외 비정기적 사행이 있었지만 그 기회는 조선 전기에 비하면 훨씬 적었다.

청으로 사신을 파견하는 조선 쪽의 마음이 편할 리 없었다. 청을 여전히 이적夷狄으로 낮추어 보고 북벌을 국시로 삼았지만 역사는 청의 편이었다. 말 그대로 북벌의 방략을 마련하고 그것을 실천하는 행위도 없었다. 북벌은 구호에 머무를 뿐이었다. 물론 조선은 청에 대한 정보를 입수하려고 노력했다. 정확한 경우도 있었지만 아닌 경우도 있었고, 때로는 자기 희망에 따라 정보를 선택, 해석하기도 하였다. 예컨대 청에서 귀국한 조선 사신단은 종종 청의 정치가 혼란스럽고 오랑캐의 운수가 얼마 남지 않았다고 보고하곤 했다. 조선 사람들이 북경에서 청의 정세에 대한 정보를 수집한다는 것을 알고 서반序班들은 조선인들이 좋아할 만한 가짜 정보(예컨대 반란이 일어났다는 따위)를 제공하고 재물을 요구하기도 했다. 청의 전체 강역을 확인할 수 있는 〈천하지도〉를 조선이 입수한 것도 병자호란 이후 100년이 더 지난 1749년이었다.[5)]

조선의 희망과는 달리 청은 망하지 않았다. 오히려 18세기 내내 청은 제국으로서 절정기를 구가하고 있었다. 조선 역시 청과의 외교에서 차츰 안정을 찾기 시작했다. 1년에 한 차례 파견하는 사신단은 200명에서 300명에 이르는 거창한 규모였고, 수행하는 역관과 수많은 원역員役을 통해 비단과 사치품, 약재, 골동품, 서화, 서적 등이 수입되었다. 그중 사치품의 많은 부분을 경화세족이 소비하였다.

북경에 파견된 사신은 물론 역관과 수행원들은 차츰 청과 북경의 놀라운 번영을 전하기 시작했다. 명에 이어 청 역시 조선 사신단의 북경 시내 출입을 엄격하게 통제했음에도 소수의 섬세한 관찰자는 자신의 희귀한 경험을 시와 산문으로 옮겼다. 문집에 실린 짧막한 한시 외에 일정에 따라 여행의 경험을 정리해 서술하는 여행기, 곧 연행록燕行錄이 나오기 시작하였다. 최초의 장편 연행록은 1712~1713년 북경에 머물렀던 김창업이 쓴 《노가재연행일기》다. 이 연행록에 눈여겨볼 만한 변화가 있었다. 비록 청을 못마땅하게 여기는 시각을 근저에 깔고 있고, 김창업 역시 북경 시내를 자유롭게 출입할 수 없었지만, 중국과 북경에 관한 정보를 가능한 한 넓게 수집하고자 노력했다. 1720년 북경에 갔던 이기지의 연행록《일암연기》역시 북경 천주당(남당·동당·북당)을 방문하여 포르투갈 신부 수아레즈Jose Soares蘇霖, 마갈렌스Antoin de Magaihaens張安多, 코르도스Joaa Francisco Cardos麥大成를 만난 사실[6]을 자세히 기록하는 등 희귀한 외국 체험을 소상히 서술하고 있었다. 이기지가 각별히 천주당에 관심을 보인 것은 서양 천문학의 적극적 옹호자였던 김만중金萬重이 그의 외조부였던 이유도 있을 것이다.[7]

여행자를 통해 입으로 혹은《연행록》으로 전해진 중국과 북경의 번영은 북경에 대한 동경심을 자극했다. 하지만 사신 외에 북경에 갈 수 있는 사람은 제한되어 있었다. 공식 사신은 단 세 사람이었다. 그 사람을 삼사三使라 불렀으니 정사·부사·서장관이 그들이었다. 동지사행은 1년에 한 차례 북경에 들어갔으니, 북경에 갈 기회란 매우 드물었다. 그렇다면 누가 삼사가 될 수 있었던가. 오직 양반관료만이 삼사가 되어 북경에 갈 수 있었다. 조선 후기 당색 중에서 우위를 점했던 노론 경화세족이 삼사가 되는 경우가 가장 많았음은 물론이다. 물론 일부 소론과 남인도 빠질 수는 없다.

《임원경제지》란 저술로 유명한 서유구 가문의 경우를 보자. 서유구의 고조부 서문유徐文裕는 1703년 사은사의 부사로, 증조부 서종옥徐宗玉(1688~1745)은 1739년 부사로, 조부 서명응徐命膺(1716~1787)은 1755년과 1769년에 서장관과 정사로, 아버지 서호수徐浩修는 1776년과 1790년에 부사로, 숙부 서형수徐瀅修는 1799년 부사로 북경에 다녀왔다.[8] 경신대출척 직전 남인의 맹장이었던 이하진李夏鎭은 북경에 파견되었고, 거기서 황제가 으레 하사하는 돈으로 책을 구입하였다. 이하진이 경신대출척으로 실각한 뒤 그의 일계는 경기도 안산으로 물러났고, 아들 이익李瀷은 학문에만 몰두하였다. 이익은《성호사설》에서 이하진이 북경에서 수입한 책과 그 내용에 대해 다양하게 비평하였다. 이 비평이 서양 천문학-자연학에 대한 비평을 포함하고 있음은 물론이다. 1783년(정조 7) 남인 이승훈李承薰은 아버지 이동욱李東郁이 서장관으로 북경에 파견되자 자제군관으로 따라가 그라몽Gramont 신부에게 세례를 받았다. 남인의 영수 채제공蔡濟恭 역시 1778년 3월 사은겸진주정사로 북경에 파견되었다. 소북 강세황姜世晃 역시 1782년에 진하사은겸동지사의 부사로 북경에 갈 수 있었다. 이처럼 경화세족의 위상을 유지한 남인이나 북인도 북경에 갈 수 있었다. 하지만 북경에 파견될 수 있었던 절대다수는 노론이었다. 담헌 역시 노론이었다.

   정식 사신이 아니라도 북경에 갈 수는 있었다. 삼사의 자제들은 오직 유관遊觀, 곧 구경하려는 의도로 북경에 가기 시작했다. 김창업은 1712년(숙종 38) 11월 사은겸동지사로 파견된 형 김창집의 타각부打角夫로 북경에 갈 수 있었다. 그의 집안, 곧 장동壯洞 김씨가 당대 최고의 경화세족임은 두말할 필요가 없다. 이기지 역시 아버지 이이명이 1720년(숙종 46) 고부사告訃使로 북경에 갔을 때 따라갔다. 이이명은 영의정 이경여李敬輿의 손자이자 대사헌 이민적李敏迪의 아들이었으니, 당대 최고의 경화벌열이었다.《열하일기》를 쓴 박지원 역시 1780년 당시 최고의 벌족이었던 반남 박씨 가문 출신이다. 그는 영조의 사위였던 삼종형 금성위 박명원朴明源이 건륭제의 칠순을 기념하는 진하 사절로 파견되자, 그를 수행하여 북경으로 갔다. 바야흐로 경화세족들의 자제가 사신단을 따라 북경을 구경하고 돌아오는 게 유행처럼 번지기 시작했던 것이다.

담헌은 《연기》에서 사신단의 자제군관이 북경을 유람하면서 금지된 곳을 드나들어 말썽을 일으키기에 회동관會同館에서 제재하게 되었다고 했는데, 여기서의 자제군관이란 다름 아닌 경화세족의 자제들을 말하는 것이다. 담헌 역시 서장관이었던 숙부 홍억洪檍의 자벽군관自辟軍官으로 수행했다. 경화세족 자제들의 유관은 삼사에 비해 상당히 자유로웠다. 담헌이 따라갔던 동지사행의 부사 김선행金善行은 담헌에게 이렇게 말한다. "우리는 체면을 거리껴 두루 보지 못하나, 그대는 허물이 없으니 두루 자세히 보고 좋은 말을 더러 듣게 하라."[9] 담헌과 같은 자제비장子弟裨將에 대한 대우는 3사신三使臣에 버금갈 정도로 융숭하였다.[10] 자제들은 이런 특권을 이용해서 북경을 쏘다닐 수 있었다. 담헌도 그중 한 사람이었다.

북경행의 목적

담헌은 《을병연행록》(1)의 서두에서 북경행의 목적을 이렇게 밝히고 있다. 길지만 읽어 볼 만하다.

⑴ 우리나라의 예악 문물이 비록 작은 중화로 일컬어지나, 터가 100리를 열린 들이 없고 천 리를 흐르는 강이 없으니, 땅이 좁고 산천이

막혀 중국의 한 고을도 당하지 못한다. 사람이 그 가운데 있어 눈을 부릅뜨고 구구한 영리를 도모하며, 팔을 걷어붙이고 소소한 득실을 다툰다. 그 스스로 넉넉하다 여기는 마음씨와 악착스러운 언론이 세상 밖에 큰일이 있고, 천하에 큰 땅이 있는 줄 알지 못하니, 어찌 가련치 아니한가.

(2-1) 중국은 천하의 종국宗國이요, 교화의 근본이다. 의관제도와 시서문헌詩序文獻이 사방의 기준이 되는 곳이로되, 삼대三代 이후로 성왕이 나지 않아 풍속이 날로 쇠약해지고 예악이 날로 사라졌다.

(2-2) 이때 변방 오랑캐가 군사의 강함을 믿고 중국이 어지러운 틈을 타 침범하여 오랑캐의 말이 완락宛洛(남양南陽과 낙양洛陽)의 물을 마시니, 조정이 몽골과의 화친을 강론하여 백성이 창끝과 살촉에 걸리고 왕풍王風이 형극荊棘의 고통 속에 버려졌다. (2-3) 그로부터 대개 천여 년이 지나지 않아 원나라가 중국을 차지하니, 신주神州(중국)에 액운이 극진하였다. (2-4) 그러더니 대명大明이 일어나 척검斥劍을 이끌어 오랑캐를 소탕하고 남경과 북경의 천험天險에 웅거하여, 예악禮樂 의관衣冠의 옛 제도를 하루아침에 회복하였으니, 북원北苑의 너름과 문치文治의 높음이 한漢·당唐보다 낫고 삼대에 비길 만하였다.

(3) 이때 우리 동국이 또한 고려의 쇠란함을 이어 청명한 정교와 어질고 후덕한 풍속이 중화의 제도를 숭상하며, 동이의 고루한 습속을 씻어 성신聖神으로 위位를 이으시고 명현明賢이 아래로 일어났다. 중국이 또한 예의 지방으로 허하여 불쌍히 여기시고 은혜를 베풂이 내복內服과 다름이 없었으니, 사신과 벼슬아치가 사행길에서 서로 만나고, 황화皇華의 시가 우리나라의 이목을 흔들어 댔다.

(4) 슬프다! 사람이 불행하여 이같이 융성한 때를 만나 한관漢官의 위

의*를 보지 못하고, 천계天啓(명 희종熹宗의 연호, 1620~1627) 이후 간신이 조정을 흐리고 유적流賊이 천하를 어지럽혀, 만여 리 금수산하를 하루아침에 건로建虜(청淸)의 기물器物로 만들어 삼대의 남은 백성과 성현의 끼친 곳이 다 머리털을 자르고 호복胡服을 입어 예악 문물에 다시 상고할 것이 없으니, 이러하므로 지사와 호걸이 중국 백성을 위하여 잠깐의 아픔을 참고 마음을 삭일 뿐이다.

(5-1) 그러나 문물이 비록 다르나 산천은 의구하고, 의관이 비록 변하나 인물은 고금이 없으니, 어찌 한번 몸을 일으켜 천하의 큼을 보고 천하의 선비를 만나 천하의 일을 의논할 뜻이 없겠는가? (5-2) 또 제 비록 더러운 오랑캐나 중국을 차지하여 100여 년 태평을 누리니, 그 규모와 기상이 어찌 한번 보암직하지 않겠는가. (5-3) 만일 오랑캐의 땅은 군자가 밟을 바 아니요, 오랑캐의 옷을 입은 인물과는 족히 더불어 말을 못 하리라 하면 이것은 편벽한 소견이요, 어진 자의 마음이 아니다.

(6) 이러하므로 내 평생에 한 번 보기를 원하여 매일 근력을 기르고 정도程度를 계량하며, 역관을 만나면 중국말을 배워 기회를 만나 한 번 쓰고자 하였다.[11]

(1)에서 담헌은 조선이 '작은 중화[小中華]'라고 하지만, 중국의 한 고을에도 못 미치는 작은 나라라는 것을 새삼 일깨운다. 조선 사람은 그 좁은 공간에서 이익을 다투고 분쟁을 일으키며 외부에 거대한 세계가

---

* 한관漢官의 위의威儀는 중국 관리의 복식과 의장儀仗 예의禮儀를 말함. 후한後漢의 광무제光武帝가 왕망王莽을 무찌르고 즉위하자, 늙은 관리가 눈물을 흘리며 "오늘 한관의 위의를 다시 보게 될 줄은 생각지도 못했습니다"라고 한 데서 나온 말.

있는 것을 알지 못한다. 좁은 세계에 살면서도 자신은 넉넉하다고 생각하고, 동시에 내부의 타인은 '악착스러운 언론'으로 상대한다. 아마도 담헌은 당쟁을 에둘러 비판하고 있는 것으로 보인다. 젊은 담헌은 이 좁고 각박한 공간인 조선을 벗어나 큰 세계를 경험하고 싶었던 것이다.

한족의 중국은 천하의 '종국'이고 교화의 근본이다. 종법제宗法制에서 적장자가 정통성을 부여받았던 것처럼 중국은 모든 국가 중 정통성을 부여받고, 자신을 제외한 다른 국가를 타자로 삼아 교화하는 중심이다(2-1). 하·은·주 삼대 이후 성왕이 출현하지 않아 중국은 쇠퇴한다. 이후의 중국 역사를 담헌은 화이론에 입각해 중국(한관漢官)과 이적의 대립, 문명과 야만으로 치환하여 개괄한다. 이 개괄은 약간 이상하다. (2-2)는 아마도 그가《자치통감》에서 읽은 5호16국五胡十六國의, (2-3)은 원元 곧 몽골족의 침입을 뜻하는 것일 터인데, 굳이 (2-2)에서 '몽골족과의 화친'을 말하는 것은 쉽게 납득되지 않는다.

담헌은 5호16국과 몽골의 지배를 거쳐 명이 삼대와 한·당의 문명을 계승한 문명적 정통성을 확보한 왕조라고 생각한다. 명과 아울러 조선 역시 중국이 예의지방으로 인정한 문명적 정통성을 공유하는 '작은 중화'다. 명의 문명적 정통성은 (4)에서 보는 바와 같이 여진족에 의해 오염되었으니, 복식과 두발 형식이 호복과 변발로 바뀐 것이 그 증거다. 담헌에게 복식과 두발 형식은 문명의 상징이다. 문명 중심의 예악 문물은 호복과 변발로 바뀌면서 오염되었지만, 조선은 여전히 명대의 복식과 두발 형식을 고수하고 있다. 이것이 조선이 소중화인 표지다. 이런 이유로 담헌은 북경에 머무르면서 끊임없이 복식과 두발 형식의 문제를 제기한다.

청의 중국 지배는 야만에 의해 문명세계가 오염된, 비정상적인 상태다. 그것을 정상적인 상태로 돌리는 것, 한인과 조선이 청의 지배에서 벗어나 다시 예악 문물의 상태로 돌아가고자 하는 실천 방략으로 조선이 내세웠던 슬로건이 이른바 '북벌'이다. 명언하고 있지는 않지만, (5-1)의 "어찌 한번 몸을 일으켜 천하의 큼을 보고 천하의 선비를 만나 천하의 일을 의논할 뜻이 없겠는가?"라는 반문은 바로 북벌과 관련된 의지를 나타낸다. 담헌은 화이론자이면서 당연히 북벌론자다. 하지만 북벌이 현실적으로 불가능한 것은, (5-2) 때문이다. 오랑캐 청의 지배하에서 중국은, 아니 청은 번영하면서 100년을 넘는 장구한 시간 동안 태평성세를 누리고 있다. 이것이야말로 납득할 수 없는 일이 아닌가. 담헌은 이 현상의 이유를 북경에서 찾아보자고 말한다. (5-3)은 화이론에 입각해 청을 오랑캐로 여기며 청의 현실적 상황에 대한 인식 활동 자체를 거부하는 조선의 극단적 보수주의자를 의식하여 자신의 북경행에 대해 변명하는 말이다.

 담헌은 자신의 북경행이 오랜 준비의 결과임을 말한다(6). 담헌은 중국으로 떠나기 전 오랫동안 준비하였다. 그는 미리 중국어를 익혔다. 조선에게 중국은 더할 수 없이 중요한 나라였기에 중국어는 외교에 있어 빠질 수 없는 수단이었다. 조선 후기 양반 관료들은 외국어 학습을 단순한 기능으로 인식하여 그 습득을 천시하고, 외국어는 오로지 역관에게 맡겼다. 사신단이 중국에 파견되어도, 삼사는 중국인과 대화할 수 없었고, 오직 역관의 통역에만 의지하였다. 이런 풍조에 반해 담헌은 중국어를 공부했다. "이러하므로 내 평생에 한 번 보기를 원하여 매일 근력과 정도正道를 힘써 고치고, 역관을 만나면 한음漢音과 한어漢語를 배워 기회를 만날 때 한번 쓰고자 하였다."[12]

 담헌의 중국어는 중국에 들어갔을 때 "처음 중국에 오셨는데도 발음이 정확하다"라는 평가를 들을 정도였다. 물론 높은 수준의 지적 대화를 나눌 정도는 아니었다. 담헌은 자신이 일상적인 회화는 가능했지만, "문자나 의미가 깊은 말이나, 남쪽 지방 선비들의 말에는 멍하여 귀머거리나 벙어리와 같았다"[13)]고 말한다. 비록 한계는 있었지만, 담헌의 중국어 학습은 그의 북경행이 제법 주도면밀하고 철저한 계획에 따라 이루어졌음을 의미한다. 담헌의 북경행은 예사 경화세족의 자제들과 사뭇 달랐다.

압록강을 건너 한 달 만에 북경에 도착하다

담헌이 북경행을 결심한 것은, 화이론자로서 중국의 지식인을 만나 천하사를 의논하기 위해서였다. 한편 오랑캐 청의 번영을 확인하고 그 이유를 탐색하고자 하는 의도도 있었다. 그리고 그 이면에는 서양인을 만나 천문학과 수학에 대한 지적 토론을 하려는 호기심도 포함되어 있었을 것이다. 담헌은 이런 생각을 품고, 11월 2일 서울을 떠났다. 가까운 사람이 여행을 떠나면, 특히 여행지가 중국처럼 먼 곳이라면 시나 산문을 지어 여행하려는 사람에게 주는 관행이 있었다. 담헌의 스승 김원행은 자신이 시와 산문을 짓지는 않고 조부인 김창협의 시를 대신 주었다. 다음은 김창협의 시다.

진시황의 만리장성 보지 못했다면	不見秦皇萬里城
남아의 뜻과 기개 우뚝할 수 없으리라.	男兒意氣負崢嶸
미호渼湖 한 구비에 작은 고깃배 타고	渼湖一曲漁舟小

도롱이 걸친 이 생애가 우습구나.　　　　獨速簑衣笑此生[14]

석실서원 앞 강에서 작은 고깃배를 타고 낚싯대를 드리우는 자신과 달리 만리장성을 보고 드높은 기개를 가지라는 격려가 시에 녹아 있다.

약간 다른 방식으로 담헌의 연행에 대해 말을 건넨 사람도 있었다. 김종후가 바로 그 사람이다. 담헌은 연행과 관련하여 김종후에게 편지를 보냈는데(이 편지는 남아 있지 않다), 김종후가 답을 한 것이다.

① 족하께서 지금 먼 길을 떠나는 게 무엇 때문입니까? 왕명을 받고 하는 일도 아니면서 바람을 맞고 모래를 뒤집어쓰는 괴로움을 겪으며 누린내 나고 더러운 원수의 땅을 밟으려는 것은 어찌 안계眼界가 제한되어 있다 하여 확 넓히려는 뜻이 아니겠습니까?
② 안계가 제한되어 있을 경우 넓힐 것을 생각하면서도 마음이 제한되어 있을 경우 넓힐 것을 생각하지 않는다면 옳겠습니까? 하물며 이 마음을 넓히려 하는 사람은, 또 바람과 모래, 누린내와 더러움을 뒤집어쓰는 괴로움과 원수의 땅을 밟는 치욕이 없을 것이니 다시 말해 무엇하겠습니까!
③ 내가 족하와 도봉서원에서 만났을 때 족하의 뜻과 기개가 닿은 곳이 어떠하였던가요? 이제 17년 사이에 족하는 이미 장년의 나이가 되었고, 나는 머리털이 듬성듬성해졌구려.
④ 나와 같은 사람은 본디 나무랄 것도 없지만, 적이 족하의 뜻을 살펴보건대, 만약 농사를 짓고 거문고를 뜯고 활쏘기를 하는 즐거움을 즐길 만한 것으로 여겨 세월을 보내고자 한다면, 이것은 농사와 거

문고와 활쏘기가 족하의 마음을 제한할 수 있는 것이 아니겠습니까? 대개 이것은 한갓 부질없는 일만 해 아무 성취도 없는 나 같은 사람에게서 처음 시작된 것이니, 나는 정말 부끄럽습니다. 하지만 족하 또한 지나칩니다.

⑤ 이제 족하가 안목이 제한된 것을 병통으로 여겨 원유遠遊하려 하니, 족하의 안목은 장차 제한되지 않을 것입니다. 하지만 여전히 제한된 것에 대해서는 어찌하여 더 뜻을 두지 않는 것입니까? 서로 몹시 아끼는 사이기에 미친 것처럼 마구 이렇게 말을 했으니, 너그러이 용서하고 살펴보시기 바랍니다.[15]

17년 전 김종후와 담헌은 도봉서원에서 만난 적이 있다. 곧 1750년이다.* 김종후는 자신의 삶의 태도가 담헌에게 영향을 미쳤음을 말하고④, 자신이 말했던 농사일과 거문고, 활쏘기 등에 시간을 보내는 것이 생의 본질적 가치가 아니라고 말한다. 또한 안목을 넓히기 위한 연행 역시 중요한 것이기는 하지만, 그 역시 추구해야 할 본질적 가치는 아니다. 김종후가 말하는 것은 '마음을 넓히는 것'이다. 마음을 넓히는 것의 구체적 함의는 알 수 없지만, 대체로 그것은 당시 담헌이 몰입해 있었던 윤리적 완정성의 실현과 다르지 않을 것이다. 김종후는 담헌이 연행으로 안목을 넓히는 것을 전제하는 차원에서 더 중요한 마음의 공부를 잊지 말라고 당부했다. 약간 생뚱맞기는 하지만 이런 류의 글은 북경으로 떠나는 사람에게 충분히 건넬 수 있는 말이었다. 하지만 담

---

* 김종후는 1769년 담헌에게 보내는 편지에서 20년 전 도봉서원에서 담헌을 만난 적이 있다고 말하고 있다. 20년 전이라면 1749년이다. 확정할 수는 없지만, 1749~1750년 어림에 담헌과 김종후는 도봉서원에서 서로 만나 친숙한 사이가 되었을 것이다.

헌이 북경에서 돌아온 그 이듬해(1767)에 김종후는 담헌의 연행에 대해 맹렬한 비난을 퍼부었다. 그 이야기는 그쪽에 가서 하기로 하자.

담헌이 따라간 사신단의 상사는 순의군 이훤李煊, 부사는 김선행, 서장관은 담헌의 숙부 홍억이었다. 이훤은 선조의 제5남인 정원군定遠君(원종元宗)의 아들인 능원대군 이보李俌의 증손이었다. 관료 진출이 금지된 종실은 종종 명이나 청에 사신으로 파견되었다. 김선행은 안동 김씨로 김창협과 같은 문중의 인물이다. 그의 아버지 김시서金時敍가 김창협·김창흡에게 배웠으니, 정통 노론 출신이다. 김선행은 1739년 문과에 합격하였고, 1765년 연행 때는 황해도 관찰사, 대사헌, 도승지 등 고위관직을 두루 역임한 터였다. 김선행은 연암과도 가까운 터였다. 연암은 〈만휴당기晩休堂記〉[16]에서 화로를 앞에 두고 김선행과 고기를 같이 구워 먹던 날을 회고하고 있으니, 아마도 김선행은 연암 그룹과는 익숙한 사이였을 것이다. 김선행의 자제군관 김재행金在行도 흥미로운 인물이다. 그는 김선행의 얼6촌擘六村이다. 얼6촌이란 말은 김재행이 강동현령을 지낸 아버지 김천서金天敍가 관비官婢 혹은 사비私婢와 관계하여 얻은 아들임을 뜻한다. 물론 면천되었을 것이다. 후에 보겠지만 김재행의 행동이 구속을 돌아보지 않고 거침이 없었던 것은 자신의 신분적 처지를 과도하게 의식했기 때문일 것이다.

서울을 떠난 담헌의 사신단이 평양에 도착한 것은 같은 달 10일이었다. 평양에서 11일, 12일을 묵고 13일 평양을 출발해 20일에 의주에 도착했다. 의주에서 출발해 압록강을 건너면 중국 땅인 구련성九連城이다. 11월 27일 사신단은 압록강 앞 삼강三江에 이르렀다. 압록강이 셋으로 갈라지는 곳이다. 담헌은 감격하였다. 《을병연행록》에서 그는 이렇게 적었다. "수십 년 평생의 원이 하루아침의 꿈같이 이루어져

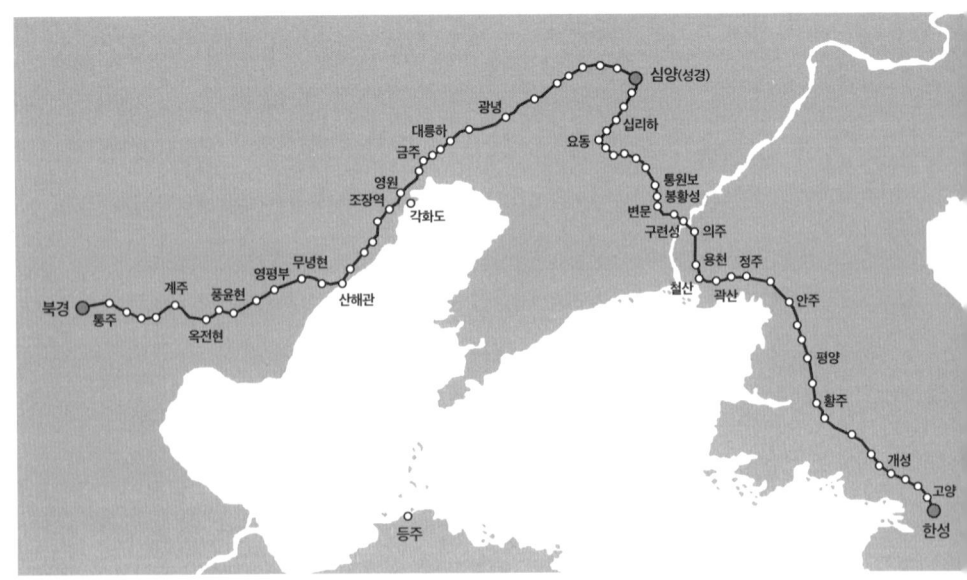
조선 후기 청나라 사행 노정

한낱 서생이 융복으로 말을 달려 이 땅에 이르니, 상쾌한 의사와 강개한 기운으로 말 위에서 팔이 솟구침을 깨닫지 못하였다."[17] 곧 강을 건너 구련성에서는 한둔을 하였다. 한둔은 한데서 천막을 치고 밤을 지내는 일이다.

11월 28일 구련성을 출발해 29일 드디어 책문에 도착했다. 책문은 두 산 사이에 한 길 통로만 남겨 두고 말목을 성벽처럼 촘촘히 쳐 사람의 통행을 제어하는 곳이다. 현대의 공항이나 항구의 출입국관리사무소에 해당한다. 불법 반입물의 소지 여부 검사가 끝나면 책문을 통과한다. 책문을 통과하면 정식으로 입국을 허락받은 것이다. 책문을 통과한 담헌의 사신단은 11월 30일 봉황성에서 하루를 잤다. 중국에서의 공식적인 하루가 시작된 것이다. 봉황성을 출발한 것은 12월 1일이었고, 북경에 도착한 것은 12월 27일이었다. 거의 한 달 걸려 목적한 곳에 도착한 셈이었다. 그 루트와 일정은 왼쪽의 지도를 보면 간단히 알 수 있을 것이다.

12월 1일 봉황성을 떠난 담헌 일행은 솔참에 이르러 숙소를 정했고, 2일 아침 솔참을 떠나 통원보通遠堡에 이르렀다. 3일 통원보를 출발해 연산관連山關 숙소에 들었고, 4일 저녁에는 감수참甛水站에 도착했다. 이어 낭자산, 냉정 중화첨, 석문령을 거쳐 6일 신요동 숙소에 도착했다. 요동은 원래 광활한 들판으로 유명한 곳이다. 산이 많은 지형을 통과한 조선 사신단은 언제나 그 광대함에 놀랐고, 담헌도 감탄을 금할 수 없었다.

담헌 일행은 7일 신요동을 떠나 난니보爛泥堡, 십리포十里舖, 야리강耶里江(혼하渾河), 백탑보白塔堡를 거쳐 8일 심양에 도착한다. 심양은 청 태조와 태종이 원래 청의 수도로 정한 곳이었으니, 변화하기 짝이 없

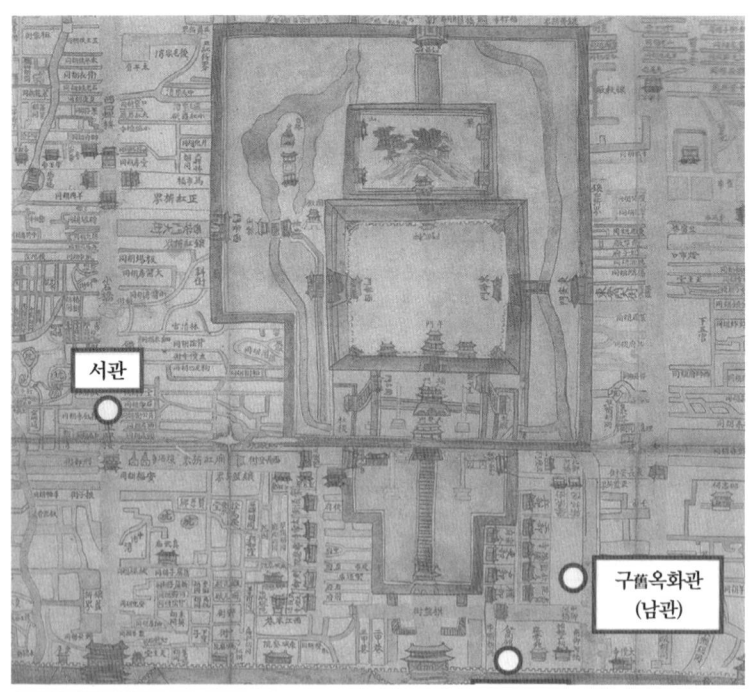

18세기 후반 북경 내
조선 관소 위치

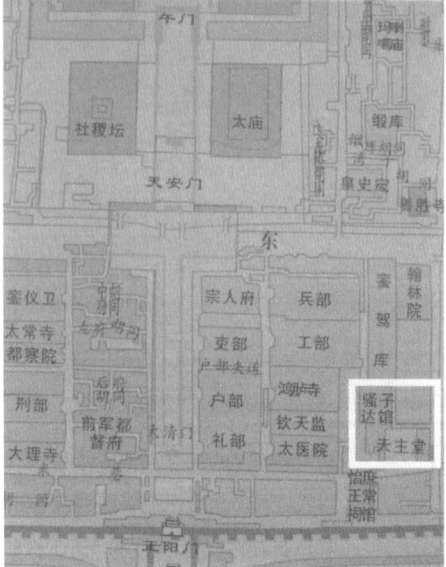

〈북경전도〉
아라사관과 천주당
(1750년 복원도)

는 도시였다. 담헌은 심양 태학의 조교 납영수拉永壽의 집에 숙소를 정하고, 8일과 9일 심양 시내 구경에 나섰다. 그는 심양의 번성한 푸자鋪子, 곧 상점을 구경하고 감탄을 금치 못한다. 10일 심양을 출발해 대방신大方身, 신민둔新民屯, 백기보白旗堡, 소흑산小黑山을 거친 뒤 13일 의무려산醫巫閭山을 지나 저녁에 신광녕新廣寧에 도착한다. 담헌은 이때 의무려산을 오르지는 못하고 귀국할 때 오른다. 의무려산은 북경 여행길에서 담헌에게 어떤 영감을 주었던 것 같다. 귀국한 뒤 쓴 《의산문답醫山問答》이 바로 '의무려산에서의 문답'이란 뜻이니 말이다.

사신단은 흥륭점興隆店, 여양역閭陽驛, 십삼산十三山, 송산보松山堡, 행산보杏山堡, 연산역連山驛을 지나 16일에 영원성寧遠城에 도착했다. 영원성은 만리장성 바로 바깥, 곧 산해관 바로 바깥에 있는 성이다. 명의 장수 원숭환袁崇煥(1584~1630)이 1626년 2월 누르하치의 후금군을 패배시켰던 곳이다. 누르하치는 생애 최초의 패배를 당하고 이 전투에서 얻은 부상으로 같은 해 9월 30일 사망한다. 누르하치에 이어 청의 황제가 된 황태극皇太極(태종太宗)이 포로로 잡혀 있던 명의 환관에게 원숭환이 자신과 내통하고 있다는 거짓 정보를 흘리자, 그 환관이 탈출하여 그 정보를 숭정제에게 보고해 숭정제와 명의 관료들이 원숭환을 죽여 버린다. 영원성을 지키던 원숭환의 부하 장수였던 조대수祖大壽와 조대락祖大樂이 계속 청에 저항하다가 1641~1642년 청의 대공세에 결국 항복하고 만다. 담헌이 영원성에서 착잡한 생각에 잠긴 것은 당연한 일이었다.

17일 영원을 떠나 사하소沙河所에 이르러 점심을 먹다가 담헌은 음식점 주인 곽생과 대화를 나누고 큰 감명을 받는다. 곽생은 음식점을 하지만, 예전에 과거 공부를 했고 지금도 시간을 내어 책을 읽는 지식인이었다. 곽생은 자신의 노동이야말로 천하지 않은, 윤리적으로 떳떳한 일이라고 하였다. 조선 같으면 지식인이 음식점에서 궂은일을 한다는 것은 상상할 수도 없었다. 곽생의 말은 담헌에게 큰 충격을 던졌다. 담헌과 곽생의 관계에 대해서는 뒤에 다시 언급하겠다.

사신단은 이어 동관역東關驛과 중후소中後所를 거치는데, 중후소는 조선으로 수출되는 감투와 관을 만드는 공장이 밀집한 곳이었다. 담헌은 그곳을 찾아가 생산 현장을 관찰했다. 19일 산해관에 도착했고 다음 만리장성이 끝나는 바닷가 망해정望海亭에서 담헌은 광활한 바다를 보고 감격에 겨워하였다.

사신단은 21일 출발하여 무녕현撫寧縣, 호두석虎頭石, 사하역沙河驛, 진자점榛子店을 거쳐 23일에 풍윤현豊潤縣, 24일에 옥전현玉田縣에 이르렀다. 풍윤현과 옥전현은 원래 벼슬하는 사람이 많은 곳이었다. 이곳에서 담헌이 대화할 만한 지식인을 만날 수 없음을 한탄하자, 역관들이 과거 옥전 지현知縣이 조선 사신단의 옷을 가져오라 하여 입어 보고, 명대의 복식과 같다며 비감해했다는 이야기를 했다. 옥전 지현의 이야기는 담헌에게 강렬한 인상을 주었고, 그는 이 이야기를 뒷날 엄성과 반정균에게 전한다. 옥전현에서 북경까지는 불과 사흘 일정으로 일행은 방균점邦均店·계주薊州와 삼하三河를 거쳐 27일 북경에 도착했다.

북경에서의 두 달, 1766년 1월과 2월

11월 2일 서울을 출발하여 12월 27일 북경에 도착했으니, 가는 일정은 56일이었다. 이듬해 3월 1일 북경을 출발하여 귀국길에 올랐으니,

《일하제금집》에 실린 조선 사신단 6인의 초상

북경에는 모두 61일을 체류했다. 1765년 중 북경에 머무른 것은 12월 28일과 29일밖에 없으니, 이 두 날을 먼저 간단히 언급하고, 1766년 1월과 2월의 일정을 몰아서 정리해 보자.

동지사행이 북경에 도착하면 다음 날 예부에 표자表咨를 전달하고 조하朝賀를 대비하여 의례를 연습해야 했다. 담헌은 28일에는 삼사가 예부에 자문을 바치는 데 따라갔다. 이듬해인 1766년 1월 1일 황제의 조참朝參이 있을 예정이었기에, 28일 외국 사신단을 위한 조참 예행연습이 있었고, 조선 사신단도 참석해야만 했다. 28일 담헌은 예행연습에 참석했는데, 그날 밤 부사 김선행은 담헌에게 1월 1일의 조참에 참석할 것인가를 물었다.

"내일 조참에 어떻게 하겠는가?"
"이미 이곳에 이르렀으니, 조참하는 거동을 응당 보암직할 것이나, 《김가재일기》를 보니 가재稼齋(김창업)는 아니 들어갔습니다. 저도 안 들어가기로 정하였습니다."
"조참은 큰 구경이오, 또 그대 숙부가 이미 들어가니, 오랑캐의 조정에 한 번 꿇기를 어이 홀로 면코자 하는가?"
"숙부께서는 벼슬이 있어 나라 명을 받자 왔으니 이보다 심한 일이라도 사양치 못할 것이거니와, 저는 벼슬이 없고 나라 명이 없으니, 일시 구경을 위하여 스스로 몸을 욕되게 하는 것이 제 본심이 아니요, 또 이곳에 이르러 비록 허물이 없으나 선비 몸으로 관대를 갖추는 것이 심히 편치 아니합니다."[18]

김선행은 담헌의 말에 웃었다. 담헌이 조참에 정식으로 참여한다면, 일단 관복을 입어야 하고, 의식절차에 따라 황제에게 예를 올려야 한다. 하지만 담헌은 조참의 반열에서 "오랑캐의 조정에 몸을 꿇는", "스스로 몸을 욕되게 하는" 일을 할 수 없기에 조참에 참여할 수 없다고 했다. 또 자신은 선비의 몸으로 왔기에 관복을 입을 수 없다는 것이다. 대명 의리를 굳게 지키고, 화이론을 엄격히 신념하는 담헌의 모습을 확인할 수 있다. 담헌은 정식으로 조참에 참여하지는 않았지만, 검은 군복을 입고 사신단을 따라가 조참의 일부는 구경할 수 있었다.

담헌은 청의 황제가 조선 사신단에 관례적으로 하사하는 상급賞給을 받으려고도 하지 않았다. 조참에는 정관正官 33명과 3사신 외에 역관 23명, 비장裨將 4명이 자급資級에 따라 들어갔다. 황제는 정관에게는 상은賞銀을, 사신 이하에게는 은과 비단을 차등을 두어 하사했다. 당하 역관과 비장들은 공동으로 받은 상은을 모아서 비장이나 잡관雜官으로서 정관에 참여하지 못한 사람에게 골고루 분배했다. 다만 비단은 나누지 않았다. 따라서 모든 비장이나 의관醫官·화원畵員·사자관寫字官·일관日官 등은 비단을 받기 위해 정관에 끼려고 하였다. 사신의 자제들 곧 비장들은 비단과 은을 받을 수 있었지만, 담헌은 굳이 대상자에 들어가려 하지 않았고 또 수석 통역이 거두어 전례에 따라 보내는 은 50냥도 받지 않았다.[19]

1월 1일 조참에서 물러날 때 담헌의 눈에 조선 사신단의 의복을 유심히 보는 관원 두 사람이 보였다. 담헌은 자신이 입고 있는 조선 옷을 보고 그들이 명明을 그리워하고 있다고 생각했다. 두 사람과 간단히 대화를 나누고, 뒷날 그들을 찾아보기로 작정했다. 그 두 사람은 오상吳湘과 팽관彭冠이었다. 이들과의 대화는 뒤에 따로 언급하겠다. 이제 1월과 2월 담헌의 북경 체류를 간단히 정리해 보자. 먼저 1월이다.

- 1일(조참朝參)→2일(▼)→3일(▼)→4일(정양문正陽門 밖에서 연극 구경)→5일(태학太學·부학府學·문승상묘文丞相廟·옹화궁雍和宮)→5일(▼)→6일(▼)→7일(▼)→8일(▼)→9일(남천주당南天主堂)→10일(진가陳哥의 점포)(▼)
- 11일(유리창琉璃廠)→12일(옹화궁과 태학)→13일(천주당)→14일(법장사法藏寺)→15일(▼)→16일(관등觀燈)→17일(오룡정五龍亭, 홍인사弘仁寺)→18일(유리창)→19일(천주당)→20일(팽관·오상을 만남)
- 21일(▼)→22일(유리창)→23일(서길사청庶吉士廳에서 팽관·오상을 만남)→24일(몽골관蒙古館, 동천주당)→25일(북성北城 밖)→26일(유리창)→27일(▼)→28일(▼)→29일(융복사隆福寺 시장)→30일(유리창)

(▼)라고 표시한 날짜는 북경 시내로 나가지 않고, 조선 사신단의 숙소인 옥하관에 머문 날짜다. 1월에는 2·3·5·6·7·8·15·21·27·28일, 곧 30일 중 10일을 옥하관에 머물렀다. 2월에는 20일을 옥하관에 머물렀다. 두 달을 합쳐 30일을 옥하관에 머물렀고, 30일을 북경 시내로 나갔던 것이다. 원래 유관遊觀을 목적으로 했던 담헌이 두 달 중 한 달을 옥하관에 머물렀던 것은, 앞서 언급한 바와 같이 1522년 이래 사신단의 북경 출입이 자유롭지 않았던 사정 때문이었다.

청이 대륙을 차지한 뒤에도 큰 변화는 없었다. 특히 청은 대륙 지배에 자신감을 갖기 전까지 조선을 믿지 않았으니, 사신단의 북경 출입을 거의 봉쇄하다시피 하였다. 앞에서 간단히 말했듯 1721년 북경에 갔던 김창업 역시 옥하관을 거의 벗어날 수 없었다. 북경 출입이 어느 정도 가능하게 된 것은 청 체제가 안정되기 시작한 강희제 말년부터였다. 북경은 식수 품질이 좋지 않았기 때문에 옥하관 밖에 있는 우물로 물을 길러 나간다는 핑계를 대고 나갔고 회동관 관원은 그것을 묵인하였다. 물론 출입을 공식적으로 허용한 것은 아니었다. 사신의 자제들은 유관을 위해 금지 구역까지 드나들어 종종 문제를 일으켰고, 이에 수시로 출입이 통제되었다. 자제들은 부형의 세력을 믿고 역관들을 닦달했고, 역관들은 아문에 뇌물을 바쳐 금족령을 풀려고 했다. 이런 이유로 역관들은 유관을 위해 북경을 따라온 삼사의 자제를 원수처럼 알았고, 유관에 관한 것이라면 숨기려고 했다고 한다.

담헌이 북경에 갔을 때 북경 출입 상황은 대체로 이런 정도였다. 담헌은 이에 역관을 너무 믿어서도, 또 너무 다그쳐 원망을 사서도 안 된다는 것을 알고, 자신이 직접 회동관 관원들과 접촉하기로 하고 뇌물로 쓸 은자 200냥과 종이와 부채 등 선물을 미리 준비해 갔다. 북경 도착 직후인 1월 2일, 담헌은 역관을 불러 자신이 직접 회동관 관리를 만나 출입 문제를 해결하겠다고 말했다. 담헌은 4일 회동관 대사大使 사주한史周翰과 통역 등에게 종이와 부채·먹·청심환 등을 선물로 보냈고, 마침내 출입의 자유를 얻었다. 그날 담헌은 정양문 밖으로 나가 상점가를 구경하고 연극 〈비취원翡翠園〉(청초 주백학朱白鶴 지음)을 보았다. 연극배우들의 복색, 곧 망건과 사모관대 등은 명대의 것이었고, 이것은 명의 복색을 사모하던 담헌에게 깊은 인상을 남긴다.

담헌은 5일에는 북경성의 동북쪽 모서리에 있는 태학·부학·문승상묘·옹화궁(옹정제의 원당願堂)을 보았다. 담헌은 옹화궁의 규모와 화려함에 놀라움을 금치 못했다. 태학을 방문한 목적은 공부하는 선비들을 만나려는 것이었으나, 새해 보름 전부터 머무는 사람이 없어 만날 수가 없었다.

4일, 5일은 옥하관을 나가 구경할 수 있었으나, 출입 문제가 완벽하게 해결된 것은 아니었다. 아문의 6품 대통관 서종맹徐宗孟이 말썽이었다. 서종맹은 오랫동안 사신단에 관계된 제반 업무를 장악하여 조선에까지 이름이 뜨르르했던 서종순徐宗順의 동생이었다. 서종순이 죽자 그가 형의 일을 이어받았다. 조선말이 유창했던 서종맹은 성품이 사납고 탐욕스러웠으며, 일처리가 기민해 조선 역관들은 범이나 이리처럼 두려워하는 인물이었다. 담헌이 애초 서종맹과 접촉할 수 없었던 것은 마침 그가 병을 앓아 아문 밖에 나가 있었기 때문이었다.

1월 6일 담헌은 옥하관에 머물렀다. 바람이 거세게 불어 구경하기도 마땅치 않고, 또 연달아 구경을 나가는 것도 눈치가 보였기 때문이었다. 대신 《진신안縉紳案》 한 권을 사서, 1월 1일 조참 때 만난 두 한림翰林의 이름이 오상과 팽관이라는 것과 거주지를 알아 내었다. 이들을 찾아가 볼 요량이었다.

7일 담헌은 그토록 보고 싶었던 천주당에 가려고 연락했지만, 천주당 쪽에서 일이 바빠 20일 후에나 만날 수 있다고 답이 왔다. 잔뜩 실망하고 있던 중 우려하던 일이 끝내 터지고 말았다. 중국 통역관 오임포烏林哺의 초대를 받아 조선 역관이 모두 그의 집에 가는 바람에 서종맹이 아문으로 돌아왔을 때 접대하는 역관이 한 사람도 없었던 것이다. 비위가 뒤틀린 서종맹이 조선 사람들의 출입을 금지했다. 외출이 금지되자 역관들은 "서종맹이 죽지 않으면 북경을 다니기 어려울 것"[20] 이라며 유관을 거의 포기하는 분위기였다. 담헌은 4, 5일 기다려 보자는 의견을 물리치고, 자신의 몫으로 온 세찬歲饌 두 상 중 한 상을 서종맹에게 보냈다. 자제군관이 중국 통관에게 세찬을 보내 대접한 것은 처음이었다. 감격한 서종맹은 이내 담헌을 찾아와 감사를 표했다. "전에는 공자로 들어오는 이가 우리를 보면 다 몸을 감추고 사람을 대접하지 않으니, 평생에 괴이하게 여겼는데, 공자는 그렇지 아니하니 진정 사귈 만한 사람입니다."[21] 서종맹의 말에는 일면의 진실이 있었다. 사신을 따라온 자제들은 고위관료 집안 출신이었고, 또 역관은 조선에서 천시하는 직종이었으므로, 중국인 역관들 역시 사람 취급을 하지 않았다. 서종맹은 담헌이 오임포의 청에 따라 연주하는 거문고를 듣고 "공자를 보니 진정 선비입니다"[22]라고 칭송을 아끼지 않았다. 뒤에 곡절이 없는 것은 아니었지만, 담헌의 출입은 대체로 자유로웠다.

담헌은 출입의 자유를 얻었지만, 환술幻術, 곧 마술을 하는 사람이 옥하관에 들어와 공연을 한다 하여 8일에는 옥하관을 나서지 않았다. 담헌은 천주당에 다시 편지와 예물을 보내어 방문을 허락해 줄 것을 요청했고, 9일에 방문하라는 답신을 받았다. 그런데 담헌에게 호감을 갖게 된 서종맹이 음악 연주자를 불러 9일에 초대하겠다고 하였다. 담헌은 서종맹의 초대에 응한 뒤 천주당에 가기로 하였다. 9일 담헌은 서종맹의 조카 집으로 가서 음악을 듣고 음식 대접을 받았다. 천주당 방문 약속이 잡혀 있으므로 다시 돌아와 음악을 듣기로 양해를 구하고, 관상감 관원 이덕성李德星과 함께 천주당으로 갔다. 북경에는 천주당이 넷 있었는데, 담헌이 방문한 곳은 옥하관과 아주 가까운 남천주당이었다. 담헌은 유송령劉松齡·포우관鮑友官 두 서양인 신부와 오랫동안 대화를 나누고 여러 가지 천문 관측기기를 보았다. 《연기》의 〈유포문답劉鮑問答〉은 그 대화를 기록한 것이다. 천주당 방문에 대해서는 뒤에 상론한다.

"천하의 선비를 만나 천하의 일을 의논할 뜻"을 가졌던 담헌은 중국 지식인을 만나 대화하기를 간절히 바랐다. 그들의 명에 대한 인식, 나아가 그들이 과연 명에 대한 충절심이 있는지, 청을 몰아내고 천하를 다시 찾을 뜻이 있는지를 확인하고자 했다. 담헌은 여러 날 전 농마두籠馬頭 덕형에게 '용한 선비'를 찾아보라 했고, 덕형은 근처 상점에서 과거를 보러 온 남방 출신의 선비 두어 사람을 만나 담헌의 뜻을 전했으나 그들은 모두 과거가 닥쳐 있고 외국인 만나기를 원하지 않는다면서 거절하였다. 덕형은 대신 건륭제의 사촌인 유친왕의 아들인 양혼兩渾을 만나 보라고 권했다. 양혼은 실제 이름이 아니고, 쌍방이 서로 알지만 본명을 밝히기 어려울 때 쓰는 편지에서 사용하는 투식어라고 한다. 양혼이 정확하게 누구인지는 아직 밝혀지지 않았다. 유친왕의 아들은 아니고, 강희제의 제3황자 윤지允祉의 손자 영산永珊으로 추정하기도 하고,[23] 제13황자 이친왕 윤상允祥의 손자 영랑永琅으로 추정하기도 한다.[24] 누구인지 확정하기 어렵고 또 담헌이 양혼이란 이름을 썼으니 이 사람은 계속 '양혼'으로 쓰도록 하자.

담헌은 양혼이 한인이 아닌 만주족이고 또 황제의 지친이라는 점이 마음에 걸렸지만, 양혼이 가지고 있다는 문시종問時鐘, 곧 휴대용 자명종이 너무나 보고 싶어 덕형에게 만남을 주선하라 요청했고,[25] 그날 조선 사신단과 거래를 하는 상인 진가陳哥의 점포에서 양혼을 만난다. 담헌은 여러 주제로 대화를 나눈 뒤 양혼이 가지고 있는 문시종과 일표日表를 보았고, 헤어질 때 그것들을 빌린다. 대명 의리를 그토록 완강하게 신념했던 담헌도 서양의 새로운 기계 앞에서는 무력해질 수밖에 없었다. 양혼을 만난 이야기 역시 뒤에 따로 상론하겠다.

11일 담헌은 북경을 방문하는 조선 사신단을 놀라게 한다는 유리창을 찾았다. 유리창은 서적과 갖가지 문방구, 골동품, 서화 등을 파는 점포가 몰려 있는 거대한 시장이자 문화적 공간이었다. 담헌은 서책·기완器玩(유리그릇·옥그릇·화기畫器·필통·필산筆山·문방구)·안경·거울·필묵·벼루·그림·춘화·악기 등을 파는 점포들을 보고 그 다양하고 풍부한 물화에 큰 충격을 받는다. 유리창을 구경하던 중 담헌은 우연히 금포琴舖를 발견하고 들어가 중국 금琴을 연주할 줄 아는 사람을 찾았다. 담헌 자신이 빼어난 거문고 연주자였기에 중국 금에 흥미를 느꼈던 것이다. 우연의 일치인지는 몰라도 조선 사신단의 상통사 이익李瀷은 장악원의 요청으로 당금唐琴과 생황笙簧을 구입하고 그 연주법을 배워 오는 일(사신단을 따라갔던 장악원의 악공이 연주법을 익힌다)을 맡아 이미 이 가게에서 악기를 구입한 터였다. 또 금포의 주인 유생劉生은 조선의 전악典樂에 해당하는 태상시 악관樂官이었는데, 담헌이 방문한 그 시각에 마침 옥하관에 불려가 연주를 하던 중이었다. 이날 담헌은 장경張經의 점포도 찾아갔지만, 장경을 만나지는 못했다. 장경은 담헌보다 여섯 살 적은 30세 젊은이로 당시 흠천감 박사博士로 재직하며 유리창에 점포를 열어 골동품을 팔고, 인장도 새기고 있었다. 천문학에 몰두했던 담헌은 장경이 흠천감 박사라는 데 관심이 갔다. 장경과 친한 통역 김복서金復瑞를 데리고 찾아갔지만 부재중이라 만날 수 없었다.

12일 담헌은 부사 김선행과 함께 옹화궁과 태학에 갔다. 옹화궁은 원래 옹정제의 사저였으나 당시 라마교 사찰로 변해 있었다. 옹화궁은 북경을 구경하는 사람은 모두 보기 원하는, 화려하기 짝이 없는 '북경 제일의 묘당廟堂'이었고, 담헌 역시 그 화려하고 웅장한 규모에 넋을 잃었다. 옹화궁을 보고 담헌은 태학으로 가서, 공자와 제자의 신위에 만주 글자가 한자와 함께 나란히 씌어 있는 것을 보고 개탄해 마지않았다. 이어 그는 석고石鼓를 보고 태학에서 선비들을 만나 보고자 했으나, 보름 전부터 방학이라서 유생들이 없었다. 보름 뒤에 오라는 말을 듣고 담헌은 문천상文天祥의 사당인 문승상묘文丞相廟를 보러 갔다. 문천상은 원나라의 침공에 항전하다가 체포되었을 때 쿠빌라이의 벼슬 권유를 거절하고 사형을 당한 송의 충신이었다. 문승상묘는 심하게 퇴락해 있어 담헌은 개탄해 마지않았다.

13일 담헌은 양혼에게 빌렸던 문시종과 일표, 감사 편지, 선물을 진가의 점포에 맡겼다. 이날 이덕성과 천주당을 찾아갔으나 유송령은 흠천감에 근무 중이고, 포우관은 손님맞이에 바쁘다며 19, 20일경에 다시 찾아오라고 하였다. 담헌은 유리창을 지나다가 역관 이익과 악사를 만나 유생의 금포로 갔다. 가게가 번잡하여 유생의 짧은 연주를 듣고 뒷날을 약속하고 돌아왔다.

14일 담헌은 삼사와 함께 유리창과 천단天壇을 거쳐 북경성의 남동쪽 끝에 있는 법장사法藏寺를 유관하였다. 북경의 온갖 구경 중에서 "법장사 탑에 올라 황성을 굽어 보는 것이 제일 기관奇觀"이라는 말이 있듯, 담헌 역시 법장사 탑에 오른 뒤 이 말에 동의하지 않을 수 없었다. 이날은 양혼과 선물 때문에 약간의 곡절이 있었다. 양혼이 13일 담헌이 보낸 선물에 대한 답례로 고급비단 등을 보내 왔는데, 담헌은 선비에게 어울리지 않는 선물이라고 거절했고, 양혼은 다시 문시종을 선물하겠다고 하였다. 담헌이 거절하자, 양혼은 붓과 먹을 보냈고, 담헌은 다시 답례로 옥잔을 보냈다.《연기》와《을병연행록》에는 담헌이 문시종을 거절한 것으로 되어 있지만, 황윤석에 따르면 담헌은 문시종을 선물로 받았던 것으로 보인다.《이재난고》에는 분명히 담헌이 건륭의 친동생인 번왕藩王의 세자로부터 서양 문시종 1부를 기증받았다고 말하고 있기 때문이다. 담헌은 자신이 비난해 마지않던 청인淸人으로부터 선물을 받은 것을 밝히기를 꺼려 기록에 남기지 않았던 것이 분명하다. 황윤석의 전언에 의하면, 이 자명종은 경상과 종실, 부마 등이 돌려가면서 감상하다가, 빼앗으려는 자가 많아 망가졌고 양혼에게 보내 수리를 맡겼지만, 편지와 자명종이 모두 사라져 버렸다고 한다.[26]

북경에 머무르는 동안 담헌과 양혼은 진가를 사이에 두고 편지를 주고받았다. 문시종 외에는 양혼과 특기할 만한 관계는 없었지만, 담헌은 양혼을 귀한 신분임에도 불구하고 겸손하고 소탈한 사람으로 인정하였다. 이날 금포의 유생이 옥하관에 들어와〈평사낙안平沙落雁〉12장을 연주했고, 담헌도 유생의 요청에 거문고를 연주했다.

담헌은 15일과 16일에는 피곤한 데다 바람까지 불어 몽골어 역관 이억성李億成과 몽골관에 가기로 한 약속도 취소하고 옥하관에 머물렀다. 16일에는 중국 상인들이 옥하관에 들어와 물건을 팔았다. 담헌은 서종맹의 초청으로 그의 집에 가서 폭죽 터트리는 것을 구경하고, 이어 거리로 나가 보름을 기념하여 시가에 내건 화려한 등불을 구경하였다.

17일 담헌은 자금성 서쪽에 붙어 있는 거대한 인공호수인 태액지太液池와 그 북쪽 끝에 있는 오룡정五龍亭을 둘러보고, 귀로에 회자국回子國 사람이 사는 동네를 찾아가 구경을 하고 그곳 사람들과 잠시 대화를 나누었다. 18일 담헌은 이익과 함께 유리창 유생의 금포에 갔다 3사신三使臣이 오룡정과 천주당을 보자고 했지만, 이미 보았기에 유생의 금포로 갔던 것이다. 물건을 파느라 너무 바쁜 유생을 대신해 장씨 성을 가진 다른 중국 악공이 연주하는〈평사낙안〉과〈어초문답漁樵問答〉등을 들었다. 연주는 별 성의가 없었다. 유생은 조선 악공이 연주를 배우고자 하면 은근히 돈을 바라고 있었으니, 그에게 담헌 일행은 달갑지 않은 객일 뿐이었다.

19일 담헌은 다시 책력 만드는 것에 대해 문의하기 위해 파견된 관상감 일관日官 이덕성과 천주당을 찾았다. 유송령과 포우관이 밤새 천문을 관측한 탓에 피곤하여 잠을 자고 있다며 거절의 뜻을 전해 왔다. 담헌은 편지와 선물을 보내어 간절히 만나 줄 것을 요청했고, 그 결과 다시 만날 수 있었다. 천문학을 주제로 문답이 있었고, 이어 관상대를 보자고 요청했지만 거절당하였다. 천체망원경을 볼 수는 있었다. 그러나 자명종을 보자는 요청은 끝내 거절하였다. 유송령과 포우관은 담헌 일행을 소홀히 대하는 기색이 역력하였다. 이들과의 만남에 대해서도 뒤에 상론하겠다.

20일 담헌은 팽관의 집을 찾았다. 열흘 전쯤 담헌은 하인 세팔世八을 보내어 만날 것을 청했고, 팽관은 이미 허락을 한 터였다. 간단한 인사가 끝난 뒤 중국과 조선의 풍속·학문·문학 등을 주제로 필담이 이루어졌다. 필담은 길게 이어졌지만, 두 사람은 담헌이 기대했던 인품과 지식을 갖추고 있지 않았다. 담헌은 실망을 금치 못했다. 21일 담헌은 마두 덕유德裕을 시켜 팽관·오상에게 편지를 전하게 하였다. 팽관의 집에서는 이 편지와 선물로 보낸 장지와 화전지, 부채 등을 돌려보내고 23일 만나자고 하였다. 담헌은 이날 옥하관에 머물렀다. 22일 담헌은 유구관琉球館을 찾아갔지만, 미리 와 있던 서반序班과 갑군甲軍이 회동관의 제독이 와 있다며 돌아갈 것을 강권하여 어쩔 수 없이 옥하관으로 돌아왔다. 돌아오는 길에 유생의 금포에 들렀으나, 유생의 성의 없는 연주에 실망하고 돌아섰다.

23일 담헌은 한림서길사청翰林庶吉士廳에 가서 팽관·오상과 필담을 나누었다. 대화 내용은 그리 대단하지 않았다. 24일에는 몽골관을 찾아가 몽골 추장을 만났다. 이어 동천주당을 찾아갔다. 동천주당 역시 남천주당과 같았다. 담헌은 자명종을 보고 관상대까지 올라갔지만, 내부를 볼 수는 없었다. 흥미로운 것은 동천주당에서 예수의 죽음을 슬퍼하는 사람들이 그려진 성화聖畫를 보고, 담헌이 "소견에 아니꼬워 차마 바로 보지 못하였다"[27)]고 하는 부분이다. 철저한 정주학자 담헌은 이단을 극력 배척하였고, 당연히 천주교에도 거부감이 심했다. 이를 더 이상 알려고도 하지 않았다.

25일 양혼이 편지와 선물(주머니와 명대의 먹)을 보내 왔다. 담헌은 김재행과 함께 북경성의 북쪽 성문인 덕숭문德崇門 밖으로 나가 성밖을 두루 구경하고 돌아왔다. 26일 양혼이 담헌에게 문시종을 그대로 가지라는 뜻을 전해 오자, 담헌은 예의를 갖추어 완강히 거절하였다. 담헌은 이날 팽관이 추천한 감생 장본張本·주응문朱應文, 소년 팽광려彭光慮를 유리창 미경재味經齋 서점에서 만나 필담을 나누었다. 하지만 이들 역시 담헌이 기대하는 수준의 지식인은 아니었다. 27, 28일은 바람이 심하게 불고 피곤하기도 하여 나가지 않고 옥하관에 머물렀다. 29일에는 융복사 시장을 찾아갔는데 시장의 거대한 규모에 감탄해 마지않았다. 30일에는 유리창 장경의 점포에 갔다. 장경과 천문학을 주제로 대화를 나누었지만, 기대만큼 통달한 지식을 가진 사람은 아니었다.

1766년 1월 한 달 동안 담헌은 북경의 경승지나 유적지를 방문했다. 보통 경화세족 자제의 유관과 크게 다를 것이 없었다. 담헌의 북경 체류에 유의미한 극적 변화가 일어난 것은 2월 1일이었다. 2월 1일의 사건 하나가 담헌의 북경 여행을 다른 이들의 북경 여행과 결정적으로 갈라 놓았다. 2월 1일 비장 이기성李基成이 안경을 사러 유리창에 갔다가 엄성嚴誠과 반정균潘庭筠을 만나 안경을 거저 얻은 뒤 그들의 인품에 반해 담헌에게 두 사람을 만나 볼 것을 권했던 것이다. 안경이 계기가 되어 담헌은 이틀 뒤인 3일 간정동乾淨洞[28]으로 찾아갔고, 이후 7차례의 만남을 가졌다.

다음은 담헌이 3월 1일 북경을 떠나기 직전까지인 2월 1일부터 29일까지의 일정이다.

□ 1일(▼)→2일(천주당)→3일(1차)→4일(2차, 유留, 옥하관)→5일(류, 편지)→6일(태화전, 유리창, 편지)→7일(류, 편지)→ ■ 8일(3차)→9일(류, 편지)→10일(류, 편지)→11일(서산西山, 편지)→ ■ 12일(4차)→13일(유)→14일(유, 편지)→(유, 편지)→16일(유, 편지)→ ■ 17일(5차)→18일(유)→19일(유, 편지)→20일(유)→21일(유)→22일(유, 편지)→ ■ 23일(6차)→24일(유, 편지)→25일(유, 편지)→ ■ 26일(7차)→27일(유, 편지)→2월 28일(유, 편지)→29일(유, 편지)

29일 동안 담헌은 검게 표시한 날에 엄성과 반정균을 만나 필담을 나누었다. 모두 7일이다. 4일의 2차 만남만 엄성과 반정균이 옥하관을 찾아왔고, 나머지 6차례는 담헌이 두 사람의 간정동 숙소를 찾았다. 29일 중 7일을 제외한 22일 중 20일은 또 옥하관에 머물렀다. 물론 4일의 2차 만남은 옥하관에서 있었기에 담헌은 2월의 29일 동안 실제 21일을 옥하관에 머문 셈이다. 그가 옥하관을 나가 유관한 것은 2일의 천주당 방문과 태화전, 유리창을 방문한 것뿐이다. 담헌은 실로 2월 한 달 동안 두 사람을 만나는 것을 제외하고는 북경 유관을 거의 하지 않았다.

담헌은 2월 한 달을 오직 엄성과 반정균, 그리고 육비와 친교를 다지는 데 쏟았다. 위의 인용에 '편지'라고 표기한 것은, 담헌과 엄성·반정균, 그리고 육비 사이에 편지가 오갔음을 뜻한다. 담헌은 2월 한 달 동안 오직 중국인 친구들과의 사귐에 몰두했다. 이 부분에 대해서는 뒤에 다시 자세히 언급하기로 한다.

청을 바라보는 시각, 대명 의리

담헌의 중국·북경 체험을 다시 정리해 보자. 담헌은 중국과 북경에서 무엇을 느끼고 무엇을 생각했던가?

압록강을 건너자 담헌의 눈앞에 번영하는 중국이 펼쳐졌다. 청의 번영은 대명 의리를 고수하던 담헌을 혼란스럽게 만들었다. 예컨대 1765년 12월 27일 북경에 도착한 담헌은 6일 뒤인 1766년 1월 4일 정양문 밖으로 나가 북경의 도시적 번영을 보고 찬탄해 마지않는다. "슬프다! 이런 번화한 기물을 오랑캐에 맡기고 100년이 넘도록 능히 회복할 묘책이 없으니 만여 리 중국 가운데 어찌 사람이 있다 하겠는가?"[29] 중국은 듣던 대로 거대하고 찬란했다. 그것을 오랑캐 청에게 내맡기고 100년이 넘도록 되찾을 수 없는 것은, 이해할 수 없는 모순이었다. 또한 중국이 청 체제하에서 그토록 안정과 번영을 누리는 것도 형언할 수 없는 충격이었다. 그 번영은 또 쇠퇴할 기미도 보이지 않았다.

오랑캐가 다스리는 중국의 번영과는 대조적으로, 조선은 가난과 체제 모순에 직면해 있었다. 압록강을 넘어서면서 청의 번영을 보는 사람은 당연히 조선을 떠올리며 복잡한 감정에 잠겼다. 예컨대 담헌보다 15년 뒤 박지원은 책문 밖에서 책문 안쪽을 바라보고 충격을 받는다. 단정하게 지은 수많은 민가, 벽돌로 쌓은 담, 끊임없이 오가는 승용 수레와 화물 수레 등 전혀 시골답지 않다. 박지원은 고백한다. "책문이 천하의 동쪽 모서리인데도 오히려 이와 같으니, 앞으로의 유람을 생각해 보건대 홀연 기가 꺾인다. 곧장 여기서 돌아가 버릴까 하는 생각에 나도 몰래 배와 등이 끓고 타올랐다."[30)] 그 순간 연암이 자신의 마음을 시기하는 마음이라고 반성하면서 평등한 눈으로 세상을 보자고 다짐한 것 역시 감출 수 없는 당혹감과 열등감의 소산이었다.

서울에는 여전히 대명 의리를 국시로 삼고 있는 조정과 사족 사회가 있었고, 대명 의리가 국시인 이상 청의 번영을 사실 그대로 인식하고 표현할 수는 없었다. 그들은 번영하는 중국을 보고도 그것이 청의 통치에서 비롯된 것임을 인정하려 하지 않았다. 여전히 중국의 정통 왕조는 100년 전 망한 명이었고, 청은 부당하게 중국을 차지하고 있는 오랑캐에 불과했다. 북경에 파견되는 사신단의 생각 역시 거의 같고, 담헌의 생각도 기본적으로 크게 다르지 않았다. 대명 의리가 얼마나 깊숙이 조선 지배계급의 뇌리에 침투했는지를 《연기》의 〈송가성宋家城〉을 통해 잠시 살펴보도록 하자. 〈송가성〉에 실린 이야기는 청나라에 대한 조선 지배층의 인식이 어떻게 왜곡되어 있는지를 보여 주는 적절한 예가 될 것이다.

'송가성'은 계주蘇州 동쪽 30리에 있는 성이다. 귀국길에 오른 담헌은 3월 3일 송가성을 찾아가려 했다. 하지만 부사 김선행은 동행을 거부했다. 이유는 송씨 가문과 청의 관계를 오해한 데 있었다. 김선행은 송씨 가문이 과거 청에 저항했고, 현재도 청의 핍박을 받고 있다고 생각한다. 그 구체적인 사정은 이러했다. 송씨들은 명나라 세신世臣으로 청의 군대를 여러 차례 패배시켰고, 강희제 때 비로소 항복했다. 청은 송씨들의 저항에 대한 보복으로 성을 파괴하려 했지만 너무 견고해 실패한다. 또 청은 송씨들을 괴롭히기 위해 1년에 은 1만 냥을 바치게 했지만, 송씨들은 아직도 버티며 청의 조정에 벼슬하지 않았다. 송씨들은 조선이 명의 은혜를 받았는데도 청에 복종하고 있기에 조선을 의롭지 않게 여겼다. 이런 이유로 조선 사신단이 찾아가도 침을 뱉으며 경멸하고 불과 물을 달라 해도 주지 않는다. 조선 사신단은 청에 조공하는 사신단이니, 송가성을 찾아가면 모욕을 당할 것이란 이유로 김선행은 동행을 거부했다. 이에 대해 담헌은 김창업이 찾아가 확인한 결과 송가성에 대한 전설은 사실이 아니었고, 만약 또 송씨들이 청에 저항하여 핍박을 받고 있다면, 더욱더 찾아가 보아야 할 것이라고 설득했지만, 김선행은 듣지 않았다.

　담헌은 3월 4일 혼자 송가성을 찾아가 주인 송씨와 중국어로 대화를 나눈다. 담헌이 송가가 청조에 들어와 벼슬하지 않고 있는지 여부를 묻자, 송씨는 자신이 진사가 된 지 9년이 되었지만, 아직 벼슬을 못하고 있다고 답했다. 담헌은 송씨가 청조에 벼슬하지 않는다는 김선행의 말은 "모두 헛소문인 모양"이라고 덧붙인다. 이어 송가성의 역시에 대한 대화가 있었다.

"사가私家에서 어찌 성을 가지고 있습니까?"
"전조 때 변방 방어가 매우 급했기 때문에 금하지 않았던 것이지요."
"그렇다면, 어찌해서 유독 존가에서만 이 성을 가지고 있습니까?"
"도 지휘사가 2만 장정을 거느리고 둔전屯田을 경작했는데, 이 역시 나라의 일이라 겸하게 된 것입니다. 때로는 남은 재화가 있었으니, 어찌 다른 사람과 비교가 되었겠습니까?"

"본조의 초년에 이 성 역시 공격을 받았을 것입니다. 언제 귀복歸復했는지요?"

"순치順治 3년(1646) 천하가 완전히 평정되었는데, 그때 귀복했습니다."[31]

'순치 3년(1646) 천하가 크게 평정되었을 때'란 1644년 청이 북경을 차지한 뒤 일시 성립했던 남명南明의 여러 정부 중 복건성을 근거지로 삼았던 당왕唐王이 청에게 패배해 죽은 해다. 송씨는 이것을 청의 중국 지배가 확립된 해로 보았던 것이다. 어쨌든 송가성은 스스로 항복했고, 이후 저항한 역사는 없었다.

담헌이 송가성이 파괴된 곳이 많은 것이 과거 청군의 포격 때문인지 묻자, 옹정 연간의 지진으로 파괴되었고 물력이 부족해서 수리를 못한 것이라고 답했다. 벌금 '1만 냥'도 사실이 아니었다. 송가성에는 특별한 저항의 역사도, 핍박의 자취도 없었다. 홍억이 송씨 가문에서 청조에 들어와 벼슬한 사람이 있는가를 묻자, "전조 때는 여러 대 세습했지만, 지금은 계승하지 못하고 있습니다. 이 때문에 성주聖主에게 버림을 받고 있습니다." 홍억이 "이것이 집안을 계승하는 방법이지요" 하자, 송씨는 얼굴빛이 변하며 필담하던 종이를 찢어 버렸다. 김선행이 상상했던 것처럼 그들에게 저항의 역사와 의지는 실재하지 않았다. 북벌을 염원한 조선인의 상상력이 만들어 낸 허구였다.

북벌은 당연히 사신단이 공유하고 있는 생각이었다. 북경 체류 중 옥하관 주방에서 화재가 나자, 역졸들이 기와를 걷어 내고 불을 껐다. 어떤 역관이 중국인들은 불을 너무 두려워하여 불이 나면 옆집을 헐어 번지는 것만 막는다고 하였고, 이에 담헌은 "우리나라가 조만간 북벌을 할 때 만약 화공을 한다면 천하는 별로 힘을 들이지 않고도 평정할 수 있을 거야"라고 농담을 건넸다. 이에 어떤 역관이 정양문 밖 문루에 불이 났을 때 '10대의 물차'를 동원해 순식간에 불을 끄는 것을 보았다며, 그런 '교묘한 기계'가 있으니, 불 공격을 두려워하지 않을 것이라고 반박하였다.[32]

이 일화에서 주목해야 할 것은 '북벌'의 존재다. '농담'이라는 전제를 달기는 했지만, 북벌을 여전히 의식하고 있다는 점이 중요하다. 불가능하지만, 북벌은 여전히 조선인의 의식 속에 깊이 박혀 있는 관념이었다. 담헌 역시 이런 생각에서 벗어나지 않았다. 다만 그는 송가성에 관련된 일화에서 보듯, 대명 의리를 지키되 근거 없이 상상된 것을 믿으려 하지 않았을 뿐이다. 즉 담헌이 교정하려 한 것은 김선행의 근거 없는 상상력이었지 김선행의 대명 의리 자체는 아니었다.

이미 여러 차례 언급한 바와 같이 담헌 역시 강력한 대명 의리의 신봉자였다. 중국 땅에 들어서서 만나는 도시나 건축물, 자연은 담헌에게 청의 중국 지배에 관련된 역사적 사건에 관한 기억을 촉발하였다. 예컨대 담헌은 12월 16일 영원성에 도착하자, 과거 영원성에서 청의 군사를 막아 낸 원숭환과 원숭환이 죽은 뒤 성을 지키다가 포로가 된 조대수와 조대락 등을 떠올린다. "이런 장수가 오래지 않아 간신의 모함을 면치 못하였으니 어찌 애달프지 않으리오"[33]라고 말한다. 다만 담헌은 조대수와 조대락의 패루에 대해서는 그 거창하고 화려하고 공교한 솜씨를 높이 평가하면서도 "이때 나라를 어지럽히고 변방을 위태롭게 하는 적을 당하여 재물을 아껴 군사를 기를 생각을 아니하고, 무한 공력을 이런 곳에 들여 쓸데없는 부분을 숭상하니, 마침내

성이 함락되고 몸이 사로잡혀 나라를 저버리고 '오랑캐 신복'이 됨이 어찌 마땅치 않으리오"[34)]라고 한다. '오랑캐의 신복'이란 말에서 보듯, 담헌 역시 청의 대륙 지배를 오랑캐의 중국 지배로, 곧 비정상적인 상태로 보는 생각에서 벗어나지 않았다.

앞에서 말했다시피 담헌은 지식인과의 대화를 여행의 중요한 목적으로 삼았다. 그 지식인이란 명을 기억하면서 청에 대해 비타협적·저항적 사고를 갖고 있는 한인漢人이었다. 담헌은 한인을 만나면, 그런 생각을 끄집어 내어 확인하고자 하였다. 예컨대 앞에서 말한 바와 같이 사하소 점방의 주인 곽생郭生이 "지금 시절은 한인이 벼슬할 때가 아닙니다"라고 하자, 담헌은 그 말에서 청에 대한 저항정신을 확인한다. 그는 급히 곽생의 손을 잡고, "그대는 식견이 높은 사람입니다. 이 말이 족히 세상 사람의 꿈을 깨우고 미혹함을 풀 것입니다"라고 말한다.[35)] 곽생은, 한인은 관료가 됨으로써 청의 통치에 협력할 수 없다 생각했고, 담헌은 이를 확인하자 동조하며 높이 평가해 마지않았던 것이다.

이런 장면은 곳곳에서 확인된다. 12월 24일 옥전현玉田縣 숙소에서 담헌이 중국 지식인과 만나지 못함을 한탄하자, 어떤 역관이 몇 해 전 옥전의 지현을 만난 이야기를 꺼냈다. 그 이야기는 다음과 같다. 옥전 향교에서 조선 사신단 몇 사람이 지현의 아들과 대화를 나눈 것이 계기가 되어 지현의 초청을 받았다. 지현이 조선 사람들의 사모관대를 보기를 원해 가져다주자 써 보며 비감해하길 "이것은 우리의 옛날 의관입니다. 우리 조상이 입었던 것을 생각하매 절로 슬픈 마음이 생깁니다"라고 말했다. 밤이 되자 지현은 "조선은 이 의관이 있으니 극히 귀한 나라"라면서 조선 사신을 만나려 했다. 하지만 사건이 생길까 두려워한 역관들이 막았다고 한다.[36] 담헌은 2월 11일 엄성과 반정균에게 이 지현의 이야기를 전하고 있다. 지현은 조선 의관에서 명의 정통성을 읽어 낸 사람이다. 담헌이 만나고 싶었던 사람은 바로 이런 사람이었다. 이 부분을 복식 문제를 가지고 좀 더 자세히 들여다보자.

조선인의 의복과 중국인의 의복

옥전현 지현 이야기의 초점인 조선 사신단의 의관은 담헌이 중국과 북경 여행 도중 의식적으로 가장 많이 꺼낸 화제였다. 연행록을 보면, 중국인이 조선 사신단의 의복을 호기심 어린 눈으로 보는 장면이 종종 나온다. 조선인의 의관, 곧 복식과 관모와 두발 형식은 중국인의 호복·변발과 확연히 구분되는 것으로, 중국인에게 관심의 대상이었다. 반면 담헌에게 의관과 두발 형식은 '명'과 중화, 문명성과 동의어다.

청은 조선에는 호복과 변발을 강요하지 않았다. 명대의 복식과 유사한 복식과 두발 형식을 지키는 데 대해 조선인은 우월감을 가졌고, 그것을 조선이 중화의 문명을 보유하고 있는, 곧 소중화의 표지로 인식하였다. 1720년 북경에 갔던 이기지 역시 자신에게 호의를 베푸는 서양인 신부들을 두고 중원이 더럽혀진 이후 어쩔 수 없이 야만적 국속國俗을 따르고 있던 그들이 자신을 비롯한 동방의 여행자들에게서 고아한 의관 문물을 목격하고는 조선과 조선의 문화를 흠모하게 된 것[37]이라고 착각했으니 말이다. 45년이 지난 뒤 담헌도 똑같이 조선의 의관을 사라진 명 체제 혹은 예악 문명의 상징으로, 중국인의 호복과 변발을 청 체제, 곧 야만의 상징으로 여겼으니, 그 생각은 전혀 바

꾀지 않았다.

12월 26일 조림장棗林庄에서 작은 사건이 일어났다. 담헌이 식사를 하기 시작하자, 어떤 중국인이 조선 사신단을 보고, "사양하지 않으며 밥을 먹으니 예의가 없다"고 말한다. '예의가 없다'는 말에 대해 담헌은 중국의 풍속은 모르는 사람이라도 한 장소에서 만나면 서로 인사를 하고 사양한 뒤에 식사를 하기에, 그 사람이 조선 사람의 무식함을 나무랐다고 해설을 붙인다. 담헌이 자신이 깜빡 잊었다며 괴이하게 여기지 말라고 하면서 말을 건넸고 대화가 시작되었다. 대화 도중 조선인의 의관이 화제가 되었다. 담헌이 "그대는 우리 의관을 보고 괴이하게 여기지 않는구려"라고 말하자, 그 사람은 "조선인들의 의관이 진짜 의관"이라 하고, 자신의 몸을 가리키며 "이것이 무슨 모양입니까? 우리도 명나라 때는 그대들의 의관과 같았습니다"라고 하였다. 담헌이 "조선인의 의관이 좋은 것이라 생각한다면, 변발을 하지 말고 조선의 의관을 따르면 어떤가?"라고 하자, 그 사람은 웃으며 "황상이 못하게 하니, 뉘가 감히 어길 것입니까?"라고 말했다.[38] 담헌이 중국인에게 복식과 두발 형식을 가지고 대화를 건넨 것은 주목할 만하다. 복식과 두발 형식은 한인의 명과 청에 대한 인식을 측정하는 중요한 도구였다.

조선인의 의복은 이후 수없이 등장한다. 담헌이 북경에 도착해 최초로 대화를 나눈 지식인은 오상·팽관인데, 담헌이 그들을 주목한 것 역시 두 사람이 조선 사신단의 의복에 깊은 관심을 보였기 때문이다. 담헌은 그 관심을 이렇게 오해했다. "생각건대 두 사람이 비록 오랑캐 조정에 몸을 굽히고 있지만, 기쁜 낯으로 우리 의관을 보는 것은 반드시 그럴만한 이유가 있을 것이다."[39] 담헌은 조선인의 의관에 대한 중국인의 관심을 청에 대한 은밀한 저항의식으로 읽었다. 물론 담헌의 일방적 희망이자 상상력일 뿐이었지만.

1월 4일 담헌은 연극 〈비취원〉을 본 뒤 정양문 밖 음식점에서 위엔샤오元宵를 사 먹던 중 산동 출신으로 과거를 치기 위해 북경에 와 머물던 송씨와 대화를 나눈다. 공자의 후손을 만나 보았으면 한다는 담헌에게 송씨는 자신의 머리를 어루만지며 "그들의 의관이 나와 한 모양이니, 특별히 만나서 무엇이 이익이 되겠소"라고 말한다. 자리를 오래 차지하고 있다고 주인이 눈치를 주자 담헌은 가게를 나오며 한마디를 덧붙인다. "이는 머리를 깎아 오랑캐 제도를 좇음을 이르는 것이다. 그 말을 들으니 마음이 극히 슬프고 참혹하며, 그 사람의 말이 또한 용속庸俗하지 않았다."[40] 담헌은 그 뒤 그를 찾았지만 만날 수 없었다고 한다.

1월 26일 미경재에서 장본·주응문을 만났을 때도 복식이 관심 대상이었다. 주응문은 "귀처의 의관은 기자箕子의 유제입니까?"[41]라고 물었다.

> 모자는 세상에서 기자의 유제라고 하지만 명백한 증거는 없습니다. 의복은 오로지 명조明朝의 옛 제도를 따르지만 간혹 본디 풍속을 바꾸지 않은 경우도 있습니다.[42]

담헌은 명의 제도를 준행한다는 사실을 힘주어 말했다. '명조明朝'라고 쓸 때 일부로 한 글자를 낮추어 써서 높이는 뜻을 보였다.[43] 이것을 본 장본은 필담을 한 종이를 찢어 버린다. 명나라 운운하는 발언이 처벌의 빌미가 될 수 있다고 생각했던 것이다. 그 모습을 본 담헌은

"한인漢人들의 두려워하고 조심하는 것이 늘 이와 같았다"고 말한다.[44)]

복식과 두발 형태로 한인들의 청에 대한 저항의식을 확인하고자 한 담헌의 태도는 2월에 엄성·반정균 등을 만나 우정을 쌓으면서도 변하지 않았다. 그는 여러 차례 조선인의 복색을 화제로 꺼내고 그들의 태도를 살피고자 했다. 이에 대해서는 뒤에 따로 다루기로 하자.

의관이란 상징 외에도 담헌은 다양한 질문을 던져 한인의 명조에 대한 인식과 청에 대한 저항의식을 측정하려 하였다. 예컨대 담헌은 명 체제에 충절을 바치거나 청에 저항했던 인물에 대해 질문을 던지고 그들의 답변에서 한인들의 청에 대한 인식의 정도를 알아 내려 했다. 담헌은 1월 20일 팽관과 오상을 만났을 때 당시 학문의 종장을 물었고, 팽관은 현재 인물은 죽기 전에는 논할 수 없다며, 선대의 인물로 탕빈湯斌과 육농기陸隴其를 꼽았다. 탕빈은 정주학과 양명학을 절충한 학자이고, 육농기는 양명학을 철저히 배척한 정주학자로 알려진 청대의 대표적인 학자이자 관료다. 이 답에 이어 담헌은 "여만촌呂晩村은 어떤 사람입니까?"라고 묻는다. 여만촌을 몰라서 묻는 것이 아니었다.

여만촌은 곧 여유량呂有良(1629~1683)이다. 여유량은 명말의 주자학자로서 변발을 거부하는 등 청에 비타협적이고 저항적인 행동으로 일관했다. 이런 이유로 옹정제는《대의각미록大義覺迷錄》에서 그를 비판했고, 건륭제는 그의 무덤을 파헤치고 일족을 사형에 처했다. 홍대용이 수학한 김원행의 석실서원에서도 이 책은 이런 맥락에서 읽히고 있었다. 담헌과 동문이었던 황윤석은 여유량이 양명학의 치양지설致良知說을 선학禪學이라고 비판한 이유를 김원행에게 묻고 있으며,[45)] 원래 육상산陸象山 계열의 주자를 배척하는 학자들을 일일이 반박한 여유량의《사서강의四書講義》가 효종·숙종 연간에 조선으로 전해져 "주자를 헐뜯는 한두 사람이 무서운 바가 있음을 알게 했다"고 말한다.[46] 여유량은 석실서원에서 비타협적인 정통 정주학자로 알려져 있었던 것이다.

이런 이유로 여유량의 생각과 행동은 조선에서 주자학의 정당성과 청에 대한 저항의 아이콘으로 인식되었으니, 담헌은 여만촌에 대한 팽·오의 반응에서 그들의 대명·대청 인식을 측정하려 했다. 팽관은 머리를 저으며 "죽은 뒤에 죄를 입어 자손과 문인門人들이 모두 변방으로 추방되었습니다"라고 하였다. 담헌은 다시 "오삼계吳三桂는 말년에 무슨 짓을 했습니까?"라고 물었다.

청이 북경 진출을 노리고 있을 때 오삼계는 요동총병遼東摠兵으로 산해관을 지키고 있었다. 이자성李自成이 1644년 북경을 함락하고 명을 멸망시킨 뒤 그에게 투항을 요구했고, 아버지 오양吳襄 역시 그러기를 바랐기에 오삼계 역시 투항하려 했다. 하지만 그는 자신의 재산이 몰수되고 이자성의 수하 장수 유종민劉宗敏이 애첩 진원원陳圓圓을 빼앗았다는 소식을 듣자, 항복을 거부하고 청과 협력하기로 결심한다. 오삼계의 협조로 청은 손쉽게 산해관을 넘어 이자성 군을 격파하고 북경을 점령할 수 있었다. 청에 협조한 오삼계는 삼번三藩의 하나로 평서왕平西王에 봉해져 운남 일대를 장악했으나, 청이 체제 안정을 위해 철번령撤藩令을 내리자, 1678년 황제라고 일컬으며 청에 저항하다가 반년이 되지 않아 사망한다. 손자 오세번吳世璠이 오삼계의 뒤를 이었으나, 1681년 청에 패배한다.

조선 사람에게 오삼계는 미묘한 인물이었다. 청과 연합해 명을 멸망시킨 이자성을 청과 연합해 패퇴시킨 공이 있으면서 한편으로는 명을 배반하고 청의 입관을 가능하게 만든 자이기도 했다. 마지막으로는 청에 저항했던 인물이기도 했다. 실제 조선 정부는 1673년 오삼계의 반란에 촉각을 세우고 북경에서 목격자의 전문, 당보塘報·순보循報와 같은 정부 간행물, 유구琉球의 사신에게 들은 내용까지 속속 보고하는 등 대단히 민감하게 반응했다. 조선으로서는 오삼계 등과 합세해 청을 공격해야 한다는 주장까지 있었으니,[47] 실로 오삼계의 반란에 거는 기대가 컸다. 담헌은 이런 차원에서 오삼계에 대해 물었지만, 팽관은 다만 "참람하게도 황제라 일컫고 반역을 도모하다가 죽임을 당했습니다"라고 답할 뿐이었다. 그들에게 여유량과 오삼계는 저항의 아이콘이 아니라, 단지 죽을죄를 짓거나 반역을 꾀한 역신일 뿐이었다. 담헌은 더 이상의 반응을 끄집어 낼 수 없었다.

담헌은 1월 12일 부사 김선행과 함께 옹화궁과 태학에 갔다. 태학의 정전인 선사묘先師廟(공자묘)의 좌우 월랑을 문틈으로 엿보아 공자 제자들의 위패에 한자와 만주 글자가 병기되어 있는 것을 보았다. 이들은 '정전 위판' 곧 공자의 위판은 보지 못했지만, 미루어 짐작하건대 '성현의 신위' 역시 만주 글자로 어지럽혔을 것이라면서 통분해한다.[48] 이어 담헌은 문승상묘, 곧 앞서 언급한 문천상의 사당으로 발걸음을 옮겼다. 수행한 통역관들이 돌아가자고 애써 말렸고, 중국 통역관도 "문 승상 묘당이 무어 볼 것이 있습니까?"라고 대들었다. 담헌은 "문 승상은 송나라의 유명한 사람입니다. 그 충절을 존모하여 한번 예배를 해 정성을 펴고자 하는 것이니 무슨 구경이 있겠습니까?"라 하고, 문승상묘로 향했다. 담헌은 묘당지기를 만나자 건물이 무너지고 소상이 헐었으니 무엇을 지킨다고 하는가 따져 물었다. 묘당지기는 "묘당은 황상이 주관하는 것이어서 사사로이 고칠 수가 없다"고 답한다. 안타까운 담헌은 황제에게 왜 이를 아뢰지 않느냐고 물었고, 묘당

지기는 재상들이 아뢰지 않는 것이고 자신은 알 바가 아니라고 답한다.[49] 담헌은 자신의 여비 100냥을 사당과 문천상 소상의 수리를 위해 내놓으려 했지만, 이 말을 듣고 그만두고 만다.[50]

대명 의리를 준신하는 담헌은 한족들의 대명·대청 의식을 측정하려 하였다. 그에게 청의 중국 지배는 여전히 비정상적이었다.

청의 안정과 번영

아무리 명에 대해 충절의식을 가지고 있다 한들, 중국은 오랑캐에 오염된 곳이고 조선만이 중화 문명을 보유하고 있다고 생각한들, 그것은 현실과 유리된 관념일 뿐이었다. 그런 관념으로 의식화된 사람들이 중국 땅에 들어서서 오감으로 인지하는 현실은 판연히 달랐다. 담헌 역시 관념과 현실의 괴리에서 심한 당혹감을 느끼지 않을 수 없었다.

중국 땅에 들어선 조선 사신단은 압록강을 건너는 순간 무엇보다 먼저 한반도와 전혀 다른 지형과 경관에 충격을 받았다. 예컨대 뒷날 박지원이 '호곡장好哭場', 곧 울기 좋은 곳이라 불렀던 요동 들판은 조선 사람이 전혀 경험할 수 없는 광막하기 짝이 없는 공간이었다. 담헌은 12월 6일 낭자산을 떠나 냉정 중화참을 거쳐 석문령石門嶺을 넘어 요동에 도착한다. 요동 벌판의 광막함에 담헌은 극도의 위축감을 느끼고, 자신은 과거 속의 자라, 우물 안의 개구리였다고 탄식한다.[51] 12월 19일 담헌은 산해관에 도착하여 바닷가에 있는 망해정望海亭에 올랐다. 만리장성이 바닷가에서 끝나고 있었다. 거창한 망해정에 올라 광활한 바다를 바라본 담헌은 감격에 겨워하며 다시 자신을 돌아보았다.

"반평생을 돌아보건대 우물 속에 앉아 벌레처럼 꿈틀거리며, 되레 눈을 부릅뜨고 가슴을 펴며 천하의 일을 망령되게 논하려 했으니, 자신을 헤아리지 못한 것이 너무나 심하였다."[52] 광막한 요동벌과 망해정에서 바라보는 망망대해 등 거대한 제국—중국의 이미지는 좁은 땅의 소국 조선과 대비되면서 담헌에게 형언할 수 없는 충격으로 다가왔다.

아울러 압록강 너머 봉황성에서부터 목격하게 된 중국 도시의 번성함은 북경에 가까이 갈수록 낙후하고 가난한 조선과 대비되면서 경탄을 불러일으켰다. 그 최초의 모습을 보자. 11월 27일 압록강을 건넌 담헌은 책문을 통과해 공식적으로 중국 땅을 밟았고, 이내 봉황성에 도착했다.

> 봉황성은, 호구가 겨우 수천에 불과했고, 토성도 죄다 허물어졌다. 하지만 길 양쪽에 점포가 이어져 걸상, 탁자, 간판이 화려하여 사람의 눈을 어지럽게 만들었고, 수레와 말이 길을 메웠으니 역시 변방의 한 도회지였다.[53]

변방의 작은 도시 봉황성조차 사람과 물자로 흥성대어 담헌을 놀라게 만들었다. 담헌은 12월 8일 심양에 도착하였다. 담헌의 말에 의하면, 심양성은 높이와 크기가 북경만 못하지만, 정교함은 북경보다 나았고, 인구와 물화의 풍부함과 시장과 점포의 사치스러움은 북경에 버금가는 곳이었다.[54] 담헌은 수레몰이꾼 왕가를 수레에서 내리라 하고 자신이 수레 앞에 앉아 좌우를 둘러보았다. 그는 "휘황찬란한 채색에 눈을 뜨지 못할 듯하고, 사람의 어깨가 서로 부딪히고 수레바퀴가 서로 부딪히니 사람으로 하여금 마음을 놀라게 하고, 절로 탄식이 나는 줄을 깨닫지 못하였다."[55] 특히 심양 시장의 풍부한 물화는 놀라운 것이었다.

처마에 납병鑞瓶을 달고 층층이 놓인 탁자에 온갖 물건을 놓아 둔 곳은 잡화 푸자鋪子(가게)요, 온갖 마래기抹額를 줄줄이 걸고 탁자 위에 둥근 사모집 같은 것을 무수히 얹은 이곳은 마래기 푸자이다. 온갖 갖옷과 여러 가지 의복이 네 벽에 걸린 곳은 의복 푸자요, 온갖 비단을 종이로 둥글게 말아 종류별로 탁자에 얹어 쌓은 곳은 비단 푸자이다. 집이 매우 높고 단청을 사치스럽게 하여 그 안에 사람의 일용 집기가 없는 것이 없고, 각각 종이로 쪽지를 붙여 표하고, 밖에 높은 대를 세우고 대 끝에 큰 패를 달고 패에 맡을 당當 자를 쓴 곳은 전당 푸자요, 문앞에 별양 높은 패를 세워 네다섯 길이 되고, 탁자의 무수한 화병에 온갖 약재 이름을 쓴 곳은 약재 푸자이다.
나귀 밀치 모양으로 여럿을 꿰어 줄줄이 달고 저울 밑에 가위 모양의 은銀을 베는 연장을 놓은 곳은 돈 바꾸는 푸자요, 북채 같으나 끝을 뾰족하게 하여 처마에 여럿을 걸어 놓은 곳은 바늘 푸자이다. 층층이 놓인 탁자에 온갖 서적을 층층이 쌓아 놓고 각각에 쪽지를 붙여 제목을 표한 이곳은 서책 푸자요, 높은 대에 비단 깃발을 달아 좋은 문자를 쓰고 문앞에 취한 사람이 많고 문안에는 온갖 풍류가 잡스럽게 들리는 곳은 술과 음식을 파는 푸자이다. 길에 다니는 장사치도 다 표한 것이 있으니, 혹 작은 징을 울리며, 혹 소고小鼓를 치고, 혹 소고에 두 귀를 달아 흔들며, 혹 죽비를 친다.[56]

이렇듯 풍부한 물화로 번성하는 심양은 담헌에게 "세상의 비길 데

없는 구경이었다."⁵⁷⁾

　심양도 놀라운 도시였지만, 더 놀라운 도시 북경이 남아 있었다. 북경 도착 사흘 전 풍윤현에 도착한 담헌은 현의 동남쪽에 있는 문창궁文昌宮이란 누각에 올랐다. 그는 정확한 공법으로 지은, 말 10마리가 달릴 만큼 넓이의 성곽을 보고 북경을 상상한다. "중국 사람들이 일하는 것이 늘 이와 같다. 작은 현縣이 이와 같으니, 북경성의 웅장하고 화려함은 말할 필요조차 없을 것이다."⁵⁸⁾

　과연 북경은 담헌의 상상을 저버리지 않았다. 아니, 상상을 훌쩍 넘었다. 12월 27일 통주에서 북경으로 들어가는 중간 길목의 팔리포八里浦에 이르러 거마와 행인이 길을 메우고, 준수한 인물과 화려한 의복, 사치스러운 안마鞍馬의 번화한 거동과 호한한 기상이 이제까지 보아 온 곳과 현격히 다른 것을 보고, 자신을 돌아본다. 그것은 "은연한 외방의 궁생窮生과 두메의 어리석은 백성이 피폐한 행장으로 한강을 건너 도성을 향하는 모습이었다."⁵⁹⁾

　담헌에게 북경의 첫인상은 이러하였다.

　통주에서 황성까지는 돌을 깔아 어로御路를 만들었는데, 그 너비가 10보가 된다. 수레바퀴와 말발굽 소리가 너무 커서 우레와 같아 길 가는 사람들은 바로 옆에서도 말이 통하지 않는다. 조양문朝陽門에서 10리 떨어진 곳에는 사람들이 짚단처럼 서 있어 시끌벅적 혼잡하기 짝이 없어, 앞장선 하인들이 몽둥이를 휘두르고 길을 비키라 소리를 질러야 겨우 흩어졌다가 다시 몰려든다. 대개 중국이 100년 태평세월을 누린 끝에 백성과 물자가 흘러넘치게 되었으니, 정말 그럴만한 이유가 있는 것이다.……동악묘東嶽廟 앞에 이르자, 패루牌樓·채

색담·여정閭井·누대樓臺가 거창하였다. 같은 하늘 아래 이런 큰 세계가 있을 줄은 꿈도 꾸지 못하였다."[60]

북경은 "하늘 아래 또 하나의 큰 세계"였다. "돌이켜 심양을 생각하여 이곳에 비할진대 또한 작은 지방이요, 쓸쓸한 경색이었다."[61] 이러한 번영은 '100년의 승평을 누린' 결과였다.

담헌은 북경에 머무는 동안 제국 수도의 거창한 규모와 풍부한 물산을 보고 넋을 잃는다. 앞에서 말한 바와 같이 북경 도착 다음 날인 12월 28일 담헌은 예부에 자문을 바치는 데 따라간다. 정양문과 태청문을 지난 뒤 그는 형언할 수 없는 놀라움을 경험한다.

"드디어 동쪽 난간 밖으로 가니 동쪽으로 큰 길이 있고, 패루를 세웠으니, 위에 현판을 붙여 골목 이름을 새기고 금으로 메웠다. 말을 타고 이곳에 이르러 사면으로 돌아보니 눈이 어지럽고 마음이 놀라웠다. 북경의 번성함은 전에 익히 들었고 《노가재연행일기》를 보아도 거의 짐작될 듯했으나, 진실로 귀로 듣는 것이 눈으로 보는 것만 같지 못하니, 어찌 이런 경지에 이를 줄 생각했겠는가."[62] 김창업의 《노가재연행일기》에서 그 규모를 짐작했지만, 북경이 이런 번성을 누릴 줄은 상상하지 못했다는 말이다.

담헌은 큰 조회를 치르는 정전인 태화전을 본 뒤 자금성의 전각에 대해 "하늘 높이 솟은 전각들과 크고 화려한 뜰과 난간은 말로 전할 수 없고, 글로도 표현할 수 없다. 높고 찬란하니, 정말이지 천왕天王의 궁전이다"라고 털어놓았다.[63]

중국의 번성은 시장의 풍요로움에서도 거듭 확인되었다. 담헌은 저 유명한 유리창 시장의 풍요를 이렇게 서술했다.

유리창은 유리 기와와 벽돌을 만드는 공장이다. 무릇 푸르거나 누런 잡색雜色 기와와 벽돌이 모두 유리처럼 빛과 윤을 내므로, 궁정에서 쓰는 각색 기와와 벽돌은 유리라는 이름을 붙여 부른다. 그리고 공장 건물을 창廠이라 부른다. 유리창은 정양문 밖 서남쪽 5리쯤에 있다. 유리창 가까운 길 양쪽에는 점포가 늘어서 있다. 동쪽과 서쪽에 여문閭門을 세우고 '琉璃廠'이란 편액을 달았기 때문에 그냥 그대로 시장 이름이 되어 버린 것이라 한다.

유리창의 시장에는 서적과 비판碑版, 정이鼎彛·골동품 등 일체의 기완器玩과 잡물雜物이 많이 있다. 장사하는 사람들 중에는 남방에서 온 수재秀才로서 과거를 보고 벼슬자리를 찾는 이들이 많다. 이 때문에 유리창에서 노니는 사람들 중에 왕왕 명사名士도 있다. 유리창 시장의 길이는 5리가량이다. 누각과 난간의 호사스러움은 다른 시장에 떨어지지만, 진귀하고 괴이하며 교묘한 물건들이 가득 차 흘러넘칠 정도로 쌓여 있고, 시장의 위치 역시 예스럽고 아름답다. 길을 따라 천천히 걸으면 마치 페르시아의 보물시장에 들어간 것처럼 단지 황홀하고 찬란한 것만 보일 뿐, 종일 다녀도 한 물건도 제대로 감상할 수가 없을 정도다.

서점은 일곱 곳이 있다. 3면의 벽마다 십몇 층의 시렁을 매었는데, 상아로 만든 책 표찰이 질서정연하고, 모든 책은 책마다 표지가 붙어 있다. 서점 한 곳의 책은 대충 헤아려 보아도 수만 권을 넘는다. 얼굴을 들고 한참 보고 있노라면, 책의 제목을 다 보기도 전에 눈이 어질어질해진다.

거울 가게의 문을 들어서는 순간 깜짝 놀라지 않은 사람이 없다. 거울은, 끈을 달아 사방 벽에 걸어 놓은 것도 있고, 받침대가 있어 벽 아래 진열해 둔 것도 있다. 큰 것은 3자가 넘고, 작은 것은 3, 4마디쯤 된다. 그 안으로 들어서면 천 개 만 개로 나뉜 듯한 내 몸을 벽의 틈을 통해 들여다보는 것 같아, 황홀하기 짝이 없다. 한동안 정신을 잃은 것만 같다.

유리창 양쪽의 거리에 있는 점포가 수천 개인지 수백 개인지 알 수가 없고, 파는 물건도 몇만의 돈이 들었는지 알 길이 없을 정도다. 하지만 백성들의 양생養生·송사送死에 없어서는 안 될 물건은 하나도 없었다. 그것들은 단지 교묘한 재주를 부려 만든 음란하고 사치스러운, 사람의 본성을 해치는 도구일 뿐이다. 이런 기이한 물건이 점점 불어나고 선비들의 기풍이 날로 방탕해져 중국이 떨치지 못하게 된 것이다. 개탄스러운 일이다.[64]

수천 수백에 달하는 엄청난 가게가 집적된, 페르시아의 보물시장과 같은 황홀하고 찬란한 유리창, 그리고 책 이름을 다 보기도 전에 눈이 어지럽고 침침해지는 규모의 서점 등은 빈곤한 나라 조선 선비의 상상을 벗어나는 것이었다.

짐작건대 청 체제의 번영은 담헌의 화이론에 최초로 가해진 충격이었을 것이다. 담헌은 《의산문답》에서 화이론을 비판하고 화와 이의 구분이란 없다고 선언하지만, 그 선언은 아마도 무수한 충격이 쌓여 이루어진 것일 터이고, 그 최초의 충격은 아마도 북경에서 받았을 것이다. 그 경험은 담헌만의 것은 아니었고, 중국 방문 사신단이 공히 느끼는 것이었을 터이다. 충격을 완화하는 방법이 있었다. 비판이었다. 담헌은 유리창의 수많은 상품에 놀라면서도 한편으로는 그것이 오로지 백성들의 실생활에 필요없는 "음란하고 사치스러운, 사람의 본성을 해치는 도구일 뿐"이라고 잘라 말했다.

본성을 해친다는 상지喪志는 《서경》의 〈여오旅獒〉에 근거를 둔, 쓸데없는 기물을 즐기다가 본심을 잃어버리는 것이라는 유가의 도덕 관념[완물상지玩物喪志]이다. 이 말은 종종 완호물을 지나치게 탐닉하는 것을 경계하는 말로 쓰였다. 유리창의 상품에는 평범한 백성들의 의식주와 직접 관계없는 사치품과 오락도구가 있었지만, 그 모두를 싸잡아 완물상지로 몰아붙이는 것은 분명 극단적인 주장이다. 더욱이 유리창 시장의 존재를 선비들의 방탕과 중국의 부진과 관련짓는 것은 논리의 비약이다. 박제가는 《북학의》에서 유리창의 고동서화古董書畫가 백성들에게 아무런 이익이 되지 못한다면서 태워 버려도 상관없을 것이라는 혹자의 주장을 반박했다. 그는 푸른 산과 흰 구름은 입거나 먹는 물건이 아니지만 사람들이 사랑해 마지않는다는 논리로, 유리창의 고동서화가 사치품이 아닌 문명세계의 상징물이라 주장하였다.[65] 아마도 박제가는 담헌을 의식했을 것이다.

유리창 외에 또 하나의 거창한 시장은 융복사에서 열리는 정기 시장이었다.

> 융복사는 큰 시가 서북쪽에 있다. 명 경태景泰 연간에 세운 것으로 마당이 넓고 건물이 크니 또한 거찰巨刹인 것이다. 근년에 열흘마다 8·9·10 사흘 동안을 절 안에서 장을 여는데, 온 성안의 장사꾼과 물화가 몰려든다.
>
> 1월 29일 역관 조명회趙明會와 같이 수레를 타고 가서 패루 아래에 이르러 내렸다. 문에 들어서자 사방 100보가량 되는 넓은 마당이 있었다. 마당 주위로 천막을 쳤는데, 일용의 온갖 물화가 없는 것이 없

었다. 그 찬란한 모습이 마치 오색구름과 아침노을이 피어오르는 것 같았다. 사람과 상품이 그득히 쌓여 걸어서 지날 수가 없었다. 하지만 몇만 명의 사람이 지껄이는데도 다만 큰 퉁소 소리처럼 은은한 소리만 들릴 뿐, 크게 외치거나 부르거나 놀라거나 꾸짖거나 하는 소리는 전혀 들리지 않았다. 여기서 그 사람들의 차분하고 조용한 풍속과 성격을 짐작할 수 있었다. 마당 동쪽에서 사람을 비집고 들어갔더니 책시冊市가 있었다. 수백 수천 질의 서적들이 일목요연하게 정리되어 빼곡히 진열되어 있었다.[66]

북경의 번성, 풍부한 물화는 당연히 조선을 떠올리게 하였다. 1월 4일 담헌은 정양문 밖으로 나가서 웅장한 건물과 거리의 화려한 상점, 지척을 구분할 수 없을 정도로 요란한 거마 소리를 듣고 천하의 장관이라 감탄하며 '우리나라의 기상'을 떠올리고는 "쓸쓸하고 가련하여 절로 탄식이 나는 줄을 깨닫지 못하였다."

담헌은 유리창을 보고 사람을 타락시키는 무용한 사치품이고 그로 인해 지배계급이 타락했다면서도 한편으로는 청 체제의 번성에 놀라움을 금치 못한다. 담헌의 저 깊은 내면에서 이미 그의 생각은 분열되고 있었다.

청의 정치

청의 번영은 눈과 귀로 확인할 수 있는 현실이었다. 그 현실은 대명의리와 북벌론으로 일방적으로 무시하거나 부정할 수 없었다. 당시 청은 절정기의 제국이었다. 중국 역사가 시작된 이래 청보다 더 큰 제국은 성당盛唐 말고는 없었다. 담헌은 그 사실을 정확하게 지적했다. "청나라가 중국의 주인이 되자 명조明朝의 옛 땅을 깡그리 차지하여, 서북쪽으로 감숙甘肅에, 서남쪽으로는 면전緬甸(미얀마)에 이르렀다. 동쪽의 올라兀喇(랴오닝성) 선창船廠은 청의 발상지로서, 명조에는 일통一統 밖이었으니, 그 영토의 넓이는 역대 왕조 중 으뜸이다."[67)

청은 유연한 외교를 펼치고 있었다. 일례로 담헌은 청이 강성한 몽골을 효과적으로 순치하고 있음을 지적한다.

> 몽골은 싸움을 당하면 대적하기 어려운 정병이 될 것이니, 이러하므로 오랑캐가 천하의 힘을 가졌으나 오히려 몽골의 강성함을 두려워하여 황제의 공주로 서로 혼인을 통하고, 선비를 불러 과거를 보게 하여 온갖 벼슬길을 열어 주고, 물화 매매에 왕래를 임의로 하게 하였다. 이런 고로 서른여덟 부락이 조공은 아니나, 실은 일통一統과 다름이 없는지라 싸움이 그치고 변방이 평안하여 100여 년 태평을 누리니, 다 강희제가 정한 법이다.[68)

청의 번영과 안정, 힘은 어디서 유래한 것인가. 담헌은 청의 유능한 정치에서 그 이유를 찾았다. 사실 청이 안정된 것은 강희제 때부터였다. 강희제는 1681년 삼번의 난을 평정함으로써 내부의 저항 세력을 완전히 뿌리 뽑고, 러시아와 네르친스크 조약을 맺어 국경을 확정하였고, 1690년대에 두 차례 외몽골 친정으로 그 지역을 자신의 세력하에 두었으며, 그 잔류 세력이 티베트를 점령하자 병력을 파견하여 1720년에는 자신의 보호 아래에 두는 등[69) 내부와 외부를 안정시키기 시작했다. 담헌 역시 강희제를 당연히 언급했다. 그는 북경 서쪽 20리에 있는 강희제의 이궁인 창춘원暢春園이 소박한 것을 보고, 높이 평가해 마지않는다.

> 창춘원은 강희제의 이궁이다.……60년 동안 천하가 받들었지만 궁실이 이처럼 낮고 검소하였기에 천하를 위복威服하고, 그 은혜에 화華·이夷가 흡족하여 오늘까지 그를 성인이라 일컫는다.
> 삼대(하夏·은殷·주周) 이후로 천하의 임금 된 자는 모두 자신의 거처를 다투어 사치스럽게 만들었다. 이른바 남면지락南面之樂이란 것은 본디 궁실의 아름다움과 수레·말·휘장으로 받드는 것을 벗어나지 않았다. 자신에 대한 천하 사람들의 비평이 두려운 나머지 밖으로 절검節儉하는 체했지만, 그 속마음은 숨길 수가 없었다.
> 오늘날 북경에 있는 거창한 궁궐은 명조 300년 동안의 풍요로 짓고 꾸민 것이다. 그냥 그 궁궐에 산다고 해도 감히 무어라 하는 사람도 없을 것이고, 그것을 누리면서 자신의 득의함을 밝힐 수도 있었다. 하지만 그것을 팽개치고 거친 들판에서 살았으니, 거의 감당甘棠(장미과의 낙엽 활엽 교목으로 높이가 10미터 정도 된다) 밑의 풀집[茇舍]과 같은 것이었다. 욕심을 버리고 검소함을 보인 것과 처음부터 끝까지 안정을 위해 노력한 것은 뒷날 임금들의 본보기가 될 만하다.
> 게다가 모든 벼슬아치가 경성에서 매일 새벽에 나와 서녁에 돌아가게 하였고, 고기 먹고 비단옷을 입는 집안의 자제들이 수고로이 말을 타는 것을 익혀 감히 편안한 생활을 하지 못하게 하였다. 기하旗下의 여러 벼슬아치도 대신 이하는 또 편안히 수레나 가마를 타고 다닐 수 없게 하였다. 이 제도가 꼭 선왕의 양법良法이 되는 것은 아니지

만, 편안할 때 위태로움을 잊지 않은 것이니, 또한 패주[伯主]의 원대한 책략이라고 할 수 있다.[70]

담헌의 발본적 사고는 삼대 이후 제왕의 통치가 도덕적 언사로 포장되고 있지만 사실상 권력을 동원한 쾌락의 이기적 추구를 위한 것이었다는 사실을 정면에서 비판한다. 이 발본적 사고로 그는 〈논어문의〉에서 공자의 언행을 여지없이 비판한 바 있었다.

제왕은 오로지 자신의 쾌락을 위해 존재하는 자라는 냉정한 인식 위에서 담헌은 강희제가 절제하는 검소한 삶을 살았던 것, 일관되게 평화와 안정을 위해 힘쓴 것을 높이 평가한다. 강희제의 통치 결과 화와 이가 모두 은혜에 젖어 그를 성인이라고 부른다는 것이다. 청의 중국 지배를 비정상적인 상태로 보았던 담헌으로서는 놀라운 발언이 아닐 수 없다. 하지만 이미 그는 《을병연행록》의 서두에서 "제 비록 더러운 오랑캐나 중국을 차지하여 100여 년 태평을 누리니, 그 규모와 기상이 어찌 한번 봄 직하지 않겠는가?"라고 말하지 않았던가? 담헌은 떠나기 전 이미 오랑캐의 통치가 가져온 중국과 북경의 번영을 인지하고 있었고, 그 이유를 찾고자 하였다. 담헌이 직접 체험한 중국과 북경의 번영은 객관적 사실이었고, 담헌은 그 이유를 강희제를 위시한 청의 황제와 지배자들의 철저한 자기절제와 원려遠慮에 있다고 말한다.

담헌은 옹정제의 이궁인 원명원圓明園이 창춘원보다 훨씬 호사스러운 것을 두고, 강희제의 검약정신을 저버린 것이라 평가하고[71] 또 서산西山의 화려함을 묘사한 뒤 그 규모와 제도는 아방궁이나 건장궁建章宮만은 못하겠지만, "교묘함은 그보다 낫다"고 평가하며, "강희제의 정치도 거의 그친 것 같다"고 평가했다.[72] 원명원과 서산의 사치를 비판한 것이지만, 옹정제의 아들이자 당시 청의 지배자였던 건륭제에 대해서는 아주 높게 평가한다.

> 하지만 백성들이 부역을 괴롭게 여기지 않고 세금을 더 매기지도 않고, 중국과 오랑캐가 편안하여 관동 수천 리에 근심과 원망의 소리가 없다. 그 입국의 원칙인 간략함과 절검의 제도 또한 역대 왕조가 미칠 바가 아니고, 지금 황제의 재략 또한 반드시 보통 사람의 수준을 훨씬 뛰어넘는 것이다.[73]

담헌이 눈으로 확인한 중국의 안정과 번영, 유사 이래 최대로 확장된 강역의 배후에는 오랑캐인 청의 빼어난 정치가 있었다. 담헌은 강희·옹정·건륭으로 이어지는 청의 빼어난 통치를 객관적으로 긍정하는 평가를 하지 않을 수 없었다.

'더러운 오랑캐'인 청의 중국 지배가 중화 문명의 오염을 초래했다는 것이 담헌의 생각이었다. 하지만 오랑캐의 지배하에서 중국은 유례없는 번영, 곧 백성에게 세금은 낮게 징수했고 부역으로 괴롭히지 않았다. 아울러 청의 통치 아래 중국과 주변부는 모두 평화를 누리고 있다. 중국 역사를 공부한 담헌으로서도 이렇게까지 안정된 중국은 본 적이 없었다. 그가 읽었던 《자치통감》의 삼국시대로부터 위진남북조까지의 역사는 그야말로 난세가 아니었던가? 담헌은 청의 지배가 중국의 안정과 번영을 가져왔음을 인정하지 않을 수 없었다. 앞서 지적했듯 미묘한 분열이었고 그 분열은 누적되고 있었다. 담헌이 강희제와 건륭제의 정치를 긍정적으로 서술한 것은 귀국 후 보수적 인사들의 비판을 받는 근거가 되었다.

중국 문명의 합리성

오랑캐 청이 지배하는 중국의 안정과 풍요는 분명 놀라운 것이었지만, 그것은 한편으로는 낙후한 조선과 비교되어 착잡한 감정을 불러일으켰다. 예컨대 담헌은 중국의 사가私家나 관공서 건물이 조선에 비해 배나 크고 높으며, 북경성의 안팎, 심양과 산해관 등의 큰 도시는 모두 기와집이라고 지적하고, 작은 시골 주막도 기와집과 초가집이 반반이며, 초가집이라도 "넓고 크고 견고하고 치밀해 우리나라 주막의 허술하고 누추한 것과는 결코 같지 않다"고 지적한다.[74]

이 부유함은 강희·옹정·건륭으로 이어지는 통치에 기인하겠지만, 한편으로는 중국인의 합리성에 기인하는 것이기도 하였다. 담헌은 이렇게 말한다. "대체로 중국의 기물器物은 오직 편리함을 목적으로 하기에 조선처럼 구차하고 대충대충 하는 법이 없다는 것이다."[75] 담헌이 말한, 편리한 것을 위주로 하는 정신이 바로 합리성이다. 이 합리성은 생활의 모든 국면, 곧 제도와 풍습, 기기 등에 관철되는 것이었다. 다음 몇 예문을 보자.

(1) 길에는 말똥 줍는 사람이 자주 눈에 띄었다. 삼태기를 지고 손가락처럼 약간 굽은 가지가 넷이 있는 작은 쇠꼬챙이를 가지고 다니며 말똥을 보는 족족 손을 쓰듯 주워 담았다. 여기서 그들이 농사에 부지런하다는 것을 알 수 있었다.

말똥 더미 역시 모두 모양이 있었다. 원형의 더미는 양각기兩脚器로 그린 것 같았고, 네모난 더미는 직각자로 잰 것 같았다. 세모 더미는 직각삼각형과 같았다. 둥근 것은 우산 같았고, 평평한 것은 책상 같앉다. 말똥은 반질반질하고 윤기가 있는 게 마치 벽을 바른 것 같았다. 끝에 가서야 이리저리 흩어지고 비스듬한 것을 보았다. 중국 사람들이 마음을 쓰는 것이 본래 이와 같았다.

성곽에도 길이 있었고, 여관은 언제나 깔끔하게 치워져 있었다. 제갈량이 행진行陣할 때에 변소에 일정한 법도가 있었으니, 또 무엇을 신기하게 여길 것인가? 일정한 법도가 있게 한 것을 새삼 신기하게 여길 것도 없다.[76)]

(2) 영평부永平府 서쪽은, 들밭의 반이 닥나무와 뽕나무였다. 들으니 잎은 누에를 먹이고 껍질은 종이를 만들어, 뽕과 닥을 심으면 농사를 대신할 수 있다고 하였다. 뽕과 닥을 줄을 지어 심어 놓은 것이 가지런하고 곧아 털끝만큼도 굽은 곳이 없었다. 이것은 중국 사람의 본성에서 나온 것이지 일부러 그렇게 한 것이 아니다. 그들의 큰 규모와 세심한 심법을 어찌 쉽게 말할 수 있으랴?[77)]

(3) 점포는 안에 널빤지를 가로질러 안팎을 나누었다. 위는 긴 탁자로서 허리춤에 올 정도의 높이다. 그 위에 붓·먹·주판·장부·연산硏山·연병硏屛·노병鑪甁 등 여러 가지 고상한 기구들을 두었다. 대개 물건의 질을 따지고 값을 흥정할 때는 주인과 손님이 탁자를 사이에 두므로 말이 헛갈리지 않는다.

모든 점포는 간판과 자호字號를 갖추고 있을 뿐만 아니라, 처마에 각각 가게를 표시하는 물건을 매달아 알린다. 그 표시물이 바람에 나부끼면 오만 가지 색이 찬란하다. 길거리 행상도 각각 징·죽비竹篦·목탁·소고小鼓 등의 물건이 있어 수고로이 소리를 내어 외치지 않아도, 그 소리만으로 무엇을 사고파는지 다 안다.[78)]

담헌은 사물의 기하학적 배열과 정리는 사물에 대한 통제를 수월하게 만들고, 편리성을 보장한다고 믿었다. 이것은 곧 합리적 사유의 소산이다. 합리적 사유는 생활상의 작은 국면에서도 남김없이 관철된다. 담헌은 곳곳에서 기하학적으로 정리된 형태를 찾아내었다. 그가 관찰한 중후소中後所 모자 공장의 노동하는 광경을 보자.

중후소는 마을이 번화하고 사람이 들끓었다. 시장 문을 중심으로 몇 리는 너무 붐벼서 길을 갈 수 없을 정도였다.……모자 공장을 찾아갔다. 우리나라 관모冠帽가 모두 여기서 나온다. 집 1채는 길이가 10여 칸이나 되는데, 중간에 설치된 5개의 큰 화로에서 숯불이 활활 타오르고 있었다. 집안으로 들어서자 마치 여름처럼 찌는 듯 무더웠고, 땀이 흘러 오래 있을 수가 없었다.
모자 장인 4, 50명이 둘러앉아 자리가 어지럽지 않았다. 모두 옷과 모자를 벗어부치고 잠방이 하나만 달랑 걸치고 있었다. 그들은 몸과 손을 같이 힘차고 재게 놀려 일을 하였다. 그들이 뛰고 날치는 꼴을 보게 된다면 누구라도 놀라 마지않을 것이다. 대개 중국 사람들은 비록 공장이 같은 말단 기술자라 할지라도 그 성실하고 열심이어서 구차스럽지 않은 것이 이와 같아, 정말 미칠 수가 없었다.[79]

중후소는 조선이 수입하는 모자를 만드는 곳이었다. 담헌은 중국 노동자의 줄이 비뚤지 않은, 정리된 형태에서 합리성과 높은 생산성을 발견했을 것이다.
담헌은 중국인 생활의 모든 국면을 치밀하게 관찰했다.《연기》에는 이런 관찰로 가득하다. 예컨대 담헌은 11월 30일 봉황성에서 태평거를 타는 순간부터 그것의 제도와 편리함을 꼼꼼히 살핀다. 12월 6일 낭자산을 떠나 신요동으로 가는 길에 나귀가 맷돌을 돌려 밀을 가는 것을, 12월 7일 신요동을 떠나 난니보를 거쳐 십리포 숙소에 들었을 때는 숙소 주인 노파의 며느리에게 청심환을 건네고, 머리에 꽂은 수식과 쪽[䯻]의 제도를 세밀히 관찰했다. 12월 9일 심양 시내를 구경하다가 쟁箏을 연주해 보고, 종이 만드는 법을 유심히 보는가 하면, 소흑산 숙소에서는 곡식을 까부는 풍곡자風穀車의 제작 원리를 살펴서 글로 옮기고 있다. 그런가 하면 12월 24일 고려보高麗堡를 지날 때 용두레 우물을, 12월 26일 조림장棗林庄에서는 말을 먹이는 방법을 관찰한다.

이런 관찰의 결과를 담헌은 《연기》에 몰아서 정리하고 있다. 〈옥택屋宅〉, 〈건복巾服〉, 〈병기兵器〉, 〈악기〉, 〈가축〉 등이 그것이다. 정리해서 그 목록을 제시한다.

- **옥택**屋宅(건물의 제도) 기와, 용마루, 창문, 아궁이, 온돌, 침실, 발, 마루.
- **건복**巾服 모자, 변발, 승려·도사의 머리 모양과 관冠, 의복, 가죽옷, 신발, 갑옷, 주머니, 장도, 비연통鼻烟筒, 부채, 벼슬아치들의 옷과 소주朝珠, 향병香餠, 조모朝帽, 조복朝服, 부인복, 여자들의 머리 양식, 비녀, 머리에 꽂는 꽃, 군인들의 모자.
- **기용**器用(수레 일반의 제도) 태평거, 관인들의 승용 수레, 급수거[급거汲車], 간단한 상품과 똥을 싣는 외바퀴 수레, 우마차, 사람이 짐을 지는 편담扁擔, 가마제도, 선박제도, 부교浮橋, 운하, 물 뿌리는 동차銅車, 연자매[석년石碾], 풍구[풍궤자風櫃子], 디딜방아[대碓], 씨아[면차綿車], 가죽풀무[혁비革鞴], 쇠도가니[철두鐵斗], 쇠모형[철모鐵模],

홍두깨[원곤圓棍], 도르레 우물, 소·말·양·돼지 등의 기름을 이용한 지촉脂燭, 자새[소거繅車], 솜 타는 활[면궁綿弓], 체, 주판, 상여, 혼인에 쓰는 여러 기구, 그릇, 자기, 유기鍮器, 납기鑞器(백철그릇), 황동, 백동白銅과 황석黃錫을 사용한 그릇, 서양 자기, 중국 동전, 가마와 솥, 질그릇독, 천칭 저울, 질항아리, 횃불, 양각등羊角燈, 어항[어병魚甁], 백보등百步燈, 화장실, 여러 가지 목재와 감상용 나무.
- **병기** 활, 화살, 깍지[각지角指], 새총[조쟁鳥鎗], 나팔, 날라리[쇄눌璅吶].
- **악기** 금琴, 생황, 쟁箏, 비파, 월금月琴, 호금壺琴.
- **가축** 말과 말 기르는 법, 소와 소 기르는 법, 노새, 양, 돼지, 개, 낙타 등.

이 중 담헌에게 가장 인상적이었던 운송수단에 대해 더 언급해 보자. 담헌만이 아니라 북경에 다녀오는 사람들의 가장 큰 관심을 끈 것은, 수레와 같은 운송수단이었다. 담헌은 《연기》〈기용〉에서 여러 종류의 수레와 가마, 배를 소개하고 있다.

수레의 제도는 우리나라의 짐 싣는 수레와 대략 같다. 다만 제작이 정밀하고 균형이 잡혀 두 바퀴가 똑바로 구르고 흔들리지 않기에 무거운 짐을 싣고 멀리 갈 수 있다. 멀리 가는 큰 수레는 바퀴살이 바퀴통을 향해서 모이지 않는다.
가로판[횡판橫板]을 '입卄' 자 형태로 만들고 네모난 바퀴통에 축軸을 끼우게 되어 있어 서로 떨어져 움직이는 법이 없다. 양쪽 멍에채[원轅] 밑에 각각 쌍말뚝[궐橛]을 설치해 축 위에 얹어 놓는다. 수레가 가면 축은 말뚝 안에서 돌고, 축이 돌면 바퀴는 벌써 구른다.

이 방식에 따르면, 바퀴와 축은 서로 고정되어 있고, 멍에채와 축은 그 사이가 한 푼, 한 치 정도다. 돌고 구르는 것이 긴 속바퀴에 비해 갑절이나 편리하고, 제작하는 힘도 살바퀴에 견주어 반밖에 되지 않는다. 다만 굽은 골목길이나 휘어진 모서리 길을 돌아가는 것은 아주 힘들다. 이 때문에 먼 길을 가는 데는 좋지만, 성안을 다닐 때는 편리하지 않다. 수레 한 대에, 노새나 말을 많게는 여덟, 아홉 마리까지 멍에를 메게 한다. 멍에채 바로 아래 묶이는 놈은 반드시 튼튼하고 힘이 있는 놈을 고른다.

말가슴걸이[앙鞅]와 뱃대끈[현靷]은 쇠가죽을 쓴다. 멍에는 가로막대를 써서 메지 않는다. 우리나라 풍속에, 쌍가마에 말을 멜 때 작은 나무안장을 얹고 양쪽으로 몇 치 넓이의 가죽띠를 드리운다. 양 끝에는 덮개가 있고 그 위에 끈이 있어 말의 가슴을 멘다. 멍에채 끝에는 말뚝이 있어 덮개를 끌어당겨도 벗겨지지 않는다. 대개 옛날 제도에 얽매이지 않고 변통하여 이용했으니, 말이 전신의 힘을 다 낼 수 있고, 목을 조르는 치우친 고통이 없어지게 되었으니, 어찌 뒤에 나온 사람이 더 낫다는 경우가 아니겠는가?

실은 짐이 무겁고 큰 경우 바퀴 밖으로 시렁을 몇 길 정도 달아 낸다. 그 무게를 헤아려 보면, 2, 3천 근을 내려가지는 않을 것이다. 수레꾼은 그 위에 앉아 3, 4발이나 되는 긴 채찍을 벼락 소리 나듯 휘두르며 말들이 조금도 게으르지 않고 떨쳐 힘을 보아 나아가게 한다. 수레 앞에는 쌀 한 말들이만 한 쌍방울을 달아 종 치듯 흔들려 울리게 한다.[80]

수레의 제도를 개괄한 것이다. 이제 각각의 수레에 대해 설명한다.

승용 수레를 태평거太平車라 한다. 멍에채와 바퀴가 둘인 것은 예사 수레와 같다. 위에는 길고 둥근 가마를 얹어 남색 천을 덮고, 양쪽으로 사방 한 자쯤 터놓아 내다보기 편하게 만들었다. 앞으로는 주렴을 드리웠고, 주렴 안은 두 사람이 누울 만하다.

아래쪽은 등으로 만든 자리를 깔아 널빤지를 대신한다. 이것을 등거藤車라고 부르는데, 몸이 심하게 흔들리지 않는다. 주렴 밖에는 널빤지를 가로질러 놓았는데, 수레꾼이 이불보를 그 위에 깔고 채찍을 잡고 앉는다. 그래서 험한 길이 아니면 수레꾼은 수레에서 내리지 않는다. 벼슬아치들이 타는 수레는 가마에 처마가 있는데, 위에는 납을 깔고 꼭대기에는 휘장과 주렴을 치되, 혹 채색 펠트를 쳐서 추위를 막고, 곁에는 한 자쯤 되는 네모난 유리를 붙인다. 수레의 바퀴축이 멍에채 뒤끝에 있으면 수레 안이 흔들리는 것이 확연히 줄어든다. 다만 축이 뒤에 있으면 수레 전체의 하중을 말이 나눠 맡는다. 이 때문에 오로지 귀인의 수레만 이런 방식을 쓰고, 다른 수레는 모두 가마 가운데 축을 꿰어 앞과 뒤가 균형을 이루게 한다. 수레 전체의 하중이 전적으로 바퀴축에 실리므로 말이 힘들지 않다.

태평거는 시내에서는 오직 말 한 마리를 멜 뿐이다. 먼 길에는 두 마리를 쓴다. 하지만 끝내 3, 4마리를 멘 경우는 보지 못했다. 북경의 삯 수레는 혹 나귀 한 마리에 10여 명을 태우고 나는 듯 달리기도 하였다.[81]

수레 중 담헌이 가장 관심을 보인 것은 승용 수레인 '태평거'였다. 그는 중국 땅에 들어서자 곧 태평거를 세 내어 타고 북경까지 갔다. 이 때문에 태평거의 제도를 꼼꼼히 관찰할 수 있었다.

이 외에 담헌은 북경의 물통을 실어 나르는 급수거와 간단한 짐을 싣고 이동하는 외바퀴 수레에 대해서도 이렇게 말하고 있다.

북경의 급수거는 수레 위에 물통을 실은 것인데, 그 물통은 8개 혹은 10개다. 물통에는 덮개가 있고, 한 통에 한 섬 정도 들어간다. 심양의 저잣거리에서 떡과 과일을 파는 사람과 북경에서 똥을 실어 나르는 사람은 거개 작은 외바퀴 수레를 쓰는데, 바퀴의 지름은 주척周尺으로 두 자에 지나지 않는다. 양쪽의 멍에채는 뒤가 높고, 그 높이는 사람의 겨드랑이를 넘지 않는다. 가운데는 쇠로 만든 장치가 있어 수레가 멈추면 아래로 드리워져 왼쪽과 오른쪽에서 수레를 지탱하여 기울어지지 않게 한다. 다닐 때면 위에 매는 줄이 있어 두 어깨에 메고 두 손으로 밀면서 앞으로 나는 듯이 간다. 위에는 네모난 상자가 있어 물건을 싣는데, 가득 실으면 말 한 마리에 싣는 양이 된다.[82]

물수레와 지금도 농촌에서 사용하는 외바퀴 수레에 대한 설명이다. 당시 조선에서는 이런 수레가 사용되지 않았기에 담헌에게 퍽 인상적이었다. 담헌은 이런 수레의 바퀴는 크고 작음이 있다 해도 바퀴 축의 길이는 한 푼 한 치도 틀리지 않는다면서 그 제도의 우수함을 말하고 있다. 힘준히기 짝이 없는 청석령靑石嶺과 회령會嶺 두 고개도 수레가 다니며, 온통 바위틈인 석문령石門嶺 동쪽도 소가 끄는 수레를 이용하여 평지처럼 섶나무를 베어 나르고 있다고 말한다.
더욱 놀라운 것은 선박을 이용한 운수제도였다.

선박의 제도는 더욱 정치하다. 통하通河에 있을 때 바다로 다니는 조운선을 보았다. 배 위는 판옥板屋이었는데, 기름과 가루로 그 틈을 발랐고, 널빤지 문은 겨우 몇 사람이 들어갈 정도였다. 노를 젓고 닻을 올리는 일은 모두 옥내에서 한다. 대개 몽충蒙衝의 제도에서 유래한 것으로 바람과 파도를 걱정하는 일이 없을 뿐만 아니라, 수전水戰에도 사용한다.[83]

운수의 편리함을 따지자면, 사람은 말만 못 하고, 수레는 배만 못 하다. 이런 까닭에 수천 리 운하로 조운漕運하는 편리함은 그 이익이 수십 수백 배가 되는 법이니, 운하를 파는 공력과 준설하는 비용은 아까워할 필요가 없다. 하지만 운하의 물이 강물에 근원을 둔 것이 아니고, 단지 개천 물을 끌어들인 경우라고 가정해 보자. 물에 몇 길이나 잠기는 만섬들이 큰 배가 사초沙礁에 걸리는 걱정을 덜기 위해서는 오직 수갑법水閘法만이 그 배를 육지에 다니게 할 수 있을 뿐이다. 때맞춰 갑문을 열고 닫아 물을 채웠다 내보냈다 하지만, 가뭄이 들거나 장마가 지더라도 그리 큰 증감은 없다. 정말로 좋은 기술로 인한 넓은 이익인 것이다. 그 방식은 양쪽 언덕에 제방을 쌓고 물 가운데에 문을 설치하는 것인데, 넓이는 배 두 척이 지나다닐 정도로 만든다.[84]

선박이야말로 가장 우수한 운송수단이라는 전제하에 담헌은 내륙까지 선박의 운행을 가능케 하는 운하와 선박 제조의 정교함과 치밀함 등을 꼼꼼히 서술한다. 이런 합리적인 기용器用과 제도에 대한 관찰은 홍대용 이전에는 쉽게 찾아볼 수 없다. 예컨대 담헌의 《연기》 이전 가장 빼어난 연행록인 김창업의 《노가재연행일기》는 방대한 서술에도 불구하고, 이런 방면에 대한 관찰과 서술을 찾아볼 수 없다. 연행록에서 중국의 물질문명에 대한 본격적인 관찰과 서술은 담헌이 시작한 셈이다.

　담헌은 강희와 건륭 등 청 황제의 통치와 중국 문명의 합리성이 중국을 번영시켰다고 생각했다. 담헌의 귀국 뒤 《연기》를 읽거나 그의 북경 이야기를 전해 들은 인사들은 중국 문명의 합리성에 민감하게 반응했다. 담헌이 힘주어 말한 수레와 선박의 편리성은 뒷날 박제가에 이르러 수레와 선박을 이용한 물자의 운송·유통, 국제무역론 등으로 발전한다. 수레와 선박은 박제가와 박지원 등의 청의 문물을 배우자는 생각의 기원이 되었다. 하지만 정작 담헌의 경우 《연기》 외에는 중국 문명의 합리성을 언급하는 글은 없다. 그의 개혁론을 확인할 수 있는 만년의 글인 〈임하경륜林下經綸〉은 선박과 수레를 이용한 물자의 유통이 아니라, 도리어 백성의 거주 이전을 금하고, 필요 이상의 소비를 엄격하게 금하는 사회를 구상한다. 아마도 그가 목도하고 감탄해 마지않았던 중국의 물질문명은 어떤 계기를 통해 그의 관심을 벗어났거나 아니면 방향을 선회했음이 분명하다. 이 부분은 담헌의 사상 전체와 관련하여 다루어야 할 것이다.

세계인을 만나는 곳, 북경

조선 사신단의 북경 출입이 금지되기 1년 전(1521) 마젤란은 지구를 한 바퀴 돌아 필리핀에서 사망했다. 조선은 점차 고립의 길을 걷는데, 세계는 열리기 시작한 것이다. 포르투갈과 스페인을 시작으로 네덜란드와 영국의 상선과 군함, 해적선은 식민지에서 은과 노예, 약탈품을 싣고 대양을 횡단했고, 동남아시아를 거쳐 마침내 중국과 일본의 항구에 닻을 내리고 있었다. 서양 선교사들도 새로 개척된 항로를 따라 세계 각지로 퍼져 나갔다. 마테오 리치는 1583년 9월 광동 조경肇慶에 도착하여 이내 북경으로 올라가 서양 서적을 번역하고 세계지도를 만들었으며, 그의 후계자들은 이내 북경에 천주당과 천문대를 짓기 시작했다. 중국과 일본까지 세계 체제 속으로 들어가는 순간이었다. 하지만 조선은 그 변화를 인지하지 못한 채 고립되고 있었다. 16세기 이후 세계로부터 조선의 고립은 한반도 역사에서 엄청나게 희귀한 예외적 경험이었다.

담헌의 시대에 조선이 경험할 수 있는 외국은 중국과 일본뿐이었다. 마테오 리치가 제작한 〈곤여만국전도坤輿萬國全圖〉(1602)와 같은 세계지도와 알레니가 저술한 《직방외기職方外紀》 같은 지리서가 조선에 수입된 뒤 조선 사람들, 특히 경화세족의 세계 인식에 충격을 주기는 했지만, 서양은 여전히 실감할 수 없는 미지의 땅이었다. 때로 한반도 해안에 표류해 온 서양 난파선의 승무원—예컨대 네덜란드인 벨테브레이와 하멜—이 조선 땅을 밟았지만, 그것은 우연하고 희귀한 접촉에 지나지 않았다. 네덜란드 상인이 일본 나가사키의 데지마出島에 상주한 것과는 비교가 되지 않는 일이었다.

고립을 벗어나 세계를 엿볼 수 있는 유일한 장소가 북경이었다. 사신단이 중국에 간다는 것은 곧 북경에 가서, 오직 북경에 머문다는 것을 의미했다. 예컨대 오늘날 한국인의 입에 익은 장안長安(지금의 시안西安)과 낙양, 강남(소주蘇州·항주杭州)에는 갈 수가 없었다. 최부崔溥(1454~1504) 같은 예외는 있지만 조선 사람의 중국 체험은 오직 북경일 뿐이었다. 이런 상황에서 1년에 한 차례 방문하는 북경은 조선이 엿볼 수 있는, 세계로 열린 유일한 창이었다. 그것도 활짝 열린 것이 아니라, 거의 닫힌 것이었지만, 조선 후기 사신단의 북경 체험은 세계의 변화를 약간이나마 엿볼 수 있는 유일한 틈새였다. 그 틈새 역시 담헌이 북경에 갔던 18세기 중반에 와서야 조금 더 열렸을 뿐이었다.

조선 사신단은 북경에서 외국인을 만날 수 있었다. 청은 제국이어서 오키나와 베트남·러시아·몽골·라오스 등에서 사신을 보냈고, 조선인들은 드물게 그 사람들을 접촉할 수 있었다. 게다가 천주교 성당에서는 서양인을 접할 수 있었다. 극히 제한된 범위에서나마 서양을 간접적으로 인지할 기회는 또 있었다. 서양산 물건, 혹은 서양 기원의 물건이 그것이었다. 담헌이 북경에 갈 당시 조선에는 자명종·망원경·안경·양금·거울 같은 서양산 물건들이 수입되고 있었고, 사람들은 이것들을 통해 서양의 존재를 알 수 있었다. 담헌을 북경으로 이끈 또 하나의 계기가 이런 서양산 물건이었다고 말할 수 있을 정도다. 담헌은 앞서 언급한 바와 같이 나경적을 만나 서양 천문학과 자명종과 같은 서양산 기기에 깊이 매료되어 혼천의를 제작했으니, 그것은 서양식 자명종의 기계적 작동 원리에 의해 작동하는 것이었다.

또 사신단은 숙소를 찾아오는 책장수로부터, 혹은 유리창과 융복사 등의 서적 시장에서 마테오 리치 이래 서양인 신부들이 한문으로 번역한 천문학과 수학 분야의 과학기술서, 지리상의 발견 이후 제작된, 아프리카와 아메리카를 포함하는 세계지도와 그것의 해설서인 지리서, 천주교 서적 등 이제까지 읽지 못했던 서적도 구입할 수 있었다. 담헌이 북경에 도착한 뒤 가장 먼저 가고자 했던 곳은 서양인 신부가 있는 천주당이었다. 그곳에서 그는 서양인과 서양의 과학을 눈으로 확인하고자 했다. 천주당 방문에 대해서는 뒤에 따로 다루기로 하고, 여기서는 먼저 담헌이 북경에서 만난 서양 물건들에 대해 간단히 살펴보기로 하자.

서양의 기기들, 일표·자명종

앞서 언급한 바와 같이 문시종에 끌린 담헌은 1월 10일 조선 사신단과 거래를 하는 진가陳哥의 점포를 찾아가 양혼을 만났다. 청인을 오랑캐로 여겼던 담헌으로서는 뜻밖이다. 그만큼 그는 문시종에 끌렸다. 그렇게 만난 양혼은 문아文雅한 맛은 부족했지만, 소탈하고 솔직한 사람이었다. 양혼 역시 담헌의 진중한 언행에 깊이 감복했다. 담헌이 양혼이 차고 있는 수를 놓은 주머니에 눈길을 주자 양혼은 주머니 안에 있는 시계 둘을 보여 주었다. 명칭을 물었더니, 하나는 '일표日表'로서 시간을 보기 위한 것이고, 다른 하나는 '물음에 따라 종을 치는' 문시종問時鐘이었다. 양혼은 엄지손가락으로 꼭지를 눌러 문시종의 소리를 내게 하였다.

양혼은 "문시종은 '시時를 묻다'라는 말입니다. 묻는 법은 말로 묻는 것이 아니라 뒤에 자루 같은 조그만 둥근 쇠를 엄지손가락으로 적이 누르고 즉시 놓으면 알 수 있습니다"라고 설명하고, 혼잣말로 "무슨 시뇨?" 하고 한 번을 눌렀다. 종소리가 열두 번을 치고, 이어 약간 사이를 두고 거듭 두 번 세 차례를 쳤다. 다시 양혼의 설명이 이어졌다.

첫 번째 열두 번은 정오를 친 것이오, 이어 거듭 치기를 세 차례 한 건 각을 친 것입니다. 지금 시각이 정오 이각이 되었고, 한 시각 안은 열 번을 고쳐 물어도 종 치는 수가 변치 아니합니다(양혼).

우리나라에 자명종이 여러 개가 있고, 나 또한 이런 기계를 여러 번 보았으되, 이같이 공교하고 신이한 것은 들어보지 않았습니다. 청컨대 그 속을 열어 잠깐 보고자 합니다(담헌).

자세히 보십시오(양혼).[85]

담헌은 양혼에게서 문시종을 건네받아 꼼꼼히 살폈다. 대개 자명종과 같은 것이었으나, 내부가 워낙 섬세해 사람이 만든 것 같지 않았다. 양혼은 다시 일표를 꺼내 보이며 문시종과 같은 것이나 소리를 내지는 않는다 하였다. 황제를 가까이서 모시는 그로서는 황제 앞에서 소리를 낼 수 없기 때문에 따로 마련한 것이라는 설명이었다.

자신을 엄격하게 절제하는 담헌이었지만, 이 신기한 서양 기계 앞에서는 꼼꼼히 관찰하고픈 욕망을 억누를 수 없었다. 담헌은 며칠 빌려 달라는 말을 꺼냈다. 양혼은 쾌히 승낙했다. 담헌이 "이것은 천하의 보물이니 만약 손상이 된다면 다시 뵈올 면목이 없을 것입니다" 하자, 양혼은 빙그레 웃으며 "손상이 되더라도 무슨 큰일이겠습니까?"라고 수월하게 답을 하였다. 앞서 언급했듯 담헌은 문시종을 선물로 받았다. 귀로에 오른 3월 8일 봉황점에서 문종問鐘을 열었더니 "술정戌正 3각刻(저녁 8시 45분)을 쳤다"는 말이 있기 때문이다.[86]

담헌은 자명종만 보면 관심을 보였다. 유리창에서 '자명종 수리처'라는 간판을 보고 들어가 자명종을 보자 했더니 수리만 할 줄 안다고 하여 보지 못한 적도 있었고, 다른 어떤 점포에서는 500냥이나 되는 한 길이 넘는 큰 자명종을 보고 놀라기도 하였다. 하지만 신중한 담헌은 이덕성의 자명종 구입을 말리기도 하였다. 일관日官 이덕성은 장경의 점포에서 자명종을 하나 구입할 예정이었다. 그것은 사방에 유리를 끼우고, 수정과 보석으로 화려한 장식을 더한 것으로, 큰 종은 시간을, 작은 종은 분을 알리게 된 것으로 매우 정교한 것이었다. 이덕성은 값이 200냥인 이 자명종을 구입해 관상감에 둘 것이라고 했지만, 담헌은 "용수철은 오래 사용할 수 없고, 여러 장치도 이미 손상된 데가 많다"며 사지 말라고 말렸다.

자명종과 함께 담헌이 관심을 보인 것은 망원경, 곧 천리경이었다. 1월 29일 융복사를 방문했을 때 담헌은 탁자 위에 천리경 몇 개가 진열된 것을 본다. 그중 퉁소 대롱만 한 것을 골라 50보 밖의 편액을 보니 글자의 획이 또렷하게 보였다. 구입하려 했지만, 마침 흥정에 실패하여 자리를 뜨려던 라마승 몇이 담헌이 사 갈까 봐 사나운 눈으로 째려보기에 겁이 나서 사지 못하고 말았다.

이처럼 북경에서 담헌은 서양산 기계에 과도하다 할 정도로 깊은 관심을 보였다. 특히 시계에 대한 그의 관심은 유별나 보인다. 천문학과 아울러 섬세한 기계 장치와 오차 없이 작동하는 시계는 서양의 이미지를 '정확성'으로 담헌에게 각인시킨 것으로 보인다.

유구·몽골·회회·러시아 사람

북경은 중국과 일본 외 지역의 외국인을 만날 수 있는 곳이었다. 특히 1월 1일의 조참에는 청의 주변국 곧 청에 조공하는 '번이蕃夷'들이 참여했기에 거기서 외국인과 접촉할 수 있었다.

번이의 조공은, 유구는 2년에 한 번, 안남安南은 6년에 두 번, 섬라暹羅는 3년에 한 번, 소록蘇祿은 5년에 한 번, 남장南掌은 10년에 한 번 바친다. 서양 면전緬甸의 조공은 정해 놓은 시기가 없다. 몽골은 38부족 중 복종하지 않는 부部는 둘이고, 36부는 선비를 뽑아 대학에 입학시키고, 군사를 뽑아 시위하게 하며, 서로 장사도 하고 결혼도 한다. 호상胡商들의 무역 또한 제한된 구역이 없어, 낙타와 말이 관동까지 다녀 일통一統과 크게 다를 게 없다. 유구는 중국 동남쪽 바다 가운데 있는데, 우리나라와는 바다를 사이에 둔 이웃이다.[87]

오키나와[琉球], 베트남[安南], 태국[暹羅], 인도네시아[蘇祿], 라오스[南掌], 미얀마[緬甸], 몽골이 청에 조공하는 나라다. 서양은 아마도 서양 전체를 묶어 지칭한 것 같다. 면전緬甸은 미얀마다. 유구가 조선과 바다를 사이에 둔 이웃이라는 말은 지리적 감각이 결여된 것이다. 서양에 대해 지적 호기심이 강렬한 담헌이었지만, 외국에 대한 정보는 정확하지 않았다. 담헌은 이때까지 서양 지리서와 세계지도를 본 적이 없었을 것이다. 예컨대 여기에 등장하는 지명은 담헌이 귀국할 때 구입한 페르비스트의 〈태서곤여전도〉 속 지리 지식이 반영되어 있지 않은 것으로 보인다.

1765년 12월 29일 담헌은 조참 예행연습에 참여했다가 유구 사신단을 만났다. 담헌은 그들의 복색을 꼼꼼하게 관찰했다. 모자 색깔, 제도, 옷, 띠, 두발 양식 등을 치밀하게 관찰했으니, 앞에서 말한 바와 같이 복식을 문화의 상징으로 인식했기 때문이었다. 그러던 중 유구 사신단 가운데서 "얼굴이 희고 수염이 적은, 선비의 고상한 기운이 있는" 상사와 나이가 든, 행동이 조심스러운 부사가 비단 자리를 깔고 중당에 앉았다가 담헌을 보고 인사를 하기에 담헌은 그들과 대화를 시도했다. 분위기가 어수선하여 겨우 상사를 이끌어 자리에 앉히고, 땅바닥에 한자를 써서 필담을 하려 했지만, 중국인 통역들이 소란을 가라앉히노라고 제지하는 통에 실패로 돌아가고 말았다.

대화가 조금이나마 이루어진 것은 다음 날인 1월 1일이었다. 새벽에 조참을 기다리고 있을 때 부사 김선행이 유구 사람을 불러 필담을 잠시 나누었다. 어떻게 중국에 왔느냐 물었더니, 뱃길로 5천 리를 건너 복건성에 상륙했다고 답변했다. 조참이 끝난 뒤 담헌은 유구 사람을 불러 중국어로 말을 걸어 유구에도 한자가 있지만 음이 다르다는 것, 국왕의 성이 '상尚'씨라는 것만을 들었을 뿐 대화는 이어지지 않았다.

담헌은 1월 22일 유구관을 찾아갔다. 유구관은 정양문 밖 동남쪽 7, 8리 되는 곳에 있었다. 그런데 유구관에는 마침 제독提督이 와 있었고, 그곳을 지키던 서반과 갑군이 막아서 들어가지 못하였다. 들어간들 소용없는 일이기도 하였다. 유구 사신은 여러 날 전에 귀국했기 때문이었다. 담헌은 다시는 유구인을 만날 수 없었다.

담헌은 외국인과 만나기를 갈망하였다. 몽골인과 러시아인도 적극 만나려고 하였다. 담헌은 《연기》 곳곳에서 몽골에 대해 서술하고 있다. 몽골을 달자達子라고도 부른다는 것, 청에 벼슬하는 사람이나 태학에 입학하는 유학생은 의복과 모자가 만주인과 다를 것 없고, 공물을 바치기 위해 온 자들은 유독 누렇게 물들인 모피 모자를 쓰고 있으며, 생김새가 대체로 흉악하고 사나웠다는 것 등이다. 또 옥하관 북쪽의 몽골관은 수백 명의 몽골인이 머무르고 있으며, 낙타를 타고 시내를 돌아다니고 있다는 서술도 보인다.

담헌은 북경에 도착하기 전 방균점에서부터 몽골인을 길에서 자주 보았고, 기록도 남기고 있다. 담헌은 1월 24일 몽골어 통역인 이억성과 일관 이덕성을 데리고 몽골관을 찾아가 보기도 하였다. 몽골관은 "사면은 흙담으로 둘렀고, 지붕 같은 것은 없었으며" 넓은 초원에 10

여 개의 펠트로 만든 천막이 있었다. 이억성의 제안으로 추장을 만났다. 담헌의 눈에 비친 몽골 추장은 이러하였다.

> 몽골 추장은 쭈그려 앉아 멀뚱멀뚱 바라볼 뿐이고 손님을 맞으려는 생각이 없었다. 생김은 미련하고 더러웠으며 얼굴 전체가 먼지와 때였다. 그 꼴을 보자면, 사람의 마음이 오싹하였다.
> 이때 함께 온 두어 사람은 다 물러나고 다시 들어오지 않았다. 나 홀로 이억성을 데리고 추장과 마주 앉았다. 천막 가운데는 온전한 원형으로 열 명쯤 들어갈 공간이었는데, 온통 양가죽과 잡털 가죽을 깔아 놓았다. 복판에는 발이 셋이고 높이가 한 자쯤 되는 냄비를 걸어 두었는데, 그 아래에는 석탄을 때고 있었다. 천막의 꼭대기는 덮개를 벗겨 햇볕도 받고 연기도 나가게 하였다.[88]

추장은 이억성의 말에 건성건성 답하다가 청심환 두 알을 받고서야 웃으며 대화에 적극 응했다. 그는 "몽골 왕의 종친으로서 관직은 1품이며, 오직 활쏘기, 말 달리기만 일삼아서 장수가 되었고, 중국 글이나 중국말을 알지 못할 뿐 아니라, 몽골 글도 알지 못한다"고 하였고, 몽골은 북경에서 3천 리 떨어져 있고, 숙위宿衛를 위해 낙타를 타고 한 달 만에 북경으로 왔다고 답하였다. 추장은 담배를 담아 이억성과 담헌에게 권했고, 담헌은 다 피운 뒤 담배를 다시 담아 주있다. 하직할 때 추장은 "머리만 끄덕거릴 뿐이었다."

몽골인 추장의 더러운 외모와 태도를 보고 담헌은 몽골인을 금수나 별반 다르지 않다고 평가했다.[89] 그 이면에 한족이나 조선인을 제외한 이민족을 야만시하는 화이관이 있었음은 물론이다. 하지만 담헌은 몽골인의 야만성을 한편 강인함으로 여기고 큰 인상을 받았다. 노상에서 자주 만난 몽골인들은 아무리 추워도 여관에 드는 법이 없고, 날이 저물면 수레를 길가에 세워 두고 물과 풀이 있는 곳으로 가서 밥을 지어 먹고 노숙을 하는데, 새벽에 길을 떠날 때 보면 서리와 눈이 옷과 모자에 가득해도 그대로 유유자적했다는 것이다. 담헌은 몽골인이 완악하고 우둔하여 금수와 같지만, 그 강인하게 배고픔과 추위를 견뎌 내는 점은 두려운 일이지, 웃을 일은 아니었다고 말한다.[90]

몽골인의 강인함은 담헌의 사유에 깊이 파고든 것으로 보인다. 1775년(영조 51) 3월 29일 세손익위사 시직으로 서연에 참여했을 때 담헌은 몽골인에 대해 묻는 정조(당시는 세손)에게 그들의 강인함을 거듭 강조한다. 몽골인의 강인함과 과도한 문명화로 인한 중국인의 유약함은 선명하게 대립되는 것이었고, 이 대립은 뒷날 《의산문답》에서도 반복된다.

담헌이 관심을 보인 여러 나라에는 회국回國도 있었다. 12월 14일 사신단이 십삼산에 도착하자 담헌은 호부낭중戶部郞中의 젊은 아들 오씨를 만나, 그의 하인과 대화를 나누었다. 오씨와 하인은 만주인으로 중국어가 능통하지 않아, 만주어 통역 변한기邊翰基를 내세워 만주어로 대화했다. 여기에 회국에 대한 언급이 나온다. 오씨는 10년 전 회회인의 반란을 진압할 때 종군하여 공을 세운 적이 있었다. 담헌이 회회인의 풍속과 그들의 전투력에 대해 물었고, 오씨는 이렇게 답했다.

회자回子는 사람이 아닙니다. 예법이 전혀 없어 남녀가 피하지 않고 대소변을 봅니다. 전쟁터에서는 흉악하고 사나워 시석矢石을 두려워하지 않습니다. 이 때문에 우리 군사도 여러 번 패하였고, 언젠가 칠

흑 같은 밤에 뒤엉켜 싸울 때는 군사를 몽땅 잃을 뻔도 했지요. 다행하게도 용감하기만 할 뿐 꾀가 없고, 행진할 때 법도가 없기에 마침내 깨부수고 항복을 받아 냈지요.[91]

여기서 말하는 회국 또는 회자는 천산남로天山南路 지역의 위구르족을 말한다. 이들은 1757년 반란을 일으켰다가 이듬해 평정되었다. 담헌은 "중국의 서북쪽에 있는 회자는 변경에서 자주 말썽을 일으키는 종족으로서, 회회국回回國의 하나라고도 하고, 혹은 회흘回紇의 유종"[92]이라 했는데, 여기서 '회흘'이란 곧 위구르족을 말한다.

북경에 도착한 뒤 1월 1일 조회에 참여한 날 만주어 통역 변한기를 알아보는 회인이 있었다. 그는 원래 북경에 포로로 잡혀 왔다가 황제의 특사로 풀려 나 벼슬까지 한 사람이었는데, 몇 해 전에 본 변한기를 기억하고는 아는 척했던 것이다. 담헌이 묘사한 회인의 모습은 눈이 매처럼 깊숙하고 수염이 고슴도치처럼 짧고 뻣뻣한 사람이었다. 중국인과 전혀 다른 서양인에 가까운 모습이었다. 담헌은 정양문 밖 상점가를 지나다가 시장 문에 걸터앉은 회자를 보았고, 또 옥하교 부근에서도 회자를 보았다고 말하고 있다. 담헌은 1월 17일 태액지와 오룡정을 구경하고 돌아오다가 회자국 사람의 집에 들렀다.[93] 이곳은 청이 10년 전 전쟁에서 이기고 잡아 온 회자국 사람들의 거주지였다. 하지만 회자국 사람들이 중국어가 능통하지 않아 자세힌 대화가 이루어질 수는 없었다.

담헌은 귀국한 뒤 손유의孫有義에게 보내는 편지에서 회국에 대해 묻는다. "회부는 어떤 부락입니까? 회흘 혹은 회회라 하니, 어느 쪽이 옳은지 모르겠습니다." 이 답에는 손유의의 답이 아니라, 등사민鄧師

民의 다음 답이 달려 있다. "회부는 회흘의 한 부류입니다. 중국에 들어와 당 태종 때에 성행했습니다."⁹⁴⁾ 담헌은 회족에 대해 꽤나 관심이 있었던 것이다.

북경에서 담헌은 러시아 사람도 볼 수 있었다. 담헌의 시대에 러시아인은 조선에 이미 알려져 있었다. 12월 9일 심양에 도착한 조선 사신단은 만주 사람인 심양부학瀋陽府學의 조교 납영수拉永壽의 집을 숙소로 삼았다. 담헌과 납영수 사이에 중국어로 대화가 이어졌는데, 납영수는 담헌의 중국어에 감탄하며 "조선은 정말 예의의 나라다. 다른 외번外藩에 비할 바가 아니다"라고 한 뒤 러시아인에 대해 말했다. "대비달자大鼻㺚子는 사람을 앞에 두고 오줌을 누고, 부인이 있어도 꺼리지 않는다. 담배도 입으로 피지 않고 코로 피운다." 납영수는 예의 바른 조선 선비 담헌을 보자, 그 정반대 편에 있는 러시아인이 떠오른 것이다. 담헌이 "이들은 금수와 그리 다르지 않지요"라고 하자, 납 조교는 웃으면서 "그렇다"고 답했다.

그들의 추잡한 행동은 밉지만 사납고 모질며 싸움을 잘하는 것은 두려워할 만합니다(담헌).
용맹은 있지만 꾀가 없고, 전투할 때는 진법이 없으니 두려워할 것은 없습니다(납영수).⁹⁵⁾

담헌의 시대에 러시아는 조선에 알려져 있었지만, 충분한 정보가 있는 것은 아니었다. 러시아의 동진 정책 결과 17세기 중반부터 청과 러시아는 충돌했고, 1689년 양국은 네르친스크 조약을 체결하였다. 이 조약으로 양국 상인들은 여권을 갖고 상대방 국가에 거주할 수 있었다.⁹⁶⁾ 조선은 청과 러시아가 충돌했을 때 청의 요청으로 두 차례 병력을 파견한 적이 있는데, 1654년(효종 5)과 1658년(효종 9)의 1·2차 나선정벌羅禪征伐이다. 이것으로 조선은 러시아를 인지하기 시작했을 것이다.

　이후 러시아에 대한 조선 측 최초의 기록은《숙종실록》1682년(숙종 8) 11월 24일의 것이다. 청에서 돌아온 부사 윤이제尹以濟가 "대비달자와 청이 군사적 대치를 이루고 있음"을 보고한 것으로부터 시작된다. 박세채朴世采(1631~1695)는 1683년(숙종 9) 3월 2일 숙종에게 우의정 김석주金錫胄(1634~1684)가 말한 대비달자가 장차 작경作梗하려는 상황에 대해 그 화가 조선에 미칠 수도 있다면서 우려를 표명하고 있다.⁹⁷⁾ 1686년(숙종 12) 오도일吳道一(1645~1703)은 북경에 갔을 때 연전에 청이 군사를 일으켜 대비달자를 친 일이 있음을 떠올리고 근황을 탐문해 본 결과 대비달자가 근래 크게 말썽을 일으킨 적은 없지만, 변방을 수비하는 일은 아직 정지하지 않고 있다는 정보를 얻었다.⁹⁸⁾ 같은 해 북경에 파견된 좌의정 남구만南九萬(1629~1711)은 귀환하는 길에 먼저 별단을 올렸는데, 거기에 "아라사鵝羅斯는 북해와 접하고 있는 대국으로서 대비大鼻와 가까운 지역인데 대비가 두려워하여 복종하는 나라입니다"라고 하였다. 대비달자와 러시아를 다르게 인식하고 있다.⁹⁹⁾ 이후《숙종실록》에 남구만, 낭선군 이오李俁 등이 대비달자와 청의 관계에 대해 숙종에게 보고하는 대목이 보인다.¹⁰⁰⁾

　이후 청과 러시아 사이에 1689년 네르친스크 조약이 체결되었고, 러시아인은 청과 교역을 시작했다. 1728년 러시아와 청은 캬흐타 조약을 맺으면서 그동안 조선 사신들이 이용하던 옥하관(회동관會同館)을 러시아가 사용하게 되었다. 조선 쪽에서는 19세기 후반까지 러시아가 조선 사신의 관사를 탈취했다고 알고 있었다.[101] 어쨌건 1728년 이후 청에서는 조선 사신들을 위해 다시 옥하관을 지어 주었다. 옥하관의 위치는 "정양문 안 동성東城 밑 건어호동乾魚衚衕 한림서길사원翰林庶吉士院과 담장 하나를 사이에 두고 있다. 연공사年貢使(동지사)가 먼저 와서 관에 머물고, 다시 별사別使가 오면 서관西館으로 나누어 든다. 그래서 이곳을 남관南館이라 한다."[102]

이렇듯 조선에 러시아가 각인되었지만, 조선의 러시아에 대한 지식은 보잘것없었다. 담헌 역시 마찬가지다.

대비달자는 곧 악라사鄂羅斯로서 몽골의 별종이다. 그 사람들은 모두 코가 크고 흉악하고 사납기 때문에 우리나라에서는 그들을 '대비달자'라고 부른다. 그 나라는 사막 밖의 아득히 먼 곳에 있다. 그 땅에서 쥐가죽과 돌거울이 난다. 우리나라가 연경 시장에서 사 오는 것은 모두 이런 것이다.[103]

'몽골의 별종'이란 러시아가 흑룡강 일대까지 진출했기에 그 위치를 보고 판단한 것일 터이다. "이 나라가 사막 밖의 먼 지역에 있다"고 한 것은 바로 그 때문이다. 거듭 말하지만 담헌은 북경에 갈 때까지 마테오 리치나 페르비스트가 만든 세계지도를 본 적이 없었다. 그가 뒷날《의산문답》에서 악라鄂羅와 진랍眞臘의 천정天頂이 서로 90도가 되고 두 지역의 거리가 2만 2,500리가 된다고 말한 것은, 분명 페르비스트의 〈태서곤여전도〉를 보았기 때문일 것이다. 이 시기까지 담헌은 물론 세계지도를 보지 못한 조선 사람들에게 실제 유럽의 러시아가 인식될 리 만무했다. 대체로 조선 후기 지식인들은 대비달자, 혹은 악라사를 흑룡강 부근에 있는 종족으로 인식했다.

북경 시장에서 팔리는 평면 유리의 한 면에 수은을 바른 거울은 러시아에서 수입한 것이었고, 이것은 다시 조선으로 수입되었다. 러시아인들은 담헌 북경 체류 시 옥하관에 머무르고 있었기에 여러 차례 가 보려고 했으나, 아문과 통역들이 말리는 바람에 갈 수 없었다. 다만 통역들에게 들은 이야기를 전하고 있을 뿐이다. 여자를 강간하려다가 살해한 러시아인에 대해 당시 황제가 병위兵威를 베풀고 사형에 처했던 이야기, 그리고 러시아 개의 사나움에 대한 이야기였다.

천주당의 서양인 신부

북경에서 직간접적으로 체험하는 외국과 외국인 중 호기심을 가장 많이 끄는 것은 서양과 서양인이었다. 유구와 몽골, 베트남은 사실 외국이기는 했지만, 역시 인종적으로 비슷하고, 한자문화권이며, 또 이미 알려진 상태였기에, 전혀 다른 외모의 서양인과 그들의 종교, 문화, 기술 등이야말로 호기심의 대상이었다.

1631년 정두원이 등주에서 서양인 신부 육약한陸若漢Rodriguez, Jean(1561~1633)을 만나 받아 온 서적 속에 서양의 여러 나라를 포함한 세계지리지 《직방외기》와 세계지도인 〈곤여만국전도〉가 있었고, 담헌이 입연할 무렵 이 책과 지도는 소수의 경화세족에게 알려져 있었다. 서양은 차츰 '영길리'와 '와란嗚蘭' 등의 이름으로도 인식되기 시작했다. 하지만 그것은 책을 통한 간접적 체험일 뿐이었다. 뒷날 박제가가 평생 한 번 서양 배에 승선해 보기를 원했던 것처럼 서양을 인지한 지식인들은 서양의 구체성을 접할 기회를 열망하였다. 그 열망을 충족할 수 있는 유일한 루트는 북경의 천주당 방문뿐이었다.

천주당은 1601년 마테오 리치 등이 명 신종에게 서양 문물을 헌상한 공으로 제택을 하사받아 건립된 것인데, 1723년까지 남당, 동당, 북당, 서당 등 모두 네 곳이 세워졌다.[104] 1695년(숙종 21) 홍우정洪禹鼎이 숙부 홍수주洪受疇를 따라 북경에 갔을 때 천주당을 방문한 기록이 남아 있고 이후 18세기 들어서도 조선인의 천주당 방문은 그리 어렵지 않았던 것으로 보인다.[105] 담헌에게는 참고할 만한 전례가 적지 않았다.

예컨대 1712년 김창업이 이미 천주당을 방문하여 혼천의와 자명종에 대한 언급을 남겼고, 1720년 이이명이 천주당을 방문하여 꼬임브라Coimbra 출신의 예수회 신부 소림蘇霖Joseph Suarez(1656~1736)과 독일 출신의 예수회 신부 대진현戴進賢Kögler, Ignatius(1680~1746)을 만나 토론하기도 했다. 이때 이이명의 아들 이기지 역시 동반했다. 이이명 등의 전례, 그리고 이들의 경험과 그에 대한 글, 예컨대 이이명이 두 서양인 신부에게 보낸 편지 〈여서양인소림·대진현與西洋人蘇霖戴進賢〉 등, 그리고 이이명의 아들 이기지가 《일암연기》에 자세하게 전한 천주당과 서양인 신부, 서양 회화, 천문학, 각종 관측기기 등은 서울 경화세족의 호기심을 자극하기에 충분했을 것이다. 이후 사신단의 삼사三使와 역관은 종종 천주당을 찾았고, 관상감에서 천문학을 담당하는 일관日官이 천주당을 방문하는 경우도 잦았다.[106] 후자는 시헌력과 그것의 바탕을 이루고 있는 서양 천문학을 이해하기 위해 조선 조정에서 정식으로 파견한 이들이었다.

북경 방문 사신단의 자제들에게 당시까지 직간접적으로 전혀 접촉한 적이 없던 천주당만큼 희한한 구경거리는 없었을 것이다. 담헌에 의하면, 17세기 후반부터 조선 사신단은 천주당을 방문했고, 천주당의 서양 신부들은 포교에 목적이 있었기에 신상神像—천주교의 예수상이나 마리아상 등—과 기구, 곧 자명종과 망원경 등의 과학기구, 그리고 선물을 아끼지 않았는데, 답례를 하지 않고 천주당에서 침을 뱉는 등 조선 사람의 무례함 때문에 담헌의 시대에 와서 신부들은 조선인의 구경을 거절하는 지경에 이르렀다고 한다.

담헌 역시 1월 1일 조참에 참여한 뒤 7일에 마두馬頭 세팔을 불러 천주당을 찾아가기로 했지만, 앞에서 말한 바와 같이 서종맹의 심술을 달래느라 그날 하루를 허비했다. 실제 천주당을 찾은 것은 1월 9일이었다. 담헌이 방문한 곳은 남당이었다.

담헌은 자신의 천주당 방문을 〈유포문답劉鮑問答〉으로 정리했다. '유송령과 포우관 두 사람과의 문답'이란 뜻이다. 유송령은 슬로베니아 출신의 할러슈타인August von Hallerstein, 포우관은 독일인 고가이슬 Anton Gogeisl이다. 물론 담헌은 이 두 사람이 '슬로베니아인', '독일인'이라는 사실은 알지 못했다. 두 사람에 대한 담헌의 말을 들어 보자.

유송령과 포우관은 모두 서해西海 사람이다. 명 만력 때 이마두利瑪竇가 중국에 들어오면서 서양 사람이 내왕하게 되었다. 산수算數로 전도하기도 하고, 또 의기儀器에 뛰어나 천문 관측에 귀신과 같았고, 역상曆象에 정묘하였으니, 한漢·당唐 이래 없던 바였다. 이마두가 죽은 뒤 배를 타고 바다를 건너 동쪽으로 오는 사람들이 늘 끊이지 않았다. 중국에서도 그 사람들을 기이하게 여겨 그 기술에 힘입었고, 호사가들은 왕왕 그들의 학문을 아울러 숭상하였다. 강희 말년에 서양에서 온 사람이 더욱 많아졌다. 황제가 그 기술을 채택하여 《수리정온數理精蘊》이란 책을 지어 흠천감에 주었으니, 실로 역상曆象의 심오한 근원이 되는 것이다.

성안에 네 곳의 천주당을 지어 그 사람들을 살게 했으니, 이름하여 천상대天象臺다. 이로 인해 서학이 비로소 성행하였고, 천문을 말하는 사람들은 모두 그 기술을 받아들이게 되었다. 대개 우虞와 하夏가 쇠퇴하여 희화씨羲和氏가 자신의 직책을 잃게 되자, 그 기술은 세상에 전해지지 못했다. 한漢 이래 선우망인鮮于妄人·낙하굉·장형·당일행唐一行의 무리가 서로 변통하여 정밀하다고 뽐냈으나, 세차법歲差法 같은 것은 끝내 상세한 경지를 알아 내지 못했으니, 망상과 억측으로 알려 한 것이지 올바른 방법으로 알아 낸 건 아니었던 것이다.

이제 태서泰西(서양)의 법은 산수에 근본을 두고 의기儀器로 참작해 오만 가지 형상을 살피고 재었다. 천하의 멀고 가까움, 높고 깊음, 크고 작음, 가볍고 무거운 것들을 눈앞에 죄다 모아 마치 손바닥을 가리키듯 하니, 한·당 이후에는 있지 않았던 것이라 해도 망령된 말은 아니다.[107]

담헌은 서양을 수학과 천문학, 천문 관측기기로 인지한다. 이것을 제외한 서양, 예컨대 종교-기독교는 관심사가 아니었다. 서양의 역사와 사회 등은 아예 떠올리지도 않았다. 담헌은 중국의 천문학을 '망상과 억측'으로 이루어진 것으로, 서양의 천문학은 의기儀器에 의한 관측과 수학적 계산에 의해 이루어진 것으로 생각한다. 서양의 수학과 천문학은 담헌의 세계관에 충격에 가까운 영향력을 행사했다고 보인다.

하나 위의 인용에서 지적해야 사실은, 담헌이 서양 과학을 높이 평가하면서도 한·당 이후에 없던 것이라 하여 삼대의 수준을 뛰어넘는 것은 아니라는 자신의 생각을 은연중에 드러내고 있다는 점이다. 그는 또 우나라와 하나라가 쇠퇴하면서 희화씨가 직책을 잃게 되어 중국에서는 더이상 천문 기술을 발전시키지 못했다고 지적했는데, 이는 《한서漢書》에 수록된 내용으로 서양 천문학과 수학이 중국에 기원을 두고 있다는 '중국 원류설'에서 가장 중요한 근거로 제시되는 점이었다. 그러나 홍대용은 '중국 원류설'을 서기 수용론으로 연결시키지는 않았다.[108]

또 하나 흥미로운 것은 담헌이 《수리정온》의 존재를 알고 있다는 사실이다. 담헌이 북경을 방문한 시기에 《수리정온》은 서울의 사족 사회에서 매우 드문 책이었다. 1767년 12월 9일 황윤석이 전한 이영옥李英玉(1740~?)의 말에 의하면, 《수리정온》은 4부가 서울에 있는 바, 서명응·이맹휴李孟休·홍계희洪啓禧만 소유하고 있고(나머지 하나는 잊어버렸다고 한다), 《기하원본》은 원의손元義孫의 집에 있다고 하였다.[109] 이 외에 《기하원본》은 이용휴李用休의 아들이자, 정철조鄭喆祚의 매부인 이가환李家煥이 가지고 있었다고 한다. 담헌은 북경에 가기 전 《수리정온》의 존재를 알았고 북경에서 구입해서 귀국한다.

청은 명이 서양 천문학에 입각해 만든 숭정역법崇禎曆法을 교정해 순치順治 2년(1645)부터 시헌력時憲曆이란 이름으로 시행했는데, 중국에서의 역법 교체를 인지한 김육金堉은 한 해 전인 1644~1645년에 새로운 역법을 조선에 적용할 것을 강력히 주장했다. 조선에서 공식적으로 시헌력을 사용한 것은 1653년부터지만, 시헌력법 자체에 대한 이해, 그리고 이를 조선에 적용할 때 발생하는 오류를 수정하기 위해 조선은 계속해서 관상감 관원을 북경에 파견해야만 했다. 그들은 천주당을 방문해 서양인 선교사들에게 서양 천문학과 천문 계산에서의 착오 등을 문의하였다. 1765년 담헌이 북경을 방문했을 때도 관상감의 일관 이덕성은 조정의 명령으로 유송령·포우관 두 사람에게 "오성五星의 행도行度와 역법의 오묘한 뜻을 묻고, 천문을 관찰하는 여러 기구를 구입하라" 했는데, 서종맹 때문에 출입이 막혀 고민하고 있었다. 담헌은 그와 함께 천주당을 방문하기로 하고, 1월 7일 마두馬頭 세팔을 시켜 두 사람에게 만나자는 뜻을 전하자, 공무로 어렵다며 20일 후에나 만나자는 답이 왔다. 담헌은 서종맹에게 썼던 방법을 다시 쓰기로 한다. 정중한 편지와 함께 선물을 보내기로 한 것이다. 그때 담헌의 편지를 살펴보자.

삼가 새봄에 복 많이 받으시기 바랍니다. 저희는 궁벽한 곳에서 나고 자라 식견이 몽매하고 고루합니다. 성상星象·의도儀度에 본디 타고난 재능은 없지만, 망령된 생각에 배우기를 원합니다. 적이 듣건대, 좌하께서는 하늘의 근원을 배우고 연구하여 미묘하고 저 깊은 이치를 남김없이 드러내었다 하니, 대개 백 세에 걸쳐서도 듣지 못한 바입니다. 저희는 대방가大方家를 찾아가 그분에게 배워 상수象數를 끝까지 연구하고자 했지만, 나라의 경계에 막혀 그 생각을 한갓 마음속에만 뭉쳐 두고 있었습니다. 이제 다행히도 사신의 행차를 따라 도성에 와서 높으신 분들을 바라볼 수 있게 되었으니, 묵은 소원을 푼 셈입니다. 다만 외국의 천한 몸이라 문지기에게 저지를 당할까 걱정하여 망설인 지 오래였습니다.

이에 감히 망령됨과 경솔함을 돌보지 않고, 어리석은 속마음을 펼쳐 말씀드리는 것입니다. 또 보잘것없는 토산물이지만, 옛사람이 예물

을 올려 스승을 찾던 뜻을 본받은 것이니, 여러 선생께서는 굽어살펴 주소서.[110]

이 간절한 편지와 함께 장지 2묶음, 부채 3자루, 먹 3갑, 청심환 3알을 선물로 보내자 과연 답장이 왔고, 담헌은 이덕성과 통역관 홍명복을 대동해 천주당을 찾는다. 약간 특이한 것은 이날 눈을 뜰 수 없을 정도로 바람이 불어 특별히 '풍안경風眼鏡'을 끼고 갔다는 것이다. 바람을 막는, 일종의 선글라스다.

천주당에 도착하여 유송령·포우관 두 사람이 나오기 전 객당客堂에서 기다렸다. 객당에서 담헌은 '하늘의 성상星狀'을 그린 천문도, 세계지도를 보았고, 안으로 들어가서는 벽에 그려진 서양화를 보았다. "양쪽의 벽화를 보니, 누각과 인물은 모두 진채眞彩로 그렸다. 누각은 중간이 비었고, 들어가고 나온 것이 서로 어울렸다. 사람과 사물은 살아 있는 것처럼 떠서 움직였다. 또 원근법에 더욱 공교하여 냇물과 골짜기의 드러나고 어두운 것과 연기와 구름의 밝고 흐른 것, 먼 하늘의 공계空界까지 모두 정색正色으로 그렸다."[111] 담헌은 서양화의 입체감, 원근법, 여백으로 표현하는 하늘까지 정색(아마도 푸른색)으로 표현한 서양화의 리얼리티에 감탄해 마지않는다. 더욱이 그는 원근법이 "산술算術에서 나온 재할裁割과 비례比例의 법에 근거한 것이라고 들었다"고 말한다. 아마도 기하학에 입각한 선원근법線遠近法을 가리키는 것으로 보인다.

이어 유송령·포우관 두 사람이 나왔고, 대화가 시작되었다. 대화는 《연기》의 〈유포문답〉에는 실려 있지 않고, 《을병연행록》쪽에 실려 있다. 분위기를 파악하기 위해서라도 간단히 《을병연행록》 쪽을 인용해 보자. 통역은 홍명복이 맡았다. 먼저 묻는 사람은 홍명복이고 대답하는 사람은 유송령이다.

"귀국이 중국의 어느 편에 있으며 거리는 얼마나 됩니까?"
"중국에서는 남쪽으로 수만 리 밖이요, 대서양 사람입니다."
"대서양의 땅 넓이가 얼마나 됩니까?"
"세 성省이 있으니 땅은 넓지 않으나 인재는 매우 성합니다. 사대부주四大部洲를 아십니까?"
"어찌 모르겠습니까?"
"조선은 동승신주東勝神洲의 지방입니다."
"그대는 어느 해에 중국에 왔습니까?"
"중국에 이른 지 스물여섯 해입니다."
"서양국의 복색이 중국과 다름이 있습니까?"
"우리 본래 복색이 이러한 일이 없어 머리를 깎지 않고 의복이 너르나, 우리가 중국에 들어와 중국의 녹을 먹는지라 마지못하여 중국 제도를 하고 있습니다."
"글자는 중국과 다름이 없습니까?"
"다만 우리 글자를 쓸 뿐이라 중국 글자를 아는 일이 없습니다."
"그러하면 중국 글을 모릅니까?"
"중국에 들어와서 비로소 한자를 배워 약간 글자를 알고, 성명 또한 본래 성이 아니라 중국에 들어온 후 지은 것입니다."
홍명복이 이덕성을 가리키며 말했다.
"이 사람은 우리나라 흠천감의 관원으로 그대에게 책력 만드는 법과 성신星辰의 도수度數를 배우고자 합니다."

"어찌 감히 당하리오. 다만 벼슬이 우리와 한 가지이니 마음이 각별합니다."
유송령은 담헌을 가리키며 물었다.
"이 사람은 무슨 벼슬입니까?"
"이분은 우리 삼대인三大人(서장관)의 공자로 벼슬이 없어 선비의 몸으로 중국을 구경하고자 왔는데, 그대의 높은 의론에 참여하여 듣고자 합니다."[112]

홍명복이 던지는 질문에서 당시 조선인들이 서양에 관해 갖는 의문의 성격을 대개 짐작할 수 있다. 지리적 인식이 중국과 인도에 머물러 있던 조선 사람으로서는 서양의 지리적 위치에 대한 감각이 있을 수 없었다. 〈곤여만국전도〉와 같은 세계지도, 《직방외기》와 같은 지리서가 들어와 있었지만, 홍명복이 그것을 실제 보았는지는 미상이다. 보았다 해도 쉽게 수용할 수 없었을 것이다.

유송령이 홍명복의 질문에 대해 사대부주四大部洲를 아는가를 묻고, 안다고 하자 조선은 동승신주 지방에 속한다고 말한 것은 이해를 돕기 위한 장치다. 사대부주는 원래 불교에서 수미산을 중심으로 동쪽을 동승신주, 서쪽을 서우하주西牛賀洲, 남쪽을 남섬부주南贍部洲, 북쪽을 북구로주北俱蘆洲 등 넷으로 구획한 데서 나온 말이다. 유송령이 조선 사람을 이해시키기 위해서 군이 불교의 세계시리관을 인용한 것이었다. 지구설에 입각한 세계의 지리적 인식은 천원지방설天圓地方說을 믿고 있던 조선 사람을 납득시키기 어려웠다. 실제 1720년 이이명은 소림과 대진현에게 보내는 편지에서 '지구설'은 조선 사람도 그 도설圖說을 보고 알고 있으나, 천원지방설과 달리 하늘이 둥근 것을 따라 땅도 둥글다고 하는 근거가 무엇인지 알 수 없다고 고백하고, 아울러 구라파의 지리적 존재는 흡사 열어구列禦寇의 십주十洲나 불교의 사대부주와 근사한 것이 아닌가라고 반문하기도 했다.[113]

담헌은 유송령에게 중국에 들어온 연도, 서양인의 복색·문자 등에 대해 물었다. 하지만 서양에 대한 빈약한 사전 정보와 언어 장벽으로 인해 대화가 잘 이어지지 않았다. 담헌은 천주당 안을 구경할 것을 청했고, 이어 중정을 지나 본 건물로 들어갔다. 벽돌로 지은 건물의 화려함은 말로 표현할 수 없을 정도였다. 그는 진열된 온갖 기구와 벽에 걸린 성화聖畵, 마테오 리치와 아담 샬 이후 북경에 파견된 예수회 신부들의 초상화를 놀라운 눈길로 보았다.

담헌은 남쪽 누각에 설치된 악기를 보자고 청하였고, 유·포 두 사람은 문을 열어 주었다. 거대한 파이프오르간이 있었다. 담헌은 지름과 길이가 서로 다른 수십 개의 납통鑞筒, 곧 파이프와 송풍 상자를 관찰한 뒤 송풍 상자에서 보내는 바람에 의해 소리가 난다는 것을 이해하고, '말뚝'(건반)이 각 파이프와 연결되어 건반을 만질 때마다 다른 음을 낸다는 것을 알아차렸다. 담헌은, "대개 생황의 제도를 따르되 크게 만들고, 기기氣機를 이용해 사람의 들숨 날숨을 쓰지 않으니, 대개 태서泰西 제도인 것이다"라고 하며 서양의 이 악기가 생황과 동일한 원리로 소리를 낸다면서 자못 감탄하였다.

담헌이 파이프오르간 연주를 듣기 원했지만, 유송령은 연주자가 병중이라고 답하고, 자신이 건반을 치며 연주법을 대략 설명하였다. 담헌은 유송령을 따라 건반을 조작하며 음계를 파악했다. 오르간의 파이프 길이와 지름에 따라 음이 다른 것은, 거문고의 현의 굵기와 괘의 길이에 따라 각각 다른 소리를 내는 것과 같은 원리에 바탕함을 깨닫고 그 자리에서 파이프오르간의 건반을 쳐서 거문고 곡 하나를 연주하였다. 담헌이 "이것은 동방의 음악입니다"라고 하자, 유송령은 "잘 합니다"라고 칭찬하였다.

이어 담헌은 유송령에게 파이프오르간이 소리를 내는 원리에 대해 설명하면서 의문점을 물었고, 유송령은 웃으며 홍명복에게 "저분이 설명을 분명하게 하시니, 반드시 전에 오셨던 분일 것입니다"라고 했다. 홍명복은 웃으며 "저분은 우리 삼대인의 조카이신데, 중국에 처음 오셨소. 재주와 기술이 아주 높아 성상星象·산수·율력律曆 등의 여러 법에 꿰뚫어 알지 못하는 것이 없습니다. 손수 혼의渾儀를 만들었는데, 천상天象에 묘하게 들어맞습니다. 그래서 두 분을 만나 높은 견해를 듣고자 하는 것"이라고 답했다.[114]

정직한 담헌은 홍명복에게 과장이 심하다고 나무랐으나, 홍명복은 이렇게 하지 않으면 그들의 마음을 움직여 "기이한 기구와 특별한 책을 얻어 볼 수 없을 것"이라면서 태연했다. 이 말에 담헌이 한걸음 더 나아갔다. 농담으로, "속담에 '수재는 문을 나서지 않아도 천하의 일을 두루 안다' 하거늘, 선생께서는 어찌 사람을 낮춰 보시는지요?" 하였고, 유송령은 웃으며 "감히 어찌……" 하면서도 자신의 속내를 털어놓으려 하지 않았다.

담헌은 이어 자명종을 볼 것을 청했다. 역시 자명종은 담헌의 가장 큰 관심사였다. 자명종은 따로 건물에 설치되어 있었다.

자명종을 보자고 청했더니, 유송령이 앞장을 섰다. 뜰 남쪽에 이르자 작은 각閣이 있었다. 위는 누각이었고, 누각의 북쪽에는 쇠로 만든 추가 아래로 드리워져 있었다. 무게는 수십 근쯤 나갈 것 같았다. 기륜

機輪이 힘차게 돌면 뎅뎅 소리가 났다. 큰 종을 매달아 놓았는데, 한 번 치면 누각 안이 모두 진동하였다.

두 길쯤 되는 사닥다리가 놓인 천창天憁은 겨우 한 사람이 들어갈 정도의 공간이었다. 유송령은 나만 올라가 보라고 하였다. 나는 갓을 벗고 누각에 올라갔다. 자명종의 제도를 보니 아주 기이하고 거창하여 작은 종에 비할 바가 아니었다.

큰 바퀴는 열 몇 아름이나 되고도 남았고, 그 옆에는 작은 종 여섯 개를 매달아 놓았는데, 모두 추가 있어 시각을 알리게 되어 있었다. 누각 남쪽에 쇠막대기가 가로로 나와 있는데 거기에 큰 동그라미를 그리고, 시간을 나누어 표시해 놓았다. 막대기 끝에 어떤 물건이 있어 시간을 가리키게 되어 있다. 대략 이와 같다.[115]

직접 자명종 속으로 들어가 그 구성 원리를 볼 수 있었던 담헌은 감탄을 금하지 못한다. 그는 서양에서 유래한 자명종을 중국이나 일본에서도 본떠 크고 작게 제작하기도 하지만, 확실히 서양의 것만은 못하다고 말한다. 사람 주먹보다 작은 건 물론이고, 때로는 반지보다 작은 서양 자명종도 털이나 실처럼 가는 기륜으로 정확히 종을 치고 시간을 귀신처럼 맞춘다는 것이다. 다만 작은 것은 제작이 어렵고 망가지기 쉽기에 정확성과 내구성으로는 큰 자명종이 낫다고 말한다.

자명종을 본 것을 끝으로 그날 천주당 구경은 끝났다. 홍명복이 침실을 보여 달라고 했지만, 유송령은 일이 있다는 핑계로 거절했다. 담헌은 이날 방문으로 만족할 수 없었다. 서양에 대한 궁금증, 그리고 자신이 목적으로 삼았던 수학과 천문학에 대한 대화는 이루어지지 않았기 때문이었다.

담헌이 이덕성과 다시 천주당을 찾은 것은 13일이었다. 하지만 유송령은 출장을 갔고, 포우관이 현재 재상 귀인들을 접대하기 바쁘기에 19일에 오라는 문지기의 말을 듣고 물러났다. 19일에 다시 찾아가자, 유·포 두 사람이 지난밤의 천문 관측 때문에 아침에 잠들어 깨어나지 않았다면서 담헌을 기다리게 했다.

담헌은 문지기를 통해 선물을 보냈지만, 전에 받은 예물에 답례하지 못해 받을 수 없고, 또 일이 있어 만날 수 없다는 답이 돌아왔다. 담헌은 자신이 무슨 잘못을 저질렀기에 만나 주지 않는지 알려 주면 다시는 문전을 더럽히지 않겠노라는 내용의 편지를 썼다. 편지를 받고 유송령과 포우관이 나와 맞이했다. 담헌이 중국어에 능하지 못하다며 필담을 청하자, 유송령이 자신들을 대신해 필담을 맡을 사람을 불러왔다. 과거시험을 위해 북경에 머무르고 있던 강남의 선비였다. 필담이 시작되었다. 담헌이 천상天像과 산수를 배우고자 자주 찾아왔으나 거절을 당할까 두려웠다면서 말을 꺼냈다. 이어 대화가 시작되었다. 묻는 사람은 담헌이고 답하는 사람은 유송령이다.

"무릇 사람이 어려서 배우고 장성해서 행할 때 임금과 어버이를 존귀한 이로 여깁니다. 들으니 존귀한 이를 버리고 따로 존귀하게 여기는 바가 있다고 합니다. 이것은 어떤 학문입니까?"
"우리나라 학문은 이치가 아주 기이하고 오묘합니다. 선생께서 어떤 것을 알고자 하십니까?"
"유교는 오륜을, 불교는 공적空寂을, 도교는 청정淸淨을 숭상합니다. 귀방貴邦에서 숭상하는 바를 듣고자 합니다."
"우리나라 학문은 사람들에게 사랑을 가르칩니다. 하느님을 만유萬有

의 위로 높이고 남을 자기처럼 사랑하라고 합니다."
"사랑이란 무엇을 가리키는 것입니까? 따로 그런 사람이 있습니까?
"공자께서 이른바 '교사郊祀의 예는 상제上帝를 섬긴다'란 것입니다. 하지만 도교에서 말하는 옥황상제는 아닙니다. 《시경》의 주석에서도 '상제는 하늘의 주재主宰'라고 말하지 않았습니까."[116]

천주교에 대한 간단한 물음이 오갔다. 깊은 수준의 대화는 아니었다. 유송령은 다만 보유론적補儒論的 입장에서 천주교를 간단히 해설했을 뿐이다. 천주교에 대한 더 이상의 대화는 이루어지지 않았다. 담헌도 천주교 쪽에는 큰 흥미가 없었다. 《을병연행록》에서 천주교에 대해서 미리 "또 저희 학문을 중국에 전하니, 그 학문의 대강은 하늘을 존숭하여 하늘 섬기기를 불도의 부처 섬기듯이 하고, 사람을 권하여 아침저녁으로 예배하고 착한 일에 힘써 복을 구하라고 하니, 대개 중국 성인의 도와 다르고 이적의 교화여서 족히 말할 것이 없다"[117]고 평가한 것처럼 담헌은 천주교를 이적夷狄의 차원 낮은 종교로 여겼다. 그만큼 천주교에 대한 담헌의 이해가 깊지도 않았던 것 같다.
담헌의 관심은 천문학과 수학이었다. 다시 물었다.

"들으니 여러분은 오성五星의 경위經緯를 측후測候하는 것과 추보推步하는 법을 겸해 숭상한다 합니다. 이 법의 유래를 묻고자 합니다."
"오성의 경위와 현재의 추보법은 《역상고성曆象考成》을 새로 고치지 못하고 있습니다."[118]

담헌과 유송령의 이 대화에는 약간의 문제가 있다. 청에서 시헌력을 사용한 뒤 티코 브라헤의 천문학에 입각한 매각성梅殼成의 《역상고성 전편》이 1721년에 간행되자 조선에서는 곧바로 1725년(영조 원년)부터 그것을 도입해 일월오성의 운행을 계산하기 시작했고, 또 1742년 케플러의 타원궤도설과 카시니Cassini의 관측치와 관측법에 의거한 《역상고성 후편》이 쾨글러戴進賢에 의해서 편찬되자 1744년(영조 20)에 역관 안명렬, 김정호, 이기흥 등으로 하여금 《역상고성 후편》 10책을, 그리고 황력재자관 김태서로 하여금 《청국신법역상고성 후편》 1질을 사다가 바치게 했고, 그해에 바로 일전日躔·월리月離·교식交食을 《역상고성 후편》에 따라 계산하게 되었던 것이다. 이로써 조선에서의 서양 역법에 따른 정부 차원의 적극적인 개력改曆 노력은 일단락되었다.[119]

그런데 담헌의 질문이 묘하다. 담헌의 질문에서, 그가 오행성은 《역상고성》을 따르고, 태양과 달의 궤도 운행과 일식·월식의 계산은 《역상고성 후편》의 타원궤도설을 따른다는 사실을 정확하게 인지하고 있었는지는 확인할 수가 없다. 하지만 오성의 경위와 현재의 추보법은 《역상고성》을 새로 고치지 못하고 있다는 유송령의 답은, 아마도 《역상고성 후편》이 케플러의 타원궤도설에 근거해 천체의 운행궤도를 계산했지만, 태양과 달의 궤도만 타원궤도를 도입했을 뿐 오행성에 대해서는 도입하지 않았다는 것[120]을 의식한 게 아닌가 한다.

이이 천문학에 관한 대화가 있었다고 하나, 담헌은 스스로 기록하지 않는다고 말하고 있다. 행간을 짐작하자면, 유·포 등은 담헌의 물음에 썩 성의 있는 답변을 한 것 같지 않다. 담헌은 그보다는 천문 관측기기에 관심이 많았다. 담헌이 자신이 만든 혼천의에 오류가 있는 것 같다면서 유송령에게 관측기구를 보여 달라고 청하자, 유송령은 볼 만한 의기儀器는 관상감에 있고 현재 있는 건 파손된 것뿐이라면서 천문도를 그린 구球 외부에 주석으로 만든 황도와 백도를 끼운 의기와 각종 의기를 진열한 관상대 그림을 가져왔다. 의기는 세차歲差를 측정하는 것이라 하였다.

담헌은 관상대에 비상한 흥미를 느끼고 흠천감 벼슬을 하고 있는 유송령에게 구경을 주선해 줄 것을 부탁했지만, 유송령은 관상대가 금지 구역이고 관계없는 사람은 들어갈 수 없는 곳이라면서 거절하였다. 담헌은 이어 망원경을 보여 달라고 청했다. 망원경은 옥외에 설치되어 있었다. 담헌이 본 망원경은 이러하였다.

(1) 망원경은 청동으로 통筒(경통鏡筒)을 만들었다. 경통의 크기는 조총의 통만 하고, 길이는 주척周尺으로 3자 남짓하였으며, 양쪽 끝에 모두 유리를 끼워 놓았다. 아래에 외다리 셋을 세우고, 그 위에 망원경 틀을 설치하여 형태를 이루고 있었다. 그리고 하나의 직각 구조에만 망원경 경통을 얹어 놓았다. 그 기둥들이 망원경을 받친 곳에 두 개의 움직이는 지도리를 두었다. 그래서 다리는 항상 한 자리에 서 있지만, 사람이 마음대로 망원경을 낮추고 높이고 돌릴 수가 있었다. 다리 앞에는 줄을 내리 그어 놓았는데, 지평地平을 정하기 위한 것이었다.

(2) 따로 종이를 바른 길이 한 치 남짓한 짧은 망원경은 한쪽 끝에 유리를 두 층으로 붙여 놓았다. 이것을 가지고 하늘을 보면 한밤중처럼 캄캄한데, 망원경의 망통에다 이것을 대고 걸상에 앉아 이리저리 올렸다 낮추었다 하면서 해를 향해 한쪽 눈을 감고서 보면, 둥근 햇볕이 경통 안에 가득 차서, 마치 얇은 구름 속에 있는 것 같았다. 해를 바로 바라보아도 눈을 깜박이지 않았고, 털끝만 한 물건도 살필 수가 있었으니, 대개 기이한 도구인 것이다.[121]

담헌이 본 망원경은 삼각대 위에 설치한 천체망원경이다. 경통이 조총의 통筒만 하다고 하는데, 조총의 통 크기가 얼마나 되는지 알 수 없으니, 망원경 렌즈의 직경은 짐작할 수 없다. 하지만 길이는 주척으로 3자라고 하니, 약 70센티미터쯤 된다(주척은 1자가 약 23센티미터라고 한다). 이 망원경을 삼각대 위에 설치해서 천체 관측을 위해 높낮이를 조절하고 회전이 가능하게 한 것이었다.

담헌은 낮에 방문했기에 이 망원경으로 별을 관찰할 수는 없었다. 하지만 태양은 관찰했다. (2)의 한 치 남짓, 곧 3센티미터를 조금 넘는 짧은 망원경은 아마도 색 처리를 한 유리를 붙인 망원경으로 보이는데, 이것은 큰 망원경의 접안렌즈에 붙여 태양을 관찰하기 위한 것이다. 담헌은 이것으로 태양을 보았다. 색유리를 붙인 것이니 눈을 깜빡일 필요가 없었다. 또 원래 큰 망원경은 천체망원경이었으니, 배율이 워낙 높아 다른 물체 역시 똑똑히 볼 수 있었다.

담헌은 태양을 관찰하다가 태양 중간에 수평으로 선이 한 줄기 놓여 있는 것을 보고 깜짝 놀라 무엇이냐고 물었고, 유송령은 원래 태양에 있는 것이 아니라, 지평地平 곧 수평을 유지하기 위해 그은 선이라고 답한다. 이어 담헌은 태양의 흑점에 대해 물었다. "일찍이 태양 가운데 흑점 셋이 있다 했는데, 지금은 없으니 어찌 된 것인지요?"[122] 유송령은 이렇게 답했다.

흑점은 셋만 있는 것이 아니지요. 많을 때는 여덟 개까지 됩니다. 다만 어떤 때는 있고 어떤 때는 없습니다. 이것은 태양이 마치 공처럼 뒤집히며 구르기 때문입니다. 지금은 마침 흑점이 없을 때입니다.[123]

1610년 갈릴레이는 망원경으로 태양 흑점을 관찰하고, 흑점의 이동 현상을 통해 태양이 자전한다는 사실을 밝혀 내었다. 유송령의 '태양이 공처럼 뒤집히며 구른다'는 발언은 갈릴레이의 발견에 기초한 것이다. 담헌은 여기서 태양이 자전한다는 사실을 처음 알게 되었고, 이것이 뒷날 지전설을 주장하는 근거 중 하나가 되었을 것이다.
　담헌이 망원경을 보자고 청한 것은, 이 시기 조선에도 이미 망원경이 전래되어 있었기 때문이다. 1745년(영조 21) 북경에 파견되어 대진현에게 천문수학을 배운 김태서는 귀환길에 대천리경大千里鏡을 구입해 왔다. 대천리경은 곧 천체망원경으로 관상감의 보고에 의하면 앞의 두 책과 함께 모두 "역상가曆象家에게 긴요한 것"이었기 때문에 늘 구하려 했으나 쉽지 않았는데, 김태서가 사재를 털어 간신히 구해 온 것이다. 그래서 전례에 따라 가자加資해 달라고 요청하자 영조는 당연히 허락했다.[124)]
　이 대천리경은 아마도 관상감에 보관되었을 것이다. 담헌이 북경에서 돌아온 지 4년 뒤 서명응 역시 사신으로 북경에 파견되었고, 유송령을 만난다. 서명응은 융복사 시장에서 은 6전으로 마테오 리치가 만든 평의平儀 곧 혼개통헌渾蓋通憲을 사서 유송령을 만났더니, 유송령은 마테오 리치가 썼지만 지금은 사용하지 않는다고 했다. 또 서명응이 규원경窺遠鏡 보기를 청하고 하나를 구입할 수 있겠느냐고 물었지만 유송령은 그것이 최고급 유리로 만든 것이고, 칠정을 볼 수 있으며 태양의 흑점도 관찰할 수 있는 것이나, 팔 만한 게 없다고 대답했다.[125)] 유송령은 서명응을 수행한 역관 이덕성에게 제조법을 알려 주면서 만들어 가라고 했으나 시간 문제로 제작하지 못했다고 한다.[126)]
　망원경을 본 담헌은 다시 다른 의기儀器와 시계를 보여 줄 것을 청했지만 유송령은 없다고 답했다. 담헌이 삼사가 보낸 예물을 주며 작은 예물이지만 받지 않으면 다시 오지 않겠다고 하자, 유송령은 선물을 받으며 삼사에게 감사의 뜻을 전해 달라며 1월에는 더 시간이 없으니, 2월에 가서 다시 만날 날짜를 상의해 보자고 답했다.

담헌이 다시 천주당을 찾은 것은 2월 2일이었다. 하지만 필담을 맡은 선비가 미처 오지 않아 중국어로 대화가 이루어졌다. 유송령은 대마도와 부산이 조선의 어디에 있는지, 일본과 서로 왕래하는지, 조선에도 자명종이 있는지, 만세산 자명종을 보았는지를 물었다. 이어 이덕성과 천문학에 관한 긴 대화가 있었다. 하지만 담헌은 이 대화를 다 기록하지 않는다고 말하고 있다. 유송령이 "오성五星의 행도가 어긋나고 잘못된 곳이 많기에 현재 황제에게 아뢰어 바로잡고 있는 중이지만, 일거리가 너무 넓고 많아서 갑작스레 책을 완성하기가 어렵다"[127) 고 하였다. 이덕성이 추산推算하는 책을 보여 달라고 청했고, 유송령은 '서양의 언자諺字' 곧 알파벳으로 쓴 인쇄본처럼 정교한 책을 보여 주었다. 붓으로 쓴 글씨와 다른 글씨 형태를 희한해하는 담헌에게 유송령은 금속제 펜을 보여 주었고, 담헌은 먹물이 금속의 홈을 따라 흐르는 교묘한 제작에 다시 놀랐다.

이어 담헌이 의기 및 요종鬧鐘, 곧 자명종을 보여 달라고 간곡히 청하자, 유송령이 자명종을 가지고 왔다

겉은 1척쯤 되는 목갑木匣이고, 안에는 석갑錫匣이 있었다. 가운데는 기륜機輪이 설치되어 있는데, 양장철羊腸鐵을 돌려 그 기계를 때리면 종을 무수하게 친다. 그래서 요종鬧鐘이라 부르는 것이다.

새벽에 일이 있을 경우, 저녁에 시간을 맞추고 기계를 틀어 베개 옆

에 두면, 때가 되어 종을 쳐 귀를 울리고 잠을 깨운다. 앞에는 시각의 분도分度를 배열하고, 뒤에는 유리를 붙여 그것을 가렸다.[128]

이어 품속에서 일표를 수시로 꺼내 시간을 확인하는 것을 유심히 보는 담헌에게 포우관은 일표의 갑을 열어 보여 주었고, 담헌은 그 정밀함에 감탄한 나머지 "귀신이 새긴 것 같았고, 오랑캐의 생각에서 나온 게 아닌 것 같다"라고 말하고 있다. 두 사람이 안경을 쓴 것을 보고, 담헌은 서양 안경도 역시 수정으로 만드느냐고 물었고, 유송령은 수정은 눈을 다치게 해 사용하지 않는다고 답했다.

담헌이 이어 나경羅經, 곧 나침반을 보여 달라 하자, 유송령이 하나를 보여 주었는데, 바늘 길이는 몇 마디쯤 되었고, 주표周表는 360도度였다. 이어 나침반 방위의 수에 대해 대화가 이어졌다. 유송령은 서양의 나침반은 8위·16위·32위 등 방위가 다양하며, 32위는 선박에서만 사용된다고 답했다. 담헌이 무진의撫辰儀를 보고 싶다 하자, 유송령은 관상대에 있지만 육의六儀보다 간편하지 않아 지금은 사용하지 않는 다고 하였다.

이처럼 담헌은 서양의 천문 관측기기와 천문학, 수학에 대해 대단한 열의를 보였지만, 유송령과 포우관의 반응은 시답잖았다. 19일 돌아올 때 이덕성은 "이전에는 천주당 사람이 우리나라 사람을 보면 무척 반겨하며 대접하는 음식이 극히 풍성하고 혹 서양국 소산으로 납폐納幣하는 선물이 적지 아니하더니, 근래에는 우리나라 사람의 보챔을 괴로이 여겨 대접이 이리 낙락하니 통분합니다"라고 하였다.[129]

그들은 담헌 일행을 무시하는 것이 분명했다. 2월 2일 이덕성이 추산하는 책을 보여 달라고 했을 때 포우관은 알파벳으로 쓴 서양 책을 가져다주며 "본들 어이 알겠소?"라고 비웃듯 말했다.[130] 헤어질 때도 마찬가지였다. "날이 늦어 물러가기를 청하고 귀국하여 돌아갈 기약이 멀지 않으니 다시 돌아오지 못하리라 했으나, 조금도 서운해하는 기색이 없었다."[131] 유송령은 "근래 오는 배가 아주 드물어 토산물이 떨어져 답례할 물건이 없습니다" 하고, '인화印畵 2장, 능화綾花 2장, 고과苦果 4개, 흡독석吸毒石 2개'를 담헌과 이덕성에게 각각 선물하였다. 하지만 조선의 삼사에게서 받은 예물에 대해서는 끝내 아무런 답례가 없었다. 다시는 오지 말라는 말이었다. 이에 담헌은 천주당을 다시 찾지 않았다. 이덕성은 원래 역법을 배우고 의기 두어 가지와 천문학 서적을 사려고 온 것이었지만, 유·포 두 사람은 데면데면했고, 서책과 의기가 없다면서 끝내 보여 주지 않아 분통이 터졌지만 어쩔 수 없었다.[132]

담헌이 천주당을 찾은 것은 서양의 천문 관측기기를 보고자 해서였지만, 마음껏 볼 수 없었다. 관측기기는 흠천대欽天臺·관상대觀象臺·관성대觀星臺·천상대天象臺 등에도 있었다. 1월 24일 담헌은 몽골관에 가서 몽골 추장을 만나고 이어 동천주당을 찾아 자명종 누각을 본 뒤 관성대로 갔지만, 창 구멍을 뚫고 혼의渾儀와 망원경 등의 기기들을 겨우 볼 수 있을 뿐이었다.

관측기기를 조금 더 볼 수 있던 곳은 관상대였다.[133] 관상대는 잡인의 출입을 금지하는 구역이었다. 3월 귀국할 때 담헌은 관상대를 찾아가서 10여 개의 의기가 진열되어 있는 것을 멀리서 보았다. 지키는 사람에게 구경하기를 청했다. 금지 구역이기는 하지만 이른 아침이라 상관이 아직 오직 않아 잠시는 들어갈 수 있다고 허락했다. 담헌은 거기서 청동으로 만든 중국의 전통적 관측기구인 혼천의와 혼상渾

象, 간의簡儀와 강희제 이후 서양 천문학에 입각해서 만든 육의六儀, 곧 천체의天體儀·적도의赤道儀·황도의黃道儀·지평경의地平經儀·지평위의 地平緯儀·기한의紀限儀 등을 보았다. 간의는 너무 복잡해 제대로 볼 수 없었고, 혼천의만 제대로 볼 수 있었다.

혼의는 《서경집전》에 실려 있는 그대로였다고 하니, 아마도 '선기옥형'의 주해대로 만든 것이었던 모양이다. 명 정통正統 연간에 만든 것으로 당시엔 사용하지는 않았지만, 담헌은 '쌍고리와 수평[수준水準]·수직·직선거리[직거直距] 등 여러 가지 방법만은 대조해 볼 수 있었다.' 혼천의의 북쪽에 혼천의를 움직이는 힘을 얻기 위한 수력 장치의 일부인 구리궤[銅櫃]가 있었지만, 모든 부품이 다 있는 것이 아니어서 정확하게 알 수는 없었다. 나머지 기기는 모두 강희제 이후 서양법을 따라 만든 천체의·적도의·황도의·지평경의·지평위의·기한의 등 육의六儀였다. 담헌은 육의가 번거롭다고 하여 육의의 기능을 하나로 합친 기기도 있지만, 조작이 너무 복잡해 육의를 각각 운용하는 것만 못하다는 말을 덧붙이고 있다. 이것은 아마 뒤에 추가된 것일 터이다. 기기를 유심히 관찰하는 담헌을 두고 문지기가 워낙 독촉하여 그는 쫓기듯 나오고 말았다.

다양한 외국의 존재에 대한 체험은 아마도 담헌의 세계 인식에 큰 영향을 끼쳤던 것으로 보인다. 특히 천주당에서 경험한 서양의 존재, 그리고 서양의 과학과 기술과 기기 등은 담헌에게 특히 큰 충격이었을 터이다. 물론 담헌의 천주당 방문과 서양인 신부와의 대화가 썩 만족스럽지는 않았다. 서양인 신부의 수동적이고 냉담한 태도, 자신이 갖는 편견 등으로 인해 서양과 서양의 과학에 대해 생각만큼 깊은 지식과 정보를 얻을 수 없었다. 하지만 담헌만큼 천주당에서 서양의 수학과 천문학에 대한 높은 식견을 가지고 진지하고 적극적인 자세로 관찰과 대화에 임했던 조선 사람은 드물었다. 아마 조선 사람 중에는 유일한 인물이라 해도 과언이 아닐 것이다. 담헌 자신도 천주당 방문에 자부심을 느꼈다. 그는 김창업과 이기지가 중국을 잘 관찰한 것은 높이 평가하지만 천주당 기록은 유감스러운 데가 있었다고 평가했다. 그는 천주당에 대한 선입견이 설정되어 있고, 또한 천주당에 대한 선이해, 예컨대 천문학이나 수학, 음악학에 대한 이해가 결여되어 있었기 때문에 그런 것이라고 지적하였다.[134]

엄성·반정균·육비 등 한인 지식인과 사귀다

여러 차례 말한 바와 같이 담헌의 북경행은 중국의 "번화하고 장려한 규모를 구경"하는 것은 물론 "근본 계교는 높은 선비를 얻어 중국 사정과 문장 도학의 숭상하는 바를 알고자 하는 것"이었다.[135] 곧 "천하의 선비를 만나 천하의 일을 의논"하고자 하는 것이 주목적이었다. '천하의 일'이란 청 체제 성립 이후 중국 사회의 리얼리티에 관한 정보를 수집하고, 그것에 기초해 미래에 대한 어떤 전망을 모색하려는 것이었을 터이다.

이런 이유로 담헌은 여행 중 중국 지식인을 만나 대화하기를 간절히 원하였다. 물론 그 전례가 있었다. 담헌은 자신이 중국 여행의 교과서로 삼았던 《노가재연행일기》에서, 김창업이 황제를 근시近侍하는 만주인 이원영李元英·마유병馬維屛 등과 왕복 수작酬酌하는 것을 전혀 꺼리지 않았음을 이미 확인한 바였다.[136]

12월 16일 영원성에 이르렀을 때 담헌은 처음 '선비'라고 부르는 사람을 만났다. 하지만 글도 글씨도 수준이 너무 낮아 대화를 할 만한 상대가 아니었다.[137] 앞에서 말한 바대로 17일 사하소에서 만난 곽생은 담헌의 마음에 드는 사람이었지만, 사행이 출발하는 바람에 더 이상 대화를 나눌 수가 없었다. 이후 담헌은 북경에 도착할 때까지 여러 차례 중국 지식인과의 대화를 시도하지만, 도무지 마음에 드는 상대를 찾을 수 없었다. 1월 10일 유친왕의 아들 양혼을 만나기는 했지만, 문시종 때문이었지 대화 자체를 위해 만난 것은 아니었다. 또 애써 양혼과 깊은 관계를 맺지 않으려고 하였다. 그는 만주인이었고 또 강희제의 증손이었다. 친밀하게 대화를 나누었다가 귀국 후 무슨 비난을 초래할지 두려웠기 때문이었다.

제대로 된 최초의 대화 상대는 1월 1일 조참에 참여했을 때 조선 사신단의 의복을 눈여겨보던 오상과 팽관이었다. 앞에서 언급한 바와 같이 두 사람이 명에 대한 충절의식이 있다고 일방적으로 오해한 담헌은 《진신안》을 구입해 샅샅이 뒤진 끝에 그들이 한림검토관으로 재직 중이며 이름이 오상·팽관이라는 것을 알아 내었다. 담헌은 열흘을 수소문한 끝에 팽관의 집을 찾아가 대화를 청했다. 상호 호기심 어린 대화를 한참 나누었지만, 담헌은 끝내 실망해 마지않았다. "문학이 아주 졸렬하고 중국과 외방을 구별하여 망령되게도 의심하고 두려워하였다. 게다가 언론이 비속해 더불어 왕래할 만한 가치가 없었다."[138] 특히 팽관은 명리名利나 노리는 수준 낮은 사람이었다. 23일에 한 차례 더 만났으나, 이미 실망한 터라, 더 이상의 만남은 이어지지 않았다. 다만 이들의 소개로 1월 26일 유리창 미경재 책방에서 감생 장본·주응문을 만나 대화를 나누었지만, 그들 역시 기대에 미치지 못하는 인물이었다.

기회는 뜻밖에 찾아왔다. 비장裨將 이기성李基成이 안경을 사기 위해 유리창에 간 것이 실마리가 되었다. 당시 조선에서도 수정으로 안경을 만들기는 했지만, 유리안경은 대체로 북경 유리창에서 구입하고 있었다. 이기성은 책방에서 안경을 낀 채 책을 보고 있는 선비 둘을 보고 말을 건넸다. "안경을 구하려는 친지가 있는데, 저자에서는 진품을 구하기 어렵습니다. 족하足下가 낀 안경이 눈병에 꼭 맞을 듯하니, 모쪼록 내게 주시면 좋겠습니다. 족하에게 여벌이 있을 수도 있고, 또 구하더라도 그리 어렵지 않을 것입니다." 이 말에 한 사람이 안경을 벗어 건넸다. 그 사람은 시력이 나쁜 사람의 고통을 이해한다면서 팔 것은 없고 그냥 주겠다는 말을 남기고 그 자리를 떠났다. 엉겁결에 안경을 받아 든 이기성이 그냥 받을 수 없다고 하자, 그 사람은 안경 하나에 어찌 좀스럽게 굴 수 있느냐고 하면서 말을 잘라 버렸다. 감격한 이기성이 그들의 출신지와 거소를 물으니, 절강성 사람이고 과거를 치기 위해 현재 정양문 밖 간정동에 머무르고 있다고 했다. 이기성은 돌아와 담헌에게 두 사람의 언사와 태도에 대해 말하고, 찾아가 볼 것을 권했다. 담헌은 마음이 동했지만, 선입견도 없지 않았다. 《을병연행록》 쪽을 보자.

절강은 이곳에서 수천 리 밖이네. 수천 리 밖에서 과거를 위하여 행역行役의 괴로움을 헤아리지 않는다면, 필연 명리名利의 마음이 깊은 사람이니 어찌 높은 소견이 있으며 족히 더불어 말함직하겠는가? 그러나 다시 만나거든 그 사람의 거동을 자세히 살피고 내 말을 일러, 조선 선비 한 명이 들어왔으니, 그대의 명성을 듣고 한번 만나고자

한다고 하여 저희의 뜻을 살펴보게.[139]

절강이라면 강남이고 사람은 한인이다. 원래 과거 응시를 탐탁잖게 생각했던 담헌이었다. 거기다 한인이 청나라 과거에 응시하는 것은, 명리를 위해 '더러운 오랑캐'의 조정에 몸을 파는 것이었다. 이런 이유로 담헌은 즉시 간정동을 찾아가지 않았다. 이기성은 2월 1일 오후 조선 종이와 부채, 환약 등을 가지고 그들을 방문했다. 그들은 차를 대접하며 이기성과 대화했고 깊은 인상을 주었다.[140] 이기성도 마찬가지였다. 그는 돌아와 두 선비가 뛰어난 재주와 학문이 있을 것이라면서 놓치지 말라고 담헌을 설득했다. 이기성은 절강성 과거에 합격한 두 사람의 답안지를 얻어 왔는데 담헌이 보기에도 상당한 수준이었다.

2월 3일 담헌은 김재행과 함께 이기성을 앞세우고 정양문 밖의 객점 천승점天陞店을 찾았다. 인사를 마치고서 서로 이름과 나이를 물었다. 몸이 약간 마르고 속기가 없어 선비의 풍모가 뚜렷한 사람은 엄성嚴誠으로 담헌보다 한 살 적은 35세였고, 작은 체구에 얼굴이 여자처럼 고운, 재기가 넘치는 사람은 반정균潘庭筠으로 25세의 청년이었다. 담헌이 "이 공李公을 통하여 아름다운 성함을 들었고, 또 과거 답안을 보고 문장을 우러러 사모한 나머지 삼가 이 공과 동지 김생金生과 와서 뵈옵는 것입니다. 모쪼록 당돌함을 용서하시기 바랍니다"[141]라고 말을 꺼내자 두 사람은 감당할 수 없다고 사양하였다.

고향을 묻자 엄성이 절강성 항주 전당錢塘이라 답했다. 항주는 상업이 발달한, 번화하기 짝이 없는 강남의 고도였고, 문화의 중심지였다. 이 시기 항주와 소주 등 강남은 상업으로 축적된 부가 학문을 지원하여, 출판의 발달을 촉진하고 장서藏書 풍조가 유행하여 장서가가 출현하기 시작했다. 이것은 결과적으로 고증학을 태동케 하였다. 담헌은 물론 그런 사정은 까맣게 몰랐다. '전당'이란 말에 담헌이 "다락에서 창해에 뜬 해를 구경하고[樓觀滄海日]"라는 당나라 시인 송지문宋之問의 시 〈영은사靈隱寺〉의 한 구절을 외자, 엄성이 "문에서 절강의 조수를 대한다[門對浙江潮]"라고 뒤를 이었다. 한문학을 보편적 교양으로 공유했던 중국과 조선의 문인다운 대화였다.

초면이니만큼 공통의 관심사를 끌어내는 것이 필요했다. 반정균은 김재행의 성이 '김'이라는 것을 꼬투리 삼아 '김상헌金尙憲'을 아느냐고 물었다. 우연찮게도 김재행은 김상헌의 족손族孫이었다. 담헌이 그는 조선의 재상으로 시와 문에 모두 능하고, 또 도학과 절의가 있는데, 8천 리 밖 당신들이 어떻게 아느냐고 물었다. 이에 반정균이 왕어양王漁洋이 명·청의 시를 편집한 《감구집感舊集》을 가지고 와서 보여주었다. 여기에는 김상헌이 중국에 사신으로 가던 중 왕어양을 만나 주고받은 시가 실려 있었다.

담헌은 중국어 대화가 갑갑했다. 필담을 제안했고, 모두 필묵을 앞에 놓고 탁자에 둘러앉았다. 북경에 도착한 이래 담헌은 종종 필담을 했지만, 이날의 필담은 그 의미가 각별했다. 이후 모든 대화는 필담으로 이루어졌다. 만약 육성(중국어)으로만 대화를 나누었다면, 그 대화는 쉽게 문자로 고정될 수 없었을 것이다. 그 필담은 대화를 즉시 문자로 고정하여 보존하는 기능을 했다.

반정균은 2월 23일에 만나게 될 육비陸飛가 그린 수묵화를 내놓았다. 그림에는 엄성과 반정균의 시가 쓰여 있었다. 김재행은 앵무새를 제재로 한 시 3수를 써 보였고 호평이 오갔다. 반정균은 엄성이 말리는데도 불구하고 그의 시집을 가져왔고, 그중 칠언고풍 한 수를 가리켰다. "한 높은 벼슬아치가 조정에 천거하려고 하였지만, 역암力闇(엄성의 자)은 의연히 가지 않고 이 시를 지어 거절했습니다." 과거와 벼슬에 대해 거부감을 갖고 있던 담헌에게 엄성의 깨끗한 처신은 깊은 인상을 남겼다.

이날 화제는 다양했다. 다만 담헌의 말에는 여러 가지 탐색이 있었다. 서먹한 분위기가 조금 가라앉자, 담헌은 "여만촌呂晚村(여유량)은 어느 곳 사람이며, 그 인품이 어떠합니까?" 물었다. 이에 반정균은 "절강성 항주 석문현石門縣 사람으로 학문이 깊었는데 애석하게도 난難에 걸렸습니다"라고 답한다. 팽관에게 물었던 질문 그대로였고, 답도 같았다. 담헌은 다시 "절강의 산수가 어떠하기에 이렇게 인재를 배출할 수 있는지요?"라고 말한다. 담헌은 여만촌이 절의지사節義之士라는 것을 계속 환기시키고 있다. 이에 반정균은 "남방은 산이 밝고 물이 빼어납니다"라고 범범하게 답했다.

이에 김재행이 끼어들었다. "우리 부대인副大人이 난공蘭公(반정균의 자)의 과거 답안지 중에 '이 넓고 넓은 우주에서 주周를 버리고 어디로 가리오?'라는 말이 있음을 보고 자신도 모르게 옷깃을 여미었습니다." 전날 이기성이 가져온 반정균의 절강성 과거 답안지에 '주를 버리고 어디로 가리오?'라는 구절이 있는 것을 보고, 부사 김선행이 그 구절을 명에 대한 충절의식을 나타내는 말로 해석하여, 옷깃을 여몄다는 것이다. 문맥을 벗어난 해석을 듣고 반정균의 안색이 일순 바뀌었다. "이는 거친 말이고, 큰 뜻은 이와 같을 뿐입니다. 즉 중화는 만국이 으뜸으로 섬기는 바이고, 지금 천자는 성신聖神하여 문무를 겸하셨으니, 문신과 무신들은 마땅히 사랑하여 받들고 귀의해야 한다는 뜻입니다. 존주尊周는 국조國朝를 높이는 말이지요." 청 체제에 대한 충성을 표하는 글이라는 것이다. 담헌은 반정균의 말을 한인들이 청 체제의 비위를 거스르지 않으려는 태도라고 판단했다.

담헌은 화제를 돌렸다. 담헌은 왕양명王陽明 역시 절강성 사람인가 물었다. 담헌이 양명을 묻는 것은, 조선과는 달리 중국에서는 명대 이래 양명학이 크게 유행했기 때문이었다. 담헌은 반정균이 절강성 사람이라는 것을 듣고 왕양명을 연상한 동시에 상대의 사상적 기반을 확인하고 싶었던 것이다. 반정균은 "모두 주자를 높인다"며, 양명을 따르는 사람은 극소수라고 답했다. 이 시기 중국 사상계는 명말 청초의 양명학 유행이 명조의 몰락을 초래했다는 논리가 유행했고, 이로 인해 양명학계가 퍽 위축되어 있었다. 반정균의 주자를 높인다는 말은 그런 사정을 지적한 것이었다. 이어지는 대화는 직접 인용해 볼 필요가 있다.

반정균 양명은 대유大儒로서 공묘孔廟에 배향되었다. 다만 그 양지良知를 강론한 것이 주자와 다르기 때문에 학자들이 으뜸으로 받들지 않는다. 간혹 한두 사람이 그를 따르지만 그리 드러난 것은 아니다.
담헌 양명은 세상에 드문 호걸스러운 선비고, 문장과 사업은 실로 전 왕조의 거벽巨擘이다. 다만 그 문로門路는 정말 난공의 말과 같다.
엄성 귀처에서도 육陸(육상산陸象山)을 물리치는가?
담헌 그렇다.
엄성 육자정陸子靜(육상산)은 타고난 자질이 극히 뛰어나고, 양명은 공이 천하를 뒤덮으니, 강학을 하지 않았어도 큰 인물이 되는 데 아무런 지장이 없다. 주자와 육상산은 본래 같고 다를 게 없는데, 배우는 이들

이 두 사람을 갈라 놓은 것이다. 길은 다르지만 귀착처는 같다.[142]

담헌은 왕양명에 대해 보통의 조선 지식인처럼 그의 공적과 문학적 역량은 높이 평가하지만, 사상 자체는 인정하지 않았다. 양명학에 대한 낮은 담헌의 평가에 대해 엄성은 불편해했고, 주자학과 대척적 입장에 놓여 있던 육상산의 사상이 근본적으로 주자학과 다르지 않다고 변호한다. 주자와 육상산의 대립은 후대 유학자에 의해서 조성되었을 뿐, 두 사상의 귀착처는 같다는 것이다. 담헌은 귀착처가 같다는 엄성의 주장에 "'귀착처가 같다'는 말은 감히 받들지 못하겠다"라고 답했다. 담헌이 엄정한 정주학자임을 새삼 확인할 수 있는 장면이다. 담헌은 뒷날 과연 반정균과 엄성으로부터 '정주학자'로 평가받았다.

담헌은 절충적 입장을 취했다. "양명의 학문이 진실로 그른 곳이 있거니와 다만 후세 학자들이 겉으로 주자를 숭상하나 입으로 의리를 의논할 따름이요, 몸의 행실을 돌아보지 아니하니, 도리어 양명의 절실한 의논에 미치지 못할 것입니다. 어찌 부끄럽지 아니하겠습니까?"[143] 주자의 저급한 추종자를 비판하는 담헌의 발언은 "평일에 배운 바가 왕王·육陸에 자못 깊었던" 엄성을 배려한 바이기도 하지만, 담헌의 사상에서 매우 중요한 의미를 갖는다. "양명의 학문이 진실로 그른 곳이 있거니와" 이하의 말은 《간정동필담》에는 "양명의 학문은 진실로 유감이 있지만, 후세의 기송記誦의 학문에 견주면 어찌 천양지차가 아니겠는가?"[144] 라고 되어 있다. 실천, 실행 없이 단지 텍스트를 외우기반 하는 학문 행태인 '기송'에 대한 담헌의 비판은 실천적 정주학자 담헌의 기본 신조에서 나온 것이다. 담헌은 정주학의 진리성에 바탕하여 왕양명의 학문에 비판적 태도를 고수하는 한편, 실천 없는 정주학의 폐단을 지적하면서 실천을 앞세우는 양명학의 문제의식을 높이 평가했던 것이다.

양명학에 관한 대화가 끝난 뒤 담헌은 엄성과 반정균의 조상 중 현관顯官이 있는지 물었다. 반정균은 농가의 아들로서 벼슬로 이름난 조상이 없다 하였고, 엄성 역시 여요餘姚에서 항주로 옮겨 간 이후 13대에 걸쳐 단 두 명의 거인擧人만 있는 보잘것없는 집안 출신이라고 답했다. 형제가 있는지 물으니, 엄성은 형이 한 명 있다고 답했다. 이름은 엄과嚴果였다. 이어 반정균은 엄과와 같은 마을의 선비인 오서림吳西林의 인물 됨에 대해 소상히 밝혔다. 오서림은 벼슬을 하지 않고 학행을 닦는 깨끗한 선비였다.

항주의 경물과 풍속, 조선의 풍속 등으로 옮겨 간 대화는 오후까지 이어졌다. 담헌은 대화가 퍽 만족스러웠고, 엄성과 반정균에게 큰 호감을 느꼈다. 엄성은 과거 합격 여부는 천명에 맡길 따름이고 자신은 명리名利에 매몰된 사람이 아니라고 했고, 반정균은 또 중화가 문물의 나라라고 하지만 명리를 추구하는 자가 태반이라고 하였다. 이 말이 아마도 담헌의 마음을 녹였을 것이다.

헤어질 때가 되자 담헌이 다시 만날 수 있겠느냐고 물었고, 반정균이 "님의 신하 된 사람은 사사로이 외교를 하는 법이 없으니, 좋은 모임을 다시 도모하기란 어렵겠다"고 답하자, 이에 담헌은 그것은 '전국戰國시대의 말'이고, 천하가 통일된 현재 안 될 게 무엇이 있겠느냐고 반문했다. 엄성과 반정균을 명리를 위해 '더러운 오랑캐'의 조정에 몸을 파는 사람으로 여겼던 담헌이 생각을 완전히 바꾼 것이었다. 이에 반정균은 자신이 과거에 합격한 뒤 조선에 사신으로 파견되면 만나기를 기대한다고 답했다. 하지만 이 말은 실현 가능성이 거의 없었다. 모임은 처음이자 마지막이 될 상황이었다. 그 순간 담헌이 두 사람을 옥하관으로 초청했고 그들은 두말 없이 동의했다. 담헌의 초청과 엄성·반정균의 응낙은 국경을 초월한 우정이 이루어지는 데 결정적 계기가 되었다.

2월 4일 아침 일찍 엄성과 반정균이 옥하관으로 찾아왔다. 이들은 정사 순의군 이훤에게 인사를 한 뒤 담헌의 처소에 모였다. 두 사람은 담헌의 중치막을 보고 수재秀才의 옷이냐고 물었고, 담헌은 명의 유제遺制라고 답했다. 중국인에게 명을 환기하고자 했던 담헌의 의도적 발언이었다. 이후 대화는 진지한 주제로 옮겨 갔다.

역관 장택겸張宅謙이 지금도 성리의 학문을 연구하는, 진백사陳白沙나 왕양명 같은 학자가 있는지를 물었고, 반정균은 육농기와 탕빈·이광지李光地·위상추魏象樞 등을 대유大儒로 꼽았다. 다시 장택겸은 "명대에는 주자의 학문과 육상산의 학문이 반반이었는데, 지금도 그런가?"라고 물었고, 반정균은 "지금은 천하가 모두 주자를 따른다"고 답했다. 주자학의 나라에서 온 조선 사람들의 관심사는 역시 주자에 쏠려 있었다. 이어서 중국과 조선의 예禮에 대한 대화가 이어지다가 반정균이 조선의 조복朝服제도에 대해 물었다. 담헌의 대답을 따라 엄성이 면류관과 각종 관을 그림으로 그려 보이며 동일한지 물었다. 담헌의 대답이 의미심장했다. "그렇다. 중국의 극장 무대에서 오로지 옛날의 옷과 모자를 사용하니, 생각건대 이미 그것을 익히 보았을 것이다." 담헌은 앞서 언급한 바와 같이 1월 4일 연극 〈비취원〉에서 망건과 사모관대 등 명대의 옷을 입은 배우들을 보았던 것이다.

반정균이 중국 연극이 무엇이 좋은지 물었다. 반정균은 연극의 오락성과 예술성에 대해 물은 것이지만, 진지한 담헌은 "불경스런 놀이지만, 나는 남몰래 취하는 점이 있다"고 답했다. '부질없는 재물을 허비하고, 무례하고 거만한 희롱이 많은 것'이 연극을 '불경스러운 놀이'로 보는 이유였다. 당연히 유가의 경직된 예술관에서 나온 판단이지만, 담헌은 그래도 "취하는 것이 있다"고 여지를 두었다.[145] 반정균이 취하는 것이 무엇이냐 묻자, 담헌은 웃으며 답하지 않았다. 담헌은 그 연극 속에서 명대의 복식을 보았고, 그것을 엄성과 반정균에게 말할 수가 없었던 것이다. 하지만 총명한 반정균은 담헌의 속내를 짐작하고 "어찌 다시 한관漢官의 위의威儀를 본 것이 아니겠는가?"라고 쓰고, 즉시 지워 버렸다. 담헌 역시 웃으며 동의를 표한 뒤 이렇게 말을 이었다.

> 내가 중국에 들어와 보니, 땅은 크고 풍물은 성대하여, 눈에 닿는 모든 일이며 사물이 모두 기뻐할 만하고, 또 정밀하였다. 하지만 단 하나 머리를 깎는 법은 보아 하니 사람을 갑갑하게 만들었다. 우리는 해외의 작은 나라 사람이라, 우물 안에서 하늘을 보고 살지만, 삶에 즐거움이 없고, 하는 일이 슬프기는 하지만, 오직 두발을 보존하고 있는 것만은 가장 큰 즐거움이라 할 수 있다.[146]

다분히 도발적인 발언이었다. 만주족이 한인에게 강요한 변발에 대한 태도 표명을 청한 것이다. 속내는 이렇다. 당신들은 문명의 중심이고 조선보다 훨씬 발전해 있지만, 오랑캐의 압박에 굴복하여 문화적 정통성을 상실한 것이 아닌가. 이에 반해 변방인 조선은 그것을 그대로 유지하고 있다. 담헌의 말은 사실 그리 설득력이 없고 조선 사람들의 일방적 생각일 뿐이었지만, 조선 지식인들이 중국인, 곧 한인에게 드러낼 수 있는 유일한 우월감에서 나온 것이었다.

속내를 떠보기 위한 담헌의 말에 동의하는 태도를 보인다면, 보다 깊은 이야기가 가능할 것이었다. 두 사람은 돌아보며 말이 없었다. 난처하지만 반박할 수 없었던 것이다. 담헌은 그들 역시 청의 지배에 온전히 동의하는 것은 아니라고 일방적으로 판단했다. 이에 "내 두 분께 만약 정분이 없으면 어찌 감히 이런 말을 하겠습니까?" 하자, 두 사람은 고개를 끄덕였다. 담헌과 엄성·반정균 사이에 일단 공감의 영역이 확보된 것이다.

이때 부사 김선행이 엄성과 반정균을 초청했다. 엄·반 두 사람과 상사 이훤과 부사 김선행, 서장관 홍억, 그리고 김재행과 담헌이 필담을 시작했다. 김선행이 시휘(時諱)에 저촉될 만한 것, 곧 청의 중국 지배에 관한 난처한 문제들을 각박하게 물었지만, 반정균은 여유 있는 태도로 청 체제를 찬양하면서 이면에 비판을 섞어 넣었다. 담헌은 반정균의 '기이한 재주'에 감탄해 마지않았다. 대화 끝에 김선행이 덕담을 건넸다. "우연히 서로 만나 한나절 수작함이 큰 연분이로되, 다시 만날 기약이 없으니 마음이 서운합니다. 회시(會試)를 잘 보시고 몸을 조심하여 만 리 밖에서 생각하는 마음을 위로해 주십시오."[147] 이 말에 반정균이 "높은 뜻에 감동하여 눈물이 흐름을 깨닫지 못하겠습니다"[148]라고 하며 눈물을 참으며 허둥지둥 방문을 나섰다.

담헌은 아직 시간이 있으니 대화를 더 하자 하였고, 반정균은 그러자고 답했다. 그런데 그 순간 미묘한 일이 일어났다. 반정균이 "부사의 후한 뜻은 죽어도 잊지 못할 것"이라면서 또 눈물을 보였던 것이다. 김선행의 방을 나와 담헌의 방으로 오자, 담헌이 자신은 특별한 임무가 있어서가 아니라 천하의 기이한 선비를 만나러 온 것이고, 바랐던 것처럼 엄·반 두 사람을 만나 소원을 이루었지만, 헤어지면 다시 만날 기약이 없을 것이라 하자, 반정균은 눈물을 쏟았고 엄성 역시 눈물을 흘리지는 않았지만 슬픈 기색을 누르지 못했다.

반정균은 재기가 넘치는 인물이었지만, 성격이 다정다감하여 감정을 쉽게 절제하지 못했다. 담헌은 "옛말에 이르기를, '울고 싶어도 여자가 될까 봐 울지 못한다' 하였는데, 마음속으로야 울음을 그칠 수 없겠지만, 난공의 이런 모습은 너무 지나친 것이 아닐까요?"라고 했고, 반정균은 "대방가에게 비웃음을 당해도 이해해 주실 것입니다. 외인이 들으면 정말 한번 웃을거리도 못 되겠지요"라고 답했다. 이에 엄성 역시 자신도 절로 코가 시큰해져 울고 싶지만 눈물을 참고 있을 뿐이고, 평생 이런 경우는 경험해 본 적이 없다고 하였다. 하나 우스꽝스러운 것은, 조선의 역관과 하인들 중에는 반정균을 보고 "조선의 의관을 보고 머리 깎은 것을 서러워한 나머지 운 것"[149]이라 여기는 자들이 있었다는 것이다. 복색을 중심으로 한 화이론은 조선 사람들의 골수에 뿌리박은 것이었던 셈이다.

이어 엄·반 두 사람의 요청에 담헌이 거문고를 연주하였다. 반정균은 오열하기 시작했고, 연주가 끝나도록 그치지 않았다. 담헌이 반정균의 손을 잡고 위로하자, 반정균 역시 담헌의 손을 잡고, "제弟 두 사람이 연경에 온 지 10여 일인데 아직까지 한 사람의 기인奇人도 만나 손을 잡고 지기知己라 일컬은 적이 없습니다. 고향에서도 속내를 다 털어놓는 벗이 없었는데, 생각지도 못하게 두 분 형을 상봉했으니, 정말 만행 중의 다행입니다. 하지만 한번 이별하면 다시 만날 기약이 없어 감읍할 뿐입니다"[150]라고 속내를 털어놓았다.

담헌은 반정균의 감상적 태도를 나무랐지만, 반정균의 눈물이야말로 담헌과 엄·반이 감정의 바닥까지 보여 줄 수 있는 사이가 되었음을 의미하는 것이었다. 담헌은 반정균을 진정시키고 두 사람에게 자기 집[湛軒]의 기문과 시를 지어 줄 것을 청했고, 반정균은 엄성이 기문을, 자신은 시를 짓겠노라 약속하였다. 《담헌서》 외집 부록의 〈애오려제영愛吾廬題詠〉에 포함되어 있는 반정균의 〈담헌기湛軒記〉와 엄성의 〈팔영〉이 바로 그것이다. 〈팔영〉은 통칭 〈애오려팔영〉이란 이름으로 불렸다. 이어 김재행은 두 사람에게 주소를 물었다. 엄성은 항주성杭州城 동성東城 내시교萊市橋, 반정균 역시 항주의 대가大街 삼원방三元坊 수항구水港口라고 답했다. 이 주소는 뒷날 엄성이 죽은 뒤 담헌이 항주로 편지를 보낼 때 사용하게 될 것이었다. 마지막으로 담헌은 떠나기 전 자주 만날 것을 약속하며 모임을 끝냈다.

　두 사람을 떠나 보낸 뒤의 느낌을 담헌은 《을병연행록》에서 이렇게 적었다. "대개 반생은 나이 젊고 정이 넘쳐 이별을 지나치게 슬퍼하였는데, 또한 마음이 약하고 그릇이 작은 사람이었다. 그러나 이미 서로 사귀어 정분이 있으면 한 나라 사람이 잠시 이별하는 것과 같지 않아서 마침내 죽는 이별이 될 것이니, 이때의 사정을 상상하고 정리를 짐작하면 또한 인정에 괴이치 않은 것이다."[151] 이상한 경험이었다. 단지 두 번 만났을 뿐인데, 상대방은 자신의 속내를 털어내 보였다. 조선의 양반은 감정을 쉽게 드러내지 않았고, 더욱이 양반들의 허교許交에는 문벌을 따지는 등 매우 까다로운 관습이 있어서 한두 번 만난 사이에 눈물을 쏟으면서까지 자신의 속내를 거침없이 드러내는 것은 있을 수 없는 일이었다. 담헌은 반정균이 울던 모습이 아른거려 잠이 편치 않았다.

　2월 5일 담헌은 옥하관에 머물면서 간정동으로 보낼 편지를 썼다.

사신단의 삼사三使가 모두 엄·반 두 사람에게 선물과 편지를 보냈고, 김재행도 편지를 보냈다. 편지 심부름꾼은 돌아올 때 담헌이 전날 부탁한 〈윤인비尹寅碑〉를 가지고 왔다. 엄성이 보낸 것이었다. 담헌은 늦게야 편지를 보냈는데, 자신이 부탁한 〈담헌기〉에 대한 설명, 곧 '담헌팔경湛軒八景'에 대한 설명을 쓰느라 시간이 적지 않게 들었기 때문이었다. 앞서 언급했듯, 담헌과 엄·반은 2월 6일까지 다섯 차례 만남을 더 가지는데, 만나지 못하는 날은 편지를 주고받았다. 이제 담헌의 첫 편지를 인용해 보자.

밤새 평안하셨는지요. 용容은 동이東夷의 비루한 사람입니다. 재주도 없고 배운 것도 없이 세상에서 버린 물건이 되어 궁벽한 바다 한 모퉁이에 사는 터라 견문이 좁고 비루합니다. 단지 읽은 것은 중국의 책이고, 종신토록 우러르고자 하는 바는 중국의 성인입니다. 이런 까닭에 한 번 중국에 와서 중국의 사람과 벗이 되어 중국의 일을 논하려고 했지만, 나라의 땅에 갇혀 중국으로 갈 방도가 없었습니다. 그런데 다행히도 숙부가 사신으로 파견되는 기회에 멀리 집을 떠나 수천 리 여행길을 사양하지 않았으니, 실로 오랜 소원이 바로 여기에 있었기 때문입니다. 물론 산천과 성곽을 둘러보는 것은 눈과 귀를 시원하게 할 뿐이나, 정말 부차적인 것입니다.
북경에 들어온 뒤 행동에 자유를 얻지 못하고, 게다가 이끌어 주는 사람이 없어 어디를 찾아가려 해도 갈 곳이 없었습니다. 늘 거리와 저자와 도사屠肆 사이를 정처 없이 돌아다니며 옛날 사람들이 슬피 노래 부르고 비분강개하던 자취를 상상하고, 속으로는 불행하게도 뒷날 태어난 것을 마음 아파했더니, 뜻밖에도 생각했던 일이 일어나 스스로 바랐던 그런 분이 앞에 나타나 서로 해후하게 되었으니, 나의 소원이 이루어진 것입니다. 이제 어느 날 아침 세상을 뜬다 해도 이 생을 헛되이 보낸 것이라고는 말할 수 없겠지요.……

아아! 말세의 야박한 풍토라 벗을 사귀는 도가 사라진 지 오래입니다. 얼굴을 마주 대할 때는 아첨하고 돌아서면 비웃으니, 온 세상이 모두 이렇습니다. 하지만 천도天道가 덕을 좋아하여 선류善類가 끊이지 아니하고, 구야九野의 음위陰威가 중천重泉의 일맥一脈을 손상시키지 못한다는 말이 정말 믿을 수 있는 말이로군요. 어떤 사람의 시를 외우고 글을 읽으면 아무리 천 리 밖에 있을지라도 백세百世가 지난 뒤일지라도, 또한 충분히 그 사람을 느낄 수 있다더니, 하물며 내가 몸소 직접 뵌 분임에랴 말해 무엇하겠습니까?[152]

담헌은 "한번 중국에 와서 중국 사람과 벗하고 중국의 일을 논하려 했던" 자신의 소원이 마침내 이루어졌음을 고백한다. 의례적인 말이 아니라, 진심이었다. 편지의 후반부는 기문과 시를 받기 위해 담헌팔경에 대한 자세한 설명으로 채워졌다.

편지를 가지고 갔던 덕유德裕가 답장을 가지고 왔다. 역시 첫 편지이니 그대로 인용해 보자. 먼저 엄성의 편지다.

무릎을 꿇고 수교手敎를 받들었습니다. 지나치게 추켜 주시니 부끄러워 몸 둘 바를 모르겠습니다. 자신의 뜻을 말씀하신 부분과 저를 사랑해 주시는 부분에 이르러서는 슬픔에 잠긴 나머지 두세 번 거듭 읽다가 눈물이 줄줄 흘러내렸습니다.

아아! 천애天涯의 지기知己는 천고에 없는 바입니다. 저희들은 촌스러

운 야인으로 비록 요행하게도 중국에서 태어나 교유가 자못 넓기는
하지만, 여태껏 오형吾兄처럼 속내를 다 털어 보여 마음에 새기고 진
심과 정성으로 대해 주는 사람은 보지 못했습니다.
너무나도 감격한 나머지 손이 떨립니다. 가슴속에 꽉 맺힌 감정은 아
무리 천언만어千言萬語가 있은들 붓으로 그려 낼 수 있겠습니까? 오
직 피차 묵묵히 이 외로운 심정을 살펴볼 뿐입니다. 내려 주신 후한
선물은 원래 감히 받을 수 없는 것이오나, 어른이 자상히 일러 주신
말씀을 받들어 삼가 받겠습니다. 별도의 시문은 조만간 의무적으로
써야 할 시문이 줄어들면 곧 어리석은 생각이나마 써 올려 가르침을
받고자 합니다.[153)]

엄성은 담헌의 참되고 정성스런 태도와 마음에 감동했음과 자신이
중국에서 교유가 넓지만, 속마음을 털어 보이는 경우는 오직 담헌뿐
이라고 털어놓았다. 그것은 진심이었다.
반정균의 편지는 다음과 같았다.

정균은 담헌 학장學長 형 족하에게 두 번 절하나이다. 정균은 어젯밤
돌아와 밤새 잠을 이룰 수 없었습니다. 눈에 은은히 세 분 대인과 족
하, 그리고 김양허金養虛(김재행) 형의 모습이 떠올라, '해동은 정말 군
자의 나라이고, 몇 분은 당대의 절세기인'이라고 생각했습니다.
조금 전 수교手敎를 읽고 더욱 족하의 고아하여 세속에서 벗어남을
알게 되었습니다. 입신立身이 구차하지 않음과 뜻과 소원이 심히 큼
이 중국의 도정절陶靖節과 임화정林和靖과 같으니, 이런 분은 천고에
몇 사람에 지나지 않는 터라 높고 빼어난 풍모에 더욱 존경하게 되었

습니다.

또 영사營師 대인 선생의 경개梗槪를 일러 주셨는데, 연원淵源이 유래한 곳이 확실히 있음을 알 수 있고, 공자·안자의 즐거움을 방불하게 생각해 낼 수 있으니, 더욱 사람으로 하여금 그 높은 경지를 바라고 아주 잊을 수가 없습니다. 다만 깊이 유감스러운 것은, 각각 아주 다른 세상에 있어 자주 가르침을 받들지 못하고, 영사 선생을 뵈올 수 없다는 점입니다.

제弟가 비록 중토에 외람되게도 평생의 지교知交가 한두 사람에 지나지 아니합니다. 역암力闇 외에는 겨우 그의 형 구봉九峯 선생과 오서림 선생 같은 분뿐인데, 모두 스승으로 섬기고 있습니다. 그 나머지는 비록 서로 어울리는 사람이 100여 명이지만, 모두 스승으로 삼거나 본받을 만한 지기가 아닙니다. 그런데 이제 또 족하를 얻으니, 실로 다행이 아닐 수 없습니다. 하루아침에 죽는다 해도 황천에서 눈을 감을 수 있겠습니다. 서로 그리워함이 가슴에 치미는 것이 어찌 끝이 있겠습니까? 이것은 필묵으로 다 쏟아 낼 수 있는 바가 아닙니다. 오직 저 하늘 끝을 바라보며 바람을 향해 눈물을 흘릴 뿐입니다.[154]

반정균은 세속적 출세에 마음을 두지 않는 담헌의 인품에 깊은 존경을 표하고, 자신이 엄성과 엄과, 그리고 오서림 외에는 다른 지교가 없는데, 담헌 같은 사람을 만나 감격스러울 뿐이라고 자신의 솔직한 심정을 털어놓았다.

엄성과 반정균은, 담헌의 엄격한 자기절제와 언행, 확고부동한 정주학적 가치관, 상대방에 대한 배려, 진실한 충고 등 담헌의 인간 됨에 매료되었다. 담헌은 〈자경설〉에서 "벗을 사귈 때는 반드시 정성으로 대하고 진실하게 대해야 한다. 벗의 선을 보면 마음속으로 그것을 기쁘게 여겨 칭찬해 주어야 하고, 악을 본다면, 반드시 마음속으로 걱정하면서 고치도록 충고해야 한다. 반드시 자신보다 나은 사람에게 나아가 자신을 이끌어 주도록 유도하고, 허물을 들으면 반드시 고쳐야 한다"[155]라고 말한 바 있었다. 그는 엄성과 반정균을 만나 이 말을 그대로 실천했고, 엄성과 반정균은 아마도 담헌과 같은 인간형을 처음 경험했을 것이다. 겨우 두 차례의 만남에서 담헌과 사귐을 진실한 사귐으로 인정한 건 인사치레가 아니라 진심이었을 것이다.

편지를 전한 덕유는 담헌에게 반정균은 편지를 반도 채 읽기 전에 눈물이 글썽거렸고, 엄성 역시 "감상感傷해 마지않았다"고 전했다. 담헌은 자신이 편지에 이별의 슬픔에 대해 한 마디도 쓰지 않았는데도 두 사람의 비감해하는 태도는 납득하기 어렵고, 하루 이틀 사이에 이렇게 정이 들고 의기투합하는 경우는 일찍 듣지 못한 바라고 했지만, 사실 담헌 역시 그들의 진심 어린 답변에 감동하지 않을 수 없었을 것이다.

2월 6일 담헌은 태화전 등을 보기 위해 방물을 바치러 가는 사신단을 따라 자금성 안으로 들어갔다. 당연히 엄성과 반정균은 만날 수 없었고 대신 편지를 보냈다. 이 편지는 담헌과 엄·반 두 사람 사이의 우정이 한층 더 굳어지는 계기가 된다.

담헌의 편지를 보기 전에 대회전 가는 길에서 담헌이 겪었던 일 하나를 보자. 옥하교를 지날 때 아이들이 조선 사신단을 보고 웃으며 말했다. "저것이 무슨 모양이냐?", "창시[場戲]하러 가는가 싶다." 조선 사신단 구성원들이 한인에 대해 갖는 유일한 자부심의 근거인 조선의 복색이 아이들 눈에는 연극배우 꼴이었던 것이다. 담헌은 이렇게 설명을 붙였다. "대개 중국의 의관이 끊어지고 다만 창시의 천한 노름만이 옛 제도를 전하는지라 아이들이 이렇게 말하는 것이었다."[156] 조선인의 복색이 연극배우나 승려가 입는 옷으로 여겨지는 것은 담헌에게 큰 충격이었다. 이 역시 뒷날 그가 화이론을 포기하는 데 일정한 역할을 하였다.

담헌은 엄성과 반정균에게 보내는 편지에서 "두 형이 이미 지기로서 허여하시니, 제弟가 또 뻔뻔하게도 지기로서 자처하겠습니다"라고 말한다. 좀 이상하지만 두 번 만나고 지기가 된 것이다. 이어 담헌은 지기로서의 충고를 건넸다. 특히 반정균의 감상적인 태도를 나무랐다. 어제 보낸 편지에서 이별에 관한 말은 전혀 하지 않았는데도 반정균이 감상에 빠졌다는 말을 전해 들었고, 또 편지에 잠을 이루지 못했다는 대목이 있음을 떠올리고, "이와 같으면 우리의 만남은 좋은 인연이 아니라 전생의 원업冤業입니다"라고 말했다. 요컨대 불필요한 감상에 빠지지 말고 눈앞에 닥친 과거에 마음을 기울이기를 간절히 바란다는 것이었다. 아울러 이미 '지기'라고 한다면, 다시는 자신을 '선생'이라 일컫는 일이 없었으면 한다고 부탁했다.

반정균은 외출 중이라 편지를 받지 못했지만, 엄성은 편지를 읽고 답장을 보내 왔다. 반정균의 감상적 태도는 부드럽고 기가 약한 데 기인한 것이지만, 그 자연스러운 진정성은 부정할 수 없으며, 자신은 "지기를 만나면 마음이 죽고 기가 소진되어 울고 싶어도 울 수가 없다"고 답했다. 엄성은 자신이 담헌의 인간 됨에 진정으로 감복했음을, 담헌이 자신의 지기가 되었음을 솔직히 고백하고 있다. 이 편지로 담헌과 엄·반은 서로의 마음을 다시 확인했다.

2월 7일 엄성과 반정균은 편지와 시를 보내며, 부채와 붓, 인석印

石,《한예자원漢隸字源》》 등의 책을 선물로 보내 왔고, 담헌 역시 간단한 답장을 보냈다.

세 번째 모임은 2월 8일에 있었다. 종일 대화를 나누기 위해 엄성은 이미 문지기에게 다른 손님을 들이지 말라 단단히 일러 놓은 터였다. 반정균이 지난 편지와 함께 보낸 시에 대한 평을 부탁했고, 담헌은 엄성의 시와 함께 높이 평가해 마지않았다. 이날은 다양한 주제를 가지고 경쾌한 대화를 나누다가 점차 중후한 주제에 이르게 되었다.

먼저 간단히 짚어야 할 것은 반정균의 질문이었다. 반정균은 조선에도 시에 능한 부인이 있는지를 물었고, 담헌은 조선의 부인은 오직 언문으로 편지만 할 뿐 독서를 시키지 않는다는 것, 또 시 짓는 것은 부인이 할 일이 아니라는 것, 혹 짓는 사람이 있어도 밖으로 내놓지 않는다고 답했다. 여성의 시작詩作이 불필요한 것이라는 담헌의 대답이 이어지자, 반정균은 허봉許篈의 누이 경번당景樊堂 곧 허난설헌이 시를 잘 지어 그녀의 시가 중국의 시선집에 들어 있다고 반박하는 증거를 들이밀었다. 하지만 담헌은 길쌈과 바느질을 하는 여가에 경서나 역사를 조금 익히고, 여성 윤리를 몸에 익히고 실행하는 것이 여성의 일이고, 아름다운 시문을 지어 이름을 얻는 것은 정도正道가 아니라고 단호히 답했다. 담헌은 오갈 데 없는 유가적 근본주의자였다.

남헌이 반정균에게 자작시를 보여 달라고 하자, 반정균은 〈차상부인운次湘夫人韻〉이란 제목의 시를 보여 주었다. 담헌이 상부인이 누구인지 묻자 반정균이 자기 아내라고 답했다.[157] 담헌은 반정균이 아내의 시를 자랑하려는 것 같다고 덧붙였다. 엄성에 의하면, 반정균의 아내는 시에 능한 사람이었다. 반정균은 뒤에서 확인할 수 있겠지만, 여성과 여성의 시에 관심이 많았다.

반정균은 이어 김원행이 담헌이 북경에 올 때 지어 준 시가 있는지를 물었고, 담헌은 직접 지어 주는 대신 김원행의 조부인 김창협의 한시를 대신 주었다고 답했다. 이 시는 앞서 든 바 있다. 담헌은 김창협의 시를 써 보이고 이어 자신이 가지고 온 김원행의 〈논성서論性書〉를 보여 주겠다고 하였다. 〈논성서〉는 김원행이 임홍기任弘紀란 인물에게 보내는 편지로 내용은 인물성동론에 대한 주장을 실은 것이다. 그 내용은 앞서 살핀 바 있는 김원행의 인물성동론과 같다.[158] 이어 복색을 두고 약간의 대화가 있었다. 담헌은 엄성과 반정균이 선비의 옷인 포의布衣가 아니라 비단옷을 입고 있는 것을 보고, 그것이 예전부터의 풍속인지, 사치해서인지 물었다. 엄성은 그것이 단지 현재의 습속일 뿐이라고 말했다. 담헌은 자신이 입고 있는 옷을 두고, 겨울에 멀리 갈 때는 비단으로 지은 옷을 입지만 집에서는 토산 면포를 입을 뿐이고, 주단紬緞은 부인의 윗옷과 벼슬하는 사람들의 정식 관복을 지을 때 쓸 뿐이라고 하였다. 이렇게 의복에 관한 담화가 자주 이루어지는 건 두말할 것도 없이, 의복이 화이론을 상징하는 것이었기 때문이다.

담헌은 이어 2월 3일 첫 만남에서 반정균이 소개한 오서림, 곧 엄성과 같은 동리에 산다는 학자에 대해 좀 더 알고자 하였다. 오서림에 대해 다시 물었던 것은, 그를 세속적 가치를 추구하지 않는 비타협적인 인물로 생각했기 때문이었다. 엄성은 오서림의 저작과 문학의 성격에 대해 간단히 소개했고, 또 효행이 있는 드문 사람이라고 말했다. 그런데 끝에 덧붙인 말이 시비의 단서가 되었다. 엄성은 오서림의 한 가지 병통이라면서 "영불佞佛하기 좋아하여 꿰뚫지 못한 불경이 없다"고 했다. 이 말에 담헌은 "그분의 성덕과 지행은 사람을 감발感發케 하지만, 영불은 지극히 애석한 일"이라고 평가했다. 엄정한 정주학자인 담헌에게 세속적 가치를 도외시하는 오서림이 불경에 빠진 것은 납득할 수 없었다.

엄성은 오서림에 대해 "《능엄경》을 아주 좋아하고 아울러 인과응보를 말하기 좋아한다"라고 했고, 담헌은 "《능엄경》에서 마음을 논한 부분은 좋은 곳이 정말 많지만, 인과응보란 부분에 있어서는 오서림을 위해 애석하게 생각한다"고 답했다. 하지만 엄성은 담헌처럼 《능엄경》과 불교에 대해 냉담하지 않았다. 엄성은 자신도 《능엄경》 읽기를 좋아하고 《능엄경》이 마음을 다스리는 데 유용하며, 마음을 논한 부분은 유가와 다를 것이 없다고 말했다. 다만 그는 《능엄경》의 주지가 결국 '공空'으로 귀착되는 것이 유가와 다를 뿐이라고 했다. 불교에 대한 매우 호의적인 자세였다. 담헌은 이 말에 대해 "오유吾儒의 마음을 논한 것에 본디 스스로 즐길 부분이 있는데, 무엇 때문에 외도外道에서 구할 것인가"라고 말했고, 엄성은 이 말에 자신이 유가의 공부에 미진한 부분이 있음을 고백했다.

> 불교는 《능엄경》이, 도가는 《황정경黃庭經》이 있다. 우리 유가에는 '분노를 참고, 욕심을 막고, 경망스러움을 바로잡고, 게으름을 경계한다[懲忿窒慾矯輕警惰]'는 여덟 자가 있다. 제弟가 유가에서 조금이나마 깨친 것은 이와 같을 뿐이다. 정심正心과 성의誠意는 아직 크게 어렵게 여기고 있다.[159]

엄성의 '정심과 성의'에 대해 어렵게 여긴다는 말은 겸손의 표현만은 아닌 것으로 보인다. 2월 3일 첫 만남에서 보았듯 엄성은 원래 양명학에 상당한 이해가 있었으나, 정주학의 진리성에 일말의 회의도 없는 담헌과는 달리 정주학의 수양론에는 확고한 신념이 없었다. 담헌은 뒷날 엄성에게 이 부분을 계속 지적했다. 이때 마침 반정균이 밖에서 들어와 엄성의 필담을 보더니, 자신도 《능엄경》을 손 씻고 외우고, 아울러 불경을 손수 필사하기를 좋아한다고 너스레를 떨었고, 이에 담헌은 "두 형은 내세에 반드시 천당에 오르리라"며 맞장구를 쳐서 모두 웃었다.

엄성은 자신이 《능엄경》을 읽게 된 내력을 말했다. 원래 병으로 인해 죽음의 문턱까지 갔다가 《능엄경》을 읽고 모든 존재가 사대四大(지地·수水·화火·풍風)의 임시적 결합에 지나지 않는 것임을 깨닫고 욕심을 내려놓자 병이 나았다고 고백했다. 하지만 이후 몰두한 적은 없고 불경이 유가의 책만 못하다는 것을 깨달았으며 평소 《근사록》을 즐겨 읽는다고 말했다. 담헌은 엄성에게 진지하게 충고했다. "제弟가 감히 아첨하려고 하는 말이 아닙니다. 형의 재주와 학문이 매우 높으니 오도吾道를 위해 깊이 바라는 바가 있습니다. 《근사록》 보기를 좋아하니 이미 편안히 여기는 바가 저쪽에 있지 않음을 알겠습니다. 하지만 조금이라도 차질이 생기면 반드시 유문儒門에 한 사람의 강적을 만드는 것이니, 어찌 두렵지 않겠습니까? 모쪼록 도를 위해 스스로 힘쓸 것을 바랍니다."[160] 이에 엄성은 이렇게 답했다. "제弟가 이학理學에 대해 말하기를 아주 좋아하지만 동지가 없어 한스럽더니, 오늘이야말로 벗이 있어 멀리서 찾아왔다고 할 만합니다. 적이 우리 도가 외롭지 않은 것을 다행으로 생각합니다. 가장 유감인 것은 말이 통하지 않는다는 점입니다. 그렇지 않다면 마음 놓고 이야기를 나누어 몇 달이 되어도 그치지 않을 것입니다."[161] 이후 유가의 마음을 다스리는 법에 대한 대화가 한참 이어졌다. 주제는 하나였다. 윤리적 완정성을 어떻게 실천, 실현할 것인가 하는 것이었다. 엄성은 담헌이란 인물에 깊이 감동했다. 요컨대 정주학에 대한 담헌의 확고한 신념은 불교와 양명학을 기웃거리며 방황하던 엄성의 마음에 깊이 각인되고 있었다.

대화가 이어지던 중 담헌은 문득《주역》을 읽을 때 어떤 주석을 선택하는지를 물었다. 담헌은《주역》을 공부하면서 적지 않은 의문을 가졌고 그것을 〈주역변의〉와 〈계몽기의〉에서 정리한 바 있었다. 당연히 중국 지식인들이 어떤《주역》주해서를 읽는지 확인해 보고자 했던 것이다. 엄성은 "과장科場에서는 정자의 주석을 따른다"라고 하였다. 정이程頤의《이천역전伊川易傳》을 표준 주석으로 선택한다는 말이었다. 그런데 엄성이 덧붙인 말이 논란의 꼬투리가 되었다. 즉, 경서는 대부분 주자의 주석을 채택하지만,《시경》만은 그렇지 않다는 것이었다. 주자의《시경》주해는 조선에서도 유일한 정통 주석으로 채택하고 있는《시집전》을 가리키는 것인데,《시집전》의 주자 주해에 인정하기 어려운 부분이 많이 있다는 말이었다. 엄성은 주자가 〈시서詩序〉를 인정하지 않은 것을 대표적인 경우로 지적했다. 여기서 〈시서〉는 원래《시경》의 각 작품 앞에 붙어 있는 간단한 작품 해설 곧 〈소서小序〉를 말한다. 〈소서〉의 작자는 공자의 손자인 자하子夏 또는 동한東漢 사람 위굉衛宏이라 하지만 정확한 것은 아니다. 〈소서〉의 해설은 언뜻 보기에 억지스러운 부분이 적지 않아 주자는 〈시서변설詩序辨說〉이란 논문을 써서 〈소서〉가 신빙성이 없음을 논증하고《시집전》에서는 〈소서〉를 거의 채택하지 않았다. 그런데 청대에 와서 모기령毛奇齡(1623~1716)과 주이존朱彝尊(1629~1709) 등의 학자가 주자의 학설을 비판하고 다시 〈시서〉를 믿어야 한다는 설을 주장했던 것이다. 엄성의 말을 더 들어 보자.

주자가 〈소서〉를 배척하는 것을 좋아했는데, 지금 〈소서〉를 보면 아주 따를 만합니다. 따라서 학자들이 주자에 대해 의심을 두지 않을 수 없지요. 본조의 주죽타朱竹坨(朱彛尊)는 《경의고經義考》 200권을 지었는데 또한 주자가 옳지 않다고 반박했습니다. 옛날부터 전해 오기를 주자가 〈소서〉 고치기를 좋아했는데, 대개 문인의 손에서 나온 것이라 합니다. 예컨대 〈모과木瓜〉는 제환공齊桓公을 찬미하고, 〈자금子衿〉은 학교가 폐지된 것을 풍자하고, 기타 〈야유만초野有蔓草〉 및 정홀鄭忽을 풍자한 것과 유왕幽王을 풍자한 여러 시는, 모두 경전經傳을 살펴보아도 확실히 증거로 삼을 만한데도 주자는 모두 반대했습니다.[162]

엄성의 말이 끝나자 담헌은 "주자의 〈시서변설〉을 본 적이 있을 것이다"라고 대꾸했다. 담헌이 말을 더 잇기 전에 심부름하는 하인이 병과餠果를 탁자에 가져다 놓았다. 반정균은 김재행의 종이에 그림을 그리다가 와서 필담에 《시경》〈소서〉 운운하는 구절이 있는 것을 보고, "모르는 일이네. 병과나 먹자" 하고 너스레를 떨었다. 《시경》의 〈소서〉에 관한 이야기는 이것으로 끝이었다. 《시경》의 해석에서 조선은 오직 주자의 《시집전》만 믿었고, 그 외 다른 해석의 가능성은 생각해 보지 않았다. 중국의 경우 명대에는 역시 《시집전》을 준신했지만, 청대에 들어서서 위에서 말한 바와 같이 주자의 《시경》 해석에 대한 비판이 나오기 시작했다. 주자와 달리 《시경》의 〈소서〉를 믿어야 한다는 설은 담헌이 북경을 방문했을 때 중국 학계에 유행하는 견해가 되어 있었다.

주자의 《시집전》을 비판한 모기령은 경전과 문학에 관한 굉박宏博한 지식의 소유자로, 그는 평생 주자의 경전 해석을 비판하는 것을 자신의 학문적 과업으로 삼았다. 모기령은 '비판을 위한 비판'을 하는 사람이라는 비난을 듣기도 하지만, 그가 주자의 경전 주해를 전면적으로 혹독하게 비판한 것은 중국 학술사상 유례가 없는 일로 학계에 큰 파란을 일으켰다. 그의 주자 비판은 고증학적 경향을 띤 것으로 광범위한 문헌적·언어적 증거에 근거하였기에 주자를 옹호하는 사람들이 쉽게 이를 논박할 수 없었다. 타당성 여부를 떠나 주자학에 대한 모기령의 비판은 '주자학의 객관화'란 긍정적 효과를 불러왔다.

1장에서 검토한 바와 같이 담헌은 《시집전》의 일부 주해에 대해 새로운 견해를 제출했던 김창흡의 〈일록〉을 읽고 다시 자신의 비평적 견해를 제출하는 등 《시경》을 나름대로 깊이 읽고 있었다. 하지만 담헌의 해석은 주자와 배치되는 게 아니라, 주자의 《시경》 해석을 보완하는 것이었다. 그런 담헌이었기에 주자의 경전 해석을 정면으로 비판하는 학설을 접했을 때 이루 말할 수 없을 정도로 충격이 컸을 것이다. 담헌은 이때까지 모기령과 주이존의 존재를 전혀 몰랐다. 이 시기 북경을 방문했던 1760년대 조선 학계는 청대 이래 중국 학계에서 일어난 변화에 대해 아는 바가 거의 없었다. 모기령과 주이존의 존재 역시 알려지지 않았다. 30여 년 전 죽은 모기령의 저작은 막 수입되는 상태였다. 담헌이 북경으로 가기 8년 전 좌부승지 성천주成天柱가 영조에게 오삼계 사건에 대해 아뢸 것이 있다면서 모기령의 문집이 새로 나왔기에 자신이 보고 오삼계의 일을 상세히 안다고 한 것[163]이 모기령 문집 수입에 관한 최초의 자료다. 이 기록으로 보아 모기령의 문집 《서하집西河集》은 아마도 1750년대 후반에 와서야 수입되기 시작했고, 조선 학계는 모기령의 존재와 학설에 대해 그다지 아는 바가 없었음이 틀림없다.

담헌은 북경에서 일어난 명말청초 사상의 변화, 그리고 당시 북경 학계를 지배하고 있던 고증학에 대해서도 전혀 모르고 있었다. 곧 엄성과 반정균 등은 고증학자의 영향 아래 있었지만, 사망할 때까지 담헌은 이 사실을 확실히 인지하지 못했을 것이다. 뒤에 언급하겠지만, 1766년 2월 26일 담헌이 엄성·반정균·육비와 마지막 모임을 가졌을 때 다시 만날 가능성을 묻는 담헌에게 엄성은 이런 말을 한다.

> 1일은 우리의 좌사座師(과거의 시관試官) 전대인錢大人께서 그날 새벽 재齋에 모여 동문을 인솔해서 큰선생님을 뵐 것이라고 말씀을 전하셨는데, 이 역시 구례舊例입니다. 이른바 큰선생님은 선생님의 선생님입니다.[164]

요지는 3월 1일 전대인을 만나기 때문에 회동이 불가능하다는 것이다. 홍대용이 '전대인'이 누구냐 묻자, 엄성은 일강日講 기거주起居註 한림시강학사인 전대흔錢大昕(1728~1804)이라고 말한다.[165] 전대흔은 당시 최고의 경지에 올라 있던 오파吳派 고증학자로 혜동惠棟 바로 다음 세대였다. 엄성과 반정균은 모두 항주 출신으로 전대흔의 영향권 아래 있었고, 그들의 말에는 이미 고증학자들의 사유가 포함되어 있었다. 송유宋儒가 불교의 언어를 섭취했다는 엄성의 주장은 사실은 고증학자들이 가장 강력히 주장하는 논리였다. 하지만 홍대용에게 전대흔이라는 이름은 금시초문이었다.

사실 전대흔은 담헌이 수용했던 서양 과학과 관련하여 상당한 의미가 있는 사람이었다. 담헌이 서울로 돌아오고 1년 뒤인 1767년, 전대흔은 코페르니쿠스의 태양 중심 지구 공전설을 자세히 담은 장 부노아Michel Benoist(장우인將友仁, 1715~1774)의 《지구도설地球圖說》을 간행한다.[166] 《지구도설》은 태양 중심 우주론과 지동설을 비교적 상세하게 설명함으로써, 중국의 학인들은 이 책을 통해서 그동안 단편적으로는 들어보기는 했지만 명확하게 알지 못했던 코페르니쿠스의 태양 중심 우주론을 비로소 구체적으로 알 수 있게 되었다. 《지구도설》이 조선 학인들의 논의에서 본격적으로 등장하는 것은 1850년대 이후 최한기와 이청에 이르러서였다.[167] 그러니 담헌은 전대흔의 존재를 들었으면서도 그의 실체를 전혀 알지 못했다.

고증학의 영향권 아래에 있던 엄·반 등이 주자의 경학에 대해 비판적인 입장을 취한 것은 전혀 이상한 일이 아니었다. 하지만 담헌은 그들의 주자 비판 뒤에 있는 학문사적 컨텍스트를 전혀 알지 못하고 있었다. 이런 이유로 주자학의 진리성을 믿어 의심치 않던 담헌에게 주자 경전 해석에 대한 비판은 엄청나게 당혹스러운 것이었다. 담헌이 《시경》〈소서〉 문제의 준신 여부를 두고 2월 23일 다시 엄·반과 토론을 벌인 것도 이 때문일 것이다. 주자의 《시경》 해석이 비판의 대상이 되고 있다는 사실, 그리고 모기령과 주이존의 경학은 담헌이 귀국한 뒤부터 조선의 학계에 알려지기 시작했다.*

담헌 귀국 이후 그와 사귀게 된 벗들 곧 박지원·이덕무 등은 집중적으로 모기령의 학설을 검토했고, 이어 경화세족 내부에서 모기령 경학이 크게 유행했다. 급기야 정조의 경사經史 강의에서도 노기령 경

---

* 황윤석은 1778년 3월 18일 동래 정씨 집안에 갔다가 좌석에서 마침 모기령의 문집 100여 책을 본다. 황윤석은 모기령이 주자를 극력 배척한 사람이라며, 몇 년 전 죄인의 집안을 적몰籍沒할 때 이 책이 어느 집에서 나와 이곳에 이르게 되었다고 말하고 있다(頤齋亂藁 4, 韓國精神文化硏究院, 1998, 577~578면). 모기령의 책과 주장은 정조 시기에 오면 널리 알려진 바였다.

학이 검토되었다. 정약용의 방대한 경학도 모기령의 경학을 의식해서 이루어진 것이었으니, 이날 담헌의 충격은 담헌만의 것으로 그치지 않았다. 이날 담헌이 경험한 주자 경학에 대한 비판은 '주자학의 객관화'란 시각의 전환을 조선 학계에 가져온 것으로 보인다. 물론 조선 학계는 주자학의 진리성을 포기하는 게 아니라, 도리어 그것의 옹호에 나서기는 했지만 말이다.

이날 《시경》에 관한 이야기 뒤에는 일본산 능화지菱花紙, 쇠고기, 조선의 흰옷 등이 화제로 올랐다. 다만 가장 마음이 쓰인 것은 이별에 관한 것이었다. 반정균은 눈물을 머금었고 나머지 세 사람도 눈물을 흘리지는 않았지만 슬픔을 이기지 못했다. 반정균은 만약 담헌의 귀국 후 연락할 일이 있다면, 항주 사람으로 북경에 과거를 보러 왔다가 합격하지 못하자 매시가煤市街에 상점을 연 자신의 표형表兄 서낭정徐朗亭을 메신저로 삼으면 좋을 것이라고 하였다. 과연 뒷날 서낭정은 짧은 기간 항주와 서울을 잇는 메신저가 되었다. 이별을 예상하고 슬퍼했지만, 이날은 마지막 날이 아니었다. 다시 만날 것을 약속하고 모임이 끝났다.

담헌과 엄·반이 다시 만난 것(곧 4차다)은 나흘 뒤인 2월 12일이었다. 그사이 사흘 동안 담헌은 이틀을 옥하관에 머물렀고(9·10일), 하루는 서산西山을 구경하러 갔다(11일). 엄성·반정균과는 편지만 세 차례 주고받았다. 먼저 2월 9일의 편지를 보자. 담헌은 두 사람에게 매우 긴 편지를 보냈는데, 마음을 털어놓고 알아 주는 사람을 만났는데, 이별할 것을 생각하니 너무나 괴롭다며 자신의 감정을 털어놓고 있다. 10일의 편지는 약간 중요한 것이다. 이 편지에서 담헌은 《시경》〈소서〉 문제를 다루고 있다. 요지는 주자의 《시경》 해석은 자신이 생각하기에도 약간의 의심이 있지만, 그렇다고 해서 주자의 견해와 달리 〈소서〉를 《시경》 해석의 중요한 논거로 채택하기에는 〈소서〉 자체가 갖는 문제점이 너무나 많다는 것이었다. 담헌은 주자의 학설을 부정하는 학설에 쉽게 동의할 수는 없었을 것이다. 담헌은 〈소서〉와 양명에 관한 글을 같이 보내며 편지 끝에 "다만 의리는 천하의 공변된 것이니 사람마다 말할 수가 있는 것으로 고금의 두루 통용되는 이치입니다. 바라옵건대 밝게 가르쳐 주시어 어리석은 머리를 열어 주소서. 감히 나의 의견을 옳다고 하고 선입견을 고집하지 않겠습니다"[168]라고 덧붙였다. 주자의 말을 묵수하는 것이 아니라, 열린 자세를 취했던 것이다. 이런 자세는 뒤에도 반복되었고, 이것이 엄성 등이 담헌을 깊이 신뢰하는 이유이기도 했다. 11일에 담헌은 서산에 가면서 간단한 편지를 써서 보냈고, 돌아와 답장을 받았다. 심각한 내용이 있는 것은 아니었다.

2월 12일 사신 일행은 서산에 갔고 김재행 역시 따라갔기에 담헌은 홀로 간정동을 찾았다. 이날의 대화, 곧 필담은 대단히 길었고, 주제 역시 매우 다채로웠다. 주목할 만한 것은 담헌이 엄·반 두 사람을 향해 청 체제에 대한 비판적 발언과 우정 어린 충고를 아끼지 않았다는 점이다. 필담이 시작되자, 엄성이 어제 찾은 서산이 볼 만했느냐고 물었고, 담헌은 이렇게 답했다. 《연기》보다 《을병연행록》 쪽이 자세하기에 인용해 본다.

장려한 경물이 해외의 고루한 소견을 놀라게 하지만, 다만 오로지 인교人巧로 이룬 것이요 천기에 자연스러운 것이 없으니, 종시終始 깊은 취미를 깨치지 못하고, 또 고루한 소견에 특별히 애달픈 곳이 있으니 어찌 즐겁기를 의논하겠습니까?[169)]

엄성은 당연히 담헌이 서산의 화려함에 감탄해 마지않을 것이라 예상했을 것이다. 예상치 못한 답이 나오자, 엄성은 "무슨 일이 애달픈 일이냐?"고 물었고, 담헌은 서산의 건축 자체가 엄청난 사치라고 답했다. 엄성은 머쓱해하며, 그것은 황상이 검덕儉德을 숭상하지 않은 것이 아니고 신하들의 잘못이라고 변명했다. 담헌은 물러서지 않았다.

형의 말이 매우 충후하지만, 내가 중국에 들어와서 두루 구경한 곳이 적지 아니한데, 곳곳에 부질없는 묘당을 지어 무한한 재력을 허비하고 앉아서 후한 봉록을 먹는 라마승이 수천 수만으로도 헤아리지 못하였습니다. 반면 오가는 길에 가난한 백성이 배고픔과 추위를 견디지 못하여 수레 앞에서 돈을 비는 거동은 차마 보지 못할 지경이었습니다. 또 일찍이 황상이 남방을 거동하는 그림을 보니, 곳곳에 궁전과 누관이 사치를 궁극히 하고 창시倡戱하는 집이 궁중 가운데 없는 곳이 없었으니, 생민生民의 재물은 한정이 있고 인욕人慾은 궁진窮盡함이 없는데 어찌 애달프지 않겠습니까?[170)]

담헌은 북경의 티베트 불교(라마교) 사원과 라마승을 유지하는 데 소모되는 비용, 건륭제가 남순南巡 여행을 그린 그림에 등장하는 호사스러운 건물과 극장의 존재를 비판하고, 북경의 구걸하는 빈민을 그것에 대비한다. 이 부분은 《간정동필담》에 조금 다른 부분이 있는데, 참고할 만하다. 곧 호화로운 희대戱臺에 대한 비판에 이어 "좋은 곳이 없지는 않으니, 전조前朝의 제도가 아직도 남아 있다는 것입니다"[171)]라고 했다. 진지한 애민의식에 기초한 담헌의 비판은 엄성으로서는 전혀 예상하지 못했던 것이고, 따라서 '낯을 거두어 대답하지 않을 수' 없었다. 이때 반정균이 재치 있게 "창시[場戲]는 묘한 곳이 있으니, 한관漢官의 위의威儀를 다시 보는 것이지요"라고 하면서 어색한 분위기를 깼다.[172] 2월 4일 두 번째 모임 때 자신이 했던 말의 반복이었다. 담헌 역시 "황상이 만일 한관의 위의를 보고자 하여 창시를 베푼다면 이것은 천하에 다행한 일입니다"[173]라고 답하면서 어색한 분위기를 늦추었다.

담헌의 지적은 일부 타당하다. 건륭제의 정치적 의도, 그리고 재정적 후원 아래 북경이 티베트 불교의 중요한 중심지가 되었던 것은 사실이고, 또 건륭제가 60년 치세 동안 총 72회에 걸쳐 순행을 했던 것도 사실이다. 하지만 티베트 불교에 대한 지원은 건륭제의 개인적인 호의 혹은 신념에서 이루어진 것일 뿐만 아니라, 티베트인과 티베트 불교를 믿는 몽골인들을 회유하려는 정치적 동기도 강하게 작용하고 있었다. 건륭제의 순행 역시 정치의 일환이었다. 유가의 전통, 특히 맹자에 의하면, 천자가 천하를 순행하는 목적은 제후국의 정치 상황을 살피고, 인정을 펼치기 위한 것이었다.

담헌은 건륭제의 강남 순행을 제재로 한 그림을 보았던 것 같은데, 실제 건륭제는 그림의 제작을 지시한 바 있었다. 1767년(영조 43) 가을 엄성이 서울의 담헌에게 보낸 편지에 건륭제의 남방 순행을 제재로 한 판화를 보내 주겠다고 약속한 것을 보면, 담헌은 이미 그런 종류의 그림을 본 적이 있고 또 소장하기를 원했던 것이다. 담헌이 언제 제작된 어떤 그림을 보았는지 알 수 없으나 그것은 아마도 황제의 여행을 제재로 한 작품인 만큼 화려하기 짝이 없었을 것이다. 담헌은 그림을 보고 그 안의 화려한 건물과 극장 등을 비난했다. 하지만 여섯 차례에 걸친 건륭의 강남 순행은 강남 지방의 정치적 안정, 경제 상황 등을 살피고 민중들에게 황제를 알리고자 하는 목적이었다. 순행 경비는 원래 지방에서 북경으로 보내는 세금으로 충당했고 건륭이 순행할 때 또 세금의 추가 탕감이 이루어져 소작농들의 재정적 부담도 완화되었다.[174] 이 모든 것은 건륭제 당시 안정된 재정을 기반으로 가능한 일이었다.

담헌이 이런 사정을 모두 인지했을 가능성은 없다. 담헌의 비판은 물론 유가의 애민의식에 기초한 것이겠지만, 편협한 근본주의적 발상이라는 느낌을 지울 수 없다. 그가 이 말을 했을 때는 북경에 머문 지 40일 남짓 지난 시점이었다. 이 짧은 기간 동안 그가 거대한 제국의 정치를 이해하는 건 불가능하다. 담헌의 비판은 다분히 선입견, 곧 화이론에 의한 것이었고, 한편으로는 앞에서 지적한 것처럼 청 체제의 번영을 어떻게든 평가절하하려는 의식도 작용했을 것이다.

이어 엄성이 사람 둘을 그렸는데, 하나는 관대에 사모를 쓴 모습이고, 하나는 호복胡服에 청나라 관리들이 쓰는 관인 마래기를 쓴 모습이었다. 전자를 엄성, 후자를 반정균이라며 농담하다가, 담헌은 정색을 하고 물었다. "오늘은 조용히 서로 만나고 떠날 날이 멀지 않으니, 서로 흉금을 헤쳐 기휘忌諱할 말을 피하지 않음이 어떠합니까?" 거리낌 없이 말해 보자는 담헌의 말에 두 사람은 동의했다. 담헌은 조선 정통 노론 지식인의 속생각을 중국의 두 한인에게 꺼냈다.

> 중국은 사방의 표준이 아닙니까? 종국宗國이고 그대는 우리의 종인宗人인데, 그대의 머리 모습을 보니 어찌 마음을 썩이지 않겠습니까?[175]

'종국', '종인'이란 어휘로 담헌은 자신이 중화주의자임을 명료하게 드러내었다. 이어 중화주의에 기초해서 한인의 변발을 비판한다. 변발은 2월 4일 두 번째 만남에서 잠시 언급한 바 있지만, 이제 정색을 하고 두 사람의 변발을 지적한 것이다. 엄성과 반정균은 서로 마주 보고 대답하지 않았다. 조선 같은 변방의 외이外夷 지식인이 중화주의를 완강히 믿고, 그것에 바탕해서 자신들을 비판하니 너무나 당혹스러웠을 것이다.

엄성은 머쓱하여 말이 없었다. 반정균이 우스갯소리로 분위기를 바꿀 수밖에 없었던 것도 불가피한 대응이었다. "머리 깎으면 아주 묘한 데가 있다. 머리를 빗고 상투를 묶는 번거로움과 가려운 데를 긁는 괴로움이 없다. 상투를 하는 사람은 아마도 이 맛을 알지 못할 것이다." 반정균의 말을 담헌 역시 농담으로 받았다. "'감히 훼손시키지 말라'라고 말한 증자는, 도무지 일을 헤아리지 못한 사람이로군요." "신체와 털은 부모에게 받은 것이니, 감히 훼손하여 상하지 않게 하는 것이 효의 시작이다"《효경孝經》라고 말한 증자가 잘못된 사람이라는 농담이었다. 엄성과 반정균은 모두 웃었다.[176]

엄성은 자신의 고향인 절강성의 우스갯소리를 꺼냈다. "절강에 우스갯말이 있는데, 머리 깎아 주는 가게에 '성세낙사盛世樂事'란 네 글자 간판을 내건 것이지요." 머리를 깎았을 때의 시원한 느낌을 그렇게 표현한 것인데, 담헌은 이 말을 절강 사람이 청의 변발 강요를 비꼬는 말로 의도적으로 이해했다. "이 넉 자를 보니 머리 깎는 것을 원통히 여기며 나라 제도를 조롱하는 뜻을 감추지 않으니, 이래서 남방 사람들이 진짜 담이 크고 두려움이 없다 이르는 것이로군요."[177] 이 말에 엄성과 반정균이 또 웃음을 터트렸다. 어색하기는 했지만, 어쨌든 이 대화로 변발에 대한 생각도 담헌과 엄성은 명언하지는 않았지만 공유하게 되었다.

의복제도에 관한 대화는 계속 이어졌다. 담헌은 조선인의 망건을 거론했다. "망건은 명의 제도이기는 하지만, 실제로는 좋지 않습니다." 엄성이 이유를 물었고, 담헌은 말의 꼬리털로 머리를 덮기 때문이라고 답했다. 엄성이 조선인이 망건을 버리지 못하는 이유를 물었다. 담헌은 "옛 습속에 익어 있기 때문이기도 하지만, 한편으로는 명의 제도를 차마 잊지 못하기 때문"이라고 답했다.[178] 중국은 변발로 인해 망건을 없앤 지 오래였기에 명의 제도를 잊지 못하기에 버리지 못한다는 담헌의 말 역시 뼈 있는 말이었다. 물론 담헌의 말은 사실이 아니었지만 말이다.

담헌은 이어 중국 여성이 발을 싸매는 풍습인 전족이 시작된 시대를 물었고, 반정균이 남당南唐 때 시작되었다고 하자, 담헌은 전족 역시 매우 좋지 않은 것이라면서, 자신은 "망건과 전족이 중국 액운의 징조라고 한 적이 있다"고 말했다. 반정균이 농담을 건넸다. 자신이 배우의 망건을 써 본 적이 있는데, 아주 불편했다는 것이다. 담헌은 "월인越人은 장보章甫를 쓸 일이 없다"고 받아쳤다. 장보는 은殷나라 때 사용하던 예관禮官이다. 월나라 같은 야만인에게는 문명국의 의관이 필요 없다는 뜻이었다. 두 사람은 모두 부끄러워하는 빛이 있었다.

담헌의 이 발언은 주목을 요한다. 그것은 월나라 사람 같은 비문명인, 곧 오랑캐는 문명화된 복색을 취할 필요가 없다는 뜻이다. 담헌에게 복색은 문명과 비문명, 중화와 오랑캐를 가르는 중요한 준거다. 하지만 이 강렬한 화이론은 뒷날《의산문답》에서 극적으로 바뀐다. 담헌은《의산문답》의 말미에서 "장보건 위모委貌건 문신文身이건 조제雕

題건 간에 다 같은 자기들의 습속인 것"[179]이라는 발언을 통해 극적으로 바뀌어 화이관 자체를 부정하게 된다.

반정균이 절강에 있는 자기 친구가 연극배우의 모대帽帶를 쓰고 옛 사람이 절하는 모양을 흉내 내자 주위 사람들이 모두 웃었던 적이 있다고 하자, 담헌 역시 농담으로 '흑선풍黑旋風이 정사 보는 모양'이라고 해서 한바탕 웃었다. 반정균은 자기 친구의 장난을 전한 것이지만, 담헌은 이어 진지한 어조로 말했다. "희자戲子의 천함을 잊고 옛 의관을 흠모하여 이 거조에 이르니, 그 사람의 마음을 생각건대 어찌 슬프지 않겠습니까?"[180] 그리고 자신이 들었던, 조선 사신단의 의복을 빌려 입어 보고 비감해했던 옥전현 지현의 이야기를 전했다.

지현 이야기에 엄성과 반정균은 충격을 받았다. 특히 "엄성은 낯빛이 변하여 머리를 숙이고 말이 없으니 그 거동을 보매 더욱 참연慘然한 마음을 이길 수 없었다."[181] 참담한 기색을 하고 있던 반정균이 말을 꺼냈다. "좋은 지현이다. 그런데 이런 마음이 있었다면 왜 벼슬을 버리고 떠나지 않았는가?"라 하고는 다시 "이것은 또한 쉽지 않은 일이니, 우리가 할 수 없는 일을 어찌 남에게 책임 지울 수 있으리오?"라 했다. 반정균 역시 마음 깊은 곳에는 청의 조정에 벼슬하는 게 정당치 않다는 생각이 똬리를 틀고 있었던 것이다. 잠시 침묵이 흘렀다. 담헌은 자기가 생각했던 바를 남김없이 다 말했고, 한인 지식인들도 청 체제를 남김없이 정당화하고 있는 것만은 아니라는 것을 확인힐 수 있었다.

이날 대화는 담헌이 압도했다. 우스갯소리를 가끔 섞기는 했지만, 담헌은 시종 진지했고 언행의 엄정성을 유지했다. 화제가 바뀌어 엄성이 조선에 음란한 풍습이 있는지 묻자, 담헌은 사족 여성이 개가하는 풍습은 없지만, 관에서 기녀를 두어 음란함을 조장한다고 하였고, 이것을 실마리 삼아 기악妓樂에 대한 대화가 이어졌다. 엄성이 명나라의 부흥을 외치던 홍광제弘光帝가 남경에서 기녀를 두고 즐기다가 결국 패망한 일을 떠올렸고, 담헌은 그런 이유로 인해 명나라의 부흥이 실패한 것은 당연한 일이라고 동조했다. 담헌은 또 강희제가 기악을 없앤 것을 높이 평가하고, 조선에서도 강희제를 '영결한 임금'이라 일컫는다고 말했다.

이 말에 반정균이 "본조의 정령政令은 모든 것이 다 좋다. 다만 관기官妓를 없앤 것은 살풍경이라 할 수 있다"라고 농담을 건넸다. 엄성은 반정균이 여색을 좋아하기에 이런 말을 한다 하였다. 하지만 담헌은 그 말을 농담으로 받지 않았다. "농담은 생각에서 나오는 법이다. 난형이 용모가 매우 아름답다. 자고로 용모가 아름다운 이들 중에는 색을 밝히는 사람이 많았다. 목숨을 해치는 일이 여럿이지만, 색을 밝히는 사람은 반드시 죽으니 또한 두려운 일이 아니냐?"라고 정색을 하였다. 성욕을 억제해야 한다고 거듭 강조했던 금욕주의자 담헌다운 반응이었다. 담헌의 정색에도 반정균은 농담을 이어 가다가 끝에 가서 "이 모두 농담이니 진담으로 여기지 않기를 바란다"고 했지만, 담헌은 "모르는 것이 아니다. 하지만 농담과 참말이 뒤섞일까 두렵다"라고 다시 쐐기를 박았다. 담헌은 유가 윤리의 실천에 관한 한 타협의 여지가 없었다.

엄성·반정균과의 대화에서 담헌은 두 사람이 내면 깊숙한 차원에서는 청 체제를 정당화하고 있지 않다고 판단했다. 이 판단이 정확한 것이었는지는 모르나 담헌은 자신의 판단에 근거해 청 체제, 곧 여진족이 중국을 지배하는 상황에 대한 견해의 표명을 요구했다. 그것은 곧 청 체제를 비정상적으로 보는 자신의 견해에 동의해 달라는 요청이었다. 그럴 때마다 엄성과 반정균은 매우 무연한 태도를 보이곤 했다. 엄성은 기악과 여색에 관한 대화가 끝난 뒤 청 체제를 옹호하는 발언을 하였다. "본조의 입국立國은 아주 정당하다. 대적大賊을 멸하고 대의大義를 펴니, 중원에 주인이 없는 때를 탄 것일 뿐이지 천하를 탐했던 것은 아니다."[182] 《을병연행록》 쪽도 내용은 거의 같지만, 단 하나 명에 대한 부분이 추가되어 있다.

> 본조가 나라를 얻은 것은 매우 정대합니다. 도적을 멸하고 대의를 펴서 명조의 수치를 씻고 중국에 주인이 없는 때를 당하여 자연 천위天位를 얻은 것이지, 천하를 업신여김이 아닙니다.[183]

청이 명을 위해 수치를 씻었다는 말이 추가되어 있다. 즉 청은 명을 멸망시킨 농민반란군 이자성을 격파하여 명을 위해 복수를 했고, 제위帝位가 부재한 상태에서 자연스레 제위를 얻게 된 것이지 의도적으로 명을 멸망시키고 천하를 얻은 게 아니라는 말이다.

《을병연행록》에 의하면, 엄성은 이 말을 마치고 담헌을 보며 "희미하게 웃었다." 담헌은 그것이 자신의 "소견을 시험해 보는 기색"이라고 판단했다.[184] 엄성의 웃음에 대해 담헌은 《연기》에서 "천하를 탐했던 것이 아니라 한 것은, 내가 감히 알 수 있는 것이 아니다. 하지만 입관入關한 이후엔 어쩔 수가 없었다"라고 답하고 있다.[185] 청이 중국을 차지할 생각이 없었다는 데는 동의할 수 없지만, 명조가 망한 뒤 청이 산해관을 넘어 들어온 뒤로는 중국을 차지할 수밖에 없는 상황적 필연성이 있었다는 말이다. 이 부분은 《을병연행록》에는 "산해관을 넘어온 후로는 대의를 붙들어 이름이 바르고 말이 순하니, 뉘 감히 제어하겠습니까?"[186] 라고 되어 있다.

엄성은 담헌의 말에 묘한 농담을 던졌다. 엄성은 "강외江外에 '보내 온 예물을 왜 안 받겠는가?'라는 기담奇談이 있다"[187] 라고 말한다. 즉 명이 중국 대륙을 들어 청에게 그냥 헌납했다는 것이다. 《을병연행록》에는 이 부분을 "강남에 기특한 말이 있어 '보내는 예물을 어찌 받지 않으리오'라고 하였는데, 이것은 대명이 천하를 보전치 못하여 속절없이 본조로 돌려보낸 것을 이른 말입니다"[188] 라고 되어 있다. 담헌은 그 예물은 '오삼계가 준 것'이라고 화답하였고, 엄성과 반정균은 모두 웃었다. 오삼계의 배신과 투항이 청이 대륙 지배에 결정적이었다는 뜻이었다.

엄성의 발언은 한인 지식인이 청에 대해 갖고 있었던 내심의 일단으로 보인다. 명의 실정失政이 청에 천하를 넘겨주었다는 인식은, 청 체제의 정당성을 완벽하게 인정하는 것은 아니지만, 적어도 청 체제를 부정적으로만 인식하지 않는 데 상당한 심리적 정당성을 제공했던 것으로 보인다. 담헌은 청 체제 성립의 불가피성을 인정한다는 점에서는 엄성에게 동의했지만, 그럼에도 약간 미묘한 차이가 있었다. 담헌은 엄성의 말에 "원나라 때도 중국이 머리를 깎고 복색을 바꾸었습니까?"라고 물었고,[189] 엄성은 "그렇지 않았다"고 답했다. 담헌은 이어 다음과 같이 말한다.

(1) 전조 말년에 태감太監(환관)이 권력을 휘두르고 유적流賊이 틈타 일어나자 (황제가) 매산煤山에서 사직을 위해 죽었으니, 실로 하늘이 그렇게 만든 것이다. 무어라 하겠는가? (2) 이른바 대적을 멸하고 대의

를 펼친 것은 본조의 대절박大節拍이다. (3) 다만 중국이 머리를 깎고 의복을 바꾼 것은, 몰락의 참상이 금·원 때보다 심하니, 중국을 위해 슬픈 눈물을 흘리지 않을 수 없다.[190]

(1)에서 담헌은 명 말기 위충현魏忠賢과 같은 환관 세력의 발호, 이자성을 위시한 농민의 반란으로 인해 결과적으로 숭정제가 목을 매어 자살한 것은 하늘이 만든 일이라고 말한다. 아울러 청이 이자성 토벌을 구실로 입관한 것 역시 명분이 있는 일이라고 말한다. (1)과 (2)는 엄성·반정균 역시 동의하는 바였다. 담헌이 결정적으로 문제삼은 것은 (3)이었다. 담헌이 보건대 한인이 변발을 하고, 호복을 입은 문명의 몰락은, 곧 중국에 대한 야만–오랑캐의 강제가 빚은 결과다. 이것은 엄성과 반정균에게 뼈아픈 지적이 아닐 수 없었다.

그런데 변발과 호복을 제외하면 청이 중국인에게 달리 요구한 것은 없었다. 담헌은 중국인의 변발과 호복이 중화 문명의 본질을 오염시킨 것으로 생각했지만, 중국인에게 그건 그리 큰 문제가 아닐 수도 있었다. 그것은 솔직히 말해 담헌이 갖고 있는 화이론의 허구에서 나온 생각일 뿐이었다. 냉정히 판단한다면, 조선 사람인 담헌이 중국인의 복색과 변발에 이토록 민감하게 반응하는 건, 엄성과 반정균으로서는 납득하기 어려운 일이었다. 두 사람이 "서로 보며 말이 없었던 것"은 왜 조선인이 이 문제에 관해 그토록 관심을 보이느냐는 의문의 표현일 수도 있었다. 담헌은 설명을 덧붙였다.

만력 연간에 왜적이 동국에 쳐들어와 팔도가 쑥대밭이 되었는데, 신종神宗 황제가 천하의 군사를 동원하고 천하의 재물을 허비해 7년 뒤에야 평정했으니, 지금까지 200년 생민生民의 낙리樂利는 모두 신종 황제가 내린 것이다. 또 말년 유적流賊의 변고가 동국을 도운 것에서 말미암지 않았다 할 수 없다. 그래서 우리나라는 명이 우리 때문에 망했다고 생각해 이제껏 평생 슬퍼하며 사모해 마지않고 있다.[191]

담헌의 논리는 이렇다. (1) 임진왜란 때 신종 황제는 조선을 구하느라 군사와 재정을 소모했다. (2) 전쟁 이후 200년 동안 조선 백성의 낙리樂利는 모두 신종 황제 덕택이다. (3) 조선 사람들은 명이 조선을 구하는 데 국력을 소모하여 망했다고 생각하고 지금도 명을 사모해 마지않는다.

담헌의 이 말은 찬찬히 뜯어볼 만한 가치가 있다. 명이 오직 조선만을 위해 참전한 것은 아니지만, 명의 참전으로 조선이 일본을 물리치는 데 도움을 받은 것도 명백한 사실이고, 명의 멸망에는 참전으로 인한 재정 소모가 적지 않은 원인을 제공한 것도 사실이었다. 따라서 조선은 명에 대한 의리를 지키고 있다고 담헌은 말한다. 담헌의 말은 도덕적 판단이었고, 조선의 노론과 대명 의리론자들이 내세우는 명분이었다. 하지만 임진왜란으로 인해 이자성의 농민 반란이 일어난 것도, 명이 망한 것도 아니었다.

신종은 명 체제의 모순적 국면을 해결하기 위해 개혁을 주도했던 (하지만 결과적으로 실패했던) 재상 장거정張居正이 1582년에 사망한 이후에 대신을 만나지 않았고 정무를 팽개쳤다. 국가 행정은 완전히 마비되었다. 신종이 한 일은 환관인 광감鑛監과 세감稅監을 동원해 가며 아들 주상순朱常洵을 위해 법 밖의 세금을 긁어들이는 것뿐이었다. 아편 중독자이기도 했으며 닥치는 대로 신하와 백성을 죽인 살인자였던 신종은 국가권력을 정상적 관료조직이 아닌 환관에게 맡겼고 그것은 국가 자체를 붕괴시켰다. 명은 실로 신종 때부터 이미 내부 모순으로 인해 멸망의 길로 내닫고 있었다. 담헌과 조선의 대명 의리론자들은 차마 그런 사실을 인지할 수 없었거나 인정하기 싫었을 것이다.

담헌은 자신이 명대의 복식에 깊은 관심을 보이는 역사적 배경을 설명했지만, 두 사람은 여전히 말이 없었다. 황당한 것은 엄성과 반정균이 임진왜란 때 명이 조선에 파병한 역사적 사실에 대해 전혀 모르고 있었던 것이다. 어색한 분위기가 감돌았으나 담헌으로서는 속에 있는 말을 다 털어놓은 셈이었다. 어색함을 지우기 위해 담헌이 자신이 전에 보낸 〈소서〉와 양명에 대한 글에 관해서 말해 줄 것을 요청했고, 엄성은 읽고 매우 좋기는 했지만 자신의 공부가 짧아 비평하는 글을 쓸 수는 없다고 답했다. 담헌은 두 사람의 비평문을 받아 조선의 지인들에게 보여 주려 한다고 말했다. 이어 담헌이 김원행의 〈논성서 論性書〉에 대한 소감을 물었고 엄성은 자신이 고향으로 돌아가 간행하려 한다고 답했다. 반정균은 또 김상헌의 문집에 대해 물었고, 담헌은 김상헌이 조선의 큰선비이고 10년 동안 심양에 구금되었으나 끝내 지조를 굽히지 않았으며, 명조를 위해 절의를 지킨 사람이라고 소개했다. 이후 대화는 여러 주제로 옮겨 갔지만, 담헌으로서는 금기를 무릅쓰고 한인漢人에게 조선 지식인의 속내를 다 털어놓은 셈이었다. 담헌은 자신만의 착각일지 모르지만, 조선을 떠날 때 가졌던 '천하의 선비를 만나 천하의 일을 의논할 뜻'을 드디어 펼치게 된 것이었다. 반정균은 이어 조선의 시선집 《기아箕雅》에 대해 물었고, 담헌은 《기아》를 구해 보내겠다고 했다. 이어 자신은 여유량의 문집과 명의 잔존 세력이 세운 홍광제弘光帝 이후의 역사를 담은 책을 구했으면 한다고 했다.

역시 청에 저항했던 인물과 명의 마지막 역사를 알고 싶다는 것이었다. 반정균은 담헌의 말을 급히 지워 버리면서 그런 책들은 없다고 하였다. 반정균은 체제에 저촉되는 일에 연루되고 싶지 않았던 것이다.

이어 여러 가지 병서兵書의 신뢰성, 중국의《주자가례》준행 여부, 양자제도에 대한 문답이 있었고, 중국과 조선 여성의 개가에 대한 의견 교환이 있었다. 특히 조선 여성이 남편의 사후 거의 예외 없이 수절하는 것은 엄성과 반정균의 큰 관심을 끌었다. 담헌이 수절하다가 실행失行하는 여성의 경우 부형과 근족近族이 벼슬을 못 하게 된다고 말하자, 반정균이 너무 지나친 일이라 했고, 담헌은 조선이 중국과 비교해 "한쪽에 치우쳐 있는 나라이기에 이런 일에도 치우침이 심하지만, 또한 그리 해롭지는 않다"고 응수했다. 이어 조선과 중국에서 아동 교육에 사용하는《천자문》,《사략史略》,《소학》등의 텍스트에 대한 간단한 의견 교환이 있었다.

반정균이 담헌이 천문학을 비롯한 여러 분야의 학문에 정통한 것으로 안다면서 그 방면에 대해 듣기를 원하자, 담헌은 '해와 달과 별의 전도纏度'를 대략 알기에 혼천의를 만들기는 했지만 천문을 안다고는 말할 수 없고, 또 거문고를 대강 알지만 중국의 고악古樂이 아니고 오음육률에 대한 깊은 이해가 없으며, 그리고 산학서와 병서, 역법을 평생 좋아하지만, 하나도 그 요체를 파악하지 못했노라고 겸손하게 답했다.

또 하나 주목할 만한 화제는 반정균이 제공했다. 반정균은 "동방의 풍류와 가화佳話를 들었으면 한다"라고 했는데, 곧 조선 남녀 사이의 사랑에 대한 이야기를 들려 달라는 것이었다. 반정균의 말에 담헌은 조선 사람은 둔하고 꽉 막혀 말할 만한 풍류사가 없고, 몸을 닦고자 하는 일은 '풍류' 두 글자를 멀리하기에 말할 만한 것이 없다고 답한다. 담헌에게 인생 최고의 가치는 도덕적 수양이었기에 남녀 간의 애정은 당연히 멀리해야 할 것이었다. 반정균은 다시 성性과 사랑을 주제로 한 이야기를 듣기 원했지만, 담헌은 단호히 거절했다. 반정균은 풍류재자風流才子도 원할 만한 것이 못 되는가 하고 웃었다. 담헌은 반정균에게 "난형에게 전에 색을 경계해야 한다고 말한 것은 희언戱言이 아니니, 행여나 범범하게 듣지 말아야 할 것입니다. 비록 연소한 소치이겠으나, 거듭 '위중威重' 두 글자에 더욱 유의해야 할 것입니다"[192]라고 말했다. 담헌의 엄정한 태도는 타협의 여지가 전혀 없었다. 담헌이 이토록 반정균에게 여색에 대한 경계를 늦추지 말라고 조언했지만, 2월 17일 5차 모임에서 반정균은 또 조선의 부인[193]이 쓴 시가 있으면 알려 달라고 했다가 담헌으로부터 알려 줄 수 없다는 근엄한 대답을 들어야 했다.

담헌의 생각과 언어, 행동, 폭넓은 학문은 이미 엄성과 반정균을 압도하고 있었다. 반정균은 자신은 담헌의 종노릇하기에도 부족한 사람이라 했고, 엄성은 "거유鉅儒지 순유醇儒라고 말하는 것은 충분하지 않다. 따라가서 학생이 되지 못하는 것이 한스럽다"고 한탄했다. 젊고 영리하지만 진중하다고는 할 수 없는 반정균과 유가이기는 하지만 불교와 양명학 사이에서 서성대고 있던 엄성에게, 담헌처럼 확신에 찬 정주학자는 그야말로 경이의 대상이었다. 담헌은 이런 평가가 자신을 가볍게 여기고 조롱하는 것이라고 했지만, 자신을 알아 주는 중국 지식인들의 이런 평가에 내심 흡족했을 터이다.

이어 이별에 대한 말이 나왔다. 담헌은 자신은 며칠 전부터 이별에 마음이 쓰여 먹고 자는 것이 편하지 않다면서 아마도 군사답게 의義

가 정情을 이기지 못한 결과가 아닌가 한다 하였다. 그리고는 인정에 부득이해서 그런 것 같다고도 하였다. 자신의 감정을 엄격히 통제하는 담헌이었지만, 이별을 생각하니 마음이 저리지 않을 수 없었다. 엄성은 이 말에 그 역시 올바른 감정으로서 성현의 의리에 어긋남이 없는 것이라 답하고, 앞으로 담헌을 신명처럼 받들 자신의 태도 역시 너무 지나친 것은 아닌가라고 반문하였다.

엄성은 다시 담헌과 같은 사람을 만나 본 적이 없으며, 자신이 장차 만날 사람이 형편없는 사람은 아니겠지만, 고의古義로 자신을 격려하는 사람을 다시 만나지 못할 것이기에 상심하는 것이고, 이별의 괴로움 때문에 상심하는 건 아니라고 말한다. 담헌 역시 자신도 평소 약간 깨달은 바가 있지만 말할 기회가 없는 것이 유감이라고 답했다. 엄성이, 담헌이 같이 있으면 자신이 진보하는 바가 있을 것이라고 말하자, 담헌은 엄성과 반정균이 날로 진보하고 있으니, 다른 사람이 필요 없을 것이라면서 자신도 귀국하면 통절히 반성하고 엄성의 기대를 저버리지 않겠다고 답했다. 나아가 반정균이 여색을 좋아하는 것과 미불米芾과 조맹부趙孟頫 같은 예술가를 지향하는 것을 경계했다.

반정균은 벌떡 일어나 캉[炕] 아래에 서서 머리를 숙이며 읍을 했고, 담헌은 깜짝 놀라 그를 붙들어 자리에 앉혔다. 엄성이 "옛사람이 문인이라 불리면 나머지는 볼 것이 없다고 했는데, 또 어째 '풍류' 두 글자를 이렇게도 좋아하는가? 이것이 난공의 큰 병통이야!"라고 하였다. 이어 엄성은 또 "장래에 우리가 서로 만나게 되면, 반드시 때때로 오형吾兄의 말로 서로 깨우쳐 주며 결코 잊지 않겠습니다"[194)라고 하였다. 반정균과 엄성은 담헌에게 깊이 심복하였던 것이다.

담헌은 또 엄성에게 이번 회시會試에 합격하지 못하면 다시 과거에 응시하겠느냐고 물었고, 엄성은 단연코 응하지 않을 것이라 다짐했다. 이 다짐 역시 다분히 담헌을 의식한 것이었다. 마지막으로 의미 있는 대화는 청 체제의 안정에 관한 것이었다. 담헌은 중국에 재이災異가 빈번하고 민심이 동요한다는 말을 들었다면서 사실인가 물었다. 청 체제의 동요와 붕괴를 염원하는 조선 사람들의 생각을 반영한 물음이었다. 두 사람은 지방의 사소한 반란과 도둑은 있으나 모두 진압되었고, 세금 감면 등의 정책으로 체제가 안정되어 있다고 답했다. 담헌 역시 청이 조선을 관대하게 대우하고 있다고 말했다.

① 동방이 또한 고휼顧恤을 입어 조공하는 방물과 주청하는 사정이 순편順便치 않은 곳이 없습니다. ② 그런데 오직 의관이 변하여 중국의 고가대족故家大族이 다 파임破袵(옷소매를 없앰, 오랑캐 옷으로 갈아입는다는 뜻)의 풍속을 면치 못하니, 이러하므로 중국 사람을 위하여 슬퍼해 마지 아니하고, 그중 무지한 하졸들은 근본을 생각하지 않고 다만 오랑캐라 일컬어 조금도 애석하게 여기는 일이 없습니다.[195]

명대와 달리 청은 확실히 조선에 대해 관대한 태도를 취했다. ①은 그 사정을 지적한 것이다. 조금 뒤 관대한 태도의 구체성을 묻는 반정균에게 담헌은 원래 공미貢米 1만 포가 계속 견감蠲減되어 수십여 포로 줄어들었다고 말한다. 청의 관대한 태도는 여지없는 사실이었다.

이 부분은 《을병연행록》을 인용한 것인데, 《간정동필담》과는 약간 다르다. 《간정동필담》 쪽을 보자. "강희康熙 이래 (조선을) 대우하는 것이 다른 번방藩邦들과는 아주 달라 무릇 우리 동국이 요청하는 것이 있으면 순조롭게 들어주지 않음이 없다. 명 때에는 태감이 권세를 써서 흠차欽差(사신)가 되어 한 번 나오면 나라 안이 진동하였다. 비록 그렇기는 하지만, 어찌 감히 이 일로 부모의 나라를 원망하겠는가?"[196] 이 발언은 조선의 복잡한 속내를 압축한 것이다. 청이 조선에 대해 관대한 것은 사실이다. 그것은 명대에 환관들이 조선에 사신으로 나와 은을 토색질하던 상황과 판이하다. 하지만 그 착취와 수탈 때문에 '부모'인 명을 원망할 수는 없다! 명에 대한 담헌의 생각은 복잡미묘했다.

《간정동필담》쪽은 ①만 있고 ②는 없다. ②의 복색은 확실히 조선인들이 중국의 한인에게 우월감을 드러내는 장치인데, ②를 뺀 건 모종의 이유가 있었기 때문일 것이다. 《을병연행록》은 조선인이 복색을 그대로 유지할 수 있던 이유를 엄성의 입을 빌려 이렇게 밝힌다. "본조 초년에 동방의 조공하는 사신이 대명 의관을 바꾸지 않았지만, 마침내 금하지 않았으니, 또한 충후한 뜻을 볼 수 있습니다."[197] 조선인들이 그렇게 자랑스러워 하는 의관 역시 청의 배려라는 것이다. 엄성의 말이 한문본인 《간정동필담》이나 《간정필담》에 실릴 수 없던 것은 이런 이유가 있기 때문일 것이다. 청이 명에 비해 조선에 훨씬 관대했다는 현실, 조선의 의관마저도 청의 배려로 가능한 것이라는 사실, 그럼에도 청을 오랑캐로 멸시해야 하는 관념 등은 실로 조선의 대청 인식이 혼돈 그 자체일 수밖에 없음을 의미하는 것이었다.

중요한 대화는 이것으로 끝났다. 이날 담헌과 엄성·반정균이 나눈 대화에서 담헌은 자신의 속내를 남김없이 털어놓을 수 있었고 두 사람의 마음을 얻을 수 있었다. 특히 엄성은 담헌의 생각과 태도에 깊이 공감하고 유일한 벗으로 인정하였다. 국경을 초월한 우정이 형성되는 시간이었다.

2월 13일과 14·15·16일 나흘 동안 담헌은 옥하관에 머물렀다. 서종맹이 담헌이 자신에게 알리지 않고 서산을 구경한 것에 기분이 틀어져 외출을 불허했기 때문이었다. 14일 조선 사신단의 정사 이훤이 반정균이 부탁한 서첩을 써 보냈고, 그 김에 부사 김선행, 서장관 홍억, 그리고 김재행 등이 시를 써 보냈다. 엄성은 세 사신의 글씨에 감사의 뜻을 표하고, 다시 담헌과 김재행에게 글씨를 써 달라고 첩책帖册을 보내 왔다. 집안에 전하며 보배로 삼겠다는 것이었다.

2월 15일 담헌은 엄성과 반정균 두 사람 앞으로 편지를 보냈다. 조선의 지리와 역사, 고려 말 이래의 도학·문학·풍속·고적·산천을 간략히 정리한 〈동국기략東國記略〉이란 제목의 글도 함께 보냈다. 2월 16일에는 간정동을 방문하려 했으나 저지당하여 김재행만 간정동에 갔고, 담헌은 종일 김재행을 기다려 저녁에야 김재행과 엄성·반정균의 필담을 읽어 볼 수 있었다. 이 필담의 내용을 여기서 언급할 필요는 없을 것이다. 다만 하나, 엄성이 자신의 나태하고 산만한 성격을 스스로 지적하면서 홍 형, 곧 담헌의 엄정한 기운과 성격을 약석藥石으로 삼지 않을 수 없다고 한 부분[198]은 기억할 필요가 있다. 담헌은 엄성에게 정주학의 가치관이 체화된 사람으로 인식되었던 것이다.

2월 17일 담헌은 문을 지키는 제독의 종을 술과 청심환으로 구워삶아 간정동으로 갈 수 있었다. 담헌이 내놓은 볶음장 한 통과 반정균이 내놓은 죽순을 반찬 삼아 같이 아침밥을 먹었다. 반정균이 〈동국기략〉을 보았다면서 그중 한 부분에 대해 물었다. 내용은 조선의 관기官妓에 관한 것이었다. 그는 지방관이 홀로 부임하면 해당 지방의 기녀와 성관계를 갖고 자식을 낳으면 속신贖身하는 것이 사실이냐고 물었다. 담헌은 처자를 데리고 갈 수 없는 먼 지방에 부임할 경우만 그렇다고 답했다. 약간의 대화가 이어지지만 그 내용은 별반 중요하지 않다. 정작 중요한 것은 반정균이 유독 조선의 관기에 주목했다는 사실이다. 그것은 엄성의 말처럼 그가 호색하는 사람이었기 때문이다.[199] 그런데 이 부분은 《간정록乾淨錄》에만 지워진 상태로 실려 있다. 뒤에 언급하겠지만 반정균은 자신의 농담과 성性에 관한 발언을 지워 달라고 부탁했던 바, 담헌이 그 부탁을 일부 수용한 것이다.

식사가 끝나자 엄성은 담헌이 부탁했던 〈담헌팔영시〉를 보여 주었다. 담헌이 읽고 나서 "초당이 이제부터 빛이 나게 되었다"고 하자, 엄성은 웃으며 "초당이 이제부터 빛을 잃게 되었다"고 받았다.[200] 이에 대한 대화가 있었다. 이후 대화는 종횡무진이었다. 반정균은 담헌이 보낸 조선의 지리와 역사 등에 대한 소감으로 조선이 문벌로 인재를 취하는 것을 비판했고, 담헌은 수긍했다. 불교와 천주교·천주당에 관한 이야기도 있었는데, 엄성과 반정균은 북경에 천주당이 있다는 담헌의 말에 도리어 놀라기까지 했다. 자신들은 강남 출신인 데다가 북경에 도착한 지 얼마 되지 않아 천주당의 존재를 모른다는 것이었다. 담헌은 이렇게 말했다. "하늘과 역법曆法을 논한 것은 서양 법의 수준이 아주 전인미발前人未發의 경지를 열었다고 하겠습니다. 다만 그 학문은 우리 유가儒家의 상제上帝라는 명호를 빌려 불교의 윤회설로 꾸민 것이니, 얕고 비루하여 웃을 만합니다."[201] 천문역법은 대단한 경지를 열었지만, 천주교 교리는 유교와 불교를 빌려 꾸민 것에 불과하다는 판단이었다. 서양의 학문을 천문학·수학과 종교로 분리하는 것은 당시 중국과 조선 지식인의 전형적인 태도였다.

하나 짚고 넘어가야 할 것은, 《을병연행록》과 《간정록》, 《간정동필담》, 《간정필담》이 서양학을 조금씩 다르게 표현한다는 점이다. 예컨대 《을병연행록》의 "남방에도 천주학문을 존숭하는 사람이 있습니까?'라는 담헌의 질문이 《간정록》에는 "남변에도 서양학을 하는 사람이 있습니까?[南邊亦有爲○○○西洋學者乎?]"라고 되어 있다. ○○○는 글자를 썼다가 지운 것이다. 이어지는 '서양'은 ○○○ 옆에 쓴 것이다. 《간정동필담》은 이 수정을 그대로 반영하여 '南邊亦有爲西洋學者乎?'로 썼고, 《간정필담》은 '南邊亦有爲天主學者乎?'(남방에도 천주학을 하는 사람이 있습니까?)로 바뀌어 있다. 이런 사례는 두루 발견된다. 아마도 천주교에 대한 사회적 검열을 의식하여 바꾼 것일 터이다.[202] 물론 이것이 담헌 사상에서 대단한 의미를 갖는 것은 아니다.

담헌은 전에 장본과 주응문을 만났을 때 《목재속집牧齋續集》이 있는지 물었는데, 주응문은 출판되지 않았다고 답한 적이 있었다. 그때 그에 관한 대화는 더이상 이어지지 않았다. 담헌은 엄성과 반정균에게 "전목재錢牧齋는 어떤 사람인가?"라고 물었다. 전목재는 명나라 말기 문인 전겸익錢謙益(1582~1664)이다. 반정균은 "이분의 호는 '낭자浪子'이니, 이것은 참으로 자신을 안 것이다"라고 답하였다. 반정균의 답변은 모호하다. 낭자에는 '일정한 소업所業 없이 빈들거리는 탕자'란 뜻이 있기 때문이다. 하지만 담헌은 "낭자는 기미를 알고 자신의 몸을 깨끗이 하여 작록을 사양하고 멀리 떠났으니, 아마도 목재는 이런 점이 모자랄 것이다"라고 되받았다. 담헌은 '낭자'를 〈어부사漁父辭〉에서, 충절을 지키다가 쫓겨난 굴원屈原을 은근히 비꼰 어부 창랑자滄浪子로 본 듯하다. 어부는 조정에서 쫓겨나 강가를 헤매는 굴원에게 "창랑의 물 맑으면 내 갓끈을 씻을 수 있고, 창랑의 물 흐리면 내 발을 씻을 수 있지"[203]라고 말하며, 혼탁한 세상을 떠나서 살면 될 것이라는 취지로 굴원이 개결한 삶의 자세를 유지하면서 현실을 고치려 한 행위를 넌지시 비판한 바 있었다.

담헌이 특별히 장본과 주응문에게 《목재속집》의 간행 여부를 묻고, 또 엄성과 반정균에게 전겸익의 인물 됨에 대해 물었던 것은 나름의 이유가 있었다. 전겸익은 조선 후기 문단에 광범위한 영향력을 행사한 인물이다. 전겸익은 의고파擬古派의 의고적 창작론과 경릉파竟陵派의 괴벽한 언어 구사를 비판함으로써 명성을 얻었던 걸출한 문인이자 비평가였다. 원래 의고문파는 시는 성당盛唐의 시, 산문은 선진양한先秦兩漢의 산문을 전범으로 삼을 것을 주장하여 한 시대를 풍미했으나, 그것은 고전의 예술적 성취를 독창적으로 재현하는 게 아니라, 고전의 언어를 절취竊取하여 배열한 것, 곧 표절에 지나지 않는다는 비판을 받았다. 의고파에 이어 등장한 당송파唐宋派는 의고파를 비판하면서 당송산문을 산문의 전범으로 삼기를 주장했고, 공안파公安派는 문학은 시대마다 고유한 독창적 성취가 있다면서 어떤 특정 시대의 작품을 전범으로 삼는 것을 거부하고 작가의 개성을 독창적인 언어로 드러내어야 한다며 창신創新을 창작 원리로 삼기를 주장했다.

전겸익은 기본적으로 당송파와 공안파의 이론적 세례를 받은 사람이다. 그는 두 유파의 비평을 수용하여 복고적 표절을 창작의 원리로 삼는 의고파를 맹렬히 비판하는가 하면, 공안파의 창신을 받아들이기는 했지만 일종의 '창신 과잉 상태'라고 할 수 있는 괴벽한 언어를 구사하여 암호에 가까운 시를 창작한 경릉파도 매섭게 몰아붙였다.

조선 문단은 16세기 끝에 이르러 의고파의 창작 논리가 수입되어 17세기 내내 유행하였고, 17세기 말 18세기 초 노론의 김창협이 당송파와 전겸익의 비평을 수입하여 의고파를 비판하기 시작하였다. 김창협 일파는 공안파와 경릉파의 비평과 창작이론 역시 충분히 인지하고 있었지만, 그들의 사상적 뿌리가 양명 좌파였기에 드러내 놓고 의

고파 비판에 원용할 수 없었다. 이런 점에서 사상적으로 유가에 투철했던 전겸익의 비평이야말로 의고파 비판에 동원하기 좋은 수단이었다. 전겸익의 문집은 《초학집初學集》과 《유학집有學集》 두 종류가 있다. 《초학집》(110권)은 명이 망하기 1년 전인 1643년(숭정 16)에 간행되었고, 청대에 들어와서 쓴 작품을 모은 《유학집》(50권)은 1664년(강희 3)에 간행되었다. 담헌이 물은 《목재속집》은 아마도 《유학집》이 아닌가 한다. 앞서 장본과 주응문이 《목재속집》이 없다고 한 것은 그들이 몰라서 그런 것으로 보인다.

그런데 문제는 문학 방면에 있는 것이 아니었다. 전겸익은 지식인의 처세와 관련하여 복잡한 문제가 있는 인물이었다. 그는 명말에 중국 조정의 권력을 농단했던 환관과 정치 투쟁을 벌였던 동림당東林黨의 핵심으로 활동했지만, 1644년 동림당 세력이 붕괴되자 동림당을 버리고 동림당의 적이었던 마사영馬士英과 야합하여 예부상서에 오른다.[204] 또 그는 명이 망하기 전 청에 극도의 반감을 나타내며 항청抗淸을 표방하였다. 하지만 청이 중국을 차지하자 순절하자는 주위의 권유에도 불구하고 살아남아 청에 협조하였다. 그는 1645년 청이 강남을 공략하자 바로 항복하여 1646년 예부시랑이 되었다. 이에 전겸익은 두 왕조를 섬긴 지조 없는 인간이라는 혹평을 받았다.

남허이 북경을 방문했을 당시 이 사실은 조선에도 알려져 있었다. 1728년에 전겸익이 청에 항복했다는 사실을 이미 인식하고 있었다는 자료가 있기 때문이다.[205] 담헌이 귀국하고 1년 뒤인 1768년(건륭 43)에 건륭제는 《초학집》과 《유학집》, 《열조시집列朝詩集》 문집의 목판을 없애 버리고, 소장하거나 읽는 것을 금지하였다.[206]

담헌이 전겸익에 대해 물었던 이유는, 그의 변절에 얽힌 소상한 사정이 궁금하기도 했지만, 그에 대한 평가에서 명과 청에 대한 태도를 알아 낼 수 있었기 때문일 것이다. 반정균과 엄성은 담헌의 물음에 이렇게 답한다.

반정균 소년 시절에 당의 괴수가 되었고 마지막에는 항신降臣이 되었다. 문장으로 세상에 이름이 났으니, 요컨대 나라의 아까운 사람이다.
엄성 일찍 죽었다면 지금 헐뜯는 사람도 없을 것이다.
반정균 명덕名德은 드러난 것이 없는데, 100세 장수를 누렸다.
엄성 목재의 인품은 말할 만한 것이 없다.[207]

반정균과 엄성은 모두 전겸익의 처세를 비난하였다. '나라의 아까운 사람'이라는 평가가 덧붙기는 했지만, '항신'이라는 말은 그의 삶 전체를 결정지어 버렸다. 담헌은 "올라가기는커녕 도리어 아래로 떨어진 사람인가 봅니다"라고 했고, 엄성은 머리를 끄덕이며 동의를 표했다.

담헌은 전겸익 문집에 있는지를 물었고, 반정균은 시집만 주해본이 있는데, 전겸익의 족손인 전증錢曾이 주해한 것이라 했다. 전증에 대해 더 묻자, 반정균은 청나라 초의 시인으로 오매촌吳梅村·공지록龔芝麓과 함께 3대가로 꼽히는데 다 명의 달관達官으로서 국조國朝, 곧 청에 벼슬한 사람이라 하고, 끝에 오매촌이 말년에 청에 벼슬한 것을 후회하는 말을 많이 했다면서 이 사람이 조금 낫다고 평가했다. 엄성은 전겸익이 영불佞佛하고, 《능엄의소楞嚴義疏》 100권을 지었지만 지루한 것일 뿐이고 또 그가 《능엄경》을 알았다 하면서도 목숨을 아껴 죽지 못한 것은 불교의 죄인이 된다고 지적했다. 반정균은 자기 집에 전겸익이 친필로 쓴 《능엄고본楞嚴稿本》이 있다고 했다. 이어지는 말도 대체로 전겸익을 비판하는 것이었다.

　대화 중 약간 우스운 것은 반정균이 또 조선 부인들이 지은 시를 들어 보자고 했고,[208] 담헌이 "당신 부인이 시를 잘하지 않는가?"라는 의미로 답한 것이다. 이것은 《간정동회우록》을 따른 것인데, 《을병연행록》은 '동방 창기娼妓의 시'를 들어 보자고 말했다고 한다. 담헌은 또 왜 이렇게 기녀의 시에 집착하느냐고 물었고 반정균은 웃으며 "여색을 좋아하기 때문"이라고 답했다. 이 부분은 《간정록》에는 지워져 있고, 《간정필담》에만 실려 있다.[209] 이 화제는 금방 마무리되었고 곧 과거에 관한 대화가 길게 이어졌다.

　담헌은 조선 과거의 폐단을 떠올리고 청나라에도 차작借作·차술借述 같은 과폐科弊가 있는지 물었고, 동일한 폐단이 있기는 하지만 범하는 사람이 적다는 답을 들었다. 이어서 엄성과 반정균은 중국의 과거 제도, 문제, 절차, 과거 합격자(특히 장원)의 명예스러움과 대우, 합격 이후 관료생활 등에 대해 소상히 언급했다. 평범한 정보가 오가던 대화는 청 관료의 복색에 관한 부분에 이르러 약간 굴곡이 있었다. 엄성은 과거에 합격한 관료가 목에 거는 수주數珠(염주)를 어떻게 생각하느냐고 담헌에게 물었다. 담헌은 "선왕先王의 법복法服이 아니라면 물어볼 것도 없다"고 답했다. 화제로 삼을 만한 가치가 없다는 말이었다. 엄성이 "그렇다. 반드시 5품 이상이 되어야 거는데, 한림翰林의 경우는 7품 이상이면 거는 것을 허락한다"고 하자, 담헌은 "이것은 반드시 스스로 숭불崇佛하는 자가 거는 것이냐?"라고 다시 물었고, 엄성은 웃으며 아니라 하고 "지금 세상에는 정자·주자라 해도 걸치지 않을 수 없을 것"이라고 부연했다.[210] 엄성의 말은 복색 문제에 대해 담헌과 의견을 공유할 수 있다는 선언이었다.

담헌은 엄성의 말을 이렇게 받았다. "중국의 의관이 변한 것이 이미 100년을 넘었습니다. 지금 천하에서 오직 우리 동방이 대략 옛 제도를 보존하고 있을 뿐인데, 중국에 들어오면 무식한 무리들이 조소하지 않음이 없습니다. 아, 정말 그 근본을 잊어버린 것이지요. 모자와 띠를 보면 극장에서 본 연극과 같다 하고, 두발을 보면 부인네와 비슷하다 하고, 큰 소매 옷을 보면 화상和尙과 같다 하니, 애통하지 않겠습니까?"[211] 담헌은 조선인이 명대의 복색을 보존하고 있다는 점을 자랑스러워 했지만, 지금 중국인들에게 그것은 조롱거리에 불과했다. 엄성은 "의복의 모양이 참으로 중에 가까우니, 무지한 소견을 어찌 책망하겠습니까?"라고 하여 담헌을 위로했다.

별다른 굴곡 없이 이어지던 대화는 담헌이 황후가 폐립된 사건, 곧 두 번째 황후인 우라나라烏喇那拉가 어떤 이유로 폐립되었는지 물음으로써 갑자기 파란이 일어났다. 폐립의 이유는 건륭제가 다른 여성을 사랑한 데 대한 우라나라의 질투 때문이라고도 하고, 또는 우라나라가 황제의 모후를 박대했다고도 하지만 그 속내는 알 수 없었다. 우라나라는 황제에 대한 항의 표시로 머리칼을 잘라 버렸고 이것이 건륭의 분노를 사서 자신의 거처에 구금되어 있다가 그해(1766) 가을 이름 모를 병으로 사망한다.[212] 물론 이것은 담헌 귀국 뒤의 이야기고, 담헌이 이야기를 꺼냈을 당시는 단지 황후가 총애를 잃고 구금되었다는 소문만 돌았을 것이다.

중간에 엄성과 반정균이 중국어로 이 문제로 인해 언쟁을 벌였기에 구체적인 내용을 짐작할 수는 없으나 반정균의 입장에서는 중국 조정의 비밀스러운 일이 외국인인 담헌에게 새어 나가면 자신이 발설자로 죽임을 당할 수도 있다는 두려움을 표한 것 같고, 엄성은 담헌이 그럴 인물이 아니라면서 반박한 것으로 보인다.[213] 이 해프닝은 담헌이 자신의 망발 때문이라면서 일본산 미농지 두 묶음과 전약(소가죽 달임)·청심환·담배 등을 두 사람에게 선물하고 화제를 옮김으로써 끝났다. 조선의 전약과 청심환은 중국인들이 귀중하게 여기는 선물로서, 이 두 가지 물건을 두고 긴 대화가 이어졌다.[214]

끝으로 이별에 관한 이야기가 다시 나왔다. 담헌이 조선 사신단이 2월 21일 북경을 떠난다면 다시 만나지 못할 것이고, 24일까지 머무르게 되면 마지막으로 찾아와 인사를 할 것이라고 하자, 엄성은 헤어진 뒤에도 담헌이 옆에서 자신들을 격려하는 것처럼 여기고 학문에 힘써 천만 리 밖에 있는 벗을 등지지 않으려 한다고 말했다. 담헌은 두 사람이 진실한 공부를 하여 속유俗儒가 되지 말 것을 당부하고, 그렇게 된다면 자신은 만 리 밖 해외에서도 감히 한스러운 생각이 없을 것이라 답했다. 이 대화 중 반드시 언급해야 할 사실은 담헌의 글씨를 얻기를 원하는 엄성에게 담헌이 자신이 써 온 〈고원정부高遠亭賦〉를 증정한 것이었다. 〈고원정부〉는 담헌 귀국 후 김종후와의 논쟁과 관련되기 때문에 여기서 언급할 필요가 있다. 《을병연행록》에 실린 담헌의 말을 직접 인용한다.

어찌 형의 후한 뜻을 어기겠습니까? 이미 쓰기를 마쳤는데 졸렬한 필법이 매우 부끄러워 끝에 사례한 말이 있으니 실정을 짐작할 것입니다. 그중에 〈고원정부〉라 일컬은 글이 있는데, 평생에 지은 글이 적고 또한 객중客中에 기억할 길이 없지만, 마침 이 글이 지은 지 오래지 아니하여 생각하여 썼습니다. 글은 볼 것이 없으나 그 의사는 취할 것이 있을 것입니다. 고원정 주인은 성명이 김종후로 우리나라의 높은 선비입니다. 귀한 가문으로 벼슬을 원치 아니하여 전야에 물러가 글을 읽는 선비입니다.[215]

고원정은 김종후의 집 정자였다. 앞서 언급한 바와 같이 담헌이 서울을 떠날 때 김종후는 편지를 보내 담헌의 중국 여행에 대해 조건을 붙이기는 했지만 안목을 넓히는 일이라고 말한 바 있었다. 담헌은 바로 그 김종후의 정자를 두고 자신이 지은 〈고원정부〉를 기억해 내고 그것을 써서 엄성에게 증정했다.[216] 사실 〈고원정부〉의 내용 자체는 그리 중요한 것이 아니다.[217] 문제는 1766년 2월 17일 현재 담헌은 김종후를 존중하고 있었다는 사실이다. 이 관계는 담헌의 귀국 후 극적으로 뒤틀리게 된다.

〈고원정부〉를 보고 엄성과 반정균은 감격하는 말을 쏟아 냈다. 진정한 마음으로 담헌을 따른다는 것, 만일 이 말이 거짓이라면 자신의 앞날이 불길할 것이고, 사람도 아닐 것이라는 등의 말이었다.[218] 이들은 거듭 담헌의 인격에 매료되었다는 것을 이렇게 표현했다. 담헌은 이날 필담한 종이를 모두 거두어 가지고 돌아왔다.

2월 18일부터 22일까지 5일 동안 담헌은 옥하관에 머물렀다. 원숭이의 공연을 보고, 양혼으로부터 편지와 비연통鼻煙筒을 선물로 받았다(18일). 19일 옥하관에 작은 규모의 화재가 났는데 금방 껐다. 반정균이 쓴 〈담헌기湛軒記〉를 받았고, 엄성이 부탁한 글씨를 써서 보내 왔다. 당연히 편지를 썼는데, 자신이 보낸 첩책에 반정균과 엄성도 글씨를 써 보내 주기를 부탁했다.

하나 흥미로운 것은 담헌이 편지에서 엄성이 지어 준 〈팔영시〉에 감사를 표하며 한 말이다. 담헌은 〈팔영시〉의 일곱 번째 작품인 〈영감점시靈籤占蓍〉에 대해 《을병연행록》에서 이렇게 비평하고 있다. "그중 〈영감시靈籤詩〉는 더욱 뛰어나 시속 선비의 우곡迂曲한 기상이 없으니, 그 시를 외우며 가히 그 사람을 알 수 있습니다. 그러나 재주가 높은 자가 과히 탈쇄脫灑한 의사를 숭상하면 혹 중도에 넘치고 이단으로 돌아가기 쉬울 것입니다. 이는 참람되게 과도한 근심이니 높은 소견은 어떻게 여기십니까?"[219] 요컨대 〈영감시〉에서 세속을 떠나려는 강한 의지를 읽었다는 것이며, 그것은 도리어 이단에 가까울 수 있다는 것이다. 그런데 《간정동필담》에서는 '이단'이란 표현은 쓰지 않았지만, 역시 대군의 유격병이 멀리 출동하여 돌아오지 않는 것과 동일하다고 말하고 있다.[220] 담헌은 문학이건 사상이건 현실을 떠나는 것은 모두 이단과 같은 것으로 여겼다.

2월 20일에는 상인 진가陳哥가 찾아와 양혼과 청 황실, 중국 풍속, 북경의 거상巨商 정세태鄭世泰 등을 화제로 대화하였다. 21일에는 조선 사신단의 역관과 하인이 정세태 자손에게 빌려준 돈을 탕감하는 문제로 일어난 시비로 인해 문금이 엄하여 역시 옥하관을 벗어날 수 없었다. 문금은 22일에도 계속되었다. 만날 수가 없었기에 담헌과 엄성·반정균은 편지로 소식을 주고받았다. 다시 간정동을 찾은 것은 2월 23일이었다. 23일의 모임에서 특기할 만한 사실은 '강남 제일의 인물'(반정균의 표현) 육비陸飛를 만난 것이었다. 반정균은 담헌이 도작하자 육해원陸解元(해원解元은 초시初試의 장원을 말함)이 어제 북경에 왔다며, 그가 담헌에게 보내는 편지를 보여 주었다. 편지를 읽어 보니, 담헌과 엄성·반정균의 사귐에 대해 전해 듣고 자신도 사귀기를 청한다고 정중하게 요청하고 있었다. 육비는 2월 3일 첫 만남 때 엄성과 반정균이 담헌에게 보여 준 그림과 글의 원작자였다. 김재행이 편지를 보고 육비의 거처를 묻자 같은 숙소 옆방에 있다 했고, 담헌과 김재행이 육비의 방으로 가려 하자, 키가 작고 살집이 있으며 얼굴이 흰 사내가 담헌 등이 있는 방으로 막 들어서고 있었다. 이렇게 하여 육비까지 국경을 초월한 우정의 세계로 들어오게 되었다.

모인 사람들은 이구동성 결의형제의 교분을 맺자고 했다. 나이를 따져 보니, 육비는 48세로 36세의 담헌보다 12년 연상이었고, 김재행보다는 한 살 적었다. 육비는 김재행을 형으로 불렀고, 담헌은 논란 끝에 육비를 장丈으로 높였다. 가벼운 대화가 이어지다가 육비가 자신의 시집 5권과 비단에 그린 수묵화 5장을 삼사와 담헌·김재행에게 증정했다. 담헌은 조선으로 돌아가 보배로 삼을 것이라며 감사의 뜻을 표했다. 육비는 시집 중 〈충천묘忠天廟〉 시를 가리키며, 충천묘의 벽화는 자신의 증조가 그린 것이라고 했고, 이어 담헌과 김재행에게 기념할 시문을 부탁했다. 담헌이 증조의 내력을 말해 주면 자신이 짓는 글에 넣어 존경하는 마음을 담겠다고 하자, 육비는 증조 육한陸翰은 명나라 말기 그림에 몸을 숨긴 사람이라 답했다. 그림에 몸을 숨겼다는 것은 다분히 청 체제를 거부했다는 의미가 있었다. 엄성은 옆에서 육비의 집에 있는 하풍죽로荷風竹露라는 초당草堂을 제재로 삼아 글을 지으면 될 것이라고 거들었다. 육비는 거기에 덧붙여 정사·부사·서장관도 글을 지어 주도록 청을 넣어 달라고 말했다. 담헌은 그 뜻을 전달하겠다고 답했다.

이렇게 해서 초면의 인사가 끝나고 본격적인 대화가 시작되었다. 육비가 담헌을 보고 "들으니 형은 주자학을 종지宗旨로 삼는다 하는데, 나는 육학陸學을 하니 어찌해야 하겠습니까?"[221] 담헌은 엄성과 반정균에게 주자학을 독신하는 사람으로 인식되었음을 알 수 있다. 알다시피 주자학은 육왕학과 대립하는 것이라, 서로 가치관이 다르니 무언가 곤란하지 않겠냐는 것이었다. 이에 담헌이 육비의 성이 '육陸'이라는 것을 들며 "육 선생의 학문이 육학이 아니고 무엇이겠습니까?"라고 재치 있게 답변하니 모두 박장대소하였다. 담헌은 육비에게 육상산의 후손이냐고 물었고, 육비는 아니라고 답했다. 이때 엄성이 "전날 써 주신 '존덕성尊德性'의 두 마디 말씀은 종신토록 마음에 간직하겠습니다"라고 했고, 육비는 "이것은 정론正論이니 원래 나누어 둘로 만들 수 없는 법이지요"라고 말했다. 주자가 도문학道問學을, 육상산이 존덕성을 주장하여 대립한 학술사적 논쟁에 근거한 것이다. 담헌은 "저의 글은 너무나도 진부한 쓸데없는 말입니다. 무슨 신기하게 여길 가치가 있습니까? 나누어 둘로 만들 수 없다는 말은 아마도 바꿀 수 없는 정론일 것입니다"라고 응수했다. 존덕성과 도문학은 육상산과 주희의 학문적 대립, 곧 이학理學과 심학心學의 대립에서 나온 것임은 물론이다.

이렇게 육비의 육왕학과 담헌의 주자학이 일시 봉합된 뒤 담헌은 자신이 엄성·반정균과 이별을 기념하는 증언贈言을 지어 왔다면서 육비에게도 평을 부탁했다. 육비가 글을 건네받아 반정균에게 주는 글을 먼저 읽었다

'어진 사람의 이별에는 반드시 말로 선물을 한다' 한다지만, 내 어찌 감당할 수 있으리오? 하지만 우리는 장차 생사의 이별을 할 것이니, 또한 말이 없을 수 있겠는가?
가장 높은 경지는 자신을 닦고 남을 편안히 만들어 주는 것이고, 그

다음 경지는 도道를 잘 행하고 가르침을 세우는 것이고, 가장 낮은 경지는 저술을 하여 불후를 도모하는 것이다. 이것을 벗어나는 것이란 이익과 출세를 도모하는 것일 뿐이다. 이익을 구하고 출세를 도모한다면 또한 장차 무슨 일인들 못하리오?

벼슬은 때로는 영광스러운 것이기도 하고, 때로는 부끄러운 것이기도 하다. 남의 조정에 서서 뜻을 삼대의 예악에 두지 않는다면, 구차하게 용납되기 위한 것이고, 또 부귀를 위한 것이다. 이렇게 하면서도 부끄러워할 줄 모르면, 아마도 더불어 말하기 어려울 것이다. 높은 재주가 있고 문장에 능해도 그것을 덕으로 다스리지 못하면, 혹 야박하다는 이름을 얻거나 혹 경박한 사람이 될 것이다. 이처럼 재주는 믿을 수 없고, 덕은 늦출 수 없는 법이다.

욕심을 적게 가지지 않으면 마음을 기를 수 없고, 위의威儀를 무겁게 하지 않는다면, 잘 배울 수 없다. 책임은 무겁고 갈 길은 머니, 우리 동지들이 어찌 경敬을 닦지 않을 것인가? 선악이 안에서 싹트면 길흉이 밖으로 드러난다. 덕으로 나아가고 업業을 닦으려면 또한 돌이켜 자신에게서 찾아야 할 따름이다.[222]

반정균이 재능이 빼어나지만 말과 행동이 가벼운 것, 여색에 관심을 보이는 것 등을 들어 '위중威重할 것'을 것을 당부하고, 아울러 과거에 집착하는 것을 경계한 것이었다. 육비는 "한 장 베껴서 나에게 주면 좌우명으로 삼고 항상 보겠다" 하고, 이어 "장재張載의 《정몽正蒙》과 비슷할 뿐만이 아니로다"라고 평가했다.[223]

육비는 이어 엄성에게 주는 글을 읽었다.

항주에 산 있으니 나무 하고 나물 뜯고, 항주에 물 있으니 몸 씻고 고기 잡네. 문·무의 도가 책에 두루 실려 덮을 수도 펼 수도 있지. 자제들이 따르니, 그 성취를 볼 수 있네. 여기서 한가로이 노닐며 내 평생을 마치리라.

대저 도道가 한결같으면 오롯해지고, 오롯하면 고요해진다. 고요해지면 밝음이 생겨나니, 밝음이 생겨나면 만물이 환히 비친다. 명경지수明鏡止水는 체體가 서는 것이요, 개물성무開物成務는 용用이 달達한 것이다. '체'에만 전념하는 것은 불씨佛氏가 공적空寂으로 달아난 것과 같고, '용'에만 전념하는 것은 속유俗儒가 이를 쫓는 것과 같다. 주자朱子는 공자를 계승하였다. 부자夫子가 아니면 내가 누구에게 귀의하리? 하지만 거죽만 본받아 같고자 하는 것은 아첨이고, 억지로 이견을 세우는 것은 도적이리라.[224]

반정균은 잠시 멍하게 있더니, 글을 여러 번 읽고 안색을 가라앉힌 뒤 "대훈大訓은 참으로 저의 병통에 맞는 약입니다. 마땅히 종신토록 마음에 간직하겠습니다"라고 말했다. 담헌은 자신의 말이 그의 병통을 날카롭게 지적한 것인데도 자신을 아끼고 사랑함을 짐작하고 그 말을 순순히 따랐으므로 인품을 짐작할 만하다고 평가했다.[225] 엄성에게 준 글은, 엄성의 공부 한쪽에 심학과 불교가 있음을 지적하여, 주자학의 도문학에 힘써 균형을 잡기를 바란 것이었다. 주자학을 종지로 삼는 조선 선비 담헌다운 말이었다. 엄성은 희색이 만면하여 예자隷字로 간책 위에 "담헌 선생께서 작별에 임하여 주신 말씀이다. 후손에게 물려주어 영원히 보배로 삼게 하리라"라고 썼다.

담헌은 이어 자신이 두 사람을 간절히 사랑한 나머지 기대하는 것도 깊어 당부하는 말을 한다면서 거칠고 졸렬한 말이지만 그래도 음미해 볼 것이 있을 터이니, 자신의 부족함 때문에 말까지 버리지 말기를 바란다고 덧붙였다. 이에 엄성은 담헌의 말을 평생 경계할 말로 삼고 반정균에게 준 '위중威重' 두 글자도 체념體念하겠노라 답했다.

　담헌의 우정 어린 책선責善이 끝난 뒤 가벼운 이야기가 이어졌다. 김재행이 엄성이 지어 준 〈양허당기養虛堂記〉에 있는 '음주飮酒'라는 말은 주금령이 있는 조선에서는 곤란하니, 다른 말로 바꾸어 달라고 한 것을 계기로 하여 술에 관한 이야기가 한참 이어졌다.

김재행　'기주嗜酒'의 '주酒' 자는 고칠 것 없지만, 음주飮酒라는 '주' 자는 결코 안 됩니다. 모난 데를 조금 깎아 드러내지 않는 것이 좋을 듯합니다.

엄성　문장의 파란은 구실로 삼는 것이 없을 수 없습니다. 만약 술 마시는 고취高趣를 제거한다면, 자못 흥취가 줄어들 것입니다. 오늘 아침 육 형도 이 문단을 각별히 칭찬했는데, 빼버린다면 자못 풍미가 감소할 것입니다.

육비　방금邦禁이라고 말하지 말고 근래 '지주止酒'했다고 말하는 것이 어떠하겠습니까?

김재행　'지주' 두 글자는 진실이 아닙니다.

육비　그러면 어쩔 수가 없습니다.

엄성　김 형은 술을 즐기는데 방금이 이처럼 엄하니, 어떻게 날을 보냅니까?

김재행　사는 게 죽는 것만 못 하지요.

육비　술귀신이로군!

엄성 안됐군, 안됐어! 빨리 죽어 중국 땅에 태어나면 다행이겠네!

반정균 중국에 태어난다면 절강성에서 태어나야만 합니다. 소흥주를 날마다 마실 수 있으니까요.

육비 나도 동방에 가서 그렇게 놀고 싶군. 나는 해동을 백련사白蓮社로 만들거야.

엄성 김 형은 반드시 자주 몰래 마실 것이니, 내가 고발을 하고 글을 지어 그 죄악을 세상에 드러낼 거야![226]

농담을 섞어 가면서 모두 웃었다. 담헌은 술을 마시지 않고 대신 차를 마셨다. 사람들이 술잔을 들 때마다 차를 달라 하고는 "차로 술을 대신하니 이 아우의 풍류는 땅을 쓴 듯 없어졌습니다"라고 하였다. 담헌은 자기절제를 위해 술을 의식적으로 마시지 않았던 것으로 보인다. 유쾌한 술자리는 계속되었고, 술에 관한 담론이 풍발風發하였다.

이어 육비와 담헌 사이에 담헌이 입고 있는 옷에 대한 대화가 짧게 있었고, 이어 엄성이 2월 8일 세 번째 만남에서 문제가 되었던 《시경》의 〈소서〉에 관한 이야기를 꺼냈다. "앞서의 글에 대해서 오랫동안 답을 못했지만, 뒤에 꼭 답을 드리겠습니다. 〈소서〉는 결코 없앨 수 없습니다. 주자의 《시경》 주석에는 실로 혼란스러운 것이 많아 감히 동의할 수 없습니다."[227] 담헌이 2월 10일 보낸 편지에서 《시경》〈소서〉를 준신할 수 없다고 주장한 것을 의식한 말이었다. 이어 반정균이 "주자가 〈소서〉를 없앤 것은 정어중鄭漁仲에 근거한 것이 많습니다"[228]라고 하였다. 담헌이 정어중이 누구냐고 묻자, "이름은 초樵, 호는 협제夾漈이고, 민閩 사람입니다. 《통지通志》를 지었지요"[229]라고 대답했다. 정초鄭樵(1104~1162)는 독창적이고 풍부한 저술을 남긴 송나라의 학자였는데도 담헌은 전혀 몰랐다.

앞서 말한 바와 같이 담헌은 《시경》〈소서〉 문제에 대해서 오직 주자의 《시집전》만 알고 있을 뿐이었다. 정주학을 절대진리로 신념하고 있던 담헌에게 주자의 〈시서변설〉과 《시집전》이 비판 대상이 된 것은 곤혹스러운 일이 아닐 수 없었다. 이어 담헌과 육비, 반정균 사이에 〈소서〉의 준신 여부를 두고 의견을 교환하였다.

> **담헌** 제弟는 〈소서〉에 대해 감히 앞의 말을 도습하는 것도 아니고, 감히 주자를 비호하는 것도 아닙니다. 그 말을 보건대 정말 근거가 없으니, 형이 상세히 일러 주시어 어리석음을 깨우쳐 주셨으면 합니다.
> **육비** 노제老弟가 주자를 존숭함은 극히 옳다 하겠지만, 〈소서〉를 없앤 것은 억지로 해명할 필요가 없습니다.
> **반정균** 〈백구白駒〉 시의 경우, 주자의 주석에는 '가객嘉客은 소요逍遙와 같다'고 했습니다. 주자의 주석에 이와 같은 것이 아주 많습니다. 과연 옳은 것인지요?
> **담헌** 훈고는 정말 유감이 있습니다. 하지만 끝내 그 전체적으로 옳은 것은 부정할 수 없을 것입니다.[230]

《시경》의 각 작품 속 의미에 대한 경학사經學史의 복잡한 논란이 개재되어 있으니, 여기서 세세하게 언급할 필요는 없다. 어쨌거나 엄성·반정균·육비는 주자의 견해를 고수하는 담헌을 비판했고, 담헌은 홀로 방어하며 쉽게 물러나지 않았다. 담헌의 답은 그의 주자 경학에 대한 기본적인 인식을 압축한 것이었다. "훈고는 정말 유감이 있다" 운운한 말은 《시경》에 실린 낱낱 작품의 구체적인 해석에 대해서는 오류가 있을 수 있지만, 주자의 경전 해석 방법이 전체적으로 정당함을 부정할 수 없다는 것이었다. 담헌의 경전 이해가 주자학의 기본적인 체계를 이탈하지 않았음을 여실히 보여 주는 장면이다.

이에 육비와 엄성은 구체적인 증거를 들어 가면서 길게 반박했고, 반정균은 자신은 주자의 주석 중 많은 부분이 문인의 손에서 나온 것으로 생각한다면서 주자의 오류를 그 문인의 책임으로 돌렸다. 이런 설은 앞서 말한 바와 같이 모기령의 학설을 중심으로 한 것이었고, 담헌은 그때까지 주자의 학설이 청대 학계에서 비판 대상이 되고 있는 줄 몰랐다. 더 이상의 토론은 무의미했다. 담헌은 엄성 등의 주장을 자세히 음미한 뒤 자신에게 새로운 견해가 있으면 답하겠노라고 하며, 토론을 끝냈다. 주자가 정면으로 비판받을 수 있다는 사실은 담헌에게 깊은 인상을 남겼을 것이다.

이때 마신 술이 10여 잔이나 되었다. 김재행이 시령詩令을 발하고 운 자를 나누어 주었다. 육비·엄성·반정균 세 사람 중 술을 가장 잘 마시는 사람은 육비였다. 담헌은 시도 짓지 못하고 술도 마시지 못한다면서 시령과 술을 거절했고, 김재행만은 호쾌하게 마셨다. 육·엄·반 세 사람은 자신들은 작은 잔으로 마시면서 김재행에게는 큰 주발로 권했고, 김재행은 단숨에 들이켰다. 이것을 보고 육비가 너무 급하다고 했지만, 남헌이 본래 조선에서는 그렇게 마신다고 하자, 자신도 그렇게 단숨에 들이켰다.

마시던 술이 바닥나자 소주가 나왔다. 김재행은 술맛은 너무 좋지만 섞어 마시면 숙소로 돌아갈 수 없을 것이라면서 사양했다. 하지만 여러 사람은 무시하고 계속 술을 권했다. 엄성과 반정균은 10여 잔을 마신 뒤 더 마시지 않았지만, 육비와 김재행은 계속 통음했다. 김재행은 결국 정신을 잃었다.

이때 육비가 육상산과 주희의 존덕성·도문학의 문제를 다시 끄집어 냈다.

> 자정子靜(육상산의 자)은 존덕성 쪽에 많이 치우쳤고, 나는 도문학에 많이 치우쳐 있습니다. 주자의 뜻도 이와 같았습니다.[231]

이어 육비는 주자와 육상산의 학문을 존덕성과 도문학으로 나누게 된 것은, 주자 이후 사람들이 주자를 존숭하고 육상산을 치우친다고 공격했기 때문이며 주·육 생전에는 이런 문호의 대립은 없었을 것이라고 주장했다. 물론 주자와 육상산의 아호鵝湖 논쟁에서 그 대립은 분명히 있었다는 것이 정설이다.

담헌은 주자학의 진리성을 고수하면서도 유연하게 답했다. 자신은 육상산의 문집을 보지 못했기에 육상산 학문의 수준을 감히 논할 수 없지만, 주자의 학문이 가장 중정中正하고 치우침이 없어 공자·맹자의 정맥을 잇고 있다는 것이다. 따라서 육상산이 주자와 만약 "차이가 있다면" 후학들이 육상산을 배척하는 것 역시 이상할 게 없다고 했다. 다만 담헌의 발언은 상당한 여지를 남기고 있다. "하지만 주자를 존숭하는 사람들이 도문학에 치우쳐 마침내 훈고와 같은 말단적인 학문에 귀착되는 것은, 육상산을 존숭하는 사람이 마음공부에 힘을 써서 도리어 얻는 바가 있는 것만 못하니, 이것이 가장 두려워할 만합니다."[232] 즉 도문학에 근거하여 지식의 추구에만 몰두하는 것은, 도문학의 최종적 목적인 윤리적 실천을 저버리게 되는 바, 그것은 마음공부에 주력하는 육상산의 심학보다 나을 수 없다는 것이다. 실천 없는 주자학의 말폐에 대한 비판이다. 하지만 아무리 실천이 결여된 주자학의 말폐를 비판한다 하더라도, 정주학을 진리로 신념하는 담헌의 입장은 철회될 수 없었다.

담헌의 답에 육비는 후세의 주자학파와 육상산 학파의 대립은 감정적인 것이었고, 상산학을 이은 왕양명의 경우 탁월한 공업에도 불구하고 헐뜯어 선학禪學이라 비방한다고 말했다. 육비는 양지 역시 모두 그르다고 할 수 없는 것이라고 했다. 육비는 담헌의 말이 지극히 공평하기에 깊이 동의한다고 말을 맺었지만, 결국 여전히 상산학과 양명학을 옹호했다. 담헌은 동의할 수 없었지만, 토론이 계속될 수는 없었다. 담헌이 숙소에 돌아가 다시 생각한 뒤에 답하겠노라고 하여 토론은 끝을 맺었다.

대화는 이후 좀 더 이어졌지만, 크게 중요한 것은 아니다. 무엇보다 김재행이 만취하여 갓을 벗고 띠를 풀고 팔을 걷어붙인 채 붓을 휘둘러 말에 전혀 두서가 없었기 때문이었다. 담헌은 누차 돌아가자고 했으나 김재행은 듣지 않았다. 덕유가 밖에 인력거를 불러 대령했고, 겨우 육비의 시고와 비단 그림, 필담 초본을 거두어 옥하관으로 돌아갔다. 돌아온 담헌에게 부사 김선행이 "그대는 사람을 덕으로 사랑하지 않는구만" 하며 나무라자, 담헌은 사과하며 "정말 가르치신 바와 같습니다. 하지만 오늘 일은 상리常理로 말할 수 없습니다"라고 하였다. 김선행 역시 말없이 웃기만 할 뿐이었다.

2월 24일 담헌은 육비에게 편지를 보냈다. 엄성과 반정균을 통해 육비를 다시 만나 사귀게 된 기쁨, 그러나 곧 헤어져야 한다는 안타까움을 표한 뒤, 이미 엄·반 두 사람에게 글과 시를 받아 조선에 있는 자신의 집을 빛낼 수가 있게 되었다면서 육비에게 자신이 심력을 기울여 제작한 혼천의에 대한 기문을 써 달라고 부탁했다. 편지 끝에 담헌은 혼천의에 대한 길고 자세한 설명을 붙였다. 엄성과 반정균에게도 짧은 편지를 보냈다. 지난밤 술자리가 너무나도 유쾌했고, 또 토론에서는 무언가 충만하게 깨우친 게 있는 것 같다고 말한 뒤, 복잡한 세상사를 벗어나 자연 속에서 같이 어울려 노닐고 싶다고 두 사람에게 따스한 우정을 표했다. 이어 지난밤 서두른 탓에 가져오지 못한 육비의 글과 지난번 보낸 서첩에 육비의 글씨를 받아 줄 것을 청했다.

편지를 가지고 갔던 덕유가 육비의 편지를 받아 왔다. 육비는 담헌과 김재행을 사귀게 된 기쁨을 말하고, 능력은 부족하지만 〈혼천의기渾天儀記〉를 써서 보내겠다고 답했다. 반정균은 담헌이 혼천의 제작과 관련하여 언급한 나경적에 대해 묻고, 26일에 만날 것을 기대한다고 짧은 편지를 보냈다. 담헌은 25일에도 세 사람에게 편지를 보냈다. 육비에게는 〈농수각기籠水閣記〉를 지어 주겠다고 허락한 데 대한 감사를 표했고, 엄성·반정균에게는 나경적은 남긴 시문이 없고, 다만 혼천의 제작에 정력을 지나치게 쏟은 나머지 불행히도 세상을 떴다고 말했다.

마지막 만남과 이별

2월 26일 담헌은 김재행과 간정동을 찾았다. 일곱 번째 만남이자 마지막 만남이었다. 반정균은 없었고, 엄성과 육비가 두 사람을 맞았다. 담헌이 3월 1일 북경을 떠날 예정이기에 오늘의 모임이 영원한 이별이 될 것인데, 반정균이 돌아오지 않으면 너무나 서운할 것이라고 하자, 엄성은 '영원한 이별'이란 글귀를 보고 "이 구절은 차마 볼 수 없습니다"라고 하고, 반정균이 꼭 오기로 했는데, 오지 않으니 이상하다고 했다.

이어 지난밤 육비가 탈고한 〈농수각기〉를 두고 약간의 토론이 있었다. 담헌은 육비가 〈농수각기〉에 혼천의가 물에 의해 작동한다고 쓴 것을 두고 사실과 다르지만 원래 혼천의가 물에 의해 작동하는 것이니 무방하다고 하자, 육비는 물이 아니면 어떤 원리로 작동하는지를 물었다. 담헌은 서양의 자명종처럼 아륜牙輪이 서로 격동해 나가는 원리로 움직인다고 설명했다. 그러자 육비는 "물 없이 움직이는데 천도天道와 오묘하게 합치되니, 누가 이것을 주장하는 것인가?"라는 말을 더 넣었고, 이에 담헌은 글에 불균형한 점이 생겼음을 지적했다. 이에 육비는 다시 물에 의해 작동한다는 등의 말을 줄였다. 그러자 담헌은 생략된 부분이 아쉽다고 말했다.

이어 담헌은 엄성에게 자신을 지나치게 높이 평가한다고 말했다.

마음속 솔직한 심정을 하소연하고 싶군요. 제弟는 형에 대해 높이 우러르는 마음이 간절하지 않은 것이 아닙니다. 하지만 털끝만큼도 감히 찬탄하는 말을 하지 않은 건 곧 벗의 도리로 자처하기 때문이지요. 한데 형은 저에게 맞지도 않는 말을 많이 하고 있습니다. '시중時中', '순수純粹' 등의 문자가 어떤 말인데, 번번이 이런 말로 칭찬하는 것인지요? 이것은 형이 벗으로 나를 대우하지 않고, 곧 눈앞에 놓인 장난감으로 여기는 것이니, 이 어찌 형에게 바라는 바이겠습니까? 게다가 이소체離騷體의 문장은 굴원屈原과 송옥宋玉의 아래가 아니라고 했는데, 군자의 언행은 아마도 이처럼 경솔해서는 안 될 것입니다. 어떻게 생각하시는지요?[233]

엄성은 담헌이 그런 평가를 받아도 조금도 부족함이 없기에 '시중' 등을 자신도 모르는 사이에 쓴 것이며, 굴원과 송옥 등도 자신의 진심에서 나온 말이라 답했다. 담헌은 사람을 앞에서 지나치게 칭찬하는 건 아첨하는 것일 수도 있다고 말했고, 엄성은 "오형吾兄은 자처하는 것이 깎아지른 천길 절벽 같으면서도 남에게 자신을 따르라 강요하지 않으니, 아무리 생각해 보아도 실로 사랑하고 공경할 만한 분입니다. 만약 그 말이 저의 진심에서 나오지 않고 얼굴을 대해 아첨하는 것이라면, 사람도 아닐 터입니다"[234]라고 말했다. 실제로 엄성은 담헌을 진정 높이 평가하고 있었다.

대화 중 반정균이 들어왔다. 이어 식사가 시작되었고 육비는 김재행에게 23일에 흠뻑 취한 것이 어떠했느냐고 물었다. 김재행은 대단히 유쾌한 일이었지만, 여러 사람을 놀라게 했기 때문에 오늘은 한잔도 권하지 말라고 부탁했다. 하지만 엄성은 마시지 않을 수 없다 했고, 담헌이 석 잔까지 한도를 정하자고 하자 엄성이 5, 6잔 정도까지는 마실 수 있다며 웃었다.

이날 특별히 집중되는 대화는 없었지만, 반정균이 전한 청대 복색에 대한 이야기는 거론할 만하다. 그 이야기는 이러하다. 한인의 의복을 따르자는 '파극즙巴克什' 달해達海와 고이전庫爾纏의 요청에 대해 청 태종이 한인이 입는 넓고 큰 소매의 옷은 '남이 고기를 잘라 주기를 기다려 먹는 것'으로 용사를 만나면 방어할 수가 없을 것이라고 답한다. 또한 사람들은 서 있으면 동요하지 않고 싸울 때면 머리를 돌리지 않아 만주인을 천하무적이라고 평가하는데, 만약 한인의 풍습을 본받으면 일마다 게을러져서 기사騎射를 잊고 순박함이 줄어들며 예의와 법도를 잃게 될 것이라고 지적했다.[235] 반정균은 이 말을 전하며 그것이 "아조我朝의 성인이 서로 계승하면서 한인의 의복제도를 본받지 않았던 까닭"이라고 말했다.[236] 반정균은 청나라 복색의 타당성을 나름대로 주장한 셈인데, 그것은 말끝마다 선왕의 법복을 들먹이는 담헌에 대한 소심한 반박이었을 것이다.

담헌은 '파극즙'과 '달해', '고이전'이 세 사람의 이름인가 물었다. 반정균은 파극즙은 만주말로 '대유大儒'란 뜻이며, 달해·고이전은 두 사람의 이름이고, 그중 달해는 만주문자를 제작한 사람이라고 답했다. 달해dahai baksi(1595~1632)는 원래 누르하치의 명으로 어르더니 박시erdeni baksi가 몽골문자를 개량해 만든 만주문자를 다시 더 개량해 완전한 문자로 만든 사람이다. 주로 중국, 조선에 보낸 외교문서를 작성했고, 중국 서적을 만주어로 번역했다. 고이전(?~1633)은 청 태조와 태종을 도와 청 초기 명과의 전쟁에서 큰 공을 세운 인물이다. 이런 것을 보면 담헌은 정작 실제로 청 혹은 만주에 대해 별반 아는 것이 없었다고 보인다.

담헌은 달해와 고이전의 의견에 대해 어떻게 생각하느냐고 물었다. 반정균은 "이것은 국가를 위한 장구한 계책이니 어쩔 도리가 없다"고 답했다.[237] 여기서 '이것'은 청 태종의 의견을 말한 것으로 보인다. 곧 청 태종이 한인의 복색을 따르지 않고 청의 복색을 고집한 것은 국가를 위한 장구한 계책이니 어쩔 수 없다는 말이었다. 담헌은 "의리가 이와 같지 않다. 아침에 도를 들으면 저녁에 죽어도 좋다"[238]고 답했다. 공자의 말을 인용하면서 단호한 원칙론을 내세운 것인데 뜻이 명확하지 않다. 《을병연행록》을 보자. 《간정동필담》에 없는 부분이 다음과 같이 추가되어 있다. "삼대와 한·당이 큰 옷과 너른 소매로 각각 수백 년을 누린 건 다만 덕의 후박厚薄에 있을 것입니다. 어찌 의

복제도로 말미암을 것입니까? 하물며 '아침에 도를 들으면 저녁에 죽어도 좋다'라 한 것이 성인의 말씀이 아닙니까?"[239] 담헌은 청이 다분히 전쟁을 의식하여 자신들의 의복을 고수하는 것이 장구한 치세를 보장하는 게 아니며, '큰 옷과 너른 소매'의 삼대와 한·당 역시 역년歷年이 짧지 않았다고 지적한다. 담헌의 원론적인 지적에 반정균은 필담을 나누던 종이를 찢고 '아침에 도를 듣고'라는 말은 입이 벌어지고 마음을 아프게 한다고 말하고 조금 전 자신의 말을 '실록實錄'에 있는, 곧 기록에 있는 말이라고 변명했다.

담헌이 다시 반정균에게 의미심장한 말을 건넸다.

(1) 순舜은 동이東夷 사람이고, 문왕文王은 서이西夷 사람이니, 왕후장상이 어찌 종자가 있겠습니까? 천시天時를 받들어 이 백성을 편안하게 해 준다면, 이런 사람이 천하의 의주義主입니다. 본조가 입관한 뒤 유적의 무리를 평정하고 이제 100여 년 동안 생민들이 편안하게 살고 있으니, 그 정치의 도리가 훌륭하다고 할 만합니다.

(2) 오직 예악 문물을 한결같이 선왕先王의 옛 제도를 따른다면, 천하의 상론尙論하는 선비들이 유감으로 여기는 일이 없을 것이고, 후세에도 할 말이 있게 될 것입니다.

(3) 형이 만일 벼슬을 한다면 반드시 이 의리를 가지고 위에 고하고 아래에 펼쳐 앞서 두 사람의 말을 거듭 밝혀 천하를 행복하게 만든다면, 우리도 같이 영광스러울 것입니다.[240]

담헌은 "순은 동이의 사람이고, 문왕은 서이의 사람이었다"는, 화이론을 치명적으로 붕괴시키는 맹자의 말[241]을 인용했다. 유가의 문명을 일으킨 성인이 이적夷狄이었다는 경전의 말씀은 화이론의 기반을 이루고 있는 이적의 종족성을 해체하는 것이었다. 담헌은 앞서《자치통감》에 대한 사평史評에서 비한족非漢族 출신 인물을 평가할 때 종족성을 절대 기준으로 삼았다. 예컨대《자치통감》에 그려진 전연前燕의 황제 모용각은 유가적 가치관에 부합하는 거의 완벽한 인간이었다. 담헌 역시《자치통감》의 평가에 동의했지만, 모용각이 이적의 나라에서 태어났고 거기다 시운이 불행하여 공업을 천하에 베풀 수 없었기에 애석하다고 말한 바 있었다. 종족성은 움직일 수 없는 판단 준거였지만, 이제 담헌은 스스로 그 준거를 허물고 있는 것이다. "왕후장상이 어찌 종자가 있겠는가[王侯將相, 寧有種乎]"는 진秦의 폭정에 반란을 일으킨 진승陳勝과 오광吳廣의 말로서 흔히 반란을 정당화하는 말로 종종 사용되었다. 하지만 담헌은 이 말로 청의 중국 통치를 정당화했다. 청은 그 정당화에 걸맞게 이자성의 군대를 격파하고 강희·옹정·건륭에 이르는 100년의 안정과 번영을 가져오지 않았던가?

담헌은 맹자와 진승·오광의 말을 인용해 반정균이 정당화하고자 했던 청의 통치를 일단 인정하고, 복색 문제를 거론하면서 만약 반정균이 벼슬을 하게 된다면, 청이 선왕의 예악제도를 실현하는 데 기여하라고 완곡하게 청했다. 담헌의 이 말에 반정균은 자신은 농사짓는 사람이 되어 한세상을 보낼 것이라며 겸손해 했고, 담헌은 반정균이 현달할 기상이 있기에 자신이 조정에 벼슬할 때 심대의 예악에 뜻을 둘 것을 권했노라고 했다. 반정균이 "말해도 아마 무익할 것입니다"라 하자, 담헌은 "내가 마땅히 해야 할 일을 하는 것일 뿐이고, 성패는 따질 것이 없습니다"라고 하였다. 이에 반정균은 "감히 잊지 않겠습니다만, 반드시 벼슬을 할 것 같지는 않습니다"라고 답했다.

이날 담헌과 반정균의 대화는 여러모로 중요하다. 사실 담헌의 화이론에서 남은 것은 오직 복색뿐이었다. 화이론에서 종족성의 문제를 제거하면 화와 이를 구분할 준거는 오직 문화, 곧 선왕이 남긴 예악 문물의 구현만이 남게 된다. 하지만 담헌이 말한 예악 문물은 그 구체성이 박약했다. 청은 유학을 통치이념으로 삼았고 명의 문화를 왜곡하지 않았다. 오직 두발 양식과 복색만 강요했을 뿐이었다. 그것은 물론 중요한 문화적 표지이기는 했지만, 문화 전체일 수 없었고, 결정적일 수도 없었다. 이 부분을 제거한다면 청의 중국 통치에 시비를 걸 것은 아무 것도 없었다. 뒷날 담헌의 이야기를 전해 들은 박지원은 《열하일기》의 〈허생전〉에서 태종의 이야기를 변형시켜 조선의 '넓은 옷과 큰 소매'는 북벌을 위해 제거되어야 한다고 맹렬히 비난했고, 담헌은 《의산문답》에서 아예 화·이의 구분 자체를 무의미한 것으로 비판하게 되었다.

이야기가 좀 건너뛰기는 하지만, 이날의 정점을 찍은 대화는 담헌이 꺼낸 양명학과 《시경》〈소서〉에 관한 것이었다. 담헌은 23일 육비가 양명학(그리고 상산학)에 대해 담헌에게 요구했던 판단과 《시경》〈소서〉 문제에 대해 작성해 온 장문의 변론문을 꺼냈다. 변론문의 요지 중 양명학에 대한 것은 대개 다음과 같다.

담헌은 양명의 학문을 높이 평가한다. 양명은 세상에 드문 호걸스러운 선비로서 그의 양지학良知學 역시 '너무나도 높고 깊으며, 실지로 빼어나게 깨우친 것이 있어, 후세의 말재주 있는 선비가 비슷하게라도 미칠 수 있는 경지'가 아니며, 후대의 비난처럼 그가 '존덕성'만 주장하여 '도문학'을 결코 소홀히 여긴 것은 아니라고 했다. 다만 양명의 학문은 너무나 고원高遠하고 주관성이 강해 쉽게 배울 수가 없다는 것, 그리고 자칫하면 상도를 벗어나고 선禪으로 빠질 수 있다는 점을 지적했다. 주자의 《시경》 해석의 오류를 지적하면서 그것이 그 문인의 손에서 나왔다고 하는 주장에 대해서는 객관적으로 불가능함을 지적하고, 〈소서〉의 주장이 작품 해석과 괴리가 나는 점 등을 지적하여 주자의 《시집전》을 옹호했다.

담헌의 주장은 엄성과 반정균, 육비의 반박에 부닥쳤다. 육비는 즉석에서 장문의 반박문을 써서 〈소서〉를 폐기할 수 없음을 주장했다. 결론이 날 수가 없었다. 담헌은 조선은 단지 주자의 주석만 알 뿐이고 다른 것은 모르며, 자신의 주장 역시 반드시 옳은 것은 아닐 것이니, 귀국 후 다시 정밀히 연구해 편지로 의견을 밝히겠다고 답했다. 이 말에 모두 기뻐했고, 육비는 특히 자신도 주자의 주석을 자세히 보아야겠다고 말했다. 담헌은 독서할 때 선입견을 갖지 않는 것이 중요하다면서 자신도 경계로 삼고 있으니, 엄성 등도 유의해 달라고 말했다.

이어 육비는 청이 산해관을 넘기 전 조선이 당한 병화兵禍에 대해 물었다. 담헌은 명이 조선에 끼친 '은혜'와 정묘호란, 병자호란, 삼학사三學士의 절행, 포수 이사룡李士龍 등에 대해 언급하고, "우리나라가 비록 힘이 약하고 군사가 적어 (명에 대한) 은혜를 갚지 못하였으나 이처럼 두어 사람의 의기를 힘입어 길이 천하에 말이 있을 것입니다. 오늘날 형들을 믿나 기휘忌諱할 것을 피하지 아니하고 말이 여기까지 이른 것은 서로 깊이 마음을 허락함을 믿고 동국의 본심을 밝혀 중국의 뜻있는 사람으로 하여금 감동함이 있기를 바라기 때문입니다"[242] 라고 답했다. 세 사람은 담헌의 글을 보고 "모두 서글퍼하며 아무 말이 없었다." 그들은 자신들이 북경에서 멀리 떨어진 남방 사람이기에 조선에서 일어난 일에 대해 전혀 모른다 했다. 또 명을 잊지 못하는 담헌의 기색을 자못 난처하게 여겼고, 담헌은 사정이 그럴 만하다고 양해했다. 이런 토론을 통해 중국의 지식인과 조선의 지식인은 상호 간 이해의 폭을 넓힐 수 있었다.

이후 적지 않은 대화가 이어졌지만, 오직 담헌이 엄성에게 충고한 말만은 기억할 필요가 있다. 반정균은 담헌에게 조선으로 나가는 중국 사신은 모두 만주인만 쓴다는데 그것이 사실인가를 물었다. 자신들이 과거에 합격한 뒤 관료로 출세한다면 혹 사신으로 조선에 파견될 수 있지 않을까 하는 물음이었다. 담헌은 그 말의 의미를 알아차리고 만약 엄·반·육 세 사람이 조선에 사신으로 온다 해도 중국 사신단에 대한 접촉이 금지되어 있기에 만날 기회가 거의 없을 뿐만 아니라, 자신은 세 사람이 사신으로 오기를 바라지 않는다고 했다. 엄성이 그 이유를 거듭 캐물었지만 담헌은 답하지 않았다. 반정균이 손님을 맞이하러 자리를 비운 사이에 담헌은 엄성에게 관료가 되기 위해 과거에 매달리지 말고 학문하는 사람이 될 것을 간곡히 바랐고, 엄성은 담헌의 말을 귀담아들었다. 엄성은 두 달 뒤 회시에 합격하지 못하자, 과거를 깨끗이 포기하고 항주로 돌아갔다.

이제 마지막이었다. 담헌은 이별과 그리움은 말할 것도 없겠지만, 서로 격려해 선을 실천하는 사람이 되자고 당부했다. 뒷날 편지를 읽으면 노력한 정도를 알 수 있을 터이니, 노력하지도 않고 깨우친 것도 없다면 벗이 될 수 없다는 것이었다. 헤어지기 전 이들은 호칭으로 인해 약간의 실랑이가 있었다. 엄성은 담헌에게 김재행이 자신들을 노제老弟라고 부르는 것처럼 앞으로 주고받을 서찰에는 자신들을 노제라고 불러 달라고 부탁했다. 담헌이 '늙은 동생'이란 말은 아마도 육비가 지어 낸 것일 거라며 응하지 않자, 엄성은 그렇다면 노제 대신 '현제賢弟'라고 불러 달라고 부탁했다. 실랑이 끝에 결국 담헌이 "마땅히 현제의 말처럼 하겠다"고 했고, 엄성은 "오늘 우리가 형제로 일컫는 것은, 죽을 때까지 두 번 다시 만나지 못할지라도 바다가 마르고 돌이 썩을 때까지 영원히 변치 않을 것이다"라고 답했다. 담헌이 "이처럼 사랑해 주니, 한편으로는 감격스럽고 한편으로는 슬프다. 다시 무슨 말을 하리오!"라 했고, 엄성은 다시 "바다가 마르고 돌이 썩을 때까지 오늘을 잊지 말라[海枯石爛, 勿忘今日]"고 써 놓았다.

날은 저물었고 하인은 돌아가기를 독촉했다. 반정균과 육비는 손님을 응대하기 위해 나가 있었다. 담헌이 엄성에게 떠나야겠다며, 어느 날이고 다시 와서 만나 보고 떠날 것이라고 말하자, 엄성이 28, 29일 중 틈이 나면 오라고 청했다. 엄성은 '참극[慘劇]' 두 글자를 써 놓고 그 아래에 수없이 점을 찍었다. 그는 목메어 울었고 얼굴에는 사람의 빛이 없었다. 담헌과 김재행도 서로 마주 보고 슬픔을 이기지 못했다. 담헌이 덕유의 재촉에 문을 나서는데 반정균과 육비가 돌아왔다. 반정균이 "29일에 다시 오시라"라 했고 담헌은 "꼭 와서 뵙겠다"고 하고 작별인사를 했다. 엄성은 눈물로 옷깃을 적시며 소리를 내며 울었고, 다만 손으로 자기 가슴만 가리킬 뿐이었다. 이것이 끝이었다. 담헌과 엄성은 다시 얼굴을 볼 수 없었다.

귀로에서 사귄 벗들

담헌은 3월 1일 북경을 떠났다. 갈 때의 길을 다시 돌아가기 때문에 《연기》와 《을병연행록》의 기록은 매우 소략하다. 하지만 귀로에 처음 들른 곳도 있었다. 예컨대 의무려산은 갈 때는 들르지 않은 곳이었으나, 귀로에서는 찾아가 종일 둘러보았다. 이제 담헌의 회환回還 여정을 짧게 정리해 보자. 1일, 북경을 출발한 사신단은 그날 밤 통주에서 하루를 잤다. 2일, 통주를 출발하여 삼하三河에서 숙소를 정했다. 이날 담헌은 한인 선비 등사민鄧師民과 손유의孫有義를 만나 사귀게 된다. 이 만남은 상당히 의미가 있으니 뒤에 다시 언급하기로 한다.

이후 사신단은 방균점, 반산般山, 계주薊州(3), 송가성, 봉산성, 옥전현(4)을 지났다[괄호 속 안 숫자는 3월의 날짜다. 숫자가 있는 곳은 숙소로 잡은 곳이다]. 송가성이 각별히 의미 있는 곳이라는 것은 앞에서 말한 바 있다. 4일 옥전현을 출발해 풍윤현(5), 사하역沙下驛(6), 영평부永平府(7), 팔리포八里浦(8), 양수하兩水河(10), 중후소中後所, 동관역東關驛(11), 영원위寧遠衛(12), 고교보高橋堡(13), 금주위錦州衛, 소릉하小陵河(14), 십삼산十三山(15), 신광녕新廣寧(16), 소흑산小黑山(17)에 이르렀다. 의무려산은 담헌에게 어떤 감명을 주었던 것 같다. 앞에서 말한 바와 같이 《의산문답》에서의 의산醫山은 곧 의무려산이다.

18일 소흑산을 출발해 이도정二道井(18), 신민둔新民屯(20), 대석교大石橋(21), 심양(22), 십리하十里河(23), 신요동(24), 태자하太子河, 낭자산狼子山(25), 청석령靑石嶺, 첨수참恬水站(26), 연산관連山關(27), 통원보通遠堡(28), 팔도하八道河, 송참松站(29)을 지났다.

30일 담헌은 북경에 갈 때 들르지 못했던 봉황산과 봉황성을 유람했다. 그리고 그날 책문에 도착해 4월 1일부터 7일까지 그곳에 머물렀다. 짐수레가 돌아오기를 기다린 것이다. 별다른 일은 없었으나 4일 책문 세관원 희원외希員外를 만나 대화한 것은 약간 언급할 가치가 있다. 이것은 뒤에 다시 언급하겠다. 서울을 떠나 다시 서울로 돌아올 때까지 170여 일이 걸렸고, 총 여정은 6,200여 리였다.

돌아오는 길도 꼭 같은 거리였지만, 이미 북경으로 갈 때 거친 곳이라 의무려산과 봉황산 등 몇 곳을 제외하면 큰 관심을 보이지 않았고, 기록도 남기지 않았다. 담헌이 관심을 기울였던 것은 역시 사람과의 만남이었다. 이 부분을 약간 추가해 보자.

담헌은 북경을 떠나는 날 흠천감 관상대를 구경하다가 자신에게 관심을 보이는 두 선비를 만난다. 남경 금릉金陵 사람으로 회시를 치기 위해 북경에 온 거인擧人이었다. 이들은 담헌이 혼천의를 유심히 보는 것을 보고 대화를 나누려 했다. 혼천의를 유심히 보는 이유가 무엇이냐는 물음에 담헌은 《서경》의 선기옥형을 실물로 보게 되어 감격스럽고 한편 명나라 때 만든 것이라 절로 슬퍼져 떠나지 못하는 것이라고 대답했다. 두 사람은 캉으로 자리를 옮겨 조용히 대화를 나누자고 했지만, 문지기가 내쫓는 통에 더이상 대화를 나누지 못하고 헤어지고 말았다. 담헌은 이 두 사람이 자신의 "의관을 자세히 보며 매우 연모하는 기색"이 있었다고 말하고 있다. 역시 희망에서 비롯된 착각일 터이다.

3월 2일 담헌은 삼하三河에 숙소를 정했는데 그날 저녁 등사민이란 사람이 찾아왔다.[243] 등사민은 과거를 준비하던 중 병으로 인해 공부를 그만두고 친구 두어 사람과 소금가게를 열어 생업으로 삼고 있었다. 등사민이 한인이라는 것을 확인하자, 담헌은 "그대 보기에 우리의 의관이 어떻습니까?"라고 물었고, 등사민은 "아주 좋습니다"라고 답한다. 담헌은 이어 "이곳의 머리를 깎는 법은 좋습니까, 그렇지 않습니까?"라고 묻는다. 역시 민감한 질문이었다. 등사민은 "어려서부터 익숙했기 때문에 예사로 여기고 있고, 자못 편한 것 같습니다"라고 답한다. 이 답에 담헌의 질문은 담헌답지 않게 각박했다. "신체발부는 함부로 훼상하지 말라는 것이 성인의 가르침이 아닙니까?" 등사민은

"위안威顔(천자)이 지척에 있으니, 이런 말은 맙시다"라고 답을 피했다. 등사민은 담헌 일행과 저녁 식사를 같이한 뒤, 조맹부의 글씨를 인쇄한 첩책帖册을 선물했다. 담헌은 등사민의 진솔한 언행에 감동하여 이후 사행을 통해 편지로 안부를 묻자고 했고 등사민 역시 동의했다. 과연 등사민은 뒷날 담헌과 편지를 주고받는 친구가 된다.

등사민이 떠난 뒤 손유의·조욱종趙煜宗 두 선비가 담헌을 찾아왔다. 손유의는 효렴孝廉에 뽑힌 지식인이었다. 효렴은 과거 합격자의 하나다. 지방 행정관이 중앙 정부에 추천한, 효행이 있고 청렴한 사람을 대상으로 책문策問 등으로 시험을 보이는데, 이 시험을 효렴과孝廉科, 합격한 사람을 효렴이라 불렀다. 1776년 6월 20일 이후 사헌부 감찰로 근무할 때 담헌이 손유의에게 보낸 편지에서 손유의가 향시에 합격했다고 하는데, 아마도 효렴에 뽑힌 것을 두고 하는 말일 것이다. 담헌은 손유의와 대화를 나눈다. 담헌이 먼저 물었다.

"과장科場의 경의經義는 어떤 설을 주로 택합니까?"
"모두 주자의 주석을 택합니다."
"들으니 《시경》은 〈소서〉를 주로 택하는 이가 많다고 하고, 주자가 옛 학설을 폐지한 것을 잘못이라 한다는데, 이곳만은 그렇지 않습니까?"
"지금은 모두 주자를 귀착처로 삼습니다."
"사례四禮에도 역시 《가례家禮》를 따릅니까?"
"그렇습니다."
"상가에서 음악을 사용하는데, 이것은 어떤 예입니까?"
"이 풍속은 유래가 오래되었습니다. 하지만 저는 잘못이라 생각합니다. 귀국의 문자도 주자를 따릅니까?"

"경經과 예禮 모두 주자를 따르고 조금도 어긋남이 없습니다."
"《중용中庸》에 '글은 문자가 같다[書同文]'고 한 것이 정말 거짓이 아니로군요."[244]

담헌이 손유의에게 중국의 과거에서 경전 해석은 주자의 해석을 위주로 하느냐고 묻고, 또 중국에서 주자의 주석이 아니라, 〈소서〉를 중심으로 《시경》을 이해하는지를 물었던 것은, 반정균과 엄성 등에게서 들은 모기령의 학설 때문이었을 것이다. 경전의 해석에서 주자 학설이 배제되는 것을 보고 담헌은 큰 충격을 받았고, 그 충격이 재차 이런 질문을 던지게 했다.

손유의의 답변에서 중국과 조선이 경전과 《가례》를 공유한다는 사실을 재차 확인한 담헌은 퍽 안심하여 이렇게 말한다. "우리나라는 중국을 사모하고 높이 받들고, 의관과 문물이 중화의 제도와 비슷하여, 옛날부터 소중화로 일컬어지고 있습니다. 하지만 말만은 아직도 오랑캐의 풍속을 면하지 못하고 있어 부끄러울 뿐입니다."[245] 조선이 중국어가 아닌 조선의 언어를 쓰고 있어 '오랑캐의 풍속'을 면하지 못하는 것이 부끄럽다는 것이다. 손유의는 담헌의 말에 "오랫동안 귀국의 인물이 빼어나고 아름다우며, 풍속이 순박하여 중화에 처지지 않음을 우러렀습니다. 방언이 무슨 분세겠습니까? 중국의 경우도 동서남북의 말이 또한 같지 않지만, 조정에서 선비를 뽑아 쓸 때 그것을 가지고 차별을 하지 않습니다."[246]

담헌은 손유의의 말이 퍽 만족스러웠을 것이다. 이어 손유의가 홍억에게 여행 중 지은 시를 보여 주기를 청하자, 홍억은 엄성 등과 헤어지면서 지은 시를 보여 주었고, 손유의는 그 시를 보고 화답하는 시를 지었다. 홍억은 손유의의 시를 보고 놀라운 솜씨라고 감탄해 마지 않았다. 담헌은 두 사람에게 앞으로 편지를 주고받자고 청했고, 두 사람 역시 흔쾌히 그러자고 약속했다.

등사민과 손유의, 조욱종은 담헌이 중국에서 마지막으로 사귄 한 인이었다. 담헌과 이들은 뒷날 편지를 주고받는 사이로 발전한다. 또 엄성·반정균·육비과 담헌 사이의 메신저 역할을 맡기도 했다. 등사민과의 만남은 귀로에서 일어난 가장 의미 있는 사건이었던 셈이다. 다만 여기서 눈여겨보아야 할 것은 담헌이 새로 사귄 사람들에게 던지는 질문이다. 담헌은 관상대에서 만난 금릉 출신의 두 거인에 대해 자신의 "의관을 자세히 보며 매우 연모하는 기색"이 있었다고 말한다. 그는 등사민에게도 같은 질문을 던졌으니, 《연기》를 관통하는 대명 의리의 상징인 '복식'이 여전히 그의 뇌리를 지배하고 있었던 것이다. 아울러 손유의를 만났을 때 던진 《주자가례》의 준행 여부, 과장科場에서 《시경》〈소서〉의 준신 여부를 물었던 것 역시 나름의 이유가 있어서였을 것이다. 말하자면 그것은 엄성 등으로부터 들었던 주자학설 비판에 대한 나름의 소극적 반응이었을 터이다.

귀국길에 오른 담헌은 여전히 정주학자였고 화이론을 굳게 신념하는 사람이었다. 그가 조선이 중국을 사모하고, 의관과 문물이 중화와 비슷하여 소중화로 일컬어지고 있지만, 중국어가 아닌 조선어를 사용해 동이의 풍속을 면하지 못하고 있어 부끄럽다고 한 발언이 그 증거라고 하겠다.* 그런데 귀국 직전 책문에 머무를 때(4월 1일에서 7일) 세

---

* 조선어를 버리고 중국어를 쓰지 못하는 것을 수치스러운 일이라고 생각한 건 이 시기 지식인들에게 종종 보이는 바다. 박제가 역시 《북학의》에서 '언문의 일치'를 위해 조선 사람은 조선어를 포기해야 한다고 말한 바 있다.

관 희원외를 만난 일은 담헌에게 모종의 충격을 주었던 것으로 보인다. 희원외는 만주인이었다. 담헌은 희원외와 대화를 나눴다. 조선 왕의 성을 묻는 희원외에게 담헌이 사실대로 답을 하자, 희원외는 옛날엔 김씨와 왕씨였는데, 지금은 왜 이씨냐고 물었다. 담헌은 신라 때는 김씨, 고려 때는 왕씨, 조선은 이씨라고 했다. 희원외가 다시 왜 고려에서 조선으로 바뀌었는지 묻자, 담헌은 '탕왕湯王·무왕武王의 일' 곧 역성혁명을 들어본 적이 없는가 하고 되물었다. 조선의 왕조 교체는 곧 유가적 정당성을 갖는 역성혁명이었다는 것이다. 희원외는 이 말에 담헌이 전대專對의 재능을 가졌다고 치켜세웠다. 하지만 담헌의 임기응변은 자신이 생각하지도 못한 반박을 불러왔다.

본조本朝가 전조인 명을 위해 큰 도적을 멸하자, 하늘이 인정하고 사람들이 귀의하였으니, 이것은 요·순의 선양禪讓과 다를 바 없다. 귀국에서도 알고 있는가?[247]

희원외는 청이 이자성 군을 물리치고 중국을 통치하게 된 것을 천명이며 요·순의 선양과 동일하다고 말함으로써 청의 중국 지배가 조선의 '역성혁명'보다 한 차원 높은 '선양'이라고 말했던 것이다. 의표를 찔린 담헌이 다시 되받았다.

순 역시 동이東夷 사람이다. 하지만 요에서 순으로 바뀔 때 오늘처럼 복색을 바꾸었는지 모르겠다.[248]

담헌은 요에서 순으로 선양할 때는 이질적 복색을 강요하지 않았다고 했다. 따라서 명과 청의 교체는 순수한 선양이 아니다! 하지만 희원외는 그 점을 간단하게 돌파했다.

> 세상에는 옛날과 지금이 있고, 시의時義가 같지 아니하니, 의관이 어찌 정해진 제도가 있었다는 말이요.[249]

시간의 흐름에 따라 시의는 변하고 의관 역시 변한다. 절대불변의 의관이란 존재하지 않는다. '시간 상대주의'라고 부를 수 있는 희원외의 논리는 객관적 사실史實에 기초하고 있었다. 담헌은 반박하지 못하고 돌아섰다[余唯唯而歸]. '唯唯'는 '공경하는 음성으로 대답하는 것' 혹은 '대답은 하는데 옳다, 그르다를 표현하지 않는 말'이다.[250] 기민한 담헌이었지만 희원외의 말에 달리 답을 찾을 수 없었다. 담헌의 화이론에 희원외의 시간 상대주의는 상당한 충격을 더했을 것이다. 담헌의 화이론에는 충격이 차츰 누적되고 있었다.

끝으로 덧붙여야 할 것은 담헌이 구입한 서적들이다. 담헌은 자신이 가지고 간 은과 물건(부채와 종이)을 꼼꼼히 기록했고, 또 역관과 하인을 시켜 구입한 물품, 육비와 엄성, 반정균 등으로부터 받은 서찰과 그림, 책, 양혼으로부터 받은 문시종 등의 선물, 유송령으로부터 받은 흡독석 등 중국 여행에서 자기 손에 들어온 모든 것들의 목록을 꼼꼼히 정리해 기록으로 남겼다.[251] 하지만 자신이 직접 구입한 100권의 《율력연원》 1질[252]에 대해서는 전혀 기록을 남기지 않았다. 1722~1723년에 완성된 《율력연원》은 당시로서는 서양의 천문학과 수학에 관한 최신의 정보를 담은 《역상고성》과 《수리정온》 및 음악학 서적인 《율려정의律呂正義》로 구성되어 있었다. 담헌은 《역상고성》의 속편인《역상고성 후편》, 남회인南懷仁Ferdinand Verbiest이 제작한 세계지도 〈태서곤여전도泰西坤輿全圖〉도 구입했다. 이 책은 귀국 후 담헌의 천문학과 수학 연구에 결정적인 역할을 한다. 이뿐만 아니라 당시 경화세족들이 다투어 소장하려 했던 〈청명상하도淸明上河圖〉도 구입한 것으로 보인다.[253] 담헌의 서제庶弟 홍대정洪大定은 담헌의 사후 담헌이 "평생 고도古道를 지극히 좋아하여 고전과 금문에서 혼의渾儀와 윤종輪鍾에서 서양의 여러 책에 이르기까지 수집해 모으지 않음이 없었다"[254]고 회고했다.

중국·북경 여행의 의미

북경 여행은 담헌에게 충분히 만족스러웠던 건 아닐 터이다. 북경 시내의 출입이 완전히 자유로웠던 것도 아니었고, 그토록 원했던 천주당과 관상대의 천문 관측기기도 마음껏 볼 수 없었다. 서양 신부들로부터 그동안 궁금했던 천문학에 관한 모든 의문을 해소할 수 있었던 것도 아니었다. 중국과 북경의 번영과 평화는 분명 놀라웠지만 한편 그것을 일구어 낸 것이 오랑캐인 청이라는 사실은 그대로 수용하기 어려운 것이기도 했다. 강희제를 비롯한 청 황제들의 정치가 그것을 가능케 한 것이라고 인정할 수밖에 없었지만 마음은 불편하기 짝이 없었을 것이다.

담헌은 중국 문명의 합리성과 풍요로움을 목도하고 감탄했다. 담헌에 이어 북경으로 갔던 박제가는 조선이 그 합리적 문명과 풍요로움을 본받아야 한다면서《북학의》를 저술했다. 하지만 담헌은 그것을 본받아야 한다고 주장하지는 않았다. 도리어 그는 풍요로움을 사치로 보고 비판했다. 유리창과 융복사의 넘쳐나는 물화와 원명원과 서산, 옹화궁 등 라마교 사원, 화려한 연극 등을 '사치'라고 몰아붙였다. 엄격한 자기절제를 추구했던 담헌으로서는 그럴 수도 있는 일이었다. 또한 대부분의 조선 사족이라면 담헌과 동일한 입장에 설 수 있을 것이다. 하지만 담헌에게는 특별한 경험이 있었다.

엄성과 반정균, 육비 등 중국 지식인들과 나눈 우정이 그것이었다. 국경을 초월한 그 우정은 여느 사족의 북경 체험과 결정적으로 달랐다. 담헌 이전 그 누구도 중국의 한족 지식인과 이토록 인간적으로 깊은 우정을 나눈 사람은 없었다. 북경을 보고 온 사람은 무수히 많았지만 친우를 만들고 돌아온 이는 없었다. 박지원이 〈회우록서會友錄序〉에서 깔끔하게 정리했듯, 중국인과의 이해관계 없는 우정은, 신분과 당색으로, 지역으로 갈가리 찢어진 조선 사족 사회의 인간관계와 선명하게 대비되었을 것이다. 담헌이 문경에서 만난 남인과 끝내 친구가 될 수 없었던 것을 생각해 보라. 담헌은 《간정동필담》의 말미에서 엄성 등과의 만남을 이렇게 평가했다.

(1) 세 사람은 머리를 자르고 호복을 입어 만주 사람과 다른 것이 없었다. 하지만 그들은 중화 고가의 후예였다. 우리가 넓은 소매 옷을 입고 큰 갓을 쓰고 경망스럽게 굴며 우쭐거리지만, 바닷가 오랑캐에 불과하니, 그 귀천의 거리를 어떻게 척촌尺寸으로 헤아릴 수 있을 것인가. 우리의 기질과 습성으로 만약 처지를 바꾸어 그들을 대한다면, 아마도 그들을 종처럼 비천하게 여기고 능멸할 것이다. 그런즉 세 사람이 몇 번 만나 옛친구처럼 대하고, 마치 정성을 다 쏟지 못할까 두

려워하면서 형이니 동생이니 하며 속마음을 기울이고 털어내 보였으니, 이런 행동과 마음은 우리가 도저히 미칠 수 없는 것이다.

(2) 양명陽明도 절강 사람이다. 절강 사람들은 그의 풍채를 많이 따랐기에 말이 송유宋儒에게 미치면, 언사가 지나치게 경쾌해진다. 이런 까닭에 내가 철교(엄성)에게 이 점을 경계하면 철교는 나를 그르다 하지 않았다.

(3) 조선의 선비들이 주자를 높이 받드는 것은 실로 중국 사람이 미칠 수 있는 바가 아니다. 하지만 높이 받드는 것만 귀한 줄 알고, 의심스럽고 따질 만한 경의經義에 대해서는 그냥 바라만 보고서도 부화뇌동하여 한결같이 덮어 비호하고 온 세상의 입에 자물쇠를 채우려고 든다. 이것은 향원鄕愿(촌락의 토호)의 마음으로 주자를 바라보는 것이다. 나는 그것을 병통으로 여겼다. 그러다 절강 사람들의 주장을 들어보니, 한편 과하다면 과한 것이었지만, 조선 사람들의 더러운 습성을 한번 깨끗이 씻어, 사람들의 가슴을 시원하게 했다.[255]

담헌은 엄성 등이 호복을 입었으나 중국의 '내력 있는 집안' 후손으로서 자신을 진정한 친구로 대했다는 사실에 깊이 감복했다. 아울러 조선 양반들이 '넓은 소매 옷', '큰 갓'을 쓰고 으스대지만 사실상 조선 사람은 변방의 오랑캐에 불과하다. 그런 자신을 형이니 동생이니 하면서 진심을 보여 준 것은 담헌이 상상하지도 못한 일이었다.

그들은 절강 사람으로 왕양명의 영향을 받아 송유宋儒를 가볍게 여겼고, 따라서 자신이 그것을 경계했지만, 엄성은 자신의 지적을 잘못이라 하지 않았다. 곧 사상적 기반이 전혀 다른데도 불구하고 서로 대화할 수 있었다는 사실이 담헌을 감격하게 만들었다. 조선이라면 양명학자임을 표방할 수도 없었고, 또 양명학을 신봉하는 사람과는 대화가 불가능했던 것을 생각한다면, 담헌은 이들에게서 조선에서는 발견하지 못했던 인간과 인간 사이의 소통 가능성을 발견했다.

⑵와 ⑶에서 보듯 담헌이 정주학자임을 포기한 적은 없었다. 아마도 그의 생애 마지막까지 그는 정주학의 범위를 넘어서지 않았다. 다만 그가 비판한 것은 주자에 대한 맹신적 숭봉이었다. 주자의 경전 해석에 대한 의문 제기조차 엄호하고 봉쇄하는 조선 지식인 사회에 담헌은 염증을 느꼈던 것이다. 엄성·반정균·육비가 담헌에게 설파했던 주자 학설 비판을 담헌으로서는 수긍하기 어려웠지만, 그 활발한 반론의 제기야말로 조선 지식인 사회에서 찾아보기 어려운 것이었다.

이 세 사람과의 만남은 이후 담헌의 삶에 큰 변화를 가져왔다. 한인 지식인들이 그토록 자신에게 마음을 열어 보이고 신뢰한 것은 담헌이 미처 예상하지 못했던 일이었다. 대화를 통해 청조에 벼슬하는 자들이 모두 한인이란 근본을 잊고 오랑캐에 아첨하는 것도 아니며, 그들은 여전히 한인으로서의 자부심과 정통성을 가지고 있음을 깊이 인지할 수 있었다. 요컨대 담헌은 중국과 중국 지식인들을 깊이 이해할 수 있게 되었다. 그들과의 국경을 넘어서서 쌓은 우정은, 색목色目에 갇힌 조선 양반 사회의 인간관계를 다시 돌아보게 하는 계기가 되었다.

1766년 귀국 이후 1783년(정조 7) 사망할 때까지 담헌은 북경 체험과 중국인 벗들과의 우정을 곱씹으며 살았다. 뒷날 박지원이 중국인 친구들과 편지를 주고받는 것은, 천고의 기이한 일이나 현생에서는 다시 만날 수 없는 꿈속의 일과 다름이 없다고 말하며, 차라리 우리나라 안의 친구를 만나는 것이 좋을 것이라는 약간은 질투 섞인 충고를 했듯,[256] 귀국 이후 담헌의 뇌리를 떠나지 않았던 것은 중국인 벗들이었다. 이런 이유로《담헌서》에는 북경 체험과 관련되지 않은 사건과 인물은 거의 보이지 않는다. 보통 문인의 문집에 보이게 마련인 일상적 교우관계 역시《담헌서》에는 거의 나타나지 않는다. 지방관을 지내기도 했지만 그와 관련한 어떤 기록도 남기지 않았다. 조선 안에서 그의 사회적 관계는 극도로 좁았던 것으로 보인다. 담헌에겐 오직 북경 체험과 중국인과의 교유가 생의 후반부에 유의미한 것이었던 셈이다. 당시 사족 사회의 맥락에서 이것은 정말 희한한 일이었다.

담헌의 중국 경험은 뒷날 그의 사유 전환에 큰 영향력을 행사했다. 엄성과 반정균, 육비 등 한인 지식인들은 오랑캐 청의 조정에 벼슬하고자 하였다. 화이관에 의하면 그들은 비루한 자들로 비난의 대상이 되었어야 마땅하다. 그런데 담헌이 그들과 깊은 우정을 나누고 결의형제가 되었다는 것은, 담헌이 자신도 의식하지 못한 상태에서 스스로 화이관에 균열이 나고 있음을 의미할 터이다. 사실 담헌의 화이관은 북경에서 오직 '선왕의 법복'으로 곧 복색으로만 표현되었다. 아니 복색만 남아 있었다. 그런데 그 복색마저 중국인들로부터 '걸승乞僧'의 옷이라는 비웃음을 샀고,[257] 희원외로부터는 "의관에는 정해진 제도가 없다"는 핀잔을 들었다. 물론 이것은 새삼스러운 일도 아니었다. 담헌과 조선의 사족들이 신념했던 화이관은 조선인들의 머릿속에만 있는 상상적 가공물에 지나지 않았다. 보다 정직하게 말해 그것은 망상일 뿐이었다. 현실이 그 망상과 판이하다는 것 역시 북경 땅을 밟는 순간 모두 인지하게 마련하였다. 하지만 그 망상과 현실 사이의 모순을 해소하려는 일은 누구도 하지 않았다. 담헌 역시 귀국 후 그 모순을 아직 그대로 유지하고 있었다. 그 스스로《의산문답》의 허자虛子가 아닌 실옹實翁이 되는 데는 또 다른 계기가 필요하였다.

08

편지로 이어진
우정과 북경 체험의
파란

편지로 이어진 우정

1766년 4월 11일 담헌은 다시 압록강을 건넜다. 《을병연행록》은 압록강을 건넌 그다음 날인 12일에 끝난다. 담헌은 5월 2일 수촌壽村 고향 집으로 돌아왔다. 여독이 풀리자 그가 먼저 한 일은 북경 체험을 정리하는 것이었다. 5월 15일에 엄성·반정균·육비 등의 편지를 4개의 첩으로 엮어 '고항문헌古杭文獻'이란 제목을 붙이고, 6월 15일에는 필담과 세 사람을 만나게 된 시말, 주고받은 서찰을 3권의 《간정동회우록乾淨衕會友錄》으로 엮었다.[1] 원래 초서草書로 이루어진 필담은 해서楷書로 옮겼다.

《담헌서》의 《간정동필담》 말미에 실려 있는 〈간정록후어乾淨錄後語〉에 의하면 원래의 필담 초본은 대부분 반정균이 가져갔고, 담헌 자신이 가져온 것도 워낙 어지럽고 차서次序가 없었다고 한다. 또 자신과 김재행이 맡 가운데 김재행은 너무 번다할까 하여 잘라 내고, 자신은 너무 간단해질까 하여 많이 덧보태었다고 했다.[2] 요컨내 《간정동회우록》은 원래의 대화를 그대로 실은 것이 아니라, 일부를 실은 것이다. 또한 그 편집에 김재행 또한 적극 참여했다. 《간정동회우록》이 뒷날 《간정필담乾淨筆譚》, 《간정동필담》 등과 편차가 있는 편집본으로 만들어진 것은 이 때문이다. 덧붙여 말하자면, 담헌은 김재행이 엄성 등과 주고받은 편지도 책자로 만들었다. 김재행이 가난하여 이를 장첩粧帖하지 못한 것을 딱하게 여겨 자신이 거두어다가 첩을 만들고 '절항척독浙杭尺牘'이란 제목을 붙여 돌려주었다.[3] 이 책은 현재 《중조학사서한中朝學士書翰》이란 제목으로 고려대학교에 소장되어 있다.[4]

귀국하자마자 즉각 중국 벗들과의 필담과 편지를 정리하기 시작한 데서 보듯 담헌에게 국경을 초월한 우정은 이후 그의 생애에서 그 무엇보다 소중한 가치가 되었다. 담헌은 1766년 10월 육비에게 보낸 편지의 말미에 〈명례동몽우기明禮洞夢遇記〉[5]라는 산문 한 편을 붙였는데, 여기서 그가 얼마나 중국 벗들과의 우정에 몰입해 있었는지 충분히 짐작할 수 있다.

그 글은 이렇다. 담헌은 1766년 9월 8일 밤 수촌 애오려에서 항주 벗들의 글을 필사하다가 3경에 잠자리에 들었는데 자신이 서울 이동履洞 경제京第에 있는 것 같았다. 숙부(곧 홍억)가 바깥에서 들어와 육비 등의 소식을 전해 주었다. 정시庭試를 치르기 위해 서울로 와서 명례방明禮坊에 머물던 육비를 길에서 우연히 만났고, 엄성과 반정균도 왔으나 어떤 일로 뒤처져 의주에 있다는 것이었다. 중국인은 조선의 과거를 칠 수 없는 법이지만, 특별히 당국자에게 요청해 올 수 있었다고 하였다.

담헌은 육비가 중국 과거에도 열성을 보이지 않았는데, 나를 보기 위해 조선의 과거를 핑계 댄 것이라 생각하고, 그를 만나기 위해 즉시 외출하려 했으나 비가 쏟아져 갈 수가 없었다. 담헌은 이들이 왔을 리 만무하고 반드시 꿈일 것이라 생각하여, 옆사람에게 말을 건넸더니 모두 웃으며 꿈이 아니라 하였다. 조금 지나 부사 김선행이 나타나 육비가 과거 응시를 위해 온 소식을 들었는지 물었다. 담헌은 그 자리에 있던 김재행에게 조금 전 숙부(홍억)가 육비를 명례방에서 만난 일을 말했고 두 사람은 곧장 육비를 만나러 갔다.

육비의 거처를 찾아가 안으로 들어가려 하자, 구경차 온 조선의 높은 벼슬아치와 선비들이 가득하였다. 담헌은 사람들을 밀치고 들어갔으나 육비가 어디 있는지 알 수 없었다. 그때 조선 사람 하나가 왜 그리 급하게 구느냐고 물었고, 담헌은 작년 북경에서 알게 된 사람이라 만나러 왔다고 하자, 그 사람은 미소를 띠며 서쪽 벽 아래를 가리켰다. 담헌이 돌아보니 육비가 벽에 기대어 앉아 있다가 허둥지둥 다가와 손을 잡았다. 담헌이 엄성과 반정균은 왜 오지 않았느냐고 묻자, 육비는 그들이 다음 날 올 것이라고 하였다. 담헌이 육비에게 정시庭試를 치르기 위해 왔느냐고 물었으나 육비는 답하지 않고 미소만 지을 뿐이었다. 이후 이런저런 대화를 나누었다. 그러다 문득 깨고 보니 한바탕 꿈이었다. 육비·엄성·반정균에 대한 간절한 그리움이 꿈에서 그들을 만나게 만든 것이다.

같은 해 겨울 담헌은 아들 홍원洪薳의 병(무슨 병인지는 모른다) 치료를 위해 수촌에서 서울로 집을 옮겼다. 서울의 집이란 〈명례동몽우기〉에서 말한 '이동履洞 경제京第'를 말하는 것일 터이다. 이때 이사한 건 아니고 원래 이곳이 담헌의 서울 집이었을 것이다. 충청도나 경기도에 향제鄕第를, 서울에 경제를 두고 사는 것이 당시 경화세족의 일반적인 생활 방식이었다. 이동은 현재 중구 을지로 3가·저동 2가·초동에 걸쳐 있던 마을이다. 신[履]을 파는 가게가 있어 신전골이라고도 하였다. 그런데 1769년 담헌의 동갑내기 친구 이광하李光夏는 담헌의 집은 저전동紵廛洞에 있다고 했다. 저전동은 '저전紵廛' 곧 모시전이 있기에 생긴 동리 이름이다(모시전골이라고도 한다). 지금의 서울 중구 저동 1가, 충무로 2가, 명동 1가, 2가, 을지로 2가, 장교동에 걸쳐 있었다. 예전 인제대학교 서울백병원과 중부경찰서 일대가 저동 일대이다. 아마도 이동과 저전동은 겹치는 부분이 있어 이광하는 저전동이라고 했을 것이다. 저동의 뒤가 바로 남산이었으니, 담헌 당시 그의 집은 자연스럽게 남산과 연결되었을 것이다.

1767년 10월 동지사 편으로 엄성에게 보낸 편지에 따르면, 담헌은 1766년 겨울 서울 집에서《중용집주》를 집중적으로 읽었다. 엄밀한 독서 과정을 통해 깨달은 것이 많았으나, 한편 의문도 꼬리를 물고 일어났다. 담헌은 이것을 정리하여 엄성에게 보낸다. 담헌은 서울 집에서 오래 머무르지 않았다. 아니 머무를 수가 없었다. 서울로 올라온 뒤 얼마 안 있어 아버지 홍역이 사망했기 때문이었다.

자신을 다스리는 데 엄격했던 담헌이지만, 자신이 북경에서 중국인 친구들을 사귀고 형제가 된 것은 자랑하지 않을 수 없었다.《고항문헌》과《간정동회우록》을 주위 친지들에게 보여 주었다. 담헌이 북경에서 중국 지식인과 우정을 나누었다는 사실과 그 증거로서의 필담의 존재는 서울의 경화세족 사회에 상당한 파장을 일으켰다. 담헌과 중국 친구들이 주고받은 대화와 시문을 보며, 찬탄하고 부러워하는 사람들이 나타난 것은 물론이었다. 박지원과 그 주변의 문인들, 이른바 '연암 그룹'의 유득공과 이덕무, 박제가 등이 그들이었다. 담헌이 귀국하고 10년이 지난 뒤에 이들은 북경으로 향했다. 1776년 유금柳琴이, 1778년 박제가와 이덕무가, 이어 1780년 박지원이 차례로 북경 땅을 밟았다. 이후 북경을 방문하는 인사들은 담헌이 연 길을 따라 북경의 지식인 혹은 관료와 개인적인 친분을 쌓기 시작했다. 이 모든 것은 담헌으로 인해 가능해진 것이었다.

하지만 담헌의 북경 체험을 전혀 다른 차원에서 인식하는 사람들도 있었다. 담헌이 북경의 벗들과 형제관계를 맺은 것은 전례를 찾을 수 없는 일이라고 비난하는 사람들도 있었다. 김종후는 담헌이 귀국한 그해 담헌이 북경에서 중국인과 사귄 것 그리고 담헌이 청에 대해 긍정적 발언을 한 것을 꼬투리 삼아 담헌을 비난했고, 이로 인해 두 사람 사이에 논쟁이 벌어졌다. 2년 뒤 두 사람은 《의례경전통해(儀禮經傳通解)》의 주해 문제를 두고 또 격렬하게 대립했다. 아마도 이 논쟁은 서울의 경화세족 사이에 널리 알려졌을 것이고, 보수파들을 자극했을 것이다. 김종후와의 이 논쟁은 담헌이 화이론을 비판적으로 사고하는 데 한 계기가 되었던 것으로 보인다. 그리고 그 비판적 사고는 북경에서의 체험과 서양 천문학·자연학에 대한 연구와 결합하여 《의산문답》에서 화이론을 부정하는 결과에 이르게 된다. 한편 정조는 보수파의 주장에 동조해 1786년(정조 10) 조선 사신단이 북경에서 중국 지식인과 개인적으로 접촉하는 것을 금지하고, 서적 수입도 막는다. 물론 이것은 뒷날의 일이다. 우선 귀국 후 담헌의 행적을 따라가 보자.

담헌은 북경에서 사귄 엄성·반정균·육비 그룹과 귀국길에 만난 손유의·등사민에게 편지를 보내기 시작했다. 1766년부터 1780년까지 15년 동안의 편지는 사실상 담헌의 생애 후반부를 관통하는 가장 중요한 주제다. 서울을 떠난 편지가 압록강을 넘어 북경으로 갔다가 다시 항주로 전해지고, 또다시 답신이 되어 서울까지 돌아오는 것은, 담헌이 엄성에게 말했듯 "천고에 없던 일"이었다. 담헌의 이후 생애는 편지를 주고받는 것으로 구성될 수밖에 없다. 이 점에 유의하면서 다소 지루하겠지만 편지의 왕래를 따라 이후 담헌의 생애를 재구성해보자.

1766년 여름 첫 편지를 보내다

담헌은 1766년 7월 황력재자관 김홍철金弘喆 편으로 첫 편지를 보냈다. 10월에 서울에서 출발하여 약 6개월 뒤인 4월경에 회환하는 동지사 역시 이후 편지를 보내고 받는 중요한 통로였다. 첫 편지의 수신인은 엄성·반정균·육비와 서광정徐光庭 등 4인이었다. 서광정은 반정균의 외사촌형으로 북경의 매시가煤市街에서 점포를 열고 있던 터라 중간에서 편지 전달을 맡기로 약속해 둔 터였다. 담헌의 편지는 나이순, 곧 육비·엄성·반정균·서광정 차례로 편집되어 있다. 각각의 성격이 다른 만큼 담헌의 편지 역시 어조가 조금씩 다르다.

육비에게 보낸 편지의 서두는 다음과 같다.

> 대용은 아룁니다. 대용은 해외의 천한 사람으로 요행히도 기이한 인연을 만나 상국의 화족華族이자 강남의 위인인 우리 소음篠飮 같은 분을 만나서 마음을 터놓고 진정한 사귐을 가질 수 있었습니다. 게다가 찬란한 보석 같은 선물로 귀국하는 행낭에 빛이 나게 해 주셨으니, 이것은 실로 고루한 사람의 지극한 행복이자, 천고의 기이한 일이었습니다.[6]

담헌은 자신의 감정을 엄격하게 통제하는, 어떻게 보면 냉정한 사람이었다. 하지만 중국 지식인이 자신을 알아주는 데 대해서는 감격해 마지 않았다. 북경 여행 이전의 담헌은 명문가 출신이고, 당대 최고의 스승이라 할 김원행의 제자였지만 경화세족 사회에서 개인적으로 명망이 높은 사람은 아니었다. 무엇보다 그는 여전히 과거에 합격하지 못한 처지였다. 그렇다 해서 다른 무엇으로 자신의 존재를 인정받은 것도 아니었다. 그런 담헌이 뜻하지 않게도 북경에서 한인漢人 지식인들로부터 존중과 찬사를 받은 것이다. 물론 그들의 담헌에 대한 호감의 이면에는 담헌이 외국인이라는 사실도 다분히 있었겠지만, 담헌으로서는 그것까지 알아채지는 못했을 것이다.

또한 담헌의 내면에는 육비 등을 과도하게 높이 평가하려는 심리가 있었다. 자신을 '해외의 천한 사람'으로 낮추고 육비를 '상국의 화족이며 강남의 위인'이라고 치켜세우는 것 자체가 겸양을 넘어선 과장이다. 담헌은 육비의 신분을 과장하고, 그를 만난 것은 '고루한 사람의 지극한 행복'이며, '천고의 기이한 일'이라고 부풀린다. 담헌에게는 분명 중국 지식인을 사귄 것에 큰 의미를 부여하고 싶은 욕망이 있었을 것이다. 담헌은 이어 재능과 학문, 기예를 갖춘 육비처럼 솔직하고 참다운 선비를 만나 지기가 되었지만, 한스럽게도 금방 헤어진 것에 무한한 아쉬움을 표했다.

육비가 과연 그런 사람이었던가? 육비는 담헌과 대화할 수 있는 지식인이었지만, 평범하다면 평범할 수 있는 청나라의 일개 지식인이었을 뿐이다. 대단한 학식이 있는 학자도, 탁월한 문인도 아니었고, 담헌처럼 윤리적 완정성의 실현에 삶의 목적을 둔 사람도 아니었다. 그보다 서화에 주력하는 아취 있는 삶을 살고자 하는 사람이었을 뿐이다. 사실 엄성을 제외한 육비와 반정균은 정주학을 세계관으로 삼아서 윤리적 완정성의 실현을 위해 맹진할 사람이 결코 아니었다. 그럼에도 담헌은 그들을 높이 평가했으니, 그것은 아마도 중국 본바닥 지식인들이 자신을 알아준 데 대한 감격의 표현이었을 것이다.

담헌은 육비에게 당연히 합격했을 것이라면서 과거의 결과를 물었다. 만약 불합격하더라도 시원스레 남쪽으로 돌아가 바람 부는 연꽃과 이슬 젖은 대숲 사이에서 읊조리면 그만일 것이라고 과거의 합격 여부를 대수롭지 않은 듯이 말한다. 육비가 원래 과거를 부정했던 데다 자신도 한인이 청의 조정에 벼슬하는 것을 부정적으로 보았기 때문일 것이다. 이어 담헌은 자신의 소식을 전했다. 초여름에 귀향했고 집안도 무고하며, 그 밖의 다른 소식은 반정균에게 보내는 편지에 썼노라고 끝을 맺었다.

자신과 가장 뜻이 맞았던 엄성에게 보낸 편지는 의외로 간단했다. 헤어진 지 다섯 달이 되었는데 그동안의 이런저런 슬픔과 기쁨이 모두 한바탕 꿈처럼 여겨진다면서, 예부터 인생의 이별과 만남이 한정없지만, 자신들의 만남처럼 기이한 경우는 없고 또 자신들의 이별처럼 괴로운 경우도 없었을 것이라고 서두를 꺼냈다. 2월 26일 과도한 슬픔을 표하는 반정균을 나무랐던 담헌답지 않게 어조가 사뭇 감상적이었다. 담헌은 "어떻게 하면 나의 이 쌓이고 맺힌 서글픈 심정이 갈수록 더욱 간절해짐을 금할 수 있겠습니까?"[7)] 라고 말하며 엄성을 그리는 마음을 그대로 드러냈다.

내가 돌아오는 길에 어린 버들과 붉은 살구꽃이 피어, 갈 때의 광경이 아니었습니다. 만리장성에 기대서서 진시황이 원한을 쌓았던 것을 비웃었고, 호석虎石을 어루만지며 이광李廣의 운수가 사나웠음을 슬퍼했습니다. 수양산에 올라서 백이伯夷의 맑은 바람을 맞았고, 의무려산에 들어가서는 하흠賀欽의 높은 절개를 우러렀지요. 옛날 일에서 무언가를 느끼고 지금 시대의 일을 슬퍼하는 등 일체의 기뻐하고 슬퍼하는 모든 곳에서 우리 역암을 생각하지 않을 수 있었겠습니까?

만 리를 넘어 소식을 전하는 것은 천고에 없던 일입니다. 만약 소식이 끊어지지 않는다면, 어찌 더할 수 없이 기이한 일이 아니겠습니까? 만약 한 번이라도 끊어진다면 사세로 보아 다시 이어질 수 없겠지요. 이런 상황이니 정리情理의 괴로움은 서로 이별할 때의 마음보다 열 배나 더합니다. 어찌하고 어찌해야 할지요.[8]

돌아오는 길에 만난 모든 풍경에서 담헌은 엄성을 떠올렸다고 말한다. 만 리를 넘어 소식을 주고받는다면 그것은 천고에 없는 일이요 또 기적일 것이다. 소식이 끊어진다면 다시는 이어질 수 없을 터이다. 과연 1767년 11월 엄성이 죽고 3년이 지난 1770년부터 반정균과 육비의 소식은 끊어지고 말았다. 엄성이 죽었을 때의 상황을 자세히 알리는 엄성의 형 엄과嚴果의 편지는 1778년에야 담헌의 손에 전해졌으니, 담헌의 불길한 예상은 사실이 되고 말았다.

담헌은 자신의 소식을 반정균에게 보내는 편지[9]에서 구체적으로 전하고 있다. 먼저 회시 합격 여부를 묻고, 이별 이후의 괴로운 심사를 말한 뒤 자신의 그간 소식을 전했다. 귀국 후 고향 집으로 돌아와 중국 친구들의 편지를 '고항문헌'이란 제목으로 엮고, 세 사람의 필담을 탈초해 '간정동회우록'이란 이름을 붙였다고 했다. 늦여름 매미 소리가 맑을 때 평복 차림으로 치건緇巾을 쓰고 향산루에 앉아 이 책자들을 읽노라면 벗들을 아침저녁 직접 만나는 것 같아 즐겁기 짝이 없다고 넛붙였다. 나머지 소식은 동지사 편에 부치기로 하고 끝을 맺었다.

이 3통의 편지는 서광정을 통해 보낸 것이었다. 담헌은 따로 서광정에게 편지[10]를 보내 자신이 반정균과 친구가 된 사연을 말하고, 황력재자관 편에 보내는 편지를 반정균에게 전달해 줄 것과 반정균이 고향으로 돌아갈 때 남긴 편지가 있다면 편지를 전달하러 간 사람에게 부쳐 줄 것을 간곡한 어조로 부탁했다. 곁들여 만약 반정균이 과거에 합격해 북경에 있다면, 같이 머무르고 있는 육비와 엄성에게 직접 편지를 전해 달라고 부탁했다.

　7월에 보낸 편지에 이어 담헌은 9월에 두 번째 편지를 써서 10월 동지사의 역관 변한기 편에 보냈다.[11] 육비·엄성·반정균과 엄성의 형 엄과, 그리고 서광정에게 보내는 5통이었다. 이 중에서 엄성에게 보내는 편지가 가장 길고 내용이 무거우므로 따로 다루기로 하고, 먼저 육비·엄과·반정균에게 보내는 편지를 살피겠다.

　육비에게 보낸 편지[12]에서 담헌은 먼저 우정에 대해 말했다. 담헌은 친구란 '책선보인責善輔仁'하는 존재, 곧 선과 인을 권하고 돕는, 서로 도덕적 완성을 격려하는 존재라고 말한 뒤, 육비가 자신에게 책선보인해 줄 것을 바란다고 운을 떼었다. 이어 그는 육비에게 책선보인을 시작했다. 담헌은 소절小節(대의의 뜻을 두지 아니한 작은 절조)에 얽매이지 않는 육비의 소탈한 태도와 그가 시문과 서화, 특히 서화에 골몰하는 것이 유감이었다. 담헌은, 육비에게 소절을 무시하고 건성건성 사는 태도는 큰 성취를 이루는 데 결격 사유가 된다고 충고하고, 아울러 "문묵文墨의 예원藝苑은 원래 대인군자의 안신입명安身立命할 곳"이 아닌데, 어떻게 그쪽에서 일생을 마치려는 것이냐고 물었다.

　이 이야기를 하면서 담헌은 육비와 관련된 일화를 하나 들었다. 귀국길에 우연히 만난 절강 사람에게 육비를 아느냐고 묻자, 그림을 잘 그리는 사람이라는 답이 돌아왔고, 이에 다시 "육비가 문장과 행실이 세상에서 뛰어났다"고 하자, 그 사람이 "그림은 육비가 심심풀이로 하는 일"이라 답하는 것을 들었다고 말했다. 담헌은 육비에게 소도小

道를 바라지 않는다고 말했다.

충고에 이어 담헌은 '유문儒門의 기물棄物'이 되었던 자신의 과거에 대해 말을 꺼냈다. 담헌은 자기 과거를 굳이 들추어 내는 것은, 자신이 거문고에 빠진 것과 육비가 서화에 힘쓰는 것이 동일하다고 말하고 싶었기 때문이라고 말한다. 요컨대 육비에게 서화를 그만두고 인격의 도덕적 완성을 지향하라고 책선하고 있는 셈이다. 이것이 육비에게 보낸 편지의 전부는 아니다. 담헌은 지난 2월에 문제가 되었던 《시경》〈소서〉 문제를 꺼냈다. 다만 귀국 후 걱정거리와 병으로 생각해 볼 짬을 내지 못했다면서 만약 새로 깨우친 바가 있으면 다시 질문하여 가르침을 받겠다고 했다. 주자의 경전 해석에 대한 비판은 담헌에게 여전히 문젯거리로 남아 있었던 것이다.

편지 본문은 이렇게 끝나고 말미에 부탁하는 말과 30구에 이르는 소체騷體의 고부古賦 1편이 붙어 있다. 부탁은 글씨를 다시 써 달라는 것이다. 곧 육비가 짓고 써 준 〈농수각기〉의 초서는 각수가 새기기 어렵다면서 다시 해자楷字로 약간 작게 써 주고, '애오려愛吾廬', '담헌湛軒' 등 자신의 거처에 걸 편액 글씨 여럿도 해자로 써 줄 것을 부탁했다. 고부는 이 부탁 뒤에 붙어 있다. 전체 편지의 끝에는 앞서 언급했던 〈명례동몽우기〉가 붙어 있다.

이 편지에는 양명학과 주자학의 관계에 대해 담헌 자신의 견해를 밝힌 별지가 남아 있다. 이 별지를 긴단히 검토해 보자. 담헌은 육비가 양명학자라는 것이 마음에 걸렸다. 2월 23일 토론에서 자신의 생각을 충분히 개진하지 못했으니, 이 문제는 담헌에게 〈소서〉와 마찬가지로 여전히 미진한 채로 남아 있었다. 널리 알려져 있다시피 양명학과 주자학이 갈라진 곳은 격물치지설格物致知說에 있었던 바, 담헌 역시 그것을 지적한다. 담헌은 인간의 마음은 인식 능력을 갖추고 있고, 객관 세계에는 '리理'가 내재하고 있기에 객관 세계에서 '리'를 완벽하게 인지하는 일이 절대적으로 필요하다는 정주학의 논리를 반복했다. 이어 그는 '리'가 곧 '마음'이며 선천적 도덕성인 양지良知이기에 객관 사물의 '리'를 인식하기보다는 인간 내부의 양지를 충분히 발휘해야 한다는 치양지설致良知說을 비판하여, 강학講學 없는 명상과 내면으로의 집중을 통해 일순간 '본심'과 '양지'의 깨달음이 있다 해도 결국은 객관 현실을 맞닥뜨리면 혼란을 가져오고야 말 것이라고 주장했다.[13] 담헌은 여전히 엄격한 정주학자로서 육비의 양명학을 교정하고자 했다.

각별히 눈여겨보아야 할 것은 이 별지의 끝부분이다.

> 아아, 70명 제자가 죽자 대의가 무너졌고, 오활한 유자와 곡학하는 선비들이 널리 알기만 할 뿐 요점을 아는 것은 거의 없었기에 장주莊周가 분세憤世한 나머지 〈양생주養生主〉와 〈제물론齊物論〉을 썼고, 주자 문하의 말학들이 입으로 외고 귀로 듣는 것만을 높이 쳐서 기송·훈고에 빠져 스승의 학설을 어지럽혔기에 양명이 시속時俗을 미워한 나머지 치양지설을 주장하게 된 것입니다.
> 이것은 시대를 근심하고 도리를 걱정한 뜻에서 나온 것이었지만, 굽은 것을 바로잡으려다가 지나치게 곧게 된 것으로, 빗나간 주장의 폐해는 오활한 유자, 곡학하는 선비와 다를 게 없고, 바른 도리를 해치는 것은 기송·훈고보다 더 심하기도 하니, 적이 생각건대, 양명의 높은 경지는 장주에게 비길 만하지만, 그 학술이 정도와 차이가 나는 것은 꼭 같이 이단으로 귀착된다 하겠습니다.[14]

공자가 사망하고 그 제자들까지 모두 죽어 버리자, 지식은 넓지만 공자 학문의 요체를 모르는 오활한 유자와 곡학하는 선비에 분개한 장자가 〈양생주〉와 〈제물론〉을 썼듯, 기송과 훈고, 곧 실천 없는 텍스트의 암송과 과도한 주석적 이해에 매몰된 정주학파 후예들이 정주학의 본래 목적을 흐리자 양명이 치양지설을 제창했다는 것이다.

공자의 제자 70인이 죽자 대의가 무너졌다는 말은 《전한서前漢書》〈예문지藝文志〉에 최초로 보인다.[15] 하지만 뒷날 주자학자들은 주자의 말을 인용했을 것이다. 주자는 공자 제자들이 죽자 양자와 묵자와 같은 이단이 출현했다고 말한 바 있고, 또 공자 제자 70명이 죽은 뒤 대의가 무너졌다는 말을 인용하여 정자程子의 제자들이 스승의 학설을 이해하지 못하는 것을 개탄한 바[16] 있기 때문이다. 담헌 역시 주자를 인용했을 터이다. 주자 문하의 말학[朱門末學]들이 입으로 외고 귀로 듣는 것만을 높이 친 나머지 기송·훈고에 빠져 스승의 학설을 어지럽혔다는 말 역시 원의 정주학자 오징吳澄이 가정嘉定(1208~1224) 이후의 학문을 비판한 데 근거하고 있다.[17] '주문말학' 운운은 퇴계 이후 정주학자들이 종종 구사하는 말이었으니,[18] 담헌의 비판 역시 정통 정주학적 맥락에서 제기된 것이었다.

담헌의 비판은 앞서 언급한 바와 같이 20대 초반부터 가지고 있던 지론에 근거한 것이었다. 담헌의 정주학은 실천을 강력하게 지향하는 것으로, 그 실전성에 기초하여 기존 조선 정주학의 비실천성을 강력하게 비판하고 있었다. 담헌은 정주학의 비실천성이 결국 장자와 양명이란 이단을 낳았다고 평가하지만, 이 평가를 기초로 해서 정주학 자체를 비판하지는 않는다. 처음 엄성을 만나 양명학에 대해 토론할 때도 "후세 학자들이 겉으로 주자를 숭상하나 입으로 의리를 의논할 따름이요, 몸의 행실을 돌아보지 아니하니 도리어 양명의 절실한 의논에 미치지 못할 것입니다"[19]라고 말했다. 담헌이 비판한 것은 당시 조선의 유학과 주자학의 말폐일 뿐, 유학과 주자학의 진리성 자체는 결코 부정하지 않았다. 다만 장자와 양명학을 이단으로 몰아붙이는 그의 태도는 뒷날 엄성의 충고로 상당히 누그러지게 된다.

엄성의 형 엄과에게 보낸 편지[20]에서 담헌은 엄성과 자신이 의형제가 된 내력을 간단히 말하고 자신을 동생으로 여겨 달라고 부탁했다. 반정균에게도 당연히 편지[21]를 보냈다. 그 어조는 엄성에게 보낸 편지와는 사뭇 달랐다. 잡무에 얽매이고 자식의 병으로 인해 학문에 열중할 시간을 내지 못한다는 자신의 근황을 간단히 알린 뒤, 만나 보지 못한 서광정에게 불쑥 편지를 보낸 것이 경솔한 일이 아닌지 물었다. 이어 반정균의 성격과 행동에 대해 충고를 아끼지 않았다. 지난 편지에서 언급한 《회우록》에 관한 이야기도 꺼냈다. 원래 필담에는 반정균의 농담이 많이 실려 있었는데, 엄정한 성격의 담헌으로서는 그것이 마음에 들지 않았던 모양이었다. 예컨대 2월 4일 김선행과 반정균의 대화 역시 필담 그대로 실은 것이 아니라, 담헌 자신이 압축하여 전체적인 분위기만 표현했을 뿐이었다. 하지만 반정균의 농담을 모두 삭제하는 것은, 반정균 자체를 왜곡하는 것과 다를 바 없었기에 담헌은 스스로 다 삭제할 수는 없었다. 담헌은 반정균의 농담을 실은 《회우기》를 우인들에게 보이자, 그의 빼어난 재능에 놀란 사람도 있지만, 한편 지나치게 재기발랄한 것을 우려하는 사람도 있었다고 전했다. 담헌은 반정균에게 수양에 좀 더 힘을 기울일 것을 당부했다.

이어 반정균이 부탁한 《동시초東詩鈔》, 곧 조선의 시를 가려 뽑은 책은 병을 앓는 통에 짬을 낼 겨를이 없었고, 또 창졸간에 만들 수가 없어 다음 편에 만들어 부치겠다고 말했다. 가장 중요한 것은 앞으로의 연락이었다. 서광정에게 편지를 보내긴 했지만, 앞으로 서광정이 편지 전달을 맡지 못할 경우에 대한 대비가 있어야 할 것인데, 그럴 경우 1년에 한 번 반드시 북경에 가는 조선 사신단으로 연락하면 틀림없을 것이다. 다만 여러 가지 뜻하지 않은 일이 생기면 한두 해 연락이 되지 않을 경우도 있을 테고, 만약 3년 정도 소식이 없으면 피차간 잊는 것이 좋을 것이라는 말도 덧붙였다. 이렇게 말했지만 뒷날 소식이 끊어졌을 때 정작 잊지 못하고 애면글면한 사람은 담헌 자신이었다.

담헌은 편지 끝에 별지를 붙였다. 반정균을 백운白雲과 영지靈芝에 비긴 시경체詩經體의 사언팔구의 시 각각 4장을 먼저 싣고 기왕 지은 〈담헌기湛軒記〉의 한 구절을 고쳐 줄 것과, 빠진 글자가 있으니 다시 써 줄 것을 부탁했다. 아울러 반정균의 집에 담헌 등의 초상이 있다는 것을 들었다면서 자신도 육비와 엄성, 반정균의 모습을 보고자 하니 초상을 그려 달라고 부탁했다.

귀국길에 삼하에서 등사민과 손유의와 사귀게 되어 서신을 주고받기로 약속하고 시를 지어 작별했던 소식도 전했다.[22] 등사민과 손유의를 사귄 것은 물론 전할 수 있는 내용이지만, 특별히 시에 대해 언급한 것은, 역시 그의 완벽주의와 관련이 있을 것이다. 2월 북경의 모임에서 담헌은 여러 사람의 요구에도 시를 쓰지 않았다. 그것은 담헌 자신의 말에 의하면, 이천伊川 곧 정이程頤의 '시를 짓지 않는 법문法門'을 따른 것이었다[伊川不作詩法門]. 그가 등사민과 손유의의 요청에 시를 지어 준 것은, 스스로의 원칙을 어긴 것이고 또 엄성과 반정균 등 북경의 친구를 속인 것이 되었다. 엄격한 담헌은 이것이 마음에 걸려 해명의 말을 꺼낸 것이다.

부탁은 계속 이어진다. 〈담헌기〉와 〈애오려팔영〉은 원래 한 작품으로 충분하지만, 고수에게 작품을 더 받아 일을 호사스럽게 꾸미는 것이 동방의 풍속이라면서 육비와 엄성에게 부탁해서 작품을 더 지어 줄 것을 부탁했다. 〈담헌기〉에는 반정균, 〈애오려팔영〉에는 엄성의 작품이 있으니, 각각 짓지 않은 작품을 더 지어 달라는 부탁이었다. 《회우록》에 대해서도 언급했다. 담헌은 《회우록》이 완성된 뒤 주변의 친구들 중 찾아와 묻는 사람들을 위해 《회우록》의 경개梗槪를 작성하고, 육비와 엄성, 반정균에 대한 인물평을 써서 후어後語로 삼았다고 하였다. 그런데 인물평이란 것이 워낙 조심스러울 수밖에 없는 것이라 담헌은 한마디도 아첨하는 말이 없다고 재삼 강조하였다.

담헌은 경개를 썼다고 하지만, 실제 경개라 할 것은 없고 이어 실려 있는 것은 세 사람에 대한 평이다. 육비 3조목, 엄성 3조목, 반정균 2조목으로 이들의 외모와 성향, 재능 등에 대해 평가한 글인데, 《간정동필담》의 마지막에 실린 〈간정록후어乾淨錄後語〉[23]와 사실상 같은 내용이다. 담헌은 세 사람을 이렇게 그려 냈다. 소탈하고 활달하며 농담을 잘하고, 시서화에 출중한 재능을 갖고 있는 육비, 육왕학陸王學과 불교에 대한 깊은 식견과 통찰이 있으나 거기에 매몰되지 않고 진리를 향해 열려 있는 진지한 자세와 성심誠心을 가지고 있는 엄성, 영리하고 재기발랄한 반정균, 이것이 담헌이 그려 낸 친구들의 상像이었다. 담헌은 이들이 타고난 성품이 같지 않고 재능과 학문에 있어 각각 장단점이 있으나 안팎이 일치하고, 마음과 말이 맞으니, 악착스러운 세속의 선비들과 다르다고 평가했다.[24] 반정균에게 보내는 편지는 이것으로 끝난다.[25]

마음이 가장 통했던 엄성에게 보낸 편지[26]의 내용은 대단히 진지했다. 편지 서두에서 담헌은 황력재자관 편에 부친 편지를 받았는지를 물었다. 담헌은 자신이 엄성을 그리워하는 것은, 엄성이 호고好古하는 사람으로서 성현이나 호걸이 되기를 바라는 겸손한 성품의 인물이기 때문이라고 털어놓았다. 이어 귀국한 이래 우환과 병으로 독서를 제대로 할 수 없었다면서 자신의 독서론을 펼치고 있다. 담헌이 굳이 독서론을 펼친 것은 육비와 엄성이 경도된 양명학이 텍스트를 가볍게 보는 경향이 있기 때문이었다. 담헌은 독서는 '리'를 밝혀 '사事'를 실천하기 위한 것이라고 말한다.[27] 독서의 목적은 윤리적·도덕적 원리를 깨달아 현실에서 실천하는 것이다! '사'는 무한히 다양할 수 있다. 그것은 개인의 모든 일상적 행위일 수도 있고, 보다 큰 정치적 행위일 수도 있다. '리'의 탐구는 인간의 모든 행위에서 실천되어야 할 것이다!

독서의 강조는 주지주의로 귀착되어 실천을 경시하는 것으로 여겨질 수도 있기에 담헌은 독서가 중요하기는 하지만, 지知와 행行 둘 중에서 어느 하나 폐기할 수 있는 것은 아니라고 말한다.[28] 하지만 그는 본·말과 경·중을 구분하지 않을 수 없다고 덧붙였다. 이 지점이 매우 미묘하다. 담헌은 이 부분을 정확하게 인지하지 못할 경우, 돈오頓悟나 훈고로 귀결될 것이라 말한다. 담헌은 이렇게 말한다.

지식은 실천에 선행한다. 따라서 양명학처럼 지식의 축적을 통한 인식의 확장을 배제한다면, 그것은 불교에서 말하는 진리의 돈각頓覺, 곧 돈오로 귀결될 것이다. 만약 실천에 선행한 독서에 과도하게 집중한다면, 그것은 텍스트의 의미를 확정하려는 과잉의 노력, 곧 훈고로 귀결될 수 있다! 담헌은 선지후행先知後行이라는 주자주의를 신봉하면서 인식과 실천의 균형을 말하고 있다. 그는 엄성의 재질로 주자주의에 입각해 부화浮華한 것을 끊어 내고 찌꺼기를 완전히 변화시킨다면〔刊落浮華, 渾化査滓〕 후일 헤아릴 수 없는 성취를 이룰 것이라고 충고했다. 담헌은 시종일관 도덕적 완성을 향하는 학문에 대해 진지하게 말하면서 자신도 진보할 수 있도록 엄성이 격려해 주기를 바랐다.

이상이 편지의 본문이다. 이어 본문의 몇 배가 되는 별지가 붙어 있다. 첫째는 엄성을 '나는 새'에 비유해 그 인품을 기린 시경체體 4언시〈비조飛鳥〉9장이다. 이어 "고금 인품에는 6등급이 있는데, 지금 위차位次를 배정하여, 권징勸懲하는 기준으로 삼는다"[29]는 제목 격의 도언導言을 쓴 뒤 6등급의 인품을 다음과 같이 제시하였다.

- 제1위 성인聖人—하나의 흠도 없이 만 리를 밝힐 수 있는 사람.
- 제2위 대현大賢—도와 덕이 온전하게 구비되어 지켜서 변화하지 않는 사람.
- 제3위 군자—처신에 부끄러워하는 바가 있고, 사방에 사신으로 가도 욕되지 않는 사람.
- 제4위 선인善人—종족들이 효성스럽다 일컫고, 우애가 있다고 향리가 칭송하는 사람.
- 제5위 속인—유속流俗에 동조하고 더러운 것에 동참하며, 해를 피하고 이익을 추구하는 사람.
- 제6위 소인—탐욕스럽고 비루하기가 개나 돼지와 같고, 참독慘毒하기가 뱀이나 전갈 같은 사람.[30]

담헌은 6등급의 사람을 비교하고 최후로 군자 이상이라야 비로소 '사람'이 되는 것이라 말한다. 6등급 인품론은 담헌의 독창이 아니라 김창흡의 소론小論을 인용한 것이다. 앞서 담헌의 〈시경변의〉를 검토한 바 있는데, 그것은 김창흡이 1720년 3월부터 《시집전》을 읽으면서 써 놓은 비평을 담헌이 다시 비평한 것이었다. 그런데 김창흡은 한 해 전인 1719년 3월 5일의 일기에서 사람의 등급을 여섯으로 나누고 각 등급에 대해 비평하고 있다. 담헌이 "고금 인품에는 6등급이 있는데, 지금 위차를 배정하여, 권징하는 기준으로 삼는다"라고 한 부분은 김창흡이 "나는 일찍이 인품을 6등급으로 나누어 위차를 배정하고, 매번 후학을 위해 절절하게 말해 주며 권징하는 기준으로 삼았다"[31]라고 한 말에서 가져온 것이다. 담헌은 김창흡의 소론에 공감하여, 그 말이 절실하고 시폐時弊를 적절하게 지적한 것을 좋아하여 늘 마음에 새기고 있다면서 자신이 부연한 말을 엄성이 혹 경계로 삼았으면 한다고 바라고 육비와 반정균에게도 교시를 구한다고 했다.[32] 물론 편지의 모든 부분이 김창흡을 인용한 것은 아니다. 이어지는 다음 부분은 담헌 자신의 말이다.

아아, 소인이 세상에 항상 있는 것은 아닙니다. 하지만 속인은 세상에 넘쳐납니다. 선인은 비록 사랑할 만하지만, 역시 종신토록 표준으로 삼기에는 부족하지요. 군자에서 대현으로 나아간다면, 비록 성인에는 미치지 못하나, 또한 지금의 '성인'이라 할 수 있을 것입니다. 우리 같은 사람은 속인으로 몰아붙인다면 혹 수긍히지 않겠지만, 선인이라면 다소 미진한 곳이 있겠지요. 이른바 둘의 중간인 것입니다. 아아, 또한 부끄러워하고 두려워해야 할 뿐입니다.[33]

담헌은 자신의 현재를 소인과 선인의 중간으로 파악한다. 그것은 겸사일 수도 있고, 자신의 내면을 엄격하게 점검한 결과이기도 할 것이다. 다만 그의 지향점은 궁극적으로는 성인의 경지이지만, 현실적으로는 군자에서 대현의 경지로 나아가는 것이다. 그것은 앞서 말한 정주학의 실천을 통한 윤리적 완정성의 실현이라 부를 수 있겠다.

다시 이어지는 부분을 읽어 보자.

(1) 사람이 만약 성인을 배우고자 하는 뜻이 있다면, 강학의 공부와 그것의 실천에 반드시 한편으로는 급급하고 한편으로는 차근차근하여, 나아가면 갈수록 더욱더 독실해져 우물쭈물하거나 유유범범悠悠泛泛하여 마치 그저 있는 듯 없는 듯할 이치가 없을 것입니다.
한갓 낯빛과 혓바닥을 숭상하고, 겉만 위세를 보이고 속은 물렁하고, 허명虛名을 밖으로 과시하고, 안으로 실덕實德이 병들었는데도, 자신을 속이고 남을 속이는 자는 모두 성인의 경지를 바라는 실심實心이 없는 것이외다. 그렇다면, 지금의 이른바 배운다는 것은 무슨 뜻하는 바가 있어 배운다는 것일까요? 대략 5종류가 있습니다.
(2) 첫째, 이익을 노리는 마음[利心]. 참[眞]을 가장하고 거짓을 자행하되, 그런 짓을 늘 하고서도 의심하지 않으며, 녹祿을 구하는 것으로 마음을 삼는 자.
둘째, 이름을 노리는 마음[名心]. 살아서는 빈사賓師가 되고 죽어서는 조두俎豆로 제사를 올려 과장하는 것을 기쁨으로 삼는 자.
셋째, 승심勝心. 도학道學보다 높은 것은 없으니, 다른 학술은 낮은 것이 된다. 표치標致를 높은 것으로 여기는 자.
넷째, 영리함. 독서하고 이치를 말할 때 막히는 것이 조금만 있으면 분변하고 따지는 것을 능력으로 삼는 자.

다섯째, 염아恬雅. 적당히 욕심을 적게 가지고, 서책을 가까이하며 완색玩索하는 것을 즐거움으로 삼는 자.

'이심'은 도깨비고, '명심'은 꼭두각시이고, '승심'은 벽와壁蝸이고, '영리함'은 앵무새고, '염아'는 두어蠹魚(서책이나 옷을 파먹는 좀벌레)이외다. 학문을 향한 마음을 세우는 것에 이것에 관련된 것이 한 가지라도 있으면, 성인의 경지를 바라는 공부가 나아가면 갈수록 멀어진다는 것을 나는 알고 있습니다.[34]

(1)은 김창흡의 논조를 따르기는 하였지만 대부분 담헌의 글이다.[35] 밑줄 친 '성인의 경지를 바라는 실심이 없는 것'이란 부분은 원래 '성인을 바라는 뜻이 없는 것'이었다. 담헌은 스승 김원행의 실심 사상을 수용하여 자신의 사상으로 삼았으니, 그의 실심은 사실상 '성인의 경지가 되려는 마음'임을 확인할 수 있다. 윤리적 완정성의 실현 역시 '성인이 되는 것'과 동일한 것이다. 성인이 되려는 실심 외에는 모두 혹독한 비판의 대상이 될 뿐이다. '이심利心'은 학문이 결국 관록을 얻고자 하는 것을 지향하는 경우, 곧 과거가 그것이다. '명심名心'은 학자로서의 명예를 의도적으로 추구하는 경우, 예컨대 산림山林으로 행세하여 타인으로부터 존경을 받고 죽어서는 서원에서 향사享祀 받기를 의식적으로 원하는 경우, '승심勝心'은 도학을 가장 높은 가치로 표방하고 다른 학문은 몰기치한 것으로 여기며 빼기는 경우, 넷째 '영리함'은 텍스트를 읽을 때 조금이라도 막히는 부분이 있으면 그것에 지나치게 집착하여 따지기를 능사로 삼는 경우, 다섯째 '염아恬雅'는 세상사와 이욕에 관심이 없는 척하면서 진중한 학문적 주제를 가지지 않고, 서책을 호사가적 태도로 가까이하면서 조촐한 생활을 유지하는

문인적 삶의 자세를 겨냥한 것이었다. 이것은 외견상 학문하는 행위로 보이지만, 윤리적 완정성의 실현을 통해 성인을 지향하는 정주학의 학문적 목적을 배신한다는 점에서 동일하다. 또한 이것은 담헌이 관찰한 당대 경화세족이나 일반 사족에게서 흔히 찾아볼 수 있는 행태였을 것이다.

앞의 인용에 이어 담헌은 학문의 타락 원인에 대해 논한다. 담헌은 천하의 영재가 적지 않지만, 과환科宦과 물욕, 안일이 질곡이 되고 해를 끼친 나머지 고학古學에 몰두하는 사람이 드물고, 사장詞章과 기송, 훈고가 장애가 되어 실학實學에 몰두하는 사람이 더욱 적으며, 공리功利가 그 학술을 잡스럽게 하고, 노장과 불교가 마음을 방탕하게 만들고, 육상산과 왕양명이 그 참됨을 어지럽혀 정학正學에 우뚝 설 사람이 드물다고 말한다.[36)]

고학은 세속적 가치를 배제한다. 고학은 관료적 출세, 물질적 욕망, 그에 바탕하는 생의 안락함 같은 현세적 가치를 추구하지 않기에 '옛' 학문일 수밖에 없다. 사장은 일반적으로 '문학'과 동의어다. 하지만 사장의 비판적 의미는 수사 과잉의, 실천과 유리된 언어의 미적 형상물이다. 기송과 훈고는 경전의 암송과 주석적 이해를 의미한다. 이것은 경전이 지시하는 진리의 실천과 유리되어 있다는 점에서 사장과 동일한 성격이다. 문학과 경학은 지적 행위의 영역이다. 담헌은 그 지적 행위의 영역이 실천과 유리된 걸 비판하여 실천적 학문을 지향했던 바, 그것이 바로 '실학'이다.

이어지는 담헌의 말 중에서 노장과 불교, 육상산과 왕양명에 대한 비판은 굳이 재론할 필요가 없을 것이다. 다만 공리가 학술을 잡스럽게 만든다는 부분은 약간의 설명이 필요하다. 1766년 1월 20일 담헌이 오상과 팽관을 찾아가 필담을 하던 중 팽관이 "귀처貴處에서 학문이 지극히 큰 사람이 누구냐?"고 묻자, 담헌은 학문에는 의리의 학문, 경제經濟의 학문, 사장의 학문이란 세 등급이 있는데 이 중 어느 학문을 가리키는 것이냐고 되묻고, 이어 세 학문에 대해 설명했다. 이 중 경제의 학문은 '경세제민經世濟民의 학문' 곧 국가 경영의 학문이다. 담헌은 이어 의리를 제외하면 경제는 공리에 빠지고, 사장은 화려하기만 한 수식[浮藻]에 빠질 것이라 말한다.[37] 공리는 쉽게 말해 유가 윤리의 정당성이 배제된 국가 경영의 기술이고, 눈앞의 공효功效와 이익[38]을 추구하는 것이다. 곧 공리는 윤리성이 배제된 국가 경영이다. 담헌은 공리와 같은 의미로 사공事功이란 말을 쓰기도 하였는데, 이에 대해서는 후술한다. 담헌은 이상의 비판적 언설言說을 마치고 엄성이야말로 정학·고학·실학을 지향하고 있다며 "정학을 붙들고 사설邪說을 그치게 하고, 선성先聖을 계승하고 후학을 이끌어야 할 것"이라고 말한다. 말은 엄청나게 길었지만 핵심은 단순했다. 자신의 '실천적 정주학'을 엄성이 수용하기를 간곡히 바란 것이었다.

편지의 뒷부분은 조금 가벼운 내용이었다. 자신이 산수 유람을 좋아하지만 좁은 땅 안에 갇혀서 서호西湖 등의 명승지를 볼 수 없었다면서, 항주의 명승지와 고적 수십 곳을 실경에 가깝게 그리고, 엄성 등의 거처도 그려 달라고 부탁했다. 그리고 과거에 대해서도 간단히 언급했다. 앞서 말한 바와 같이 그는 여전히 과거에 대한 미련을 버리지 못하고 있다면서 이것은 자신의 학문이 충실하지 않은 탓이니, 얼마 전 과거를 본 엄성이 어떤 교훈을 얻었는지 알려 달라고 부탁했다. 개인적인 속내도 털어놓았다. 곧 마흔이 되기도 전에 시력이 나빠지고 머리가 백발이 되었으며, 혈기가 날이 갈수록 쇠하고 따라서 의지와 기운도 꺾이고 있다는 것이었다. 이런 이유로 독서 역시 거칠게 하고 말기에 진보할 기미가 없어 부끄럽고 두렵다고 밝혔다. 단단하고 흔들릴 것 같지 않아 보였던 담헌이 자신의 불안한 내면을 엄성에게 고백했다.

엄성이 김재행에게 지어 준 〈양허당기〉와 〈팔영〉에 대해서도 몇 마디 건넸다. 〈양허당기〉에서 자신을 언급하는 부분은 사실과 맞지 않은데, 무어라 말할 수는 없지만 좀 원만하게 고쳐 준다면, 정말 8대가八大家에 넣어도 손색이 없는 걸작이 될 것이고, 글 서두의 우정을 논한 부분은 더욱 훌륭해서 세상을 깨우칠 만하다는 평가였다.

흥미로운 것은, 담헌이 엄성에게 전한 주위의 반응이었다. 담헌은 자신과 엄성 등이 형제가 된 것을 두고 '유림儒林의 고사故事'에서는 전례를 찾아볼 수 없는 일이라고 비난하는 사람들이 있다면서, 혹 유자들 사이에서 자신들과 같은 경우가 있느냐고 물었다. 이어 엄성이 자신을 지나치게 높이 평가하는 것은 마땅치 않다며 자신의 결점에 대해서도 충고를 아끼지 말라고 부탁하였다. 엄성의 형 엄과에게 편지를 보낸 것에 대해서도 양해를 구했다. 먼저 엄과의 안부를 묻고, 자신이 편지를 보낸 것이 혹 실례가 되었다면, 엄성이 편지를 읽고 버릴 것을 당부했다.

별지의 끝에는 유교와 노장, 불교의 동이同異에 대한 질문이 붙어 있다. 엄성과 반정균, 육비 모두에게 묻는 것이었다. 유학의 '태극이 양의兩儀를 낳는다',[39] 노자의 '어떤 물物이 뒤섞여 이루어져 천지에 앞서 생겨났다',[40] 불교의 '어떤 물物이 천지에 앞서 있는데 형체가 없고 본디 적막하다'[41] 등의 우주 발생론, 유교의 진성盡性, 노자의 재혼載魂, 불교의 견심見心에서 공통적으로 보이는 '마음'에 대한 고찰, 유교의 '하나로 관통한다'[42)]와 노자의 '성인은 하나를 품는다',[43)] '만법은 하나로 귀착된다'[44)]는 일원론적 언표들, 유교의 '자신을 수양해서 백성을 편안하게 한다',[45)] '나는 무위無爲하지만, 백성은 저절로 변화한다',[46)] 불교의 '자비로 중생을 제도한다'[47)]는 치자治者−피치자被治者의 정치적 관계 속에 개재하는 치자의 사유와 행위 등의 문제를 둘러싼 공통점과 차이점이 무엇인가를 물었다.

이어 담헌은 유가의 노장과 불교에 대한 긍정적 평가, 그리고 유가 지식인이 노장과 불교로 기울어지는 난처한 현상에 대해 물었다. 노자에 대해 《역易》의 체를 얻었다"고 한 소옹의 평가, 장자에 대해 "도체道體를 아주 잘 형용했다"고 한 정이의 평가, 부처를 성인이라고 한 왕통王通의 평가, 관음보살을 현인이라고 한 윤순尹焞의 평가는 철저한 정주학자인 담헌으로서는 이해할 수 없는 것이었다. 아울러 정자의 제자인 사현도謝顯道가 노장과 불교에 빠진 것, 육상산이 걸핏하면 《맹자》를 인용하면서도 선지禪旨에 가까웠던 것, 장량張良이 오직 황黃·노老의 학문을 채용했는데도 장식張栻이 유자의 기상이 있다고 평가한 것, 소식蘇軾이 가는 곳마다 참선을 했는데도 주자가 근세의 명경名卿이라 평가한 것은 더욱 납득할 수 없는 것이었다. 담헌은 그 이유를 엄성에게 진지하게 물었다.

담헌은 우주론에서 정치, 심성에 이르는, 근원적인 문제에 대해 의문을 던지고 있었다. 1767년 엄성이 사망하여 담헌은 이 질문에 대한 답을 들을 수는 없었지만, 이 물음이야말로 담헌이 정주학을 신념하면서도 내면적으로 끊임없이 비판적으로 사유하고 있다는 증거이기도 했다.

1766년 10월의 편지 끝에도 북경의 메신저인 서광정에게 보내는 편지가 붙어 있다. 요지는 조선 사람이 가져다주는 편지를 항주에 잘 전달해 주고, 항주에서 오는 편지를 역시 그 사람 편에 보내 달라는 정중한 부탁이었다. 서광정의 주선으로 엄성은 담헌이 보낸 첫 번째 편지를 1766년 11월 24일 받았다. 두 번째 편지는 해를 넘겨 1767년 윤7월 절강에서 그가 있던 복건으로 전해졌다.

등사민과 손유의에게도 헤어질 때 약속했던 대로 편지를 썼다.[48] 다만 편지는 간단했다. 엄성 등과 달리 단 하루를 만난 사이였기 때문에 공유할 수 있는 경험이 별로 없었다. 등사민에게는 만나서 알게 되어 기뻤지만, 일정이 바빠 오래 대화하지 못해 아쉬웠다고 말한 뒤 그동안의 안부를 묻고 자신의 근황을 간단히 전했다. 별반 중요한 내용은 없었는데, 다만 편지 끝에 시초蓍草를 구해 달라고 부탁하는 말을 붙이고 있다. 곧 문왕文王과 공자의 무덤에서 자라는 시초가 최상품이라고 들었는데, 북경 시장에서 파는 것이 진품인지 아닌지 알 수 없기 때문에, 어렵지 않다면 구해 보내 달라는 것이었다. 손유의에게 보낸 편지도 거의 같은 내용이었다. 이별하게 되어 아쉬웠다는 말을 한 뒤 과거 합격 여부 등 안부를 물었다. 편지의 끝부분은 역시 시초를 구해 달라는 것이었다. 자신이 마음을 씻고 어떤 일을 결행할 때 주역점을 치는데, 조선에는 신령한 시초가 없기 때문이라 했다. 앞에서 살핀 바와 같이 담헌은 주자의 《역학계몽》을 읽고 첫째 장인 '본도서本圖書'에 대한 비평인 〈계몽기의〉를 남겼다. 《역학계몽》의 나머지 장 '원괘획原卦畫', '명시책明蓍策', '고변점考變占'은 시초를 이용해서 점을 치는 방법을 논한 것인데, 담헌은 아마도 이 글들을 읽고 실제 시초를 구해서 점을 치고자 했던 것으로 보인다. 담헌은 또 등사민과 손유의 두 사람에게 각각 시를 써서 보냈다(시는 편지에 실려 있지 않다).

1767년 1월 반정균과 엄성의 편지를 받다

1766년 12월, 황력재자관 김홍철이 귀국했다. 담헌이 실제 엄성과 반정균, 서광정의 편지를 받아 본 것은 1767년 1월 2일이었다.[49] 육비의 편지는 없었다. 서광정은 편지[50]에서 자신이 반정균에게서 담헌에 대해 들었지만, 한 번도 만나지 못한 것이 유감이라면서 엄성·육비·반정균이 5월에 항주로 돌아간 소식을 전한 뒤 반정균이 맡긴 《자첩字帖》 1부와 편지 2통을 보내고, 《호산편람湖山便覽》 2부는 장정이 완성되지 않아 뒤에 따로 보내겠다고 했다.

서광정이 말한 편지 2통은 담헌과 김재행에게 보내는 것으로, 엄성의 편지는 따로 언급하고 있지 않다. 하지만 엄성의 편지 역시 같이 전해졌다. 엄성의 편지[51]는 8월 1일 쓴 것이었다. 담헌이 7월과 10월에 보낸 편지를 받지 않은 상태에서 써 보낸 것이었다. 엄성은 편지에서 반정균과 자신은 과거에 응시해 고시관의 추천 명단에는 들었지만 정원이 꽉 차서 결국 탈락하고, 4월 중순 북경을 출발해 5월에 고향으로 돌아와 반정균을 비롯한 친지들과 즐겁게 지내고 있다며 자신의 근황을 전했다. 그리고 자신은 공명功名에 대한 마음이 없고, 앞으로 염락관민濂洛關閩의 글을 연구하고 싶다고 말했다. 곧 정주학을 공부하겠다는 것이었다. 나만 담헌과 같은 지기를 만나 함께 공부할 수 없는 게 유감이라고 했다. 엄성은 담헌이 이별하는 날 자신에게 준 증언贈言을 첩帖으로 만들어 보물처럼 여기며 보고 있으며, 다시 만날 수는 없지만 각자 학업에 정진하여 서로 기대하는 바를 저버리지 말자는 담헌의 말을 떠올리며 그렇게 하리라 다짐하지만, 그래도 직접 만나지 못해 마음속에 맺힌 응어리를 풀 수가 없노라고 말했다. 담헌이란 인간 자체가 그립다는 뜻이었다.

 반정균은 2통의 편지[52]에서 4월 중순에 행장을 수습해 북경을 떠났고, 5월에 항주에 도착했다고 했다. 이 편지는 항주에서 쓴 것이었으니, 역시 담헌이 보낸 7월과 10월의 편지는 받지 않은 터였다. 편지의 서두에서 반정균은 헤어진 뒤 담헌이 관민지학關閩之學, 곧 정주학과 주공周公·공자의 도를 깊고 정밀하게 연구하고 있을 것이라 말한다. 담헌이 정주학자로 인식되었던 사정을 반정균의 말에서도 거듭 짐작할 수 있다. 반정균은 이어 항주로 돌아온 이래 담헌의 가르침을 받들어 학문에 몰두하지만 능력이 부족한 듯하다고 말하고, 이어 엄성의 소식을 전했다. 엄성은 타고난 자질이 뛰어나고 심지가 이미 정해져 매일 주자의 서적을 읽고 실천하고 있으니, 아마도 장래 성취가 있을 것이라 하고, 육비는 보정保定 지방을 여행 중인데 그림 그리는 것을 일상의 소업으로 삼고 있다고 말했다. 담헌이 편지에서 우려했던 것처럼 육비는 화가로 활동하고 있었다.

 반정균은 이 편지에서 자신이 명의 문인 오명제吳明濟의 《조선시선朝選詩選》을 잇는 조선에 관한 저술에 착수했지만 수집한 문헌은 《사략史略》, 《도경圖經》과 정몽주 이후 수십 명 시인의 시뿐이라면서 원대元代 이전의 시를 수록하고 있는 최해崔瀣의 《동인지문東人之文》 25권이 있다면 보내 줄 것을 청하고, 그 밖에 조선의 인물·풍속·시대에 관련된 저술 역시 보내 주기를 바랐다. 또 어떤 이유에서인지 《삼강행실三綱行實》이란 책이 있는지 물었다. 시문집에 관련된 것은 김재행에게 보낸 편지에 좀 더 자세한 내용이 나와 있다. 그 편지에 의하면, 반정균은 자신의 견문이 정인지 등 몇몇 사람의 책에 국한되어 있다면서 김재행이 짬이 나면 근대의 시를 한 질의 책으로 편집하되, 작자의 성명·벼슬·향리, 전할 만한 사적을 첨부해 달라고 부탁하고, 《기아箕雅》와 같은 조선 시선집 간본도 있으면 보내 달라고 요청했다. 이 편지와 함께 반정균은 두 사람에게 《호산편람》 2책과 《서호명승약략西湖名勝約略》을 보낸다고 하였다. 《호산편람》은 앞서 말한 바와 같이 편지와 함께 전해지지는 않았다.

반정균과 서광정의 편지를 받고 석 달 뒤인 1767년 4월 회환하는 동지사 편에 등사민과 손유의, 서광정, 양혼[永珊]의 편지가 전해졌다.[53] 등사민은 지난해 섣달에 보낸 편지와 선물을 감사하게 받았고, 보낸 시에 크게 감탄했으며, 자신도 시 한 편을 지어 보낸다고 하였다. 담헌이 부탁한 시초는 북경에서 구입하면 진위를 알 수 없기 때문에 곡부曲阜에 사람을 보내어 구해 보내겠다고 약속했다.

손유의는 먼저 담헌이 편지와 함께 시를 지어 보낸 데 감사를 표하고, 답례로 단향목檀香木으로 만든 부채 한 자루와 괘대掛袋(걸어 두고 사용하는 배낭 같은 것인 듯) 1매를 보낸다 했다. 물론 담헌의 시에 대한 찬사도 잊지 않았다. 시초는 갑자기 구하기 어려우니 구하면 인편을 통해 보내겠다고 말한 뒤, 과거에 합격하지 못했으나 앞으로 노력해 담헌의 바람에 부응할 것이라고 했다. 편지 끝에는 담헌을 그리워한다는 내용의 시 1수[54]가 붙어 있다. 손유의는 따로 홍억에게 편지를 보냈는데,[55] 홍억의 첫 편지에 대한 답장이었다. 이 편지에서 손유의는 홍억에게 담헌의 학문과 인품을 존경해 마지 않지만, 과거를 통해 벼슬을 하려는 뜻이 없는 것 같다며 자신이 받은 인상을 전했다. 담헌은 남들이 눈치챌 정도로 과거와 벼슬에 대한 욕망을 접고 있던 것이다.

서광정의 편지는 약간 의미가 있다. 서광정은 더 이상의 메신저 역할을 완곡하게 거절하였다. 즉 담헌의 편지를 전달하고 또 항주의 편지를 받아 가는 조선 사신단의 심부름꾼이 서광정의 가게에 오면 편지에 대해 꼬치꼬치 캐묻고 무언가 기찰譏察하는 듯 행동한다는 것이다. 서광정은 이후 편지를 드물게 주고받는 게 좋을 듯하다고 말했다. 편지의 전달을 에둘러 거절한 것이었다. 편지 끝에는 장정하지 못한 탓에 보내지 못했던 《호산편람》을 이번에 보낸다는 말을 덧붙였다. 양혼의 편지[56]는 담헌이 그립다는 말로 시작하여, 선물을 보내 주어 고맙다는 인사가 있었고, 이어 문시종은 좋은 장인을 찾아 수리해 보내겠다는 간단한 내용이었다. 담헌은 선물로 받은 문시종이 고장이 나서 양혼에게 보내 수리를 부탁했었다. 편지 끝에는 몇 가지 선물 목록이 붙어 있다.

담헌은 육비·엄성·반정균에게 답장을 썼다. 〈추루에게 준 편지[與秋㢸書]〉[57]가 1767년 7월 김재행이 꾸었던 꿈 이야기를 전하고 있는 것으로 보아 〈소음에게 준 편지[與篠飲書]〉,[58] 〈철교에게 준 편지[與鐵橋書]〉[59]도 모두 1767년 7월 이후에 쓴 것으로 1767년 10월 동지사 편에 보낸 것일 터이다.

육비에게 보낸 편지는 가벼운 내용이었다. 작년 7월과 10월에 부친 편지를 받아보았을 것이다, 과거 낙방 후 항주로 돌아가지 않고 보정 지방을 여행하고 있다는 것을 전해 들었다, 보정은 북경과 이틀 거리일 뿐인데, 왜 서광정 편으로 편지를 보내어 나의 애타는 마음을 위로하지 않는 것인가 등등을 말하고, 현재는 고향으로 돌아가 명리의 구덩이에서 훌쩍 벗어나 시례詩禮 마당에서 한가롭게 노닐고 있는지를 물었다. 이어 자신은 공부에 진전이 없다고 겸사를 늘어놓은 뒤 앞으로 우정을 짧은 서신에만 의지하게 되었으니, 편지를 자주 보내 달라고 했다.

엄성에게 보낸 편지는 상당히 길다. 앞에서 말한 바와 같이 담헌은

1767년 1월 2일 황력재자관이 귀국해서 전해 준, 엄성이 1766년 8월 1일에 써 보낸 편지를 받았다. 담헌은 이 편지를 읽고 엄성이 항주로 돌아갔다는 사실을 알았다면서 1766년 10월 동지사 편으로 보낸 두 번째 편지를 받았는지 물었다(엄성은 두 번째 편지를 1767년 윤7월 복건성에서 받는다. 그때 엄성이 복건성에 가정교사로 가 있었기에 항주에서 복건으로 편지를 전했던 것이다). 담헌은 이어 엄성이 과거에 실패한 것을 따뜻한 말로 위로하고, 자신이 엄성에게 바라는 바는 과거와 벼슬이 아니기에 도리어 축하한다고 말했다. 담헌은 덕과 의로 충만한 삶을 살면서 얻는 명예가 관직과 미식美食보다 부모를 훨씬 더 빛나게 할 것이라 위로했다. 엄성은 지난 편지에서 '염락濂洛의 글' 곧 정주학 서적에 열중하고 있다고 말했던 바, 담헌은 바로 그것이 덕과 의로 충만한 삶을 살고 명예를 얻는 길이라고 말했다.

  담헌은 본인은 둘째 딸 혼사를 치르고, 서울로 이사한 뒤 부모를 모시는 제반 범절이 편해졌고 다른 괴로움이 없다고 전했다. 담헌은 이 시기 이미 과거에 대한 관심을 접었기에 자신의 내면을 살피고 과오나 적게 하려는 것이 소원인데, 다만 엄성과 아침저녁 토론하여 게으르고 산만한 버릇을 고칠 기회를 갖지 못하는 것이 유감이라고 했다.

  편지의 본문 뒤에 짧게 덧붙인 말이 있었다. 자신의 집에 있던 이이의 《성학집요聖學輯要》를 증정한다는 것이다. 《성학집요》는 담헌이 유형원의 《반계수록磻溪隨錄》과 함께 조선 사람들의 저술 중 경세經世하는 데 유용한 학문으로 꼽은 책이었다. 담헌은 《성학집요》가 원래 왕(선조)에게 헌정되었으나 선비의 공부에도 절실한 것이라면서 엄성이 이 책을 읽고 체득해 실천하기를 권유했다. 아울러 중국에서 《성학집요》를 인쇄할 것을 바랐다.

편지 뒤에는 본문보다 훨씬 긴 별지가 붙어 있었다. 별지는 독서와 지知·행行에 관한 말로 시작되었다.

최근 읽으시는 책은 어떤 책인지요? 그 읽는 방법과 과정을 한번 들어보았으면 합니다. 우리들의 공부가 원래 문자에만 기대서는 안 될 것이고, 단정히 앉아 책을 펼칠 때는 의관은 따로 바로잡지 않아도 절로 바르게 되고, 시선을 따로 다잡지 않아도 절로 음전해지고, 정신과 기운은 일부러 깨어 있게 만들지 않아도 저절로 맑고 밝아지고, '화평하고 곧고 자애롭고 미더운[子諒易直]' 뜻과 펼쳐지고 솟구치는 기운이 구름이 일어나듯 얼음이 녹듯 자신도 모르게 어디선가 찾아오게 된다면, 이것이 바로 독서의 공효인 것입니다. 이것은 치지致知의 방법이 될 뿐만 아니라 바로 존양存養의 큰 단서로서 실로 사람의 마음을 다잡는 굴레와 고삐가 되는 것입니다. 유학이 반드시 독서를 앞세우는 게 어찌 이 때문이 아니겠습니까?
먼저 알고 난 뒤에 행하는 것이 고금의 공통된 의리입니다. 비록 그렇다고는 하지만, 반을 알았으면 반드시 이어 그 반을 행해야 할 것입니다. 반을 행한 뒤에야 비로소 아는 것의 전체를 말할 수 있고, 전체를 행할 수 있습니다. 후세 학자들이 평생 동안 경전을 연구하여 입만 열면 '참답게 안다'고 하지만, 그 윤리와 강상綱常의 실질[實]과 몸과 마음의 근본을 한쪽에 밀쳐 두는 것을 면하지 못합니다. 아아, 반을 먼저 행하지 않고 전체의 진지眞知를 구하려는 사람은, 망상과 억측일 뿐이니 구하면 구할수록 진지와 더 멀어질 것으로 나는 알고 있습니다. 모쪼록 역암께서는 경계하시기 바랍니다.[60]

담헌은 1766년 10월 동지사 편에 보낸 편지에서 말했듯, 선지후행先知後行의 정주학식 공부론을 펼치고 있다. '선지'는 곧 독서다. 독서는 비단 지식을 위해서만이 아니라, 독서하는 행위 자체가 자신의 몸을 수양하는 방법이기도 하다. 독서의 강조는 실천을 간과할 수도 있다. 이에 담헌은 아는 것은 반드시 실천해야 하며, 전체에 대한 지식은 결국 이미 아는 것의 실천을 통해서 확보할 수 있다고 말한다. 특히 눈여겨볼 것은, 지식과 실천의 괴리, 즉 경전 지식과 실천이 괴리된 후세 학자의 행태, 곧 담헌시대의 지식인 혹은 사족들의 학문 행태는 참다운 지식과 먼 것이라고 비판하는 점이다. 담헌의 말은 엄성의 양명학으로의 경사를 교정하기 위한 목적도 있으나, 담헌 자신의 신념이기도 했다.

이 편지에서 관심을 끄는 것은 중국 여성의 머리 모양과 의복에 관한 자료를 엄성에게 요청하고 있다는 사실이다. 앞서 살핀 바와 같이 담헌은 청나라 여행 중 중국인의 두발 모양과 의복에 대해 큰 관심을 보였다. 대부분은 남성의 두발과 의복에 대한 관심이었지만, 1765년 12월 7일 십리포 숙소에서 청심환을 주고 주인집 며느리의 수식首飾과 계髻(쪽)의 제도를 꼼꼼하게 관찰한 바 있었다.[61] 담헌은 조선 여성의 체계鬆髻와 의복제도는 오랑캐의 풍속이고 간혹 중국 제도로 바꾸려는 집안이 있지만, 문헌에만 의거하므로 구체성이 없고, 또 역관이 전해 주는 정보가 확실하지 않아 중국 복식도 오랑캐 복식도 아닌 것이 되고 만다면서 '일대의 결함'이라고 할 조선의 의복제도를 개정하기 위해 '중화의 옛 제도에서부터 최근의 연혁'까지 상세히 덧붙여 보내 달라고 요청했다. 의복제도를 명대의 것으로 바꾸는 것은, 해외 곧 중국 바깥 지역의 누습陋習을 씻으려는 목적이었다.[62]

치밀한 성격의 담헌답게 요청도 매우 상세하였다. 곧 고古와 금今의 변화, 한인漢人과 만인滿人의 구별, 길복과 흉복의 구분, 노인과 젊은이 의복의 차이, 평상복과 혼인·제사복의 차이, 한미한 사람과 귀족 복색의 차이를 알려 주고, 미혼자·기혼자·과부·계집종·머슴 등은 각각 복식의 제도가 다를 것이니, 머리를 묶고 상투를 트는 방법과 신발과 버선에 이르기까지 상세한 설명은 물론 설명이 불가능한 것은 그림을 그려 주고, 그림이 불가능할 경우 얇은 종이로 본을 만들어 보내 달라고 주문했다. 북경 여행 중 중국인의 두발과 의복이 청의 제도를 따른 것을 비판적으로 바라보았던 담헌은 내심 명대 이전 제도로의 회복을 바랐던 것이고, 조선 여성의 의복 역시 명대 이전 중국의 제도를 적용할 것을 바랐다. 앞에서 지적한 것처럼 담헌의 화이론에는 이미 균열이 시작되고 있었지만, 담헌은 아직 그것을 예민하게 의식하지 못했고 여전히 명대 문화를 전범으로 생각하여 그것으로의 복귀를 강력하게 희망하고 있었다.

편지의 끝은 담헌이 북한산에 지은 별서別墅에 대한 언급이다. 현재 살고 있는 서울의 집이 좁고 답답하여 봄에 우연히 도성 밖으로 나갔다가 복호동伏虎洞에서 수석이 아름다운 곳을 찾아 몇 칸 초옥을 짓고 이따금 그곳에서 소견消遣한다는 것이었다. 이어지는 글은 자신이 발견한 공간에 대한 설명과 찬상이다. 담헌은 "도성 동북쪽의 조금이나마 보고 즐길 만한 언덕이나 골짝은 모두 귀가貴家의 점유물이 되어 있는 상황"에서 어떻게 이런 곳이 남아 있는지 모르겠다면서, 자신이 찾아낸 공간에 대해 퍽 만족스러워했다. 그 역시 풍요한 경화세족의 여유 있는 삶의 방식을 그대로 따랐던 것이다.

편지의 부록으로 끝에 다시 〈중용의의中庸疑義〉[63]가 실려 있다. 이 글은 앞서 언급했듯《담헌서》내집 1권 '사서문변'의 〈중용문의〉 뒤에 〈항주 선비 엄철교 성에게 부쳐《중용》의 뜻을 묻는다〉라는 제목으로도 실려 있다.[64] 〈중용문의〉의 3배가량이 되는 아주 긴 글이다. 이 글은 검토할 만한 가치가 있다. 담헌은 주자의 말을 인용하면서 편지를 시작한다. "주 선생이 일찍이 해경解經하는 법을 논하기를, '차라리 성글게 할지언정 치밀하게 하지 말고, 차라리 졸렬할지언정 공교工巧하게 하지 말라'고 하였는데, 생각건대 이 두 마디 말씀은 참으로 주석가註釋家를 위한 큰 가르침이오, 강사講師의 지남指南입니다."[65] 요지는 너무 치밀하고 교묘한 주석이 경전의 이해에 장애가 될 수 있다는 말이다. 담헌은 이렇게 말한 뒤 주자의 경전 주석에 간혹 너무 치밀하고 공교한 곳이 있는 것 같다고 지적한다.[66] 문제는 주자의 주석을 대하는 조선 지식인들의 태도다. 주자를 혹신한 나머지 묵수墨守할 필요가 없는 것까지 곡호曲護하고 억지로 이해한다는 것이다.[67] 이것은 경전의 온당한 이해를 방해한다.

담헌은 과거 주석가들의 문제를 두 가지로 요약한다.

대저 유취類聚와 분속分屬은 모두 예전부터 있던 것이 아닙니다. 저서著書를 할 때면 유취로 지름길을 좋아해 빨리 가고자 하는 폐단이 생기고, 해경解經을 할 때면 분속에 힘써 기송·훈고의 학學이 일어납니다. 이 때문에 글이 갖추어지지 않은 것이 아니고, 그 말이 선하지 않은 것이 아니며, 후학들에게 혜택을 끼치는 것이 분명하고 절실하지 않은 것이 아니건만, 그런 일을 위에서 좋아하는 자가 있으면 아래에서 더 심한 경우가 생기는 것은 이치가 원래 그런 것입니다. 70명 제자가 죽자 대의大義가 무너져 근본을 버리고 말단을 따르고,

안을 가볍게 여기고 거죽을 무겁게 여겨, 저서가 많아질수록 알맹이는 들을 길이 없어졌고, 이치를 말하는 것이 정밀해질수록 심계心界가 황폐해졌으니, 유취와 분속의 법이 그 폐단을 열지 않을 수가 없었던 것이지요.[68]

담헌의 말을 정리하면 이렇다. 성인 공자로부터 직접 배운 70명 제자가 죽자, 이후 성인이 남긴 말씀의 참뜻은 경전을 통해 알 수밖에 없다. 경전의 의미를 정확히 파악하기 위해 주해를 할 수밖에 없으나 그 과정에서 유취와 분속이란 문제가 생긴다. 유취는 온전한 텍스트에서 잘라 낸 부분적 텍스트를 일정한 기준에 의해 모은 것, 분속은 분장속구分章屬句로서 단락을 나누고[分章], 어떤 준거에 의해 센텐스[句]를 소속시키는 것을 말한다. 물론 여기서 분장은 꼭 단락만을, 속구는 꼭 센텐스만을 지칭하는 게 아니라, 필요에 따라 문장을 나누고 소속시키고 하는 경우를 범박하게 지칭하는 것일 터이다. 유취와 분속은 저서와 해경에서 일반적으로 이루어진다. 다만 담헌은 이것이 '과잉 상태'로 이루어지고 있다고 비판한다. 유취한 저작은 여러 텍스트를 조합한 것이므로 독자로서는 원래의 텍스트를 읽지 않으려 할 것이다. 담헌은 그것을 '지름길을 좋아해 빨리 가고자 하는 폐단'을 낳았다고 말한다. 다른 텍스트를 가져와 경전의 문장과 센텐스를 지나치게 나누고 정연한 형태로 이해하려는 분속은 불필요한 자구의 미세한 의미까지 따지고 드는 훈고와, 그것들을 모두 암송하여 과시하려는 기송의 폐단을 낳는다. 따라서 여러 텍스트를 절취해 조합한 유취한 텍스트로서의 《소학》과 《근사록》은 각각 육경六經과 사서四書만 못하다.[69] 이렇게 비판할 수 있는 것은, 담헌이 경전의 언어는 몸으로

그 의미를 확실히 이해하고[體認], 알면 반드시 실천해야 하는 것으로 알았기 때문이었다.[70]

담헌은 유취와 분속을 비판했는데, 엄성에게 보내는 이 편지에는 유취의 예가 나와 있지 않다. 유취는 주로 책의 형태를 이룬 경우를 말하는데, 아마도 바로 위에서 말한 《소학》과 《근사록》이 유취의 적절한 예가 될 것이다. 실제 편지에서는 분속을 다루고 있다. 한두 예를 들어 보자.

《중용》 1장은 다음 문장으로 끝난다. 논의의 필요상 원문을 부기한다.

중中과 화和를 지극히 하면	致中和
천지가 자리를 편안히 잡고,	天地位焉
만물이 잘 길러질 것이다.	萬物育焉

여기에 《중용장구대전中庸章句大全》은 다음과 같은 주해를 달았다.

천지 만물은 본디 나와 한몸이다. 나의 마음이 바르면(중中을 지극히 하면), 천지의 마음도 또한 바르게 된다(천지가 편안히 자리를 잡는다). 나의 기운이 순順히면(화和를 지극히 하면), 천지의 기운 역시 순할 것이다(천지의 기운이 순하면 만물이 잘 길러질 것이다).
그러므로 그 효效·험驗이 이와 같은 데에 이르는 것이다.
天地萬物本吾一體, 吾之心正(致中), 則天地之心亦正矣(天地位). 吾之氣順(致和), 則天地之氣亦順矣(天地氣順則萬物育). 故其效驗至於如此.[71]

이 주해는 주자의 것이다. 다만 ( ) 속에 들어 있는 말은 주자의 《사서집주》에는 없고 《중용장구대전》에만 있는데, 담헌이 본 것은 당연히 후자일 것이다. 또 효效 자와 험驗 자가 나오는 곳은 이 부분이 유일하다. 담헌은 필시 이 주해를 보았을 것이다.

이 주해에 의하면 중·화의 '중'은 천지가 편안히 자리를 잡는 것[天地位]에 속하고, '화'는 만물이 잘 길러지는 것에 속한다. '중'과 '화'를 나누어 '천지위天地位'와 '만물육萬物育'에 나누어 소속시킨 것이다. 이것이 분속이다. 끝에 효·험이란 말이 있는데, 담헌은 천지위天地位를 치중致中의 효效, 만물육萬物育을 치화致和의 험驗으로 나누어 소속시켜 이해했다.

담헌은 이렇게 비판한다.

> 수장首章의 주註에 '천지가 자리를 편안히 잡는 것'[天地位]을 '중'을 지극히 하는 것[致中]의 효效라 하고, '만물이 잘 기르는 것'을 '화'를 지극히 하는 것[致和]의 험驗이라 하였습니다.
> 대저 지극히 고요하여 치우침이 없는 것이 어찌 '만물을 잘 기르는 것'[育萬物]의 근본이 아니겠습니까? 물物에 응하여 차별이 없는 것이 어찌 천지가 편안히 자리를 잡게 하는 공功이 아니겠습니까?
> 이는 그 본·말이 서로 상응하고 처음과 끝이 서로 원인이 되는 관계인 것이니, 나누어 둘로 보는 건 이치상 맞지 않는 것 같습니다.[72]

'중'과 '화'를 나누어 '천지위天地位'와 '만물육萬物育'에 나누어 소속시키고 한쪽을 효效, 다른 한쪽을 험驗이라고 한다면, 실제 효와 험의 의미는 동일한 것이므로, 양자는 대등하게 병립한다. 그런데 담헌은 두 관계는 서로 호응하고 상호 원인이 되므로 병립시킬 수 없다고 말한다. 담헌은 이 분속이 말이 안 되는 것은 아니지만, 경전의 의미를 이해하는 데 별로 보탬이 되지 않고, 후학들에게 무익하며, 훈고의 폐단을 열기에 족하다고 비판했다. 차라리 성글망정 치밀하지 않고 졸렬할지언정 공교하게 하지 말아야 한다는 원칙으로 돌아가는 게 더 낫다는 것이다.[73] 쉽게 말해 주자 주해의 분속 방법을 따랐을 때 '중中과 화和를 지극히 하면 천지가 편안히 자리 잡고, 만물이 잘 길러질 것이다'라는 문장의 의미를 보다 더 명징하게 이해한다는 보장이 없다는 말이다. 도리어 그것은 문장의 의미를 애매하게 만들거나 오해하게 할 수 있다는 것이다. 또한 만약 어떤 도덕적 실천을 요구하는 문장이 있다고 할 때 분속의 방법에 따른 이해는 그 실천을 보다 강력하게 유도할 수 있을 것인가? 아마도 아닐 터이다. 이것이 담헌의 문제의식이었다. 엄성에게 보낸 이 편지는 실천적 정주학자 담헌의 경전에 대한 기본적 태도를 명료하게 드러낸다. 실천으로 이어질 때 경전은 유의미한 것이 될 뿐이고, 경전의 자구를 지나치게 가공하고 파고드는 행위는 무의미한 것이라는 것이 담헌의 메시지였다. 담헌은 엄성으로부터 이 편지에 대한 답을 받기를 원했을 것이다. 하지만 엄성은 이 물음에 답할 수 없었다.

반정균에게 보낸 편지[74]에서 담헌은 자신이 1766년 연말 서광정으로부터 편지를 받고서 반정균이 과거에 낙방했다는 깃을 알았고, 이어 8월 20일(사실은 21일)에 쓴 편지를 받았다고 말하고 있다. 하지만 이 편지는 담헌의 편지를 받고 보낸 답장이 아니었기에 담헌은 1766년 7월과 10월에 보낸 편지를 모두 받았는가를 다시 묻고 있다. 왜냐하면 1767년 4월 동지사가 돌아왔을 때 서광정의 답신만 받고,

반정균의 편지는 못 받았다고 말하고 있기 때문이다. 담헌은 지난해 겨울에 서울로 이사한 뒤 집안이 편안하다는 자신의 안부를 먼저 전하고, 비록 만 리 밖에 있기는 하지만 서로 맺은 우정을 잊지 않을 것이라면서 이욕利慾이 마음에 싹트거나 몸이 태만해질 경우 중국의 벗들을 떠올리면서 반성하는 공부를 하고 있노라며 자신이 벗들로부터 더 큰 이익을 보고 있으니, 고인古人이 우정을 중시하여 오륜의 하나로 꼽은 것은 정말 믿을 만하다고 말했다.[75] 이어 담헌은 반정균에게 다시 충고를 건넸다.

적이 생각해 보건대, 우리 그대의 민첩한 식견과 빼어난 자질, 밝고 화락한 풍모, 툭 트인 시원한 기상으로 말하자면, 평생 겪은 사람들 중 드물게 보는 바입니다. 다만 재주가 너무 높고 기운이 너무 날카롭습니다. 농담을 좋아하여 말수가 적고 점잖은 태도가 부족하고, 대범하고 소탈한 것을 즐거워하여 근엄한 기상이 적습니다. 혹 '적막한 물가'[76]에서 편안히 지낼 수 없고 진실한 공부를 낮추어 봅니다. 그러니 그대를 위하고 아끼는 나의 보잘것없는 마음이지만, 지나치다고 할 만한 걱정이 없을 수 없습니다. 어떤지요? 사람이 사람이 된 까닭은 본디 허다한 사업이 있기 때문입니다. 그런데 배우지 않으면 그것을 이룰 수가 없고, 나아가지 않으면 반드시 퇴보하는 법입니다. 게으른 사람은 무거운 짐을 질 수가 없고, 들뜨고 경솔한 자는 멀리까지 갈 수가 없습니다. 바라건대 우리 그대와 함께 노력하고자 합니다.[77]

요지는 가볍고 들뜬 경솔한 성격을 고쳐 진중해지기를 바란다는 것이다. 담헌 자신이 추구했던 실천적 정주학 혹은 그것에 기반한 윤리적 완정성의 실현을 반정균에게도 주문했던 것이다. 아마 반정균은 반복되는 담헌의 충고에 질리지 않았을까?

이 편지의 본문 바로 뒤 담헌은 《해동시선海東詩選》 1부, 4책을 보낸다고 적고 있다. 반정균이 편찬하려는 조선 시선집에 대한 자료를 보낸 것인데, 이는 집안의 젊은 사람들을 동원해서 짧은 시간 안에 엮은 책이었다.[78] 이와 아울러 송준길宋浚吉의 현손인 송문흠宋文欽이 예서체로 쓴 황태사黃太史의 말 8면, 이인상李麟祥의 전서체篆書體 글씨 2장, 윤순尹淳의 글씨 장폭長幅 1장, 이광사李匡師의 초서 4장, 그리고 담헌의 부 홍역이 자필한 19면을 보냈다.

이어 긴 별지가 붙어 있는데, 약간 구체적인 문제에 대한 회답이다. 반정균은 담헌에게 몇몇 책자를 부탁했는데, 담헌은 최해의 《문선文選》, 곧 《동인지문》은 전해지지 않아서, 정인지가 선집한 책 몇 백 권은 양이 너무 많아 보낼 수가 없다고 말한다. 거기에 《사략》은 송말원초의 증선지曾先之가 지은 것으로 조선의 책이 아니며, 《도경》은 무슨 책인지 알 수 없고, 《삼강행실》은 중국 고사로 이루어진 것이고 어리석은 백성을 가르치기 위한 조악한 책이라 하여 보낼 수 없다고 했다. 정인지의 책은 《동문선》을 가리키는 듯하고, 《도경》은 《고려도경》으로 보인다. 담헌은 반정균의 저술을 통해 조선의 충효·의열과 가언·선행이 중국 땅에 전파될 기회를 얻었다면서 반정균의 저술에 고마움을 표하고, 적극 협조할 것을 다짐했다. 다만 그 저술의 범례를 알면 협조가 더욱 용이할 것이라면서 범례를 알려 달라고 요청했다.

반정균이 보내 준 《호산편람》과 공자와 72제자 초상화에 대해서도 감사의 뜻을 표했다. 반정균의 편지에는 공자와 그 제자들의 초상에 관한 언급은 없지만, 같이 전달된 것 같다. 《호산편람》은 적호翟灝와 적한翟瀚이 공저한 절강성 항주 일대의 명승에 대한 해설서이다. 담헌은 한가로울 때 이를 펼쳐 보면 마치 한문寒門(북극)으로 날아가 맑은 바람을 쐬는 것 같다고 말한다. 아울러 제자들이 공자를 모시고 있는 그림을 보면 마치 자신이 직접 훈계를 받는 것 같다고 감상평을 말했다.

담헌은 필요한 책이 있으면 부탁하라는 반정균의 말에도 답했다. 주자의 제자 황간黃榦의 문집 《황면재집黃勉齋集》에 예禮에 관한 글이 볼 만하다고 들어, 유리창에서 구입하려 했지만 구입할 수 없었다며 《황면재집》 전집을 보내 줄 것을 바랐고(조선에도 이 책은 있었지만 전집이 아니었다고 한다), 소옹의 문집인 《소자전서邵子全書》와 《천문유함天文類函》은 평생 보기를 원했던 것이지만, 책 수가 워낙 많으니 어떻게 멀리 부치겠느냐고 반문했다. 이 두 종의 책은 천문학 연구에 필요했기 때문에 청한 것일 터이다. 《천문유함》은 《천학초함天學初函》의 오기다. 담헌은 북경에 가기 전 《천학초함》을 알고 있었고 서양 천문학과 수학을 공부하려고 유리창 서점가에서 책을 구했지만 구입하지 못했을 것이다.

담헌은 〈계몽기의〉에서 〈하도〉, 〈낙서〉에 대한 소옹의 상수학象數學을 인지하고 비판한 바 있는데, 그는 천문학 연구와 관련하여 소옹의 상수학적 우주론을 검토하기 위해 《소자전서》가 필요했을 것이다. 소옹의 상수학을 담고 있는 〈황극경세서〉는 《성리대전》에 실려 있었지만, 그것은 완본이 아닌 축약본이었기 때문에 소옹의 상수학을 이해하는 데 적지 않은 어려움이 있었다. 소옹의 전집인 《소자전서》는 신익성申翊聖(1588~1644)이 처음 수입하였으나 그 이후에도 여전히 구득하기 어려웠다. 곧 담헌은 이 두 책을 통해 천문학적 지식, 우주관 등을 연구하고자 했던 것으로 보인다.

아울러 담헌은 중국의 서적이나 진본 서화는 멀리 보내기 어렵고 고가이므로 원하지 않지만, 제갈량과 송나라 제현諸賢 초상의 복제본을 부쳐 줄 것을 바랐다. 송나라 제현이란 곧 송대 정주학자를 말하는 것이니, 정주학자 담헌다운 요청이다. 이와 함께 엄성·반정균·육비 등의 서화를 어느 것도 버리지 않고 모두 장정하여 간직하고 있다면서 차후 혹 선물을 보내려면 다른 것은 필요 없고, 오직 엄성 등의 시문과 서화를 보내 달라고 부탁했다. 이와 함께 조선의 서적을 보고자 하면 책 수가 많은 것은 보낼 수 없겠지만, 필요한 부분이라도 요점을 뽑아 보낼 것이고, 원하는 조선의 물산이 있으면 최대한 노력해 갖추어 보내겠다는 의사를 밝혔다.

담헌은 《회우록》에 대한 보충 자료도 요청했다. 《회우록》 3권을 꺼내 보면 간정동에서 대화할 때와 같아 만 리 밖에서 그리워하는 괴로운 심정을 달랠 수가 있다 하고, 반정균이 필담의 초본을 대부분 가져갔기에 자신이 가져온 자료에 의해서만 《회우록》을 구성했다며 누락된 부분과 맥락이 닿지 않는 부분이 많으니, 반정균이 가지고 있는 원래 초본에서 기록할 만한 것과 대화한 것을 골라서 보내 주기를 청했다. 《회우록》도 보기를 원한다면 보내겠다고 했다.

가장 큰 걱정거리는 앞으로 통신하는 방법이었다. 담헌은 1767년 4월 받아본 서광정의 편지에서 편지의 전달을 맡은 조선 사신난의 하인이 서광정의 점포에서 문제를 일으킨 것을 알고, 그 이유를 이렇게 밝혔다. 조선 사신단의 상하 하인들이 매년 바뀌기 때문에 편지 전달을 전담할 사람을 정할 수 없다는 것, 또 그 일을 맡은 자들은 평안도의 상한常漢으로 문자를 모르는 무식한 부류들이고 중국 문화에도 익숙하지 않아 곳곳에서 문제를 일으킨다고 지적하고, 서광정이 놀라고 책망하는 것도 이상하지 않은 일이라고 하였다. 담헌은 서광정이 북경에 오래 머물지 않을 것으로 생각한다면서 반정균에게 1769년 과거를 치르기 위해 북경에 머물 때 차후 편지를 전달할 사람을 구해야 할 것이라고 당부했다. 편지를 주고받는 것은 법에 금지된 게 아니지만, 노출시켜 혹 비방을 초래할 필요는 없으니 믿을 만한 사람을 찾아야 한다는 것이었다. 만약 북경에서 사람을 구할 수 없다면, 자신이 삼하현三河縣에서 새로 사귄 손유의와 등사민 두 사람을 메신저로 삼는 것이 좋을 것 같다며 반정균에게 1769년 회시 때 두 사람을 찾아가서 만나 볼 것을 청했다.

아울러 조선의 한시에 대한 자신의 비평도 전했다. 담헌은 최치원·이규보·박은朴誾·노수신盧守愼·권필權韠 등을 각자 한계가 있기는 하지만 탁월한 시인으로 꼽았다. 또한 자신과 가까운 시대의 시인으로는 김창협·김창흡 형제와 허목을 꼽았다. 김창협과 김창흡을 꼽은 건 문학사적 변화를 감안한 결과였다. 곧 국초에 강서시파江西詩派를 추종하다가 중엽 이후 당시唐詩를 전범으로 삼기 시작하면서 이몽양李夢陽·하경명何景明 등의 의고적擬古的 작품을 추종하는 것이 유행처럼 번졌는데, 김창협·김창흡이 그 시풍의 문제점을 타파했다고 지적했다. 조선 한시에 대한 비평과 함께 담헌은 조선 한시에 대해 반정균 등의 비평을 요청했고 또 오서림 선생의 시학이 뛰어나다고 들었다면서 그의 비평을 들어 볼 수 있겠느냐고 물었다.

별지는 약간 우스꽝스러운 이야기를 전하는 것으로 끝났다. 1767년 7월 김재행은 저동으로 담헌을 찾아와 간정동에서 엄성·반정균·육비와 대화를 나눈 것을 화제로 삼아 한바탕 이야기를 나누다가 자신의 꿈 이야기를 꺼냈다. 꿈의 내용은 이렇다. 엄·반·육 세 사람이 바다를 건너 조선 땅에 배를 대자 담헌과 김재행이 달려가 울며 서로 위로하다가 오래 같이 있을 수 없음을 한탄한 나머지 섬을 하나 찾아 여생을 보낼 계획을 하고, 집으로 돌아와 가산을 정리하는데, 그 첩이 반대하며 욕을 퍼붓기에 김재행이 참지 못하고 칼을 뽑아 들고 "저 친구들 역시 배를 타고 만 리 바다를 건너올 때 처자를 헌신짝 버리듯 버렸는데, 어찌 너 때문에 친구를 버리겠는가?"라고 울분을 참지 못하고 통곡하다가 잠을 깼고, 여전히 꿈의 울분이 남아 있어 첩을 가까이 오지 못하게 했다는 것이다. 김재행 역시 중국 벗들을 몹시 그리워하고 있었다. 담헌은 이어 김재행과의 대화를 옮기고 있다. 담헌이 김재행에게 "부인이 계획을 알았으니, 성공하지 못하는 것은 당연하지"라고 하였고, 김재행은 자신이 북경에서 돌아온 뒤 엄·반·육의 이야기를 하며 잊지 못하자, 첩이 중국 친구가 무슨 물질적인 혜택을 주었느냐고 화를 낸 일이 있는데, 그것이 빌미가 되어 그런 꿈을 꾸게 되었다고 고백하였다. 아아, 가부장적 남성중심주의자들의 우정 한 토막이다!

반정균에게 보내는 편지는 이것으로 끝이 아니다. 《담헌서》의 〈항전척독〉에 실린 〈추루에게 준 편지〉에는 〈명기집략변설明記輯略辨說〉과 〈홍화포주청일록약洪花浦奏請日錄略〉을 덧붙였다. 《간정후편》에는 1권에서 편지의 별시가 끝나고 2권의 시두에 〈해동시선서〉와 〈해농시선발〉 및 육비와 엄성, 반정균에게 보내는 담헌의 시를 실은 뒤 위의 두 글을 싣고 있다. 〈명기집략변설〉은 《명기집략》의 오류에 대한 변해辨解다. 담헌이 북경에 있을 때 훑어 본 주린朱璘의 《명기집략》은 선조가 술에 빠진 나머지 국방을 소홀히 했다고 평가했고, 또 인조반정을 광해군이 인조에게 왕위를 찬탈당한 사건이라고 기록하고 있었다. 〈명기집략변설〉은 이것이 사실이 아님을 따져 밝힌 것이다.[79] 〈홍화포주청일록약〉은 1624년 이덕형李德泂 등이 명에 인조의 책봉을 요청하러 파견되었을 때의 일기를 요약한 글이다. 당연히 인조가 명으로부터 정식으로 조책詔冊과 면복冕服을 받았음을 밝히고 있다. 이 역시 《명기집략》의 오류를 바로잡고자 보낸 글이었다.

서광정에게도 편지[80]를 보냈다. 《호산편람》을 장황裝潢해 보내 준 것에 대해 먼저 감사를 표하고, 이어 문제가 된 조선 하인의 무례에 대해 사과했다. 하인들이 일의 체모도, 문자도, 언어도 모르고, 오직 조심하는 것만 귀중한 줄 알아 자신들의 행동이 의혹을 불러일으킬 줄 모르고, 소란을 떤 것이라는 해명이었다. 이어 서신을 드물게 보내라 하였고 영원히 끊으라 한 것은 아니기에 편지와 책을 보내니 반정균에게 전해 주기 바란다고 여전히 편지의 전달을 부탁했다. 담헌으로서는 달리 다른 방법이 없었을 것이다.

등사민과 손유의에게도 편지를 보냈다. 등사민에게 보낸 편지[81]는 별다른 내용은 없고 겸사로 가득 찬 의례적인 인사에 가깝다. 담헌은 지난번에 보낸 시에 대해 지나치게 높은 평가를 받아 부끄럽다고 한 뒤 등사민이 보내 온 한시는 깊은 경지에 도달한 것으로 탈속한 성정을 볼 수 있는 것이라고 찬사를 늘어놓았다. 이어 시초는 구하면 좋겠지만, 너무 마음을 쓰지 말 것을 당부했고 언제 고향으로 돌아갈 것인지 알려 달라고 하였다. 편지의 끝에는 오언고시 7수를 붙였다.[82]

손유의에게 보내는 편지도 등사민의 것과 크게 다르지 않았다.[83] 먼저 1767년 4월 동지사 회환 편에 편지와 부채, 시를 보낸 것에 대해 감사한다는 말을 하고 겸손한 어조로 자신의 근황을 간단히 밝혔다. 이어 자신은 원래 과거에 관직에 뜻을 두지 않았고 사람들을 따라 과거를 치기는 했지만 꼭 합격하려는 생각도 없고 "고인이 남긴 글을 읽으며 분수를 따라 과오를 적게 하려고 할 뿐[讀古人書, 隨分寡過]"이라고 하였다. 이것은 손유의가 홍억에게 보낸 편지에서 했던, 담헌이 고상한 뜻이 있어 벼슬할 마음이 없는 것 같다고 한 말을 다분히 의식한 것이었다. 그는 과거에 관심이 없는 건 사실이지만, 고상한 뜻이 있는 것이 아니라고 또 애써 부인했다. 다만 "고인이 남긴 글을 읽으며" 운운한 것 자체가 이미 고상한 뜻이었다.

담헌은 손유의가 탁월한 재능에도 불구하고 과거에 불합격한 것은 운수일 따름이라고 위로하고 이어 시를 지어 보내 달라는 손유의의 청에 대해서는 시를 배운 적이 없고 취향에도 맞지 않는다는 말로 역시 완곡하게 거절했다. 시초를 구해 보내겠다는 데 대해서도 호고벽好古癖이 있어 부탁한 것이니 없으면 그만두면 될 터인데, 애써 구해 보내려 하므로 도리어 불안하다고 말했다. 편지 말미의 별지에서 담헌은 손유의가 가르치는 학당에 나가 강의하는 규범을 보지 못해 아쉽다고 말하고, 이어 부인의 복식에 대한 정보를 알려 달라고 청했다. 조선 여성의 의복이 '오랑캐 풍속'[이속夷俗]을 따르고 있기에 조선의 '예를 좋아하는 가문'에서 한족漢族 예문가禮文家의 관복 진본을 북경에서 구해 결혼식과 제사 때 입으려 했지만, 진본 여부를 확인하기 어려워 구입할 수 없었기에 신뢰할 수 있는 실제 옷과 관冠에 대한 정보와 구입 여부를 알려 달라는 것이었다. 결혼식과 제사에 사용되는 의례용 옷을 북경에서 사들일 집안이라면 경화세족이 아닐 수 없다. 그 집안에는 당연히 담헌의 집안도 포함된다. 담헌은 복식을 화·이를 가르는 기준으로 생각했고, 조선의 복식, 특히 여성의 복식을 중국의 복식에 맞추려는 생각이 있었다. 엄성과 손유의에게 보낸 편지에는 이렇듯 이 시기 그의 관심사를 반영한 것이다. 편지 끝에는 오언고시 7수가 붙어 있다.[84]

담헌의 북경 체험에 대한 두 가지 반응

담헌의 북경 체험은 담헌 개인의 것으로 끝나지 않았다. 담헌이 북경에서 엄성·반정균·육비와 만나 7일 동안 필담을 나누고, 국경을 초월한 우정을 맺었다는 사실은 서울의 경화세족에게 큰 충격이었다.

앞에서 말했다시피 담헌은 1766년 5월 15일에 엄성·반정균·육비 등의 편지를 4개의 첩으로 엮어 '고항문헌'이란 제목을 붙이고, 6월 15일에는 필담과 세 사람을 만나게 된 시말, 주고받은 서찰을 한꺼번에 수록해 3권의 《간정동회우록》으로 엮었다. 그해 11월 동지사 편으로 반정균에게 보낸 편지에서, 담헌이 벗들에게 《회우록》을 보여 주자 반정균에 대한 상반된 평가가 나왔다고 했다. 담헌은 그러니까 1766년 6월 15일 이후, 11월 이전에 《회우록》을 벗들에게 보여 준 것이다.

담헌의 《회우록》을 읽고 반응을 보인 사람들이 누구인지는 분명하지 않다. 다만 《회우록》의 서문을 연암과 민백순閔百順이 쓰고 있는 것으로 보아, 적어도 이 두 사람은 반응을 보였음이 확실하다. 연암의 서문은 언제 작성되었는지 전혀 정보가 없지만, 민백순의 서문은 반정균의 부탁으로 조선의 시를 모아 보냈다는 내용이 있으니 1767년에 쓴 것이 분명하다. 1767년 1월 2일 담헌이 받은 반정균의 편지에 조선의 시선詩選을 엮겠다면서 자료를 부탁하는 말이 있었고, 담헌은 이에 "집안의 젊은 사람들을 동원해서 짧은 시간 안에 엮은"《해동시선》 4책을 같은 해 11월 동지사 편으로 부쳤기 때문이다. 담헌의 육촌 홍대익洪大益은 민백순의 딸과 결혼했으니, 민백순은 담헌과 또 혼인으로 엮인 사이기도 했다. 요컨대 담헌은《회우록》이 완성되자, 곧 가장 가까운 연암과 민백순에게 보여 주고 서문을 청했던 것이다. 두 사람의 반응은 물론 긍정적이었다. 민백순의 서문은《해동시선》을 엮어 보내게 된 내력에 대해서만 평면적으로 서술하고 있어 따로 크게 다룰 것은 없으니, 연암의 서문만 간단히 살펴보자. 잠시 연암과 담헌의 관계에 대해 언급하고 〈회우록서〉를 검토한다.

담헌은 연암과 가장 가까운 지기였지만, 의외로 연암과 관련한 자료를 거의 남기지 않았다. 앞에서 지적한 바와 같이 담헌이 연암과 언제 친교를 맺기 시작했는지도 알 수 없다. 어쨌거나 연암이 〈회우록서〉를 쓴 것으로 보아, 담헌은《회우록》이 완성되자 곧 박지원에게 읽고 서문을 써 달라고 부탁했던 것으로 보인다. 늦어도 1766년경 담헌과 박지원은 익히 알고 있던 사이로 보아도 무방할 것이다.

연암의 〈회우록서〉는 담헌의 북경 여행 중 중국인 친구를 사귄 것에 대해 집중적으로 평가한다. 조선은 좁디좁은 땅에서 양楊·묵墨·노老·불佛처럼 세계관이 다르지 않은데도, 사농공상과 같은 직역상의 차이가 없는데도 불구하고, 의론과 명분의 유파가 넷으로 갈라져 있다고 말한다. 곧 노론·소론·남인·북인의 당파가 그것이다. 연암은 당파가 다르면 같은 동리에 살면서 족류族類도 동일하고 언어와 의관도 별 차이가 없건만, 서로 사귈 수 없고 혼인도 이루어질 수 없으며, 나아가 같이 도道를 도모할 수도 없다고 말한다. 당쟁이 사족의 내부를 갈가리 찢고, 인간적 유대와 소통을 불가능하게 만들었음을 통렬히 지적한 뒤 담헌이 중국인 벗들과 맺은 우정을 찬탄한다. 담헌이 북경에서 우연히 만난 세 중국인 친구와 '천인天人과 성명性命의 근원', '주자학과 육왕학의 차이', '진퇴와 소장消長의 시기', '출처와 영욕의 분별'을 편견 없이 진심으로 토론하고, 서로 지기知己로 허여했다가 마침내는 결의하여 형제가 되었던 것은, 연암에게 충격적인 사건이었다.

연암은 전일 조선에서는 언어와 의관을 같이하는 사람도 벗으로 사귀지 않던 담헌이 언어와 복색이 다른 외국인을 만나 마음을 허락하는 벗이 된 이유를 묻는다. 담헌의 답은 이렇다.

> 나는 감히 나라 안에 사귈 만한 사람이 없어 서로 친구로 사귀지 않겠다는 것이 아니오. 처지와 습속에 구애를 받아 마음에 답답함을 느끼지 않을 수가 없는 것이오.
> 내 어찌 중국이 옛날의 중국이 아니며, 그 사람들이 선왕의 법복法服을 입는 사람이 아님을 모르겠습니까? 하지만 그 사람들이 살고 있는 땅은 어찌 요·순·우·탕·문왕·무왕·주공·공자가 밟던 땅이 아니겠습니까? 그 사람들이 사귀는 선비들이 어찌 제·노·연·조·오·초·민·촉의 널리 보고 멀리 노닐던 선비들이 아니겠습니까? 그 사람들이 읽는 글들이 어찌 삼대 이래 사해만국의 지극히 많은 전적들이 아니겠습니까?
> 제도가 바뀌었다고는 하지만 도의는 다르지 않으니, 이른바 옛 중국이 아니라는 곳에 또 어찌 그 백성은 되어 있지만 그 신하가 되지 않은 사람이 없겠습니까? 그렇다면 저 세 사람이 나를 볼 때 또한 어찌 화華와 이夷에 대한 구별과 형적과 등위等威에 대한 혐의가 없었겠습

니까. 하지만 번거로운 형식 같은 것은 모두 내던지고 까다로운 예절 따위는 모두 말끔히 없애고서 진정을 토로하고 속마음을 털어놓았으니, 그 행동거지가 대범한 것이 어찌 저 명성이나 세리勢利를 붙좇는 저 쩨쩨하고 악착스런 자들과 같겠습니까?[85]

담헌은 중국이 비록 선왕의 법복을 입지 않는, 이미 오랑캐화한 중국이라는 사실을 먼저 언급한다. 이적화한 중국인과 사귀었다는 비난을 미리 의식한 것이다. 하지만 담헌은 중국이 완전히 이적화한 것이 아니라, 여전히 중국을 중국으로 만들었던 속성들, 즉 한족과 지역, 전적들은 여전히 존재하고 있음을 지적한다. 비록 한족은 오랑캐의 지배를 받으며 오랑캐의 신하가 되어 있지만, 내심 심복하지 않은 사람들도 있을 수 있다. 중국 대륙에는 여전히 중화의 문화와 인물이 존재한다는 것이다. 담헌이 엄성·반정균·육비 등에게서 확인하고자 한 것도 바로 그 부분이었다. 또 그들은 조선을 오랑캐라고 차별할 수 있음에도 불구하고 나에게 진심을 털어놓았다. 이것은 명성과 세리를 좇는 조선과 구별되는 점이다.

당파는 사족들의 인적 관계를 갈가리 찢어 놓았다. 당파를 넘어선 우정이 불가능했다. 그런 조선의 현실을 생각하면 담헌과 육비 등과의 국경을 초월한 사귐은 확실히 충격적인 울림이 있었다. 조선의 사족들, 특히 경화세족들은 북경에 수없이 드나들었지만, 중국 지식인과 교분을 맺지는 않았다. 그것을 상상할 수 없었던 것이고, 또 그럴 수 있는 루트도 만들 수 없었다. 담헌과 엄성 등의 사귐은 국경을 넘어선 우정도 얼마든지 가능함을 보여 주었다. 이후 담헌이 만든 우정의 길을 따라서 서울의 경화세족들은 중국 지식인들과 친교를 맺었던 것이니, 연암이 담헌과 육비 등의 우정을 그렇게 높이 평가한 것도 지나치다고 할 수는 없다.

1767년 김종후와 논쟁을 벌이다

담헌이 북경에서 중국 지식인들과 사귀고 돌아온 것을 연암은 긍정적으로 평가했지만, 한편으로 대명 의리를 주장하는 보수적 지식인들의 반발을 불러오기에 충분했다. 그해 11월 동지사 편으로 엄성에게 보낸 편지에서 엄성 등의 시문을 보고 자신의 주변 사람들이 격찬하고 부러워했다고 전하는가 하면, 한편으로는 담헌이 중국 친구들을 사귄 것이 유가의 역사에서 전례를 찾아볼 수 없다는 비난이 있다고도 했다. 이 반발은 최종적으로 북경과 서울의 관계를 오직 외교관계로만 한정하고 그 외의 모든 인적·문화적 관계를 금지하는 보수반동운동 곧 정조의 문체반정文體反正으로 귀결된다. 그 반발의 물꼬를 튼 사람이 바로 김종후였다.

앞서 언급한 바와 같이 김종후는 담헌과는 1749~1750년 도봉서원에서 만난 사이로 이미 나름대로 오랜 우정을 쌓은 터였다. 김종후의 문집《본암집本庵集》에는 홍대용이 거문고를 가지고 찾아와 김치익金致益과 종일 놀았다는 내용의 시가 있고,[86] 또 따로 담헌의 애오려에 기문을 써 주기도 했다.[87] 각별히 가까운 사이였던 것이다. 1765년 담헌은 북경으로 떠날 때 김종후에게 편지를 보냈고(이 편지는 남아 있지 않다) 김종후는 답신을 보냈다. 답신은 앞서 전문을 든 바 있는데, 핵심적인 내용은 연행을 통해 안목을 넓히는 것도 좋지만, 여전히 마음을 넓히는 더욱 중요한 일이 남아 있으니 이쪽에도 힘써 달라는 충고였다. 다만 김종후의 말에는 '누린내 나고 더러운 원수의 땅[腥穢之讐域]'과 같은 거친 표현이 있었다. 이 말은 대명 의리를 고수하는 보수적 지식인들이 중국 땅을 부를 때 흔히 쓰는 상투어였다. 하지만 담헌이 북경에서 중국 지식인들과 우정을 쌓고 돌아왔다는 사실이 알려지자, 이 상투어에 생기가 돌기 시작했다.

홍대용은 자신의 고종사촌형 김치익으로부터 김종후가 자신을 비난한다는 말을 듣고 김종후에게 편지[88]를 보냈다. 편지에 의하면, 김종후는 담헌이 북경에서 엄성·반정균·육비와 사귄 것을 크게 비난했다고 한다. 담헌에게 김종후의 비난은 충격이었다. 출발할 때 김종후가 보낸 편지에서도 크게 문제 될 것은 없었다. 또 담헌은 1766년 2월 17일 글씨를 원하는 엄성에게 자신이 써 온 〈고원정부〉를 증정하며 "고원정 주인은 성명이 김종후로 우리나라의 높은 선비입니다. 귀한 가문으로 벼슬을 원치 아니하여 전야에 물러가 글을 읽는 선비입니다"라고 말한 바 있었다. 담헌은 김종후를 존중하고 있었던 것이다. 담헌은 그런 김종후가 자신을 비난할 줄 상상조차 할 수 없었다. 담헌은 엄성 등을 사귄 이유를 이렇게 밝혔다. 엄성 등 세 사람은 의관 문물이 없어진 세상, 곧 오랑캐 청의 지배하에서 향시에 합격한 뒤 북경의 회시에 응시하려 하였으니, '일등인一等人'이 아닌 것은 분명하다. 하지만 군사가 일등인만 사귀고 이등 이하의 사람을 사귀지 않을 수는 없는 일이다. 대명 의리를 고수한다는 점에서는 담헌 역시 김종후와 다를 바 없었다. 1766년 2월 1일 엄성 등을 만나 보라고 권하는 이기성에게 "수천 리 밖에서 과거를 위해서 행역行役의 괴로움을 헤아리지 않는다면, 반드시 명리名利의 마음이 깊은 사람이니, 어찌 높은 소견이 있을 것이며 족히 더불어 말하겠는가?"[89])라고 말한 담헌이 아니던가. 하지만 현실과 관념은 다른 법이다. 엄성 등과 대화를 나눈 뒤 담헌은 그들과 인간적으로 친밀한 사이가 되었고, 또 그들로부터 우정 어린 존경을 받았다. 그 대화와 우정에 대명 의리의 엄격함을 적용하는 것은 사실상 불가능한 일이었다. 이제 담헌은 한인으로서 청 체제에서 벼슬하려는 그들을 변호해야만 했다. 그 변호의 논리는 다음과 같았다.

첫째, 청 체제가 황제의 위세와 법으로 한족에게 변발과 호복을 강요한 지 이미 100년이 지났으므로, 성현과 호걸이라 할지라도 현실을 무시하고 과거로 돌아가려고 위세와 법을 건드려 멸족의 화를 당하려고 하지 않을 것이다. 이런 이유로 청 체제에 순응할 수밖에 없음을 인정해야 할 것이고, 그들을 이적夷狄으로 배척할 수는 없다.

둘째, 그들이 과거를 통해 벼슬을 하고자 하는 것은 성현과 호걸이라면 하지 않을 일이지만, 누구에게나 성현과 호걸의 경지를 바랄 수는 없다. 담헌은 설득력을 높이기 위해 김종후가 부인할 수 없는 사례를 끌어온다. 대부로서 노魯의 임금인 애공哀公을 제압하고 권력을 장악한 계강자季康子(季孫肥)와 망명해 있는 아버지 괴외蒯聵 대신 왕위에 올라 아버지의 귀국을 막았던 위衛나라 출공出公은 중국인이었지만 이적보다 못한 인물이었다. 그럼에도 공자의 제자인 염옹冉雍은 계강자의 가신이었고, 자로子路는 출공에게 벼슬했다. 하지만 그것을 이유로 공자의 문하에서 배척을 받지는 않았다. 더욱이 공자의 시대인 춘추시대에는 벼슬을 할 수 있는 열국이 병립했지만, 현재 중국은 청 이외의 국가는 없으니, 그들에게 대안이 없다는 점을 이해하지 않으면 안 될 것이다.

셋째, 담헌은 강희제 이후 청의 정치가 빼어나 백성들이 안정된 삶을 누릴 수 있게 되었고 또 그 청 체제에 익숙해졌으므로, 화인華人, 곧 한족들이 의리를 고수하며 벼슬을 하지 않겠다는 마음을 바꾸어 청 체제에 벼슬을 하게 된 것을 깊이 책망할 수는 없다고 말한다. 만약 그들이 벼슬했다 하여 '만기가달滿旗假㺚', 곧 '만주족의 개돼지'가 되었다면서 경멸하고 중국인이 아니라고 한다면, 그것은 균형 잡힌 사고가 아니다. 이 말에 이어 담헌은 주목할 만한 발언을 한다.

> 그들이 명조明朝를 생각하지 않은 것을 충성과 의리가 아니라고 한다면, 천하의 왕조가 바뀌었던 것은 예부터 있던 일이었소이다. 군자의 은택 역시 다섯 세대가 지나면 끊어지는 법이지요. 영원토록 이전 왕조를 생각하려 한다고 합시다. 하지만 100년 뒤에도 그 마음이 쇠하지 않는다는 것은, 인정과 천리로 반드시 그럴 이치가 없는 것이오.[90]

초시간적인 충절과 의리는 없다는 담헌의 발언은, 멸망한 지 100년이 경과한 명에 대한 충절을 요구할 수는 없다는 말이다. 다시 말해 충절과 의리도 시간의 제약 속에 있다는 것이다. 담헌의 논리를 조선에 적용하면, 조선인의 대명 의리 역시 명이 망한 지 1세기가 지난 현재 굳이 지킬 필요가 없는 것이 아닌가. 하지만 담헌은 자신의 논리를 조선에 적용하지는 않았다. 그런데 이는 영원불변하는 것은 없으며, 시간의 흐름에 따라 모든 것은 변한다는 논리, 곧 앞서 희원외에게서 들었던 논리가 아닌가. 담헌은 완고한 대명 의리론자이자 화이론자인 김종후와의 논쟁에서 희원외의 시간 상대주의로 자신의 입장을 바꾸고 있다. 자신의 화이론에 균열이 누적되고 있지만, 그는 아직 인지하지 못하고 있었다. 아울러 담헌은 엄성 등 중국인들이 명에 대한 생각을 깡그리 잊은 것은 아니었다고 변호한다. 즉 중국인은 조선 사신단의 의복을 명나라 제도라고 지적하면서 자신들의 변발과 호복을 부끄러워했고, 내심 자신들이 오랑캐가 된 것에 큰 수치감을 드러냈다는 것이다. 물론 그것은 그들의 적극적 태도에 의한 자발적·자각적인 것이라기보다는 다분히 담헌의 말에 의해 수동적으로 일깨워진 것이었지만 말이다.

담헌은 중국 지식인의 배려와 인정에 대해 덧붙였다. 엄성·반정균·육비 등이 중화의 귀함을 잊고, 빼어난 재능을 굽히고 "바닷가의 비루한 오랑캐"[91]인 자신과 어울리기를 꺼리지 않고 마음을 열어 성심껏 대해 주고 옛 친구처럼 환대했다는 것을 특별히 언급했다. 그들이 자신을 그렇게 대우했기에 서로 더할 수 없이 친밀한 사이가 되었다는 말이다. 담헌의 마음속에는 "바닷가의 비천한 오랑캐"인 조선 사람에게 자신을 낮추며 예의를 지키는 중화인을 어떻게 비난할 수 있겠느냐라는 반문이 있었을 것이다.

김종후의 비난은 담헌이 더할 수 없이 큰 의미를 부여하고 있던 엄성 등과의 우정을 근본적으로 몰가치하다고 단정한 것이었다. 심한 충격을 받은 담헌은 한편 격하고 한편 냉정한 언어로 되돌려주었다. 김종후가 엄성 등과 주고받은 편지를 보자고 했지만, 담헌은 절반은 잊었고 또 볼 만한 것이 없다는 이유로, 거기에 엄성 등과 사귄 것이 잘못이라고 했다는 이유로 보낼 수 없다고 거절했다. 아마도 김종후는 자신에게만《간정동회우록》을 보여 주지 않았던 게 섭섭했을 수도 있다. 하지만 담헌은《간정동회우록》을 보여 줄 경우 거기서 꼬투리를 잡힐지도 모른다고 생각했을 것이다.

• 김종후의 반박

담헌은 자신의 변명이 김종후를 설득할 수 있을 것이라 생각했을 것이다. 하지만 김종후는 전혀 설득되지 않았다. 곧장 답신[92]을 보내어 반박했다. 논리는 매섭고 각박했다. 김종후는 담헌이 떠날 때 자신이 보낸 편지에서 "아픔을 참고 원통함을 머금은 뜻"을 가지고 견문을 넓히기를 기대했지 머리를 깎은 거자擧子들과 형제처럼 사귀는 것에 대해서는 상상하지 못했다고 말한다. 요컨대 원수인 오랑캐 청에 대한 적개심을 품고 견문만 넓히는 것을 기대했을 뿐 변발을 하고 오랑캐 조정에 벼슬하기 위해 과거에 응시하는 자들과 형제처럼 사귀는 건 상상을 벗어난 것이었다는 말이다.

김종후는 이렇게 비아냥거리며 담헌을 비난하기 시작했다. 그는 사람이 꼭 일등인만 사귈 수는 없다는 담헌의 논리를 먼저 비판했다. 김종후는 담헌이 사귄 엄성 등을 "호로胡虜를 섬길 것을 원해 바삐 뛰어다니는 무리"로 단정하고, 그들은 일등인을 주제로 삼아 말할 대상조차 되지 않는다고 말한다. 김종후는 《주자어류》의 "일등인은 평상시에도 과거에 응시하지 않는 사람이다"고 했던 주자의 말[93]을 들어 보지 않았느냐고 반문했다.

김종후는 주자의 말을 인용하여 자신의 말에 저항할 수 없는 권위를 부여하며, 일등인이란 오직 오랑캐의 과거에 응시하지 않는 사람일 뿐이라고 힘주어 말했다. 담헌이 존중해 마지않던 엄성과 반정균, 육비를 무참하게 깎아 내린 것이다. 김종후는 한걸음 더 나아갔다. 오랑캐의 과거에 응시하지 않는 것은 물론 대단하지만, 그것만으로도 일등인이 될 수 없다며 일등인의 추가 조건을 제시했다. 곧 마음을 바로 하고 몸을 닦아[正心修身] 성현이 되기를 배우고, 세속적 가치를 추구하지 않는, 곧 사욕에 오염되지 않는 사람이라야만 일등인이 될 수 있다는 것이다. 만약 오랑캐의 과거에 응시하지 않는다 해도 이 조건을 충족시키지 못하면 이등인, 삼등인이라는 것이다. 담헌이 만약 오랑캐의 과거에 응시하려는 사람과 사귄다면, 반드시 그들에게 일등인이 되기를 권하는 것이 마땅한 일이다. 다시 말해 먼저 과거를 포기하라고 권해야 옳다는 것이었다. 담헌이 그런 말을 건네지 않은 것은 아니었다. 과거가 의미 없는 일이라고 누차 말한 바 있었다. 하지만 김종후는 그 사실을 몰랐다. 하지만 과거 포기란 애당초 조선 사람이 한족 지식인에게 권유할 일이 아니었다. 이어지는 김종후의 말은 배배 꼬여 복잡하지만, 요는 오랑캐인 청의 조정에서 벼슬을 하기를 원하는 '등급 밖의 사람들'과 담헌이 사귄 것을 비난하는 데 있었다.

김종후는 "성현과 호걸이 있다 해도 그 현실을 무시하면서 과거로 돌아가기 위해 경솔하게 법을 어겨 멸족의 화를 당하려고 하지 않을 것"이라는 담헌의 말에 대해서는 자신은 생각해 본 적이 없다고 답했다. 이 부분은 김종후로서도 변파하기 쉽지 않았을 것이다. 하지만 담헌이 염옹과 자로의 사례를 들어 엄성 등이 청 조정에 벼슬하려 한 일을 정당화했던 것에 대해서는 각박하게 반박했다. 김종후는 그들이 벼슬한 것 자체를 비판한다. 염옹이 계손씨에게 임금을 높여야 한다는 것을 깨우쳐 주고, 자로가 출공이 아비가 귀국하는 것을 막는 데 가담하지 않았다면 그들의 벼슬은 정당했을 것이지만, 그들은 그렇게 하지 않았기에 정당하지 않다는 것이었다. 김종후는 담헌이 엄성 등과 지기가 되었다면, 그들은 과연 노륭膚隆 곧 청의 황제에게 천자의 지위를 양보하고 중국인으로 그 자리를 내어주도록 설득할 수 있는 사람인가 묻는다. 현실적으로 결코 존재할 수 없는 사람이다. 그럼에도 김종후는 이렇게 말한다. "그렇지 않은데도 그들을 중궁·자로와 꼭 같이 보니, 어찌 공평한 일이겠소?"[94] 청 황제에게 벼슬을 구하려 하는 인간을 중궁·자로와 등치시켜 그들을 구원하려는 논리는 성립할 수 없다는 비판이다.

이런 각박한 비판이 가능한 것은 김종후가 원천적으로 청이 오랑캐이며, 그들은 인간이 아니라고 신념하고 있기 때문이었다. 김종후는 주장의 근거로 《주역》의 권위를 끌어왔다. 그가 인용한 것은 곤괘坤卦 육오六五의 "황상黃裳이니 원길元吉하다"는 효사爻辭에 대한 정이천의 주해, 곧 "'신하로서 존위尊位에 있는 것은 그래도 말할 수가 있지만, 아내로서 존위에 있는 것은 비상한 변고이니, 말할 수가 없다'"[95]는 것이 그것이다. 여성은 남성의 종속적 존재라는 유가의 가부장적 사고다. 국가가 흥하고 망하는 것은 필연이며 때로는 신하가 경우에 따라 왕보다 높은 지위에 있을 수도 있다. 하지만 여성은 남성보다 높은 지위에 있을 수 없다. 그것은 '비상한 변고'다. 그것은 '양'이 '음'에 우선하는 세계의 질서를 뒤집는 것이기 때문이다. 이 논리가 청과 무슨 관계가 있는가? 김종후에게 "이적夷狄은 인간이 아니다."[96] 이적은 여성보다 훨씬 더 강력한 '음'의 성질을 갖기에 이적이 왕위에 있는 것은 여성이 왕위에 있는 것보다 훨씬 더 큰 변고다. 따라서 이적인 청은 '중화의 천자' 자리에 있을 수 없다. 이 말 같지도 않은 해괴한 논리로 김종후는 청 체제를 근원적으로 부정했다.

이 논리 위에서 김종후는 담헌을 몰아세웠다. 담헌이 중궁과 자로가 계손씨와 출공 같은 난신적자에게 벼슬을 한 것을 엄성 등이 '호로胡虜를 섬기고자 한 것'과 동일하다 판단하고, '중국이 이적만 못하다고 한다면'[97] 호로를 섬기고자 한 자들은 이등인은 충분히 될 수 있을 것이고, 중궁과 자로 이상으로 뛰어난 사람이 될 것이다. 중궁과 자로는 대현大賢이었다. 그런데 그들은 중궁과 자로보다 뛰어난 사람이니 곧 일등인이다. 그런데 왜 담헌 당신은 그들이 일등인이 아니라고 하는가? 김종후는 논리를 교묘하게 비틀어 담헌이 오랑캐를 섬기려고 안달하는 엄성 등을 일등인으로 평가하고 있다고 몰아세웠다.

김종후는 100년 이상의 시간이 흐른 뒤까지 옛 왕조에 대한 충성심을 가지는 것이 불가능하다는 담헌의 주장에 대해 "정말 그렇다"며 일단 동의한다. 과거 왕조에 대한 기억이 사라지면서 그 왕조를 섬기던 세대 역시 사라졌다. 현세대에게 과거의 왕조는 역사 속에 남아 있을 뿐이다. 과거 왕조에 대한 충성의 생각이 사라지는 것은 당연한 일이다. 일단 여기까지 김종후는 동의한다. 하지만 이후 주장이 갈라진다. 즉 하·은·주와 한·당의 왕조 교체에 있어서 담헌의 생각은 정당할 수 있지만 명에 대해서는 그렇게 말할 수가 없다는 것이다. 하·은·주와 한·당의 왕조 교체는 문명의 연속성을 유지하지만, 명에서 청으로의 변화는 문명이 단절되거나 오염되었기 때문이다. 곧 김종후는 중국인이 명조를 생각할 것을 요구하는 게 아니라, '중국 문명'을 생각할 것을 요구했다.

김종후는 이런 논리로 중국인들이 변발과 의복을 부끄럽게 여기고 있는 데서 명조明朝를 여전히 생각하고 있음을 확인할 수 있었다는 담헌의 말을 반박한다. 그것은 말단에 불과하다는 것이다. 그들이 담헌에게 속내를 남김없이 털어 보였다 해도 중국-중화 문명이 사라진 것을 비통해하지 않았다면, '병이지심秉彝之心', 곧 타고난 윤리심이 있다고 할 수 없다는 것이다. 담헌이 엄성 등이 "중화의 귀함을 잊고" 자신을 친구처럼 대해 주었다고 말한 것도 못마땅했다. 김종후의 생각으로는 그들은 도저히 '중화의 귀함'을 가지고 있는 사람들이 아니었다. 그들이 중국 문명에 비통해하는 마음이 없는, 오랑캐의 조정에 벼슬하려는 의지가 있는 엄성 등은 이미 '중화의 귀함'을 보유할 수 없는, 오랑캐화한 사람이기에 자신은 '동이東夷의 천함'을 달게 여길지언정 그들의 귀함을 원하지 않는다고 쏘아붙였다.[98]

김종후에게 가장 불편했던 것은, "강희제 이후 백성과 함께 휴식하면서 한 시대를 진압하고 복종시켰다"[99]라는 말이었다. 이는 담헌이 오랑캐인 청의 중국 통치를 긍정한다는 의미였다. 오랑캐에 의한 중국의 통치가 성공을 거두었다는 담헌의 판단은, 청에 대한 증오심과 복수심을 권력 유지의 방편으로 삼고 있던 골수 노론 김종후의 생각을 뿌리부터 뒤흔들었을 것이다. 김종후가 노론이 표방한 국시 '북벌'을 끌어댄 것은 너무나 자연스러운 일이었을 터이다. 무엇보다 '강희'라는 어휘를 쓴 것이 불쾌하기 짝이 없었다. 공식 문서에는 '오랑캐'의 연호를 불가피하게 쓰지만, 그것을 편지에 만력萬曆·숭정崇禎과 같은 명의 연호처럼 쓸 수 없다는 것이다. 김종후는 담헌이 자신에게 보낸 편지에 청의 황제를 일러 '노륭虜隆'이란 멸시적 명사를 쓰지 않고 '강희'라는 정식 연호를 쓴 것이 불만이었을 뿐만 아니라, 그 연호를 쓰면서 그의 정치 교화를 전혀 부끄러움 없이 주周의 성왕成王·강왕康王, 한漢의 문제文帝·경제景帝와 같은 현군賢君과 동일시한 것은 더욱 불만이었다. 김종후는 담헌에게 뼈아픈 소리를 내뱉었다. "이런 일을 마지 않는다면, 얼마 뒤 강희공康熙公이 되지 않겠소?"[100]

우주가 생긴 이후로 나라가 흥하고 망하는 것이 부상했고, 이적이 중국을 물리친 경우도 역시 많이 있었습니다. 하지만 오늘날처럼 오래였던 적은 없었습니다.

중국 성현의 후예들까지 모두 이 상황에 너무나 익숙해지고 편안한 나머지, 다시는 중화와 이적의 구분이 있는 줄을 모르고 있습니다. 이것이 뜻있는 선비와 어진 사람들이 더욱 통분히 여기고 삶을 즐거워하지 않는 까닭입니다. 그런데 족하께서는 저들의 체제가 오래되고 안정되었다고 여기고 이처럼 유세를 하시니, 과연 어떠합니까?[101]

이적이 중국을 지배한 것은 청이 처음이 아니다. 하지만 청은 유례없이 오랫동안 중국을 지배하고 있다. 이로 인해 중국이 이적화, 곧 야만화한 결과 중화-문명과 이적-야만의 구분이 사라졌다. 지식인이라면 여기에 분노해야 할 것이다. 그런데 담헌은 장구한 이적의 통치 결과 체제가 안정되었음을 중국의 야만화를 인정하는 명분으로 삼고 있다는 것이다. 김종후는 최후로 효종과 송시열을 불러냈다. "아, 우리들은 효묘孝廟와 우옹尤翁의 시대로부터 멀리 떨어져 있지 않은데도, 시의時義와 인심도 하늘과 땅처럼 갈라져 있지 않은데도, 다시 이런 말들이 그사이에 돌아다닌다면, 오랜 시간이 지난 뒤에는 또 어떤 모양이 되겠습니까?"[102] 효종과 송시열의 시대로부터 그리 멀지 않은 자신들의 시대에 담헌의 말이 설득력을 갖는다면, 세월이 흐른 뒤에는 감당할 수 없는 결과가 나타날 것이라 했다.

김종후는 담헌과 자신의 스승인 김원행에게 편지를 올려 판단을 구하자고 하고, 아울러 담헌과 엄성 등의 필담을 보여 달라고 청했다. "그 사람들과의 문답을 널리 전해 보여 주었다는 말을 들은 것 같은데, 나에게만 숨기고 있으니 마땅치 않은 일입니다. 그러나 족하가 만약 내가 함부로 지적할 것으로 여겨 보여 주지 않는다면, 나 또한 굳이 청하지는 않을 것입니다."[103] 김종후는 이 부분에서 속내를 드러냈다. 그는 담헌과 엄성 등과의 실제 대화가 궁금했고, 자신은 배제된 것이 서운했다. 한편으로는 그 필담에서 무언가 꼬투리를 찾고 싶었을 것이다.

김종후의 편지는 노론이 고수했던 대명 의리의 속내를 남김없이 드러낸 것이었다. 문명화 이전, 곧 야만의 인간인 이적이 문명의 중심인 중국을 지배하는 건 비정상적 상태라는 것, 엄성·반정균·육비 등은 오랑캐의 조정에서 벼슬을 하고자 하는 이적화한 인간이라는 판단은 모두 경직된 대명 의리에서 연역된 것이었다. 하지만 그 대명 의리는 현실과 무관한, 김종후와 같은 부류의 머릿속에서 상상된 관념에 불과한 것이었다. 그럼에도 대명 의리의 논리 위에 설 때, 담헌이 엄성 등과 사귀고 그들을 칭송한 것은 비난받아 마땅한 일이었다. 하지만 당연하게도 김종후의 논리를 따르면, 청의 정치적 성공으로 중국이 유례없는 번영과 안정을 누리고 있다는 것, 중국 문명이 연속되고 있다는 것, 조선은 그 연속되고 있는 중국 문명에서 배울 것이 많다는 것 등 부정할 수 없는 현실과, 담헌이 엄성 등과 맺었던 인간적인 유대감, 상호 존중, 우정, 신뢰 등 담헌이 새롭게 경험한 그리고 높이 평가해 마지 않았던 가치들은 모두 증발하게 된다. 담헌에게 김종후의 비판은 현실에 눈감은 것일 뿐더러 너무나도 각박한 것이었다.

• **담헌의 재반박**

김종후의 편지를 받고 담헌은 즉시 반박하는 장문의 편지를 썼다. 편지는 《간정후편》과 《남헌서》에 실려 있다. 물론 동일한 편지인데, 《간정후편》의 제목은 〈의답수야서擬答秀野書〉, 곧 '수야(김종후)'에게 보내려고 했던 편지'이고,《담헌서》의 제목은 〈우답수야서又答秀野書〉, 곧 '또 수야에게 답하는 편지'라는 뜻이다.[104] 《담헌서》 쪽의 제목을 보면 편지를 보낸 것 같지만, 사실은 보내지 않았다.《간정후편》 쪽 편지의 제목이 '수야(김종후)에게 보내려고 했던 편지'라고 되어 있는 것은 이 때문이다. 담헌은 이 장문의 편지를 김종후에게 보내지 않았고 대신 짧은 편지 한 장을 써서 논쟁이 확대되는 것을 스스로 막았다. 짧은 편지는 '수야에게 답하는 편지'(〈답수야서答秀野書〉)이고《간정후편》에 실려 있다.[105] 먼저 장문의 〈의답수야서〉를 검토하고 이어 〈답수야서〉를 읽도록 하자.

〈의답수야서〉에서 담헌은 먼저 엄성 등을 중궁과 자로보다 뛰어난 일등인으로 보아야 할 것이라고 비꼰 김종후의 논리를 반박했다. 자신은 오랑캐의 과거를 보지 않는 사람을 일등인이라 한 적도 없고, 또 자신이 사귄 친구들을 이등인이라 한 적도 없으며, 단지 오랑캐의 과거를 보았다면 일등인이 아니라고 생각했을 뿐이라는 것이었다. 또 이등인, 삼등인을 버리고 반드시 자신이 사귄 엄성 등을 찾으려 했던 것도, 오랑캐의 과거에 응시하는 사람을 반드시 구하려 했던 게 아니라는 것이다. 담헌은 비꼬지 말고 공정한 마음으로 판단하라고 충고했다.

중궁과 자로에 대한 김종후의 판단 역시 비판했다. 곧 중궁과 자로가 계손씨와 위첩에게 벼슬했던 건 무슨 거룩한 의도가 있어서가 아니었다는 것이다. 곧 그들은 임금을 높이기를 권유하거나 아비를 거역하지 말 것을 간하려고 했던 게 아니고, 단지 가난 때문에 녹봉을 받고자 관직을 가리지 않고 벼슬을 했다는 것이다. 담헌은 중궁과 자로가 현인이라 해서 사실조차 외면하고 비호해서는 안 된다고 보았다. 일찍이 〈논어문의〉에서 공자가 양화와 공산불요, 공산필힐과 같은 반신에게 협조하는 태도를 보이며 벼슬하고자 했던 것을 비판한 담헌이다. 유가적 근본주의 입장에서 공자까지 비판한 담헌의 눈에는 중궁과 자로는 오직 밥벌이를 위해서 벼슬을 했을 뿐이었다. 담헌은 김종후가 중궁과 자로가 계손씨와 위첩에게 충고하지 못한 사실만을 지적했을 뿐, 애당초 그들이 비윤리적인 인간인 계손씨와 위첩에게 벼슬한 잘못을 명백하게 지적하지 않은 것은 공평하지 않다고 지적했다. 다시 말해 중궁과 자로가 계손씨와 위첩에게 벼슬한 오류를 덮어두고, 중국인에게 노륭虜隆, 곧 청의 황제에게 중국을 받들라고 깨우치지 못한 것과 그들이 호속胡俗을 따르는 것을 비난하는 건, 편파적이라는 것이다.

담헌은 김종후가 오랑캐가 여자보다 못한 음陰을 지니고 있는 인간 이하의 존재임을 주장하기 위해 인용했던《주역》곤괘坤卦 육오六五 효사에 대한 정자程子의 주해를 오독하지 말라고 지적했다. 정자가 여성이 왕위에 오른 것을 극변極變이라고 극력 비난한 것은 사실이지만, 유궁후예有窮后羿와 왕망王莽이 찬역한 것이 그보다 낮은 정도의 변고라고 하는 건 아니라는 것이다. 즉 정자의 주해는 중궁·자로가 계손씨와 위첩에게 벼슬했던 것과 현재의 중국인이 청을 섬기는 것을 차별하는 근거가 될 수 없다. 곧 전자가 정당하고 후자가 부당하다는 판단의 근거가 아니라는 것이다. 요컨대 중궁·자로의 행위를 용납한다면, 중국인이 청의 과거에 응시하는 일도 용납될 수 있다.

담헌은 이어서 이적의 속성에 대해 언급한다. 담헌은 이적이 이적일 수밖에 없는 것은, 예의와 충효가 없고, 성품이 살벌殺伐을 좋아하고 행동이 금수와 같기 때문이라고 말한다. 담헌은 종족적 개념이 아니라 문명적 개념으로 이적을 말한다. 중국인이라 할지라도 아비를 거역하거나 임금을 내쫓은 신하는 이적과 다를 바 없다. 이 논리에 의하면 출공과 계손씨는 이적이다! 따라서 김종후가 대현이라고 말한 중궁과 자로는 곧 이적을 섬긴 경우가 된다. 담헌의 문명적 개념을 따를 경우, 이적이 문명을 갖게 되면 더이상 이적이 아니다. 이적인 청은 중국에 장구하게 머무르고자 예의를 숭상하고 충효를 의방依倣하여, 살벌한 성품과 금수와 같은 행동이 처음과 같지 않다고 말한다. 이것은 '이적의 문명화 과정'이다. 따라서 "중국이 이적만 못하다諸夏之不如夷狄"는 판단도 가능하다.

 담헌은 김종후의 지나친 발언과 비아냥 등에 대해서도 비판했다. 예컨대 이적은 '음陰'이라고 하는 판단에는 동의할 수 있지만, 사람이 아니라고 한 것은 지나친 말이라고 지적했다. 이 말은 중국 사람이 했다 해도 지나친 것이고, '동이족'인 조선인은 더욱이 할 수 없는 말이라고 했다. 엄성 등이 중궁·자로와 같은 대현보다 뛰어난 인물이라고 비꼰 것 역시 논리를 교묘하게 조작해 남의 입을 다물게 하려는 의도가 있다면서 반성을 요구했다. 엄성 등이 중국-중화 문명이 사라진 것에 대해 비통해하지 않았다면, '병이지심'이 있다고 할 수는 없다고 한 것에 대해서는 오해라고 했다. 엄성 등은 중화 문명에 대해 분명히 인지하고 있었고 명을 그리워하고 있었다고 밝혔다. 김종후가 "저들이 중화의 귀함은 잊고 서로 이야기했다"는 담헌의 말을 반박하며 자신은 차라리 동이의 천함을 달게 여길지언정 저들의 귀함을 원치 않는다고 쏘아붙인 것에 대해서도 반박했다. 담헌은 자신은 그 사람의 입장에서 말한 것이었을 뿐, 자신이 그들을 높이 평가한다는 것은 아니었다는 것이다. 김종후가 이 말을 놀라워하는 것을 담헌은 이해할 수 없었다.

담헌은 이 말에 이어 김종후가 '동이'임을 달게 여긴다는 말을 끌어와 김종후와 같은 화이론자를 비판했다. 담헌은 먼저 조선이 동이인 것은, 지계地界 때문이라고 지적했다. 이적을 결정하는 요소 중 하나인 지역성을 든 것이다. 조선은 중국이란 '문명의 중심'의 주변부에 위치하는 지리적 요인으로 인해 이적이 될 수밖에 없다. 하지만 지역성은 문명성보다 우월할 수는 없다. 담헌의 화이론은 문명성에 의해 결정된다. 이적의 지역에서 태어나 이적의 공간에 산다 하더라도 성인이 될 수도, 현인이 될 수도 있다. 이적과 중화를 구분하는 결정적 근거는 문명성에 있기 때문이다. 이런 논리로 담헌은 "조선이 중국을 사모하고 본받아 이적임을 잊은 지가 오래"[106]라고 말한다. 즉 조선은 문명화되었기에 중화의 속성을 가지고 있다는 것이다. 이것은 담헌의 생각일 뿐만 아니라, 김종후와 같은 소중화주의자의 생각이었다. 하지만 소중화주의자들은 동시에 중국은 청이란 야만에 의해 문명이 오염되었기에 도리어 이적화되었다고 판단했다. 그 판단과 청 체제로서의 중국에 대한 멸시감이 대명 의리의 안팎을 이루고 있었다. 하지만 담헌은 여기서 갈라진다.

담헌은 문명화된 조선이라 할지라도 원래 문명의 중심인 중국과 비교하면 문명화의 수준은 확실히 낮다고 한다. 담헌의 말은 현실에 존재하는 중국을 이적으로 판단할 수 없다는 것이다. 담헌은 이렇게 말한다.

지금 우리 조선의 입장에서 저 중국을 본다면, 비록 불행하게도 나라가 망하여 오랑캐를 신하로 섬기고 종으로 섬기고는 있지만, 그 안과 밖의 나눔과 세류世類(신분의 부류)의 차이는 본디 하늘이 정한 한계가 있습니다. 비록 그들을 높여서 우러르며 귀하다고 해도 또한 무슨 해로울 것이 있겠습니까?

아아! 중국은 천하의 종국宗國이고 화인華人은 천하의 종인宗人입니다. 그런데 지금 상제上帝께서 미워하고 시운이 어그러져 삼대의 유민과 성현의 후예가 모두 머리를 깎고 변발을 한 채 만주의 개[滿㺚]가 되게 하였으니, 당세의 지사가 슬퍼하고 한탄할 때이고, 신주神州의 액운은 금·원 때보다 열 배나 더합니다. 하물며 몇 해 동안 섬겨 오던 뒤이니, 그 애통하고 상심함은 더더욱 크다 하겠습니다.[107]

요지는 중국이 불행하게도 비록 청의 지배를 받고 있으나, 야만에 오염된 것이 아니라 문명의 핵심은 그대로 보존하고 있다는 것이다. 따라서 중국 사람이 이적화되었다고 비판하는 김종후 부류의 사고와 발언은, 우물에 들어간 사람에게 돌을 던져 나오지 못하게 하고, 그 틈을 타서 자리를 바로 잡아 "은연중 중화로 자처하는 것"이다. 중국이 청의 지배하에 있는 틈을 타서, 중국을 이적시하면서 조선 스스로가 중화인 척하고 있으니,[108] 정말 웃기는 일이 아니냐는 것이다.

담헌은 마지막으로 가장 미묘한 문제에 대해 언급했다. 김종후가 담헌의 편지에서 가장 동의할 수 없었던 것은 담헌이 강희제의 정치를 높이 평가한 데 있었다. 담헌은 이에 대해 재차 반박했다. 담헌은 '강희'란 연호를 단지 시간을 표시하는 기호로 차용했을 뿐 강희를 천자 혹은 황제로 받들지는 않았다고 밝히고, 아울러 '강희'란 어휘는 "근래 풍속에서 늘 쓰는 말"에 지나지 않는데도 김종후가 '강희'란 말을 "당당한 만력·숭정처럼 일컬었다"고 말하는 것은, 궁극적으로 죄안罪案을 만들려는 의도라고 지적했다.

김종후는 담헌이 "강희 이후 백성과 함께 휴식하면서 한 시대를 진압하고 복종시켰다"라고 말한 데 대해서 불쾌해했다. 이를 두고, 담헌은 그것은 단지 '실상'을 밝혀 중국인들이 세속을 따라 과거에 응한다는 것을 밝혔을 뿐이라며, 그것을 깊이 비판할 필요는 없다고 반박했다. 담헌은 자신의 주장을 입증하기 위해 주자의 전례를 끌어왔다. 곧 《주자어류》를 인용하여 주자 문하에서 '금호金胡', 즉 오랑캐 금나라에 대해 소요순小堯舜·대요순大堯舜이라는 말을 한 적이 있다는 것이다.[109] 담헌은 사실을 있는 그대로 정직하게 말하는 것은 상대를 원수로 여기거나 그들을 천하게 여기는 태도에 방해되지 않는다고 말한다. 곧 강희의 정치를 인정하는 것과 청을 이적시하는 것은 별개의 문제라는 것이다. 담헌은 김종후가 효종과 송시열을 인용하여 대명 의리와 북벌의 정당성을 주장한 것을 결코 부정하지 않았다. 아니 할 수 없었다. 하지만 김종후의 '강희공' 운운하는 말은 사람을 함정에 빠트리려는 의도가 있는 것이라고 비판했다.

담헌은 반박을 마치고 자신이 엄성 등과 만난 과정과 그들의 인간됨에 대해 전했다. 사실에 기초한 것은 물론이지만, 내용은 김종후를 의식해 상당히 변형한 것이었다. 담헌은 엄성 등이 과거를 치기 위해 북경까지 4천 리 길을 왔다면 보잘것없는 인물들이라 평가하고 만날 의도가 없었지만, 워낙 무료한 나머지 한 번 만났을 뿐인데, 만나고 보니 엄성은 과거 공부에만 몰두한 인물이 아니었고, 고관의 추천도 거부한 선비였으며, 육비 역시 기량과 풍치가 빼어난 사람으로 예사 선비가 아니었다는 것이다. 비록 육왕학을 배우고 선불禪佛에 빠진 사람이었지만, 마음을 다 쏟아 궁구하고 의리를 들으면 복종하는, 요컨대 기송·구이口耳의 학문을 하는 사람이 아니었다는 것이다.

담헌이 북경에서 중국 지식인과 사귄 것을 이렇게 장황하게 변명하는 건 실로 우스꽝스럽기 짝이 없는 일이지만, 이렇게 할 수밖에 없는 상황이야말로 18세기 후반 집권 노론의 사상 통제가 가져온 효과였다. 담헌은 그 사상 통제에 대해서도 지적했다. 곧 김종후가 효종과 송시열을 끌어낸 것을 두고 "집사의 의리는 정대하고 집사의 말은 엄정하다"고 비꼬는 어조로 인정한 뒤 "하지만 '강희공康熙公'이란 세 글자는 막바로 다른 이를 죄의 그물과 함정으로 몰아넣으며 조금도 아까워하지 않은 짓"이라고 비판했다. 다시 말해 김종후가 효종과 송시열을 끌어들이고 강희공 운운한 게 사람을 죄의 함정으로 몰아넣는 야비한 짓거리라고 비꼰 것이다. 그것은 요약하자면 "대의大義를 잡고 사람을 몰아쳐 곧장 적賊으로 만드는 것"[110]이라 지적했다.

자신과 김종후 사이에 다른 사람이 끼어든 것도 언급했다. 김종후는 종제從弟*에게 편지를 보내어 이능李陵이 한漢의 장수로서 살기 위해 오랑캐(흉노)에게 항복하여 선조에 욕을 끼치고 절개를 잃었던 것은, 부득이한 상황에서 말미암은 것이기에 오히려 중국인(곧 엄성과 반정균)들이 오랑캐(청)의 과거에 응시한 일보다 낫다고 말했다. 담헌은 그 편지를 읽고, 김종후에게 율옹栗翁 곧 율곡 이이의 고사를 상기시켰다. 원元의 정주학자 허형許衡에 대해 사람들은 그가 원의 조정에서 벼슬한 것을 비난했지만, 이이는 허형의 행동이 실신失身일 뿐 실절失節이 아니며, 그가 본래 원에서 태어난 사람이고 송의 유민이 아니라는 점을 고려해야 한다고 했다.[111] 이를 상기시킨 것은 김종후의 말이 지나치게 상황

---

* 누구인지 미상. 담헌과 김종후와의 논쟁에 관련된 사람으로 현재 알려진 경우는 김치익金致益이 유일하다. 뒤에 담헌은 김치익에게 편지를 보내고 있다. 그런데 김치익은 담헌의 내종형內從兄, 곧 고종형이다. 따라서 여기서의 종제從弟는 김치익이 아니다.

을 고려하지 않고, 과격하고 의리에도 맞지 않다는 지적이었다.

장문의 〈의답수야서〉는 치밀하고 논쟁적이었다. 격한 반발은 필연적이었다. 이 편지를 김종후가 받아 읽었다면 문제는 걷잡을 수 없이 확대될 것이 분명했다. 담헌은 이 문제를 숙고했음이 틀림없다. 그는 〈의답수야서〉를 보내지 않고, 다소 누그러진 어조의 짧은 편지 〈답수야서〉를 다시 써서 보냈다. 〈답수야서答秀野書〉에서 먼저 자신이 스승과 벗들이 조금이나마 지각知覺이 있어 중국이 몰락하고 이적夷狄 곧 청이 중국을 차지한 것에 한편 마음 아파하고, 한편 분노하고 있다고 말했다. 곧 명이 망하고 청이 대륙의 지배자가 된 데에 대해서는 기본적으로 김종후와 같은 생각이라는 것이었다.[112] 또 담헌은 지난 편지에서 자신이 끌어대거나 따진 말에 실수가 있을지는 몰라도, 김종후가 갑자기 춘추대의를 들먹이고 심지어 효종과 송시열을 끌어대면서 자신을 오랑캐의 편으로 몰아대었으므로 너무나도 놀란 나머지 어쩔 줄을 몰랐다고 말했다. 담헌은 그때 혼자 속으로 이렇게 생각했다고 썼다. "설명이 충분하지 않고, 표현이 제대로 되지 않았던 것이니, 나는 실로 죄가 있다. 하지만 옛 성인이 사설邪說을 배격하고 이단을 물리치던 법에 또한 폐단이 없을 수 없구나. 진정 사람으로 하여금 혀를 묶고 발을 포개어 한 발짝도 내딛지 못하게 하여 삶을 즐겁게 여기지 못하게 만드는 것이다. 아아, 선비로 하여금 말을 겸손하게 하도록 만든다 하더니, 유문儒門에 도리어 이런 법이 있는 것인가?"[113] 자신의 마음 속 말이라고 했지만, 그 뜻은 당신이 내 입을 막았다는 것이다. 선비로 하여금 말을 겸손하게 하도록 만든다는 말의 출처는 《논어》〈헌문憲問〉의 다음 구절이다. "나라에 도道가 있으면 말과 행동을 곧게 하고, 나라에 도가 없으며 행동은 곧게 하고 말은 겸손하게 한다."[114] 말을 겸손하게 하도록 만든다는 담헌의 한탄은 결국 권력에 의한 언론의 통제를 의미하는 것이고 한편으로는 김종후를 비판한 것일 터이다.

담헌은 이어 수천 언言에 이르는 장문의 편지를 쓰기는 했지만, 폐기했다고 말했다. 앞서 검토한 〈의답수야서〉를 말하는 것이다. 폐기의 이유는 말이 너무 장황하고 또 유세遊說와 같아서라고 했지만, 사실은 겁이 났기 때문일 것이다. 그는 이렇게 말한다. "또 경솔하게 큰 죄에 빠지면 세도世道를 자임한 사람이 배척하는 구실이 되기에 충분한 터라 자기 역량을 헤아리지 못한 것을 충분히 알게 되었습니다."[115] '세도를 자임하는 사람'이 누구인지 지적할 수는 없지만, 거부할 수 없는 명분으로 화이관을 주장하여 여론을 주도하는 원칙론자일 터이다. 담헌은 〈의답수야서〉가 공개되어 시비 대상이 되는 것에 두려움을 느꼈던 것으로 보인다. 담헌은 이능과 강희공에 대해서도 낮은 목소리로 말했다. "대개 집사가 종제에게 준 편지를 보건대 '이능' 운운하셨는데, 그것은 집사의 과격함이 심한 경우입니다. 강희공 운운도 집사의 농담이 아주 심한 것이지요. 이것은 구설口舌로 다툴 일이 아니니, 그만두었으면 합니다."[116] 사실상 항복 선언을 한 뒤 담헌은 이어 이렇게 말했다.

이 일은 오직 집사께서 뜻을 얻어 도를 실천하고 대의를 펼치시기를 기다릴 뿐입니다. 그러면 나는 창을 잡고서 먼저 내달려 짧은 격문을 전해 몇 사람으로 하여금 의병을 모아 인솔하고, 멀리서 위세를 바라보고 군대를 맞이하게 만들겠습니다. 혹 지조를 버리고 본래 마음을 잃어버려 길을 잃고 돌아올 줄 모르는 자가 있다면, 제가 한 자루 칼로 몇 사람의 목을 베어 휘하에 가져다 놓겠습니다. 그런 뒤에야 집사의 의심을 풀 수 있을 것입니다. 지금 무엇 때문에 시시콜콜 따진단 말입니까?[117]

담헌은 김종후가 앞장서서 대의를 펼친다면, 즉 만약 북벌에 나선다면 자신은 몸을 바쳐 그의 의심을 풀어 주겠다고 말한다. 담헌의 말에는 어딘가 비웃는 듯한 뉘앙스가 있지만, 그것을 문제삼을 수는 없을 것이다. 어쨌든 담헌은 어떻게 보면 비굴하게 느껴질 정도로 자세를 한껏 낮추어 논쟁하려는 의사가 없음을 밝혔다. 앞의 〈의답수야서〉와는 판이하게 다른 어조다. 《담헌서》가 이 편지를 거두어 싣지 않았던 것은 담헌의 낮은, 약간은 비굴한 어조와 관계가 있지 않을까?

● 논쟁의 끝
담헌이 낮은 자세를 취함으로써 논쟁은 사실상 끝났다. 이제 정리하는 일이 남았다. 두 사람은 각각 편지를 한 통씩 더 썼다. 김종후가 쓴 〈수야답서秀野答書〉와 담헌의 〈답수야서〉가 그것이다.[118] 이제 두 통의 편지를 통해 논쟁의 마지막을 검토해 보자.

〈수야답서〉에서 김종후는 자신이 담헌과 논란을 벌일 때 담헌이 '노강희虜康熙' 곧 오랑캐 강희제의 정치와 교화를 칭송한 말이 눈에 거슬렸고, 또 담헌의 종씨從氏(앞의 종제從弟와 같은 사람일 것이다)가 소무蘇武(한 무제 때 흉노에 사신으로 갔다가 잡혀 억류되었다. 19년 동안 깊은 핍박과 고초에도 불구하고 한의 신하임을 고집했다)와 이능을 엄성 등과 동일시했기에 과격한 말을 쏟아 냈다고 변명했다. 김종후의 속내가 완전히 드러난 것이다. 김종후는 아울러 "옛 성인이 사설邪說을 배격하고 이단을 물리치던 법에 또한 폐단이 없을 수 없구나. 진정 사람으로 하여금 혀를 묶고 발을 포개어 한 발짝도 내딛지 못하게 하여 삶을 즐겁게 여기지 못하게 만드는 것이다. 아아, 선비로 하여금 말을 겸손하게 하도록 만든다 하더니, 유문儒門에 도리어 이런 정사政事가 있는 것인가?"라고 한 담헌의 말을 두고 깊이 생각하지 않은, 경솔하기 짝이 없는 말이라고 비판했다.[119] 하지만 김종후는 더이상 논쟁을 할 의사가 없었다. 담헌에게 수십 리 길을 걸어 자신을 만나러 오거든 담헌의 큰 도량을 믿어 주겠노라고 말을 마쳤다.

담헌은 〈답수야서〉에서 김종후가 비판했던 "옛 성인이 사설을 배격하고……" 이하의 말이 패언悖言인 것은 이미 알고 있는 바였지만, 그럼에도 김종후에게 한번 들려주고 싶은 말이기 때문에 하였다고 말했다. 담헌의 요지는 김종후가 너무 심하게 자신을 나무라고, 그것도 부족하여 장차 성토하려는 것처럼 하였고, 자신은 말을 겸손하게 하지 못해 생각하지도 못한 나무람을 당했다고 말했다. 김종후의 비판이 실정을 넘어서 과격했다는 점을 지적하는 것을 잊지 않았다. 다만 편지의 끝은 편협한 성품과 부족한 학문에도 불구하고 자신의 우직함을 보고 양해해 달라는 말로 끝났다.

담헌은 김종후의 말을 전했던 김치익에게도 편지[120]를 보냈다. 김치익은 담헌의 말이 분노를 참지 못해 과격해지는 것을 염려한 듯하고, 이에 대해 담헌이 그럴 일이 없다며 답을 보낸 것이었다. 담헌은 김종후가 특정한 일을 논하지 않고 난데없이 '춘추의 의리'를 꺼낸 것을 지적했다. 단순히 생각하면, 담헌의 북경에서의 교유는 그야말로 마음에 맞는 친구를 만난 것에 불과하다. 당시 상황을 고려하면 이해할 수도 있는 일이었다. 북경에 같이 갔던 김선행과 홍억도 담헌이 엄성 등을 사귀는 것이 문제 있는 행동이라고 지적하지 않았다. 도리어 그들을 옥하관으로 불러 격려까지 하지 않았던가. 그런데 김종후는 담헌이 그들을 사귄 것을 두고 춘추의 의리를 들먹였다.

담헌은 김치익에게 김종후의 말투를 보니 "겸제箝制하고 위협하려는 의도"가 보이고, 그의 행동은 "속된 학문이 일 만들기 좋아하여 요단鬧端을 일으키되, 이단을 물리친다는 핑계를 대는 데 가깝다"고 말했다.[121] 아울러 자신을 '강희공'이라 부른 농담은 너무나 지나쳤다고 지적했다. "또 농담이건 진담이건 따질 것 없이 뜻밖의 곤욕을 당했으니, 이로 인해 주먹질 발길질을 하여 한편으로는 충고하고 한편으로는 기세를 부리고자 했습니다. 어찌 노여움을 머금고 음험한 생각을 품은 채 물어뜯을 계획을 세울 수 있었겠습니까?"[122] 주먹을 휘두르고 발길질을 하고 싶다는 표현에서 담헌의 직정적 성격이 여과 없이 드러남을 볼 수 있다. 나머지 말은 요컨대 자신과 김종후가 서로 애중하며 사우師友로 지내는 사이임을 환기하고, 설사 의견이 다르다 하더라도 부랑자처럼 김종후에게 노여움을 표하지는 않을 것이며, 김치익에게 김종후를 설득해 "타고난 윤리심이 없다"는 말을 듣지 않게 해 달라고 부탁했다.

● **논쟁의 의의**

논쟁은 더이상 확대되지 않았다. 김종후로서도 부담이 없지 않았을 것이다. 만약 담헌을 계속 공격한다면 엄성과 반정균을 만났던, 그리고 그들과 시문을 주고받았던 사신단 정사 순의군 이훤, 무사 김서행, 서장관 홍억까지 연루될 수 있었다. 노론 내부에서 분쟁이 벌어지는 것은 김종후로서도 바라는 바가 아니었을 것이다. 담헌의 입장에서는 김종후의 비판이 뜻밖이었을 것이다. 담헌 자신은 엄성 등과 만나 친교를 맺은 것을 자랑거리로 알고 흥분해 있었으니, 비판을 받을 줄은 꿈에도 생각하지 않았을 것이다. 담헌은 논쟁에서 밀리지 않았다. 직정적 성격의 담헌은 10년 연장인 김종후에게 반성하라고 말하는 등 공박하기까지 했다. 담헌은 그럴 수밖에 없었다. 김종후의 주장을 반박할 수 없다면, 북경 체험과 중국 친구들과의 우정이 송두리째 부정되고 말 것이었다.

하지만 담헌은 엄성 등을 오랑캐의 조정에 벼슬하고자 하는 자로 몰아가는 김종후의 논리를 완전히 변파할 수는 없었다. 담헌 역시 김종후와 동일한 화이론의 지평 위에 있었기 때문이다. 청은 이적이었고, 또 청이 중국을 지배하고 있는 것은 자신도 인정하는 엄연한 현실이었다. 물론 중국은 청의 지배를 받고 있지만, 여전히 중화 문명을 유지하고 있고, 화인華人은 여전히 화인으로 살고 있었다. 담헌은 그 바뀌지 않은 부분을 여전히 중화로 여기고, 그것에 주목해야 한다고 판단했던 것이다.

논쟁은 확대되지 않았지만, 담헌은 결과적으로 김종후에게 굴복한 꼴이 되었다. 담헌은 자존심에 지울 수 없는 상처를 입었던 것으로 보인다. 자존심을 회복하고 또 그 무엇보다 소중한 가치로 여겼던, 엄성 등과의 우정을 부정하지 않으려면 김종후의 논리를 변파해야만 했다. 여기에 담헌의 고민이 있었다. 김종후의 논리를 부정하는 것은 곧 화이론을 부정하는 것을 의미하였다. 하지만 담헌 자신도 화이론을 신념하고 있었으니, 화이론에 대한 비판은 곧 자신의 신념을 부정하는 것도 될 것이었다.

논쟁 당시 이것은 불가능한 일이었다. 하나 다행인 것은 논쟁 과정에서 담헌의 내부에 이미 김종후 혹은 보수파와 갈라지는 균열이 발생하고 있었다는 점이다. 동일한 화이론의 지평 위에 서 있지만, 김종후는 중국 전체가 오랑캐에 의해 오염되었다고 생각한 반면 담헌은 오염되지 않은 중화 문명의 연속성을 읽어 내었다. 또한 담헌은 화이론을 문명적 개념으로 접근했다. 그는 《자치통감》을 읽고 쓴 사평에서 종족성을 화·이 구분의 중요한 준거로 삼았다. 그러나 이제 종족성이 희미해지기 시작했다. 문명성을 밀고 나가면, 문명화된 이적은 결국 중화와 구분되지 않을 것이다. 화·이를 구분하는 중요한 속성이었던 지역성과 종족성은 자동적으로 폐기되고, 이것은 결국 화이론 자체를 부정하게 될 것이었다. 담헌은 자신의 논리가 궁극적으로 화이론의 부정으로 치닫고 있음을 아직 감지하지 못하고 있었다. 다만 그 논리는 다른 증거와 논리의 보충, 계기가 필요했다.

김종후와 동일한 생각을 가졌던 사람은 1782년(정조 6) 《열하일기》를 '호로지고胡虜之稿'라 불렀던 그 사람들이었다. 정조는 이러한 보수적 생각을 대신하여 문체반정을 일으켰다. 담헌이 김종후를 비판하는 것은 이런 보수파들 전체와 싸우겠다는 의미였다. 그것은 몹시 위험한 일이었다. 그럼에도 1766년 이후 자기 삶의 가치였던 중국인 벗들과의 우정을 부정하지 않기 위해서는 화·이를 구분하는 화이론의 논리를 언젠가는 비판하지 않을 수 없었다. 담헌은 결국 이 문제를 《의산문답》에서 치밀하게 다루게 된다.

홍역과 엄성의 죽음

김종후와의 논쟁이 1767년에 있었던 것은 분명하지만, 그것이 몇월인지는 정확하게 알 수 없다. 다만 논쟁이 끝난 뒤 담헌이 매우 가까운 두 사람의 죽음을 맞았던 것은 분명하다. 11월 12일 아버지 홍역이 사망했다. 담헌은 고향 수촌으로 돌아가 아버지 묘 옆에 여막을 짓고 여묘살이를 하기 시작했다. 여묘살이는 원래 유가의 장제葬制에 없는 것이었지만, 조선조에 들어 성리학이 국가 이데올로기가 되자 자식의 부모에 대한 효성의 표시로 널리 실천되고 있었다. 다만 담헌의 여묘살이가 어떠했는지에 대해서는 알려진 바가 없다. 홍역의 죽음에 하나 덧붙여 말하고 싶은 것은 황경원黃景源이 쓴 홍역의 묘갈명墓碣銘[123)]이다. 아마도 홍대용의 집안에서는 홍역을 명예롭게 하기 위해 당시 대제학으로 문명을 날리던 황경원에게 묘갈명을 부탁했을 것이다.

황경원은 홍역이 환곡의 가분加分 사건으로 귀양을 간 것을 감추기 위해 당시 전라도 관찰사가 곡식을 팔아 이익을 챙기고, 나주목사인 홍역이 임의로 처분했다고 무고한 것이라고 사건을 재구성했다. 이어 홍역은 자신이 관찰사의 불법을 말리지 못했다면서 관찰사의 무고를 그대로 수용했으니, 홍역이야말로 존경받아 마땅한 사람이라고 치켜세웠다. 담헌의 사촌 홍대응의 말을 그대로 따랐으되, 전라도 관찰사의 '무고'라는 말을 추가했던 것이다. 이에 홍역은 세상에 둘도 없이 훌륭한 관료가 되었다.

1768년 가을 김종후에게 보낸 편지에 의하면 담헌은 부친상을 당한 뒤로 세상일에 냉담해졌고, 한편으로는 큰 병을 앓고 났을 때처럼 선한 마음이 솟아났다고 말했다. 또 슬픔을 참으려면 경적經籍 외에는 마음을 둘 데도 없어 봄, 여름 이래 예전에 하던 공부에 몰두했다고 한다. 대체로 담헌은 1767년 11월 이후 봄, 여름을 지나면서 경전 공부에 전념했고, 제법 성과가 있었다. 여묘살이를 하면서 담헌은 이웃의 아이들을 가르치기도 했다. 뒷날 엄성의 아들 엄앙嚴昻에게 보낸 편지에서 담헌은 거상居喪 중 이웃의 아이 몇이 찾아와 글자를 묻기에 대답한 말 수십 조가 있어 그것을 〈독서부결讀書符訣〉[124]이라 했다는 말이 나온다. 이 글의 끝에 학생들이 배운 지가 2년이 되었다는 말이 있는 것으로 보아, 대체로 1769년 어림까지 학생들을 가르친 것으로 보인다. 이 〈독서부결〉은 뒷날 조욱종趙昱宗에게도 보낸다. 〈독서부결〉은 담헌의 평소 생각을 다시 한번 요약한 것이었다. 성현이 남긴 언어를 읽는 것은 문장을 짓거나 기송이나 박람博覽에 의한 축적된 지식으로 명예를 낚으려는 게 아니며, 몸으로 실천하는 데 목적이 있다는 주장이었다. 그에게 경전의 텍스트는 오직 윤리적 완정성의 실현을 목적으로 하는 것이었다.

부친상 못지않게 담헌에게 충격적이었던 것은 엄성의 죽음이었다. 1768년(영조 44) 5월 담헌은 북경에서 돌아온 동지사 편으로부터 반정균[125]과 육비·엄성·엄과, 손유의·조욱종·등사민의 편지를 받았다.[126] 반정균이 육비의 편지와 엄성이 죽기 전에 쓴 편지 두 통에 자신의 편지를 같이 보냈던 것이다. 이 중 반정균이 쓴 편지에 엄성의 죽음이 언급되어 있었다.

육비의 편지[127]는, 담헌이 1766년 7월 황력재자관 편으로 보낸 편지를 그해 끝 무렵에 받고, 이듬해인 1767년 인일人日, 곧 1월 7일에 쓴 답장이었다. 이 편지가 1년 4개월이 지나 1768년 5월에야 전해진 것이다. 육비는 자신이 생계 때문에 오吳·초楚 지방을 왕래했지만, 실사實士를 가까이하고 화사華士를 멀리했노라고 자신의 근황을 알렸다. 육비는 담헌이 편지에서 자신을 두고 재능과 학문, 기예[藝]를 갖춘 지식인처럼 말한 데 대해 감당할 수 없다고 한 뒤 자신이 담헌과 김재행 같은 벗을 사귀게 된 것은 불교에서 말한 오랜 인연이며, 담헌의 온순함과 김재행의 시원시원한 성격을 잊을 수 없노라고 하였다. 이어 담헌이 반정균에게 보낸 편지에서 《고항문헌》과 《회우록》이란 표현을 보았는데, '문헌'이란 명사는 적실치 않다면서 《항우척독杭友尺牘》으로 고치고, 《회우록》 앞에 씌운 '간정동'이란 말 역시 우아하지 않다면서 《경화필담京華筆譚》으로 바꾸는 것이 어떠냐고 제안했다. 이 편지는 1767년 1월에 쓴 것이기 때문에 그해 10월 복건에서 사망한 엄성의 소식을 담고 있지 않다.

반정균은 자신이 지난해(1767)와 올해(1768) 봄 두 차례 담헌의 편지를 받았다고 말하고 있다.[128]* 먼저 반정균은 자신의 소식을 전했다. 1767년 중춘仲春에 자신은 기한飢寒에 몰려 대강 남북을 쏘다니면서 몇 달 동안 독학사자督學使者(각 성에 파견한 교육행정과 고시考試를 주관하는 관원)의 형문衡文(아마도 시험문제를 평가하는 일)을 돕다가, 부친의 명으로 다시 북경으로 들어가 혼자 20여 일을 지내다가 다시 노하潞河에서 머물고 있다면서 덕과 학문이 나날이 쇠퇴하여 부끄럽기 짝이 없다고 고백했다. 이어 반정균은 육비가 1766년 겨울 고향 집으로 돌아가 하풍죽로당荷風竹露堂에서 술과 서화로 소일하고 있다는 소식과 엄성의 죽음을 전했다. 엄성이 지난해 봄 복건 지방으로 갔다가 겨울에 병이 들어 돌아왔는데, 끝내 일어나지 못하고 죽었다는 것이었다. 엄성은 뒤에 검토할 주문조의 편지에 의하면, 담헌을 절절히 그리워하며 눈을 감았다. 하지만 엄성의 죽음을 목도하지 못한 반정균은 구체적인 정황을 담은 자세한 소식을 전할 수 없었다. 반정균은 엄성

---

* 담헌은 반정균이 보낸 첫 편지를 1766년 12월에 받았는데, 이 편지는 담헌이 1766년 7월에 보낸 편지를 받지 않고 쓴 것일 터이다. 따라서 1767년과 1768년 봄 두 차례 받았다는 것은 1766년 7월과 10월, 1767년 10월에 보낸 편지 모두를 받았다는 말일 것이다.

이 재능을 꽃피우지 못하고 일찍 죽은 것을 비통해했지만, 정작 엄성의 죽음에 대한 자세한 언급은 없어 담헌을 애타게 했다.

편지는 길게 이어지는데, 대부분 담헌과 주고받은 책과 자료에 관한 것이었다. 담헌이 보낸 한시와 담헌의 부친 홍역의 시를 높이 평가하고, 담헌이 보내 준 《해동시선》 9권은 한 나라의 시문을 구비한 훌륭한 선집이라고 평가했다. 율곡의 《성학집요》에 대해서도 정주학에 오르기 위한 문으로서 진순陳淳이나 진덕수眞德秀의 책에 못지않다는 평가가 이어졌다. 하지만 반정균은 조선에 대한 책을 쓰려는 계획을 중단했다고 말했다. 자신은 원래 조선의 전고典故를 모아 책을 편집하려고 했는데, 삼한三韓 이래의 역사는 상고할 만한 자료가 제법 있지만, 조선의 지리에 관한 자료가 없어 작업을 중단했다는 것이다. 주린의 《명기집략》에 대한 답도 있었다. 반정균은 《명기집략》은 이미 10여 년 전 관官에서 판각을 불태웠고, 사가私家의 책도 모두 불태우게 하여, 그 책에 실린 내용은 변증할 필요가 없다고 답했다. 담헌이 부탁한 《소자전서》와 《황면재집》은 현재 유리창 서점가에 없고, 《천학초함》의 목록은 본 적이 없으나 혹 그중 일부라도 얻게 되면 함께 보내겠다고 약속했다. 편지를 전달할 새 메신저를 찾아보라는 담헌의 요청에 대해서도 답했다. 서광성이 편지 전달을 완강히 거절하므로, 앞으로 삼하의 손유익·등사민을 직접 찾아가 메신저가 되기를 부탁해 보겠다는 것이었다. 담헌은 《간정동필담》에 보충할 자료를 보내 달라고 요청한 바 있었는데, 반정균은 필담의 초본을 정리하는 것은 옛날의 자취를 잊지 않으려는 것이겠지만, 농담한 것이 섞여 있고, 말에 두서가 없어 식견 있는 사람들에게 비난을 늘을까 두렵나면서 지루하고 허황하게 보이는 이야기는 모두 삭제해 달라고 부탁했다. 담헌이 요청한 자료는 물론 보내지 않았다.

김재행의 꿈에 대해서도 한마디 하였다. 친구 때문에 아내와 불화하는 것은 유협遊俠의 기풍이지 순유醇儒의 도리가 아니라면서 꼬집었다. 성인의 학문은 기이한 것을 숭상하지 않고, 인정을 넘지 않는데 김재행은 인정을 넘은 경우라는 것이었다. 아울러 반정균은 김재행의 가난에 대해서도 한마디를 아끼지 않았다. 선비는 생계를 해결하는 것을 급무로 삼아 벼슬을 하거나 아니면 공자의 제자 자공子貢이 상업에 종사했던 사실을 본받아 상인이 될 것이고, 시와 술에 빠지고 산천을 방랑하여, 그 결과 덕이 안회顏回에 미치지 못하면서 가난만 원헌原憲(공자의 제자. 가난하면서도 도를 즐긴 인물로 알려져 있다. 물론 안연처럼 높은 평가를 받았던 것은 아니었다)과 같은 경우는 되지 말아야 할 것이라고 하며 담헌의 의견을 구했다. 반정균이 내놓은 김재행의 가난 해결책은 중국인으로서는 당연한 발상이었다. 중국의 경우 상업에 대한 관념이 조선과는 사뭇 달랐다.ND상업에 종사하는 것이 사족의 직업, 곧 관료가 되는 것보다 우월한 가치가 될 수는 없었지만, 상인이 다시 독서에 종사하여 과거에 응시해 관료가 되거나 학자가 되는 길이 막혀 있지 않았다. 담헌이 1765년 12월 17일 사하소에서 만났던 음식점 주인 곽생이 그런 경우였다. 등사민이 소금판매업을 했던 것도 동일한 경우였다. 하지만 담헌은 다섯 달 뒤 동지사 편에 보낸 답신에서 김재행이 가난을 탈피하기 위해 상업을 할 수도 있다는 반정균의 말에 극력 반발한다.

반정균의 편지는 건륭제의 명으로 부항傅恒 등이 엮은 《어찬시의절중御纂詩義折中》이란 책에 대한 언급으로 끝났다. 반정균은 이 책을 증정하며 1766년 2월 간정동에서 나눈 《시경》에 대한 토론 내용이 미흡

했는데, 이 책이야말로《시경》의 정확한 이해에 도움을 줄 수 있을 것이라고 하였다.

이상에서 반정균과 육비의 편지를 살폈다. 엄성의 편지는 워낙 장문이고 복잡한 내용을 담고 있어 따로 다루기로 하고, 먼저 엄과의 편지를 간단히 살펴보자. 앞에서 말한 바와 같이 담헌은 1766년 10월 동지사 편에 엄과에게도 편지를 보냈다. 엄과는 1767년 가을의 끝 무렵에 복건성 삼산三山에서 이 편지를 받고, 계추季秋(9월)에 답장[129]을 써서 보냈다. 이 답신이 1768년 5월 동지사 편에 같이 전해진 것이다. 편지에서 엄과는 1766년 동생 엄성이 북경에서 담헌과 '도덕'으로 서로 격려하는 형제가 되었고, 돌아와 담헌의 논설을 보여 주었는 바, 엄과는 그것을 보고 담헌이 지금 시대에는 쉽게 찾아볼 수 없는 순수한 유자임을 알았다고 했다. 그 뒤 삼산의 객관에서 담헌의 편지를 받고 감격해 마지 않았다는 것이었다. 엄과는 자신이 원래 과거를 준비했으나 최근에는 의식衣食에 분주할 뿐이며, 다만 육비와 반정균 같은 벗으로 인해 부끄러움을 면하고 있는데 담헌이 다시 자신에게 덕음을 베풀어 주었다면서 감격해했다. 아울러 앞으로 자신이 하류로 떨어지지 않게 가르침을 베풀어 달라고 청했다. 예를 깍듯이 지킨 편지였다. 이때 엄과는 자신의 동생이 불과 두 달 후 세상을 뜰 줄은 꿈에도 생각하지 않았을 것이다.

손유의와 조욱종의 편지도 함께 왔다.[130] 손유의의 편지는 1768년 초에 써서 보낸 것일 터이다. 편지 내용은 간단하다. 먼저 담헌이 보낸 시에 대해 화운和韻은 못하고 율시 1수를 써서 보낸다 하고, 자신의 근황을 간단히 진했다. 예전처럼 학생들을 가르치는 여가에 서사書史를 섭렵하고 좋은 사람[好人]이 되기를 배우고 있을 뿐 공명功名한 길은 감히 바라는 바가 아니라는 것이었다. 그리고 조욱종이 원성릉元聖陵(주공周公의 능)에서 구한 시초를 붓 10자루, 필상筆床 하나, 수우水盂 하나와 함께 보낸다고 했다.

조욱종의 편지는 담헌이 손유의에게 보낸 편지를 감탄하고 부러워했다는 것과 아울러 자신은 선사選士의 반열에 들기는 했지만(조욱종이 공생貢生이라는 것을 의미한다), 원래 시서詩書에 대해 이해하는 것이 별로 없으며 다만 가을의 과거를 앞두고 노력 중이라고 하였다. 이어 그는 담헌이 손유의에게 보낸 편지에서 "옛사람이 남긴 글을 읽으며 분수를 따라 과오를 적게 하려고 할 뿐[讀古人書, 隨分寡過]"이라고 했던 말을 읽고 담헌의 학문이 깊어 벼슬길에서 매달리고 있는 속유들과 천양지차로 다르다고 감탄했노라고 하였다. 조욱종은 시초 이야기도 꺼냈다. 곧 손유의에게 부탁한 시초를 자신도 여러 방면으로 찾아 '주공의 능'에서 나온 것 한 묶음을 구입해 보낸다고 하였다. 편지의 끝에는 칠언절구 6수를 붙였다.

엄성이 죽기 직전 쓴 1767년 가을의 편지

엄성은 항주에서 전해 준, 담헌이 보낸 두 번째 편지를 1767년 윤7월 복건성에서 받았고, 이에 대한 답을 같은 해 가을에 썼다. 육비의 편지와 같이 전달된 엄성의 편지[131]는 담헌으로서는 반갑기 짝이 없는 것이었겠지만, 그것은 엄성의 마지막 육성이었다. 반가움과 상실감이 교차했을 것이다.

엄성은 지난 1766년 담헌이 가을에 보낸 편지를 1년이 지난 다음에 받았다면서, 만 리를 넘어 편지를 보내는 어려움에 대해 반가움과 안타까움을 동시에 표했다. 이어 자신이 악착스러운 부류와는 아주 다르지만, 담헌이 자신을 지나치게 높이 평가하는 것은 부끄러울 따름이라고 한 뒤 "독서는 성현이 되기를 배우는 것"이란 담헌의 편지는 글자가 모두 진실하고 간절하여 흐릿한 정신을 명료하게 깨우쳐 주고, 시들어 있는 자신을 일으켜 세우므로 깊이 간직하여 잊지 않겠다고 고마움을 표했다. 하지만 자신도 담헌처럼 일찍 노쇠한 탓에 마음이 번잡하고 의지와 기운이 쇠퇴하여 '자성自省의 공부'에 진전이 없다면서 담헌에게 가르침을 베풀어 달라고 요청했다. "독서는 성인이 되는 것을 목적으로 하는 행위"란 담헌의 말이 새로운 건 아니었다. 그것은 정주학의 이상이었다. 하지만 지식인들이 과거나 명예를 위한 학문, 호사가적 학문에 매몰되어 있는 상황에서 정주학의 본래 목적을 내면화하여 실천하는 담헌의 진지한 태도는 엄성에게 큰 충격이었다. 엄성 역시 담헌을 따라 정주학을 숙고하기 시작했던 것이니, 엄성에게 담헌의 존재는 가치관과 생의 목적을 바꿀 만큼 대단한 것이었다.

 담헌이 보낸 편지의 구체적 내용에 대해 엄성은 하나하나 답했다. 6등급의 인품에 대해서는 상달上達과 하달下達 사이에 중간치를 세우는 이치는 없으니, 6등급에 '속인'은 둘 필요가 없고, 5등급을 소인으로 한다면 6등급으로 '흉인凶人'을 두어야 할 것이라고 제안했다. 흉인은 항상 있는 것은 아니지만, 소인은 세상 사람들이 대부분 그런 사람으로서, "유속流俗에 동조하고 더러운 것에 동참하며, 해를 피하고 이익을 추구하는 사람"은 소인일 수밖에 없고, 탐욕스럽고 비루하기가 개나 돼지와 같고, 참독憯毒하기가 뱀이나 전갈 같은 사람은 흉인일 수밖에 없다는 논리였다. 또 소인은 속인을 포함하고, 선인은 성인을 지향하는 사람이니, 결국 등급은 많지만 성인에서 선인까지는 통칭하여 군자로, 그 밖은 소인으로 보는 것이 마땅하다는 말이었다. 속인은 군자도 소인도 아니니, 무엇을 하는 사람인지 모르겠으므로 굳이 설정할 필요가 없다는 것이 엄성의 논리였다. 엄성이 속인을 없애고 흉인을 설정한 것이 무슨 큰 의미를 가지는 것은 아닐 터이다. 어차피 담헌과 엄성은, 자신들은 소인이 아니라고 생각하고 있었으니 말이다.

엄성이 충격을 받은 지점은 다른 쪽이었다. 엄성은 담헌이 말한 5종류의 학문에 대한 태도를 읽고 모골이 송연했고, 자신의 경우를 맞추어 본 결과 "적당히 욕심을 적게 가지고, 서적을 가까이하며 완색玩索하는 것을 즐거움으로 삼는 자" 곧 두어蠹魚(좀벌레)에 해당한다고 판단했다. 대체로 무거운 학문적 주제를 가지지 않고, 서책을 가까이하면서 조촐한 생활을 유지하는 문인의 생활 태도를 겨냥한 것이었다. 엄성은 부끄러움을 견딜 수 없다면서 담헌은 어떤 등급에 해당하는지 묻는다.

엄성은 담헌을 높이 평가했다. 자신에게 한마디 규책規責하는 말이 없다면 자신을 놀리거나 모욕하는 것이라고 생각한다는 담헌의 말에 대해서도, 그것은 담헌에게 규책할 만한 것이 없기 때문이라고 밝혔다. 이어 엄성은 담헌의 생각이 지나치게 엄격한 것에 대해 조심스러운 어조로 애정 어린 비판을 아끼지 않았다. 그 한 예로 1766년 2월 23일 반정균에게 준 증언贈言 중 "가장 낮은 경지는 저술을 하여 불후를 도모하는 것"이라고 했던 담헌의 말을 꼽았다. 윤리적 완정성의 실현을 통해 성현이 되기를 목적으로 하는 담헌은 그 외의 모든 행위를 평가절하하는 경향이 분명히 있었다. 담헌이 훈고와 기송 등을 수준 낮은 행위로 본 것이 바로 그 적실한 예다. 하지만 담헌의 경우 지나치다는 느낌을 지울 수가 없다. 엄성은 바로 그 부분을 지적했다. 엄성은 이렇게 말한다.

옛날 성현은 한 시대가 깨닫지 못하는 것을 걱정하여 가르침을 세워 한 시대를 구원했고, 만세가 밝지 못한 것을 걱정하여 저서하여 만세에 전했으니, 아마도 저서를 최하로 여긴 것은 아닌 듯합니다. 혹 우려하는 바가 '불후를 도모한다[圖不朽]' 석 자에 있는 것인가 합니다. 공자가 말하기를, "죽을 때까지 이름이 일컬어지지 않는 것을 싫어한다" 하였으니, 삼대 이후 이름을 좋아하지 않는 것을 두려워했지만, 이것은 공자가 말한 이른바 '이름[名]'이 아닙니다. 알지 못하겠습니다만, 담헌께서는 죽은 뒤의 이름이 마침내 아주 잊힐 수 있겠습니까? 이것이 제弟가 의심이 없을 수 없는 이유입니다.[132]

담헌은 저서를 통해 자신의 이름을 영원히 남기려는 의도 속에 담긴 인간의 명예욕을 비판한 것이겠지만, 담헌의 이상이었던 성현 역시 저서를 남겼다. 엄성은 성현의 저서를 예로 들어 담헌의 경직된 생각을 비판했다. 담헌은 아마 답변을 내놓기 어려웠을 것이다. 담헌이 저서를 최하로 여기게 된 동기와 배경이야 충분히 이해할 수 있지만, 정작 담헌이 따져 물어야 할 것은 저술하는 태도가 아니라, 저서의 내용이었다.

이후 편지는 소소한 소식으로 이어졌다. 담헌이 그려 달라고 부탁한 서호의 경치는 갑자기 그리기 어렵고, 대신 최근 건륭제가 남방을 순시한 것을 제재로 삼은 판화가 양은 적지만 경치를 꼼꼼히 재현하고 있다면서 보내 줄 것을 약속했다. 또 과거에 대한 욕망을 버리지 못하고 있다고 고백한 데 대해서는 자신은 이미 부귀와 출세에 대해서는 담백하고, 여러 차례 성시省試에 응시한 것도 부득이한 사정 때문이었으며, 봄의 회시에 불합격한 뒤 과거에 대한 욕망이 조금도 남아 있지 않다면서 과거를 포기하는 것은 그냥 아주 쉬운 일일 뿐이라고 답했다.

자신이 복건성에 간 일에 대해서도 소상히 답했다. 과거에 불합격하고 항주의 집으로 돌아온 뒤 반년이 지났을 무렵 복건성의 독학督學이 편지와 선물을 보내어 숙사塾師로 초빙했는데, 자신은 부모를 떠나 먼 곳으로 가기 싫었지만, 아버지가 자신이 일없이 지낸다면서 가라고 재촉하는 바람에 집을 떠나 7천 리 밖 복건성으로 갈 수밖에 없었다는 것이었다. 그리고 세모에는 행장을 꾸려 고향으로 돌아갈 예정이라 했다.

육비와 반정균의 소식도 간단히 전했다. 육비와 반정균은 1월에 헤어진 뒤 소식을 모르고 있었는데, 최근 반정균이 5월에 북경으로 들어갔다고 들었으니, 자세한 소식을 전할 것이라 했다. 자신은 일찍부터 건강이 좋지 않았는데 올해 들어서는 치아가 태반이 빠졌고, 남은 것도 모두 흔들리고 있으며, 머리털은 아주 백발은 아니나 이미 듬성듬성 한 것이 담헌보다 더 심해졌다 하였다. 하지만 군자의 학문하는 태도는 날마다 부지런히 노력하여 죽은 뒤에야 멈추는 것이라면서 같이 노력하기를 원한다고 충고했다.

담헌과 엄성, 그리고 육비·반정균이 형제로 칭하는 것에 전례로 삼을 만한 고사를 물은 것에 대해서는 "태어나 땅에 떨어지면서 형제가 되었다"라는 도연명 시의 한 구절과 "성姓이 다른 사람끼리 천륜이 된다"는 이백 시의 한 구절 및 역사에서 찾은 몇몇 고사를 든 뒤[133] "우리가 그렇게 하면 그만이니, 우리가 처음 시작했다고 해도 불가할 것이 없다"고 말했다. 고사를 따지며 유래를 의심하는 사람이야말로 생각이 넓지 못한 사람이라는 뜻이었다.

형 엄과에게 담헌이 매우 조심스런 태도로 편지를 보낸 것에 대해서는, 엄과가 자신이 담헌에 대해 이야기하는 것을 들었고, 또 담헌 등 조선 사신단의 편지와 자신이 그린 담헌의 초상과 기록, 필담 등을 보고 오랫동안 담헌을 흠모해 오던 중 담헌이 보낸 편지를 받아 너무나도 기뻐했다면서 거절을 당할 리 없으니, 걱정하지 말라고 답했다. 아들 엄앙의 시문을 보여 달라는 데 대해서는 이제 11세이고 자질이 그리 둔하지는 않으나 이제 막 배우기 시작한 아이의 작문을 볼 것이 없다 하고, 담헌이 관심을 가져준 것만으로도 감사하기 짝이 없다고 답했다.

편지는 이것으로 끝나지 않았다. 담헌의 편지가 길었던 만큼 엄성의 답변도 길었다. 정작 중요한 것은 엄성이 작심을 하고 쓴 편지의 후반부였다. 후반부에는 대단히 진중한 내용이 담겨 있었고, 이것은 뒷날 담헌의 사상에 상당히 큰 영향을 끼치게 된다. 엄성은 먼저 담헌이 자신의 공부를 평가하여 "고학에 종사하고 있다"고 한 것을 완곡하게 사양했다. 그것은 지나치게 높은 평가로서 감당할 수 없다고 했다. 자신은 단지 흉중에 약간의 식견이 있어 유속流俗에 끌리지 않는 것을 자신하는 데 불과할 뿐이라는 것이다. 겸손한 말이었지만, 이어지는 엄성의 말은 사실은 원대한 것이었다. 엄성은 호안국胡安國이 사양좌謝良佐에게 했던 "어린애의 태도를 짓지 않고 대인의 그릇을 가지며, 한 몸의 계획을 도모하지 않고 천하를 위한 뜻을 가지며, 일생의 계책을 세우지 않고 후세를 위해 염려한다"는 말로 자신을 책려한다는 것이었다. 하지만 자신은 남과 거스른 적이 없어 단호한 점이 전혀 없으므로 모욕을 받은 적이 드물지 않고 때때로 자신을 원망하지만, 이미 마음만 이랬다저랬다 하는 지경을 면하지 못하고 있다는 것이었다. 엄성은 단호함이 부족한 성격으로 인해 자신의 신념을 실현하지 못하고 있다고 담헌에게 고백했다.

담헌은 엄성에게 보내는 편지에서 "부화浮華한 것을 끊어 내고 찌꺼기를 완전히 변화시킨다[刊落浮華, 渾化渣滓]"는 말을 한 바 있는데, 엄성은 그 말이 병을 고치는 약이기는 하지만 대단히 어려운 것이라고 털어놓았다. 부화한 것, 찌꺼기 등은 시문과 서화에 관심을 쏟는 엄성의 문인 기질을 지적한 것으로, 담헌은 엄성에게 그것을 버리고 윤리적 완정성의 실현을 향해 매진하기를 요구했다. 엄성은 시문과 서화가 그 목적에 무익한 줄 알지만, 현실적으로 남의 요구를 거절할 방법을 찾기 어렵고, 때로 득의한 곳을 얻으면 기뻐하는 것도 사실이라면서 거기서 벗어날 방법을 교시해 달라고 담헌에게 말한다.

이어 엄성은 학문에 대한 담헌의 경직된 태도를 길게 비판했다. 엄성은 '도덕을 증진하고, 학업을 닦는 것'[134] 이 마흔에 가까운 담헌과 자신의 나이에 기대되는 경지에 이르러야 마땅한데, 그것을 위해 먼저 기질을 변화시키는 방법을 이해할 필요가 있다고 말한다. 엄성은 먼저 자신의 기질에 대해 말한다. 자신 역시 성현은 배워서 도달할 수 있는 경지라 생각하지만, 타고난 성품이 소탈하여 옛날의 광자狂者에 가깝고, 말은 또 경솔하여 중후한 기상이 조금도 없으니, 그것이 가장 큰 염려라고 했다. 이것은 자의식이 강한 엄성이 자신을 지나치게 각박하게 평가한 것일 터이다.

엄성이 자신을 이렇게 평가한 것은 담헌에 대한 평가를 의식해서였다. 엄성은 먼저 담헌의 성정에는 별로 따질 만한 것이 없지만, 담헌의 소견은 구니拘泥 됨, 곧 어딘가 얽매이는 것, 정직하게 말하자면 편협하고 경직된 점이 있는 것 같다고 평가했다. 길지만 엄성의 비판을 직접 인용해 보자. 편의상 단락에 번호를 붙인다.

(1) 담헌은 사장詞章·훈고·기송에 대해 모두 도를 해치는 것이라고 하시지만, 제弟는 의심이 없을 수 없습니다. 정자程子가 학문에 사장지학詞章之學·훈고지학訓詁之學·의리지학義理之學이란 세 등급의 학문이 있다고 한 것은 사실입니다.

(2) 대저 '사장'은 정말 보잘것없는 것입니다. 하지만 독서에 어찌 기송을 버릴 수 있겠습니까? 그리고 '훈고' 두 글자로 말하자면, 경학이 다시 밝아지는 데 있어서 한유漢儒가 남긴 훈고의 공이 더욱 위대하니, 아마도 크게 비난할 수는 없을 듯합니다. 물론 훈고에 매여 있는 것은 옳지 않습니다. 게다가 주자는 세상에 이름난 큰선비였으니 어떤 일인들 경영하지 않았겠습니까? 주자가 연구하고 겪은 것으로 말하자면, 그 함양한 바는 주경主敬에 있었고, 진학進學은 치지致知에 있었습니다. 덕성德性은 저쪽에 있고, 문학問學은 이쪽에 있었습니다. 그러니 훈고를 버리고 뜬금없이 의리義理를 공언하면, 무엇으로 치지의 근본을 삼을 수 있겠습니까?

(3) 공자는 생지生知의 성인입니다. 그런데도 "옛것을 좋아하여 급급히 그것을 구한다", "많이 듣고 많이 본다"고 하였으니, 어찌 훈고가 모두 지리멸렬한 것이겠습니까? 양자揚子(양웅揚雄)는 "많이 들으면 요약으로 그것을 지키고, 많이 보면 탁월함으로 그것을 지킨다. 들은 것이 적으면 요약할 게 없고, 본 것이 적으면 탁월함이 없다"[135]고 하였습니다. 이 말은 그 유래가 있지만, 자운子雲(양웅)에게서 나왔다 하여 버릴 수는 없을 것입니다.

(4) 명나라 사람의 책문策問에 "오늘날 사람들이 배우지 않는 것을 지

적하면 '일이관지一以貫之'란 말을 빌려 그 비루함을 꾸미고, 실천이 없는 것을 지적하면 성명지향性命之鄕으로 달아나 사람들이 따질 수 없게 만든다"라고 하였습니다. 이것은 비록 왕씨王氏(왕양명)의 학문을 하는 사람들을 지적한 것이기는 하지만, 또한 그 당시의 공소空疎한 언어로 강학하는 사람들의 나태한 일을 곡진하게 표현한 말입니다.[136]

엄성은 먼저 담헌이 사장·훈고·기송을 쓸데없는 것처럼 비판한 점에 대해 반박한다. 엄성은 사장이 무용한 것이라는 데에는 동의한다. 하지만 독서에서도 기송이 필요하다고 주장한다. 기송의 기본적 필요성에 대해서는 담헌도 〈독서요결〉에서 말한 바 있으니, 서로 크게 엇갈리는 부분은 아니라고 할 수 있다.

엄성이 힘주어 말하고자 했던 것은 '훈고'였다. 그는 훈고는 경학에서 절대적으로 필요한 것으로 경전은 한유의 훈고에 의해서 비로소 그 의미를 밝힐 수 있었다고 말한다. 아울러 주자 학문의 두 지향, 곧 주경主敬과 치지致知 중 치지는 훈고를 떠날 수 없다. 훈고는 실로 인식을 가능케 하는 방법적 근거다. 즉 의리는 훈고라는 엄밀한 문헌적 증거의 동원 없이는 알 수 없다는 것이다.

동일한 어휘지만 엄성의 '훈고'는 담헌과 사뭇 다른 것이었다. 1766년 2월 26일 담헌과의 대화에서 3월 1일에 전대흔錢大昕을 만나기로 약속이 되어 있기에 다시 만날 수 없을 것이라고 답한 적이 있다. 앞에서 이미 지적했듯, 엄성과 반정균은 모두 당대 최고의 고증학자 전대흔의 학문적 영향 안에 있었다. 따라서 그가 구사하는 훈고와 한학은 고증학적 의미를 갖는 단어였다. 엄성이 인용한《논어》〈술이述而〉의 "나는 태어나면서부터 안 사람이 아니다. 옛것을 좋아하여 급급하게 그것을 구한 사람이다"[137)]라든가 "많이 듣고 그중 좋은 것을 가려서 따르고, 많이 보고 기억한다면 아는 것의 다음이 된다"[138)]는 말은 보다 많은 언어적·문헌적 증거가 학문에 결정적으로 중요하다는 고증학의 기본 원칙에 동조하는 것이었다.

　담헌은 당시의 고증학에 대한 이해가 전무했다. 따라서 담헌에게 '훈고'란 문헌을 동원하여 경전의 미세한 의미를 확정하는 데에만 집착하는 행위였다. 그것은 결과적으로 '실천의 결여'를 초래한다는 것이 담헌의 생각이었다. 하지만 담헌의 훈고 비판은 성인의 말씀이라는 경전의 언어가 발화發話 상황이 증발한 것이라는 사실을 몰각했다. 발화 상황이 증발한 텍스트의 의미는 쉽게 확정되지 않는다. 따라서 발화 당시의 언어를 고려하여 그 의미를 확정하려는 차원에서 훈고의 의미는 여전히 유효하다. 따라서 훈고를 지나치게 경시하는 것은, 확고한 텍스트에 의한 엄밀한 실천을 위해서도 타당한 태도가 아니다. 엄성은 바로 이 점을 지적한 것일 터이다. 엄성이 ⑷에서 인용한 명유明儒 왕세정王世貞의 발언[139)]은 객관적 지식의 확보를 타기시하는 양명학의 주관적 유심론唯心論의 공소성空疎性을 비판하기 위한 것이지만, 그것은 훈고를 몰가치한 것으로 몰아붙이는 담헌의 정주학에도 그대로 적용될 수 있을 것이다. 이런 점에서 엄성의 비판은 매우 직절해 보인다.

　엄성은 이어 담헌이 비판한 양명학에 대해서도 적절하게 방어한다.

⑸ 담헌은 송유宋儒의 서언緖言에서 깨친 것이 있고, 안심입명安心立命할 곳이 있음을 알고 있으니, 아주 훌륭합니다. 하지만 우리들의 흉중에 결단코 '도학道學' 두 글자를 먼저 가로로 붙여 두고, 고인古人들 가운데 한 자리를 나눠 차지하려고 해서는 안 될 것입니다. 지난 역

사를 두루 살펴보건대, 단지 유림儒林·문원文苑 두 부문이 있었을 뿐입니다. 《송사宋史》에 와서야 따로 '도학'이란 명목을 두어 식자들로부터 기롱을 받게 만들었던 것입니다. 대저 유자儒者에는 통유通儒·속유俗儒·소유小儒·대유大儒의 분별이 있기는 합니다. 그러나 공자와 같은 성인도 그 유자 됨에 꼭 맞았을 뿐이니, '유儒'라는 이름은 지극히 높은 것입니다. 그 밖에 따로 일컫는 '도학 선생'이란 무엇을 하는 사람인지요?

⑹ 왕문성王文成(왕양명)이 신설新說을 처음 만들어 우리 후인들에게 물려준 것이 진정 유감입니다. 하지만 그의 사공事功은 천고에 빼어난 것입니다. 지금은 도덕이 하나가 되고 풍속이 동일한 세상이 되었으니, 요강姚江의 남은 불꽃일랑 이미 사그라진 지 오래라, 이언異言이 터져 나올 근심은 없습니다. 우리는 현자를 위해 휘정諱正*해야지 때때로 이것을 빌려 결점을 비판하는 자료로 삼을 필요는 없습니다. 송나라 부언국富彦國·이백기李伯紀 등 여러 어른은 만년에 불교를 독실하게 믿었지만, 어떻게 이것으로 그들이 일대一代의 위인이 됨을 마침내 가릴 수 있었겠습니까? 도학道學을 강강講하는 선생이 이 헌천게지軒天揭地하는 사업을 분변하지 못할까 두렵습니다.

제弟는 요즈음 이학異學에 유혹을 받지 않으니, 어찌 일부러 두 갈래 의론을 펼치겠습니까. 정말 우리 담헌이 지인知人·논세論世하는 즈음에 조금이라도 그 구니拘泥한 의견을 깨뜨리시기를 바랍니다.[140]

---

* 왕희지王羲之의 부친 이름이 '正'이었기에 왕희지는 '正月'이라고 쓸 곳에 '正' 자를 휘하여 '初月', '一月'로 대신했다고 한다. 현자를 위해 조심해서 불편한 일을 드러나지 않게 한다는 뜻으로 쓴 것인 것 같다. 정확하게는 알 수 없다.

엄성은 먼저 '도학'이란 설정이 《송사》에 와서 성립된 것을 지적한다. 도학이란 학자의 분류는 원래 존재하지 않았다. 도학은 곧 송대의 정주학자를 말하는데, 담헌은 '도학 선생'에 대해 말한 적이 없지만, 엄성이 굳이 '도학 선생'의 존재를 불편하게 말하는 것은, 담헌이 서 있는 '정주학적 위치'를 완곡하게 비판하려는 의도가 있기 때문이다. "우리들의 흉중에 '도학'이란 두 글자를 먼저 가로 놓아서는 안 된다"는 말이 바로 그런 의도를 담고 있다.

엄성은 왕양명의 새로운 학설, 예컨대 정주학과 각립하는 심즉리心卽理, 치양지致良知 등의 학설은 매우 유감이지만, 그의 사업과 공적은 천고에 빼어난 것이라고 주장한다. 그에 의하면 양명학은 현실적으로 세력을 잃은 지 오래며, 자신 역시 양명학에 유혹을 받지 않는다. 따라서 정주학의 진리성만을 강고하게 고수하는 도학 선생의 입장에서 양명학을 날 선 목소리로 비판하는 것은 이미 시대착오적이며, 또 왕양명의 사업과 공적을 무시하는 편협한 태도다. 엄성은 대단히 부드러운 어조지만, 역시 날카롭게 담헌의 사유의 경직성을 지적했다.

오서림의 영불佞佛에 대해서도 변명했다. 오서림은 은거하며 스스로 만족해하는 박아博雅한 호고군자好古君子로서 평생 볼 만한 것을 남긴 적이 없는 사람일 뿐이다. 그는 앞서 남을 이끌거나 부추길 능력이 없는 사람이며, 그를 아는 사람들 중 태반은 그를 비웃는 사람이고 그를 추종할 사람은 없으니 안심해도 된다는 게 엄성의 말이나. 담헌이 편지에서 오서림의 친불교적 성향이 추종자를 거느리는 결과를 가져올 수도 있을 것이라는 데 대한 답이었다.

엄성은 노장老莊과 같은 이단을 담헌이 지나치게 엄격한 태도로 배척하는 것도 에둘러 비판했다. 노장은 선천적으로 타고난 능력이 탁월한 사람으로 세상을 바로잡고자 하는 뜻이 없는 사람이 아니었으나, 불행하게도 말세에 태어났기에 그들의 종잡을 수 없이 황당하게 보이는 말은 잘못된 세상을 비판한 나머지 쏟아 낸 것이라 보았다. 그들 역시 천하를 다스리는 데 필요한 것은 인의와 예악이라는 걸 잘 알고 있었으나, 다만 너무나 상심한 나머지 결승結繩으로 다스리던 시대를 그리워하기도 하고, 혹은 죽음과 삶, 물物과 나를 동일시하기도 했다는 것이다. 나아가 그 궤이詭異한 저술은 신불해申不害·한비자와 같은 각박한 통치를 지향하는 법가와 하안何晏·왕필王弼의 청담 같은 탈현실적 도피사상을 초래했다고 판단한다. 하지만 그 이단성에도 불구하고, 또는 그 이단성에 대한 비판에도 불구하고, 노장의 책은 없어지지 않았고, 그 책은 천하의 치란과는 무관했다고 말한다.

엄성의 지적은 적절하다. 노장은 기본적으로 체제를 조성하기 위한 사상이 아니기 때문이다. 엄성은 천지가 생긴 이래 인간의 상상력이 만든 수많은 기기괴괴한 이야기가 있었다고 지적한다. 불경의 태반은 위魏·진晉 시대의 문인들이 만들어 내기도 했다. 하지만 그것은 금지되지 않았다. 엄성은 그 이유를 이렇게 밝힌다. 성인이 색은행괴素隱行怪를 말한 적이 있지만, 아무도 금하는 사람은 없었다는 것이다. 공자는 이 때문에 "색은행괴를 후세에 칭술하는 사람이 있지만, 자신은 하지 않는다"[141]라고 말했다. 이런 이유로 엄성은 노장의 서적은 내버려 두고 거론하지 않는 것이 옳지, 그것의 이단성에 분노하여 "성인과 단절하고 지식을 버리고, 말[斗]을 쪼개 버리고, 저울대를 부러뜨려야 한다"[142]고 떠들썩하게 공격해 단절시키고자 한다면, 결국 세상을 다스리는 데 도움이 되지 않을 것이라고 주장한다.

엄성은 양명학에 문제가 있음을 인정하면서도 양명학이 이제 주류

사상이 아니라는 사실을 지적했고, 또 양명의 사업과 공적까지 몰아서 평가절하할 수 없다고 주장했다. 노장이 이단이라는 점에 대해서는 같이 인정하지만, 그것이 실제 세상을 경영한 주체가 된 적이 없으니 공연히 과격하게 그 이단성을 지적해 문제를 야기할 필요가 없다는 것이 엄성의 입장이었다. 엄성의 사고는 유연하다!

그는 자신의 주장을 이렇게 요약한다. "우리들은 모름지기 자기의 몸과 마음을 조관照管하여 달아나지 못하게 해야 할 것입니다. 정학正學을 부식扶植하고, 사설邪說을 그치게 하고, 인심을 바로잡는 것은 우리의 책임이기는 합니다. 다만 그 본령을 지키지 못하고 뜬금없이 이런 일을 떠맡겠다고 나서는 것은, 큰소리를 치며 세상을 속이는 것에 가깝기에 제弟는 감히 하고 싶지 않습니다."[143] 요컨대 실현성 없는 일은 하지 않겠다는 것으로 담헌 사유의 비현실성과 편협성을 지적한 말이었다. 따지고 보면, 양명학과 노장, 불교에 대한 담헌의 비판은 사실 공허한 것이었다. 조선에서 정주학은 국가 이데올로기였다. 조선의 현실에서 양명학과 노장, 불교 등은 정주학에 도전할 만한 구체적인 세력을 가진 것도 아니었다. 냉정하게 판단한다면, 담헌은 실체 없는 허구를 공격하려고 했을 뿐이었다.

엄성은 담헌이 편지 끝에 두 가지 문제, 곧 유교와 노장, 불교의 동이同異에 대한 문제와 유가의 노장과 불교에 대한 긍정적 평가 및 유가 지식인이 노장과 불교로 기울어지는 난처한 현상에 대한 해명에 대해서는 답변을 미루었다. 이 문제에 대해 적극 발언하고 싶지만, 엄청나게 긴 문장이 될 것이고, 결국 편지가 너무 두터워져 부치기 힘들 것이라는 게 이유였다. 엄성은 이 문제는 항주로 돌아가 육비와 함께 따로 토론하겠다고 했다.

끝으로 엄성은 자신이 학질에 걸린 지 한 달이 넘었지만 아직도 한기와 열기가 번갈아 일어나 붓을 잡은 손이 떨려 글씨를 잘 쓸 수가 없고, 편지를 여러 장 썼지만 가슴 속에 담긴 생각을 만에 하나도 다 표현하지 못한다고 하였다.

〈비조飛鳥〉 9장에 대해서는 위·진의 유향遺響을 느낄 수 있다며 높이 평가하는 한편 화답하는 작품을 쓰고 싶었지만, 병중이라 끝내 완성하지 못했다고 하고, 대신 시 2수를 지어 보낸다고 했다.

경사京師에 꽃소식 전해 오니	京國傳芳信
머나먼 큰 바다 동쪽이로세	遙遙大海東
사문에 우리들이 남아 있으니	斯文吾輩在
이역에도 이 맘은 다 같을 거야	異域此心同
정의가 이미 형제와 같거니	情已如兄弟
교의도 진정 끝까지 잘할 것이나	交眞善始終
생각할 뿐 서로 만나지 못해	相思不相見
가을 바람 향해 통곡한다오	慟哭向秋風

얼굴을 보려도 기회 없어 슬프고	見面悲無日
회포를 나누려니 글이 있어 기쁘오	論心喜有書
만 리 밖에서 온 지	來從萬里外
이제 일 년 남짓 되었는데	到及一年餘
격려해 준 좋은 친구 생각나고	激厲煩良友
노년이라 혼자 있기 느꺼워	衰遲感獨居
사십이 다 되도록 알려진 게 없으니	無聞將四十

일각인들 그 어이 허송하리오   忍使寸陰虛

—〈남민南閩의 여관에서 담헌에게 부치다〉

엄성의 성심이 담긴 편지는 담헌의 사유에 깊은 영향력을 행사했던 것으로 보인다. 엄성은 담헌이 지닌 엄정한 정주학의 경직성이 갖는 문제를 온건한 말투로 정확하게 찔렀던 것이다.

뒷날 담헌이 정주학의 진리성을 포기하지 않으면서도, 정주학과 이단적 관계에 있는 사상과 종교에 대해 누그러진 태도를 보이는 건, 엄성의 지적이 있었기 때문일 것이다.

엄성의 죽음을 슬퍼하며 답신을 보내다

엄성의 죽음을 전해 듣고 담헌은 답신을 보냈다. 담헌은 육비·반정균과 엄과·엄성의 아버지(엄노백嚴老伯), 아들 엄앙에게 편지와 엄성에게 올리는 제문을 1768년 10월 동지사 편에 보냈다.

담헌은 육비에게 보내는 편지[144]* 에서 먼저 아버지 홍역의 장례를

---

* 이 두 편지는 내용이 사뭇 다르다. 《간정후편乾淨後編》 쪽이 훨씬 길다. 《간정후편》 쪽은 담헌이 아버지 상을 당한 것을 길게 알리고 있는데, 〈항전척독〉 쪽은 이 부분이 완전히 생략되어 있다. 또 〈항전척독〉 쪽은 편지 끝에 광해군이 폐출되고 인조가 등극한 것이 정당한 것이었음을 주장하는 이야기가 길게 이어지는데, 아마도 앞의 주린의 《명기집략》과 관계되어 꺼낸 듯하다. 1767년 10월 동지사 편으로 반정균에게 보낸 편지의 말미에서 담헌은 이 문제를 상론한 바 있다. 육비의 편지에서 갑자기 이 이야기를 꺼낸 것은 매우 이상한 일이다. 《남헌서》를 편집하는 과정에서 무언가 오류가 난 것으로 보인다. 또 《간정후편》에 있는 부분이 〈항전척독〉 쪽에 없는 것이 있고, 〈항전척독〉 쪽에 있는 것이 《간정후편》 쪽에 없는 것이 있는 등 이 편지는 문제가 많다. 하지만 원본이 없어졌기에 양쪽 다 취하는 수밖에 없다.

치렀음을 알렸다. 다만 이 편지를 검토하면서 유의해야 할 것이 있다. 편지는 《간정후편乾淨後編》과 《담헌서》의 〈항전척독〉 양쪽에 실려 있는데, 장례에 대한 언급은 〈항전척독〉 쪽에는 없다. 담헌은 이어 4월 동지사 편에 1767년 1월 7일 써서 보낸 편지를 받았다고 밝히고, 이어 엄성의 죽음에 대해 언급했다. 헤어진 뒤 두 번 받은 편지를 통해 엄성이 마음을 비우고 도움을 구하는 뜻과 절실한 태도로 도를 향하는 성실함을 가져, 오직 진보했을 뿐 멈추는 것을 볼 수 없었다면서, 엄성의 갑작스러운 죽음을 전해 듣고 가슴이 막혀 어쩔 줄 몰랐다고 비통한 심정을 전했다. 담헌의 비통한 감정은 반정균에게 보낸 편지에 더 구체적으로 표현되어 있으니, 그쪽에서 다시 말하기로 하고 여기서는 줄이자. 다만 한 가지 흥미로운 것은 육비에 대한 충고다.

다만 엄성이 자신에게 보낸 편지에 "지난 몇 년 이래 병이 많고 일찍 노쇠해 자성自省하는 공부가 한 치 나아갔다 한 자를 퇴보하고 있어, 벗이 옆에서 부축하는 힘이 있으면 무너지고 넘어지지 않을 것 같습니다. 옛사람이 "한 번 문인文人이란 이름을 얻으면 나머지는 볼 것이 없다"고 했는데, 제弟가 이런 병에 걸려 벗어날 수가 없습니다. 시문·서화 같은 것은 지어도 유익함이 없고 도리어 유익함을 해치는 줄 분명히 알고 있습니다"라고 하면서 자신에게 통절히 경계해 달라고 했다고 하면서, 그런 마음이 도리어 병의 뿌리가 된 것이 아니냐고 묻는다.[145] 쉽게 말해 자신이 엄성에게 스트레스를 준 것이 아니냐는 말이다. 그런데 이 부분은 《간정후편》쪽에는 실려 있지 않다. 담헌은 엄성의 죽음에 자신의 책임이 있는 것처럼 말한 부분을 의도적으로 삭제한 게 아닌가 한다. 그런데 예의 그 버릇, 곧 정주학적 완정성을 타인에게 바라는 그 버릇은 버리지 못했는지, 육비에게 동일한 내용을 충고하는 것을 잊지 않았다. "노형께 바라노니 더욱 잘 계획하시어, 시와 술 등 청광淸曠한 방면에서 세상에 드문 기이한 재능을 그릇되게 흘려보내지 않는 것이 어떠하겠습니까?"[146] 물론 위기지학爲己之學에 뜻을 두고 있는 자신에게도 수시로 편달과 독려를 내려 달라는 말을 잊지 않았다.

이어지는 것은 몇 가지 부탁이었다. 부탁한 글과 글씨를 써 줄 수 있는지 여부를 알려 줘서 기다리는 사람이 답답하지 않도록 해 주면 좋겠다는 것 등이었다. 담헌은 반정균에게 육비·엄성 등의 초상화를 그려 주었으면 한다고 부탁했던 일을 전해 들었느냐고 묻고, 엄성의 죽음 이후 초상화를 보고 싶은 생각이 간절한데 반정균에게서 아무런 답장이 없다며, 그림에 능한 육비가 엄성의 초상을 찬贊까지 갖추어 완전하게 장정하여 되도록 빨리 보내 달라고 부탁했다. 담헌은 아울러 김원행에게 부탁해 받은, 아버지 홍역의 묘문墓文을 같이 보낸다면서 아버지를 기념하는 시나 산문을 지어 달라고 간곡하게 부탁했다.[147] 이어 김재행의 소식을 전했다. 김재행은 엄성의 죽음을 전해 듣자 만리봉萬里峰으로 올라가 서쪽을 바라보고 통곡을 하고, 슬픔과 한탄으로 가득한 제문을 지어 보냈다고 했다. 마지막으로 자기 주변 사람들이 육비의 서화를 얻기 원하니, 몇 폭 그려 주고 〈하풍죽로초당도荷風竹露草堂圖〉도 그려서 보내 달라고 부탁했다.

반정균에게 보낸 편지[148]는 서두에서 담헌은 홍역의 죽음과 장례를 치른 소식을 전하고,[149] 이어 엄성의 죽음에 대한 슬픈 감정을 쏟아 내었다. 약간의 문제가 있는데, 육비에게 보낸 편지처럼《간정후편》과《담헌서》의 〈항전척독〉에 실린 편지의 내용이 사뭇 다르다는 것이다. 편지는 전체적으로 앞의 본문과 별지로 이루어져 있는데, 별지 부분에

《간정후편》에 있으나 〈항전척독〉에 없는 것이 적지 않다. 이것은 문장의 변개變改 없이 그냥 빠진 것이다. 문제는 본문이다. 〈항전척독〉 쪽은 맨 앞부분이 잘려 나갔으나 내용은 훨씬 더 길고 다양하다. 핵심은 엄성의 죽음에 관한 부분인데, 《간정후편》 쪽은 〈항전척독〉 쪽에 비해 짧고 상대적으로 감정이 절제되어 있다. 먼저 《간정후편》 쪽을 보자.

아우 철교鐵橋의 수천 마디 말로 이루어진 긴 편지와 부고가 함께 전해졌으니, 사람이 목석이 아닌 이상 어찌 상심하지 않을 수 있겠습니까? 성남城南에서 만났던 것은 실로 좋은 인연이었습니다. 또 철교나 나나 건장하고 뜻과 원하는 바가 서로 아주 꼭 맞아서, 1년에 한 차례 편지를 주고받으며 토론하는 것이 평생 원하는 바였고, 그러기로 마음에 정해 두었습니다. 그런데 두 해 사이에 갑자기 죽어 이별하게 되었으니, 격언格言과 아름다운 가르침이 이로부터 영원히 막히게 되었습니다. 정말 슬프고 또 슬플 따름입니다.[150]

《간정후편》에서 엄성의 죽음에 대해 슬픔을 표시한 부분은 이것뿐이다. 그러나 〈항전척독〉 쪽은 위 인용 부분에 앞서 격렬하게 슬픔을 토로하는 부분이 있다. 담헌은 동지사로부터 편지를 전해 받은 것은 너무나도 반가웠지만, 엄성의 죽음을 전하는 말은 사실인 듯 꿈인 듯 하고, 자신은 목석이 아니니 슬픔을 억누를 수가 없다는 것이었다. 담헌은 오열한다.

아아, 철교여! 어찌 차마 나에게 이처럼 모질 수 있습니까? 그 둘도 없는 학문과 빼어난 지혜로 천하를 걱정하고 만세를 근심하더니 그 뜻을 가지고 저승으로 가버린 것입니까? 내 들으니 어진 이는 수를 누린다 했는데, 역암은 어짊이 없었던 것입니까? 큰 덕이 있는 사람은 반드시 오래 산다 하였는데, 역암은 큰 덕이 없었습니까? 일찍이 부화浮華한 것을 끊어 내고 찌꺼기를 완전히 변화시키는 것을 마음을 다스리는 약으로 삼았는데, 의술이 복건福建의 한 가지 병에 미치지 못하여 이 사람이 갑자기 이런 지경에 이르렀단 말입니까?[151]

이어 담헌은 엄성의 말을 떠올렸다. 가장 낮은 경지는 저술을 해서 불후를 도모하는 것이라고 했던 담헌의 말에 대해 성인 역시 저서로 세상을 가르쳤으니 저서가 최하가 될 수는 없다고 했던 답과 "시속에 끌리지 않고 대인의 역량을 가지고, 자기 한 몸을 위해 도모하지 않고 천하를 생각하는 뜻을 가지며, 일생을 위한 계책을 세우지 않고 후세를 위해 염려한다"[152]는 다짐 등을 떠올렸다. 엄성의 편지 중에서 담헌에게 가장 인상적인 말이었기에 굳이 떠올린 것일 터이다. 담헌은 엄성이 독실하게 날로 학문에만 힘써 병이 자신의 몸에 닥치는 것도 모른 채 '불후를 도모한다圖不朽'는 세 글자만 생각한 것이 죽음을 불러온 것이 아니냐고 되묻는다.

담헌이 엄성과 같은 외국인과 형제의 관계를 맺은 것은 유례가 없는 일이라는 비판이 있었다고 하자, 엄성은 도연명과 이백 시의 구절 및 역사 속에서 결의형제의 사례를 들며 선에 없던 깃이더라도 우리가 시작하면 되는 것이지 무슨 걱정할 것이 있느냐고 답한 바 있었다. 담헌은 엄성의 이 말을 인용한 뒤 "이역異域에서 맺은 정신적 사귐은 예전에 없던 것이고 이제 겨우 있게 된 것이었으니, 어찌 그것이 오래가기를 보장하리오, 아아, 슬프도다!"[153]라면서 격하게 슬픔을 표했다. 이어 엄성이 죽기 하루 전에 부친 시를 첨부했다. 엄성에게 하는 말을 반정균에게 쏟아 내는 것이 이상하기는 하지만, 이미 엄성은 죽고 없는 사람이 아닌가. 아마도 반정균에게 엄성을 잃은 슬픔을 대신 전한 것이 아닌가 한다.*

담헌은 반정균에게 쓴소리 하는 것도 멈추지 않았다. 성현의 탁월한 재능을 가졌으니 글을 읽고 실천한다면 원대한 일을 이룰 수 있을 것인데, 조급하게 굴며 과거에 응시하는 걸 애석하게 여긴다는 것이었다. 이어 담헌은 반정균이 김재행을 걱정하며 "선비는 생업을 급선무로 삼아야 한다"[154]라고 했던 말도 문제가 있지 않느냐고 지적하고, 해외의 고루한 자신도 "도를 도모하고 먹을 것을 도모하지 않는다[謀道不謀食]"는 성인의 가르침을 머리에 써 붙이고 있다고 말한다. 이어 "부유하게 해주어야 선해진다[旣富方穀]"는 것은 선왕先王이 "알게 할 수는 없는 백성[不可使知之]"을 대하던 방법이고, "대나무 소쿠리의 밥 한 그릇, 한 그릇 밥에 표주박에 담은 물, 헌옷[簞瓢獘袍]"의 선비는 이런 생각을 가질 수가 없을 것이라 말한다.

담헌은 반정균의 말과 유사한 말이 원나라 허형許衡의 《허로재집許魯齋集》에 있는 것을 보고 비웃었던 적이 있는데, 반정균이 같은 취

---

* 엄성의 죽음에 대한 슬픔을 토로한 뒤 담헌은 반정균이 지어 보낸 홍역의 만사輓詞에 대한 고마움을 표했다. 그런데 이것은 문제가 있다. 담헌은 이 편지에서 처음 홍역의 죽음을 알리고 있는데, 반정균이 써 보낸 만사를 어떻게 실을 수가 있겠는가. 편집 과정에서 생긴 오류로 보인다. 어쨌든 만사를 여기서 소개하면 다음과 같다. "치적은 공수龔遂·황패黃覇와 나란하고 남긴 사랑 천추 동안 해동 땅에 남으리라. 시명詩名은 포조鮑照·사영운謝靈運과 같으니 높은 재주 만고토록 중국에도 퍼지리라[治績並龔黃, 遺愛千秋留海國. 詩名同鮑謝, 高才萬古播中華]." 백성을 수탈하여 탐오죄로 귀양까지 갔던 홍역, 시인으로 전혀 알려진 바 없는 홍역을 유능한 지방관의 대명사인 공수·황패에 비긴 것이나 위진남북조시대의 탁월한 시인이었던 포조·사영운과 동급으로 평가한 것은 물론 있을 수 없는 과장이지만, 아버지를 치켜세우는 말에 담헌은 흡족했을 것이다.

지의 말을 하니 뜻밖이라고 말했다. 담헌은 성현의 가르침에 어긋나지 않으면서 선비가 가난에서 벗어나는 방법이 있다고 믿느냐고 반문한다. 담헌은 유자의 소업은 학문 혹은 진리의 추구가 유일한 것이며, 그 외의 생계를 위한, 혹은 가난을 벗어나기 위한 어떤 경제적 활동도 허락될 수 없다고 주장한다. 담헌은 과거를 저급한 행위로 보았기에 선비는 오직 학문과 진리를 향한 지적 활동을 제외한 경제적 보상을 목적으로 하는 행위도 그에게는 허락될 수 없었다. 담헌은 자신이 김재행처럼 극심하게 가난한 것은 아니지만, 역시 가난하지 않다고는 할 수 없다고 말했다. 즉 자신도 김재행만큼은 아니지만 역시 가난한 사람이라는 것, 그러나 역시 생계를 위한 경제적 활동에 종사하지 않고 있다는 것이었다. 물론 담헌 자신이 가난한 사람이란 말은, 결코 사실이 아니다!

선비에게 경제적 활동이 허락될 수 없다는 담헌의 말은 조선 사족 특유의 것이다. 조선의 사족은 독서와 출사出仕 외에 경제적 활동을 통한 부의 추구를 금기시했다. 그것은 유가儒家 고유의 직업관도 아니었다. 또한 독서와 출세 외의 경제적 활동을 타기시하는 태도는 사족—민民이란 지배—피지배 구조를 기정사실화하고 있을 뿐만 아니라, 당시 조선에 흘러넘칠 정도로 존재했던 빈곤 사족의 문제를 간과한 것이다. 김재행은 가난하다고 말했지만, 그 가난이 당시 조선 민중의 대부분이 처한 소작농의 빈곤과 동일하시 않음은 물론이다. 김재행은 안동 김씨로서 경화세족의 연고망 속에 존재했다. 그들 사이에 상호부조가 있었던 것은 두말할 필요가 없다. 담헌의 경우 가난을 운위할 형편이 못 된다. 서두에서 언급했듯 그의 가문은 18세기 후반 일류의 경화세족이었으니, 그의 지적 활동 역시 안정된 물적 토대, 곧 지주로서의 지위를 배경으로 하여 가능한 것이었다. 곧 그는 노동하지 않는 지주계급의 가치관을 그대로 내뱉은 것이다.

담헌은 경전의 의미를 오독함으로써 자기 주장에 권위를 실었다. 그가 말한 성인의 말씀이란 "군자는 도의 실천을 도모할 뿐 먹을 것을 도모하지 않는다. 농사를 지어도 굶주림이 그 속에 있고, 학문을 하면 먹을 녹이 그 속에 있다. 그래서 군자는 도의 실천을 근심할 뿐, 가난을 근심하지 않는다"[155)]란 공자의 말이다. 공자의 말은 생계가 중요하지 않다는 것이 아니라, 생계를 핑계 대어 학문 혹은 진리를 향한 절실한 탐구를 소홀히 하지 말라는 뜻으로 읽힌다. 하지만 담헌은 그것을 문자 그대로 진리를 위해서는 생계를 포기하라는 말로 해독한다.

"부유하게 해주어야 선해진다[旣富方穀]"는 담헌의 말은, 선왕先王이 '알게 할 수는 없는 백성[不可使知之]'을 대하던 방법이라고 한 것 역시 텍스트의 심각한 오독이다. '기부방곡旣富方穀'은 《서경》〈홍범洪範〉에서 인용된 것이다. 〈홍범〉의 황극皇極은 이렇게 말한다. "재능이 있고 실천력이 있는 사람을 등용하면 나라가 창성해질 것이다. 벼슬아치는 부유하게 살아야 착하게 행동하는 법이니, 만약 봉록이 풍족하지 않아 이들이 집에서 잘 지내게 하지 못한다면 이들은 죄를 짓고 말 것이다."[156)] 부유하게 해 주어야 한다는 것은 관료가 부유하지 않으면 부정을 저지를 수밖에 없다는 의미다.

'알게 할 수는 없는 백성'이란 역시 《논어》〈태백泰伯〉의 "백성은 옳은 도리를 따르게 할 수 있을 뿐이고, 그 도리의 이유를 알게 할 수는 없다"[157)]는 말에서 인용된 것이다. 여기서 유가의 피지배층인 '민民'에 대한 관념, 즉 백성은 오직 통치 대상일 뿐 정치의 주체가 될 수 없다는 '우민적愚民的 백성관'을 확인할 수 있을 것이고, 동시에 담헌 역시 그 생각을 공유했음이 확인된다. 결국 '부유하게 만든다'는 경제적 활동 역시 백성들에게 허락된 것일 뿐, 선비들에게 허락된 것일 수 없다는 담헌의 주장은 유가 경전의 의미를 오독한 결과일 뿐이다. 김재행의 생업에 관한 논란에서 담헌은 스스로 자신이 우민적 백성관을 소유한, 지주로서의 경제적 기반을 갖고 있는 지배 사족임을 여과 없이 드러냈다. 그는 아마도 백성과 사족이 동등한 사회적·경제적 위상을 가져야 한다는 생각을 꿈에도 해 보지 않았을 것이다.

담헌은 1765년 북경으로 가는 길에 들렀던 사하소에서 음식점 주인 곽생을 만난 적이 있다. "지금 시절은 한인이 벼슬할 때가 아닙니다"라고 말하여 담헌에게 청에 대한 비타협적 자세를 내보인 곽생은, 원래 과거 공부를 하던 사람으로서 음식점을 하면서도 끊이지 않고 독서를 하는 지식인이었다. 담헌은 곽생의 초연하고 달관한 삶의 자세에 퍽 감동하였으나, 정작 곽생이 음식점으로 삶을 영위하고 있다는 사실에 대해서는 별반 주목하지 않았던 것인가? 담헌의 경직된 태도는 반정균을 질리게 만들었을 것이고, 아마도 뒷날 반정균이 담헌을 멀리하는 한 이유가 되었을 것이다.

이 외에 주고받은 서적과 자료에 대한 언급도 풍부하다. 반정균은 오명제吳明濟의 《조선시선朝選詩選》을 계승하는 저술을 기획했다는 것을 담헌에게 알린 바 있는데, 담헌은 정작 오명제에 대한 정보가 전혀 없었으므로 오명제의 저작, 편찬 체제, 조선 시인들과의 창수唱酬에 관한 글 등에 대해 알려 달라고 요청했다. 아울러 반정균에게 급박하게 추진하지 말고, 치밀한 계획을 세워 자료를 수집하고 십수 년 정도의 넉넉한 시간을 들일 것을 예상하고 저술을 완성할 것을 바랐다. 조선은 유학에 관한 저술은 다양하지만 선비들이 중국의 문헌에만 파고 들어 정작 조선의 역사와 전고典故에 대해서는 소홀하여 서적이 적다면서, 그래도 저술의 범례를 알려 주면 자신이 적극 자료를 모아서 전달하겠다고 말했다.

반정균이 김재행의 꿈에 대해 친구와 불화하는 것은, 유협遊俠의 기풍이지 순유醇儒의 도리가 아니며, 인정을 넘은 것이라고 지적한 것에 대해 담헌은 반박했다. '색色을 좋아하듯 현명한 사람을 좋아하는 것'은 김재행의 높은 점인데, 인정에 지나치다고 말하는 것은 불가한 것이 아닌가 하는 말이었다. 천애의 지기는 동포와 같은데, 첩과 친구 둘을 다 선택할 수 없다면, 일개 우물尤物인 첩은 아까워할 필요가 없다는 논리였다. 처도 친구만 못한데, 첩이야 말할 필요조차 없다는 것이었다. 여성의 가치를 남성 아래로 보는 남성중심주의가 여지없이 드러나는 장면이다.

이상은 《간정후편》과 《담헌서》의 〈항전척독〉에 공히 실린 것이다. 《간정후편》에만 실린 것도 간단히 정리해 둔다. 먼저 최근 집안의 결혼과 상장喪葬으로 눈이 나빠졌는데, 좋은 안경을 보내 주어 고맙게 생각한다, 《황면재집》은 그리 중요한 것이 아니니, 굳이 구해 보내려 애쓰지 말기 바란다, 지난번 편지에서 부탁한 육비·엄성·반정균의 초상은 왜 보내 주지 않느냐? 육비와 반정균의 초상은 몰라도 엄성은 이미 죽었으니, 지금 초상을 그리지 않으면 얼마 뒤 잊어버리게 될 것이다, 그러니 육비에게 부탁해 엄성의 초상을 그려 보내 주면 좋겠다, 또 조선 팔도와 산천에 대해 서술한 지리지를 보내고, 겸하여 《동사총요東事摠要》와 삼국 이전 역사를 간략히 정리한 《흑치黑齒》란 책 1권을 보내니 참고하기 바란다, 전에 보낸 《해동시선》에 대한 민백순의 비평을 듣기를 원하니, 육비 등 여러분들이 보내 주기 바란다, 또 엄성에게 부탁했던 중국 여성 복식에 대한 정보를 다시 알려 달라고 거듭 부탁했다.

> 부인婦人의 복색제도에 대해서는 추루가 소음·구봉과 상의하여 멀리 있는 사람에게 보내 주시어 누추한 풍속을 한 번 바꾸게 해 주신다면, 영원히 찬송하고 떠받들 것이니, 이것은 죽은 사람을 살리고 뼈에 살을 붙여 주는 일과 다르지 않을 것입니다.
> 다만 한 치 정도의 얇은 종이에 작은 모양을 그려 주는 것이 가장 중요합니다. 말과 문장, 그림이 분명하지 못하여, 털끝만 한 차이라도 나면, 반드시 복요服妖가 되고 말 것입니다. 아울러 살펴 주시기를 부탁드립니다.[158)]

담헌이 여성의 복색제도에 이토록 관심을 보이는 것은, 그가 여전히 화이론을 신념하고 있고, 복색은 화華와 이夷가 갈라지는 지점이었기 때문이었다. 이 외에 더 언급할 가치가 있는 것은 간정동에서 나누었던 필담에 관한 이야기이다.

> 전에 말한 필담은 근래에 지루하고 산만한 것을 깎아 내어 정리하고 간단하고 요즘만 남겨 전할 만한 것이 되게 하도록 애썼습니다. 그리고 소음篠飮이 붙인 이름을 따라 이름을 붙였는데, 아직 탈고는 못했습니다. 그래도 끝내 족하께서 이 동방에서 등도登徒의 이름을 얻게 만들지는 않았으니, 모쪼록 더욱 노력하시는 것이 좋겠지요.[159)]

육비는 1767년 1월에 쓴 편지에서 《고항문헌》은 《항우척독》으로, 《간정동회우록》은 《경화필담》으로 책명을 바꾸는 게 좋을 것 같다고 제안한 바 있었다. 담헌은 그 제안을 따랐지만 아직 탈고는 하지 못했다는 것이다. 담헌은 실제《고항문헌》은《고항적독古杭赤牘》으로 고쳤던 것으로 보인다. 물론 이 책명을 끝까지 고수하지는 않았다. 또《경화필담》은 애초 수용하지 않았다.[160] 다만 두 책에 상당한 산삭刪削이 가해진 것은 틀림없는 사실이다. 담헌이 당신이 조선에서 호색한(=登徒)[161]의 이름을 얻지 않게 했다는 것은, 여성에 관한 발언을 반정균의 요청을 따라 삭제했다는 것을 의미한다. 가장 중요한 것은 앞으로 서신을 주고받을 루트였다. 서광정이 편지 전달을 완강히 거부하므로, 이번부터 삼하의 등사민, 손유의, 조욱종에게 편지를 맡기기로 하고, 차후로도 이들을 메신저로 삼자는 것이었다.

　엄과와 엄성의 아버지 엄노백, 아들 엄앙에게 보내는 편지[162]는 위로하는 편지였다. 엄과에게는 엄성의 죽음을 들었다면서 엄성이 복건에서 부친 편지에 두 달 동안 학질을 앓았다고 했는데, 그것이 사망 원인인가를 물었다. 담헌은 형제를 잃은 엄과를 위로하고, 자신도 지난해 중동仲冬에 부친상을 당한 사실을 전했다. 이어 담헌은 멀리 떨어진 땅에서 살다가 나그넷길에서 우연히 만나 서로 마음이 맞아 중국이니 외방이니 따지지 않고 어리석고 똑똑함도 따지지 않은 채 마음을 터놓는 친구가 되어, 서로 큰 기대를 걸고 있었는데 이처럼 엄성이 저세상 사람이 될 줄은 꿈에도 생각하지 못했다고 애통한 심정을 털어놓았다. 담헌은 엄성의 죽음을 전한 반정균의 편지에서는 알 수 없었던, 복건에서 언제 집으로 돌아왔는지, 사망한 날은 언제인지, 죽을 때 정신이 맑았는지 아닌지, 어떤 말을 남겼는지를 묻고, 제문과 제물을 보낸다고 끝을 맺었다.

　담헌은 엄성에게 보내려 했던 김창협의《농암잡지農巖雜識》와 김창

엄성의 초상
(1770, 해강奚岡 그림)

흡의 《삼연잡록三淵雜錄》, 앞에 보낸 이이의 《성학집요》를 엄과가 받아 보고서 엄앙이 장성한 뒤 물려줄 것을 당부하고, 엄성의 시문이 간행되었다면 보내 줄 것과 엄성이 만든 간정동에서의 필담도 등사본을 보내 줄 것, 엄성의 죽음 뒤 친구들이 보낸 만장·뇌사誄辭 시詩·문文도 한 벌 베껴 보내 줄 것을 청했다. 끝으로 담헌은 엄성을 섬기듯 엄과를 섬기겠노라고 했다. 엄성의 시와 편지를 모아서 《철교유타鐵橋遺唾》란 제목의 책으로 묶어 같이 보냈다.¹⁶³⁾

엄노백에게 보내는 편지와 엄앙에게 보낸 편지는 각각 아들을 잃은 아버지와 아버지를 잃은 아들을 위로하는 내용이다. 엄과에게 보낸 편지에 이어 엄성의 제문이 있으니, 인용한다.

해동海東의 홍대용은 항주의 옛 벗 엄역암嚴力闇 선생이 불행하게도 단명하게 죽었다는 소식을 전해 듣고 마치 오른쪽 팔을 잃은 것처럼 흐느껴 슬피 울었습니다.
하지만 저 역시 상중에 있어 말을 다듬어 제문을 지을 겨를이 없어 삼가 향촉을 갖추고 복어 열 마리와 폐백幣帛 한 끝을 부의로 올려, 영형슈兄 구봉 선생에게 영연靈筵에 차려 놓을 것을 부탁함으로써 영원히 이별하는 이 마음을 펼칩니다.
아아! 슬프도다. 역암은 끝내 나를 버리고 돌아가시는 것인지요. 아아, 애석합니다. 역암이 여기에서 멈추다니, 어찌 천명이 아니겠습니까. 아아, 비통하도다. 하늘이 나를 너무나도 혹독히 괴롭히심이! 엎드려 바라노니 역암의 영혼은 이 괴로운 마음을 살펴 주소서.[164)]

제문은 향촉·폐백과 함께 보내졌다. 등사민, 손유의, 조욱종에게도 편지를 보냈다.[165] 모두에게 홍역의 죽음과 장례, 자신의 비통한 심정을 공히 알렸다. 등사민에게는 근황을 묻고 시초를 먼 곳에서 구하려 애써 준 것에 대해 감사의 뜻을 표하고, 이어 조선에서도 교유하는 사람이 극히 적은 자신이 해외에서 벗을 사귀게 된 기이한 인연을 갖게 되었으나 다시는 만날 기약이 없고 1년에 한 차례 주고받는 소식도 끊어질까 두렵다며 갑갑한 심정을 털어놓았다.

손유의에게는 의례적인 인사를 하고 안부를 물은 뒤 자신은 여묘살이를 하면서 《논어》, 《맹자》 등의 책을 힘닿는 대로 외고 읽어 자신을 돌이켜 보고 성찰하여 인생의 가치와 즐거움이 과거나 부귀 밖에 따로 있는 것을 입증해 보려 한다고 하였다. 이어지는 복잡하고 긴 말은 윤리적 완정성의 실현에 대한 의지를 보인 것이었다. 또 손유의가 지난 편지에서 "학생을 가르치는 여가에 서사書事를 섭렵하고 호인好人이 되기를 바랄 뿐 공명은 바라지 않는다"고 했던 말을 들면서 충분히 그런 경지에 도달할 수 있을 것이라 격려했다. 이어 독서의 중요함을 말하면서 책을 읽는 법[讀法]과 과정課程을 알려 달라고 부탁했다. 끝으로 가장 절실한 부탁을 하나 붙였다. 서광정을 대신하여 항주 벗들의 편지를 전달하는 메신저가 되어 달라는 부탁이었다. 반정균은 자신이 북경에 가면 직접 손유의를 찾아가 이 일을 부탁하기로 했는데, 이미 찾아가 사정을 말한 적이 있는지 물었다. 어쨌든 손유의가 조욱종과 상의하고 그 결과를 알려 달라는 것이었다.

조욱종에게 보낸 편지에서는 홍역의 소상小祥이 얼마 남지 않아 더 할 수 없이 애통한 심정이라는 것, 보내 준 편지를 읽고 너무나 감사했다는 것 등을 말하고, 이어 가을 과거의 결과에 대해 물었다. 이어 자신이 보잘것없는 사람인데도 지나치게 추켜세웠으니 부끄럽기 짝이 없다는 약간은 의례적 겸사를 늘어놓은 뒤, "고인의 글을 읽는 것과 벼슬길에 매달리고 있는 것은 천양지차와 같이 서로 다른 것"이라는 조욱종의 말은, 탁월한 견식으로서 위인지학爲人之學과 위기지학爲己之學을 확연히 구분한 것이라고 평가했다. 나아가 담헌은 조욱종이 과거에 응시하는 것은 집안을 유지하고 부모의 봉양을 위한 것이기는 하지만, 안신입명安身立命 곧 몸과 마음을 편안히 갖고 천명天命을 따라 사는 문제에 대해서 끝내 어떤 결단을 내릴 것이라 말했다. 곧 현실적 이유로 불가피하게 과거에 응시하기는 하지만, 조욱종 역시 자신처럼 윤리적 완정성의 실현에 매진하는 사람이 되기를 원했던 것이다. 귀한 시초를 비용을 들여 애써 구해 준 것에 대해서도 감사의 뜻을 표했다. 또 조욱종이 보낸 시도 사람을 감동시킬 만한 것이지만, 지금 상중이라 화답을 할 수 없는 사정을 이해해 달라고 하였다.

《의례》 연구와 관련해 김종후와 2차 논쟁을 벌이다

아버지와 엄성의 죽음으로 극도의 슬픔에 빠져 있던 담헌은 씁쓸한 사건을 다시 겪어야 했다. 김종후와 2차 논쟁을 벌이게 된 것이다.

《담헌서》에 〈어떤 사람에게 주는 편지 두 편〉[166]이 실려 있는데, 수신인의 이름을 밝히고 있지 않지만 읽어 보면 김종후에 보내는 것이 분명하다. 또 김종후의 《본암집》에는 담헌에게 보내는 편지가 남아 있다. 담헌과 벌인 격렬한 논쟁의 결과물이다. 담헌이 보낸 편지에는 부친상(1767년 11월 12일)을 당한 뒤 슬픔을 견디려고 경전을 읽는 데 마음을 쏟았고, 봄·여름 이후 예전 공부를 다시 할 수 있었다고 말하고 있고, 또 이 편지에 대한 김종후의 반박 편지를 '봄'에 받았다고 했으니, 이 봄이 1768년의 봄이면 이 편지는 1768년 가을 이후에, 만약 1769년 봄이라면 1769년 가을 이후에 쓴 것일 터이다. 다만 봄을 구분해서 말하지 않는 것으로 보아 1768년 가을 이후에 쓴 것이 좀 더 사실에 가까울 것이다. 곧 엄성의 죽음을 전해 듣고 난 뒤에 쓴 것으로 보는 게 타당하다.

논쟁은 김종후가 담헌에게 《주례周禮》, 《예기禮記》와 함께 삼례三禮의 하나로 꼽히는 《의례儀禮》를 연구할 것을 권하는 편지를 보낸 데서 촉발되었다. 김종후가 보낸 편지는 남아 있지 않고, 담헌의 편지와 그에 대한 김종후의 답과 다시 여기에 반박하는 담헌의 편지만 남아 있다. 이 3통의 편지로 두 사람 사이의 논쟁을 정리해 보자.

김종후는 예는 인간에게 가장 중요하고 긴급한 것이라면서, 자신이 《주자가례》를 연구하던 중 《가례》는 《의례》가 아니면 제대로 읽을 수 없다는 것을 깨닫고 《의례》를 보게 되었으나, 다시 《의례》를 이해하기 위해 《의례》의 주소註疏를 연구하지 않을 수 없었고, 그 결과 약간의 깨우침을 얻었다고 하였다. 《의례》는 십삼경十三經의 하나로 관혼·상제·향사鄕射·조빙朝聘에 관한 주대周代의 예를 싣고 있다. 김종후는 《가례》의 이해와 실천에서 발생하는 여러 의문점을 해결하려고 오래된 고전인 《의례》에 주목했던 것이며, 거기서 자기 나름대로 해결의 실마리를 찾았던 것으로 보인다.

김종후의 《의례》에 대한 관심은 조선 후기 지식인들의 예학에 대한 관심 및 연구와 깊은 관련이 있다. 17세기 중반 이후 단계적單系的 부계친족제로의 본격적 이행은 그에 상응하는 예에 대한 학문, 곧 예학의 발달을 가져왔다. 김장생·김집 등 예학의 대가가 출현한 것이나,

두 차례에 걸친 예송禮訟 역시 예학의 발달로 인해 일어난 것이다. 또한 《주자가례》에 대한 전문적인 저작, 곧 《가례원류家禮源流》는 엉뚱하게도 노론과 소론을 갈라 놓는 한 계기가 되기도 하였다. 예학의 발달은 관혼상제와 같은 의례의 실천에서 의문점을 폭증시켰다. 예가 적용되어야 하는 현실은 기존의 예서에서 설정한 예의 경우보다 훨씬 더 다양하고 복잡했다. 따라서 보다 구체적이고 세밀한 예가 필요하였다. 《주자가례》를 넘어 충분히 검토된 적이 없던 예서에 관심이 쏠린 것은 자연스러운 일이었다. 김종후는 특별히 《의례》에 주목하였다. 담헌은 김종후가 이 텍스트 보기를 권한 게 한두 번이 아니라고 하였으니, 이전에 이미 《의례》를 두고 대화가 있었던 것이다. 하지만 담헌은 《의례》를 연구할 필요가 없다고 잘라 말했다.

담헌의 논리는 이렇다.

(1) 적이 생각건대, 《주역》은 시의時義를 귀하게 여겼고 성인은 주나라를 따르겠다고 하였습니다. 옛날과 지금은 마땅히 여기는 것이 다르고, 삼왕三王은 예가 같지 않았습니다. 그러니 지금 세상에 살면서 옛날의 도로 돌아가고자 한다면, 또한 어렵지 않겠습니까?

(2) 한 해가 다가도록 혹은 여러 대에 이르도록 털끝 같은 곳까지 분석해도 그것은 몸과 마음이 다스려지느냐 어지러워지느냐 하는 문제나 집안과 나라의 흥하고 쇠하는 문제와 실로 아무런 관계가 없습니다. 도리어 모여서 송사나 벌인다는 비난을 불러오기에 꼭 알맞지요.

(3) 그렇다면 《의례》의 연구는, 율력·산수·전곡錢穀·갑병甲兵이 적절하게 세상에 쓰일 수 있는 것만 못한 법이지요. 비유하자면, 익지 않은 오곡은 잘 익은 돌벼만 못한 것이지요. 하물며 불타 버린 책의 나

머지를 주워 모아 한유漢儒의 잡다한 말을 끌어다 붙이고, 그 글귀를 해설하여 성인의 마음을 알고자 하니, 심력을 허비하는 것만 잔뜩 볼 수 있을 뿐입니다.

⑷ 대저《춘추》는 세상을 다스리는 큰 법이지요. 하지만 주자처럼 밝고 넓은 학문을 가진 분도 "노나라 사서史書의 옛 문장에 성인이 써 넣기도 하고 깎아 버리기도 했으니, 나에게 무슨 관계가 있으리오"라고 하였습니다. 옛사람은 알 수 없는 것과 할 수 없는 것에 대해서는 대개 그냥 내버려 두었습니다. 망령된 소견이 이와 같으니, 가르쳐 주시면 아주 다행하겠습니다.[167]

⑴이 담헌의 기본적인 시각이다. 인간의 문화는 시간적 변화를 경험하기에 특정 시간에는 그 시간적 컨텍스트에 부합하는 적절한 문화가 존재한다. 담헌은 자신의 이 논리에 권위를 부여하기 위해《주역》수괘隨卦 단사彖辭의 "때를 따르는 의義가 크도다"[168]란 말과 공자가 하·은·주의 예에서 현재 사용하고 있는 주의 예를 따르겠다고 한 말을 인용했다.[169] 두 고전은 종종 복고에 가치를 부여하는 관점을 비판하고 현재 혹은 변화에 가치와 의미를 부여하고자 할 때 종종 인용되는 것이다. 담헌은 고전을 인용하여 김종후의 복고주의를 비판하려 한 것이다. 최종적으로 담헌은 위에서 인용한《중용》에서 다시 공자의 말, 곧 "지금 세상에 태이나서 옛 도로 돌아가고자 한다면, 재앙이 그 몸에 미친다"[170]란 말을 인용했다. 담헌의 주장은 다음과 같이 요약된다.《의례》는 그 텍스트가 탄생한 '현재'의 필요에 따라 제작된 텍스트일 뿐이며 초시간적으로 진리성을 갖는 텍스트는 아니다. 따라서 지금 세상에서 옛 도를 실천히는 것은 불가능하다.

"옛날과 지금은 마땅히 여기는 것이 다르고, 삼왕三王은 예가 같이 않았습니다"는 담헌의 발언 역시 대단히 중요하다. 1766년 4월 초 담헌은 책문에서 만주인 희원외와 복식 문제로 짧은 논쟁을 했는데, 희원외는 "세상에는 옛날과 지금이 있고, 시대의 의리는 같지 아니하니, 의관이 어찌 정해진 제도가 있었다는 말이오"라고 말했고, 담헌은 그에 대해 제대로 반박할 수 없었다. 하지만 담헌은 귀국 후에도 한동안 중국 고대의 복식을 조선이 재현해야 한다면서 중국인 친구들에게 편지를 보낸 것도 사실이다. 그런데 김종후와의 논쟁에서 담헌은 이제는 고대의 예로 돌아갈 수 없다고 잘라 말한다. 희원외 쪽의 논리를 따른 것이다. 요컨대 담헌은 시간 상대주의의 관점을 취하고 있다. 명대의 복식으로 돌아가고자 했던 것을 담헌의 복고주의라 한다면, 담헌의 복고주의는 계속 균열을 일으키고 그 균열이 누적되고 있다고 보아도 무방하다. 뒷날 담헌은 《의산문답》에서 상대주의적 관점을 취하며 화이론을 부정했으니까 말이다.

담헌은 한걸음 더 나아가 《의례》란 텍스트를 아무리 오랫동안 치밀하게 분석해도 도덕적 실천과 가정·국가의 흥망성쇠와 관련이 없으며, 비생산적 논쟁만 불러올 것이라고 말한다. 담헌의 말은 분명 의도적이다. 담헌은 엄성에게 보낸 편지에서 경전을 유취하고 분속하는 것을 비판한 바 있었다. 그것은 텍스트의 과도한 해석을 비판하는 것이었는데, 그 입장이 여기서도 견지되고 있었다. 또한 1751년 석실서원에서 김원행과 당론으로 논쟁을 할 때 담헌은 1659년의 기해예송과 1673년의 갑인예송에 대해 사뭇 비판적이었다. 예송 자체는 치밀한 학문적 논쟁의 외피를 쓰고 있지만, 그것은 사실상 권력 투쟁이었다. 이런 권력 투쟁으로서의 예송이 비생산적이었듯, 고대의 텍스트를 둘러싼 논쟁은 현실과의 관련성이 희박할 수밖에 없다. 이런 이유로 해서 예서에 대한 탐구는 율력·산수·전곡·갑병의 현실적·실용적 지식에 대한 탐구보다 우월한 가치를 가질 수 없다. 담헌의 이 발언 역시 나름의 근거를 갖는다. 곧 주자는 율력·형법·천문·지리·군려軍旅·관직 등에 대해서 그 정밀한 영역까지는 몰라도 그 전반적인 지식은 충분히 갖출 필요가 있다고 말했기 때문이다.[171]

담헌과 동문으로 뒷날 담헌과 사귀게 되는 황윤석은 '율력과 산수의 학문'을 "《주역》, 〈홍범〉과 표리를 이루고 천지를 경위經緯하는 것"으로 일찍이 정자와 주자 같은 여러 노老 선생도 폐기하지 않은 것이라 하면서 그 학문적 정당성을 부여했다.[172] 황윤석은 이런 학문에 소홀한 것 자체가 문제라고 지적하였다. 곧 그는 역시 청대의 수학책《수리정온》의 사본에 붙인 글(《제수리정온사본題數理精蘊寫本》)에서 우리나라 선비들 가운데 경經과 예禮에 대해서는 언급한 바 있었지만 이수理數의 미묘함에 대해서는 급선무가 아니라고 하면서 다루지 않았다고 지적하였다. 그러나 그가 보기에 국가를 경영하고 천하를 다스리는 데 율력은 반드시 필요했고, 이는 '유가儒家의 크고 완전한 학문'으로 반드시 알아야 하는 것이었다.[173] 인간의 윤리적 완성을 지향했던 정주학이라고 해서 이런 실용적인 분야를 도외시한 건 결코 아니었던 것이다.

이 지점에서 담헌의 사유 속에 실용적인 분야에 대한 고려가 등장했다는 사실에 주목할 필요가 있다. 이제까지 담헌은 주로 정주학에 입각해 개인의 윤리적 완정성을 실현하는 것을 관심사로 삼아 왔다. 따라서 그의 율력·산수·전곡·갑병 등 현실적·실용적 지식에 대한 관심과 발언은 다소 의외라는 느낌을 지울 수 없다. 하지만 이런 것들은 이미 담헌이 서양 천문학을 만나는 순간 발아하기 시작한 것이었다.

악률과 천문역법, 산수는 수학, 전곡은 재정, 갑병은 병정兵政을 의미하는 바, 이것은 뒷날 담헌의 저작과 거의 일치한다. 악률은 〈농수각의기지籠水閣儀器志〉의 〈율관해律管解〉, 〈변률變律〉, 〈황종고금이동지의黃鐘古今異同之疑〉, 〈우조와 계면조의 다른 점[羽調界面調之異]〉 같은 논설로, 천문역법과 산수는 《주해수용籌解需用》과 〈농수각의기지〉의 수학과 천문학, 재정과 병정은 〈임하경륜林下經綸〉으로 이루어졌다. 물론 담헌은 윤리적 완정성의 실현을 이것으로 대체한 것이 아니라, 그에 더하여 이런 방면으로 관심의 폭을 넓히고 있었다. 또한 이 방면에 대한 관심은 담헌이 1766년 연경에서 구입했던 서적과도 밀접한 관계가 있다. 앞서 말한 바와 같이 그는 북경에서 《율력연원》을 구입했는데, 이 책은 《역상고성》(천문학), 《수리정온》(천문학), 《율려정의》(음악학)로 이루어져 있었으니, 담헌은 아마도 이 책을 검토하면서 정주학의 윤리적 실천 영역을 넘어 '실용적인' 학문의 존재와 그 가치를 본격적으로 인지하게 되었던 것으로 보인다. 담헌은 광범위한 정주학의 영역 안에서 공부의 범위를 확장해 나가고 있었다.

또 하나 주목해야 할 것은 《의례》 연구가 율력·산수·전곡·갑병만 못하다면서 동원한 "익지 않은 오곡은 잘 익은 돌벼만 못한 것"이라고 한 비유다. '돌벼의 익음[稊稗之熟]'은 원래 《맹자》 〈고자 상告子 上〉 17장에서 맹자가 구사한 비유다. 맹자는 이렇게 말하고 있다. "오곡은 곡식 종자 중에서 아름다운 것이지만, 만약 익지 않으면 돌벼만도 못하다. 대저 인仁 또한 익숙하게 하는 데 요점이 있을 뿐이다."[174] '인'은 유학의 최고 가치다. 하지만 그것을 충분히 내면화하여 실천하지 못한다면, 그보다 떨어지는 가치를 완벽하게 실천하는 것만 못하다는 말이다. 담헌은 이 구절을 인용하면서 돌피荑稗를 '稊稗(제패)'로 인용하고 있는데, 이 표현은 정자와 주자가 즐겨 쓴 것이었다.[175] 아마도 담헌은 정자와 주자에게서 이 말을 가져왔을 것이다.

담헌은 손유의에게 보내는 편지에서도 동일한 표현을 쓰면서 양명학이 이단이기는 하지만, 그것이 세유世儒들이 정학正學을 외치면서 옛 자취만 따르고 실용이 없는 것에 비한다면 "익지 않은 오곡보다 익은 돌피가 나은 경우와 다르지 않다"고 말했다.[176] 이처럼 담헌은 익지 않은 오곡이 돌피만 못하다는 맹자와 주자의 말을 반복한다. 그것은 유학의 진리성을 제일의第一義로 인정하면서도, 유학의 본령을 실천하지 못할 경우 이단이 자신의 길을 실천하는 것만 못하다는 논리다. 앞에서 검토했다시피 실천과 괴리된 유학, 혹은 유학자에 대한 비판은 20대 초반 김원행의 영향하에 신념으로 형성된 것이고, 이단에 대한 약간 완곡한 태도는 특히 엄성의 편지에서 영향을 받았을 것이다. 담헌은 천천히 자신의 생각을 바꾸기 시작한 것으로 보인다. 하지만 그 변화가 정주학을 부정하는 것은 결코 아니었음을 기억해 둘 필요가 있다.

다시 《의례》의 문제로 돌아가자. 담헌에게 《의례》는 "불에 타고 남은 것"을 모아서 한유漢儒의 잡설로 견강부회한 것으로 결코 온전할 수 없는 불구의 텍스트였다. 따라서 그 텍스트의 의미 역시 확정되기 어렵다. 이 텍스트에 덧붙여진 한유의 주해조차 2천 년에 가까운 시간이 지난 지금 그 의미를 확정하기 어렵다. 《의례》는 궁극적으로 해독되지 않을 텍스트이기에 그 의미를 엄밀하게 파악하고자 하는 노력은 결국 헛수고가 되고 말 것이다. 담헌의 메시지는 대략 이런 것이었다. 아울러 그는 자신의 말에 권위를 부여하기 위해 《춘추》의 난해처를 이해하기 위해 지나친 노력을 쏟을 필요가 없다는 주자의 말을 인용했다.[177]

지난 1차 논쟁에서 김종후가 인정과 상식을 넘어 과도하게 논리의 날을 세우는 것이 마땅치 않았기에 답이 싸늘할 수밖에 없었다.

1769년, 김종후와 논쟁이 이어지다

김종후에게 편지를 보내고 해가 바뀌었다. 담헌의 편지는 짧았지만 김종후를 자극하기에는 충분하였다. 봄에 김종후로부터 반박 편지[178]가 왔다. 자신이 엄청나게 중요하다고 생각하는 《의례》 연구를 불필요한 것으로 보았으니, 김종후가 흥분한 건 당연했다. 김종후는 담헌의 편지를 읽고 충격을 받았다며 반박을 시작했다. 먼저 인간에게 예가 더할 수 없이 중요한 것이라는 사실을 성현께서 충분히 말했고, 담헌 역시 그것을 알고 있을 것이라 한 뒤 자신이 관혼상제를 경험하면서 인간의 삶에 예가 관계하지 않는 바가 없음을 알았노라고 말한다. 김종후의 말은 강한 설득력이 있었다. 조선 사족의 생활과 문화에서 예는 사족을 사족답게 만드는 기본 장치였기 때문이다.

    김종후는 예의 근거를 따지고 들어가다가 《주자가례》를 만나게 된다. 이어 《의례》 없이 《가례》의 이해가 불가능함을 깨달은 나머지 마침내 《의례》를 보게 되었고, 《의례》를 보자면 다시 그 각립하는 견해의 주소註疏를 보지 않을 수 없으며, 마침내 털끝처럼 미세한 분석을 하지 않을 수 없었다고 말한다. 주소를 넘어선 이해는 사실상 무의미하다. 이 무의미의 지평에서 김종후는 자신만의 견해를 약간 갖게 되었고, 그것을 토대로 삼아 《의례》에 대한 이해를 확대할 가능성을 얻었다고 말한다. 이런 일련의 연구 끝에 김종후는 예는 하루도 없을 수 없는 것이라고 주장한다. 예의 중요함을 인지한다는 것은, 역으로 예에 대한 의문이 증폭했음을 의미한다. 김종후는 이런 이유로 예에 대한 연구를 멈출 수 없었다.

김종후는 담헌이 인용한 《중용》의 "지금 세상에 살면서 옛날의 도로 돌아가고자 한다면, 또한 어렵지 않겠습니까?"라고 한 구절에 일단 동의를 표했다. 주자 역시 아성亞聖으로 《가례》를 만들었지만 완벽하게 옛날의 도, 곧 고대의 예로 돌아가지 않은 것 역시 동일한 이유 때문이었다는 것이다. 그렇다면 김종후가 고례인 《의례》를 연구하는 이유는 무엇인가? 김종후에 의하면, 《가례》에는 금례今禮를 쓴 경우, 고례를 쓴 경우, 금례와 고례를 섞어 쓴 경우도 있다. 이렇게 다양한 예를 쓴 이유를 알아야만 반드시 지켜야 할 '불변의 예'와 '변통해야만 하는 예'를 알 수 있다. 이것이 《의례》를 연구해야 할 이유다.

김종후는 담헌의 논리를 세밀하게 반박했다. 담헌은 《의례》 연구는 "몸과 마음이 다스려지느냐 어지러워지느냐 하는 문제나, 집안과 나라의 흥하고 쇠하는 문제와 실로 아무런 관계가 없습니다"라고 말했다. 김종후는 이 말에 대해 《예기》〈곡례曲禮〉의 "예가 있으면 편안하고 예가 없으면 위태롭다"고 한 말을 인용하고, 담헌 역시 이에 동의할 줄 안다고 말한다. 김종후는, 담헌이 "내가 말한 것은, 다만 의문儀文과 도수度數를 지적한 것일 뿐이다"라고 말해야 할 것이라고 주장한다. 곧 담헌이 지적한 것은, 예를 실행할 때의 작은 절차 혹은 도구들의 형태와 사이즈 등에 관련된 게 아니냐는 말이다. 그것은 가변적일 수 있기 때문이다. 김종후는 한걸음 더 나아갔다. 곧 의문·도수가 천리에서 나온 것이라면 어떻게 그것을 버리고 정심正心·수신·제가·치국을 실현할 수 있겠느냐고 묻는다. 곧 예의 실천을 방기하고, 개인의 인격적 완성에서 출발하여 국가의 통치까지를 한 축으로 파악하는 《대학》의 이상, 유학의 이상을 실천할 수 있겠느냐는 반문이다. 김종후의 논리는 분명 비약이다. 특정한 시대의 예의 의문·도수가 불변의 진리인 천리에서 나왔다는 보장이 없기 때문이다. 따라서 그것이 정심·수신·제가·치국과 연결될 필연성도 없다. 하지만 이 박약한 전제에 근거하여 김종후는 예의 일승일강一升一降 일배일읍一拜一揖이 모두 천리라고 주장한다.

> 대저 예의 일승일강, 일배일읍은 모두 천리입니다. 올라야 할 경우 오르지 않고, 내려가야 할 경우 내려가지 않고, 절하고 읍해야 할 경우 절하고 읍하지 않는다면, 비록 이 마음의 분치忿懥·공구恐懼·호락好樂·우환憂患이 모두 그 바른 경지에 있다 하더라도 결국은 바르지 않은 것이 될 터입니다. 비록 이 몸이 '재계하고 깨끗이 하여 성장을 차려입는다' 하더라도 '예가 아니면 움직이지 않는다'는 경지는 될 수 없으니, '몸을 닦지 못한 것'이 되고 말겠지요. 제가·치국을 할 수 없는 것이야 말할 필요조차 없을 것입니다.
> 족하께서 만약 승강·배읍 등이 이미 책에 갖추어져 단지 살펴서 실천만 하고 세밀하게 연구하는 게 쓸모없는 것이라 한다면, 무릇 내 마음의 분간을 거치지 않고 실천하는 것들은 모두 '성誠'이 아닐 터입니다. 비록 실천한다 해도 실천하지 않은 것입니다. 하물며 책에 나와 있지 않은 너무나도 많은 경우야 말해 무엇하겠습니까?[179]

김종후는 일승일강, 일배일읍이란 예의 미세한 실천이 모두 천리에서 나온 것이라 말한다. 때문에 그것을 실천하는 것은 천리의 실천이다. 예를 통한 생활에서의 천리의 실천은 곧 수신·제가·치국·평천하의 기초가 된다. 만약 그것을 실천하지 않는다면, 마음이 수양된 경지에 있다 하더라도 그것은 진정한 의미에서 올바른 경지가 아니다. 자신의 논리를 정당화하기 위해 담헌이 그랬던 것처럼 김종후 역시 《중용》 20장의 "재계하고 깨끗이 하여 성장을 차려입고 예가 아니면 움직이지 않는 것은 몸을 닦는 것이다"[180]는 부분을 끌어왔다. 그는 아울러 인간생활의 다양성은 예서에 실린 예보다 복잡하고 다양함을 지적하고, 그 미지의 영역으로 남아 있는 다양성을 충족시킬 예의 연구가 필요하다고 주장한다.

예의 해석이 갈등과 분쟁을 초래할 것이라는 담헌의 주장에 대해서도 김종후는 반박했다. 김종후는 반박의 중요한 근거로 송의 복의濮議*와 조선의 기해예송을 꼽았다. 그리고 예를 둘러싼 두 쟁론에서 특별한 존재였던 정자와 송시열을 끌어들였다. "족하가 정자와 송 선생을 비난할 수 있다고 생각한다면, 다시 무슨 말을 하겠습니까?"[181] 김종후의 야비한 버릇이 도지기 시작했다. 김종후는 1차 논쟁에서도 효종과 송시열을 끌어들이고, 논쟁의 판단을 자신들의 스승인 김원행에게 맡기자고 하면서 담헌이 거역할 수 없는 외부의 권위를 끌어들였다. 담헌이 노론인 이상 예송에서 서인과 노론의 정당성을 의심할 수는 없고, 노·낙파의 수장이었던 송시열을 부정할 수는 없는 일이 아닌가.

김종후는 담헌이 조선에서의 예송을 의식하고 있음을 간파하여, 예송이 무의미한 논란이 아니라 정당한 것이었다고 말한다. 부·자와

---

* 북송의 4대 황제 영종英宗은 인종仁宗의 뒤를 이어 즉위했지만, 그의 생부는 복왕濮王이었다. 복왕을 '황고皇考'라 부를지 '황백皇伯'이라 부를지를 둘러싸고 오랫동안 논쟁이 벌어졌다.

군·신에 관계된 합당한 예를 결정하는 것은 더할 수 없이 중요한 일이며, 따라서 그 예의 해석을 두고 갈등과 분쟁을 초래하는 것이라고 한다면, 그것은 부자와 군신을 버리고서 심신과 국가를 다스리려고 하는 것이다. 예는 유교 사회에서 모든 사회적 관계의 근거가 되는 부자와 군신의 관계를 결정하는 유일한 근거이므로 분쟁 때문에 연구를 회피할 수 없다는 것이 김종후의 논리다. 김종후는 최후로 담헌에게 물었다. "족하는 인종이 비록 복왕을 아버지로 삼아도 송이 반드시 망하지는 않았을 것이며, 기해의 복제가 기년복을 따랐어도 우리나라가 반드시 그 때문에 흥하지 않았을 것으로 생각하는가?"[182] 노론과 송시열을 내세우는 김종후의 논리를 담헌이 제대로 반박하기란 불가능할 것이다. 김종후는 담헌을 윽박지르고 있는 참이었다.

김종후는 예는 율력·산수·전곡·갑병 등의 세상에 필요한 실용적 지식만 못하다는 담헌의 지적에 대해 그 발언이야말로 담헌 평생의 병통이고, 또한 세상과 사람들을 경동시킬 것이라고 반박했다. 김종후는 '어떤 지식 혹은 학문이 중요한가?'를 되물었다. 그는 《논어》〈태백〉에 실려 있는 증자의 말을 인용했다. 증자는 병석에서 이렇게 말한 바 있다. "군자가 귀중히 여기는 도가 셋이 있다. 용모를 움직일 때에는 사나움과 태만함을 멀리하고, 낯빛을 바르게 할 때는 성실함에 가까워야 하며, 소리 내어 말할 때는 비루함과 도리에 어긋나는 것을 멀리해야 한다. 변두籩豆에 관한 일은 유사有司가 있다."[183] 변두는 곧 제기다. 증자에게 있어 인간이 배워야 할 가장 중요한 것은, 타인과의 관계에 있어서 언어와 행위의 절제였다. 제기와 같은 것, 곧 제사의 절차에 관련된 일체의 것은 그것을 따로 담당하는 사람이 있으니, 거기에 맡기면 된다는 것이 증자의 생각이었다.

김종후는 증자의 말을 인용하면서 그가 언급한 증자의 세 가지 일이라면 예와 관련된 변두를 낮게 평가해도 좋겠지만, 변두보다 가치가 떨어지는 율력·산수·전곡·갑병을 따르면서 변두를 낮게 평가하는 것은 있을 수가 없다고 했다. 김종후는 변두를 결코 가볍게 보지 않는다. 그것은 예와 관련된 것이다. 그는 이렇게 말한다. "하물며 예를 배우는 자 또한 변두를 말단의 것으로 보지만, 그 근본은 천리의 정미精微한 데 있음에랴?"[184] 김종후는 《논어》〈안연顏淵〉에 실린 "만약 임금이 임금답지 않고, 신하가 신하답지 않고, 아비가 아비답지 않고, 자식이 자식답지 않다면 비록 곡식이 있더라도 내가 먹을 수 있겠는가?"[185]라는 말과 〈자장子張〉의 "비록 작은 도이지만 볼 만한 것이 있다. 하지만 멀리 가는 데 지장이 있을까 두려우니, 군자는 그것을 하지 않는다"[186]는 대목을 인용했다. 윤리와 '먹는 행위', '작은 도'와 '먼 곳으로 가는 일'의 대비를 통해, 윤리와 원대한 도에 비해 율력·산수·전곡·갑병 등은 '먹는 것'이고 '작은 도'라는 것을 강조했다.

담헌은 율력·산수·전곡·갑병이 예 일반에 선행하는 가치라고 말한 적은 없었다. 하지만 김종후는 자신의 단정을 근거로 "예를 잃어 나라를 망치고 집안을 망친 경우는 들어본 적이 있어도 율력·산수·전곡·갑병을 다스리지 않아 그 나라를 잃은 경우는 들어본 적이 없다"[187]고 말한다. 김종후에게 국가가 성립, 유지되는 데 필수조건은 예였고, 율력·산수·전곡·갑병일 수 없었다. 김종후는 그것을 기능적·말단적인 것으로 보았다. 다분히 본말이 전도된 느낌이 있지만, 어쨌거나 김종후에게는 예가 우선이었다!

김종후는 담헌에게 세속의 실천 없는 유학자들을 혐오한 나머지 예의 본질적 중요성까지 망각한 것이 아닌가 하고 물었다. 곧 속유들의 '도로무익徒勞無益'하고 도리어 해가 있는 것을 보고, 속유와 예의 본질을 동일하게 오활하다고 판단했기에 자신이 직접 그것을 교정하고자 하여, 지금까지 기로에서 방황하고 귀착처를 찾지 못하고 있는 것이 아닌지 물었다. 그리고 그것은 주자가 말한 남이 하수河水를 말하는 것을 미워하여 스스로 목이 말라 죽는 것을 달게 여기는 경우[188]와 같은 것이 아니냐고 물었다.

김종후는 담헌의 말에 대해 한마디도 놓치지 않고 반박했다. 담헌이 주자가 《춘추》에 대해 전혀 주석을 달지 않았던 것을 예시하면서 알 수 없는 것과 할 수 없는 것에 대해서는 그냥 그대로 두어야 한다고 주장한 것도 반박했다. 주자가 《춘추》에 침묵한 것은 사실 그대로 인정할 수 있지만, 예에 대해서는 《가례》를 먼저 편찬하고, 최후로는 《의례통해儀禮通解》를 편찬했다는 것이다. 김종후는 담헌이 이 사실에 주목할 것을 요구했다. 담헌은 《의례》가 불에 타고 남은, 의미를 확정할 수 없는 불구의 텍스트라는 것을 지적한 바 있는데, 김종후는 여기에 대해서도 반박했다. 《의례》가 불구의 텍스트라는 사실에 대해서는 알려진 사실이기에 대답할 필요를 느끼지 못한다고 하고, 맹자가 "글을 다 믿는 것은 글이 없는 것만 못하다"고 말했지, "죄다 믿지 말라"고는 하지 않았다면서 요는 텍스트 중 믿을 만한 것을 잘 선택할 것이고, 그 선택은 또한 예에 밝을 것을 요구한다고 주장했다. 그리고 이런 이유로 예를 연구하지 않을 수 없다는 것이다.

김종후는 성인이 천리와 인정에 바탕을 두고 제작한 예의禮義가 진秦의 분서焚書, 한·위·진晉의 황로黃老, 육조의 불교를 거쳐 당과 오대에 이르러 거의 궤멸되었다가 송의 정주학에 의해 그 본질을 이루는 오묘한 뜻이 다시 밝혀졌지만, 그 역시 사서를 더욱 중시한 것이고 삼경 쪽으로는 관심이 부족했다고 말한다. 이런 이유로 예에 대해서는 《예기》든 《의례》든 더욱 연구할 겨를이 없었다는 것이다. 예의 연구는 후학들에게 맡겨진 책무다. 중요한 부분을 직접 인용해 보자.

후세의 학자들은 다행히도 여러 선생의 노력에 힘입어 사서삼경에 대해서는 대의만 깨달으면 완역복용玩繹服用하는 데 합할 뿐이지만, 그들이 남긴 바 책무는 서로 천명하여 옛 성인이 제작한 것을 땅에 떨어지지 않게 해야 하는 것입니다. 이런 때에 또 그것이 번거로운 것을 싫어하고 그것이 어려운 것을 꺼려 반드시 연구할 필요는 없다고 외쳐 그 사이에서 떠벌렸으니, 그 어질지 못함이 창려昌黎 때의 불교보다 심하였던 것이지요.
또 성인의 거친 자취라 하나, 도에는 정精·조粗도 없고, 대·소도 없습니다. 그 조粗와 소小를 모두 아울러야 비로소 정精·대大해지는 것입니다. 만약 그렇지 않다면, 선왕이 만물을 빈흥賓興하는 것은 육덕六德·육행六行만 쓰면 충분할 것입니다. 어찌 반드시 육예六藝로 잇겠습니까? 공자가 문하의 제자들을 가르칠 때 도에 뜻을 두고 덕에 의거하며 인에 의하라고 하고 그쳤을 것입니다. 어찌 꼭 '예에서 노닐라'고 이을 필요가 있었을까요? 제자 중 어진 이를 일컬을 때 또 어찌 "몸으로 육예를 통한 사람이 73인"이라고 했을까요? 육예의 첫머리는 곧 예입니다. 이것을 본다면 고인이 배우고자 했던 걸 또한 알 수 있는 것이지요.[189]

김종후는 도와 덕, 인 등의 실천은 육예로 구체화되고, 육예 중 맨 앞자리를 차지하는 것이 예라고 하면서 예의 중요성을 역설한다. 김종후는 학자들이 심心과 성性에 대해서는 세밀히 분석하지만, 예에 대해서는 소홀한 건 아마도 고인의 뜻이 아닐 것이라면서, 담헌 역시 진정 예를 배척하는 사람이 아니라, 자질구레한 의문·도수를 배척하는 것이라고 말한다. 고례에 대해서도 전혀 알 수 없는 것도, 복구할 수 없는 것도 있지만, 연구를 통해 알 수 있고 복구할 수 있는 것까지 포기할 수는 없지 않겠느냐는 것이었다.

김종후의 반박은 나름대로 논거를 갖춘 것이기는 하지만, 예를 절대적 가치로 인식하고 한편으로 인간의 모든 행위가 예에 의해 결정되어야 한다는 것은, 분명 과도하다는 느낌을 지울 수 없다.

1769년 5월 동지사 회환 편에 육비와 반정균 등의 편지를 받다

1768년 엄성의 죽음에 관한 소식을 전해 듣고, 김종후와 2차 논쟁을 하고 난 뒤에도 담헌은 계속 충청도 청주 장명리 홍역 묘소의 여막에 머물렀다. 담헌과 동문인 황윤석의 일기 《이재난고》에 이 시기 담헌에 대한 기록이 조금 보인다. 1769년 4월 20일의 일기다. 이날 황윤석은 성균관에서 담헌과 아주 친하다고 하는 이광하李光夏를 만났다. 이광하는 퇴계 이황의 중형인 이해李瀣의 후손으로 담헌과는 동갑이었다. 그 외 알려진 것은 없다. 어쨌건 황윤석이 옮긴 이광하의 말을 들어보자.

담헌의 서울 집은 저전동約廛洞에 있고, 지금은 청주의 장명리에 살고 있는데, 전의全義·목천木川 동쪽 경계 수십 리 되는 곳이다. 담헌은 김원행과 인척 사이이고, 일찍부터 그의 문하에 있었다. 자질이 두텁고 학문이 넓다. 과거 공부를 하지 않는다.

홍억을 따라 연경에 갔을 적에 엄성, 육비 등 아홉 사람과 교유했는데, 엄성과 육비는 또한 강남의 수재다. 한번 만나자 마음으로 허여하고, 지금까지 몇 년 동안 만 리를 넘어 편지가 끊어지지 않고 있다고 한다. 그 서간으로 서첩을 수십 권 만들어, '고항유식古杭遺式'이란 제목을 붙였다고 한다.

담헌은 또 이서異書를 가장 많이 소장하고 있고, 자명종과 혼천의, 서양 철사금을 가지고 있으며, 음율과 풍치風致를 좋아하며, 진솔하여 속되지 않다.[190]

하나 눈에 뜨이는 것은 담헌이 중국 사인士人과 주고받은 편지로 수십 권의 첩을 만들어 '고항유식古杭遺式'이라 했다는 것이다. 앞서 담헌은 육비의 의견을 따라 편지집에 '고항적독古杭赤牘'이란 명칭을 일시 붙인 바 있는데, 달리 '고항유식'이란 명칭도 썼던 것으로 보인다. 이 외에 별다른 새로운 정보는 없다. 하지만 담헌이 이즈음 어떤 인물로 알려져 있는지는 짐작할 수 있다. 이 시기 담헌은 사람들에게 과거를 포기하고 학문에 열중하는 지식인으로, 또 중국 지식인들과 우정을 쌓은 독특한 북경 여행으로 널리 알려져 있었다.

황윤석이 이광하의 말을 일기에 남긴 바로 그즈음 귀국하는 농지사 편으로 육비와 반정균, 손유의·조욱종, 삼하염점三河鹽店의 편지가 전해졌다. 1768년 10월 동지사 편으로 엄과·엄노백·엄앙에게도 편지를 보냈지만 답이 없었다. 이들로부터의 편지는 10년이 지난 뒤에야 비로소 전해진다.

육비의 편지[191]는 1767년 12월 1일 쓴 것이었다. 그는 자신이 봄에 보낸 편지를 받았으리라 말하고, 자기도 담헌이 보낸 2통의 편지를 받았노라 하였다. 이어 자신은 지난겨울 고향으로 돌아갔지만, 복잡한 집안일과 온갖 요구에 응하느라 학문이 날로 퇴보하고 있는데, 담헌이 멀리서 학문에 분발할 것을 격려하니, 부끄럽고도 감사하다는 뜻을 전했다. 담헌은 육비가 서화가로서 활동하는 것을 약간 못마땅한 듯 말한 바 있는데, 육비는 이에 대해서 해명했다. 곧 서화는 소도小道로서 중시할 것은 없지만, 증조 이래 대대로 익혀 오던 것으로 가업처럼 여기고 있기에 때때로 서화를 여사餘事로 생각하고 있다는 것이다. 하지만 담헌의 충고를 받아들여 서화보다는 실사實事에 노력을 기울이겠다고 답했다.

〈명례동몽우기〉를 읽은 소감도 말했다. 육비는 자신도 담헌과 김재행의 꿈을 꾸지만, 그렇게 명료한 꿈은 아니라고 말했다. 이어 담헌이 부탁한 편액 글씨와 기문은 애써 써서 보내는데, 평소 해서楷書에는 솜씨가 없기에 색책塞責하는 정도고, 기문(〈농수각기〉)은 한가한 이야기는 삭제하여 전보다 박실樸實해진 것 같지만, 정말 그럴지는 모르겠다고 겸손한 태도를 보였다.

자기 집안에 대해서도 밝혔다. 증조가 명말 혼란기에 항주로 와서 살았고, 조부가 어려서 고아가 된 탓에 한 줄기 종파마저 잃어버렸으며 따라서 자신과 연결될 만한 출세한 사람도 없다는 것이다. 다만 멀리서 세상에 알려진 사람을 찾는다면, 강남의 육씨는 멀리 육손항陸孫抗에서 나왔고, 당나라 육선공陸宣公까지 연결된다는 것이었다. 담헌이 중국 벗들의 집안 내력을 물은 것은, 아마도 김종후와의 논쟁과 관련이 있을 것이다. 곧 자신이 사귄 중국인 친구들이 명문의 후손임을 말하고 싶었기에 굳이 그들의 가문 내력을 물었을 것이다.

육비는 반정균과 엄성의 소식도 전했다. 반정균은, 북쪽에서 아직 항주로 돌아오지 않고 있다는 간단한 소식이었고, 엄성은, 죽음을 전하는 참담한 소식이었다. 담헌은 앞서 말한 바와 같이 1768년 5월 회환하는 동지사 편에 받아본 반정균의 편지로 이미 엄성의 죽음을 알고 있었다. 하지만 육비는 반정균과 만나지 못했기에 담헌에게 따로 엄성의 죽음을 알린 것이다. 소식은 간단했다. 엄성은 10월에 복건성에서 항주로 돌아왔을 때 이미 병이 깊어졌기에 한 달을 넘기지 못하고 죽었다는 것이었다. 이 소식과 함께 육비는 엄성을 곡하는 시 〈곡철교哭鐵橋〉[192]를 지어 보냈다. 육비는 김재행에게도 같이 편지를 보냈는데, 약간의 소식이 더 있었다. 육비는 엄성에게 복건으로 가지 말라고 극력 말렸으나 아버지의 엄명에 몰리고, 친구에게 이끌려 갈 수밖에 없었다 한다.[193] 엄성은 1767년 가을 담헌에게 편지를 써 보낼 때 김재행에게도 편지를 보냈다. 이 편지에 의하면, 엄성은 편지를 쓸 때 복건성에서 이미 두 달째 학질을 앓고 있었다. 엄성은 학질의 후유증으로 죽은 것이었다.

담헌은 육비가 김재행에게 보낸 편지도 보았을 테지만, 달리 새로운 정보가 있는 것은 아니었다. 엄성이 죽을 때의 정황은 엄성의 이웃 친구 주문조朱文藻가 1768년 1월 25일 자세히 써서 엄성의 형 엄과에게 맡겨 전하게 했지만, 이 편지는 10년 뒤인 1778년 가을에야 담헌의 손에 전해졌으니, 담헌은 그때야 비로소 엄성의 죽음에 대해 소상히 알게 되었다. 이 편지는 그쪽에서 다루기로 하자.

육비의 편지는 이어진다. 담헌이 지난 편지에서 양명학의 문제를 지적한 것에 대해서도 답했다.

양명 선생의 별어別語는 따질 겨를이 없습니다. 제 생각으로는 양지良知와 치지致知는 단지 노실老實하게 해 나가고, 근본에 주각住脚을 세워야 할 것입니다. 비록 천하의 이치를 다 궁구하지는 못하더라도 정인正人이 되기에 해로울 것이 없습니다. 그렇지 않다면, 그 폐단이 문사文士가 부화浮華한 것보다 더욱더 심할 것입니다. 만약 번뇌를 제거하고 생사를 초월하자면 장자의 〈제물론〉도 도에 가까울 것입니다. 나는 장차 유가에서 달아나 묵자·노자로 들어갈까 합니다. 아우는 어떻게 생각하는지요?[194]

양명 선생의 '별어'는 아마도 담헌이 보낸 편지에 왕양명의 양지설에 대한 언급이 별지로 부기되어 있기 때문에 '별어'라고 한 것이 아닌가 한다.

'리'의 단계적 이해를 통해 궁극적으로 대오의 경지에 도달한다는 것이 주자의 생각이지만, 인간이 천하의 이치를 모두 궁구할 수는 없다. 따라서 천하의 이치를 궁구할 수 없을 뿐 아니라, 그렇게 하는 것 자체가 불필요하다. 곧 천하의 이치를 모두 궁구하지 않아도 윤리적 인간이 되는 데는 부족함이 없다는 것이다. 만약 단계적으로 천하의 이치를 모두 궁구하겠다고 하는 주지주의는 지식의 축적에 매달리게 되고, 그것은 결국 부화한 수사에 몰두하는 문사와 다를 바 없게 될 것이다. 육비는 번뇌를 제거하고 생사를 초월하는 데 반드시 유가의 방법만이 유일하게 유효한 것은 아니라고 말한다. 담헌의 주장을 간단히 반박한 것이다. 육비는 최후로 자신은 유가를 떠나 묵가와 노자로 돌아가고자 한다고 말한다. 이 말은 담헌에게 깊은 인상을 남겼던 것 같다. 뒤에 김종후와 《의례》를 둘러싸고 재차 벌인 논쟁과 〈건곤일초정제영乾坤一草亭題詠〉의 서문[小引]에서 이 말을 끌어다 쓰기 때문이다.

반정균의 편지[195]는 1769년 1월 그믐 하루 전 편지를 받고, 이틀 뒤인 2월 1일에 쓴 것이다. 반정균은 편지를 받고서 담헌의 부친상을 알게 되었다면서 먼저 위로의 말을 건네고, 자신은 지난봄에 아버지의 명—아마도 과거를 보라는 명—으로 북경에 와서 머물고 있지만, 학문이 날로 쇠퇴하고 있음을 느끼고 있는데, 안으로 독서를 통해 마음을 단단히 잡고 밖으로는 분잡하고 화려한 일에 끌리지 말 것을 바라는 담헌의 충고가 있었다면서 명심하겠노라고 하였다. 이어 김재행의 가난과 관련하여 담헌이 선비는 오로지 학문에만 열중해야 하고 생계를 위한 경제적 활동에 종사할 수 없다고 반박했던 것에 대해 해명했다. 반정균은 생계를 다스려야 한다는 말은 농사를 짓는 것이지 장사를 하는 것은 아니라고 말한다. 또한 가난에도 불구하고 현인이 되었던 안연이 아니라면, 농사를 지어 생계를 해결해야만 예의와 염치에 힘쓸 수 있다고 말한다. 담헌에 비해 훨씬 탄력적이고 실용적인 태도다.

이어 담헌이 보내 준 《동사촬요東事撮要》와 《복거론卜居論》을 잘 받았다고 감사의 뜻을 표했다. 담헌은 조선에 대한 저술을 하겠다는 반정균의 말에 조선의 역사를 개괄한 《동사촬요》와 지리서인 《복거론》을 보냈던 것이다. 《복거론》은 이중환의 《택리지》인 것으로 추정된다. 그런데 반정균은 근래 제齊·노魯·연燕·조趙 사이, 곧 지금의 산동성과 하북성·산서성 일대를 돌아다니느라 저술에 손을 댈 겨를이 없고, 또 담헌의 천천히 완벽하게 저술하라는 충고를 받아들여 십수 년 후에야 완성할 수 있을 것이라 했다. 영민했지만 다소 경솔한 성격의 반정균은 사실상 자신이 원래 기획했던 저술을 포기했을 것이고, 십수 년 후의 '신중한 완성'이란 말로 변명했을 것이다.

이하 담헌의 부탁에 대한 답이 이어졌다. 엄성과 반정균 자신, 그리고 육비의 초상화를 부탁한 것에 대해, 원래 그릴 사람이 없어 하지 못했는데 엄성이 죽으니 늦출 수 없는 상황이 되었다면서 엄과에게 말해 제작해 보내겠노라고 약속했다. 여성의 의복에 대해서는 육비와 제식製式을 상정해서 그림으로 그려 보내겠다고 말했다. 그동안 약속을 지키지 못한 것이 마음에 쓰였는지 결코 식언이 되지 않게 하겠노라는 말도 덧붙였다. 육비와 엄과에게 보낸 편지에 대해서는, 육비는 조만간 북경에 올 예정이니 직접 전할 것이고, 엄과에게 보내는 편지는 인편이 있는 대로 보내겠다고 하였다. 아울러 육비가 보낸 편지도 담헌에게 보낸다고 하였다. 또 담헌이 보낸 편지 중 인조에 대해 언급한 부분에 대해서는 왕사정王士禎(1634~1711)의 에세이《지북우담池北偶談》에 주린의 오류를 지적하는 내용이 실려 있다고 알려 주었다. 아울러 왕사정에 대해서도 존경받는 인물이라고 간단히 덧붙였다. 물론 담헌은 왕사정을 몰랐을 것이다. 왕사정이 조선에 본격적으로 알려진 것은 이덕무李德懋(1741~1793)에 의해서였기 때문이다.

반정균의 편지에는 이덕무에 관한 언급이 있었다. 반정균은 '지난번'에 만난 이백석李白石이 이번에 편지와 이덕무의《선귤당농소蟬橘堂濃笑》한 권을 두고 갔다면서 이덕무가 어떤 사람인지, 만난 적이 있는지를 묻고 있다. 중요한 내용이라고 여겨지므로 직접 인용해 본다. "지난번에 만난 홍려시鴻臚寺(원래 외교관계를 담당하는 중국의 관청. 여기서는 조선 역관이란 뜻으로 쓰였다) 이백석 선생이 이번에 편지를 보내고 함께 이덕무 형암炯庵이 지은《선귤당농소》한 권을 보내 주었습니다. 잘 알지 모르겠습니다만, 족하께서는 형암과 면식이 있는지요? 책에 고광청묘高曠淸妙한 말이 많으니, 생각건대 또한 한 사람의 숨은 군자인 듯합니다."^196) 이백석은 동지사행의 역관 이언용李彦瑢으로 반정균을 만난 적이 있었다. 반정균은 이언용에게 따로 편지를 보냈는데, 역시 눈길을 끄는 것은 이덕무에 대한 언급이다.

> 보내 주신《선귤당농소》한 권은 청광고묘清曠高妙한 말이 많습니다. 형암 선생은 반드시 해동의 고사高士일 것이니, 지극히 흠모하는 바입니다. 비록 만나 뵌 적은 없지만, 같은 자리에 앉아 음성을 듣고 풍모를 어렴풋이 뵙는 듯합니다. 마땅히 고인을 벗 삼는 법으로, 벗으로 삼는 것이 어떠하겠는지요?《선귤당농소》에 서문을 쓰려다가 편지를 쓰는 것이 바쁘고 다른 글을 쓸 일도 많아 쓸 수가 없었습니다. 경인년(1770) 봄에 편지를 보내겠습니다. 형암을 만나시거든, 먼저 안부를 전해 주십시오.^197)

《선귤당농소》^198)는 섬세한 필치로 쓴 탈속적인 내용의 아포리즘aphorism에 가까운 에세이다. 반정균은 깐깐하기 짝이 없는 정주학자 담헌보다는 문인 기질이 강한 이덕무의 글에 더 끌렸던 듯하다. 반정균이 담헌의 편지를 받은 것은, 1769년 1월 그믐 하루 전날이었으니, 이때 이백석으로부터 이덕무의 편지와《선귤당농소》를 전해 받았다면, 이덕무는 아마도 1768년 10월 북경으로 떠나는 동지사 편에 그것들을 보냈을 것이다. 물론 담헌은 이덕무가 반정균에게 편지를 보낸 사실을 전혀 몰랐을 것이다.

반정균은 앞으로의 편지를 전할 메신저에 대해서도 언급하고 있다. 편지를 전달해 주는 합당한 사람을 찾는 것이 중요한데, 서광정이 비록 강력히 거부했지만 이 사람이 아직도 맡길 만한 사람이라고 추천했다. 하지만 서광정은 뒤에 편지 전달을 전혀 맡지 않았다. 반정균은 따로 편지를 전달할 방법을 구체적으로 말하고, 담헌과 북경 여행을 같이했던 역관 조명회趙明會를 만나면 상세한 내용을 들을 수 있다고 말하고 있다. 하지만 조명회 역시 뒷날 그 역할을 할 수 없었다. 손유의·등사민을 만나 보라는 담헌의 부탁에 대해서는, 자신이 시간이 없어 만나지 못했다는 것, 손유의는 효렴孝廉 출신이므로 금년 봄 만날 기회가 있을 것(손유의가 과거에 응시할 것을 예상한 게 아닌가 한다)이며, 그때 육비와 함께 찾아가겠지만, 미리 편지를 보내고 만난 뒤 편지 전달 건에 대해 의논하겠다고 하였다. 이하 편지 전달 건에 대한 말이 이어지지만, 뒷날 모두 소용이 없게 된 것이어서 더이상 언급할 필요가 없다. 반정균은 자신의 과거 합격 여부는 가을에 결정될 것이고, 부모를 뵈어야 하기에 내년 봄에는 북경에 있지 않으므로 편지 보내는 일은 더욱 신중해야 한다고 말하며 편지 건에 대한 이야기를 끝냈다.

육비의 소식도 전했다. 육비를 만난 것은 3년 전이고, 육비와 소식을 주고받은 것도 겨우 한두 차례일 뿐이며, 육비가 2년 전 부쳤던 편지를 지난해 여름에 받아 이제야 보내는데 일부러 늦춘 것이 아니므로 이해해 달라고 했다. 아울러 반정균은 홍억에게 보내는 편지와 수정안경, 김재행에게 보내는 편지와 향명香茗 2갑을 전달해 달라고 부탁했고, 홍억의 아들, 곧 담헌의 사촌동생인 홍보광洪葆光(홍대응)에게 《국조시國朝詩》 6책을 전해 달라고 부탁했다. 이 편지와 함께 보낸 편지가 〈답만함재(홍억)서答晩含齋(洪檍)書〉[199]와 〈답보광서答葆光書〉[200], 〈답양허서〉[201] 〈답이백석答李白石〉[202]이다.

손유의와 조욱종의 편지도 간단히 살펴보자. 손유의는 편지[203]의 서두에서 부친상을 당한 담헌을 위로하며 과도하게 슬퍼하지 말라고 충고한 뒤 자신의 상황을 간단히 말했다. 모자란 자신을 알아 주어 감사하다는 것, 자신은 생계를 위해 학생을 가르치는 일로 바빠 저녁에 학생들이 가고 나서야 겨우 독서할 시간을 얻고, 말 한마디 행동 하나 늘 조심하면서 허물과 후회가 있을까 걱정할 뿐이라는 것이었다. 손유의는 자신이 보잘것없는 선비임에도 담헌의 가르침과 자신에 대한 기대가 골육보다 더하며, 담헌의 편지를 벗들에게 보여 주면 감탄하지 않는 사람이 없다고 말했다. 그는 자신이 보낸 편지에서 "시서詩書를 섭렵하고 호인好人이 되는 것을 배우고자 한다"라고 한 말은 실로 스스로 흡족하게 여기는 말이 아니라고 하였다. 그는 또 담헌이 물었던 '독서법과 과정'은 부끄럽게도 답할 말이 없다고 고백했다. 반정균과 접촉하는 문제는 이미 사람을 사서 알아 보게 했고, 또 자신이 북경에 가면 직접 찾아가 만나 보겠다고 하였다.

조욱종 역시 담헌을 위로한 뒤 담헌이 지난 편지에서 그에게 바랐던 바에 대해 답했다.[204] 약관의 나이로 향시에 합격하여 작은 이름을 얻기는 했지만, 속으로는 실학實學이 없으니, 이것이야말로 고인이 말한 바 불행이라는 것이었다. 말은 길지만 조욱종이 답한 말의 내용은 간단했다. 담헌의 진정성 있는 충고를 받아들여 윤리적 완정성의 실현에 노력하겠다는 것이었다.

삼하염점의 편지[205]는 그 내용은 등사민과 동업하는 주덕홰朱德翽와 적윤넉翟允德 두 사림이 보낸 것이었다. 등사민이 지난해 집안일로 고향으로 돌아갔다가 올해(1769) 가을에 삼하에 올 수 있을 것이라는 것, 무자년(1768) 12월에 동지사 편에 보낸 편지를 대신 받고 1월에 서리西里(등사민이 있는 곳으로 보인다)로 그 편지를 보냈다는 것, 2월 보름에 백·박 두 성씨의 사람(동지사의 역관인 듯)이 염점으로 왔지만 등사민의 답신을 보낼 수 없어 대신 소식을 전한다는 것이었다.

이제까지 1769년 5월 담헌이 받은 편지들을 살폈는데, 특별히 언급해 둘 것이 있다. 육비의 편지는 5월의 편지가 마지막이었다. 담헌은 물론 육비에게 한 번 더 편지를 썼지만 답은 없었다. 반정균에게도 두 번 편지를 더 쓰지만 역시 답은 없었고, 1777년 편지를 보내 오지만, 담헌은 그 편지에 답하지 않았다. 담헌은 편지의 왕래를 바랐지만, 육비와 반정균은 답하지 않았던 것이다.

김종후에게 다시 반박하는 편지를 보내다

담헌은 김종후의 반론에 대해 반박하는 긴 편지[206)]를 썼다. 먼저 김종후의 편지에 대한 감상을 말했다. 봄에 긴 편지를 받고 "마음을 비우고 받아들이는 것은 바랄 수 없지만, 그렇다고 해서 싫거나 미운 감정은 없었다"[207)]고 했다. 담헌은 이렇게 김종후에 대한 감정이 담백할 수 없다는 뜻을 완곡히 표현했다. 편지를 늦게 보낸 것은 상제가 된 이후 편지 쓰기에 게으르기 때문이라 변명했다. 사실은 반박의 논리를 찾고 구성하느라 늦었을 터이다.

담헌은 이어 《의례》를 연구하고자 한 김종후의 의도를 다음과 같이 요약했다.

집사께서는 "《의례》라는 한 책은 주문朱門의 《통해通解》를 거쳤지만, 그래도 상세하지 못한 곳이 있다"고 생각하시어, 그 허술하고 빠진 곳을 때우고 메워서 후학들에 도움을 베풀고, 장차 선배들보다 큰 공

을 세우려 하니, 정말 훌륭한 뜻입니다.[208]

《의례》에 대한 '주문의 통해'란 다름 아니라 주자가 《의례》의 본문을 경문經文으로 삼고, 《예기》를 비롯한 여러 예서禮書에서 뽑은 문헌을 전傳으로 삼아 엮은 《의례경전통해儀禮經傳通解》와 그의 제자 황간黃幹이 이 책을 보충하여 다시 엮은 《의례통해속儀禮通解續》을 말한다. 담헌은 김종후가 주자와 황간의 해석을 넘는 새로운 저작을 시도하고 있다고 치켜세웠다. 하지만 사실은 비꼬는 것이었다. 이후 담헌은 김종후의 작업이 완전히 쓸모가 없다고 말하기 때문이다.

이것을 전제하고 담헌의 논리를 따라가 보자. 담헌은 자신의 직정적 성격을 감추지 않았다. 그는 먼저 경전에 대한 미세한 주석 연구와 옛 제도의 형식만을 모방하는 것은, 학자로서의 명예를 얻으려는 행위라고 판단한다. 곧 김종후의 《의례》 연구는 명예를 낚기 위한 수단이라는 것이다. 담헌은 엄성에게 보낸 편지에서 명심名心·승심勝心·영리함을 가진 유자들의 행태를 신랄하게 비판한 바 있는데, 이제 김종후를 그런 인간이라고 몰아붙였다. 이어 담헌은 그가 자주 동원했던 비판의 논리, 곧 유가의 본령에서 벗어나 실천이 없는 유자들의 모습을 다시 제시한다.

아아! 공자의 70명 제자가 숙은 뒤 대의가 무너지자, 장주莊周는 세상에 분노하여 〈양생養生〉과 〈제물齊物〉을 지었고, 주자 문하의 말학末學이 스승의 학설을 어지럽히자 양명陽明이 세속을 질시하여 양지良知를 주장했습니다.

두 분의 현명함으로도 어찌 일부러 문호를 나누어 이단으로 달갑게 돌아가고자 했겠습니까? 또한 분노하고 미워하는 게 극도에 달하여 굽은 것을 바로잡으려다가 지나치게 곧게 한 것입니다. 다만 그 세상을 통분히 여기고 습속을 미워한 끝에 굽은 것을 바로잡다가 너무 지나친 것입니다.[209]

담헌은 장자와 양명이 이단이 된 것은 고의가 아니라, 세상의 모순에 분노한 나머지 그것을 바로잡다가 과도하게 된 것이라고 말했다. 하지만 담헌은 자신 역시 동일한 분노를 느끼고 있기에 장자와 양명의 '횡의橫義'가 자신의 마음과 일치한다 하고, 자신도 몇 번이나 유가에서 달아나 묵가로 들어가고자 했다고 말한다.[210]

공자의 70명 제자가 죽은 뒤 대의가 어그러졌다는 표현은 1766년 10월 동지사 편으로 육비에게 보낸 두 번째 편지의 끝부분에서 담헌이 힘주어 말한 바 있다. 1767년 10월 동지사 편에 엄성에게 보낸 편지에 덧붙인 '《중용》의 뜻을 묻는다'는 별지에서도 말한 바 있었다. 이때 그는 70명 제자가 죽은 뒤 대의가 무너지자, 저서가 많아질수록 알맹이를 들을 길이 없었는데, 유취와 분속의 법이 그 폐단을 열었노라고 말한 바 있었다. 담헌은 아마도 김종후가 주석에 집착하는 모습이 유취와 분속의 말폐와 다름없다고 생각했을 것이다.

이어지는 유가에서 묵가로 들어가고자 했다는 말은 육비에게서 차용한 것일 터이다. 앞서 말했듯, 육비는 1767년 12월에 써서 보낸 편지(곧 담헌이 1769년 동지사 회환 편에 받은 편지)에서 정주학 공부에 매진할 것을 권하는 담헌에게 "만약 번뇌를 제거하고 생사를 초월하자면 장자의 〈제물론〉도 도에 가까울 것입니다. 나는 장차 유가에서 달아나 묵자·노자로 들어갈까 합니다. 아우는 어떻게 생각하는지요?"[211]라고 말한 바 있었다. 담헌은 김종후를 비판하면서 육비의 말을 그대로 인용하고 있으니, 육비의 말이 담헌에게 울림을 주었던 것은 확실하다. 물론 따지고 들면 이 말 자체도 육비의 독창은 아니다. 그것은 기본적으로《맹자》〈진심장盡心章 하〉의 "묵적墨翟에서 달아나면 반드시 양주楊朱로 돌아가고, 양주에서 달아나면 반드시 유가로 돌아오니, 돌아오면 받아 줄 뿐이다"[212]라는 말을 차용한 것이거나, 아니면 한유韓愈의 〈송부도문창사서送浮屠文暢師序〉의 다음 구절을 차용한 것으로 보인다. "사람 중에는 본디 이름은 유자지만 묵자처럼 행동하는 자가 있다. 그 이름을 물으면 옳은 것이지만, 그 행동을 따져보면 그릇된 것이니, 어울려 지낼 수 있으랴? 그 이름은 묵자지만 유자처럼 행동하는 사람이 있다. 그 이름을 물으면 그릇된 것이지만, 그 행동을 따져 보면 옳으니 그와 어울려 지낼 수 있으랴?"[213] 묵가로 달아나고 싶었다는 담헌의 말은, 타락한 유가에 대한 극도의 혐오감에서 나온 말이지 그가 실제 묵가로 사상적 전환을 하거나 묵가로부터 깊은 영향을 받았다는 것은 아니다.

담헌은 남산 기슭 모시전골의 집에 지은 정자 〈건곤일초정제영〉의 〈소인小引〉에서 "가을 터럭을 크게 보고 태산을 작게 봄은 장주莊周 씨의 과격함이로다. 이제 내가 천시를 한낱 초정草亭처럼 보나니, 나 역시 징주 씨의 학문을 할 것인가? 30년 동안 성인의 글을 읽었으니, 어찌 유가에서 달아나 묵가로 들어가랴? 쇠망한 세상에 살며 상위喪威를 겪었으니, 눈은 흐려지고 마음이 아파서라!"[214]라고 한 바 있다. 여기에서 "유가에서 달아나 묵가로 들어가랴?"고 하는 표현 역시 유자의 타락에 대한 실망감의 표현이지, 이것을 근거로 담헌이 묵가로 사상을 바꾸었다고 볼 수는 없을 것이다. 담헌이 타락한 유자에 대해 격렬한 비판을 굳이 김종후에게 보내는 편지에서 거듭 쏟아 낸 것은, 바로 그 타락한 유자로 김종후를 상정했기 때문이었다.

담헌은 이어 김종후를 본격적으로 비판하기 시작했다. 먼저 김종후가 공정한 마음으로 자신의 의도를 파악하지 않고 왜곡했다고 지적했다. 김종후는 담헌의 반박에 예의 중요성을 강조하느라, 마치 담헌을 부자·군신의 예, 나아가 윤리를 저버리는 사람인 것처럼 말하는 부분이 없지 않았다. 담헌은 김종후의 논리적 비약을 지적한 뒤 예에 대한 자신의 생각을 밝혔다.

담헌은, 예는 근본적인 것과 말단적인 것으로 나뉜다 하고, 또 그 근본과 말단에는 또 각각 대大·소小·경輕·중重이 있다고 주장한다. 곧 모든 예는 상호 차별적이며 균등하지 않다. 그는 《맹자》에서 자신의 논리를 정당화하는 예를 찾는다. 등문공滕文公이 예를 묻자 맹자는 삼년상, 자최복齊衰服(제소지복齊疏之服), 전죽饘粥을 먹는 것 등 크고 본질적인 큰 문제만 답했을 뿐, 승강升降, 배읍拜揖, 변두籩豆에 대해서는 전혀 언급하지 않았다. 이 경우의 예는 상례喪禮다. 담헌은 곧 맹자 당시 상례는 당시의 풍속과 편리함을 따랐을 것이고, 《예기》의 〈상대기喪大記〉를 완전히 따르지는 않았을 것이라고 말한다. 이런 이유로 해서 예의 큰 원칙, 혹은 원리가 일단 확립되면 말단적인 예, 곧 소小·경輕에 해당하는 예는 크게 중요하지 않다. 곧 오르고 내리는 것을 하기도 하고 하지 않기도 하고, 절과 읍의 선과 후, 변두를 동쪽에 둘 것인가 서쪽에 둘 것인가 하는 것들은, 슬픔을 표하고 정성과 공경을 표하는 예의 본래 목적과 관계되는 문제일 수가 없다. 따라서 《의례》와 같은 과거의 예에 과도하게 집착할 필요가 없다는 것이다. 예의 대체를 확정하면 나머지 소절은 굳이 집착할 게 없다는 담헌의 말은, 승·강,

배·읍의 모든 정해진 절차가 준행되어야 한다는 김종후의 생각을 뿌리부터 반박하는 것이었다.

담헌에 의하면 고정불변의 예는 존재하지 않는다. 예란 환경과 상황에 따라 가변적이다. 담헌은 주공이 만든 제도는 주나라의 편의를 따른 것이고, 주자의 예는 송나라의 풍속에 근거한 것이라 하고, 편의와 풍속을 따라 덜어 내기도 더하기도 하므로, 고정된 법은 존재하지 않는다고 주장했다. 따라서 행해도 그만 행하지 않아도 그만인 것이 열에 둘 셋이 된다. 지금 만약 그 두세 가지의 가볍고 작은 예를 바꿀 수 없는 대전大典으로 삼고 그것을 악착스럽게 지키고자 한다면, 임방林放에게 비웃음을 당할 것이라고 말한다. 임방이 공자에게 예의 근본을 묻자, 공자는 "예는 사치스럽기보다 검소해야 할 것이고, 상喪은 형식을 잘 지키기보다는 슬퍼해야 할 것이다"[215] 라고 답했다. 예의 형식보다 진정성이 더 중요하다는 말이다. 담헌은 큰 예라도 가변적일 수 있음을 정이·주자의 사례를 들어 입증하고자 한다. 곧 동생 정이가 형 정호의 적통을 빼앗았던 것*과 부모를 합장하는 것이 마땅하지만 주자는 아버지 주송朱松과 어머니 축석인祝碩人을 서로 100리나 떨어진 곳에 안장했던 사례를 들며 정이와 주자가 이 때문에 불편해하지 않았다고 지적했다. 종손을 세우고 부모를 합장하는 중대한 예를 성리학의 개창자들마저도 지키지 않는 경우가 있었으니, 승·강, 배·읍 같은 작고 가벼운 것은 얼마든지 지키지 않거나 가변적일 수 있다는 말이었다.

---

*   정호程顥가 죽은 뒤 동생 정이程頤가 아버지 정향程珦의 제사를 주관했고, 그것을 근거로 정이가 죽은 뒤 정호의 장손 정앙程昂 대신 정이의 아들 정단언程端彦이 제사권을 가지고 적통을 계승한 것을 말한다.

이어 담헌은 복의濮議와 기해예송에 대해 언급한다. 복의는 영종이 복왕을 아버지로 삼는 것으로 결론났지만, 한기韓琦와 구양수歐陽脩가 정사를 맡고 있었기에 정치 자체에는 문제가 없었다. 기해예송에서 기년복을 주장한 서인과 삼년복을 주장한 남인이 대립하여 결국 송시열과 송준길의 서인이 승리하고, 남인이 실각한다. 하지만 담헌은 복제를 기년복으로 하건 삼년복으로 하건 그것은 국가의 흥망과는 아무런 관계가 없고, 예송에서 권력을 둘러싼 투쟁의 의도가 없었더라면 남인의 복제 역시 설득력이 있는 것이었다고 말한다. 요컨대 예란 것이 김종후의 지적처럼 그렇게 엄청나게 무겁고 중요한 것은 아니라는 말이다.

담헌은 이어 《의례》 연구가 과연 가능한 것이며, 필요한 것인가라고 되물었다. 담헌은 김종후가 《의례》에 대한 주자의 주해서인 《의례경전통해》와 황간이 지은 《의례통해속》의 부족한 부분을 보완한다는 의도를 긍정적으로 평가하고, 자신도 김종후의 권유에 따라 절반 정도만 읽었지만 《의례》가 성현의 저작임을 충분히 알게 되었다고 말한다. 다만 담헌은 《의례경전통해》와 《의례통해속》의 주해는 《주례》, 《예기》, 제자백가 등의 온전한 텍스트를 절취하여 붙인 것이라는 점을 지적했다. 앞서 말한 바와 같이 담헌은 고전적 텍스트를 절취하여 유취類聚하는 행위, 곧 재편집하는 행위를 혐오했다. 담헌은 《소학》과 《근사록》은 학문하는 데 있어 가장 먼저 공부해야 할 책으로 꼽지만, 경서가 성인의 말씀을 자연스럽게 담아 내고 있는 것만 못하다고 지적한다. 《소학》과 《근사록》 역시 주자가 여러 문헌을 절취하여 편집한 텍스트이기 때문이다. 요컨대 담헌은 원래 존재하는 텍스트에 가해지는 어떤 변화도 텍스트의 본래 의미를 인지하는 데 방해가 된다고 생각한 것이다. 담헌은 김종후의 《의례》 연구는 결국 다른 텍스트를 절취하여 재편집하는 것에 불과하다고 주장한 셈이다. 그가 즐겨 쓴 용어를 빌리자면, 그것은 '유취'와 '분속'이었다.

담헌은 또《의례》의 번쇄하고 복잡한 주소註疏를 김종후가 정리하려는 건 높이 평가하지만, 결국 그것은 주자 문하의 역량을 넘지 못할 것이라고 말한다. 김종후의 작업은 아마도《의례》의 군더더기가 되는 걸 면하지 못할 것이라는 것이다. 아울러《의례》란 텍스트는 대의와 관계된 것이 아니므로 굳이 노력을 기울여 주해할 필요가 없다. 이뿐만 아니라,《의례》는 분서갱유를 거친 텍스트이므로 텍스트 자체가 불완전하기에 그 의미를 확정하기란 불가능하다.

주해가 더이상 필요없다면,《의례》란 텍스트를 어떻게 대할 것인가. 담헌은《의례》의 여러 예 중에서 평이한 것들을 골라 내어, 현재의 상황에 적절하고 융통성 있게 고쳐 평생 실천하는 것이 나을 것이라고 말한다. 요컨대 더 이상의 주해는 필요하지 않고, 오직 실천만이 중요하다는 것이다. 이런 이유로 담헌은 "그것은 몸과 마음이 다스려지느냐 어지러워지느냐 하는 문제나 집안과 나라의 흥하고 쇠하는 문제와 실로 아무런 관계가 없고, 도리어 모여서 송사나 벌인다는 비난을 불러오기에 꼭 알맞다"고 말했다. 그런데 김종후는 옛사람의 가르침[古訓]과 진현前賢, 곧 정자와 송시열을 끌어대면서 자신의 흠을 찾아 내고 억누르려고 했다고 비판했다.

담헌은 도의 실천이 가장 중요한 것이며, 실천을 결여힌 텍스트의 이해, 나아가 텍스트의 주해에 매달리는 것은 무의미하다고 단언했다. 담헌은 이렇게 말한다. "오직 우리들의 진실한 학문은 묵은 종이쪽에 있는 것이 아니고, 일에 따라 반성하고 사욕을 이겨 내고, 본원本源을 닦고 씻어 낸다면 절로 자립할 수 있는 근거가 있게 될 것입니다."²¹⁶⁾ '묵은 종이쪽'이라는 표현은 다분히 비하하는 기미가 있다. 텍스트에 매몰되는 일을 경계한 것이다. 이것은 물론 정주학의 본령에 해당한다. 정자는 자신의 내면이 아니라 외면에, 실천이 아니고 박람강기와 문사를 아름답게 꾸미는 데 골몰하면서 도에 도달한 사람은 없다고 하면서, 문자와 언어에 몰두하는 것을 극력 비판한 바 있다. 거듭 말하지만, 담헌은 실천적 정주학자였다!

담헌은 어려서 배우고 장성해서 실천하는 것이 유자의 본심²¹⁷⁾이라고 말한다. 궁극적으로 진리는 '실천'되어야 할 뿐이다. 책을 짓는 행위는 실천에 비해 낮은 수준의 것이다. 곧 실천하지 못하고 진리에 밝지 못할 경우, 부득이 책을 지어 후학을 가르칠 뿐이다. 그 저서 역시 남에게 이기려고 힘을 쓰거나 박학을 자랑해서는 안 될 것이다. "이기기에 힘쓴다"는 말은 담헌이 엄성에게 보낸 편지에서 비판적으로 언급한 승심勝心과 같다. 그는 공문孔門에서 육경六經이 편찬되고 그에 대한 전주箋註가 정주학파에 의해 이루어짐으로써, 더 이상의 저서는 있을 수가 없다고 말한다. 다만 공자와 주자가 정치적 기회를 얻지 못하고 자신의 이상을 책에 실어 놓자 이후의 지식인들이 거기에 계속 주해를 달기 시작했다는 것이다. 담헌은 이 주해를 비판하여 그들이 공자와 주자가 된 이유가 '도'에 있는 것이지, 책에 있는 것이 아닌 것을 모르고 있다고 지적했다. 따라서 '도'의 실천이 아닌 텍스트에 집중하는 행위는 비판의 대상이 된다. "반평생 정신을 소모하여 백십 권의 군더더기 앞의 글을 지어, 사리私利의 문서만 이루고 사람들의 뜻만 어지럽혔을 뿐, 끝내 세상 교화에 도움이 되는 것이 없었습니다."²¹⁸⁾

사실 이것은 정자程子가 가장 혐오하는 것이었다. 앞서 언급했듯 정자는 "한유의 경술經術을 어디에 쓰리오. 단지 '장구의 훈고'를 일삼았을 뿐이다. 예컨대 '요전堯典' 두 글자를 3만이 넘는 어휘로 설명한 경우도 있으니, 이것은 요점을 모르는 것이었다"라고 경전에 과도한 주해를 가하는 일을 극도로 혐오했다. 담헌은 정주학의 원칙을 다시 환기하고 있다. 요컨대 새로운 텍스트를 저작하는 행위는 군더더기, 사리의 문서 따위일 뿐이고 세상의 교화에는 기여하는 바가 전혀 없는 행위다. 이런 원칙에 입각해 담헌은 주자의 저작 행위에도 이의를 제기했다. "주자의 여러 주해서도 공자의 간엄簡嚴에 견주면 어떨지 모르겠습니다. 《초사집주楚辭集註》·《한문고이韓文考異》·《주역참동계周易參同契》 등은 섭렵한 것이 지나치게 넓어, 양명의 비판이 아마도 주견이 없지 않을 듯합니다."[219] 《초사집주》는 《초사》, 《한문고이》는 한유의 산문, 《주역참동계》는 위백양魏伯陽의 도가적 수련술을 담은 《참동계》에 대한 주해다. 담헌은 왕양명의 말을 인용하면서 이런 주석적 저술이야말로 불필요한 것이 아닌가라고 되묻는다. 왕양명은 원래 자신의 내면적 깨달음 없이 광범위한 지식의 섭렵과 축적이란 허위와 간사함을 심화시킬 것이라 비판했고, 1522년 서성지徐成之에게 보내는 편지에서 《초사집주》 등 주자의 주해서를 완물상지라고 비판했다.[220] 담헌은 이 부분을 간주처럼 작은 글씨로 쓰고 있다. 말투도 조심스럽다. 주자에 대한 노골적인 비판이 어떤 결과를 가져올지 짐작하고 있었기 때문일 터이다.

아아! 이것은 실로 근세 유학자의 골수에까지 박힌 고칠 수 없는 병입니다. 또한 사람의 심력心力에는 한계가 있고, 의리의 참다움과 정밀함은 한이 없습니다. 곧 사물에 응하여 생각을 펼치면 밖으로 사업의 실무實務가 있고, 조용히 관찰하고 쉬면서 수양하면 안으로 본원

本源의 참다운 공부가 있습니다.

그런데 지금 호학好學하는 사람들은 한 해 내내 바지런히 애쓰지만, 그것은 글귀나 찾고 서로 비교하면서 고증하는 일에 불과합니다. 차라리 사업에는 궐한 것이 있을지언정 오직 글 읽는 것이 넓지 않을까 두려워하고, 차라리 본원이 날로 황폐해질지언정 저서가 많지 않을까 두려워합니다. "행하고 남은 힘이 있으면 글을 배운다"는 성인의 가르침이 쓸모없는 말이 된 지 오래입니다.[221]

담헌은 거듭해서 실천의 선행을 말한다. 다만 유의해서 보아야 할 부분은, 그 실천의 영역이 '사업의 실무'와 '본원의 수양' 두 부분으로 적시되어 있다는 것이다. 원래 전자는 사족의 국가 경영으로, 후자는 개인적인 윤리적 수양과 실천을 말하는 것일 터이다. 원래 담헌의 초기 사상은 후자에 집중했지만, 연행 이후 전자가 추가되었다고 여겨진다. '율력·산수·갑병·전곡' 등은 바로 전자를 말하는 것으로 보인다.

본원의 공부, 즉 윤리적 완정성의 실현에 기초하여, 밖으로 국가의 경영을 지향한다는 것은 유학 본래의 모습이다. 이런 관점에서 담헌은 유가의 본질을 저버리고 박학과 고증, 저술에 몰두하는 행위를 비판하고, 과거에는 서적이 없는 것을 걱정했지만 오늘날에는 서적이 많은 것을 걱정한다면서, 서적의 증가로 인한 지식량의 증가야말로 인재가 줄어드는 원인이라고 지적한다. 곧 담헌에게 김종후가 말하는 '엄밀한' 예는 곧 예의 본질과는 상관없는 형식의 증가를 의미할 뿐이었다.

담헌이 이렇게 과격하게 말할 수 있었던 것은 나름대로 믿는 구석이 있었기 때문이었다. 그는 김창흡에게서 자기 말의 근거를 찾았다. 그는 김창흡의 시를 인용했다.

유학이 이제 예를 따지는 집으로 돌아가니	儒學今歸講禮家
조금만 고증할 줄 알면 서로 뻐기는구나.	差能考證便相誇

이어지는 편지에 의절儀節을 따지매	聯編書牘商儀節
이것으로 성명性命과 덕업德業이 완성되었구료.	便是誠明德業完
좌둑기坐纛旗 꽂고 황옥거黃玉車를 타고서	儼然左纛居黃屋
유종儒宗이라 일컫고 스스로 호걸인 양 하네.	喚作儒宗亦自豪

위의 시는 김창흡이 지은 〈갈역잡영葛驛雜詠〉 48·47·46번 작품[222]의 일부를 차례로 인용한 것이다. 김창흡은 아마도 당시 예를 둘러싼 학파 간의 대립을 격렬하게 비난했던 것으로 보인다. 예송으로 인한 당쟁, 또 예를 둘러싼 의견 대립 등으로 인해 마치 예가 유학의 본질이 되어 버린 학문 풍토 등은 당대에도 충분히 혐오 대상이었을 것이다. 김종후가 정자와 송시열이란 권위를 빌려 담헌을 억누르고자 했다면, 담헌은 다시 노론 내부의 권위인 김창흡을 인용하여 되받아친 것이다.

담헌은 마지막으로 김종후가 저평가했던 율력·산수·갑병·전곡의 문제를 다시 거론한다. 담헌은 편지의 서두에서 율력·산수·갑병·전곡 등에 대해 자신은 넓게 알 뿐 요체를 얻은 것은 없지만, 그 주제 자체는 심오하고 인간의 삶에서 결코 제외할 수 없는 중요성을 갖는다고 주장했다. 이제 그는 율력·산수·갑병·전곡의 중요함을 기듭 말한다.

정심正心·성의誠意가 본디 배움과 실천의 체體라면, 개물성무開物成務는 배움과 실행의 용用이 아니겠습니까? 읍양揖讓과 승강升降이 개물성무의 급무라면 율력·산수·갑병·전곡은 개물성무의 대단大端이 아니겠습니까?

지금 그대가 율력·산수·갑병·전곡을 작은 도로 여기는 것은 그럴싸 하지만, 그것을 자기 책임으로 가르침을 베풀지 않는 것은 어찌 된 일입니까? 도리어 가르침을 베푸는 것은, 뜻밖에도 음양·승강에 붙인 주석에 또 주석을 붙이는 데 있으니, 나는 알지 못하겠습니다만, 집사가 주었다 빼앗았다 눌렀다 올렸다 하는 것이 공정하여 치우침이 없는 것인지요?

또 알 수 없습니다만, 집사는 이 책이 없으면 주자와 황면재의 책이 세상에 통용될 수 없다는 말입니까? 또 알 수 없습니다만, 이 책을 완성해야만 주공의 제도가 땅에 떨어지지 않는다는 것입니까?

물론 이 책이 어찌 세상에 작은 도움도 못 된다고 말할 수야 있겠습니까? 다만 그 진정한 대업을 버리고 마음과 정신을 지치도록 소모시켜 남에게 작디작은 도움거리를 수습할 것이니, 이것은 과연 남을 위한 것입니까? 아니면 자신을 위한 것입니까? 또한 이것을 힘써야 할 바를 안다 할 수 있는 것입니까?[223]

정심과 성의는 배움과 실천의 체體, 근본 바탕이다. 이에 대응하는 배움과 실천의 용用, 즉 현실적 적용은 개물성무다.《주역》〈계사 상繫辭 上〉에서 유래한[224] 이 말은 '만물의 뜻에 통달해 알고 그것에 의거한 실천으로 사업을 이루는 것'쯤이 될 터이다.[225] 담헌은 개물성무를 다시 음·양과 승·강, 곧 예와 율력·산수·갑병·전곡으로 나눈다. 하나는 급무라면 하나는 대단, 곧 주요 부분이다. 어떤 것도 궐할 수는 없다. 김종후가 예를 소중히 여긴다면 율력·산수·갑병·전곡도 아울러 소중한 부분이고 지식인이 당연히 감당해야 할 것이다. 하지만 김종후는 그것을 자기 책임으로 여기지 않는다. 아울러 《의례》에 주석을 붙이는 행위는 주석에 다시 주석을 붙이는 몰가치한 행위에 불과한데도, 김종후는 양자의 가치에 편파적인 의미를 부여하고 있다고 지적한다. 또 김종후의 주석이 없다 해도 《의례경전통해》가 해독 불가능한 것도 아니며 가치 없는 것도 아니다. 담헌은 김종후의 《의례》에 대한 주석 작업은 아마도 자신의 명예를 얻기 위한 것일 뿐이라고 말하고 싶었을 터이다. 김종후의 저작은 곧 유가적 지식인으로서 근본적 의무를 방기한 것이라는 냉혹한 비판이다.

이어 담헌 주장의 핵심이 펼쳐진다.

이제二帝·삼왕三王의 대경대법大經大法과 공자·맹자, 정자·주자의 핵심적인 심법은 육경六經에 갖추어져 있습니다. 전에 보내 온 편지에는 사서삼경에 대해 "다행히 대의를 깨달아 음미하고 탐구하며, 실천하기에 알맞을 뿐"이라고 하였습니다. 그런데 나의 어쭙잖은 생각으로는 집사가 대의를 깨달은 것이 미진한 듯합니다. 그렇지 않다면, 구주九疇·구경九經과 예악禮樂·병형兵刑이야말로 성인의 능사로서 얼마나 잘 정비된 것이겠습니까? 그런데 집사는 승강·읍양의 주석에 또 주석을 내는 걸 끝내고자 하는 것입니까? 집사는 왜 여기에 대해서는 절실하게 깨닫고 높은 곳에 올라 저 멀리 바라보면서 지엽 같은 차록箚錄을 깎아 없애 버리지 못하는지요?

맑은 거울 같은, 고요한 연못 같은 진리에 근본을 두고 전례典禮를 회통會通하는 알맹이를 참고하며, 범위를 곡진히 이룰 수 있는 역량을 넓히고, 인민을 구제할 지혜를 채워 나간다면 저 읍양·승강에 밝지 않은 것을 걱정할 필요가 없고, 시대의 상황에 따라 적절한 제도를

만들어 간다면 어느 쪽으로 가더라도 진리의 근원과 마주치게 될 것입니다.[226]

담헌은 《서경》의 홍범구주洪範九疇와 《중용》의 구경과 예악·병형 같은, 국가와 사회의 경영에 필요한 실용적 차원의 지식이 승강·읍양과 같은 예를 초월하는 가치가 있다고 주장한다. 이것을 실천한다면, 읍양·승강에 밝지 않은 것은 걱정할 필요가 없다는 뜻이다.

담헌은 김종후가 자신에게 단점을 가르쳐 주고 장점을 취하여 마음을 비우고 대해 준다면, 김종후의 쟁우爭友가 되는 기회를 잃지 않겠지만, 만약 흠을 찾아내고 겸제하여 배척한다면, 자신이 〈제물론〉을 짓던 장자나 지행합일과 치양지致良知를 말하던 왕양명, 의義와 이利, 왕도王道와 패도覇道를 병용해야 한다고 주장했던 진동보陳同甫가 되기를 원하는 것이냐고 묻는다.[227] 곧 담헌은 자신을 장자나 왕양명, 사공학파와 같은 이단으로 몰 작정이냐고 되묻고 있다.

여기서 진동보에 대해서는 간단한 해설이 필요하다. 진동보는 진량陳亮이란 인물이다. 진량은 영강永康 출신으로 이른바 사공학파事功學派(출신지를 따서 영강학파永康學派라고도 한다)를 창립한 사람이다. 진량은 유학의 도가 도덕 교화에는 넉넉하나 사공事功에는 부족하기 때문에 '세속적인 유학자[世儒]'와 '편협하고 고루한 유학자들[拘儒]'이 바로 그 도학 교화만 고수하고 사공은 업신여긴다고 인식하고,[228] 전통적인 유가 문화의 타성적인 도덕 체계에 공리적인 조절을 하고자 노력하였다.[229] 여기까지 진량의 주장은 그리 문제될 것이 없다. 그의 전체적인 논지를 요약하면, 도덕적 동기는 비도덕적 공리의 수단을 통해서 실현할 수 있으며, 공리적 방법은 비공리적·도덕적 효과를 갖출 수 있다는 것이었다. 또 반대로 그는 도덕적 수단도 비도덕적인 공리적 목적을 담고 있으며, 공리적 효과도 비공리적인 도덕적 방법을 통해 나올 수 있다고 보았다.[230] 진부량陳傅良은 진량의 사상을 "공이 이루어진 곳에 바로 덕이 있으며, 일이 이루어진 곳에 바로 이치가 있다"는 말로 선명하게 요약했다.[231] 진량은 유학자이고 당연히 그가 유가의 윤리와 도덕을 저버리고자 한 것은 아니었지만, 그의 논리에서 사공이 선행한다는 인상을 지울 수 없다. 좀 더 비틀면 사공의 선행은 윤리성을 결여한 업적주의와 다를 바 없었다. 곧 정주학은 윤리성을 배제한 사공파를 이단시할 수밖에 없었다. 주자는 진량에게 '의리쌍행義利雙行 왕패병용王霸竝用'의 악명을 씌웠고, 이에 진량은 주자에게 불만을 가질 수밖에 없었다. 그렇기에 두 사람 사이에 큰 논쟁이 벌어졌다.[232] 이런 이유로 해서 담헌은 거의 모든 글에서 사공事功을 주자의 입장에서 비판적으로 인식한다.

김종후의 《의례》 연구는 예학의 발달을 반영한 결과였다. 인간의 모든 복잡다단한 행위가 예에 의해 이루어져야 한다는 김종후의 발언은 현실에서 그 예를 의식하고 지킬 여유가 있는 사람들의 존재를 전제하는 것이었다. 그것은 노동하는 농민이거나 빈곤한 사족일 수 없었다. 곧 예의 세밀성 추구는 경화세족과 같은 최상층 지배계급의 생활을 반영한 셈이었다. 보다 정확하게 말해 그것은 또 경화세족 내부에서도 각별히 보수적인 세력의 사고를 반영하는 것이기도 하였다. 하지만 담헌은 이렇게 말한다. "오직 우리들의 진실한 학문은 묵은 종이쪽에 있는 것이 아니고, 일에 따라 반성하고 사욕을 이겨 내고, 본원本源을 닦고 씻어 낸다면 절로 자립할 수 있는 근거가 있게 될 것입니다."[233] '묵은 종이쪽'이라는 표현은 다분히 보수적 경화세족의 문화가 현실을 외면하고 오직 텍스트에 매몰되는 것을 비판하는 의미를 품고 있다.

1769년에 중국으로 보낸 편지

1769년 7월 담헌은 손유의와 등사민, 삼하염점에 편지를 보냈다. 손유의에게 보낸 편지[234]에서 담헌은 2월 2일에 써 보낸 편지를 받았다며, 회시의 결과가 어떻게 되었느냐고 물었다. 자신은 상기祥期가 얼마 남지 않았다는 것, 슬픈 감정을 조절하라는 충고 등에 감사한다고 말했다. 이어 손유의가 숙사塾師로서 제자를 가르치는 즐거움이 클 것이고, 또 중국에서 본 학교의 교육 내용은 부실했지만 사도師道 자체는 엄정했다고 높이 평가하였다. 이어지는 말은 담헌의 성격을 짐작하는 데 도움이 될 것이니, 직접 들어 보자.

> 말세가 된 세상인지라 쇠락하고 야박해져 허위가 날로 불어납니다. 선비의 도포를 걸치고 천천히 걸으며, 법이 아니면 말하지 않으니, 아름답고 어질지 않은 것은 아닙니다. 하지만 끊은 듯 달라, 십 리 장벽을 격한 듯하고, 얼굴을 대하고서는 자세히 친절하게 말을 하지만, 거지반 잠꼬대의 아첨하는 말입니다. 이것은 모某가 가장 경계하는 바이지만, 끝내 또한 완전히 제거하지 못한 것입니다.[235]

겉으로 유자儒者의 옷을 입고 만나서는 친절하게 말을 하지만, 실제로는 표리가 부동한 인간이야말로 자신이 가장 경멸하는 인간이라는 것이다. 담헌은 왜 이런 말을 했을까? 이어 담헌은 손유의는 참다운 행동으로 심상한 시와 편지도 고아한 의취가 있고 마음과 말이 일치하여, 한 글자도 쓸데없는 말이 없기에 자신이 좋아하고 배우려 해도 미치지 못한다고 치켜세웠다. 손유의에 대한 평가를 하면서 그는 아마도 김종후를 떠올렸을 것이다! 담헌은 마지막으로 반정균을 만나 상의한 적이 있는지, 그가 과거에 합격했는지 알려 달라고 부탁했다.

편지 끝에 복색에 대한 부탁이 있다. 요약하면 이렇다. 조선 부인들의 의복이 여전히 이속夷俗을 따르고 있어 예를 좋아하는 집안에서는 혹 중국 제도를 본뜨기도 하지만, 문헌만 참고하기 때문에 엉성한 점이 많아 '복요服妖'라는 핀잔을 받기도 한다. 이런 이유로 결혼과 제사 때 한족漢族의 제도를 따르고자 하여 북경 시장에서 사려 했으나, 옛것과 지금 것을 구별할 수가 없었다. 무명으로 만들든 비단으로 만들든 관복의 정확한 견본을 만들어 준다면, 그것을 따라 조선에서 만들 수 있을 것이다. 견본의 제작 비용은 얼마인가? 또 봉관鳳冠은 예를 지키는 집안에서 상용한다고 하는데, 기성품을 파는 것인가, 장인에게 제작을 의뢰할 경우 비용은 얼마인가, 이런 것들을 조욱종과 의논해 알려 주기 바란다고 하고 있다. 담헌은 여전히 복색에 관심을 두고 있었다.[236]

조욱종에게 보낸 편지[237]는 말은 길고 복잡했지만, 요지는 간단하다. 먼저 향시에 합격하여 앞날이 열린 것을 축하했다. 이어 과거에 합격해 벼슬길에 나가는 것은 일단 명예로운 길이기는 하지만, 그것 자체가 절대적인 가치는 아니라면서 담헌은 조욱종이 명리를 추구하고 경쟁하는 마당에 있으면서도 윤리적 완정성의 추구에 마음을 놓지 않고 있음을 높이 평가하고, 원대한 경지를 향해 매진할 것을 바랐다. 삼하염점의 주덕홰와 적윤덕에게도 짧은 편지[238]를 보내 등사민에게 보내는 편지를 대신 받아 주고 저간의 상황을 알려 준 것에 대해 감사의 뜻을 표했다. 또 앞으로 등사민의 편지가 있으면 보내 주기를 청했다.

1769년 10월 담헌은 다시 동지사 편으로 반정균과 손유의, 조욱종에게 편지를 보냈다. 반정균에게 보낸 편지²³⁹⁾는 반정균이 1769년 2월 1일에 쓴 편지에 대한 답신이었다. 그런데《간정후편》에는 "기축년(1769) 10월에 편지를 써서 사행使行에 부쳐 보냈지만, 끝내 전해지지는 못했다"²⁴⁰⁾라고 씌어 있다. 이 편지는 반정균에게 전달되지 않았던 것이다. 편지 서두에서 담헌은 홍역의 대상大祥이 박두해 있어 슬프기 짝이 없다는 것, 또 엄성이 죽은 지 두 돌이 되어 무척 그립다는 이야기, 엄성의 초상을 보고 싶다고 이야기한 뒤 두 사람의 공통 관심사에 대해 언급하였다. 예컨대 요청한 여성의 복색에 대해서는 약속대로 빨리 자료를 보내 주면 좋겠다, 시화詩話*도 완성되었으면 빨리 보내 주면 좋겠다, 김재행은 가난이 더욱 심해졌고 최근에 이사하느라 겨를이 없다, 아버지 홍역의 상에 보낸 제물로 온 가족이 정성껏 제사를 지냈다는 것 등이었다.

하나 인상적인 것은 이덕무에 대한 말이었다. 옮기면 이렇다. "형암炯菴, 그 사람을 직접 만나 본 적이 없습니다.《농소濃笑》역시 본 적이 없습니다. 다만 책 이름이 이처럼 부박浮薄하고 화려하니, 생각건대 그 책에 실린 말은 족하를 경책警策하는 데 도움이 되지 못할 것 같습니다."²⁴¹⁾ 1769년 10월까지 담헌은 이덕무를 만난 적이 없었던 것이다! 또한 그는 오직 제목만으로 이덕무의《선귤당농소》를 부박, 화려할 것이라고 비판한다. 엄정한 실천적 정주학자로서의 담헌을 다시

---

* 반정균은 담헌에게 보내는 첫 편지에서 오명제吳明濟의《조선시선朝鮮詩選》을 잇겠다면서 담헌에게 자료를 보내 달라 했고, 담헌은 이에《해동시선海東詩選》4책을 엮어 보냈다. 담헌이 말하는 시화란 곧 반정균의《조선시선》을 잇겠다는 책일 것이다.

확인할 수 있는 대목이다.

이어 왕사진의 《지북우담》에 주린의 오류를 지적하는 글이 실려 있는 것은 아주 놀라운 일이라면서 베껴서 보내 주었으면 한다고 적었다. 그리고 편지를 전달하는 방법에 대해서는 역관 조명회가 북경에 갈 예정이므로 그에게 부탁하면 되겠지만 반정균이 일단 항주로 돌아가면 편지 왕래가 어려워질 것이라는 것, 또 육비와 엄과에게 그런 내용을 알려 줄 것이며, 자신의 편지도 그들에게 보여 줄 것을 청했다.

나머지 역시 짤막한 물음과 부탁이다. 손유의를 만나 보았는지 묻고, 판각해서 걸고자 하니 〈담헌기〉의 오자를 고쳐서 해정楷正하게 써 달라고 부탁했다. 육비가 고쳐서 보낸 〈농수각기〉는 전보다 정확해졌지만, '물을 받는다[受水]'란 부분은 사실과 맞지 않으므로 농수각의 혼천의 옆에 누호漏壺를 만들어 기문과 맞추었다며, 육비에게 전해 주기를 부탁했다. 또 육비가 엄성에 대해 쓴 만시 〈곡철교哭鐵橋〉242)의 3구 '마지막 편지가 참언讖言이 되었다[遺箋成讖]'는 말이 무슨 뜻인지 묻고 끝 두 구절(7, 8구)의 의미를 정확하게 파악하기 어렵다면서 그 뜻을 일러 줄 것, 엄성에게 보낸 글 가운데 있는 《송록관시기松鹿觀詩記》(무슨 책인지 미상)와 《필법》을 자신을 위해 반정균이 구해 줄 것을 부탁했다. 마지막으로 이백석이 내년 가을 황력재자관으로 갈 때 편지를 보낼 것이니, 그 편에 답을 달라고 요청했다.

편지는 보다시피 간단했다. 다만 김재행의 가난을 두고 반정균과 주고받은 논란에 대한 언급은 약간 길었다. 담헌은 반정균이 김재행의 가난을 걱정하면서 "선비는 생업을 급선무로 삼아야 한다"라고 했던 말을 떠올리면서 생업을 다스려야 한다는 말은 당연한 것이라고 인정했다. 곧 절약과 검소함으로 꼭 필요한 씀씀이를 헤프지 않게 하는 것이 집안 경영의 급선무라는 것이었다. 한갓 선량하기만 하여 부모를 봉양하지 못하고 처자식을 기르지 못하는 것도, 반대로 재리財利에 집착하여 재산을 불리려고 하는 것도 모두 중도라고 할 수는 없다. 다만 둘 중 악으로 빠질 가능성이 큰 것은 후자다. "생업을 다스리는 일이 급선무"라는 말은 잘못하면 재물과 이익에 대한 집착으로 전화될 수도 있다. 상당히 누그러진 표현이지만, 그래도 담헌은 사족이 생업에 전념하는 것, 혹은 상업으로 직업을 옮기는 것은 여전히 부정적이었다. '절약과 검소'에 국한되어 있는 것은 음미할 가치가 있다. 이것은 지주와 노비주로서 소작인과 노비의 생산물을 절제해서 사용한다는 것일 뿐이다. 담헌은 생산과 분배에 대해서는 전혀 말하지 않았다.

손유의에게 보낸 편지[243]에서는 먼저 자신의 범상한 근황을 알리고 지난번에 부탁한 부인 관복의 견본을 만드는 데 드는 비용을 알려주면 내년 황력재자관 편에 보내겠다고 하였다. 그런데 "내년 황력재자관 편에 부쳐 보내겠다[明年歷官便, 當以附納]"의 원문 중 '역관歷官'이란 말을 손유의가 오해하는 일이 있었다. 이것을 담헌이 마치 관직을 맡아 중국에 온다고 이해했던 것이다. 담헌은 이어 반정균을 만나 보았는지 묻고 문아文雅 박식한 사람이라 손유의가 사귀면 반드시 도움이 되는 친구가 될 것이라고 말했다.

조욱종에게 보내는 편지[244]에서 담헌은 자신은 눈이 어두워지고 머리가 더욱 하얗게 변했다 하고, 취생몽사의 삶을 면하지 못할까 두려우며, 지난일에 대한 후회, 앞으로 범하게 될 오류 등에 대한 생각으로 늘 탄식한다는 말을 늘어놓았다. 불과 39세의 젊은이가 할 말은 아니나, 아버지와 엄성의 죽음, 김종후와의 논쟁, 윤리적 완정성을 추구했던 강박적 삶의 태도 등으로 인해 느낀 감정이었을 것이다. 담헌은 조욱종에게 젊다는 것을 너무 믿지 말고, 벼슬을 최후의 목적으로 삼지 말라고 충고했다. 이어지는 이런저런 말은 늘 하던 소리였다. 윤리적 완정성을 실현하는 삶을 살라는 것이었다.

이제까지 읽은 편지는 1769년 10월 동지사 편으로 반정균과 손유의, 조욱종에게 보낸 것이었다. 이듬해 4월 동지사의 회환 편에 손유의와 조욱종, 등사민의 편지가 전해졌다. 하지만 반정균의 답신은 없었다. 앞서 말한 바와 같이 반정균에게 편지가 전달되지 않았던 것이다. 반정균으로부터 다시 편지가 온 것은 한참 뒤인 1777년 겨울이었다.[245] 1776년 유금柳琴이 북경에 가서 반정균과 이조원李調元을 만난 것이 다시 편지가 오가는 계기가 되었다. 1776년까지 담헌은 엄과·반정균·육비와 소식이 단절되었고, 그사이 8년 동안 담헌은 손유의·등사민과 편지를 주고받으며 반정균과의 연락을 도모하였다.

한편 담헌이 반정균에게 편지를 보내고 나서 한 달 뒤인 11월 항주에서는 기이한 일이 벌어지고 있었다. 담헌이 1768년 손유의에게 항주로 전해 달라고 보낸 편지와 제문, 제물이 엄성의 대상大祥 날 전해진 것이었다.[246] 곧 엄성이 죽은 지 두 돌이 되는 날이었다. 엄성의 형 엄과는 담헌이 보낸 제물을 차리고 제문을 읽었다. 그때 항주 일대의 사람들은 경탄해 마지 않으며 엄성의 영혼이 그렇게 만든 것이라고 했나. 박지원은 담헌이 죽은 뒤 지은 그의 묘지명에서 이 장면을 이렇게 그렸다. 물론 이 일을 담헌은 까마득히 몰랐고, 1778년이 되어서야 비로소 알게 되었다.

홍역이 사망한 것이 1767년 11월 12일이었으니, 그로부터 2년 뒤인 1769년 11월 12일이 대상이었다. 대상 뒤 2달 후 담제禫祭를 지내고 탈상을 하는 법이니, 담헌은 1770년 1월에 탈상을 했을 것이다. 담헌으로서는 1765년 가을 서울에서 북경을 향해 떠날 때부터 1770년 2월 탈상할 때까지의 4년 반이 인생의 희로애락을 동시에 맛보는 시기였을 것이다. 꿈에 그리던 중국과 북경을 여행했고 뜻밖에도 엄성과 반정균·육비를 만나 국경을 초월한 우정을 쌓았다. 그것은 아마 담헌의 일생에 있어 무엇과도 바꿀 수 없는 기쁨이었을 것이다. 하지만 기쁨도 잠시, 돌아오자마자 엄성 등을 오랑캐의 조정에 벼슬하는 비루한 인간으로 몰아붙이는 김종후와 논쟁을 벌였다. 아버지와 엄성의 죽음까지 이어졌다.

여러 사건 중 담헌의 사상에 가장 큰 영향을 끼친 것은 아마 김종후와의 논쟁이었을 것이다. 아버지와 엄성의 죽음은 슬프고 안타까운 일이기는 하지만, 그것은 결국 시간에 씻겨 나갈 것들이었다. 하지만 김종후와의 논쟁은 달랐다. 1766년 귀국 이후 담헌이 자신의 삶에서 가장 의미 있는 일로 여긴 것은 북경에서 사귄 벗들과의 우정이었다. 그런데 김종후는 어떠했던가? 김종후는 자신과 사귄 이들을 오랑캐 조정에 벼슬하고자 하는 비루한 인간으로 쏘아붙였다. 김종후의 논리를 연장하면 그들과 결의형제가 된 담헌 역시 비루한 인간일 뿐이었다. 김종후는 한 치도 물러서지 않고 담헌을 몰아세웠다. 담헌이 일관되게 비판한 승심勝心의 소유자는 바로 김종후였다. 담헌은 반박했으나 그 역시 김종후가 근거하고 있는 화이론을 여전히 신념하고 있었다. 김종후를 완벽하게 침묵시킬 수 없었던 것은 바로 이 때문이었다. 엄성 등과의 우정을 비판에서 지키는 유일한 길은 화이론을 해체하는 데 있었으나, 그 해체 방법을 찾기 쉽지 않았다. 그것은 이제 담헌이 고민해야만 하는 문제가 되었다.

김종후가 서 있는 자리의 대척점에 엄성이 있었다. 담헌에게 김종후가 극단적으로 부정적인 영향을 끼친 사람이었다면, 엄성은 그와 정반대였다. 엄성은 죽기 직전 담헌에게 보낸 편지에서 담헌의 이단관을 비판했다. 다만 그 비판의 목소리는 낮고 정중하였다. 이단은 결국 유가적 진리의 실천 결여로 인해 발생한 것일 뿐이고, 현실적으로 이단은 사회의 극히 일부에만 존재할 뿐 그것이 주류가 될 가능성이 없다. 따라서 이단을 지나치게 몰아세워 그들의 존재를 강하게 확인하는 것은 전혀 현명한 태도가 아니라는 게 엄성의 주장이었다. 엄성이 죽지 않았다면 담헌은 엄성과 이단을 주제로 토론을 벌였을지도 모른다. 하지만 엄성은 편지를 쓰고 불과 두어 달 뒤에 죽었다. 자신이 깊이 신뢰하던 엄성이 유언처럼 남긴 말이기에 담헌은 엄성의 이단관을 쉽게 거부할 수 없었을 것이다. 김종후와 엄성은 각각 정반대 편에 서서 담헌의 사상에 깊은 영향을 끼친 사람이었다.

주

01. 경화세족 담헌

1) 2000년 이후 중요한 저작을 들면 다음과 같다. 김명호, 《홍대용과 항주의 세 선비》, 돌베개, 2020; 홍대용 저, 문중양 번역, 《의산문답》, 아카넷, 2019; 박희병, 《범애와 평등》, 돌베개, 2013; 박성래, 《홍대용》, 민속원, 2012; 문석윤·박희병·김문용·송지원·이경구, 《담헌 홍대용 연구》, 사람의무늬, 2012; 김인규, 《홍대용》, 성균관대학교출판부, 2008; 정훈식, 《홍대용 연행록의 글쓰기와 중국 인식》, 세종출판사, 2007; 김도환, 《담헌 홍대용 연구》, 경인문화사, 2007; 김문용, 《홍대용의 실학과 19세기 북학사상》, 예문서원, 2005. 홍대용의 평전도 일찍 나온 셈이다. 김태준, 《홍대용 평전》, 민음사, 1987. 이 외에도 논문은 정리할 수 없을 정도로 많다.

2) 천안박물관, 《조선시대 실학자 담헌 홍대용》, 천안박물관 개관 4주년 기념특별전, 2012, 18면. 여기에는 담헌 가문의 필사본 〈가승家乘〉이 영인되어 실려 있는데, '洪大有'라고 되어 있다. 하지만 고전국역원의 《담헌서》 해제에 의하면, '洪大定'으로 되어 있다. 어느 쪽이 옳은지 알 수 없다.

3) 충청도 사족을 경화세족으로 인식했던 것은 다음 자료를 보아도 충분히 알 수 있다. 《승정원일기》 영조 3년(1727) 6월 25일(11/19). "傳于林柱國曰:'湖西, 乃京華士夫衆居之鄕, 而今此處女單子, 只是數張, 一道之內, 豈若是而零星乎?'" 영조 8년(1732) 5

676

월 29일(14/14). "近來湖西, 作一京華士夫之鄕, 非百姓所居之地也." 영조 21년(1745) 5월 17일(18/18). "上曰:'所達誠然, 文獻之題目, 好矣. 湖西則京華士夫, 多在道內, 似與京無異矣."

4) 《肅宗實錄》 20년(1694) 6월 16일(3).
5) 《肅宗實錄》 20년(1694) 9월 21일(2).
6) 李縡, 〈南溪君洪公神道碑〉, 《陶菴集》;《寒國文集叢刊》a195, 107~109면.
7) 李縡, 앞의 글, 앞의 책, 같은 곳. "平居杜門自守若無能者. 然其於名義所關, 直言正議, 勇不顧前後, 由是沉滯低佪散地."
8) 金履安, 〈都正洪公墓碣銘 幷序〉, 《三山齋集》;《韓國文集叢刊》a238, 484면.
9) 鄭來僑, 〈洪進士夏瑞氏 龜祚 哀辭〉, 《浣巖集》;《韓國文集叢刊》a197, 562~563면.
10) 金信謙, 〈祭洪公夏瑞 龜祚 文 丙申〉, 《檜巢集》;《韓國文集叢刊》b72, 236면; 李器之, 〈祭洪夏瑞 龜祚 文〉, 《一菴集》;《韓國文集叢刊》b70, 293면.
11) 金元行, 〈將赴洪學士丈鳳祚之邀, 道中有吟〉, 《渼湖集》;《韓國文集叢刊》a220, 13면; 〈哀洪濟仲 檢, 仍慰其大人留守丈 鳳祚. 癸酉〉, 앞의 책, 25면; 〈與洪應敎 鳳祚 參議 龍祚〉, 앞의 책, 56면.
12) 金元行, 〈洪生檢墓表〉, 앞의 책, 351면.
13) 金元行, 〈三淵先生永矢菴遺墟碑 代作〉, 앞의 책, 327~328면.
14) 《景宗修正實錄》 2년(1722) 6월 29일(1).
15) 《승정원일기》 영조 원년(1725) 12월 17일(14/17).
16) 《승정원일기》 영조 원년(1725) 12월 17일(16/17).
17) 《승정원일기》 영조 5년(1729) 10월 8일(13/26).
18) 《승정원일기》 영조 7년(1731) 9월 9일(32/32).
19) 《승정원일기》 영조 8년(1723) 1월 6일(22/28).
20) 金元行, 〈監司洪公墓碣銘 幷序〉, 앞의 책, 343면.
21) 앞의 글, 같은 곳. "盖蕩平之論起, 而忠逆混而賢邪雜進, 忠逆混而賢邪雜進. 此姦人之所利而正士之所嫉也. 然彼旣操其說以誘之, 雖自托爲善類者, 亦靡然化之, 不復知倫常爲何物. 嗚呼! 世道之禍, 可勝言哉! 當是時, 能引義退藏, 至死不汚者尙矣, 至若自守不移, 恥與彼相比, 時有隱見而終不失士流之心者, 可不謂之賢乎? 以余所見, 如

22) 《숙종실록》 45년(1719) 8월 23일(4).
23) 《경종실록》 즉위년(1720) 9월 7일(1).
24) 《경종실록》 5권, 1년(1721) 12월 17일(1).
25) 金元行, 앞의 글, 같은 곳. "於是凶黨交章, 藉此爲網打計. 公極言其嫁禍狀, 請正其罪."
26) 《승정원일기》 경종 원년(1721) 8월 25일(4/6). 연잉군을 왕세제로 삼았을 때 승지로 있던 홍봉조는 그 사실을 가장 먼저 알았다고 한다.
27) 《경종실록》 1년(1721) 10월 10일(1).
28) 《경종실록》 1년(1721) 12월 6일(1).
29) 李建昌, 李民樹 譯, 《黨議通略》, 을유문화사, 1972, 117면.
30) 《경종실록》 2년(1722) 6월 3일(2).
31) 《영조실록》 1년(1725) 3월 6일(3).
32) 《승정원일기》 영조 3년(1727) 6월 9일(25/25).
33) 《승정원일기》 영조 4년(1728) 7월 6일(27/46).
34) 《승정원일기》 영조 7년(1731) 3월 25일(38/39).
35) 《승정원일기》 영조 7년(1731) 8월 21일(27/35).
36) 《승정원일기》 영조 7년(1731) 10월 27일(20/45).
37) 《승정원일기》 영조 12년(1736) 5월 21일(18/27).
38) 《승정원일기》 영조 15년(1739) 9월 1일(4/5).
39) 《영조실록》 3년(1727) 3월 11일(2).
40) 《승정원일기》 영조 16년(1740) 2월 9일(27/28).
41) 《영조실록》 16년(1740) 5월 19일(2).
42) 金祖淳, 〈判中樞府事洪公諡狀〉, 《楓皐集》: 《韓國文集叢刊》 a289, 307~311면.
43) 《승정원일기》 정조 즉위년(1776) 11월 17일(21/29).
44) 金祖淳, 앞의 글, 앞의 책, 308면. "繕戎政, 廣邊禁, 杖潛越江步者殺之. 又誅大商之 匿貿紋緞者, 一府震慴, 常以邊門警急之地, 未嘗不傅袴未而寢. 上聞而嘉之."
45) 《승정원일기》 정조 3년(1776) 7월 20일(19/30).
46) 《승정원일기》 정조 6년(1782) 12월 29일(13/37).

47) 《승정원일기》 정조 7년(1783) 1월 6일(41/42).
48) 金祖淳, 앞의 글, 앞의 책, 309면. "乙巳病遞, 時一相臣雅重, 公言於上曰: '洪某才謂可惜.' 上頷之."
49) 金祖淳, 앞의 글, 같은 곳. "十二月, 除承旨, 夜上召見詢及頃年遭罷. 上曰: '何故見嫉國榮, 譖言日聞於予? 予固知其詐也.' 天顔溫粹, 玉音娓娓, 公感極流涕."
50) 柳壽垣, 〈論門閥之弊〉, 《迂書》 권2. "雖不得及第, 至於蔭仕, 則十分之九, 皆爲名家子所做."
51) 柳壽垣, 앞의 글, 같은 곳. "雖愚駭百無用之物, 苟有勢力, 則人皆曰此人初入仕, 光·羅牧, 自是自來物耳."
52) 천안박물관, 앞의 책, 21면.
53) 黃胤錫, 《頤齋亂藁》 8, 韓國精神文化硏究院, 2002, 325면: 1789년 9월 28일. "聞慶尙監司洪檍, 以近三年木花極災之餘, 今年稍收, 托以圖錢大發, 私錢大貿木花, 將以□□大利, 而一邊嚴禁他道販商木花者. 以故湖南花價亦因之極涌, 而上廉聞特罷. □嶺人本來强硬不比湖南, 而一自夢濟恭秉國, 則嶺人謗言 尤易於上聞. 況又有壯勇衛別軍職輩四偵之路乎? 洪家本有富名, 而又此無廉, 竊爲其姪故榮川君德保(大容)惜之也." 《정조실록》 13년(1789) 9월 23일(1)에도 상세한 기사가 있다. 《이재난고頤齋亂藁》 1책은 1994년, 2책은 1995년, 3책은 1997년, 4책은 1998년, 5책은 1999년, 6책은 2000년, 7책은 2001년, 8책은 2002년에 간행되었다. 앞으로 《이재난고》는 저자를 생략하고, 책명과 권수와 면수, 연월일만 표시한다.
54) 洪大應, 〈從兄湛軒先生遺事〉, 《湛軒書》, 323면. "親戚知舊, 凡有婚喪, 莫不殫力顧助." "凡用財, 當用處, 不惜千金. 不當用處, 不費一銖."
55) 李德懋, '御下' 《士小節》(규장각본), 권5. '凡入人家, 奴僕迎拜克恭也, 可知主人之善齊家也.;云."
56) 李德懋, '孶畫' 〈盎葉記〉, 《靑莊館全書》: 《韓國文集叢刊》 a259, 87~88면. "頃年余亦於洪湛軒大容家, 見紙織山水障, 細織如藤簟, 無毫髮憾."

02. 방황하던 10대의 한때

1) 《乾淨筆譚》乾, 39a~39b면. "蘭公曰 '昆季幾人?' 余曰: '有庶弟課農爲生.' 蘭公曰 '門望第一, 乃親未耕, 何賢者之多耶?' 余曰 '不能讀書學古, 只歸農爲民而已.' 兩生皆笑."
2) 《을병연행록》1, 27면.
3) 洪大應, 앞의 글, 같은 곳. "余之氣質甚不好, 兒時輕率之病, 今已矯革. 至若偏隘之病, 力加克去之工, 而病根尚在, 隨處發見."
4) 앞의 글, 같은 곳. "少有不愜意, 輒過用聲氣. 小弟時或進戒, 先生喜聞之曰: '汝言是也. 吾當戒之. 吾之禀性粗厲, 故每於此等處闖發, 可悶.'"
5) 《을병연행록》1, 30면.
6) 〈與篠飮書〉, 《湛軒書》, 104면. "知我者責以無撿, 不知我者目以伶人.……是以蕩子日親, 莊士日遠, 駸駸乎儒門之棄物矣. 乃數年以來, 頗自悔悟, 杜門省愆, 點檢書史, 謝絕紛華, 疎遣襍流, 乘閒據梧, 聊以自娛, 冀以收功於一原, 補過於桑楡. 顧無撿之責 伶人之目, 嘵嘵者方生而未已, 則德之不修, 學之不講, 無怪乎人言之來矣."
7) 〈與人書 二首〉, 앞의 책, 68면. "某少蒙師友之力, 長有求道之意, 間因離索, 懶廢收檢, 隨境遷就, 日見放倒. 賴天之靈, 耿耿本領, 幸不全泯."
8) 〈與汶軒書〉, 앞의 책, 127면. "容自十數歲, 有志於古學, 誓不爲章句迂儒, 而兼慕軍國經濟之業, 累擧不中."
9) 〈憲問〉, 《論語集注》; 朱熹, 《四書章句集注》, 中華書局, 1983, 155면. "古之學者爲己, 今之學者爲人." 앞으로 《四書章句集注》의 인용은 출판사항을 생략하고 면수만 밝힌다.
10) 앞의 글, 앞의 책, 같은 곳. "程子曰 '爲己, 欲得之於己也; 爲人, 欲見知於人也.'"
11) 앞의 글, 같은 곳. "古之學者爲己, 其終至於成物; 今之學者爲人, 其終至於喪己."
12) 朱子 編, 〈劉元承手編〉, 《二程遺書》(四庫全書本) 卷18. "問 '漢儒至有白首不能通一經者何也?' 曰 '漢之經術安用? 只是以章句訓詁爲事. 且如解堯典二字至三萬餘言, 是不知要也.'"
13) 洪大應, 앞의 글, 같은 곳. "每讀書, 文義不求甚解, 間多濶看處."

680

14) 金致益, 〈金致益書簡〉, 앞의 책, 천안박물관, 55면. 이 편지는 단 한 장의 종이에 쓰인 것으로 축소 영인되어 있다. 또 《담헌 홍대용》은 이 편지를 '홍치익洪致益 서간書簡'이라고 이름을 붙였지만, 홍치익이 쓴 것이 아니라, 김치익金致益이다. 앞으로 이 편지의 인용은 면수를 밝히지 않는다.

15) "備第書中耳不聞格言云云, 旋不能無惑. 心經一部中, 無非聖賢格言, 苟能精究力踐, 將無異於耳提而面命也. 所謂格言豈有以加於是者? 吾恐德保身在城市擾擾場中, 日駸駸流俗之舊套, 實心經於相忘之域, 而來詩所云, 或未必爲性情之發矣. 此言近戲而亦左右猛省處也. 如其不然而僞謙也云爾, 則似亦過矣."

16) "特於德保勸其姑捨是者, 靡他. 誠以德保出自俗學, 方有美志, 如朱木之萌蘖焉. 扶護長養之道, 尚懼牛羊之或牧也. 又當斧斤以加之哉. 幾何不濯濯也."

17) "右前日之病於此者, 計且深於程子之獵之喜也, 則今雖有志於此事, 新嗜靡甘, 熟處難忘, 勢有固然者矣. 舊日之心, 尤不可謂已無也. 以不能已無之心, 追前日已病日之跡, 其不爲馮婦之搏虎者幾希."

18) 李滉, 〈李叔獻珥〉, 《退溪集》; 《韓國文集叢刊》a29, 371면.

19) "道外無文, 文外無道, 則益進吾學, 有見乎道, 顧不爲他日應擧之本乎?"

20) "今德保年來弱冠, 雖不及今小成, 豈云晚哉?"

21) 洪大容, 〈與鐵橋書〉, 《乾淨後編》, 54~55면. "某於科甲, 非決性命而求之者. 惟於入場呈券之時, 報子傳榜之際, 每不免聳動希覬, 按住不得. 事過後, 雖能自悔, 逢場則舊習輒發, 學力之不周, 殊可愧歎. 力闇幾經試圍, 其必有內省之可驗者, 願聞之."

03. 석실서원

1) 김원행의 생애와 사상, 교육에 대해서는 다음 논문에 상세하다. 李坰丘, 〈金元行의 實心 강조와 石室書院에서의 교육 활동〉, 《震檀學報》 88, 震檀學會, 1999.

2) 金元行, 〈狂言〉, 앞의 책, 281~282면.

3) 金元行, 〈與閔順之百順〉, 앞의 책, 109~110면. "向來凶孼之誅討, 少洩數十年腐心之冤憤. 但尚有罪同律異之歎, 至於義理源頭, 初未有一言以正之者, 而世之之雜糅壞

亂, 則抑又甚焉."

4) 金元行, 〈履安婚行時書贈〉, 앞의 책, 277면. "吾家子弟, 今日本不當入城. 今爲大事, 不可廢, 不免令暫入行禮. 然絶不可紛紜出入, 亦不可低徊留滯, 留日必深居, 不接外人. (如異趣之人, 尤當審避) 惟以速歸爲意可也."

5) 李坤丘, 앞의 글, 앞의 책, 235면.

6) 金元行, 〈答李汝封垶〉, 앞의 책, 103면. "又皆爲科學所誘, 無有能回頭轉腦, 肯有志於此學者, 良可愍悼."

7) 이경구, 앞의 글, 앞의 책, 243~244면.

8) 金元行, 〈諭石室書院講生〉, 앞의 책, 284~285면. "而惟章句之爲專, 誦說之爲工, 無所得於其中. 而求以觀美於其外, 則是乃儒之賊耳. 何取於講學耶?"

9) 金元行, 〈答黃胤錫〉, 앞의 책, 190면. "雖然, 爲學之要, 不專靠文字, 只得此心不放於日用作止語默, 事親敬長待人接物之間, 常尋一箇是處行之, 便是根本工夫. 至於讀書, 亦只要明此義理, 不以汎覽剽讀爲尙. 雖刀圭枕席之中, 自不無些子閒時, 時將熟面文字, 潛心玩繹, 以求聖賢之用心, 又何廢學之足憂哉!"

10) 朱子 編, 〈謝顯道記憶平日語〉, 《二程遺書》(四庫全書本) 권3. "以記誦博識爲玩物喪志." 여기에 다음과 같은 주석이 붙어 있다. "時以經語錄作一策, 鄭轂云:'嘗見顯道先生云, 某從洛中學時, 錄古人善行, 別作一冊, 洛中見之云, 是玩物喪志.' 蓋言心中不宜容絲髮事."

11) 주자는 〈대학장구서大學章句序〉에서 주나라가 쇠하고 공자·맹자 이후 소학의 전통이 끊기자, 기송記誦·사장詞章의 학문이 유행하고 허무虛無·적멸寂滅을 가르치는 이단이 출현했다고 지적하였다. 朱熹, 〈大學章句序〉, 《大學章句》; 《四書章句集注》, 2면. "自是以來, 俗儒記誦·詞章之習, 其功倍於小學而無用, 異端虛無寂滅之敎, 其高過於大學而無實, 其他權謀術數一切以就功名之說, 與夫百家衆技之流, 所以惑世誣民, 充塞仁義者, 又紛然雜出乎其間, 使其君子不幸而不得聞大道之要, 其小人不幸而不得蒙至治之澤, 晦盲否塞, 反覆沈痼, 以及五季之衰而壞亂極矣."

12) 黎靖德 編, 《朱子語類》1, 中華書局, 1994, 302면. "欲知知之眞不眞, 意之誠不誠, 只看做不做如何. 眞箇如此做底, 便是知至意誠." 301면. "必待行之皆是, 而後驗其知至歟." 앞으로 《주자어류朱子語類》는 출판사항을 생략하고 책명과 면수만 표기한다.

13) 金元行,〈答愼景深 師浚〉, 앞의 책, 167면. "竊聞之人之爲學, 患無此實心耳. 此心旣實, 則以之讀書窮理, 以之修己居敬, 以之應事接物, 無往而非實事者. 有實事, 斯有實功, 爲學而無實功者, 可知其心之不免於虛僞也. 惟此誠僞之間, 實是學者人鬼關頭, 立志之始. 此處最要盡死明辨, 如分桐葉而後, 可免爲小人之儒矣." 實心, 實事, 實功 등에 대해서는 이경구의 앞의 글을 참고하시오.

14) 金元行,〈與李參奉 渷〉, 앞의 책, 101면. "前講大學, 想益玩繹, 其於眞知實踐處, 自覺有得力否?"

15) 朱熹 編,〈劉元承手編〉,《二程遺書》(四庫全書本) 권19. "涵養須用敬, 進學則在格致."

16) 金元行,〈答李洸〉, 앞의 책, 181면. "程先生涵養進學兩句語, 眞學者第一切要工夫. 朱子論學, 每以是擧起爲說, 獨未有眞以此事實心體當, 果收其效者, 可爲歎惜."

17) 金元行,〈答黃淵父 景源〉, 앞의 책, 105면. "雖然, 見識者又非可襲而取耳, 必居敬以立其本, 窮理以致其知, 力行以踐其實, 然後眞見識者出, 而能不失其大節矣."

18) 金元行,〈答金敬簡〉, 앞의 책, 165면. "人之氣稟, 或不能無偏. 故才德罕有兩全, 有德者未必皆有才, 有才者未必皆有德, 深於問學而或短於政事者, 自古而然矣. 然苟有眞簡大儒, 豈有能於獨善, 而不能於兼濟者耶? 士之志於有用之學者, 安可不兼通世務耶? 胡安定之在湖學, 兼置經義治事兩齋以敎人者, 其意甚好, 惜後世不講此義也. 如詩文書畵之類雖工, 亦何足爲用哉?"

19) 담헌이 김원행의 실심사상實心思想에 결정적으로 영향을 받았음은 이경구의 앞의 글에 충분히 개진되었다.

20) 金元行,〈答房錫疇〉, 앞의 책, 176면. "而心出於氣, 氣則有偏正通塞之分, 人則稟其正且通者. 故其心能虛靈洞澈, 可以具衆理而應萬事. 朱子之釋明德, 必曰人之所得乎天. 而物則不與者此也. 物則稟其偏且塞者, 故其心便爲他所局殺, 如泥水相粘, 不可復開. 雖亦有性在裏, 無以發揮出來. 是則可以謂之心, 而不得謂之明德矣."

21) 金元行,〈答任同知弘紀〉, 앞의 책, 99~100면. 이 글 외에 김원행은 여러 글에서 이 논리를 반복하고 있다.

22) 金元行,〈答南紀濟〉, 앞의 책, 242면. "近見湖中諸少讀書, 纔通文義, 幸有些子聰明, 便奮筆說性說命, 論巍塘是非, 本之則不渚未逮, 心常病之, 不願吾黨之爲此也."

23) 이상 석실서원에 대한 서술은 조준호,〈경기지역 서원의 정치적 성격〉,《국학연구》

주 683

11, 한국국학진흥원, 2007을 참고한 것임.

24) 이경구, 앞의 글, 46면.

25) 金元行, 〈答趙有善〉, 앞의 책, 209면. "講會承漸有成緒, 官家之又能供饋, 可謂美事, 殊喜聞也."

26) 〈與權某書〉, 《湛軒書》, 62~63면.

27) 앞의 글, 같은 곳. "不敢以守一言之信而冒百年之嫌."

28) 金元行, 〈諭石室書院講生〉, 앞의 책, 284~286면.

29) 金元行, 앞의 글, 앞의 책, 284면. "書院本爲講學而設."

30) 앞의 책, 284~285면. "然士之所以汲汲於講學, 果欲以何爲耶? 將以求吾之所固有, 而誠有益於己而已. 苟或不然, 而惟章句之爲專, 誦說之爲工, 無所得於其中, 而求以觀美於其外, 則是乃儒之賊耳. 何取於講學耶? 夫道者根於吾性, 具於吾心, 見於動靜語默進退之則, 著於君臣父子夫婦長幼朋友之倫, 其理甚明, 其事甚順, 聖之所以爲聖, 亦盡乎此而已. 故孟子曰:'聖人與我同類者.' 顔淵曰:'舜何人也, 予何人也?' 有爲者亦若是. 成覸曰:'彼丈夫也, 我丈夫也. 吾何畏彼哉?' 彼爲此說者, 豈故爲是人談高論, 以誘人而爲善也? 誠有見乎此性之一同而無少差也."

31) 金元行, 〈石室書院講規〉, 앞의 책, 282~283면.

32) 김대식, 〈18세기 조선 성리학자의 학습 생애 연구─역천櫟泉 송명흠宋明欽(1706~1768)의 사례〉, 《한국교육사학》 제31권 1호, 한국교육사학회, 2009. 4.

33) 金元行, 〈石室書院學規〉, 앞의 책, 287~288면.

34) 조선시대 서원의 학규에 대해서는 박종배, 〈학규에 나타난 조선 시대 서원 교육의 이념과 실제〉, 《한국학논총》 33, 국민대학교 한국학연구소 한문학연구실, 2010을 볼 것.

35) 尹榮善, 《朝鮮儒賢淵源圖》 下, 長水, 東文堂, 1941, 18면.

36) 趙有善(1731~1809)·趙有憲(1736~1815)은 뒷날 이름난 학자가 된다.

37) 金鍾厚, 〈愛吾廬記〉; 洪大容, 《湛軒書》, 323~324면.

38) 신염재는 신광직申光直(1738~1794)이다. 신광직은 연암과 친구였던 신광온申光蘊의 동생이다. 담헌은 신광직과 어울린 흔적을 남기고 있다. 〈贈閔朗卿送花山序〉, 〈次申念齋先直韻〉가 그것이다. 《담헌서》에는 더 이상의 종유從遊 기록은 찾기 어렵지

만, 뒤에 살펴볼《간정부편乾淨附編》에 실린 등사민에게 주는 편지에는 신광직과 어울려 지은 시가 여럿 실려 있다.

39) 〈與申念齋賦贈朴燕巖趾源〉,《湛軒書》, 76~77면.

40) 金元行,〈答洪大容〉(3), 앞의 책, 203면. "日者書問, 迨以爲慰. 潦雨無極, 侍下動止何似? 近來尙做學業否? 此事亦不過日用中一事, 苟在我者先立得一箇主宰, 則本不足以害吾之功, 而不能如此者, 衆人所會, 每易得流蕩縱弛, 遂與之汨沒而不能自返, 良可歎也. 今且以玉藻九容, 朝夕嚴加持守, 而以所謂千萬人中知有己者, 常自點檢, 久久完固, 則自不解隨波汨沒矣. 如何如何? 他日一出之約, 甚令人喜. 聞科後便携書而來, 辦作幾月講會, 庶有相發之益, 必圖之無忽."

41) 〈渼上記聞〉,《湛軒書》, 33면. "吾視君於士友中實不易得, 眷愛非比他人."

42) 金元行,〈書示黃胤錫〉, 앞의 책, 290면.

43) 金元行,〈示諸生〉, 앞의 책, 290면.

44) 金元行,〈答洪大容〉(5), 앞의 책, 204면. "久阻爲念, 忽玆書枉, 喜審日寒侍況佳勝, 只撤師友講說之樂, 而爲歸依釋子之謀, 篤於求道者, 恐不如是. 且二子望子久矣, 而遽皆失圖. 又可歎也. 然深房煖燠, 讀書功專, 亦未爲不得計否. 來諭云云, 足見內省深密, 悔悟眞切, 此實良心發見之端, 因此益加提撕, 勿令間斷, 自然天理漸明而實功可冀矣. 人患無此實心耳, 實心苟立, 何做不成, 惟此實心之立與不立, 存乎其人, 非他人所能與. 惟於爲己爲人之間, 深察其是非得失之歸, 不肯安於作僞以自陷於小人, 則其於爲己之實, 將有不待勉焉而不能自已者矣. 夫旣立得此心, 又何患乎言行之無徵? 懶惰之爲病哉? 至於所索對證之語, 亦不必他求. 朱先生以爲知如此是病, 卽不如此是藥, 又曰:'頭痛灸頭, 脚痛灸脚.' 天下對證之劑, 孰要於是? 如尊旣自知其輕狹粗率衰颯之爲患, 則但勿輕勿狹勿粗率衰颯而已, 此外更有何法哉? 適此一陽初生, 此政君子復善之機. 通宵自檢, 不勝感慨, 三復湯盤日新之言, 願有以收功桑楡, 得與諸君子相先後而觀其成焉, 幸吾友之益勉也, 此中近無來者, 向有松都數生見訪, 其中有一少年趙有憲者, 仍留不去讀書, 頗多志向, 亦殊不易也, 不宣."

45) 金元行,〈贈趙季式 有憲○丁丑(1757)〉, 앞의 책, 26면. "君來梅花發, 君歸梅花落. 湯盤一句語, 無忘觀梅夕."

46) 〈桂坊日記〉,《湛軒書》, 56면. "令曰:'桂坊亦見之乎?' 臣曰:'楞嚴·圓覺諸經, 亦少時

주 685

略覽. 而但爲士者未聞有立算讀之者也.'"

47) 朱熹, 〈答或人〉, 《晦菴集》(四庫全書本) 권64. "知得如此是病, 即便不如此是藥."

48) 黎靖德 編, 《朱子語類》7, 2761면. "先生問時擧, '觀書如何?' 時擧自言:'常苦於粗率, 無精密之功. 不知病根何在?' 曰, '不要討甚病根, 但知道粗率便是病在這上, 便更加仔細便了. 今學者亦多來求病根某向. 他說頭痛灸頭, 腳痛灸腳. 病在這上, 只治這上. 便了更別討甚病根也.'"

49) 宋鼎鉉, 〈與洪德保大容〉, 《東渠集》권2.

50) 〈與嶺伯論瀟陽祠書〉, 《湛軒書》, 62면.

51) 앞의 글, 같은 곳. "彥信本以麤悍鄙夫, 倖占軍功, 致位卿相, 跡其平生, 雖安享寵祿, 老死牖下, 其於俎豆之享則已爲千萬不近, 況以汝立之黨, 受罪於桁楊之下而竄死於絶島之中者哉? 誘脅宣傳, 致有遲延失捕之擧, 欲斬告者以爲滅口翻獄之計, 時事之論, 累有通書, 內應之說, 再出賊招, 賜死之命, 雖反汗於違覆, 肆市之誅, 實難容於王法?"

52) 〈與鄭光鉉書〉, 《湛軒書》, 60면.

53) 앞의 글, 같은 곳. "大抵謂尤翁不足尊者, 邪也. 爲四凶之說者, 逆也. 今之所謂南人, 兼有此二者矣. 當戊申之變, 其不入於希麟之黨而贊稱兵犯闕之謀者幾希. 身入之而幸而免者有之矣. 身雖不入而心之不入者未之有也. 心若不入, 則乃西也非南也. 是以愚嘗以爲朝家若窮治戊申之逆, 則無論京外, 凡以南爲名者, 雖不必盡致誅戮, 而知情不告之罪則可脫者千無一二. 苟有忠君愛國之心者, 讐之斥之, 將不足以洩其憤, 更何論於顔色之可接而情意之相輸乎? 愚於執事, 不發此而於誰乎? 仰恃厚眷, 傾倒及此, 語多狂妄, 觸犯時諱, 覽即付丙, 勿以示人, 千萬至望. 此非飾辭, 更乞留念."

54) 〈與蔡生書〉, 《湛軒書》, 61면.

55) 앞의 글, 같은 곳. "比來雪寒甚劇."

56) 앞의 글, 60~61면. "朋黨之禍, 何代無之, 豈有若今日之邪正互爭, 忠逆角立, 上而宗國屢危, 下而士論分裂, 駸駸然入夷狄禽獸之域而莫之救也哉?"

57) 앞의 글, 61면. "然世人之自以爲持論蕩平而不偏於彼此者, 必變亂邪正, 雜進忠逆, 終至於壞亂人心而淪喪一世. 朋黨之禍固甚矣! 蕩平之禍, 其百倍於朋黨而必至於亡國而後已. 嗚呼其可畏也哉!"

58) 金元行,〈答洪大容〉, 앞의 책, 202면. "此間士夫, 皆名爲南人, 旣以好意來見. 且彼習於聞見而然, 非自外於吾徒, 故不能不與之欸洽, 無害義否? 其中一二人, 追聞其父兄曾參嶺南凶徒誣辱尤翁疏, 此則與他少異, 未知何以處之耶?" "非我族類, 恐無可見之義. 至於誣辱尤翁, 則在所嚴斥, 與他少異之說, 恐太歇後也."

59) 〈渼上記聞〉,《湛軒書》, 32~33면. 이하〈渼上記聞〉의 인용도 이에 의하고 따로 면수를 밝히지 않는다. "以爲尤翁於美村墓文, 旣知其爲鐫黨, 則何不如栗谷之於金大成, 旣不得辭, 則襃揚不及而譏嘲顯加, 終引玄石, 決是有意, 而乃以瀧崗阡表等說, 費辭分䟽, 心口相違, 殊涉苟且, 山嶽疊弱之說, 簸弄笑侮, 人子之心, 安得晏然, 傷人兩尊之語, 只誘以問諸水濱."

60) 宋時烈,〈答朴和叔 丙辰十二月二十八日〉,《宋子大全》;《韓國文集叢刊》a110, 280~281면.

61) 宋時烈, 앞의 글, 같은 곳. "然來示如此, 故不敢不改, 弱固不可以敵强, 亦理勢然也."

62)《左傳》4년 春. "昭王之不返右 其問諸水濱."

63) "屠門依市, 宣旣有斥."

64) 尹拯,〈答懷川〉,《明齋遺稿》;《韓國文集叢刊》a136, 532~533면. 尹拯,〈答朴士元〉, 앞의 책, 558면.

65) "庚午憲職, 拯亦進疏, 中毒寒騰, 語近驅脅."

66) "草廬禮說, 旣已點考, 從而斥之, 前後矛盾, 無怪其怒."

67) "驪狗醜辱, 疾之已甚."

68) "春秋大義, 繼之無實. 此尤翁之可疑也."

69) 尹拯,〈擬與懷川書〉, 앞의 책, 536면. "平生樹立, 倡明春秋之義, 徒以言語取辦, 而無實以繼之. 是以內修外攘, 安强復雪之圖, 了無卓然之成事, 而所可見者, 惟祿位之隆重, 聲名之洋溢而已."

70) "權·金同焚, 栗谷入山, 語勢之當然, 不爲傷勇之說, 則權·金之節, 無誣可辨, 若論初年之事, 則栗谷之失, 人所共知. 或謂訾毁節士, 或謂誣辱先正, 皆是只見不是而不盡人言者也."

71) 尹拯,〈答羅顯道 辛酉夏〉, 앞의 책, 538~539면.

72) "城西之變, 旣非惡逆, 舊義猶存, 則倉卒未拒, 豈至大故? 父師雖一, 輕重自別, 旣難

주 687

兩全, 就捨可知, 此拯之容有可恕者也."

73) 尹拯, 〈與懷川 碣銘請撰後往復〉, 앞의 책, 497면.
74) "至於辛壬事, 交通紅袖, 狼藉行貨, 欲將何爲? 此辛壬之可疑者也."
75) "君以入山之說, 謂非誣賢, 則誠迷惑無可奈何矣. 尤翁之事, 設或過中, 只是朱子所謂太陽症發者也. 若如君說, 則雖無狀惡小人, 不是過也, 更有何說? 且子過矣. 王考丈平生信服尤翁, 至疏請廟庭之配. 雖以辛壬事言之, 同被斥逐, 遂于荒裔, 幾陷不測. 雖輕重之有間, 死生之不同, 而氣味相通, 榮辱相關. 君於家庭之間, 尙不能篤信世德, 乃如是妄生疑惑. 此決非吾智力之所及, 言語之所辨. 君其任爲之."
76) 朱熹, 〈答呂伯恭〉, 《晦庵集》(四庫全書本) 권34. "平生性直, 不解微詞廣譬, 道人於善, 故見人有小失, 每忍而不欲言. 至於不得已而有言, 則衝口而出, 必至於傷事而後已. 此亦太陽之餘證也."
77) "無大疑者無大覺. 與其蓄疑而含糊, 何如審問而求辨. 與其面從而苟合, 無寧盡言而同歸乎?"
78) "吾亦知君志在思問, 心實無他. 吾視君於士友中實不易得, 眷愛非比他人, 烏可遽以是疑之乎? 君試濯去舊見, 平心思之, 先其大體而後其小節, 以至卒瀾漫而歸一, 則旣往之疑, 何足爲過乎?"
79) 洪大應, 〈從兄湛軒先生遺事〉; 洪大容, 《湛軒書》, 323면. "嘗言我國雖有敵國外患, 必無終亡之理. 惟是黨論自相攻擊, 至於戈戟互尋, 國永痼而斯傷. 此乃必亡之兆."
80) 〈渼上記聞〉, 《湛軒書》, 33면. "'君試看此氣像, 誰能當之?' 對曰: '雖孟子何以過此?' 曰: '君言固是. 然何必上及孟子? 德雖不及大賢, 而襟懷灑落, 無許多委曲墻辟, 亦自好氣像, 可以與此. 今世亦豈無當此者乎?'"
81) 金元行, 〈贈周生小學書後跋〉, 앞의 책, 263면.
82) "男不言內, 女不言外. 非祭非喪, 不相授器. 其相授則女受以篚, 其無則皆坐奠之, 而後取之. 外內不共井, 不共湢浴, 不通寢席, 不通乞假, 男女不通衣裳.《禮記》,〈內則〉"
83) 〈渼上記聞〉, 앞의 책, 32면. "微諫, 進言之變;法言, 進言之正. 君子言其正而不言其變, 孔子之告子路是也."
84) "子路問事君, 子曰:'勿欺也. 而犯之.'"
85) 〈渼上記聞〉, 앞의 책, 같은 곳. "仍笑曰:'君若講此道, 太熟則其殆乎.' 仍歎曰: '今日

86) 앞의 글, 같은 곳. "且君輩於書院, 間日一來, 猶以爲難, 視孤靑, 豈非可愧乎? 古人之做事勇決, 好善篤實, 於此可見矣."
87) 金履安, 〈奇德保〉, 《三山齋集》; 《韓國文集叢刊》 a238, 305면. "故人棄我洛城去, 韓子南歸更隔宵."
88) 金履安, 〈籠水閣記〉, 앞의 책, 460면.
89) 《朴聖源文集》, 〈解題〉, 국사편찬위원회, https://db.history.go.kr.
90) 朴聖源, 〈海邑旅舍要慰愁鬱 與洪君大容往觀結城, 轉訪許亭(十四日)〉, 《朴聖源文集》 4, 廣巖集 4. "留待淵㴠消息至, 客窓孤坐對西山. 愁中亦念三春暮, 忙裏能偸半日閑. 臺壓平湖群島合, 潮生晚㞐遠帆還. 碧城佳勝思看盡, 歸路名亭潤海間."
91) 朴聖源, 〈示院齋諸君(幷小序 十四日)〉, 앞의 책, 같은 곳. "石室月夜, 洪君德保(大容)自院齋抱琴而來. 余方與諸少, 講國風俟迭誦訖, 令德保彈之. 笑曰: '興於詩, 成於樂. 先後之序當然.' 徐成之(默修)曰: '今日與諸伴, 習鄕飮禮于講堂矣. 此雖似一時戱談, 而果能充之, 足可爲修身事也.' 彈罷, 諸君仍橫簫上舟, 作永夜遊. 余以短律記之, 且要共和以備閑中一故事."
92) 成大中, 〈送李仲雲盡室入洞陰序〉, 《靑城集》; 《韓國文集叢刊》 a248, 439면. "始余交仲雲, 因嚓嚓金先生. 先生世主丈席, 愛好人材, 故游其門者衆, 而先生㝡愛仲雲, 文酒水山之娛, 未嘗不與之俱. 余則齒相比也, 交益懽. 仲雲故多藝, 篆學冠世, 旁通音律 簫與湛軒琴耦."
93) 《尋院錄》. "南陽洪大容, 乙亥, 九月二十一日, 來宿, 祗謁."《심원록》은 갑술년 2월부터 기묘년 5월까지 도산서원을 방문한 사람들의 인적사항 및 목적이 기록된 문헌이다.

04. 젊은 날의 공부, 경학·성리설·역사비평

1) 〈大學問疑〉, 《湛軒書》, 9면. "有所之義, 日者敢陳妄說, 得蒙印可. 而但語類諸說, 多有的說, 有所是病者. 此則何以處之."

2) 金元行, 〈答洪大容〉(2), 앞의 책, 202~203면. "小大學疑義, 俱得入手, 不減一席對講之樂. 向來讀書, 每不喜箚錄, 今而觀之, 此事信不可少也. 《或問》繼讀甚好, 不知今至幾章, 覺意味益深否?《心經》所謂吟詠一餉者, 最令人警惕, 須於無自欺愼其獨處, 眞有所得力然後, 庶免作虛讀大學人也. 雖然非窮理, 無以明其至善之所在, 而此心之所發, 必至於不誠. 而非居敬, 此心不存, 又無以精察於善惡誠僞之分. 此從古學者所以必以是二者, 爲入道欛柄而樞造焉, 眞不誣也. 然此亦只作一場話頭, 不實心眞箇去做, 則亦何益之有哉! 己所不能, 言之可愧, 惟左右察其愛助之誠而且用力焉則幸矣."

3) 〈大學問疑〉,《湛軒書》, 8면. "大學錯簡, 多因程子所定. 而經一章, 伊川·朱子則物有本末下, 繼以明明德; 而明道則以康誥克明德明之. 致知章, 舊本在止於信下, 而明道則繼於其本亂未治否下, 朱子因伊川意, 係於大畏民志下, 而補亡以一百二十四字. 朱子則克明德在傳首章, 而伊川則在知至下. 其他淇澳·文王·節南山·康誥取證, 與兩程改正, 或同或異. 庸·學本禮記中選出, 多經漢儒傳會, 而程朱議亦終未歸一. 後學之持疑, 無怪其然."

4) 앞의 글, 8면. "小註: '使民無訟, 在我之事, 本也; 所以聽訟爲末.' 此說恐可疑. 盖使民無訟, 新民之事, 末也, 然所以事民無訟者, 由其知本而先明其明德故也. 夫本, 固人之所當急務, 末亦不可以略也. 若如此說, 則聖人徒事其本而不務其末, 豈可乎哉? 或問曰, '己德旣明而民德自新, 則得其本之明效也.' 己德已明者, 卽得其本也; 民德自新者, 其效也末也. 其釋本末之義, 已明白周足矣. 而其下所謂或不能然, 至其亦末矣, 是抑退之辭, 何可與論於物有本末之義乎? 尤翁所謂微末者, 恐是不易之論. 然則此說無乃出於記錄之誤耶?"

5) 朱熹,《大學章句》;《四書章句集注》, 6면. "子曰, '聽訟, 吾猶人也. 必也使無訟乎!' 無情者不得盡其辭, 大畏民志, 此謂知本."

6) 담헌이 인용한 소주에는 '此'가 없다.

7) 朱熹,《大學或問》(四庫全書本). "或不能然而欲區區於分爭辯訟之間, 以求新民之效, 其亦末矣."

8) 宋時烈, 〈答鄭景由, 丁巳二月二十三日〉,《宋子大全》;《韓國文集叢刊》a111, 395~396면.

9) "小人閒居, 爲不善, 無所不至, 見君子, 而后厭然揜其不善, 而著其善, 人之視己如見其肺肝然, 則何益矣? 此謂誠於中形於外. 故君子必愼其獨也. 曾子曰, '十目所視, 十手所指, 其嚴乎!'"

10) 〈大學問疑〉,《湛軒書》, 8면. "君子之所以爲善而去惡者, 亦只看道理之當如是而已, 豈可務外而爲人而然哉?"

11) 앞의 글, 같은 곳. "爲善而求形於外, 去惡而畏人之知, 則其事雖公而意則私."

12) 같은 곳. "且夫婦衽席之間, 雖或有任情縱慾之時, 豈眞有十目之視十手之指乎!"

13) 같은 곳. "一時之失, 豈至於形於外而如見其肺肝乎?"

14) 같은 곳. "如是則至隱至幽之處, 決知其他人所不及知, 則其所以爲善去惡之意, 不幾於或怠乎?"

15) 〈學而〉,《論語集註》;《四書章句集注》, 48면. "曾子曰: '吾日三省吾身. 爲人謀而不忠乎? 與朋友交而不信乎? 傳不習乎?'"

16) 앞의 책, 같은 곳. "三者之序, 則又以忠信爲傳習之本也."

17) 〈論語問疑〉,《湛軒書》, 9면. "忠信爲傳習之本. ○爲人謀與朋友交, 比之傳習, 恐是差輕. 且是以後事, 恐不當謂之本."

18) 金元行, 〈答洪大容〉, 앞의 책, 200면. "三者輕重且無論. 忠·信只是誠心. 心苟不誠, 傳習亦只是僞耳. 忠信豈非本耶?"

19) 〈論語問疑〉, 앞의 책, 12면. "忠信爲傳習之本. ○此言忠信, 只就爲人謀與朋友而言, 則恐不足爲傳習之本. 且曾子之意, 只以三者爲人道之急務而已. 就其中分析本末, 恐非曾子本意."

20) 〈憲問〉,《論語集註》;《四書章句集注》, 158~159면. "子擊磬於衛, 有荷蕢而過孔氏之門者曰: '有心哉, 擊磬乎!' 旣而曰: '鄙哉! 硜硜乎! 莫己知也, 斯已而已矣. 深則厲, 淺則揭.' 子曰: '果哉! 末之難矣.'"

21) 〈憲問〉, 앞의 책, 159면. "聖人, 心同天地, 視天下猶一家, 中國猶一人, 不能一日忘也. 故聞荷蕢之言, 而嘆其果於忘世. 且言人之出處, 若但如此, 則亦無所難矣."

22) 〈論語問疑〉, 앞의 책, 14면. "荷蕢云云. ○荷蕢者雖不識孔子, 却知出處之義. 觀其言, 非無意於世者, 只是無道則隱也. 非若荷蓧·接輿之絶物而逃世, 則實爲行藏之正法. 聖人所以遯世而無悶, 未嘗不如是. 斥之以果於忘世, 無乃太過乎? 且此等出處, 苟無所難, 人不知而不慍, 何以爲君子? 不見知而不悔, 何以謂唯聖者能之乎?"

23) 金元行, 〈答洪大容〉, 앞의 책, 202면. "晨門荷蕢之徒, 雖不知聖人之心, 而其出處則合於邦無道隱之義. 後人之不及聖人者, 只當學晨門荷蕢者耶?" 이 부분은 《湛軒書湛軒書》에 실린 것이 아니라, 위의 김원행이 한 답변 앞에 실린 것이다. 《담헌서》 쪽에는 '後人'이 '人'으로 되어 있다.

24) 앞의 글, 같은 곳. "雖不及聖人者, 何必學此輩之廢倫忘世耶? 邦無道則固不容不隱, 但須有至誠惻怛, 不能忘天下之意."

25) 〈子路〉, 《論語集註》; 《四書章句集注》, 141면. "仲弓爲季氏宰, 問政. 子曰, '先有司, 赦小過, 擧賢才.'"

26) 〈論語問疑〉, 앞의 책, 12면. "仲弓爲季氏宰. ○季氏, 國賊也. 夫子胡不責其不當仕而只告以爲政之道耶? 如是則後世之托身權貴以圖進取者, 雖其不免於固必之過, 而在他人, 以衆人望人之道, 不必深責之耶?"

27) 金元行, 〈答洪大容〉, 앞의 책, 202면. "當世只有世卿, 士之在其時者, 不仕則已, 仕則只有此一路. 孔氏之門, 其不仕於大夫之家者, 只顔·閔數子而已, 衆人皆不免焉, 誠有難一一深責也."

28) 〈論語問疑〉, 앞의 책, 14면. "仲弓爲季氏宰云云. ○季氏, 魯之僭賊也. 以仲弓子路之賢且勇而甘心服事, 不知食其食之爲不義也, 實未可曉. 且仕止, 士之大節也. 服事僭賊, 其非薄物細故也明矣. 宜夫子之嚴辭而斥之, 反爲之商確其政術. 慨惜之意, 畧不槩見. 謂之以衆人望人, 則二子之賢, 宜非衆人而固夫子之所愛重者. 一言誨責, 豈不能釋然受敎乎? 且縱不能禁之, 答其問政, 若將以助成之, 所以待二子者無乃太薄乎?"

29) 〈泰伯〉, 《論語集註》; 《四書章句集注》, 106면. "危邦不入, 亂邦不居. 天下有道則見, 無道則隱."

30) 〈論語問疑〉, 앞의 책, 10면. "孔孟之時, 非不亂矣. 轍環歷聘而不見其隱, 豈聖賢之有當世責者不必然耶?"

31) 〈陽貨〉, 《論語集註》; 《四書章句集注》, 175면. "謂孔子曰, '來! 予與爾言.' 曰, '懷其寶而迷其邦, 可謂仁乎?' 曰, '不可.' '好從事而失時, 可謂知乎?' 曰, '不可.' '日月逝矣. 歲不我與.' 孔子曰, '諾! 吾將仕矣.'"

32) 〈論語問疑〉, 앞의 책, 10면. "陽貨乃逆臣也. 孔子雖不受其饋, 可也. 彼乃季氏家臣而僭稱大夫, 則何必待之以大夫之禮而往拜之乎?"

33) 〈陽貨〉, 《論語集註》; 《四書章句集注》, 176~177면. "子路不說曰: '末之也已. 何必公山氏之之也?' 子曰: '夫召我者, 而豈徒哉? 如有用我者, 吾其爲東周乎!'"

34) 앞의 책, 같은 곳. "程子曰, '聖人以天下無不可有爲之人, 亦無不可改過之人. 故欲往. 然而終不往者, 知其必不能改故也.'"

35) 〈論語問疑〉, 앞의 책, 같은 곳. "公山雖用夫子, 乃季氏家臣, 則何以興東周之治乎? 豈有據叛邑而興王業者乎?"

36) 앞의 글, 같은 곳. "公山佛肹, 與陽貨無異. 而夫子之或欲往而或不往者, 何也?"

37) 앞의 글, 15면. "觀此言, 則勸諸侯行王道, 固不待孟子之時矣. 惡在乎春秋尊周之義耶? 且天下雖無不可有爲之人, 以叛臣而興周道, 恐是必無之理也."

38) 〈子罕〉, 《論語集註》; 《四書章句集注》, 114면. "子曰, '吾未見好德如好色者也.'"

39) 〈論語問疑〉, 앞의 책, 11면. "觀與夫人同車則前此之靈公之不德, 可知. 何不見幾而作, 以取次乘之辱? 且絶糧之行, 何不在同車之醜而在於問陣乎?"

40) 金元行, 〈答洪大容〉, 앞의 책, 201면. "此朱子所謂聖人之不可測處."

41) 〈孟子問疑〉, 〈湛軒書〉, 16면. "尤翁謂浩然章所謂心旣對氣而言則當以理看, 然亦不可全然離氣看. 此恐可疑. 旣以理看則何可以不離氣也. 旣不可離氣, 則惡在其以理看也?"

42) 宋時烈, 〈浩然章質疑 甲寅〉, 《宋子大全》; 《韓國文集叢刊》a112, 408~414면.

43) 宋時烈, 앞의 글, 409면. "又按此段凡七言志字, 而皆當以心字看. 蓋以用而言之則謂之志, 以體而言之則謂之心, 其實一也. 其末端換用心字以結之. ○又按心者, 氣之精爽(此朱子說). 然實該貯此理, 故有以氣言者, 亦有以理言者. 今此所謂心, 旣對氣而言則當以理看. 然亦不可全然離氣看."

44) 〈公孫丑章句下〉, 《孟子集註》; 《四書章句集注》, 230~231면. "夫志, 氣之帥也;氣, 體之充也. 夫志至焉, 氣次焉. 故曰, '持其志, 無暴其氣.'" "旣曰, '志至焉, 氣次焉.' 又曰, '持其志, 無暴其氣者, 何也?'" "曰, '志壹則動氣, 氣壹則動志也. 今夫蹶者趨者, 是氣也而反動其心.'"

45) 〈孟子問疑〉, 앞의 책, 16면. "旣以理看, 則何可以不離氣也? 旣不可離氣, 則惡在其以理看也."

46) 앞의 글, 같은 곳. "蓋理者理也非氣也, 氣者氣也非理也. 理無形而氣有形. 理氣之別, 天地懸隔. 有理必有氣而言理則曰理而已, 有氣必有理而言氣則曰氣而已."

47) 앞의 글, 같은 곳. "今曰, '當以理看而亦不可離氣看'則是旣爲理而又爲氣. 旣爲無形而又爲有形, 不惟心之體段無以測知, 殆恐不免於理氣一物之病矣."

48) 앞의 글, 같은 곳. "勞以爲心者五臟之一, 有動有迹, 只是氣而已而理在其中. 非無理也而語其體則氣也. 雖有理也而不可認理而爲心. 無遺理獨存之氣而氣自氣也, 無懸空獨立之理而理自理也. 若曰氣固氣也而亦當以理看, 理固理也而不可離氣看云, 則其可成說乎?"

49) 앞의 글, 같은 곳. "盖合而言之, 器亦道道亦器;分而言之, 形而上形而下. 器亦道亦器而道未嘗爲器, 器未嘗爲道. 形而上形而下而上未嘗爲下, 下未嘗離上. 守上下之說而謂判然各立者, 固非矣. 執道器之論而謂道可以爲器而器可以爲道, 則其失又甚矣."

50) 앞의 글, 같은 곳. "然則心可以理看而理不可離氣看歟? 或曰, '心者氣而已則氣者不齊, 然則心有善惡否?' 曰, '荀子曰, 志卽心君.' 此言最妙. 天降生民, 聰明睿智以爲之君, 聰明睿智, 固異於衆人, 而亦何嘗非人乎? 人生氣禀, 清明純粹以爲之心, 清明純粹, 固異於血氣, 而亦何嘗非氣乎? 君者天下之君也, 心者一身之君也, 其理一也. 故以心對氣而謂之本然純善之心, 則是矣. 見其異於氣而遂謂之當以理看, 則是何以異於見聰明睿智之異於人而遂謂之非人也天也."

51) 물론 여기서 "'志'는 帥요, '心'은 君이다"라는 말은 순전히《순자》에서 인용된 것만은 아니다. 김창협이 지적했듯, 앞부분은《맹자孟子》에서, 뒷부분은《순자荀子》에서 인용된 것이다. 金昌協,〈經筵講義 心經〉,《農巖集》a161, 486면. "論志帥心君一段曰, '志帥, 是孟子之言;心君, 是荀卿之言.' 心是全體, 志卽心之所之. 此所以有君與帥之別, 大要皆是主張之意."《순자》의 출처는 다음과 같다.《荀子》(四庫全書本) 권11.〈天論篇〉제17. "天職旣立, 天功旣成, 形具而神生, 好惡喜怒哀樂藏焉. 夫是之謂天情. 耳目鼻口形能各有接而不相能也, 夫是之謂天官. 心居中虛, 以治五官, 夫是之謂天君."《荀子》권15〈解蔽篇〉제21. "心者形之君也而神明之主也." 또 '志帥心君'은 주자가 구사한 것이기도 하다.《朱子語類》권12, 學6, 持守. "古人言志帥心君須心有主張始得."

52) 담헌은 주자의〈大學章句序〉를 인용한 것 같다. 朱熹,〈大學章句序〉,《大學章句》;《四書章句集注》, 1면. "蓋自天降生民, 則其莫不與之以仁義禮智之性矣. 硏其氣質之稟, 惑不能齊. 是以不能皆有以知其性之所有而全之也. 一有聰明睿智能盡其性者, 出

53) 〈中庸問疑〉,《湛軒書》, 16면. "無聲無臭, 道之隱也, 形而上者也;不見不聞, 神之微也, 形而下者也. 今曰:'不見不聞, 隱也.' 則是認神爲道, 神之於道, 果若是其無別乎? 盖有聲有色而爲萬物之形者, 五氣之粗濁也;不見不聞而爲萬物之主者, 五氣之精英也. 有聲有色而不加粗, 不見不聞而不加精, 費而天地不能載, 隱而鬼神不得窺者, 此道之所以無聲無臭而爲品彙之根柢也."

54) 《中庸章句》;《四書章句集注》, 40면. "詩云, '予懷明德, 不大聲以色.' 子曰, '聲色之於以化民, 末也.' 詩云, '德如毛.' 毛猶有倫, '上天之載, 無聲無臭.' 至矣."

55) 앞의 책, 같은 곳. "蓋聲臭有氣無形, 在物最爲微妙, 而猶曰無之, 故惟此可以形容不顯篤恭之妙. 非此德之外, 又別有是三等, 然後爲至也"

56) 《中庸章句》;《四書章句集注》, 25면. "子曰, '鬼神之爲德, 其盛矣乎! 視之而弗見, 聽之而弗聞, 體物而不可遺.'"

57) 앞의 책, 같은 곳. "不見不聞, 隱也."

58) 앞의 책, 17면. "天命之謂性, 率性之謂道, 修道之謂教."

59) 앞의 책, 22면. "君子之道費而隱."

60) 앞의 책, 같은 곳. "君子之道……其理之所以然, 則隱而莫之見也."

61) 앞의 책, 25면. "詩曰, '神之格思, 不可度思, 矧可射思?' 夫微之顯, 誠之不可掩如此夫."

62) 〈告子章句上〉,《孟子集註》;《四書章句集注》, 326면. "性, 形而上者也;氣, 形而下者也."

63) 〈中庸問疑〉, 앞의 책, 16면. "今曰, '理·氣二物, 元不相離, 卽其氣之無形無聲而理之微妙在焉, 故氣之無形與聲, 便不妨謂之理之無形與聲.'云(或說如此), 則窃所未曉. 氣無形聲, 自氣无形聲;理無形聲, 自理無形聲. 理·氣之縣, 判若天壤. 如是滾合爲說, 不幾於混圇鶻突而有害於道器之分耶? 且以理·氣不相離而謂之氣然理然, 則有形有聲者, 可謂氣有形聲而理亦有形聲耶?"

64) 胡廣 等 撰,〈舜典〉,《書經大全》(四庫全書本) 권1, 虞書. "愼徽五典, 五典克從; 納于百揆, 百揆時叙; 賓于四門, 四門穆穆;納于大麓, 烈風雷雨, 弗迷." 앞으로《書經大全》은 찬자撰者 표시 없이《書經大全》으로만 쓴다.

65) 〈書傳問疑〉,《湛軒書》, 21면. "烈風雷雨不迷, 小註主蔡之說, 恐亦有見. 風雷不驚, 中人多魄者, 亦自能之, 此何足以贊舜乎? 且克從·時叙·穆穆, 皆自彼而言. 此獨以舜而

言, 亦恐乖例. 而汝陟帝位, 此無二日之嫌耶?"

66) 《書經大全》, 같은 곳. "納大麓恐是爲山虞之官."

67) 앞의 책, 같은 곳. "朱子曰, '若爲山虞, 則其職益卑. 且合從史記說, 使之入山, 雖遇烈風雷雨, 弗迷其道也. 納于大麓, 當以史記爲據. 謂如治水之類, 弗迷謂舜不迷於風雨也. 若主祭之說, 某不敢信. 且雷雨在天如何解迷. 若是舜在主祭而乃有風雷之變, 豈得是好? 烈風雷雨弗迷, 只當從太史公說.. 若從主祭說則弗迷二字說不得, 弗迷乃指人而言也.'"

68) 앞의 책, 같은 곳. "麓, 山足也. 烈, 迅;迷, 錯也.. 史記曰:'堯使舜入山林川澤, 暴風雷雨, 舜行不迷.' 蘇氏曰, '洪水爲害, 堯使舜入山林, 相視原隰, 雷雨大至. 衆懼失常, 而舜不迷. 其度量有絶人, 者而天地鬼神, 亦或有以相之歟?' 愚謂, '遇烈風雷雨, 非常之變, 而不震懼失常, 非固聰明誠智, 確乎不亂者, 不能也.'"

69) 앞의 책, 같은 곳. "象以典刑, 流宥五刑;鞭作官刑, 扑作教刑. 金作贖刑, 眚災肆赦, 怙終賊刑. 欽哉欽哉, 惟刑之恤哉."

70) 앞의 책, 같은 곳. "眚災肆赦者, 眚謂過誤, 災謂不幸. 若人有如此而入於刑, 則又不待流宥金贖而直赦之也. 賊, 殺也. 怙終賊刑者, 怙謂有恃, 終謂再犯. 若人有如此而入於刑, 則雖當有當贖, 亦不許其有, 不聽其贖, 而必刑之也."

71) 〈書傳問疑〉, 《湛軒書》, 21면. "眚災肆赦·怙終賊刑. 五刑之罪, 雖係眚災, 恐難直赦. 學校之刑, 雖有可議, 何必金贖? 賊之訓殺, 恐亦太重. 五刑之輕, 何必至於殺乎? 縱謂再犯, 亦可疑. 恐是放縱無忌之意. 賊刑, 似是猛治之意."

72) 《書經大全》, 같은 곳. "帝曰, '疇若予工?' 僉曰, '垂哉!' 帝曰, '兪! 咨垂, 汝共工.' 垂拜稽首, 讓于殳·斨暨伯與. 帝曰, '兪! 往哉汝諧.'"

73) 〈書傳問疑〉, 앞의 책, 같은 곳. "往哉汝諧, 只言於命垂益之辭. 殳·斨·伯與·朱虎·熊羆, 不命他事, 則汝諧云者, 恐亦偕作之意."

74) 〈詩經辨疑〉, 《湛軒書》, 19~21면.

75) 金昌翕, 〈日錄, 庚子〉, 《三淵集》:《韓國文集叢刊》a166, 159면. "初一日 晴, 風氣猶淒凜, 使人氣不舒, 夕間誦周南三遍, 聲氣短而意味則長, 恨不回此心於少時耳. 關雎解分明言宮人於淑女未得則寤寐反側, 旣得則有琴瑟鐘鼓之樂, 至於尊奉二字, 尤非可施於文王也, 而猶有錯解以文王者, 如尤翁, 林德涵亦不免此, 難道朱子解書, 後人見

76) 〈詩經辨疑〉, 앞의 책, 19면. "余觀三洲日錄, 詩解多新可意而亦有所疑, 逐條論辨."
77) 金昌翕, 〈日錄 庚子〉, 앞의 책, 159면. "樂只君子, 君子二字, 恐不可零湊作小君, 似只是宮中之人贊歎文王之能齊家耳. 周南一篇, 必純以后妃事充之, 則兎置章, 亦可拔去矣."
78) 朱熹, 〈樛木〉, 《詩經集傳》(四庫全書本)권1, 國風, 周南1.
79) 朱熹, 앞의 책, 같은 곳. "后妃能逮下而無嫉妬之心, 故衆妾樂其德而稱願之曰:'南有樛木, 則葛藟之矣, 樂只君子, 則福履綏之矣.'"
80) 앞의 책, 같은 곳. "君子, 自衆妾而指后妃, 猶言小君內子也."
81) 〈詩傳辨疑〉, 앞의 책, 19면. "樛木君子二字, 說得甚好. 集註之必作小君, 甚可疑."
82) 金昌翕, 앞의 글, 앞의 책, 159면. "燕燕作兩簡燕釋之, 協於文義. 其頡頏差池, 上下其音, 有無限情致. 有評此詩謂可泣鬼神者, 誠是矣."
83) 朱熹, 〈燕燕〉, 《詩經集傳》권2, 國風, 邶.
84) 朱熹, 앞의 책, 같은 곳. "謂之燕燕者, 重言之也."
85) 〈詩傳辨疑〉, 앞의 책, 19면. "燕燕之解, 甚精巧."
86) 朱熹, 〈終風〉, 《詩經集傳》권2, 國風, 邶.
87) 金昌翕, 앞의 책, 160면. "終風章不日有曀, 以有作又, 未必然. 果是又曀, 則初未嘗晴霽矣. 只是言非一日也. 如不日不月, 亦言其久也."
88) 朱熹, 〈終風〉, 앞의 책, 같은 곳. "陰而風曰曀. 有, 又也. 不日有曀, 言既矣, 不旋日而又也."
89) 〈詩傳辨疑〉, 앞의 책, 19면. "終風說, 亦自成說. 但下曀字語疊, 終不如本註之順, 初末晴霽者似矣. 但言不日又曀, 則晴霽之意, 自在其中, 恐不必疑."
90) 朱熹, 〈揚之水〉, 《詩經集傳》권4, 國風, 鄭. "(毛序) 揚之水, 閔無臣也. 君子閔忽之無忠臣良士終以死亡, 而作是詩也."
91) 朱熹, 앞의 책, 같은 곳. "兄弟, 婚姻之稱, 禮所謂不得嗣爲兄弟是也. 予·女, 男女自相謂也."
92) 김창흡, 앞의 책, 166면. "鄭風自〈風雨〉至〈揚之水〉, 未可斷爲淫奔. 揚之水終鮮兄弟, 以兄弟爲夫妻, 似涉牽强. 詩序之刺忽, 既無情理, 矯之之過, 以他題爲淫奔, 恐亦失

其平矣."

93) 〈詩傳辨疑〉, 앞의 책, 19면. "揚之水, 兄弟之爲婚姻, 果涉牽强."
94) 〈周易辨疑〉,《湛軒書》, 21면. "元·亨·利·貞者, 六陽之斷也, 卦體純陽, 則宜其大通, 以其過剛, 故利主於正固. 元·亨者, 所以示人以吉, 利·貞者, 所以戒人以保終."
95) 〈易說綱領〉,《周易傳義大全》(四庫全書本). "元·亨·利·貞, 文王所繫之辭, 以斷一卦之吉凶."
96) 과강過剛은 건괘의 용구用九의 효사에 대한《역전易傳》의 해석에 나오는 표현이다. "用九者, 處乾剛之道. 以陽居乾體, 純乎剛者也. 剛柔相濟爲中, 而乃以純剛. 是, 過乎剛也."
97) 胡廣 等 撰,〈乾〉,《周易傳義大全》권1. "《本義》元, 大也; 亨, 通也; 利, 宜也; 貞, 正而固也. 文王以爲乾道大通而至正. 故於筮得此卦而六爻皆不變者, 言其占當得大通而必利在正固, 然後可以保其終也."《주역전의대전周易傳義大全》의 번역은 成百曉 譯註,《周易傳義》上·下, 韓國傳統文化硏究會, 1998에서 취함. 이하도 같음.
98) 〈周易辨疑〉, 앞의 책, 21면. "剛貴得中, 理無終通, 則利貞者, 乃處元亨之道也. 非乾中有利貞之象, 乃聖人示人以處乾之道也."
99) 앞의 글, 같은 곳. "貞, 有靜而且守之義. 天下之事, 躁擾不定, 鮮有不敗. 況處純剛之體, 有至健之德, 非靜無以制動, 非守無以致遠. 故曰利貞."
100) "初九, 潛龍, 勿用."
101) 〈周易辨疑〉, 앞의 책, 같은 곳. "賢者在下, 潛居抱道, 以待其時, 妄動援上, 悔吝必至, 故曰勿用."
102) "九二, 見龍在田, 利見大人."
103) 〈周易辨疑〉, 앞의 책, 같은 곳. "陽爻之居陽位, 陰爻之居陰位, 爲正. 九二之爲正, 何也."
104) "九二, 剛健中正, 出潛離隱, 澤及於物, 物所利見."
105) "九三, 君子終日乾乾, 夕惕若, 厲, 无咎."
106) 〈周易辨疑〉, 앞의 책, 22면. "三爲人位, 故不言龍而言君子; 處下卦之終, 故曰終日日夕. 兩乾之會故曰乾, 乾爻爲剛陽故曰惕. 此, 九三之象也. 重剛不中, 處下而逼上, 故曰厲; 能乾而惕, 故曰无咎."

107) "九四, 或躍在淵, 无咎."
108) 〈周易辨疑〉, 앞의 책, 22면. "九四已離於下卦, 則不在於田矣; 未及於九五, 則不在於天矣. 在地之上而不及於天者, 惟淵爲然. 故曰在淵. 行者在地, 飛者在天. 不行不飛, 惟躍爲然. 故曰或躍."
109) "九五, 飛龍在天, 利見大人."
110) "上九, 亢龍, 有悔."
111) "或躍在淵无咎."
112) "子曰: '上下无常, 非爲邪也; 進退无恒, 非離群也. 君子進德修業, 欲及時也, 故无咎.'"
113) 〈周易辨疑〉, 앞의 책, 23면. "上而進者躍也, 下而退者在淵也. 上下無常, 重在上字, 其上也樂則行之, 非貪榮而爲邪. 進退无恒, 重在退字, 其退也憂則違之, 非忘世而離羣."
114) 앞의 글, 같은 곳. "君子者, 難進而易退, 能及時而進, 則及時而退矣."
115) 앞의 글, 같은 곳. "當進而進, 固及時也; 當退而退, 亦及時也. 或進或退, 惟在及時而已."
116) 앞의 글, 같은 곳. "及時者, 及其時而進也, 君子進德修業, 亦將何爲哉, 欲自明其德而新天下之民, 時至而不進者, 果哉之類也."
117) "象曰, '風行天上, 小畜. 君子以, 懿文德.'"
118) 〈周易辨疑〉, 앞의 책, 25면. "以柔順之氣, 畜剛健之體, 其積不厚而其施不遠. 君子觀其象則當反之, 以厚積其德爲久遠之圖. 何可則其擾係姑息之象而區區於文藝之小技乎? 是可疑也."
119) 〈小畜〉,《周易傳義大全》권4. "《傳》君子所蘊蓄者, 大則道德經綸之業, 小則文章才藝. 君子觀小畜之象, 以懿美其文德. 文德, 方之道義, 爲小."
120) "上九, 觀其生, 君子无咎."
121) "象曰: '觀其生, 志未平也.'"
122) "志未平, 言雖不得位, 未可忘戒懼也."
123) 〈周易辨疑〉, 앞의 책, 27면. "士生斯世, 達則兼善天下, 其君用之而安富尊榮, 窮則獨善其身, 子弟從之而孝悌忠信. 其所以憂勤惕厲, 日新而不可已者, 豈以窮達而小異也? 故上九之无位者, 志當戒懼而必有君子之德, 然後可以无咎. 世之自好尙奇者, 往往行恠索隱, 放浪自得, 夷考其行, 則外无威儀風旨之可觀, 內无忠信才智之

可言. 而方且遊心於山水, 放形於詩酒, 轉相倣效, 自謂淸古, 此與躁進名利貪婪權勢者, 雖若淸濁之有別, 其誤世病俗, 彌近而大亂, 則其害反有甚焉. 爲君子者縱不能抑而正之, 乃反許而助之哉!"

124) "象曰, '天地不交否, 君子以, 儉德辟(避)難, 不可榮以祿.'"

125) 〈周易辨疑〉, 앞의 책, 26면. "儉德避難, 不幾於果於忘世乎? 君子當否塞之時, 進不可有爲, 故退而窮於下而已. 然何嘗有忘天下之心乎?"

126) "同人于野, 亨. 利涉大川, 利君子貞."

127) "文明以健, 中正而應, 君子正也."

128) 〈周易辨疑〉, 앞의 책, 26면. "君子之道, 知與行而已, 明者知之極, 健者行之至, 能明而健, 豈惟同人哉, 以之成己, 以之及物, 无所往而不亨矣."

129) 〈啓蒙記疑〉, 《湛軒書》, 30~32면.

130) 黎靖德 編, 《朱子語類》 3, 817면. "又如卜筮, 自伏羲·堯·舜以來, 皆用之, 是有此理矣. 今人若於事有疑, 敬以卜筮決之, 有何不可焉."

131) 박권수, 〈조선 후기 象數學의 발전과 변동〉, 서울대학교 대학원 협동과정 과학사 및 과학철학 전공, 2006, 20면. 이하 《역학계몽》과 상수학, 도서학에 관한 서술은 이 논문에 크게 힘입었다.

132) 박권수, 앞의 글, 20~21면.

133) 앞의 글, 17면.

134) 앞의 글, 16면.

135) 앞의 글, 21면.

136) 앞의 글, 15면.

137) 〈啓蒙記疑〉, 앞의 책, 30면. "馬圖旋毛之點, 理或然也. 龜書坼文之點, 說不去也. 洛書只有自一至九之數而已, 九疇之理, 略不槩見, 則禹之第之, 果何所據?"

138) 주희, 김진근 옮김, 《완역 역학계몽》, 청계, 2008, 29면. "易大傳曰, '河出圖, 洛出書, 聖人則之.'" 앞으로 《역학계몽》의 인용은 이 책에 의하고 서지사항은 생략한다.

139) 〈易本義圖〉, 《周易傳義》. "臨川吳氏曰: '其旋毛之圈有如星象, 故謂之圖. 非五十五數之外, 別有所謂圖也.'"

140) 《완역 역학계몽》, 29면. "禹遂因而第之以成九類." 공안국은 하도는 곧 팔괘이고,

낙서는 구주라고 하였다. 담헌은 《春秋緯》를 인용하여 공안국이 하도를 팔괘, 낙서를 구주九州라고 한 것을 상기시키고 있다. 〈啓蒙記疑〉, 앞의 책, 같은 곳. "春秋緯云, 河以通乾出天苞, 洛以流坤吐地符, 河龍圖發, 洛龜書感, 河圖有九篇, 洛書有六篇, 孔安國以爲河圖則八卦是也, 洛書則九疇是也."

141) 《書經》, 〈洪範〉. "箕子乃言曰, '我聞, 在昔鯀陻洪水, 汨陳其五行, 帝乃震怒, 不畀洪範九疇, 彝倫攸斁. 鯀則殛死, 禹乃嗣興, 天乃錫禹洪範九疇, 彝倫攸敍.'"

142) 《완역 역학계몽》, 35면. "禹治洪水, 賜洛書, 法而陳是, 九疇是也."

143) 〈啓蒙記疑〉, 앞의 책, 같은 곳. "河圖之點, 奇耦之數也. 奇耦者陰陽也, 則圖而畫卦, 固无恠也. 五行·五事·五福·六極之類, 何取於自一至九之數也."

144) 앞의 글, 같은 곳. "關子明河圖之文, 言七·六·八·九而不言一·二·三·四."

145) 《완역 역학계몽》, 36면. "關子明云:'河圖之文, 七前, 六後, 八左, 九右;洛書之文, 九前, 一後, 三左, 七右, 四前左, 二前右, 八後左, 六後右.'"

146) 〈啓蒙記疑〉, 앞의 책, 같은 곳. "洞極經, 蓋謂阮逸僞作, 平庵項氏之言, 當有所考, 關子明云云, 何所取也?"

147) 《완역 역학계몽》, 38~39면. "邵子曰, '圓者, 星也. 曆紀之數, 其肇於此乎! 方者, 土也. 畫州·井地之法, 其放於此乎! 盖圓者, 河圖之數;方者, 洛書之文, 故羲文因之而造易, 禹箕叙之而作範也.'"

148) 《역학계몽》의 세주細註는 《朱子語類》에서 소강절邵康節의 논리에 찬동하는 주자의 말을 그대로 옮기고 있다. 《완역 역학계몽》, 42~43면을 보시오.

149) 〈啓蒙記疑〉, 앞의 책, 같은 곳. "河圖之圓, 無隅角也. 圓者, 星也. 非星曆紀之法不行. 故曰曆紀之數, 肇於河圖. 洛書之方, 有隅角也. 方者, 土也. 非土畫州之法不行. 故曰畫州之法, 倣於洛書. 邵·朱之意盖如此, 恐推之太深."

150) 앞의 글, 같은 곳. "唐孔氏書止義曰:'龜負洛書, 經, 无其事. 中候及諸律多說黃帝·堯·舜受圖書之事, 皆云龍負圖龜負書. 緯候之書, 僞起·哀平云云."

151) 《완역 역학계몽》, 48면. "天一, 地二; 天三, 地四; 天五, 地六; 天七, 地八; 天九, 地十. 天數五, 地數五. 五位相得而各有合. 天數二十有五, 地數三十. 凡天地之數五十有五, 此所以成變化而行鬼神也."

152) 앞의 책, 49~50면. "此一節夫子所以發明河圖之數也. 天地之間, 一氣而已. 分而為

二, 則爲陰陽, 而五行造化萬物始終無不管於是焉. 故河圖之位, 一與六共宗而居乎北; 二與七爲朋而居乎南; 三與八同道而居乎東; 四與九爲友而居乎西; 五與十相守而居乎中. 蓋其所以爲數者, 不過一陰一陽, 一奇一偶, 以兩其五行而已. 所謂天者, 陽之輕淸而位乎上者也; 所謂地者陰之重濁而位乎下者也. 陽數奇, 故一三五七九皆屬乎天, 所謂天數五也. 陰數偶, 故二四六八十皆屬乎地, 所謂地數五也. 天數·地數各以類而相求, 所謂五位之相得者然也. 天以一生水, 而地以六成之; 地以二生火, 而天以七成之; 天以三生木, 而地以八成之; 地以四生金, 而天以九成之; 天以五生土, 而地以十成之. 此又其所謂各有合焉者也. 積五奇而爲二十五, 積五偶而爲三十, 合是二者而爲五十有五, 此河圖之全數, 皆夫子之意, 而諸儒之說也."

153) 〈啓蒙記疑〉, 앞의 책, 30면. "五行生成之序, 肇自何書? 朱子太極圖解, 亦曰: '五行以質而, 語其生之序, 則曰水·火·木·金·土.'"

154) 앞의 글, 같은 곳. "生物之初, 先輕淸而後重濁, 其理甚確, 水火之先, 木金之後是也, 惟土不生成, 則木金無所倚附, 土之後生, 必不然也."

155) 앞의 책, 31면. "土又重於金·木云云, 土之精者積凝而爲金·木, 不可根於虛空, 則土之後生, 實無其理."

156) 앞의 책, 30면. "造化發育, 天生而地成, 不易之理也. 水·木之生成, 固也, 火金之生成, 其理甚逆."

157) 앞의 글, 같은 곳. "萬物之生, 必先有氣而後有質, 所以天生而地成."

158) 앞의 책, 31면. "二火四金, 生序之數也, 以其數之偶而遂謂之地生, 牽合於經文而卒無其理."

159) 같은 곳. "天五生土地十成之者, 尤不成語, 地者土而已, 成土之地, 果是何物也?"

160) 《완역 역학계몽》, 51~52면. "或曰, '土寄旺於四季各十八日, 何獨火生土, 而土生金也?' 曰, '夏季十八日, 土氣爲最旺, 故能生秋金也.'"

161) 〈啓蒙記疑〉, 앞의 책, 31면. "夏季十八日, 土氣爲最旺云云. 此等皆術數家傅會之語. 旣不見經傳, 儒者所不語, 朱子之獨取之, 何哉?"

162) 앞의 글, 같은 곳. "天地之數所以成變化而行鬼神, 何謂也?"

163) 앞의 글, 같은 곳. "共宗相守, 謂之相得; 天地生成, 謂之有合, 相得有合, 恐不必分屬."

164) 앞의 글, 같은 곳. "五行生克之說, 蓋出於易緯. 術數之學, 焦·京諸儒之言, 希夷·康

節之所傳授. 至朱子, 始取以解太極圖, 並及於易."

165) 〈心性問〉,《湛軒書》, 5면.

166) 〈心性問〉, 앞의 책, 같은 곳. "凡言理者, 必曰無形而有理. 旣曰無形, 則有者是何物? 旣曰有理, 則豈有無形而謂之有者乎? 盖有聲則謂之有, 有色則謂之有, 有臭與味則謂之有. 旣無是四者, 則是無形體無方所, 所謂有者是何物耶?"

167) 앞의 글, 같은 곳. "且曰, '無聲無臭而爲造化之樞紐, 品彙之根柢' 則旣無所作爲, 何以見其爲樞紐根柢耶? 且所謂理者, 氣善則亦善, 氣惡則亦惡, 是理無所主宰而隨氣之所爲而已. 如言理本善, 而其惡也爲氣質所拘而非其本體, 此理旣爲萬化之本矣, 何不使氣爲純善而生此駁濁乖戾之氣以亂天下乎? 旣爲善之本, 又爲惡之本, 是因物遷變, 全沒主宰. 從古聖賢何故而極口說一理字? 老氏之虛無·佛氏之寂滅, 於是乎分, 其故安在? 今學者開口便說性善, 所謂性者, 何以見其善乎? 見孺子入井, 有惻隱之心, 則固可謂之本心. 若見玩好而利心生, 油然直遂, 不暇安排, 則何得謂之非本心乎? 且性者, 一身之理而理無聲臭矣, 善惡二字, 將何以着得耶?"

168) 박권수, 앞의 글, 13면.

169) 〈心性問〉, 앞의 책, 같은 곳. "言仁·義則禮·智在其中, 言仁則義亦在其中. 仁者, 理也. 人有人之理, 物有物之理, 所謂理者, 而已矣."

170) 앞의 글, 같은 곳. "在天曰理, 在物曰性, 在天曰元·亨·利·貞, 在物曰仁·義·禮·智, 其實一也."

171) 앞의 글, 같은 곳. "草木, 不可謂全無知覺."

172) 앞의 글, 같은 곳. "雨露旣零, 萌芽發生者, 惻隱之心也;霜雪旣降, 枝葉搖落者, 羞惡之心也."

173) 앞의 글, 같은 곳. "仁卽義, 義卽仁. 理也者, 一而已矣."

174) 앞의 글, 같은 곳. "毫釐之微, 只此仁·義也;天地之大, 只此仁·義也. 大而不加, 小而不減, 至矣乎!"

175) 앞의 글, 같은 곳. "草木之理, 卽禽獸之理;禽獸之理, 卽人之理;人之理, 卽天之理. 理也者, 仁與義而已矣."

176) 앞의 글, 같은 곳. "虎狼之仁, 蜂蟻之義, 從其發見處言也. 言其性, 則虎狼豈止於仁, 蜂蟻豈止於義乎?, 虎狼之父子, 仁也. 而所以行此仁者, 義也. 蜂蟻之君臣, 義也. 而

177) 앞의 글, 같은 곳. "大同者理也, 不同者氣也. 珠玉至寶也, 糞壤至賤也. 此, 氣也. 珠玉之所以寶, 糞壤之所以賤, 仁義也. 此, 理也. 故曰:'珠玉之理, 卽糞壤之理; 糞壤之理, 卽珠玉之理也.'"
178) 앞의 글, 같은 곳. "事無善惡, 不出乎四端."
179) 앞의 글, 같은 곳. "花開葉落, 人皆曰天之造化, 不知人之一動一靜, 亦莫非天之爲也."
180) 黎靖德 編, 《朱子語類》1, 118면. "以名義言之, 仁自是愛之體. 覺自是智之用本不相同. 但仁包四德, 苟仁矣. 安有不覺者乎?(道夫)"
181) 黎靖德 編, 앞의 책, 108면. "問, '仁義禮智四者, 皆一理. 擧仁, 則義禮智在其中. 擧義與禮, 則亦然." 앞의 책, 109면. "又曰, '仁爲四端之首, 而智則能成始而成終, 猶元爲四德之長, 然元不生於元而生於貞."
182) 朱熹, 〈仁說〉, 《晦庵集》(四庫全書本) 권67. "盖天地之心, 其德有四曰元亨利貞, 而元無不統其運行焉, 則爲春夏秋冬之序, 而春生之氣, 無所不通, 故人之爲心, 其德亦有四曰仁義禮知, 而仁無不包其發用焉, 則爲愛恭宜別之情, 而惻隱之心, 無所不貫, 故論天地之心者, 則曰乾元坤元, 則四德之體用, 不待悉數而足……此心, 何心也? 在天地則坱然生物之心, 在人則溫然愛人利物之心, 包四德而貫四端者也."
183) 〈心性問〉, 앞의 책, 같은 곳. "在天曰理, 在物曰性, 在天曰元亨利貞, 在物曰仁義禮智, 其實一也."
184) 朱熹, 〈小學題辭〉, 앞의 책, 권76. "元亨利貞, 天道之常; 仁義禮智, 人性之綱."
185) 黎靖德 編, 《朱子語類》1, 107면. "仁義禮智, 便是元亨利貞. 若春間不曾發生, 得到夏無緣得長, 秋冬亦無可收藏."
186) 朱熹, 〈答余方叔 大猷〉, 앞의 책, 권59. "天之生物, 有有血氣知覺者, 人獸是也; 有無血氣知覺而但有生氣者, 草木是也."
187) 黎靖德 編, 《朱子語類》4, 1430면. "問, '人與鳥獸, 固有知覺, 但知覺有通塞, 草木亦有知覺否?' 曰, '亦有. 如一盆花得些水澆灌, 便敷榮. 若摧折, 他便枯悴. 謂之無知覺, 可乎? 周茂叔窓前草, 不除去云. 與自家意思一般. 便是有知覺, 只是鳥獸底知覺不如人底. 草木底知覺, 又不如鳥獸底. 又如大黃喫著, 便會瀉. 附子喫著, 便會熱. 只是他知覺, 只從這一路去.' 又問, '腐敗之物亦有否?' 曰, '亦有. 如火燒成灰, 將來

炮湯喫也. 燧苦因笑曰項信州諸公正說草木無性今夜又說草木無心矣.'"

188) 黎靖德 編,《朱子語類》1, 106면. "問, '仁義禮智體用之別.' 曰, '陰陽上看下來, 仁禮屬陽, 義智屬陰; 仁禮是用, 義智是體; 春夏是陽, 秋冬是陰. 只將仁義說, 則春作夏長, 仁也; 秋斂冬藏, 義也. 若將仁義禮智說, 則春, 仁也; 夏, 禮也;秋, 義也; 冬, 智也. 仁禮是敷施出來底, 義是肅殺果斷底, 智便是收藏底.'"

189) 〈答徐成之論心說〉,《湛軒書》, 5~6면.

190) 앞의 글, 앞의 책, 5면. "凡物, 同則皆同, 異則皆異. 是故理者, 天下之所同; 氣者, 天下之所異也. 今夫心之爲物, 有迹有用, 不可謂之理也; 不見不聞, 不可謂之氣也"(此則朱先生比理微有迹, 比氣自然又靈之意, 不可仍此而便謂之非理非氣之物, 當活看).

191) 黎靖德 編朱,《朱子語類》1, 87면.. "問: '人心形而上下如何?' 曰, '如肺肝五臟之心, 却是實有一物. 若今學者所論操舍存亡之心, 則自是神明不測, 故五臟之心受病, 則可用藥補之, 這箇心, 則非菖蒲茯苓所可補也.' 問, '如此則心之理乃是形而上否?' 曰, '心比性, 則微有迹, 比氣則自然又靈.'"

192) 〈答徐成之論心說〉, 앞의 책, 5면. "只是氣之粹者, 物之神者, 無大小無厚薄無明暗無通塞, 能知能覺, 虛靈不昧."

193) 앞의 책, 6면. "不知此爲天下之同者耶? 爲天下之異者耶? 異則若聖若愚若禽獸若草若木, 無不異也. 同則若聖若愚若禽獸若草若木, 無不同也. 同則皆同, 異則皆異. 此可以一言而決矣."

194) 앞의 글, 같은 곳. "程子之論心, 必言其本善. 此其故何也? 觀其用則異, 語其本則同. 惟此本體之明, 不以聖而顯, 不以愚而晦, 不以禽獸而缺, 不以草木而亡, 無他. 體神且粹, 不拘於氣而失其本故也. 由是觀之, 則賢愚之同不同, 可知也;賢愚之同不同可知, 則禽獸之同不同, 可知也;禽獸之同不同可知, 則草木之同不同, 可知也."

195) 《大學章句》;《四書章句集注》, 3면. "大學之道, 在明明德, 在新民, 在止於至善"

196) 앞의 책, 같은 곳. "明德者, 人之所得乎天而虛靈不昧, 以具衆理而應萬事者也."

197) 앞의 책, 같은 곳. "但爲氣稟所拘, 人欲所蔽, 則有時而昏. 然其本體之明, 則有未嘗息者."

198) 〈答徐成之論心說〉, 앞의 책, 6면. "此其心靈乎不靈乎? 謂之不靈則已, 謂之靈則方之於人, 非惟不異而或過之. 人物之心, 其果不同乎?"

199) 앞의 글, 같은 곳. "且心者, 神明不測之物也. 無形狀無聲臭. 雖欲不同, 何離何合何完何缺? 一有不同, 是心逐氣變體, 靈無定本. 旣無定本, 則智之於愚, 賢之於不肖, 皆不同也. 此豈理也歟? 故曰, '愚局於氣, 物局於質.' 心之靈則一也. 氣可變而質不可變, 此人物之殊也."

200) 담헌은 〈의산문답醫山問答〉에서 '質'에 대해 이렇게 말하고 있다. 〈醫山問答〉, 《湛軒書》, 93면. "物之有體質者, 終必有壞. 凝以成質, 融以反氣." 또 《성리대전》의 다음 부분을 보라. "蓋質則陰陽交錯, 凝合而成"《性理大全》卷27, 〈五行〉). '질質'은 음양陰·陽 2기二氣가 교착되고 엉기어 이루어진 것이다.

201) 〈答徐成之論心說〉, 앞의 책, 6면. "充塞于天地者, 只是氣而已而理在其中. 論氣之本, 則澹一冲虛, 無有淸濁之可言. 及其升降飛揚, 相激相蕩, 糟粕煨燼, 乃有不齊. 於是得淸之氣而化者爲人, 得濁之氣而化者爲物. 就其中至淸至粹神妙不測者爲心, 所以妙具衆理而宰制萬物, 是則人與物一也. 虎狼之於子也, 慈愛之心, 油然而生; 蜂蟻之於君也, 敬畏之心, 自然而生. 此可見其心之本善, 與人同也."

202) 앞의 글, 같은 곳. "夫民之心, 本自虛靈洞澈, 萬理咸備, 聖人之不使知之而終不可爲堯舜之聰明睿智者, 何也? 是亦局於氣也, 若以此而遂以爲衆人之心, 與聖人之心不同, 則愚不知其何說也."

203) 앞의 글, 같은 곳. "一兩路明, 智周萬物, 同異之懸, 判以天壤. 但未知一兩路明者其所稟於天者然耶? 抑所稟者全而拘於氣者然耶? 若曰人得其全而物得其偏, 則是心之爲物, 有大虛靈, 有小虛靈, 有通虛靈, 有塞虛靈, 離澌破碎, 其同於一物甚矣, 何足以爲萬化之主歟?'

204) 黎靖德 編, 《朱子語類》4, 1346면. 《孟子》7, 離婁下, '人之所以異於禽獸章'에 대한 주자의 언급이다. "敬之問, '人之所以異於禽獸都幾希.' 曰, '人與萬物都一般者, 理也; 所以不同者, 心也. 人心虛靈, 包得許多道理過, 無有不通. 雖間有氣稟昏底, 亦可克治使之明. 萬物之心, 便包許多道理不過, 雖其間有稟得氣稍正者, 亦止有一兩路明. 如禽獸中有父子相愛, 雌雄有別之類, 只有一兩路明. 其他道理便, 都不通便推不去. 人之心便虛明, 便推得去. 就大本論之, 其理則一, 纔稟於氣, 便有不同.'"

205) 《周易》, 〈繫辭上傳〉. "與天地相似, 故不違, 知周乎萬物而道濟天下故不過."

206) 〈答徐成之論心說〉, 앞의 책, 같은 곳. "人亦有癡獃魍魎者, 物亦有通明敏悟者. 如螻

蟻先知雨, 麒麟不踐草, 其心之靈, 反有賢於人者. 何渠不若彼瘲獸魍魎者耶? 若執其形而謂其心之不同, 則炎帝牛首, 伏羲蛇身, 而不害其爲聖也. 猩猩人言, 鮫魚人行, 是何嘗遠於人哉?"

207) 앞의 글, 같은 곳. "窮髮之界, 獸食而獸行者, 雖有圓顱方趾, 是與犬馬奚擇哉! 是雖服堯之服, 遊孔子之門, 決不能去盡雜氣智周萬物矣. 以此而遂以爲未嘗有才焉, 是豈其情然哉!"

208) 韓元震, 〈答權亨叔 丁卯八月〉, 《南塘集》; 《韓國文集叢刊》a201, 461면. "自古異端之說, 皆是無分之說也. 老莊齊物, 告子生之謂性, 皆是也. 今之學者, 以人物之性, 謂同其五常, 是人獸無分也. 釋氏曰心善, 而儒者亦曰心善, 是儒釋無分也. 推尊許衡, 以爲聖門眞儒. 旣以爲眞儒, 則當學其人, 是華夷無分也. 此三說者, 將爲吾道無窮之害. 所恃而衛道者, 惟高明也. 把此題目明辨之, 如何? 歐陽玄輩推尊許衡, 以爲集濂洛關閩之大成, 薛文淸以爲有仕止久速之氣像, 羅整菴以衡之事元, 謂無不可, 非特東人之論然也."

209) 〈史論〉, 《湛軒書》, 37면. "彭天護之殺賈疋, 報父之讎也." 앞으로 〈史論〉은 '〈史論〉, ○○면'의 방식으로 면수만 표시한다.

210) 〈史論〉, 37면. "朱子盜之, 何也?"

211) 《資治通鑑綱目》 권81. "十二月, 盜殺賈疋, 麴允領雍州刺史."

212) 〈佛圖澄〉, 《晉書》 95, 列傳, 第六十五 藝術.

213) 〈史論〉, 35면. "姜維無武侯之才而欲爲武侯之事, 志則忠矣, 亦不量其力, 卒以顚覆, 不亦宜乎! 廖化所謂智不出敵而力少於寇, 用之無厭, 何以自存者, 眞知言也. 且善謀事者, 先其本而後其末, 急於內而緩於外. 小人用事於中而將帥成功於外者, 未之有也. 不能制黃皓之專恣, 而欲得志於力彊之敵, 不可謂智也."

214) 司馬光, 《資治通鑑》 권76, 魏紀 8, 高貴鄕公 正元 2년(255); 권중달 역, 《資治通鑑》 8, 삼화, 2007, 524면. 앞으로 권중달 역 《資治通鑑》은 '역본 《자치통감》'으로 표기하고 권수와 면수만 표시한다.

215) 《資治通鑑》 권77, 魏紀 9, 高貴鄕公 甘露 2년(257); 역본 《자치통감》 8, 550~552면.

216) 《資治通鑑》 권78, 魏紀 10, 元帝 景元 3년(262); 역본 《자치통감》 8, 589면.

217) 〈史論〉, 35면. "姜維欲備陽安陰平而爲黃皓所沮. 若如維計, 鄧艾不能入陰平一步,

而艾不入則會自走, 蜀之亡, 不如是之促也."

218) 《資治通鑑》 권78, 魏紀 10, 元帝 景元 4년(263).
219) 〈史論〉, 35면. "諸葛瞻不據陰平, 退死綿竹. 惜乎, 其有父之忠而無父之才, 身死家亡而無補於國也. 雖然, 視姜維輩之釋兵降賊, 亦差彊人意. 若其不斬黃皓, 乃其子臨死奮歎之言. 若以此而眞以爲罪, 則亦苟於責備, 非君子與人爲善之義."
220) 〈史論〉, 35면. "姜維臨死之謀, 志毒而計踈. 雖然, 忠漢之心, 至死不變, 不傷武侯之明知, 亦可尙也."
221) 〈史論〉, 36면. "劉淵以多行殺戮, 降秩喬·晞, 宜其橫行於中國. 夫淵一羯奴耳, 間中原之亂而奮奸猾之智, 狂僭之計, 只在於雄據神州, 逞其威勢, 非其志慨華夏之無君而濟生民於水火. 然且不如是, 不足以售其欲, 況乘天時順民望, 取兇殘而光大業者, 亦有不嗜殺人而能成其事者乎?"
222) 〈史論〉, 37면. "夷狄亂夏, 天下之大變也."
223) 〈史論〉, 37면. "張賓之自比子房, 其亦妄矣. 子房之所以爲子房, 豈在於運籌決勝而已哉? 忘身報國, 非其君不事. 高帝一世之雄也, 猶不得而臣之, 而況於石勒乎? 夷狄亂夏, 天下之大變也. 良縱不能擧而攘之, 顧反屈而事之乎?" 이에 대한 기사는 《資治通鑑》 권87, 晉紀 9, 懷帝 永嘉 3년(309); 역본 《자치통감》 9, 497~498면을 볼 것.
224) 《資治通鑑》 권87, 晉紀 9, 懷帝 永嘉 3년(309). "殊途, 非腐儒所知, 君當逞節本朝, 吾自夷難爲效."
225) 〈史論〉, 37면. "勒報劉琨書曰, '事功殊途, 非腐儒所知. 君當逞節本朝, 吾自夷難爲效.' 其氣像之豪爽不覊如此. 惜乎其不學無識, 甘於胡虜而不歸之正也." 이에 대한 기사는 《資治通鑑》 권87, 晉紀 9 懷帝 永嘉 5년(311년); 역본 《자치통감》 본9, 545면을 보시오.
226) 《資治通鑑》 권101, 晉紀 23, 哀帝 興寧 3년(365년); 역본 《자치통감》 11, 185면.
227) 〈史論〉, 40면. "慕容恪寬仁忠勇, 知人善將, 管·葛之亞, 王·謝之上. 惜乎其生於夷狄之邦而時運乖蹇, 功業不克施於天下也."
228) 〈史論〉, 42면. "賢者之於國, 其利博哉! 石勒得張賓而橫行中原, 苻堅得王猛而一統江右, 烏孤得趙振而遂霸嶺南. 張賓·王猛·趙振尙然, 而況不爲張賓王猛趙振者乎?

雖然, 大丈夫不得其時則老死巖穴而已, 寧可委身於胡羯之手而贊猾夏之謀乎? 此三子之不能無罪於後世也." 오고鳥孤는 5호16국의 하나인 남량南凉의 시조이고 조진趙振은 남량의 신하다.

229) 〈史論〉, 38면. "段匹磾身本外夷, 盡心本朝, 至死不變, 賢乎奇哉!"
230) 《資治通鑑》 권90, 晉紀 12, 元帝 建武 元年(317); 역본 《자치통감》 10, 85면.
231) 《資治通鑑》 권91, 晉紀 13, 元帝 太興 4년(321); 역본 《자치통감》 10, 175~177면.
232) 〈史論〉, 37면. "懷帝親覽大政, 留心庶務, 可與有爲矣. 若使東海政召英雄, 精心協輔, 剗除夷虜, 賙問疾苦, 則天下不足平而安享富貴, 名垂竹帛. 不此之爲, 惟目前是圖, 驕虐奢濫, 終於敗亡, 不亦愚乎?"
233) 《資治通鑑》 권86, 晉紀 8, 惠帝 光熙 元年(306); 역본 《자치통감》 9, 460면.
234) 《資治通鑑》 권86, 晉紀 8, 懷帝 永嘉 元年(307); 역본 《자치통감》 9, 468면.
235) 《資治通鑑》 권87, 晉紀 9, 懷帝 永嘉 5년(311); 역본 《자치통감》 9, 527~528면.
236) 〈史論〉, 37면. "懷帝對劉聰之語, 極諂媚可愛. 堂堂天子, 不得其時則死而已. 豈忍向胡賊候下, 甘言求活, 以圖須叟之安乎?"
237) 《資治通鑑》 권88, 晉紀 10, 懷帝 永嘉 6년(312); 역본 《자치통감》 9, 560면.
238) 劉聰에 대한 평가는 《資治通鑑》 권88. 晉紀10, 愍帝 建興 元年(313); 역본 《자치통감》 9, 583면.
239) 〈史論〉, 37면. "琅邪創業偏方而伺候主意者, 先得親愛, 惡能有成. 君無必爲之志而將能成功於外者無之. 祖逖智睿, 無北伐之志, 而欲以孤軍誓淸中, 志忠而計疎者也."
240) 《資治通鑑》 권88, 晉紀 10, 愍帝 建興 元年(313); 역본 《자치통감》 9, 598~599면.
241) 《資治通鑑》 권88, 晉紀 10, 愍帝 建興 元年(313); 역본 《자치통감》 9, 601면.
242) 《資治通鑑》 권89. 晉紀 11, 愍帝 建興 4년(316년); 역본 《자치통감》 10, 75면.
243) 〈史論〉, 38면. "睿以督運稽期, 斬令史淳丁伯. 刑者以刀拭柱血流, 上至柱末二丈餘而下. 觀者咸以爲冤. 慘哉! 怨氣所感, 致此異事. 將經營中原而先殺不辜, 以失民望, 晉之不振也宜哉!"
244) 《資治通鑑》 권91, 晉紀 13, 元帝 太興 2년(319); 역본 《자치통감》 10, 133면.
245) 〈史論〉, 38면. "中原之戎虜未逐, 先帝之讐恥未雪, 方且枕戈嘗膽之不暇, 奚治郊祀爲哉? 於是乎知元帝之無意於天下也."

246) 《資治通鑑》권92, 晉紀 14, 元帝 永昌 元年(322); 역본《자치통감》10, 191면.
247) 〈史論〉, 38면. "譙王丞之出鎭湘州, 瘡痍未補, 大盜遽至, 終以身死, 不負初言. 哀哉! 若使處元帝之位則必不肯偸安於一隅而忘復讐之大義. 惜哉!"
248) 《資治通鑑》권118, 晉紀 40, 安帝 義熙 13년(417); 역본《자치통감》12, 549~564면. 《資治通鑑》권118, 晉紀 40, 安帝 義熙 14년(418); 역본《자치통감》12, 573~579면.
249) 〈史論〉, 45면. "劉裕急於簒位, 徑歸江東, 千里舊都, 得之艱難而失之容易, 使勃勃乘間闖入, 坐鎭長安. 惜哉! 當是之時, 晉祚將移, 有功德者任自得之. 使裕雄據三秦, 傍略雍隴, 北逐屈丐, 西屛蒙遜, 則數百年陸沈之神州, 可以不勞而定矣. 如是則威名日著, 功業日隆, 天命人心, 可坐而致矣. 不此之爲, 反顧狐疑, 狼狽旋師, 汴渠才開, 潼關已斷, 靑泥之敗, 髑髏成臺, 登城流涕, 何補於事哉!"
250) 《資治通鑑》권95, 晉紀 17, 成帝 咸和 9년(334); 역본《자치통감》10, 401면.
251) 《資治通鑑》권97, 晉紀 19, 康帝 建元 원년(343); 역본《자치통감》10, 510~511면.
252) 《資治通鑑》권97, 晉紀 19, 穆帝 永和 2년(346); 역본《자치통감》10, 539~540면.
253) 《資治通鑑》권98, 晉紀 20, 穆帝 永和 4년(348); 역본《자치통감》10, 565면.
254) 《資治通鑑》권99, 晉紀 21, 穆帝 永和 8년(352); 역본《자치통감》11, 50~52면.
255) 《資治通鑑》권99, 晉紀 22, 穆帝 永和 10년(358); 역본《자치통감》11, 66면.
256) 〈史論〉, 40면. "王義之與浩昱兩書, 痛切懇惻, 深中時弊. 盖當此之時, 恢復中原, 固爲第一義. 但行有先後, 事有緩急. 善戰者, 先爲不可勝, 以待敵之可勝. 君志不立, 民力日竭, 强藩擁兵上流而覬覦之迹已著, 桀胡分據中原而跳梁之勢方盛. 當此之時, 雖有管仲之才, 武侯之忠, 恢復未易論也. 況殷浩之躁淺輕浮, 安坐守成, 且未有餘, 乃以孤軍渡江制勝於千里之外乎? 其急於事功而不量其力甚矣."
257) 《資治通鑑》86권, 晉紀 8, 懷帝 永嘉 元年(307); 역본《자치통감》9, 467면.
258) 〈史論〉, 37면. "西陽騎督朱伺言:'兩敵相對, 惟當忍之, 彼不能忍, 我能忍之, 是以勝耳.' 此言甚有理. 凡見小利而忽大事, 逞私憤而忘遠略者, 鮮有不敗."
259) 〈史論〉, 41면. "姚萇臨死, 謂子興曰:'撫骨肉以恩, 接大臣以禮, 待物以信, 遇民以仁.' 善哉! 人君之道備矣." 이에 대해서는 다음 자료를 볼 것.《資治通鑑》권108. 晉紀30, 孝武帝 太元 18년(393); 역본《자치통감》11, 586~587면.

260) 〈史論〉, 43면. 이에 대해서는 다음 자료를 볼 것. "姚興謹事二叔碩德等, 國家大政, 皆咨而行, 寬仁禮賢, 酷似苻堅."《資治通鑑》권114, 晉紀 36, 安帝 義熙 2년(406); 역본《자치통감》12, 307면.

261) 《資治通鑑》102권, 晉紀 24, 海西公 太和 5년(370); 역본《자치통감》11, 260면.

262) 〈史論〉, 40면. "苻堅之入鄴, 除苛政賑窮民, 勸農省俗, 褒忠奬賢."

263) 〈史論〉, 40면. "雖高帝入關, 昭烈入蜀, 何能過此."

264) 〈史論〉, 45면. "宋主謹事太后, 每一朝不失晷刻. 自古英雄之士能崇業濟事者, 曷嘗不本於孝哉!" 이에 대해서는 다음 자료를 볼 것.《資治通鑑》권119, 南北朝 宋紀 2, 武帝 永初 3년(422); 역본《자치통감》13, 40~41면.

265) 〈史論〉, 45면. "宋主財帛, 皆在外府, 內無私藏." 이에 대해서는 다음 자료를 볼 것.《資治通鑑》권119, 南北朝 宋紀 2, 武帝 永初 3년(422); 역본《자치통감》13, 41면.

266) 《資治通鑑》권77, 魏紀 9, 元帝 景元 2년(261); 역본《자치통감》8, 583~584면.

267) 《資治通鑑》권77, 魏紀 10, 元帝 咸熙 元年(264); 역본《자치통감》8, 633~636면.

268) 〈史論〉, 35면. "鄧艾, 忠則忠矣, 非社稷之臣也. 事君之道, 從其義不從其令. 屈身辱國, 死生從君, 妾婦之道也."

269) 《資治通鑑》권77, 魏紀 10, 元帝 咸熙 元年(264); 역본《자치통감》8, 634면.

270) 《資治通鑑》권77, 魏紀 10, 元帝 咸熙 元年(264); 역본《자치통감》8, 631~632·637면.

271) 〈史論〉, 35면. "董弋·羅憲, 雖與背主投降者有異, 身是漢臣也, 地是漢土也. 力不能中興漢室, 則守死其疆, 以全臣節可也. 奈何以國敗主附而屈膝於宗國之讐乎?"

272) 〈史論〉, 35면. "曹芳之廢, 太宰范粲稱疾不言, 寢所乘車, 足不履地. 凡三十六年, 終於其中, 誠篤堅確, 可謂千百年一人."

273) 《資治通鑑》권80, 晉紀 2, 武帝 太始 10년(274); 역본《자치통감》9, 106~107면.

274) 《資治通鑑》권81, 晉紀 3, 武帝 太康 元年(280); 역본《자치통감》9, 154~156면.

275) 〈史論〉, 36면. "諸葛靚不能與張悌同死, 未免爲臨難苟免. 而終身逃竄, 不復臣晉, 亦無愧全節."

276) 〈史論〉, 38면. "索綝潛留降表. 先要以萬郡於曜. 人之爲惡, 胡至此極……麴允之伏地慟哭. 其庾民王僑之徒也. 然等是死耳. 何不早決如吉朗而未免爲胡賊之俘乎?"

277) 〈史論〉, 38면. "吉朗曰, '智不能謀, 勇不能死. 何忍君臣相隨北面事賊乎?' 乃自殺,

주 711

成仁取義, 忠節無愧."

278) 《資治通鑑》 권81, 晉紀 3, 武帝 太康 3년(282); 역본 《자치통감》 9, 189~190면.
279) 〈史論〉, 36면. "此言深得出處之義, 居亂邦而處亂世者, 不可不知."
280) 《資治通鑑》 권80, 晉紀 2, 武帝 咸寧 5년(279); 역본 《자치통감》 9, 145면.
281) 〈史論〉, 36면. "馬隆討西涼, 以山路險隘, 作扁箱車, 爲木屋, 施於車上. 扁箱之制未詳. 且山路險隘, 騎且艱行, 何以運車?"
282) 〈史論〉, 45면. "後宋仁宗天聖五年, 內侍盧道隆創記里鼓車. 獨轅雙輪, 廂上有兩層, 各安木人, 車行一里, 下一層木人擊鼓, 行十里, 上平輪轉一周, 上一層木人擊鐲. 一名大章車." 이에 해당하는 기사는 《資治通鑑》 권118, 晉紀 40, 安帝 義熙 13년(417); 역본 《자치통감》 12, 553면을 보시오. 김추윤, 〈朝鮮時代 測量儀器에 관한 聯句〉, 《韓國地籍學會誌》 제19집 1호, 韓國地籍學會, 2003. 6, 19~20면.
283) 〈史論〉, 41면. "慕容垂擊翟釗, 爲牛皮船百餘艘, 僞列兵仗, 溯流以上, 潛遣將, 自黎陽津夜濟擊破之."《資治通鑑》 권108, 진기 30, 孝武帝 太元 17년(392); 역본 《자치통감》 11, 573면.
284) 《資治通鑑》 권116, 晉紀 38, 安帝 義熙 8년(412); 역본 《자치통감》 12, 436면. "凡城內牙城, 晉·宋時謂之金城."
285) 〈史論〉, 44면. "城內牙城, 晉·宋間謂之金城."
286) 《資治通鑑》 권116, 晉紀 38, 安帝 義熙 9년(413); 역본 《자치통감》 12, 449면. "勃勃曰, '朕方統一天下, 君臨萬邦, 名新城曰統萬.' 阿利性巧而殘忍, 蒸土築城, 錐入一寸, 卽殺作者而幷築之."
287) 〈史論〉, 44면. "勃勃蒸土, 築統萬城."
288) 《資治通鑑》 권88, 晉紀 10, 懷帝 永嘉 6년(312); 역본 《자치통감》 9, 576면. "杜佑曰, '突門, 鑿城內, 爲闇門多少, 臨事令五六寸勿穿, 或於中夜於敵初來, 營列未定, 精騎從突門躍出, 擊其無備, 襲其不意."
289) 〈史論〉, 37면. "石勒爲突門出, 擊破末秖. 註, 杜佑曰, '鑿城內爲闇門, 多少臨事, 令五六寸勿穿, 或於中夜, 於敵初來, 營列未定, 精騎從突門躍出, 擊其無備, 襲其不意.' 恐與田單放牛, 同義."
290) 자산子産은 춘추시대 정鄭나라의 정치가 공손교公孫僑. 흔히 정자산鄭子産으로 불린

다. 자산사子産祠는 그의 사당이다.
291) 《資治通鑑》 권90, 晉紀 12, 元帝 建武 元年(317); 역본《자치통감》10, 82면.
292) 〈史論〉, 38면. "李矩詐降於漢, 乘其不備欲襲之, 士卒皆悒懼. 乃禱於子産祠, 使巫揚言曰, '子産有敎, 當遣神兵相助.' 衆皆踊躍爭進, 掩擊破之. 兵無常法, 貴在臨敵出奇."
293) 《資治通鑑》 권101, 晉紀 23, 海西公 太和 2년(367); 역본《자치통감》11, 200면.
294) 〈史論〉, 40면. "什翼犍擊劉衛辰, 河水未合, 以葦絙約流澌. 俄而氷合, 然猶未堅. 乃散葦於其上, 氷草相結, 有如浮梁."
295) 《資治通鑑》 권91, 晉紀 13 元帝 太興 3년(320); 역본《자치통감》10, 163~164면.
296) 〈史論〉, 38면. "祖逖將韓潛, 與後趙相守, 逖以布囊盛土, 使千餘人運以饋潛. 又使數人擔米息於道, 趙兵逐之, 卽棄而走, 趙兵久飢, 以爲逖士衆豐飽, 大懼宵遁. 與檀道濟唱籌量沙事, 相類."
297) 《資治通鑑》 권116, 晉紀 38 安帝 義熙 8년(412); 역본《자치통감》12, 435면.
298) "王鎭惡襲劉毅, 去江陵二十里, 捨船步上, 舸留一二人, 對舸岸上立六七旗, 旗下置鼓, 令將至城便鼓, 嚴若後有大軍狀."
299) 《資治通鑑》 권118, 晉紀 40, 安帝 義熙 13년(417); 역본《자치통감》12, 540~541면.
300) 〈史論〉, 44면. "裕擊魏兵于河上, 遣丁旿帥車百乘, 去水百餘步, 爲却月陣, 兩頭抱河, 車置七仗, 士堅一白毦, 毦擧, 使朱超石帥二千人馳赴之. 魏兵皆肉薄, 超石斷矟千餘, 長三四尺, 以大鎚鎚之, 一矟輒洞貫三四人."
301) 《資治通鑑》 권100, 晉紀 22, 穆帝 昇平 元年(357); 역본《자치통감》11, 111~112면.
302) 〈史論〉, 40면. "太白入東井, 有司奏必有暴兵起秦分. 秦主生曰, '太白入井, 自爲渴耳.' 慢天若是而能有不亡者乎?"
303) 《資治通鑑》 권103, 晉紀 25, 簡文帝 咸安 元年(317); 역본《자치통감》11, 286~287면.
304) 〈史論〉, 41면. "熒惑守太微端門, 踰月而海西廢."
305) 《資治通鑑》 권103, 晉紀 25, 孝武帝 寧康 2년(374); 역본《자치통감》11, 310면.
306) 〈史論〉, 44면. "慧星出于尾箕, 長十餘丈, 經太微掃東井. 占云, '尾箕燕分, 東井秦分. 十年之後, 燕當滅秦. 二十年之後, 代當滅燕."

307) 《資治通鑑》권117, 晉紀 39, 安帝 義熙 11년(415); 역본《자치통감》12, 499면.
308) 〈史論〉, 44면. "熒惑亡於菢瓜, 於法當入危亡之國, 先爲童謠訛言, 然後行其禍罰. 崔浩曰, '亡在庚午辛未之間, 庚午主秦, 辛爲西夷, 熒惑其入秦乎.' 後八十餘日, 果出東井, 留守鉤己, 久之乃去. 秦大旱, 訛言一歲而亡."
309) 《資治通鑑》권118, 晉紀 40, 安帝 義熙 14년(418); 역본《자치통감》12, 581면.
310) 〈史論〉, 45면. "彗星出天津入太微, 經北斗絡紫微, 八十餘日而滅. 崔浩曰, '昔王莽將簒, 星變如此. 其劉裕將簒之應乎?' 果然."
311) 《資治通鑑》권108, 晉紀 30, 孝武帝 太元 20년(395); 역본《자치통감》11, 612~613면.
312) 〈史論〉, 41면. "慕容寶還自擊魏, 至參合陂, 有大風黑氣如堤, 自軍後來覆軍上. 沙門支曇猛曰, '魏兵將至之候.' 寶不應, 夜果大敗." '모용보가 위를 치고 돌아왔다[慕容寶還自擊魏]'는 말은《자치통감》에는 없다. 담헌의 착각이 아닌가 한다.
313) 《資治通鑑》권109, 晉紀 31, 安帝 隆安 元年(397); 역본《자치통감》12, 57~58면.
314) 〈史論〉, 42면. "魏王珪擊慕容獜, 太司令晁崇曰, '紂以甲子亡, 謂之疾日.' 珪曰, '紂以甲子亡, 武王不以甲子興乎?' 進戰大破之."
315) 《자치통감》권82에 전문이 실려 있다
316) 〈史論〉, 36면. "裵頠崇有論, 文理俱暢."
317) 《資治通鑑》권82, 晉紀4, 惠帝 元康 7년(297); 역본《자치통감》9, 264~267면.
318) 〈史論〉, 41면. "寧以王弼·何晏蔑棄典文, 波蕩後生, 至今爲患, 其罪深於桀·紂.' 可謂確論."
319) 《資治通鑑》권101, 晉紀 23, 穆帝 昇平 5년(361); 역본《자치통감》11, 160~161면.
320) 〈史論〉, 41면. "淸河李遼表請事有如睠而實急, 請修兗州孔子廟, 仍立庠序." 이에 해당하는 기사는 다음 자료를 볼 것.《資治通鑑》권108, 晉紀 30, 孝武帝 太元 17년(392); 역본《자치통감》11, 582면.

05. 실천적 정주학자의 탄생

1) 〈贈周道以序〉, 《湛軒書》, 71~71면. "堯舜之德, 理而已. 而吾與子有其理矣. 堯舜之能, 心而已, 而吾與子有其心矣. 爲之則堯舜, 不爲則桀紂. 此非吾與子之所共勉者乎? 堯舜之所以聖, 事事當其理而已; 桀紂之所以愚, 事事不當其理而已. 患不能求爾, 何患其不至也. 古之學者, 纔知一事, 便行一事. 一擺一掌血, 一捧一條痕. 今之學者, 開口便說性善, 恒言必稱程朱, 而高者汩於訓詁, 下者陷於名利. 嗚呼! 孰不知聖人之可好而世無其人? 孰不知下流之可惡而衆皆歸之? 無他! 不行之過也. 人能行其所知, 何古人之不可及哉! 讀精一便去精一, 讀敬義便去敬義, 吾與子行之一字(時君讀心經故云)."

2) 〈自警說〉, 《湛軒書》, 76면. "靜坐最有力於進學, 必齋明肅莊, 閉目(禪家最忌閉目, 謂必昏睡, 亦有定見, 下視鼻端不妄動, 亦自好). 拱手, 如在神祠, 如見嚴君, 惺惺寂寂, 不昧不昏. 情動則觀其所思如何, 不合宜則遏而絶之, 合宜則處之盡其道, 旣已則依舊靜寂. 跪坐雖是修身之末節, 未有箕踞而心不慢者, 則欲正心者必自跪坐始. 如氣憊則須交股盤坐, 亦當斂衣端膝, 不得慢弛偃臥以失容儀."

3) 앞의 글, 같은 곳. "讀書, 必整襟肅容, 專心易氣, 毋生雜念, 毋主先入."

4) 앞의 글, 같은 곳. "夫婦衽席之間, 實道之所端, 學之所始. 對人斂膝, 自謂學古, 而任情暗室, 行同禽獸, 自欺欺人, 愧孰大焉? 和敬之道, 愈久增樂, 恣淫之慾, 一過生悔. 苟和敬也, 道成於己而不失其樂; 苟恣淫也, 慾熾於中而無及其悔. 故曰: '以道忘慾則樂而不惑, 以慾忘道則惑而不樂.' 謂道非樂而謂慾非惑, 豈非大惑乎?'"

5) 〈心性問〉, 《湛軒書》, 5면. "蘇子卿杖節十九年, 雪窖飢寒, 不以動其心, 通胡女而生子. 胡澹菴請斬三姦, 直聲動天下, 一失於黎渦, 甘莝豆之辱. 是故慾莫甚於色也."

6) 〈自警說〉, 《湛軒書》, 76면. "先觀其大義而後推其曲, 必措諸事爲而毋繳繞於章句. 才見一句, 便要知之; 才知一句, 便要行之. 一知一行, 足目兩進."

7) 洪大應, 〈從兄湛軒先生遺事〉; 《湛軒書》, 323면. "嘗曰, '讀書若不於吾身體驗, 則未免書自書我自我, 終無實效. 每讀一章, 輒自內省. 吾於此句分上, 行得幾分乎, 已行得一分, 則又求進得二分, 勉勉不已, 然後眞積力久. 自然成熟.'"

8) 앞의 글, 같은 곳. "語學者曰, '讀書勿以記誦爲念, 勿以尋摘爲事. 惟酷好不已, 則自然不忘, 自然需用.'"

9) 〈史論〉, 37면. "劉淵子盛不好讀書, 惟誦孝經・論語曰, '誦此能行足矣. 安用多誦而不行乎?' 若盛者, 可謂得讀書之要者也. 後世之徒事記誦, 大談性命者, 獨不愧於盛乎?"

10) 〈自警說〉, 앞의 책, 같은 곳. "亂者其心浮學業雖不免而工亦粗足而止, 不必窮神致力, 必得爲期, 以害實學. 曲逕求售, 醜甚穿窬, 切宜戒之. 立身之初, 已作盜賊之事, 則況高官美爵, 其可欲也. 又非科甲之比矣. 吮癰舐痔, 其將何所不至哉?"

11) 〈乾淨衕筆談〉,《湛軒書》, 136면. "蘭公曰, '洪兄術業, 無所不通, 博聞强記, 不作詩何?' 余曰, '素拙吟詠, 且無癖好. 思之常患艱澁, 偶然成句, 都是陳陋, 是以自畫矣.' 蘭公曰, '不爲也, 非不能也.'"

12) 〈與鐵橋書〉,《湛軒書》, 105면. "伊川不作詩法門."

13) 周惇頤, 〈文辭〉 제28장,《周元公集》권1. "文所以載道也. 輪轅飾而人弗庸, 徒飾也. 況虛車乎?"

14) 朱熹・呂祖謙 編,《近思錄》권2. "伊川先生答朱長文書曰, '…… 後之人始執卷, 則以文章爲先. 平生所爲動多於聖人, 然有之無所補, 無之靡所闕. 乃無用之贅言也. 不止贅而已, 旣不得其要, 則離眞失正, 反害於道必矣.'"

15) 程頤, 〈顔子所好何學論〉,《二程文集》(四庫全書本) 권9, 伊川文集. "又曰, '孔子則生而知也, 孟子則學而知也. 後人不達以謂聖本生知, 非學可至, 而爲學之道遂失. 不求諸已而求諸外, 以博聞强記, 巧文麗辭爲工, 榮華其言, 鮮有至於道者, 則今之學與顔子所好異矣." 정이의 이 말은 《근사록近思錄》 권2에도 실려 있다.

16) 朱熹 編,《二程遺書》(四庫全書本) 권18. "問, '作文害道否?' 曰, '害也. 凡爲文, 不專意, 則不工. 若專意, 則志局於此. 又安能與天地同其大也. 書云, 玩物喪志, 爲文亦玩物也.…… 古之學者, 惟務養性情, 其佗則不學. 今爲文者, 專務章句, 悅人耳目. 旣務悅人, 非俳優而何?'"

17) 朱熹 編, 앞의 책, 같은 곳. "或問, '詩可學否?' 曰, '旣學時, 須是用功, 方合詩人格. 旣用功, 甚妨事. 古人詩云, 吟成五箇字, 用破一生心. 又謂可惜一生心, 用在五字上. 此言甚當.' 先生嘗說, '王子眞會寄藥來, 某無以答他. 某素不作詩, 亦非是禁止不作. 但不欲爲此間言語. 且如今言能詩無如杜甫, 如云穿花蛺蝶深深見, 點水蜻蜓欵欵飛. 如此閒言語道出做甚. 某所以不嘗作詩. 今寄謝王子眞詩云, 至誠通化藥通神, 遠寄衰翁濟病身, 我亦有丹君信否, 用時還解壽斯民. 子眞所學, 只是獨善, 雖至誠繫行, 然

大抵只是爲長生久視之術, 正濟一身, 因有是句.'"

18) 金元行,〈詩文初稿序〉,《渼湖集》;《韓國文集叢刊》a220, 255면.

19) 〈與鐵橋書〉,《湛軒書》, 105면. "容歸到三河. 偶逢鄧孫二人. 委來相訪, 頗致欵欵, 且約寄信. 乃以詩贈別而歸, 句格拙直, 全無韻趣, 亦詩云乎哉! 可笑. 所以不敢出一聲於兄輩之前而傲然自居於伊川不作詩法門, 豈不重可笑乎? 歸後以此傳之, 儕流莫不絶倒. 或咎其僭妄欺人, 則亦不覺悚然心驚. 乃書此呈覽, 將以解諸兄之疑. 贖僭妄之罪. 想兄見此, 亦當發一大笑也."

20) 〈贈洪伯能說〉,《湛軒書》, 75면. "必也沈潛仁義之府, 從容禮法之場, 天下之富不足以淫其志, 陋巷之憂不能以改其樂, 天子不敢臣, 諸侯不得友, 達而行之則澤加於四海, 退而藏焉則道明乎千載, 然後乃吾所謂士也. 斯可謂之眞士矣."

21) 〈自警說〉,《湛軒書》, 76면. "雖尊長之前, 必索言明辨, 務盡己見. 切勿含糊苟同, 以爲欺罔姑息."

22) 〈史論〉, 35면. "鄧正, 忠則忠矣, 非社稷之臣也. 事君之道, 從其義不從其令. 屈身辱國, 死生從君, 妾婦之道也."

23) 〈上渼湖先生金元行書〉,《湛軒書》, 60~61면.

24) 《승정원일기》영조 30년(1754) 3월 18일(20/30). "伏以臣於前歲, 猥辭臺職也."

25) 〈上渼湖先生金元行書〉, 앞의 책, 60면. "然後知門下之不欲抗顔於衆人之會."

26) 앞의 글, 앞의 책, 61면. "小子愚迷, 學不知方, 賴門下敎育. 不量其力而頗有意於聖賢之學, 尊聞行知, 惟先生之言; 鑽仰準則, 惟先生之行. 先生之言行而少不合於孔·孟·程·朱之道, 則是使小子終不得聞孔·孟·程·朱之道矣. 於門下之言行, 其可不審視而詳察, 有疑而必質乎? 伏望顧平日之義而示其彼一此一之道, 憫小子之愚而啓其悱憤偏滯之見."

27) 陸飛,〈篭水閣記〉,《韓國文集叢刊》a248, 324면. "其言皆程朱理奧, 余竦然敬之."

28) 黎靖德 編,《朱子語類》1, 58면. "到得夷狄, 便在人與禽獸之間, 所以終難改."

29) 이에 대해서는 최소자,《청과 조선》, 혜안, 2005, 150~164면을 볼 것.

30) 李栽,〈北伐議〉,《密菴集》;《韓國文集叢刊》a174, 240면. "其稍號有識慮者, 亦惟曰, '虜勢尚盛, 胡運未訖. 吳三桂·鄭之舍·孫延齡之屬, 北通川蜀, 東接荊·吳, 南連兩廣, 地廣兵強, 有天下幾半, 終亦自底滅亡而後已. 今以區區海外之地, 輕爲北伐之計者,

31) 宋時烈,〈年譜〉,《宋子大全》;《韓國文集叢刊》a115, 446면. "仍曰, '學問則當主朱子, 事業則以孝廟所欲爲之志爲主. 我國國小力弱, 雖不能有所爲, 常以忍痛含冤迫不得已八字存諸胸中, 同志之人, 傳授不失可也."

32) 중유仲由는 자字다. 실명은 알 수 없다.

33) 〈答韓仲由書〉,《湛軒書》, 63면. "惟國勢衰弱, 危亡無日, 則權辭羈縻, 忍辱圖存, 爲生聚復雪之圖如越句踐之計者, 不爲無據, 而亦或見諒於中朝矣."

34) 앞의 글, 같은 곳. "人無有不死, 國無有不亡, 倫綱一墜, 爲天下僇, 生不如死, 存不如亡. 斯義也, 通夷夏貫貴賤亘百世而不可易者也. 當時斥和之議, 乃尊中國也, 守臣節也. 酬大恩而伸大義也. 雖因此而激成禍機, 國破家亡, 君臣上下糜爛塗地, 亦不暇恤也. 況數千里險阻之地, 自有金湯之固, 數十萬全國之師, 可以一號而聚!"

35) "師左次, 无咎."

36) 〈周易辨疑〉,《湛軒書》, 25면.〈答韓仲由書〉, 앞의 책, 같은 곳. "兵法, 知彼知己, 百戰百勝. 是以進無常勝, 退無常敗. 可以進則進, 可以退則退, 行師之常法也. 爲將而臨事怯懦, 逗留失機者, 固不足說, 其天時不順, 兵力不敵而自恃其勇, 進而不已者, 是暴虎馮河之徒而孟施舍之勇也. 興尸之凶, 可坐而知矣."

37) 앞의 글, 같은 곳. "或曰, '君父有難, 國家方危, 亦有左次之道乎?' 曰, '若退無可爲, 進亦必亡, 則舍身赴敵, 同死於國, 臣之節也. 苟進有必敗之勢而退有可乘之機, 則斂兵畜銳, 觀釁而動, 用師之當然也. 此兵法所以貴持重而惡輕躁也. 若徒知死難之爲忠而不知量力之爲智, 驅羊博虎, 抱卵投石, 大軍一敗, 國勢愈急, 不知兵之過也."

38) 金文植,〈18세기 후반 서울 學人의 淸學認識과 淸 文物 도입론〉,《규장각》17, 서울대학교 규장각 한국학연구소, 1994, 1~2면.

06. 서양 천문학과 만나다

1) 〈鄕約序〉,《湛軒書》, 72면. "嗚呼! 匈年饑歲, 民散久矣. 不能施分田制産之政而先之以法度禮義之敎者, 人孰不笑其迂哉? 雖然, 不患無法, 患行之不誠. 凡此約中之人,

2) 苟能一心遵守, 信賞必罰, 使君子固窮而不濫, 小人畏威而寡罪焉, 則未必無補於風敎之萬一, 而他日王政之行, 亦安知不取法於斯耶?"
나경적에 대해서는 자료가 거의 남아 있지 않다. 간접적인 자료로 나경적이 윤종輪鐘(자명종)과 선기옥형璇璣玉衡의 제작에 관심을 보이게 된 내력을 겨우 구성할 수 있을 따름이다. 안동교,〈간찰에 나타난 학술적 교유의 양상들—홍대용과 서유구의 간찰을 중심으로〉,《고문서연구》38, 한국고문서학회, 2011, 70~74면.

3) 안동교 해제·탈초·번역,《석당 나경적 가의 고문헌》, 성훈, 2018, 270~271면.

4) 《頤齋亂藁》1, 37~38면.〈자명종自鳴鐘〉이란 제목 아래 실린 것이다. 연대는 1746년이다. 초기의 일기는 월일月日을 밝히지 않는 경우가 많은데, 이 경우 역시 1746년의 일기라는 것만 알 수 있고 월일은 알 수 없다.《이재난고頤齋亂藁》는 羅景勳 혹은 羅景熏으로 표기하고 있다.

5) 《天學初函》,《농정전서農政全書》(1628) 등에도 그 설계도가 전재되어 있다. 韓永浩,〈籠水閣 天文時計〉,《歷史學報》177, 歷史學會, 2003, 5면.

6) 〈乾淨衕筆談〉,〈湛軒書〉, 162면. "終言璣衡渾天之制, 有朱門遺法, 而微言未著, 後人靡所考證, 乃敢闕疑補缺, 參以西法, 仰觀俯思, 殆數歲而略有成法. 家貧無力, 不能辦功役之費以成其志云."

7) 金履安,〈籠水閣記〉,《三山齋集》;《韓國文集叢刊》a238, 460면. "余少讀虞書璣衡之文, 則心悅之, 嘗採註家言, 縛竹爲器, 轉之旋旋如紡車, 淺陋可笑. 然遇朋友可語, 輒出而辨質焉, 洪君德保其一人耳."

8) 河永淸,〈新製璣衡〉, "璣衡, 羅仲集所造, 而錦城倅洪櫟之子大容捐數百金而共成焉." 나경적, 안동교 엮고 옮김,《국역 석당실기》, 한국학호남진흥원, 2017, 원문 32~33면.

9) 《頤齋亂藁》4, 103년: 1775년 3월 27일. "瑞原廉生永瑞, 松京忠敬公悏民雲耳也. 自錦城轉寓菖山, 採蔘種黍以自給. 餘力叔夜柳下業. 嘗與羅老景績偕製輪鐘, 又偕爲籠水閣主人洪大容德保, 製大璣衡于錦城館 功費四五萬文.

10) 洪大容,〈答河廷喆〉, 庚辰六月三日. "璣衡諸具, 幷此送上, 須細心努力, 俾至有成如何? 小機之計, 果不家爲耶. 今此所造, 蠱而且大, 全無金器規模, 幸先爲此而更爲商確, 別造小件以副此望如何?"《국역 석당실기》, 원문 40면.

11) 안동교, 〈1762년 홍대용 서간 2〉, 《석당 나경적 가의 고문헌》, 268~269면. 〈祭羅石塘文〉, 《湛軒書》, 83면.
12) 《頤齋亂藁》 2, 584면. 1769년 10월 14일. "昨日金文欽言, '京中草屋則大抵每間價十兩, 瓦屋則大抵每間價二十兩. 雖有加減, 而亦以此爲準耳.'"
13) 《頤齋亂藁》 2, 584면. 1769년 10월 15일. "昨日金君允重言, '在洞口內時, 適逢一客, 言, 〈桂洞最高處, 有一瓦屋七間, 斜廊三間, 草廊七間, 卽尹姓兩班物. 本主今移加平地. 有其族人貸出, 定價一百四十兩, 事急乃受六十兩, 賣于一民家. 民亦有急事, 今方以六十兩, 欲還賣. 若乘此會買取, 則價廉而事便, 日後設若更賣, 雖有乍頹處, 不過二十兩, 當卽補完, 而還得本價一百四十兩矣〉 要余出債買之, 今夕當送廝客. 來議."
14) 《晉書》 권11, 志 第1, 天文 上, '天體' "天表裏有水, 天地各乘氣而立, 載水而行."
15) 김상혁·민병희·안영숙·양홍진·이용삼, 《천문天文을 담은 그릇》, 한국학술정보, 2014, 59면.
16) 김상혁, 《송이영의 천문시계》, 한국학술정보, 2012, 64면. 주 147번.
17) 정진호, 《(도산서원) 혼천의》, 경상북도, 2006, 47면.
18) 김상혁, 앞의 책, 64면. 주 147번.
19) 韓永浩·南文鉉·李秀雄, 〈조선의 天文時計 연구〉, 《한국사연구》 113, 한국사연구회, 2001, 63면.
20) 이상은 韓永浩·南文鉉·李秀雄, 63~64면. 김상혁, 앞의 책, 41면을 참고한 것임.
21) 남문현, 《장영실과 자격루》, 서울대출판부, 2002, 46·119면.
22) 《孝宗實錄》 8년(1657) 5월 26일(2).
23) 김상혁, 앞의 책, 58~62면. 최유지의 혼천의에 대한 가장 상세한 내용은 구만옥, 〈崔攸之(1603~1673)의 竹圓子─17세기 중반 조선의 水激式 渾天儀〉, 《한국사상사학》 제25집, 한국사상사학회, 2005를 보시오.
24) 《顯宗改修實錄》 5년(1664) 3월 9일(1). "其後上使宋以穎·李敏哲各以其意, 改造測候之器進之, 置諸宮中."
25) 《顯宗實錄》 10년(1669) 10월 14일(1).
26) 이민철이 제작한 것은 어좌 옆에, 송이영이 제작한 것은 홍문관에 두었으나, 이내 대내大內로 옮겨졌다. 이때 만들어진 혼천의는 오랫동안 사용되지 않아, 숙종 13년

(1687) 7월 17일 왕은 최석정崔錫鼎의 건의에 따라 수격식水激式은 이민철에게, 자명종 방식은 송이영이 사망했기에 관상관원 이진李縝과 장인 박성건朴成建 등에게 수리를 맡겼는데, 14년(1688) 5월 2일 완성되어 희정각熙政閣 남쪽의 제정각齊政閣에 두었다(《숙종실록》 14년(1688) 5월 2일(4)). 이민철의 혼천의는 영조 4년(1732)에도 보수되어 경희궁 흥정당興政堂의 동쪽에 규정각揆政閣을 지어 봉안하였다. 사용할 수 없었지만 건물을 따로 지어 봉안한 것은, '경천근민敬天勤民'의 뜻을 나타내고자 했기 때문이었다(《燃藜室記述》 別集 제15권, 天文典故, 儀象). 정조는 서운관書雲觀 제거提擧 서호수徐浩修에게 이민철이 만든 혼천의의 수리를 명한다. 정조는 이민철의 혼천의를 높이 평가하지만, 한편 남극과 북극을 36도로 주조해 고정하여 북극 고도가 지역에 따라 달라지는 걸 알지 못한 것과 가운데 산하도山河圖를 두어 옥형玉衡을 대신한 것은, 지구가 완전한 원형이라는 것과 항성천恒星天에 비하면 한 점도 되지 못하는 것을 알지 못한 소치라고 비판했다. 正祖, 〈日得錄〉, 《弘齋全書》; 《韓國文集叢刊》 a267, 255면. "中置山河圖, 以代玉衡, 則是未達地體正圓, 比之恒星天, 不啻一點也."

27) 宋時烈, 〈語錄〉(李喜朝 錄), 《宋子大全》; 《韓國文集叢刊》 a115, 494면. "余問, '璿璣玉衡之制, 以圖觀之, 終未解見何也?' 先生曰, '圖甚難曉, 若觀其所造制度, 則不難知也.' 仍令侍人持出所有璣衡. 先以白小紙貼其中二環之牛. 分夏至冬至之日度, 然後將本說一一指敎甚晳, 余言下可悟. 先生且曰, '此乃白江姜子李敏哲所造也. 李君且造一本, 其度甚大. 且有激水旋回之法, 在於蘇堤云.' 又曰, '君若欲造此器, 則可勸金相呼李君造成, 可卽辦得也.'"

28) 李頤命, 〈漫錄〉, 《疎齋集》; 《韓國文集叢刊》 a172, 309면. 金鑢, 〈李安民傳〉, 《藫庭遺藁》; 《韓國文集叢刊》 a289, 526~527면도 이민철에 대한 자세한 전기다. 안민安民은 이민철의 자字다.

29) 《肅宗實錄》 5년(1679) 1월 3일(1), 3월 3일(1).

30) 宋浚吉, 〈答李幼能 乙巳(1665, 현종6)〉, 《同春堂集》; 《韓國文集叢刊》 a107, 398면. "璣衡之制, 僕所未詳. 頃入泮中, 果有其器, 云是宋以穎所造. 雖甚奇絶, 而激水旋璣之法未具焉, 殊可疑也. 安得崔學士, 對披本文, 相與較訂也." 송준길은 성균관의 혼천의가 수격식이 아닌 점에 대해 의문을 표하고 있다. 물론 그렇다 해서 이 혼천의가

주 721

31) 《桂坊日記》1774년 12월 25일의 기록(《湛軒書》, 4면)에 의하면, 담헌은 화양동에 자주 왕래했다. "臣曰, '臣之鄕庄在淸州地. 且華陽書院有所謂齋任者, 臣嘗忝居, 故果累次往來矣.'" 자신의 시골 전장이 청주에 있고, 또 화양서원의 재임齋任을 맡아 자주 왕래했다는 것이다. 화양서원은 송시열만 독향獨享하는 서원이었다.
32) 韓永浩, 〈籠水閣 天文時計〉, 《역사학보》 117, 역사학회, 8면.
33) 앞의 글, 6~9면.
34) 앞의 글, 같은 곳. 사상환이 어떤 역할을 하는가에 대해서도 담헌은 밝히지 않고 있다.
35) 이것은 물론 엄밀한 수치는 아니다. 앞의 글, 10면. "천행에서 요구되는 운행의 차이가 하루 1/365.25회전이므로 조금 더 엄밀하게 요구하자면 아륜의 결합비가 366/365인 것이 더 나을 수가 있다. 그러나 구동 쪽 아륜이 후종에 연결되어 있으므로 하루의 회전 수가 후종에서 가능한 값이어야 한다."
36) 한영호, 앞의 글, 12면.
37) 한영호, 앞의 글, 15면.
38) 앞의 글, 15~16면.
39) 앞의 글, 19면.
40) 강명관, 《조선에 온 서양물건들》, 휴머니스트, 2015, 209~210면.
41) 구만옥, 〈마테오 리치利瑪竇 이후 서양 수학에 대한 조선 지식인의 반응〉, 《한국실학연구》 20, 한국실학학회, 2010, 312면.
42) 《동문산지》 역시 마테오 리치가 클라비우스의 《실용 산수 개론Epitome arithmeticae practicae》을 구술하고 이지조李之藻가 한문으로 옮긴 것이다.
43) 湯若望Adam Schall, 〈一利用於仰觀〉, 《遠鏡說》: 徐光啟 等 編, 《新法算書》 권23. "用以觀太陽之出沒, 則見本體非至圓乃似鷄鳥卵. 蓋因塵氣騰空, 遮蒙恍惚, 使之然也[即此可知塵氣騰空高遠幾許]. 若卯酉二時, 併見太陽體, 齟齬如鋸齒. 日面有浮游黑點, 點大小多寡不一, 相為隱顯, 隨從必十四日, 方周徑日面而出, 前點出後點入, 迄無定期, 竟不解其何故也."
44) 鄧玉函Joannes Terrenz, 〈宗動篇〉 제3, 《測天約說》 卷下; 《新法算書》 권12. "太陽面

上有黑子, 或一或二, 或三四而止, 或大或小."

45) 망원경은 이외에도 方以智의 《物理小識》에도 2회, 游藝의 《天經或問》에 2회 나온다.

46) 羅雅谷, 〈新星解〉, 《五緯曆指》 권1; 《新法算書》 권36. "其五, 太陽四周有多小星. 用遠鏡, 隱映受之, 每見黑子. 其數其形其質體, 皆難登論目, 以時多時寡, 時有時無, 體亦有大有小. 行從日徑, 往過來續, 明不在日體之內, 又不甚遠, 又非空中物."

47) 馬端臨, 〈日變〉, 《文獻通考》 권284. "東昏侯 永元 元年 十二月 乙酉. 日中有黑子三枚."

48) 《승정원일기》 영조 38년(1762) 10월 4일(12/17).

49) "還上折半留庫中半分者, 三年徒配"

50) 《승정원일기》 영조 38년(1762) 12월 14일(20/22).

51) 《승정원일기》 영조 38년(1762) 12월 16일(21/21).

52) 《승정원일기》 영조 38년(1762) 12월 19일(14/14).

53) 《승정원일기》 영조 39년(1763) 1월 28일(6/6).

54) 《승정원일기》 영조 39년(1763) 2월 6일(9/9).

55) 《승정원일기》 영조 39년(1763) 6월 11일(26/26).

56) 《승정원일기》 영조 39년(1763) 10월 29일(13/14).

57) 《승정원일기》 영조 39년(1763) 10월 30일(25/33).

58) 《승정원일기》 영조 40년(1764) 9월 9일(15/18).

59) 《승정원일기》 영조 41년(1765) 9월 4일(13/13).

60) 김명호, 《홍대용과 항주의 세 선비》, 돌베개, 2020, 51~55면.

61) 위 김명호 교수가 들고 있는 자료. 앞의 책, 564면, 566면에 실린 후주 31)과 35)의 洪大應, 《경재존고》 권5, 〈伯父懶窩公遺事〉를 보시오. 홍억이 실제 가분을 저지르지 않았다고 말하는 자료는 이 자료가 유일하다. 다른 자료는 다 이 자료를 보고 쓴 것이다.

62) 〈皇考毅齋府君碑文〉, 《湛軒書》, 82면. "甲子中司馬, 乙丑登仕, 歷諸司郎官, 出監聞慶, 旋守榮川, 移牧海州羅州凡十一年, 爲政簡而詳, 不撓民不虐吏, 庫無虛簿, 庭無滯訟, 考績常最."

63) 김도환,《정조와 홍대용 생각을 겨루다》, 책세상, 2012, 95면.
64)《頤齋亂藁》1, 373면. 1764년 6월 1일. "昨日, 趙憲喆稟曰, '四忠祠近頗頹傷, 子孫諸議, 欲於作宰處各收百兩錢以買田地.' 而兪相公方爲院長, 今又來次此處(卽先生所鄰), 以此往稟如何? 先生曰, '兪政丞身帶諸處院長, 而處世殊圓, 見敗於忠州. 尤翁院中儒生自其院, 又通文華陽, 凡係尤翁祠院, 並擬俱去. 洪大容方爲華陽齋任, 還送通文, 幸得鎭靜耳(是時兪公, 以百官引咎時, 不參疏錄, 罷職出城).'" 사건의 내막은 알 수 없으나, 담헌이 1764년 6월 이전 화양서원의 재임으로 있었음을 확인할 수 있다.
65) 金履安,〈記游〉,《三山齋集》;《韓國文集叢刊》a238, 463~465면.

07. 북경에서 본 칭清의 안정과 번영, 그리고 국경을 초월한 우정

1)《세종실록》13년(1431) 3월 19일(3);《세종실록》15년(1433) 9월 3일(1), 12월 13일(1).
2) 자세한 내용은 曹永憲,〈1522년 北京 會同館의 對朝鮮 門禁 조치와 그 배경〉,《중국학보》91, 한국중국학회, 2020. 12를 볼 것.
3) 魚叔權,《稗官雜記》권1. "本國陪臣到燕, 舊無防禁. 嘉靖初年譯士金利錫踞坐書肆, 要買大明一統志. 主客郎中孫存仁適赴早衙, 取其書而觀之. 驚怪曰, '此非外人所當買也.' 因閉館門, 俾本國人一切不得出入, 遂成故事." 이 사건은《중종실록》17년(1522) 2월 3일(3)에 실려 있다. 북경에서 돌아온 성절사 심순경沈順徑 등이 보고한 것이다. 그러니까 1522년부터 조선 사신단의 북경 내 출입이 제한된 것이다.
4) 趙憲,〈先上八條疏幷〉,《東還封事》, "至玉河館, 不能出入."
5) 김문식,《조선 후기 지식인의 대외인식》, 새문사, 2009, 41면.
6) 보다 자세한 것은 임종태,〈極東과 極西의 조우〉,《한국과학사학회지》31권 제2호, 한국과학사학회, 2009를 볼 것.
7) 임종태,〈서양의 물질문화와 조선의 衣冠: 李器之의《日菴燕記》에 묘사된 서양 선교사와의 문화적 교류〉,《한국실학연구》24, 한국실학학회, 2012, 24면.
8) 임유경,〈서호수의《연행기》연구〉,《고전문학연구》, 한국고전문학회, 2005,

380~381면; 조창록, 〈鶴山 徐浩修와 《熱河紀遊》〉, 《동방학지》135, 연세대학교 국학연구원, 2006, 179면.

9) 《을병연행록》1, 64면.

10) '京城記略', 〈燕記〉, 《湛軒書》, 281면. "書狀一行稱三房. 下至伴倘奴子, 皆自上副兩房, 輪供其於子弟裨將, 待之亞於使行."

11) 《을병연행록》1, 21~22면.

12) 《을병연행록》1, 22면.

13) '沿路記略', 〈燕記〉, 《湛軒書》, 278면. "其在北京則周行街巷, 隨事應酬, 音韵益熟. 惟至文字奧語及南邊士人, 則茫然如聾啞也."

14) 1766년 2월 8일 반정균은 담헌에게 김원행이 떠날 때 준 시문이 있는가를 물었고, 담헌은 대신 김창협의 시를 주었다고 하였다. 〈乾淨衕筆談〉, 《湛軒書》, 136면. "曰, '渼湖先生有贈行詩文耶.' 余曰, '先生以祖農巖詩贈之'. 詩曰, '未見秦皇萬里城, 男兒意氣負崢嶸. 渼湖一曲漁舟小, 獨束簑衣負此生.' 兩人再三諷詠稱善." 이 시는 원래 김창협이 북경에 가는 홍세태洪世泰에게 써 준 증별시 6수 중 다섯 번째 시다.

15) 金鍾厚, 〈答洪德保〉, 《本庵集》; 《韓國文集叢刊》a237, 379면. "足下今日之行, 何爲也哉? 匪有王事而蒙犯風沙萬里之苦, 以踏腥穢之蠻域者, 豈非以目之局而思欲豁而大之耶? 目之局也則思大之, 而心之局也則不思有以大之, 可乎? 況欲大此心者, 又無風沙腥穢之苦與蠻域之辱者乎! 今將與足下遠別也, 使人不能不有感於與足下交際之始也. 某與足下相聚於道峰也, 其志槩所極何如也. 至今十七年間, 足下已蒼然壯茂, 而某則髮種種矣. 如某固無責已, 竊覵足下之意, 若將以農圃琴射之樂爲可以玩而卒歲, 是則農圃琴射豈非足以局足下之心者乎? 是盖有創於徒勞無成如某者耳, 某誠益慙, 然足下亦過矣. 今足下病其目之局而有遠遊, 則足下之目將不局矣. 盍於其猶有局者而加意焉? 荷相愛之深, 狂肆至此, 倘蒙恕而察之否耶!"

16) 朴趾源, 〈晚休堂記〉, 《燕巖集》; 《韓國文集叢刊》a252, 66면.

17) 《을병연행록》1, 51면.

18) 《을병연행록》1, 246면.

19) '京城記略' 〈燕記〉, 《湛軒書》, 281면.

20) 《을병연행록》1, 323면.

21) 《을병연행록》1, 328면.

22) 《을병연행록》1, 329면.

23) 劉琳, 〈洪大容與淸王子"兩渾"的友情及"兩渾"的眞實身份考〉, 《중국사연구》 95, 중국사학회, 2015.

24) 김명호, 《홍대용과 항주의 세 선비》, 돌베개, 2020, 321면. 또 양혼에 대해서 보다 자세한 내용은 앞의 책, 308~347면을 보시오.

25) 《을병연행록》1, 362~363면.

26) 《頤齋亂藁》7, 401면. 1786년 7월 27일. "末後, 洪生大定來話, 又言, 德保遊北京, 遇乾隆親弟, 藩王之世子於書隷中, 見贈以西洋問辰鐘一部. 體比胡桃纔大, 以兩米穀開閉, 中有一最小輪鐘, 自鳴時時刻刻俱報而輪牙細如縷, 所要鐵疑非鐵也. 本價銀八十兩 西洋製也. 傳至京中, 爲卿相宗室駙馬所傳玩, 多欲攘者, 忽有傷損, 付書世子請修改, 而書與鐘俱佚. 盖必譯官輩, 利貨于欲攘者耳."

27) 《을병연행록》1, 498면.

28) 간정동의 현재 이름은 감정호동甘井衚衕(胡同)이라고 한다. 朴現圭, 〈《日下題襟集》의 편찬과 판본〉, 《韓國漢文學研究》 47, 韓國漢文學會, 2011, 658면. '감정甘井'의 발음은 'gānjǐng'인데, 담헌이 이것을 간정乾淨으로 옮겼다고 한다. 이에 대해 보다 상세한 것은 다음 논문을 보시오. 權純姬, 〈乾淨衚與甘井胡同〉, 《當代韓國》春期號, 2000. 夫馬進, 〈홍대용의 《乾淨衕會友錄》과 그 改變〉, 《漢文學報》 26, 우리한문학회, 2012, 222면.

29) 《을병연행록》1, 280면.

30) 朴趾源, 〈渡江錄〉, 《熱河日記》, 《燕巖集》; 《韓國文集叢刊》 a252, 150면. "柵門天下之東盡頭, 而猶尙如此. 前道遊覽, 忽然意沮. 直欲自此徑還, 不覺腹背沸烘."

31) '宋家城'〈燕記〉, 앞의 책, 268면. "余曰, '私家何以有城?' 宋生曰, '前朝邊防甚急, 故不禁也.' 余曰, '然則何獨尊府有此城?' 宋生曰, '都指揮使領二萬夫屯田, 此亦國事也. 粜之時有餘財, 何可槩之他人乎?' 余曰, '本朝初年, 此城亦當被兵, 未知歸服在何時?' 宋生曰, '順治三年, 天下大定, 此時乃服.'"

32) '京城記略'〈燕記〉, 앞의 책, 280면. "厨房嘗失火, 通官與甲軍輩趍入無人色, 皆環立視之, 不敢爲撲滅計. 驛卒霍騰身乘屋, 撤其瓦而灌以水, 少頃而息. 諸譯言, '華人畏

火甚於虎, 一家火則只撤其旁舍, 不令延及而已, 其愚拙如此.' 仍戱曰, '我國早晚北伐, 若以火攻, 天下可不勞而定.' 一譯曰, '不然! 嘗見正陽門樓失火, 惟架十數水車, 飛瀉如雨, 頃刻而滅, 有此巧器, 何畏火攻?'"

33) 《을병연행록》 1, 154면.
34) 《을병연행록》 1, 155면.
35) 《을병연행록》 1, 161~162면. '沙河郭生' 〈燕記〉, 《湛軒書》, 257면에는 이 부분이 없다.
36) 《을병연행록》 1, 206면.
37) 임종태, 〈極東과 極西의 조우〉, 앞의 책, 407면.
38) 《을병연행록》 1, 215~216면.
39) '吳彭問答' 〈燕記〉, 앞의 책, 243면. "念兩人雖屈身胡庭, 喜見我輩衣冠, 必有所由也."
40) 《을병연행록》 1, 292면.
41) '蔣周問答' 〈燕記〉, 앞의 책, 246면. "貴處衣冠, 可是箕子遺制否?"
42) 앞의 글, 같은 곳. "帽子世傳箕子遺制, 無明徵, 衣服專遵明朝舊制而間有未變俗者."
43) 앞의 글, 같은 곳. "書明朝, 故低一字, 以示尊之之意."
44) 앞의 글, 같은 곳. "看畢, 蔣卽裂去之. 漢人之畏愼每如此."
45) 《頤齋亂藁》 1, 369면. 1762년 3월 24일.
46) 《頤齋亂藁》 3, 603면. 1771년 3월 25일.
47) 김문식, 〈조선 후기 지식인의 자아 인식과 타자 인식〉, 《대동문화연구》 39, 성균관대학교 대동문화연구원, 2001, 429면.
48) 《을병연행록》 1, 394면.
49) 《을병연행록》 1, 376~397면.
50) '太學', 〈燕記〉, 앞의 책, 291면.
51) 《을병연행록》 1, 97~98면.
52) '望海亭', 〈燕記〉, 앞의 책, 284면. "顧牛生坐井, 蠢然若肯魁, 乃欲明日張膽, 妄談天下事, 甚矣! 不自量也."
53) '沿路記略', 〈燕記〉, 앞의 책, 273면. "鳳城, 編戶僅數千, 土城盡圮. 惟市肆夾道, 橙卓區牌雕彩炫人, 車馬塡塞, 亦邊門一都會也."

54) 앞의 글, 같은 곳. "城制雖高壯不及皇城, 精緻過之. 外周以土城, 民物之富, 市肆之侈, 亞於北京."
55) 《을병연행록》1, 109~110면.
56) 《을병연행록》1, 116~118면.
57) 《을병연행록》1, 118면.
58) '沿路記略', 〈燕記〉, 앞의 책, 같은 곳. "華人作事每如此. 小縣如此, 知京城之雄麗, 無可言矣."
59) 《을병연행록》1, 220면.
60) '入皇城', 〈燕記〉, 앞의 책, 296~297면. "自通州至皇城, 舖石爲御路, 其廣十步. 車輪馬蹄, 輷輷殷殷, 響若震雷, 行人隔手不通語, 距朝陽門十里, 則人衆束立, 撓撓攘攘, 前導牢子, 揮棍喝道, 散而復合. 盖中國昇平百年, 民物之繁庶, 固其勢也.……至東嶽廟前, 牌樓·彩牆·閭井·樓臺之盛, 不圖一天之下, 有此大世界也."
61) 《을병연행록》1, 226면.
62) 《을병연행록》1, 235면.
63) '太和殿', 〈燕記〉, 앞의 책, 290면. "盖其殿閣之穹崇, 階檻之玄麗, 言不可傳, 文不可記. 巍然煥然, 眞是天王之宮庭也."
64) '琉璃廠', 〈燕記〉, 앞의 책, 294면. "琉璃廠者, 琉璃瓦甎之廠. 凡靑黃雜彩瓦甎, 皆光潤如琉璃, 故御用諸色瓦甎, 皆以琉璃稱焉. 凡工役之廨, 謂之廠. 廠在正陽門外西南五里而近. 廠夾道而爲市舖, 東西設閭門, 扁曰琉璃廠, 盖因以爲市號云. 市中多書籍·碑版·鼎彝·古董. 凡器玩雜物爲商者, 多南州秀才應第求官者, 故遊其市者, 往往有名士. 盖一市長可五里, 雖其樓欄之豪侈, 不及他市, 珍怪奇巧, 充溢羅積, 位置古雅. 遵道徐步, 如入波斯寶市, 只見其瓊然爛然而已, 終日行不能鑑賞一物也. 書肆有七, 三壁周設懸架爲十數層, 牙籤整秩, 每套有標紙. 量一肆之書, 已不下數萬卷. 仰面良久, 不能遍省其標號, 而眼已眩昏矣. 其鑑舖始入門, 無不驚疑失色者. 其有提紐者, 周懸于壁, 有臺架者, 陳于壁下. 大者數三尺, 小者四五寸. 入其中若有千百分身, 從壁隔而窺望, 悅悅惚惚, 良久不能定也. 盖此夾道諸舖, 不知其幾千百廬, 其貨物工費, 不知其幾巨萬財. 而求諸民生養生送死之不可闕者, 無一焉. 只是奇伎淫巧奢華喪志之具而已. 奇物滋多, 士風日蕩, 中國所以不振, 可嘅也已."

65) 朴齊家, 〈古董書畫〉, 《北學議》; 《貞蕤閣全集》 下, 驪江出版社, 1986, 412~424면. 담헌이 연암 그룹과 어울리고 난 뒤 이 문제에 관해 토론이 있었을 것이니, 혹자는 아마도 담헌일 것이다.

66) '隆福市', 〈燕記〉, 앞의 책, 293면. "隆福寺, 在大市街西北. 明景泰中所建, 庭廡弘敞, 亦巨刹也. 近年, 以每旬八·九·十凡三日, 開市于其中, 一城商儈貨物所湊集也. 正月二十九日, 與譯官趙明會, 同車至牌樓下, 下車入門, 廣庭可方百步, 周設帘幕, 百用百貨, 無不具, 爛然如彩雲朝霞. 民物叢聚, 摩戛不可行. 雖萬口咻咻, 惟衆響殷殷, 如大籟而已, 絶不聞叫呼駭吒之聲, 俗性之簡靜可想也. 由庭東挾排而入, 見冊市, 充列百千帙書籍, 籤軸整秩."

67) '藩夷殊俗', 〈燕記〉, 앞의 책, 262면. "淸主中國, 盡有明朝舊地, 西北至甘肅, 西南至緬甸, 東有兀喇船廠. 又其發跡之地, 而在明朝一統之外, 則幅員之廣, 甲於歷朝."

68) 《을병연행록》1, 214~215면.

69) 최소자, 《청과 조선》, 혜안, 2005, 214면.

70) '暢春園', 〈燕記〉, 앞의 책, 294~295면. "暢春園, 康熙帝之離宮……六十年天下之奉, 宮室之卑儉如此, 宜其威服海內, 恩浹華夷, 至于今稱其聖也. 三代以後, 君天下者競侈其居, 所謂南面之樂, 固不出於宮室之美, 輿馬帷帳之奉也. 雖畏天下議己, 外示節儉, 其心志嗜慾, 不可諱也. 今北京宮室之盛, 明朝三百年豐豫之所修飾. 居之而天下不敢議, 享之而足以明得意, 乃違而去之, 居於荒野之中, 殆同甘棠之茇舍, 其去慾示儉, 終始治安, 可爲後王之法矣. 且千官自京城, 每日曉出暮歸, 使肉食綺紈之子, 習勞鞍馬, 無敢逸豫. 其旗下諸官, 自大臣以下, 又不得以車輻自安. 此其制未必爲先王良法, 而其安不忘危, 亦可謂伯主之遠略矣."

71) '圓明園', 〈燕記〉, 앞의 책, 295면. "圓明園, 在暢春園西十里, 雍正帝之離宮, 今皇之時御. 康熙帝御大下六十年, 儉約以沒身, 卽暢春園可見矣. 嗣君不能遵守矩度, 創立別園, 已失先皇本意, 制作之侈大, 又不啻十倍. 而今皇益加增飾, 佳麗反勝於都宮, 康熙帝崇儉居野之義, 安在哉!"

72) '西山', 〈燕記〉, 앞의 책, 같은 곳. "觀此規制, 其偉壯或不及阿房建章, 而巧妙過之, 康熙之政, 幾乎息矣."

73) 앞의 글, 같은 곳. "雖然, 民不苦役, 田不加賦, 華夷豫安, 關東數千里, 無愁怨之聲.

其立國簡儉之制, 固非歷朝之所及, 而今皇之才略, 亦必有大過人者也."

74) '屋宅', 〈燕記〉, 앞의 책, 306면. "其草屋, 亦弘壯堅緻, 絶不類我國店幀之疎陋."

75) '器用', 〈燕記〉, 앞의 책, 309면. "大抵中國器物, 專事便利, 不如東俗之苟率也."

76) '沿路記略', 〈燕記〉, 앞의 책, 276면. "路上拾馬糞者相望. 荷貫持四枝小鐵鎗, 微曲如掌指, 見馬糞則叉納之如用手, 其務農勤嗇可見. 其糞堆皆有樣子. 圓中規方中矩, 三角中句股, 弯者如傘, 平者如案, 滑潤如塗壁, 終未見狼藉傾斜者. 華人之用心, 自來如此. 如郭有道, 旅舍必麗掃. 武候行陣, 溷則亦有定度者, 又何足爲奇耶?"

77) 앞의 글, 앞의 책, 277면. "永平府以西, 野田半是楮桑. 聞葉飼蠶皮爲紙, 種之可以代耕云. 其列植整直, 無纖毫委曲. 此中華素性, 不由安排. 其大規模細心法, 豈易言哉!"

78) '市肆', 〈燕記〉, 앞의 책, 304면. "凡舖內橫設板, 以隔內外. 上爲長卓, 長齊腰, 純黑漆. 上置筆·墨·籌板·簿書·硏山·硏屛·鑪瓶諸雅器具焉. 凡貨物論品論價, 主客隔卓, 語不相混也. 諸舖, 不惟具扁牌字號, 遍簷各懸標具以識之, 因風飄颺, 雜彩煥爛. 至行路小商, 亦各有標號, 如金鉦·竹筦·木柝·小鼗之類. 不勞叫呼而聞其聲, 已知其爲某買賣也."

79) '沿路記略', 〈燕記〉, 앞의 책, 276면. "中後所, 閭井繁庶, 市門夾數里, 摩蕩不可行……歷視帽廠. 我國冠帽, 皆出於此. 一屋長十數間, 中置五大爐, 炭火烘烘, 入戶蒸暖如夏, 汗出不可久留也. 帽匠四五十人, 環坐班行不亂. 皆渾脫衣帽, 徒着單袴. 身手齊力, 揮霍驍敏. 其踴躍跳蕩之狀, 始見莫不驚恠. 盖華人雖工匠末技, 其勤厲不苟如此, 眞不可及也."

80) '器用', 〈燕記〉, 앞의 책, 308~309면. "車制, 與東俗任載之制略同. 但功作精均, 雙輪正轉, 不擺搖, 所以能載重而行速也. 其大車之致遠者, 輪不輻湊. 橫板爲卄字形, 方轂受軸, 不相遊移. 兩轅之下, 各設雙樕. 加于軸上, 車行而軸轉于樕中, 軸轉而輪已周矣. 此其制, 輪軸相固, 轅軸之際, 相承以分寸. 旋轉之利, 倍於長轂, 制作之省, 半於輻輪. 惟曲巷灣角, 回旋甚艱. 是以宜於遠道而不利於城市也. 一車駕騾馬多或八九疋. 其駕于轅下者, 必擇尤壯有力者. 靰韁用牛革, 駕轅之制, 不用衡軶. 如東俗雙轎之駕馬, 爲小木鞍, 雙垂條革廣數寸. 兩端有套, 上有條纏, 結于馬胸. 轅端有樕, 牽套而不脫. 盖其不泥古制, 通變而利用, 馬得以施其全身之力, 而無項阨之偏苦, 豈非所謂後出者巧耶? 馱載之重且厚者, 架出輪外高或數丈. 量其重不下數三千斤. 看車者

坐其上, 長鞭可三四丈, 揮打如雷聲, 使諸馬奮進齊力, 不敢小懈. 車前懸雙鐸, 可容斗米, 振鳴如撞鍾."

81) 앞의 글, 309면. "乘車曰太平車. 雙轅輻輪如常制. 上架長圓屋, 覆以藍布, 兩傍拆方尺, 以便窺望. 前設簾, 簾內可臥兩人. 下或爲藤席以代板者, 號爲藤車, 行道不甚蕩體. 簾外橫板, 看車者鋪衾裳于板上, 執鞭而坐, 非險道則不下也. 其官人所乘者, 屋有簷, 上設鐵頂帷簾, 或用彩毯以禦寒, 傍傅方尺玻瓈. 其輪軸當轅之後端, 車中頓減振搖. 但軸在後, 則全車之載, 馬分其重. 是以惟貴人車, 爲此制. 其餘皆中屋而施軸, 使前後如平衡. 一車之重, 偏載於輪軸, 而馬不勞焉. 太平車, 在城都者, 惟駕一馬. 其遠道用二馬, 終未見駕三四馬者. 其皇城雇車, 或以一驢載十餘人, 馳驅如飛."

82) 앞의 글, 같은 곳. "京城中汲車, 架水桶于車上, 或八或十. 上具盖, 一桶可容一石. 瀋陽市中, 賣餠果者, 皇城輸糞者, 多用獨輪小車, 輪徑不過兩周尺. 兩轅後長, 高不過人腋, 中有鐵機, 止則下垂, 而左右支之, 使不傾. 行則上有擔索, 荷于兩肩, 兩手推而前, 其行如飛. 上爲圍箱以載物, 滿馱者, 可當一馬."

83) 앞의 글, 같은 곳. "船制益精緻. 其在通河, 見海行漕船. 上爲板屋, 油粉以塗其隙, 板門僅容數人. 蕩櫓收錨, 皆在屋中. 盖出於蒙衝古制, 不惟風濤之無患, 用以水戰."

84) 앞의 글, 같은 곳. "架運輸之利, 人不如馬, 馬不如車, 車不如船. 是以數千里運河漕運之便, 其利什佰, 則開鑿之功, 疏濬之費, 亦不暇恤也. 雖然, 運河之水, 非江河所源委, 只是川溪之灌注, 則舳艫萬斛, 蝕水數丈而無沙礁壅滯之患者, 惟水閘之法, 可以行舟于陸地. 而蓄洩以時, 旱澇不甚增減, 儘是良工之博利也. 其制兩岸築堤, 中河而爲門, 廣可以容兩船."

85) 《을병연행록》 1, 370면.

86) '角山寺', 〈燕記〉, 앞의 책, 287면. "行至鳳凰店, 考問鍾打, 戌正三刻矣."

87) '藩夷殊俗', 〈燕記〉, 앞의 책, 262면. "藩夷之服貢者, 如琉球間歲一至, 安南六歲再至, 暹羅三歲, 蘇祿五歲, 南掌十歲一至. 西洋緬甸, 貢獻無常期. 蒙古三十八部, 不服者二. 其三十六部, 選士入學, 選兵入衛, 通關市婚姻. 商胡貿遷無限域, 馳馬交於關東, 則與一統無甚異也. 琉球在中國東南海中, 與我國隔海爲鄰."

88) 앞의 글, 앞의 책, 263면. "蒙酋蹲坐瞠然, 無延接之意. 狀貌頑醜, 塵垢滿面, 見之令人怕心. 時同來者數人皆退走, 不敢復入, 獨余與億成對坐. 見幕中正圓, 可容十餘人,

주 731

周舖羊皮及雜毛裘, 當中置銅鍋三足, 高尺許, 下熾石炭, 幕頂撤盖, 以受日光, 兼通烟氣."

89) 앞의 글, 같은 곳. "其蠢蠢去禽獸不遠也."

90) '沿路記略', 〈燕記〉, 앞의 책, 277면. "路上屢遇蒙古. 雖極寒不入店舍, 日暮則停車于路傍, 就水草炊飯, 露宿于車上. 每曉行見霜雪滿衣帽, 駒駒然自適也. 此雖頑蠢如禽獸, 其强忍耐飢寒, 可畏而不可笑也."

91) '十三山', 〈燕記〉, 앞의 책, 258면. "回子非人類也. 全無禮法, 男女不避溲便. 惟臨陣凶猛, 不怕矢石, 以此我兵亦累敗. 甞黑夜混戰, 幾喪全師. 幸其勇而無謀, 行陣無法, 卒破降之."

92) '藩夷殊俗', 〈燕記〉, 앞의 책, 263면. "回子, 在中國西北, 累爲邊患. 或云是回回諸國, 或云是回紇遺種."

93) 《을병연행록》1, 437~440면.

94) 〈與孫蓉洲書〉, 《湛軒書》, 125면. "鄧答曰, '回部, 卽回紇之流. 其入中國, 盛于唐太宗之時.'"

95) '拉助敎' 〈燕記〉, 앞의 책, 264면. "余曰, '其醜行雖可惡, 摰悍健鬪, 亦可畏.' 助敎曰, '有勇而無謀, 臨戰無陣法, 亦不足畏也.'"

96) 김문식, 《조선 후기 지식인의 대외인식》, 새문사, 2009, 218~219면. 러시아와 조선에 대한 보다 상세한 정보는 이 책의 2부 3장의 〈러시아에 대한 인식〉을 보시오.

97) 朴世采, 〈筵中講啓〉, 三月二十日熙政堂畫講〉, 《南溪集》; 《韓國文集叢刊》a138, 339면. "右相狀啓中太極大鼻㺚子將有作梗之形. 此娍一起, 天下蕩然大亂, 而其患亦當先及於我國. 繼承聖敎, 旣以此爲憂矣."

98) 吳道一, 〈丙寅燕行日乘〉, 《西坡集》; 《韓國文集叢刊》a152, 505면. "大鼻㺚子從前不率, 年前淸國有興師致討之擧云. 故試使譯輩探問近來事情, 則渠輩答以大鼻㺚子近無大段作梗之擧, 而邊境防守等事, 姑未停止云. 其間情僞, 有不可的知者."

99) 《肅宗實錄》12년(1686) 10월 13일(1).

100) 《肅宗實錄》13년(1687) 3월 3일(3).

101) 노대환, 〈19세기 조선 지식인들의 對러시아 인식의 변화〉, 《역사문화연구》42, 한국외국어대학교 역사문화연구소, 2012, 6면.

102) 朴趾源,〈謁聖退述〉,《熱河日記》;《韓國文集叢刊》a252, 318면. "朝鮮館使之所, 初名玉河館, 在玉河橋上, 爲鄂羅斯所占. 今在正陽門內東城墻下乾魚衚衕, 翰林庶吉士院, 隔墻. 年貢使先至在館, 而更有別使, 則分處西舘, 故此名南舘."

103) '藩夷殊俗',〈燕記〉, 앞의 책, 263면. "大鼻撻子者, 卽鄂羅斯, 蒙古之別種. 以其人皆鼻大凶猂, 我國號之以此. 國在沙漠外絶域, 地出鼠皮及石鏡, 我國所貿于燕市者是也."

104) 盧大煥,〈조선 후기 서학 유입과 서기수용론〉,《진단학보》83, 진단학회, 1997, 129면.

105) 노대환, 앞의 글, 131면에는 1712년 김창업金昌業부터 1799년 서치형徐治馨에 이르기까지 천주당을 방문했던 인물 18명의 이름과 연도를 정리해 두고 있다.

106) 김문식,〈조선 후기 지식인의 자아 인식과 타자 인식〉,《대동문화연구》39, 성균관대학교 대동문화연구원, 433면.

107) '劉鮑問答',〈燕記〉, 앞의 책, 247면. "劉松齡, 鮑友官, 皆西海人. 皇明萬曆中, 利瑪竇入中國, 西人始通. 有以算數傳道, 亦工於儀器. 其測候如神, 妙於曆象, 漢唐以來所未有也. 利瑪竇死後, 航海而東者常不絶, 中國亦奇其人而資其術, 好事者往往兼尙其學. 康熙末, 來者益衆, 主仍採其術, 爲數理精蘊書, 以授欽天監, 實爲曆象源奧. 建四堂于城中, 以處其人, 號曰天象臺. 由是西學始盛, 談天者皆祖其術. 盖虞夏之衰, 羲和氏失其職, 機術無傳於世. 自漢以來, 鮮于妄人·洛下閎·張衡·唐一行之徒, 相與變通之, 號爲精密. 然如歲差之法, 亦終不得其詳, 則由妄想億中, 而求之不以其道也. 今泰西之法, 本之以算數, 參之以儀器, 度萬形窺萬象. 凡天下之遠近高深巨細輕重, 擧集目前, 如指諸掌, 則謂漢唐所未有者非妄也."

108) 노대환,〈조선 후기의 서학 유입과 서기수용론〉,《진단학보》83, 진단학회, 1997, 145면.

109)《頤齋亂藁》2, 52면. 1767년 12월 9일.

110) '劉鮑問答',〈燕記〉, 앞의 책, 같은 곳. "伏惟新春, 茂膺多福. 鄙等生長僻遠, 見識蒙陋. 星象儀度, 固非其才, 而妄意願學, 積蘊悱憤. 竊聞座下學究天源, 發微闡幽, 其窮高極深, 盖曠百世而未之聞也. 鄙等思遊大方, 理窮象數, 惟疆域有限, 徒切蘊結. 今乃幸托使价, 致身都下, 獲瞻耿光, 庶償宿願. 只恐外國賤蹤, 見阻閽者, 將進趍

趄, 爲日久矣. 玆敢不避妄率, 略布愚衷. 且以不腆土物, 效古人執贄之義, 惟僉先生 垂察而進退之."

111) 앞의 글, 같은 곳. "見兩壁畫樓閣人物, 皆設眞彩. 樓閣中虛, 凹凸相參, 人物浮動如 生. 尤工於遠勢, 若川谷顯晦, 烟雲明滅, 至於遠天空界, 皆施正色."

112) 《을병연행록》 1, 352면.

113) 李頤命, 〈與西洋人蘇霖·戴進賢〉, 《疎齋集》:《韓國文集叢刊》a172, 461면. "地球, 東 人亦曾見其圖說矣. 從古論天地之形者, 皆言天圓而地方. 獨此法, 以爲地亦從天而 圓, 中高而四邊下, 不知緣何推測若是. 乃用天度畫地里也, 周髀雞子黃之說, 稍近 于此, 亦不以天度定地里. 至若諸巴之地, 必非今人所目見, 又何以知其如此乎? 禦 寇十洲釋氏四大部洲之說, 亦近之, 或出於此等傳聞歟?"

114) '劉鮑問答', 〈燕記〉, 앞의 책, 248면. "洪譯笑曰: '他我三大人侄兒. 初入中國, 其才 術甚高, 星象·算數·律曆諸法, 無有不會. 手造渾儀, 妙合天象, 所以願見兩位.'"

115) 앞의 글, 같은 곳. "請見自鳴鍾, 劉引至庭南有小閣, 上爲樓. 樓北鐵鍾垂下, 重可數 十斤, 機輪激轉, 錚錚有聲, 懸巨鍾, 一擊樓中皆震. 有胡梯可二丈. 天聰僅容一人. 劉只許余上, 余遂脫笠上樓, 見其制甚奇壯, 非小鍾之比. 輪之大者, 可十數圍有餘, 傍懸六小鍾皆具鎚, 所以報刻也. 鐵竿橫出樓南外打大閣, 周分時刻, 竿頭有物而指 之. 大略如此."

116) 앞의 글, 앞의 책, 249면. "余曰, '凡人之幼學壯行, 以君親爲尊. 聞西人捨其所尊, 另 有所尊云. 是何學也?' 答曰, '我國之學, 理甚奇奧. 不知尊駕欲知何端?' 余曰, '儒尙 五倫, 佛尙空寂, 老尙淸淨, 願聞貴方所尙.' 答曰, '我國之學, 敎人愛尊天萬有之上, 愛人如己.' 余曰, '愛之云者, 指何耶? 抑別有其人耶?' 答曰, '乃孔子所云郊社之禮, 所以事上帝也. 並非道家所講玉皇上帝.' 又曰, '詩經註不言上帝天之主宰耶?'"

117) 《을병연행록》 1, 322면.

118) '劉鮑問答', 〈燕記〉, 같은 곳. "余曰, '竊聞僉位兼尙測候五星經緯推步之法, 願問是 法來.' 答曰, ' 五星經緯, 現在步法, 還是曆象考成, 並未新修.'"

119) 문중양, 〈18세기 후반 조선 과학기술의 추이와 성격〉, 《역사와 현실》 39, 한국역사 연구회, 2001, 206~207면.

120) 문중양, 〈조선 후기 사대부 과학자 남병철〉, 《과학사상》 33, 2000 여름, 114면, 주

734

석 8.

121) '劉鮑問答', 〈燕記〉, 앞의 책, 같은 곳. "鏡制靑銅爲筒., 大如鳥銃之筒, 長不過三周尺許. 兩端各施玻璃, 下爲單柱三足, 上有機, 爲象限一直角之制, 架以鏡筒. 其柱之承機, 爲二活樞, 所以柱常定立, 而機之低昂廻旋, 惟人所使也. 柱頭墜線, 所以定地平也. 別有糊紙短筒長寸許, 一頭施玻瓈兩層. 持以窺天, 黯淡如夜色, 以施于鏡筒, 坐橙上遊移低仰以向日, 眇一目而窺之, 日光團團恰滿筒口, 如在淡雲中. 正視而目不瞬, 苟有物毫釐可察, 蓋異器也."

122) 앞의 글, 같은 곳. "曾聞日中有三黑子, 今無有, 何也?"

123) 앞의 글, 같은 곳. "黑子不止於三, 多或至於八. 但時有時無. 此以日行飜轉如毬. 此刻適値其無也."

124) 《승정원일기》 영조 20년(1744) 7월 3일(9/11).

125) 《頤齋亂藁》 3, 135면. 1770년 4월 5일.

126) 《頤齋亂藁》 3, 151면. 1770년 4월 19일. 황윤석이 〈附冬至正使徐命膺等別單書啓〉란 제목으로 독립시켜 부기한 글에 나오는 것이다.

127) '劉鮑問答', 〈燕記〉, 앞의 책, 249면. "劉言, '五星行度多違錯, 方奏聞修理. 工夫浩大, 猝難成書.'云"

128) 앞의 글, 같은 곳. "外爲木匣方尺許, 內有錫匣. 中藏機輪, 轉羊腸而撥其機, 則打鍾無數, 所以謂之鬧也. 此因曉夜有事, 臨夕按時張機, 置之枕榜, 及時擊鍾, 欲其鬧耳而破睡也. 前列時刻分度木板, 付玻瓈而掩之."

129) 《을병연행록》 1, 454면.

130) 《을병연행록》 2, 28면.

131) 《을병연행록》 2, 31면.

132) 《을병연행록》 2, 21면.

133) '天象臺', 〈燕記〉, 앞의 책, 292면.

134) 朴趾源, 〈黃圖紀略〉, 《熱河日記》, 《燕巖集》; 《韓國文集叢刊》 a252, 310면. "余友洪德保嘗論西洋人之巧曰, '我東先輩若金稼齋·李一菴, 皆見識卓越, 後人之所不可及, 尤在於善觀中原. 然其記天主堂, 則猶有憾焉. 此無他. 非人思慮所到, 亦非驟看所可領略. 至若後人之繼至者, 亦無不先觀天主堂. 然恍忽難測, 反斥幽怪. 是眼中都

無所見者也.'"

135) 《을병연행록》 1, 455~456면.
136) 《을병연행록》 1, 455~456면.
137) 《을병연행록》 1, 155~156면.
138) '吳彭問答', 〈燕記〉, 《湛軒書》, 245면. "盖兩人文學不甚優, 拘於中外, 疑畏太甚. 言論趣味, 俱無足觀也. 吳差雅靜, 臨別欯欯見於色. 彭扁搧輕浮, 眞名利上淺局也."
139) 《을병연행록》 2, 24면. 《을병연행록》과는 약간 달리 《간정필담乾淨筆譚》에는 2월 2일 엄성 등을 방문하고 돌아온 김재행에게 이렇게 말했다고 한다. "절강은 북경 남쪽 4천 리나 되는 곳에 있는데, 4천 리 길을 넘어 명리를 위해 왔다면, 그 뜻도 알 만하네. 어찌 더불어 말할 만한 가치가 있을까? 비록 그렇기는 하지만, 장사치와 어울려 노는 것보다 낫지 않겠는가?" 《乾淨筆譚》 乾, 1b면. "浙江在京南四千里. 夫四千里而趨名利, 其志可知, 何足與語哉. 雖然, 豈不如與賈兒遊乎?"
140) 嚴誠, 〈李令公(李基聖)〉, 朱文藻 編, 劉婧 校點, 《日下題襟集》, 上海古籍出版社, 2018, 6면. "鐵橋曰, '安義節制使李基聖, 彼國皆稱之曰李令公, 年五十五歲, 古君子也. 乾隆三十一年, 歲在丙戌, 正月二十六日, 李公初與余遇於京師琉璃廠書肆. 方買昌黎全集, 見余眼鏡, 愛之不忍釋手, 索紙作書, 欲以多金相易. 余遂脫手贈之, 不受其金而歸. 已置之矣. 忽于二月初一日晨, 遣使到寓, 云已覓余數日不得, 心甚怏怏. 今始得之. 幸毋他往, 午後當來. 余待至 午後, 李公果來, 具道思慕之意, 古情古貌, 鬱勃可愛. 茶話移晷, 出彼國所産紙墨·摺疊扇及丸藥數劑見贈, 余亦報之以香扇等物焉. 此緣起也.'"
141) 〈乾淨衕筆談〉, 《湛軒書》, 129면. "余曰, '愚因李令公, 得聞聲華. 且見硃卷, 歆仰文章, 謹仍李令與同志金生輒來請謁. 望恕唐突.'" 이하 특별한 언급이 없는 경우는 엄성과 반정균, 육비와의 관계에 대한 서술은 모두 〈간정동필담乾淨衕筆談〉에 의한 것이다.
142) 앞의 글, 앞의 책, 130면. "蘭公曰, '陽明, 大儒, 配享孔廟. 特其講良知與朱子異, 故學者勿宗. 間有一二人, 亦不甚著.' 余曰, '陽明, 間世豪傑之士也. 文章事業, 實爲前朝巨擘. 但其門路誠如蘭公之言.' 力闇曰, '貴處亦關陸耶?' 余曰, '然.' 力闇曰, '陸子靜天資甚高, 陽明功盖天下, 卽不講學, 亦不碍其爲大人物也. 朱陸本無異同, 學

者自生分別耳.' 又曰, '殊塗同歸.'"

143) 《을병연행록》 2, 45면.

144) 〈乾淨衕筆談〉, 앞의 책, 130면. "陽明之學, 儘有餘憾. 但比諸後世記誦之學, 豈非霄壤乎!"

145) 《을병연행록》 2, 61면.

146) 〈乾淨衕筆談〉, 앞의 책, 132면. "又余入入中國, 地方之大, 風物之盛, 事事可喜, 件件精好. 獨剃頭之法, 看來令人抑塞. 吾輩居在海外小邦, 坐井觀天, 其生靡樂, 其事可哀, 惟保存頭髮, 爲大快樂事."

147) 《을병연행록》 2, 64면.

148) 앞의 책, 같은 곳. 또 다음 자료를 보시오. 《乾淨筆譚》 乾, 10b면. "蘭公曰, '感服高誼, 令人涕泗.' 卽忍淚辭出, 作揖, 與力闇蒼黃出門."

149) 앞의 책, 65면. 《乾淨筆譚》 乾, 10b면. "或以見我輩衣冠而發悲."

150) 〈乾淨洞筆談〉, 앞의 책, 133면. "第二人到京十餘日, 並未見一奇人握手稱知己. 卽在南方, 亦未嘗有披肝瀝膽者. 不意相逢兩兄, 萬幸之至, 而一別又無相見之期, 令人感泣."

151) 《을병연행록》 2, 69~70면.

152) 〈乾淨衕筆談〉, 앞의 책, 133면. "夜來斂寓況萬相,, 容, 東夷鄙人也. 不才無學, 爲世棄物, 僻處海隅, 見聞蒙陋, 只以所讀者中國之書, 所仰而終身者中國之聖人也. 是以願一致身中國, 友中國之人而論中國之事. 乃局於疆域, 無路自通. 幸因叔父奉使之行, 遠離庭闈, 不辭數千里之役, 實是宿願之有在, 而山川城郭耳目之快, 固其餘事也. 但入京以後, 行止不得自由, 且無引進, 尋謁無處, 每徊徨于街市屠肆之間, 想望於悲謌慷慨之跡, 而竊自傷其不幸而生之後也. 忽乃事有湊合, 其人斯在, 邂逅相遇, 適我願兮, 從此而雖一朝溘然, 亦不可謂虛度此生也……嗚呼! 叔季衰薄, 交道之亡久矣. 面輸背笑, 滔滔皆是矣. 信乎天道好德, 善類不絶, 九野之陰威, 無傷乎重泉之一脉也. 誦其詩讀其書, 雖千里之外, 百世之下, 亦足以相感, 況於吾身親見之哉!"

153) 앞의 글, 앞의 책, 134면. "跪踊手敎, 過承推獎, 愧不敢當. 而自述己志及語及謬愛之處, 纏綿悱惻, 三復之下, 潸焉出涕. 嗚呼, 天涯知己, 千古所無. 弟等下俚鄙人, 雖

幸生中國, 交遊頗廣, 從未見有傾蓋銘心眞切懇至如吾兄者也. 感激之極, 手爲之顫. 胸中欝勃之情, 雖千語萬言, 筆何能達. 惟有彼此默默鑒此孤忱而已. 厚賜本不敢受, 承長者諄諭, 謹爲拜領. 別業詩文, 容早晚應酬稍減, 當竭愚蒙, 搆成就正."

154) 앞의 글, 같은 곳. "庭筠再拜湛軒學長兄先生足下. 筠昨歸竟夕不能成寐. 目中隱隱有三位大人及足下與金養虛兄儀狀, 深歎海東誠君子之國而數公尤當代絶世奇人也. 頃讀手教, 益見足下高雅拔俗, 立身不苟, 志願甚大, 如中國之陶淸節林和靖. 千古不過數人, 高風逸致, 起敬彌甚. 又示以令師大人先生之梗槩, 足見淵源有自, 孔顔之樂, 髣髴可思, 尤令人翹首雲際, 極不能忘耳. 所深憾者, 天各一方, 不能頻奉教益及一拜令師先生也. 弟雖忝居中土, 平生知交, 不過一二人. 如嚴力闇兄之外, 僅有其他九峯先生名果者, 與吳西林先生, 皆師事之. 其餘雖相與者百餘人, 皆非知己可師可法者也. 今又得一足下, 實爲萬幸, 卽一旦溘逝, 可以瞑目重泉矣. 相思彌襟, 曷有其極? 此非筆墨之所能罄也. 惟仰望天末, 臨風泣下而已."

155) 〈自警說〉,《湛軒書》, 75면. "朋友交際, 必誠必信. 見其善則中心喜之, 從而揚之; 見其惡則中心憂之, 從而規之. 必就其勝己者而處焉, 誘之使言, 聞過必改."

156)《을병연행록》2, 82면.

157)《乾淨筆譚》乾, 21b면. "平仲求見蘭公詩, 蘭公出一詩示之, 題云次湘夫人韻. 其詩忘未記而盖以未見其妹之婚爲恨一句云. 嫂氏催粧詩. 余故問, '湘夫人, 誰也?' 蘭公笑曰, '賤內.'"《을병연행록》에는 시를 보여 달라고 한 사람이 김재행으로 되어 있다.《을병연행록》2, 109면.

158) 嚴誠,〈附錄 渼湖論性書〉, 朱文藻 編, 劉婧 校點,《日下題襟集》, 上海古籍出版社, 2018, 92~94면. 金元行,〈答任同知(弘紀)〉,《渼湖集》;《韓國文集叢刊》a220, 99~101면.

159)〈乾淨衕筆談〉, 앞의 책, 137면. "在釋氏則楞嚴, 在道家則黃庭, 而吾儒則懲忿窒慾矯輕警惰八字. 弟之粗得乎儒家者如此而已, 至于正心誠意, 尙大難."

160) 앞의 글, 같은 곳. "弟非敢爲佞也. 看兄之才學甚高, 深爲吾道望焉. 好看近思錄, 已見所安之不在彼也. 雖然, 若有少差失, 必令儒門得一彊敵, 豈非可畏乎? 幸爲道自勉."

161) 앞의 글, 같은 곳. "弟極好談理學, 恨無同志耳. 今日可謂有朋自遠來, 竊幸吾道之不孤. 最恨言語不通. 不然, 暢談雖累月, 不休也."

162) 앞의 글, 앞의 책, 138면. "朱子好背小序. 今觀小序, 甚是可遵. 故學者不能無疑于朱子. 本朝如朱竹坨著經義考二百卷, 亦關朱子之非是. 而自來之論, 亦謂朱子好改小序, 殆出于門人之手. 如木瓜美齊桓, 子衿刺學校廢, 其他野有蔓草及刺鄭忽刺幽王諸詩, 皆按之經傳, 確鑿可據而朱子必盡反之."

163) 《승정원일기》 영조 33년(1757) 9월 24일(34/34). "天柱曰, '臣以吳三桂之事, 有所達矣. 明末有毛奇齡文集新出, 故臣得觀而知其詳矣.'"

164) 〈乾淨衕筆談 續〉, 앞의 책, 165면. "初一, 我等之座師錢大人, 傳諭于是日, 黎明齋集, 率領同人, 謁見大老師. 此亦舊例. 所謂大老師者, 老師之老師也."

165) 앞의 글, 같은 곳. "余曰, '錢大人誰也?' 力闇曰, '錢人昕, 日講起居注官翰林侍講學士.'"

166) 문중양, 〈조선 후기 실학자들의 과학 담론, 그 연속과 단절의 역사〉, 《정신문화연구》 93, 한국정신문화연구원, 2003 겨울호, 43~44면.

167) 문중양, 〈전근대라는 이름의 덫에 물린 19세기 조선 과학의 역사성〉, 《한국문화》 54, 규장각 한국학연구소, 2011. 6, 115~116면.

168) 〈乾淨衕筆談〉, 앞의 책, 140면. "惟以義理天下之公, 人人得以言之. 此乃古今之通義也. 幸明賜斥教, 俾開愚蒙, 不敢自是己見, 膠守先入之說也."

169) 《을병연행록》 2, 160면.

170) 《을병연행록》 2, 160~161면.

171) 〈乾淨衕筆談〉, 앞의 책, 141면. "或不無好處前朝制度尚存也."

172) 《을병연행록》 2, 161면.《乾淨筆譚》乾, 35b면. "蘭公戲曰, '戲臺亦有妙處, 以其有漢官威儀也.' 擲筆大笑."

173) 《을병연행록》 2, 같은 곳.

174) 건륭제의 여행에 대해서는 마크 C. 엘리엇, 양휘웅 옮김, 《건륭제》, 천지인, 2011, 161~196면을 참고할 것.

175) 앞의 책, 같은 곳. 〈乾淨衕筆談〉, 앞의 책, 141면에는 "中國非四方之表準乎? 兩兄非我輩之知己乎? 對兄威儀, 每起歎惜者"라고 되어 있어 '宗國'과 '宗人'이 '標準'과 '知己'로 바뀌어 있다. 그런데 담헌이 교정한 《乾淨筆譚》乾, 35b면에는 "中國非四方之宗國乎? 君輩非我輩之宗人乎? 見君輩之鞭絲, 安得不使我腐心而煩寃乎?"라고 되어 있어 《을병연행록》과 일치한다. 담헌이 최종적으로 말하고 싶었던

것은 '宗國'과 '宗人'이었을 것이다.

176) 〈乾淨衕筆談〉, 앞의 책, 141면. "蘭公笑曰, '剃頭則甚有妙處. 無梳□之煩, 爬癢之苦, 科頭者想不識此味, 故爲此語也.' 余曰, '不敢毁傷之語, 以今觀之, 曾子乃不解事人也.' 兩生皆大笑."

177) 《을병연행록》 2, 162면.

178) 《을병연행록》 2, 162~163면.

179) 〈醫山問答〉, 앞의 책, 99면. "章甫·委貌, 文身雕題, 均是習俗也. 自天視之, 豈有內外之分哉!"

180) 《을병연행록》 2, 164면.

181) 앞의 책, 같은 곳.

182) 〈乾淨衕筆談〉, 앞의 책, 141면. "本朝立國甚正, 滅大賊伸大義, 際中原無主, 非利天下."

183) 《을병연행록》 2, 167면.

184) 앞의 책, 같은 곳.

185) 〈乾淨衕筆談〉, 앞의 책, 같은 곳. "非利天下則吾未敢知也. 入關以後則亦無如之何."

186) 《을병연행록》 2, 167면.

187) 〈乾淨衕筆談〉, 앞의 책, 같은 곳. "江外有奇談, 曰, '送來禮物, 如何不受?'"

188) 《을병연행록》 2, 167면.

189) 《을병연행록》 2, 168면. 〈乾淨衕筆談〉에는 "복색을 바꾸었습니까?"라는 부분이 없다.

190) 〈乾淨衕筆談〉, 앞의 책, 141~142면. "前朝末年, 太監用事, 流賊闖發, 煤山殉社, 天實爲之, 謂之何哉! 所謂滅人賊伸大義, 乃本朝之大節拍. 惟中國之剃頭變服, 淪陷之慘, 甚於金元時, 爲中國不勝哀涕."

191) 앞의 글, 앞의 책, 142면. "萬曆年間, 倭賊大入東國, 八道糜爛. 神宗皇帝動天下之兵, 費天下之財, 七年然後定. 到今二百年生民之樂利, 皆神皇之賜也. 且末年流賊之變, 未必不由於此. 故我國以爲由我而亡, 沒世哀慕, 至于今不已."

192) 〈乾淨衕筆談〉, 《湛軒書》, 144면. "蘭兄許頊效在色之戒, 非戲言也. 幸勿泛聽. 雖年少所致, 然更加意於威重二字."

193) 《을병연행록》 2, 219면에는 '娼妓'로 되어 있다

194) 《乾淨筆譚》, 43a면. "蘭公起身, 立于炕下, 屈首作揖. 余驚起扶之, 就坐. 力闇曰, '昔

人云:「號爲文人, 餘無足觀」, 而又安可酷慕風流二字乎? 此蘭公之大病也.' 又曰, '將來吾輩相見, 必時時以吾兄之言互相提策, 決不敢忘.'

195) 《을병연행록》 2, 184면.
196) 〈乾淨衕筆談〉, 《湛軒書》, 144면. "自康熙以來, 待之逈異他藩. 有請曲徇. 前明時則太監用事, 欽差一出, 國內震撓. 雖然, 豈敢以此怨父母之國哉?" 밑줄 친 부분은 《乾淨筆譚》 乾, 44b면에는 "凡我東所欲爲靡不曲徇."으로 되어 있다. 번역은 이 부분을 넣어서 하였다.
197) 《을병연행록》 2, 184면.
198) 《乾淨筆譚》 乾, 54a~54b면. "所病者或不免懶散而無進境爲知己告者, 此則又不可無洪兄之嚴氣正性爲藥石."
199) 《乾淨錄》, 25~26면. "蘭公曰, '承示東國大略, 甚善. 聞東方官宦到任, 不携妻妾. 到任後, 則有所轄之地之女, 充御. 離任後, 亦不携去. 如有子, 亦必贖歸, 其信然耶?' 余曰, '外官皆携妻妾. 惟邊遠, 只許率妾充御云云. 是官妓也. 有子皆贖歸. 但貧者, 以其費銀, 故或不能爲之耳.' 蘭公曰, '士人則不得近官妓, 何寬于貴官, 而嚴于士人.' 力闇曰, '好色之人, 語不離宗.' 皆笑. 余曰, '於士亦非不許, 特自好者不爲之.'"
200) 〈乾淨衕筆談〉, 앞의 책, 148면. "余看畢曰, '草堂自此有顔色.' 力闇笑曰, '草堂自此無顔色.'"
201) 〈乾淨衕筆談〉, 앞의 책, 149면. "論天及曆法 西法甚高 可謂發前未發 但其學則竊吾儒上帝之號 裝之以佛家輪廻之語 淺陋可笑."
202) 이에 대해 보다 상세한 것은 曹蒼錄, 〈홍대용 연행록 중 西學 관련 내용의 改削 양상〉, 《大東文化硏究》 84, 성균관대학교 대동문화연구원, 2013, 189면을 보시오. "천주교 관련 탄압이나 이와 관련된 정쟁의 빌미를 없애기 위해서, 서학 관련 내용들을 고의적으로 개변 혹은 삭제한 것으로 볼 수밖에 없는 것"이라고 하지만, 고친 내용들이 그렇게 무겁거나 민감한 것도 아니다. 이미 담헌 스스로 천주교를 냉정하게 부정하고 있기 때문이다.
203) 屈原, 〈漁父辭〉. "滄浪之水淸兮 可以濯吾纓 滄浪之水濁兮 可以濯吾足."
204) 姜正萬, 〈錢謙益 文學論 硏究〉, 성균관대학교 박사학위 논문, 1995, 34면.
205) 《승정원일기》 영조 4년(1728) 2월 24일(9/9). "宗城曰, '謙益, 明人謂之錢牧齋, 有文

206) 集. 而皇明之末, 降於奴. 初爲名流, 而爲袁所擯, 不得入相矣. 後作淸太子神道碑, 作淸人, 故明史不立傳矣.'"

207) 張舜徽,《淸人文集別錄》, 明文書局, 中華民國 71년, 2면.

208) 〈乾淨衕筆談〉, 앞의 책, 149면. "蘭公曰, '少年爲黨魁, 末路乃爲降臣. 文章名世, 要是國家可惜人.' 力闇曰, '使其早死, 今人亦無訾之者.' 蘭公曰, '名德不昌, 乃有頤期之壽.' 力闇曰, '牧齋人品無可言.'"

209) 〈乾淨衕筆談〉,〈湛軒書〉, 149면. "蘭公曰, '聞婦女中多能詩者, 能擧一二否?'"

210) 《乾淨筆譚》, 59b면. "余曰, '…… 且兄於妓詩若是眷眷何耶?' 蘭公笑曰, '好色耳.'"

211) 〈乾淨衕筆談〉, 앞의 책, 151면. "又曰, '帶數珠之制, 以爲何如?' 余曰, '非先王法服, 不須問也.' 力闇曰, '然. 必須五品以上帶之, 而翰林則以七品官而亦許帶.' 余曰, '此必自己崇佛者帶之耶.' 力闇笑曰, '非也. 雖程朱, 處今之世, 敢不帶耶? 今時有例不得帶數珠, 而其居鄕, 往往僭帶以爲榮.'"《간정록乾淨錄》은 이 부분에 이어 "정자, 주자가 지현知縣이 되면 면할 수 있을 것이다"라는 반정균의 말을 옮기고 있다(《乾淨錄》, 50면. "蘭工笑曰, '程朱爲知縣, 得以免矣.'").《乾淨筆譚》乾, 66a면에도 같은 문장이 실려 있다. 반정균의 가벼운 성격이 잘 드러나는 장면이다.

212) 앞의 글, 같은 곳. "中國衣冠之變, 已百餘年矣. 今天下惟吾東方, 略存舊制, 而其入中國也. 無識之輩莫不笑之. 嗚呼! 其忘本也. 見帽帶則謂之類場戲, 見頭髮則謂之類婦人, 見大袖衣則謂之類和尙, 豈不痛惜乎!"

213) 마크 C. 엘리엇, 양휘웅 옮김,《건륭제》, 천지인, 2011, 109~110면.

214) 이상은《을병연행록》2, 229~230면에 아주 자세히 나온다.

215) 전약煎藥과 청심환에 대한 대화는《을병연행록》2, 234~235면과《간정록》, 54~57면의 지우라고 교정한 내용에 아주 자세하게 나와 있다.

216) 《을병연행록》2, 235면.

217) 〈乾淨衕筆談〉에는 '지난번에 드린〈고원정부〉'라고 하여 이미 증정했다고 말하고 있다.〈乾淨衕筆談〉, 앞의 책, 152면. "向送高遠亭賦體一篇, 蕪拙可笑." 어느 쪽이 정확한지는 알 수 없지만, 어쨌든 증정한 것만은 사실이다.

담헌은 2월 19일 반정균에게〈고원정부〉를 써서 보낸다. 작품 내용은 이쪽을 보기 바란다.

218) 〈乾淨衕筆談〉,《湛軒書》, 152면. "力闇變色曰, '弟輩推誠相與而吾兄猶作此世情之談. 然則吾兄殆不與弟相好耶? 弟等豈惟不爲面輸背笑之人. 實是中心誠服."《乾淨錄》에는 이어 다음 내용이 있다. 역시 엄성의 말이다.《乾淨錄》, 60~61면. "弟可出一誓言, 如敢胸中稍有一不然之念者, 令我前程不吉. 又曰, '此語則雖蘭公不能强之使共矣.' 先此蘭公書曰, '如不中心, 誠復于兄者, 非人類也.' 見力闇之語, 則以所書示之. 余曰, '自視缺然, 嗚感盛眷, 乃有此言, 豈敢有疑於兄輩耶? 承此各出誓言, 殆同春秋之咀盟. 由弟多心致此, 遇與可謂胥失之矣." 밑줄 친 부분을 제외하고는《乾淨筆譚》乾, 68a면에도 실려 있다.

219) 《을병연행록》2, 247면.

220) 〈乾淨衕筆談〉,《湛軒書》, 153면. "雖然, 才高者過於脫灑, 則或不免於大軍遊騎出太遠而無所歸. 此則弟之不能無過計之憂於吾兄."

221) 〈乾淨衕筆談 續〉, 앞의 책, 157면. "聞兄宗朱, 我則陸學, 奈何?"

222) 앞의 글, 같은 곳. "仁者之別, 必贈以言, 余何敢當. 雖然, 吾輩將生死別矣, 其無可言乎? 太上修己而安人, 其次善道而立教, 最下者著書而圖不朽, 外此者求利達而已. 苟求利達而已, 亦將何所不至哉! 仕有時乎爲榮, 亦有時乎爲恥. 立乎人之本朝而志不在乎三代之禮樂, 是爲容悅也, 是爲富且貴也. 此而不知恥, 其難與言矣. 有高才能文章而無德以將之, 或贏得薄倖名, 或陷爲輕薄子, 若是乎才不可恃而德不可緩也. 非寡欲無以養心, 非威重無以善學. 任重而道遠, 凡我同志, 奈何不敬? 善惡萌於中而吉凶著於外. 如欲進德而修業, 盖亦反求諸己而已矣."

223) 〈乾淨衕筆談〉,《湛軒書》, 157면. "起潛看畢曰, '寫一張與我. 作座右銘常目.' 又曰, '竟是正蒙. 不特其文之似而已.'"

224) 앞의 글, 앞의 책, 157~158면. "維杭有山, 可採可茹. 維杭有水, 可灌可漁. 文武之道, 布在方冊. 可卷而舒, 子弟從之. 可觀厥成. 優哉遊哉, 可以終吾生. 大道一則專, 專則靜, 靜則明生焉, 明生焉而物乃照矣. 止水明鑑, 體之立也. 開物成務, 用之達也. 專於體者, 佛氏之逃空也, 專於用者, 俗儒之趨利也. 朱子後孔子也, 微夫子, 吾誰與歸. 雖然, 依樣苟同者佞也, 强意立異者賊也."

225) 《을병연행록》2, 281면.

226) 〈乾淨衕筆談 續〉, 앞의 책, 158면. "平仲曰, '嗜酒之酒, 不必改. 飮酒之酒, 決不可少

去模棱而不顯言之也.' 力闇曰, '文章波瀾, 不無假借. 若去飮邊高趣, 頗少興致. 今早, 陸兄亦獨賞此段, 去之, 似減風味矣.' 起潛曰, '不言邦禁, 但以近止酒爲言, 何如?' 平仲曰, '止酒二字, 非老實矣.' 起潛曰, '然則無可如何矣.' 力闇曰, '金兄嗜酒而邦禁如此之嚴, 何以過日耶?' 平仲曰, '生不如死矣.' 起潛大笑曰, '酒鬼!' 一座大笑. 力闇曰, '傷哉! 傷哉! 速死, 投生中國爲幸.' 蘭公曰, '若生中國, 宜生于浙工. 有紹興酒, 日日可飮.' 起潛曰, '我亦欲東遊如此. 我以海東爲白蓮社矣.' 力闇曰, '金兄必屢屢潛飮者, 吾將出首, 故以記文揚其惡耳.' 諸人皆笑."

227) 앞의 글, 앞의 책, 159면. "力闇曰, '前日書久未答, 終當有以報之. 小序決不可廢. 朱子於詩注, 實多蹐駁, 不敢從同也.'"

228) 앞의 글, 같은 곳. "蘭公曰, '朱子廢小序, 多本鄭漁仲.'"

229) 앞의 글, 같은 곳. "蘭公曰, '名, 樵. 號, 夾漈. 閩人, 有通志.'"

230) 앞의 글, 같은 곳. "余曰, '弟則於小序, 非敢蹈襲前言, 非敢掩護朱子. 看其言儘無據, 幸兄詳示以破蒙.' 起潛曰, '老弟宗朱極是, 然廢小序, 必不能强解也.' 蘭公曰, '卽如白駒之詩, 朱子注云嘉客猶逍遙也. 朱子注如此類極多, 果是耶?' 余曰, '訓詁諒有餘憾, 終不掩其大體之好.'"

231) 앞의 글, 앞의 책, 160면. "起潛曰, '子靜於尊德性居多, 某却於道問學居多. 朱意如是矣.'"

232) 앞의 글, 앞의 책, 161면. "但名爲宗朱者, 多偏於問學, 終歸於訓詁末學, 反不如宗陸之用功於內, 猶有所得也. 此最可畏耳."

233) 앞의 글, 앞의 책, 163면. "請訴鄙悃. 弟於兄, 欽仰非不切, 不敢爲一毫贊歎語, 乃將以友道自處也. 惟兄於弟, 多以不倫之語加之. 如時中純粹等字, 何何等題目而遽以此稱之. 是兄不是相處以友, 乃以此爲眼前一玩戲之物, 此豈所望於吾兄者耶? 且騷體不減屈宋云者, 君子樞機之發, 恐不當若是率爾也. 如何?'"

234) 앞의 글, 같은 곳. "盖吾兄自處則壁立千仞, 而又不强人從我, 展轉思之, 實是可愛可敬. 如弟不出于中心而爲面諛, 卽非人類矣."

235) 〈乾淨衕筆談 續〉, 앞의 책, 164면. "太宗文皇帝時, 有儒臣巴克什達海·庫爾纏, 奏請衣服從漢人之制. 太宗諭曰, '非朕不納諫. 試爲比喩. 如效漢習, 寬衣大袖, 將待人割肉而後食乎? 如遇勇士, 將何以禦之乎? 人稱滿洲人云, 立着不動搖, 上陣不回頭,

236) 앞의 글, 같은 곳. "是以我朝聖聖相傳, 不效漢人衣制也."
237) 앞의 글, 같은 곳. "蘭公曰, '司馬公改新法可見. 且此爲國家長久計, 無奈何矣.'" '司馬公改新法可見'은 송대의 구법당인 사마광이 왕안석의 신법을 고친 것을 두고 한 말인데, 뜻이 분명하지 않다.
238) 앞의 글, 앞의 책, 164~165면. "余曰, '義理不如是. 且朝聞道夕死可矣.'"
239) 《을병연행록》2, 324면.
240) 〈乾淨衕筆談 續〉, 앞의 책, 164면. "舜, 東夷之人也, 文王, 西夷之人也. 王侯將相, 寧有種乎? 苟可以奉天時而安斯民, 此天下之義主也. 本朝入關以後, 削平流賊, 到今百有餘年, 生民按堵, 其治道可謂盛矣. 惟禮樂名物, 一遵先王之舊, 則天下尙論之士, 庶可以無憾, 亦可以有辭於後世矣. 兄如作官, 必以此簡義理, 上告下布, 中明二人之言, 以幸天下, 吾輩與有榮矣."
241) 〈離婁章句下〉, 《孟子》; 朱熹, 《四書章句集注》, 289면. "孟子曰, '舜生於諸馮, 遷於負夏, 卒於鳴條, 東夷之人也. 文王生於岐周, 卒於畢郢, 西夷之人也.'"
242) 《을병연행록》2, 333면.
243) '鄧文軒', 〈燕記〉, 《湛軒書》, 265면. "余曰, '君見吾輩衣冠以爲如何?' 鄧生曰, '甚好.' 余曰, '此中剃頭之法, 亦好否?' 鄧生曰, '自幼習以爲常, 頗覺其便.' 余曰, '髮膚不敢毁, 非聖訓乎?' 鄧生曰, '威顔咫尺, 休爲此言.'"
244) '孫蓉洲', 〈燕記〉, 앞의 책, 265면. "余曰, '科場經義主何說?' 蓉洲曰, '總以朱註.' 余曰, '聞詩經多主小序, 以朱子廢舊說爲非, 此中獨不然乎?' 蓉洲曰, '當今總以朱子爲歸.' 余曰, '四禮亦從家禮乎?' 蓉洲曰, '然.' 余曰, '喪家用樂, 此何禮也?' 蓉洲曰, '此風由來久矣. 愚意亦以爲非.' 又曰, '貴邦文字, 亦遵朱子乎?' 余曰, '經與禮, 一遵朱子, 無敢少差.' 蓉洲曰, '中庸云書同文, 信不誣矣.'"
245) 앞의 글, 같은 곳. "弊邦慕尙中國, 衣冠文物, 彷彿華制, 自古中國或見稱以小中華, 惟言語尙不免夷風爲可愧."
246) 앞의 글, 같은 곳. "久仰貴邦人物俊雅, 風俗醇厚, 不減中華. 至于土音, 又何害焉? 且以中國言之, 東西南北, 語亦不類, 而朝廷取士用人, 亦幷不以此而別."
247) '希員外', 〈燕記〉, 앞의 책, 272면. "本朝爲前明滅大賊, 天與人歸, 無異於堯舜禪讓,

貴國亦知之乎?"

248) 앞의 글, 같은 곳. "舜亦東夷之人, 但未聞唐虞之際易服色如今日也."

249) 앞의 글, 같은 곳. "世有古今, 時義不同, 衣冠何嘗有定制."

250) 《漢語大詞典》. "① 恭敬的應答聲, ② 引伸爲恭順謹愼之義 ③ 應而不置可否貌."

251) 〈橐裝〉, 《湛軒燕記》(奎章閣本) 권3.

252) 《頤齋亂藁》 2, 299면. 1768년 11월 13일.

253) 朴趾源, 〈湛軒所藏淸明上河圖跋〉, 《燕巖集》;《韓國文集叢刊》 a252, 115면.

254) 《頤齋亂藁》 7, 401면. 1786년 7월 27일. "平生酷好古道. 如古典今文及渾儀輪鐘, 以至西洋諸書. 無不蒐聚."

255) 〈乾淨錄後語〉, 《湛軒書》, 174면. "三人者, 雖斷髮胡服與滿洲無別, 乃中華故家之裔也. 吾輩雖闊袖大冠沾沾然自喜, 乃海上之夷人也. 其貴賤之相距也, 何可以尺寸計哉? 以吾輩習氣, 苟易地而處之, 則其鄙賤而踜蹴之, 豈啻如奴僕而已哉! 然則三人者之數面如舊, 傾心輸腸, 呼兄稱弟, 如恐不及者, 卽此氣味已非吾輩所及也. 陽明亦浙人也. 浙人多襲其風采, 語及宋儒, 辭氣過於輕快. 是以余於鐵橋, 或以此規之, 鐵橋不以余爲非也. 東儒之崇奉朱子, 實非中國之所及. 雖然, 惟知崇奉之爲貴, 而其於經義之可疑可議, 望風雷同, 一味掩護, 思以箝一世之口焉. 是以鄕原之心, 望朱子也. 余竊嘗病之, 及聞折人之論, 亦其過則過矣. 惟一洗東人之陋習, 則令人胸次灑然也."

256) 朴趾源, 〈答洪德保書(第二)〉, 《燕巖集》;《韓國文集叢刊》 a252, 77면. "念兄於友朋一事, 知有血性, 而至於九峯諸人, 天涯地角, 問關奇書, 可謂千古奇事. 然此生此世, 不可復逢, 則無異夢境, 實鮮眞趣. 庶幾一見於方域之中, 無相闊諱, 亦不難千里命駕, 未知吾兄亦未之有見耶? 抑斷此念於胷中否也, 往日談屑之際, 未嘗及此. 今適因一段悠鬱, 聊以奉質爲."

257) 李德懋, 〈論諸笠〉, 《盎葉記》(8),《靑莊館全書》;《韓國文集叢刊》 a259, 94면. "洪湛軒大容遊燕, 道袍革帶, 着笠而行, 人皆指點爲乞僧, 自稱禮義之服, 只博乞僧之名, 寧不慨嘆."

08. 편지로 이어진 우정과 북경 체험의 파란

1) 〈與秋庯書〉,《乾淨後編》, 26~27면. "弟以四月十一日渡鴨水, 以五月初二日歸鄕廬. 以其十五日, 諸公簡牘, 俱粧完共四帖, 題之曰古杭文獻. 以六月十五日, 而筆談及遭逢始末, 往復書札, 幷錄成共三本, 題之曰乾淨衕會友錄."
2) 〈乾淨錄後語〉,《湛軒書》, 173~174면.
3) 〈金養虛在行浙杭尺牘跋〉,《湛軒書》, 74면.
4) 《中朝學士書翰》에 대해서는 千金梅,《《中朝學士書翰》을 통해 본 金在行과 杭州 선비의 교류》,《東亞人文學》14, 東亞人文學會, 2008을 참고할 것.
5) 〈明禮洞夢遇記〉,《乾淨後編》, 37~41면.
6) 〈與篠飮書〉,《乾淨後編》, 23면. "大容白. 大容以海外賤品, 倖會奇緣, 得與上國華胄江表偉人, 如吾篠飮者, 接席論心, 證交丁寧, 重以燦燦瓊琚, 歸橐動色. 此實孤陋之至幸, 千古之異蹟也."
7) 〈與鐵橋書〉,《乾淨後編》, 25면. "然則安得不使我悁悅蘊結, 愈久而愈切耶?"
8) 앞의 글, 앞의 책, 25~26면. "容於歸路, 嫩柳紅杏, 非復去時光景. 乃憑長城, 笑秦皇之築怨;撫虎石, 吊李廣之數奇;登首陽, 挹伯夷之淸風;入邓閭, 仰賀欽之高節. 其感古傷今一切可喜可悲之蹟, 何處而不思吾力閶也? 萬里嗣音, 千古所無, 苟其不斷, 豈非奇絶, 若或一斷, 勢不可復續. 此其情理之苦, 定當十倍於分袂之懷矣. 如之何如之何?"
9) 〈與秋庯書〉,《乾淨後編》, 26~27면.
10) 〈與徐朗亭書〉,《乾淨後編》, 27~29면.
11) 〈與篠飮書〉,《乾淨後編》, 29면. "十月, 冬至使行入去, 作書, 附譯官邊翰基."
12) 앞의 글, 앞의 책, 29~33면.
13) 앞의 글, 앞의 책, 37면. "今若姑拾講學, 靜坐瞑目, 專意於本心良知之間, 則雖一時凝定之力, 稍有澄化悟解之功, 而事變紛沓, 卒已汩亂. 所謂三千三百致廣大盡精微者, 終不能如聖人矣."
14) 앞의 글, 같은 곳. "嗚呼! 七十子喪而大義乖, 迂儒曲士, 博而寡要, 莊周憤世, 養生齊物;朱門末學, 徒尙口耳, 記誦訓詁, 汩其師說, 陽明嫉俗, 乃致良知. 此其憿時憂道

之意, 不免於矯枉過直, 而橫議之弊, 無以異於迂儒曲士, 正道之害, 殆有甚於記誦訓詁, 則竊以爲陽明之高, 可比莊周, 而學術之差, 同歸於異端矣."

15) 《前漢書》 권30, 〈藝文志〉 제10. "昔仲尼沒而微言絶, 七十子喪而大義乖, 故春秋分爲五, 詩分爲四, 易有數家之傳, 戰國從衡真僞分爭, 諸子之言紛然殽亂."

16) 朱熹, 〈白鹿書堂策問〉, 《晦庵集》 권74. "孔子歿, 七十子喪, 楊墨之徒出. 孟子明孔子之道以正之, 而後其說不得肆." 朱熹, 《四書或問》 권2. '大學' "嗚呼! 程子之言, 其答問反復之詳且明也如彼, 而其門人之所以爲說者乃如此. 雖或僅有一二之合焉而不免於猶有所未盡也. 是亦不待七十子喪而大義已乖矣. 尙何望其能有所發而有助於後學哉!"

17) 吳澄, 〈尊德性道問學齋記〉, 《吳文正集》 권40. "夫既以世儒記誦詞章爲俗學矣. 而其爲學亦未乎言語文字之末, 甚至專守一藝而不復旁通它書, 掇拾腐說而不能自遣一辭, 反傅記誦之徒嗤其陋, 詞章之徒議其拙. 此則嘉定以後朱門末學之弊而未有能救之者也."

18) 李滉, 〈閒居, 次趙士敬·具景瑞·金舜擧·權景受諸人唱酬韻, 十四首〉, 《退溪集》;《韓國文集叢刊》 29, 77면. 이 시의 주석을 보라. "朱門末學, 流爲口耳之弊. 草廬諸公, 多以爲憂. 然歷攷宋末·元·明之際, 以朱學傳相授受, 卓然有得者多, 不可以流弊爲本實病也." 오징吳澄과 약간 견해를 달리하지만, 주문말학朱門末學 운운이 오징으로부터 유래했음을 정확하게 인지하고 있다.

19) 《을병연행록》 2, 45면.

20) 〈與九峰書〉, 《乾淨後編》, 60~62면.

21) 〈與秋□書〉, 《乾淨後編》, 62~65면.

22) 앞의 글, 앞의 책, 69면. 이 부분은 《담헌서湛軒書》의 〈항전척독杭傳尺牘〉에는 엄성에게 보내는 편지의 별지에 실려 있다. 〈與鐵橋書〉, 《湛軒書》, 105면. 그런데 엄성에게 보내는 편지를 읽어 보면, 윤리적 완정성을 갖춘 사람이 되도록 노력하자는 말을 하는 도중에 이 부분이 들어가 있어 매우 어색하다. 아마도 엄성의 편지에 이 부분이 잘못 삽입된 것일 터이다.

23) 〈乾淨錄後語〉, 《湛軒書》, 173~174면.

24) 다만 반정균에 대해서는 다음과 같은 말이 더 있는데, 〈간정록후어乾淨錄後語〉에는

완전히 생략되었다. 반정균의 호색을 변명하는 말이다. 변명했다고는 하지만 이 말 자체가 반정균의 호색을 인정하는 것으로 이해될 수 있었기 때문에 생략한 것으로 보인다. 《乾淨後編》, 73면. "好色, 天下之同情也, 特有甚不甚耳. 今秋庫之好色也, 以其言考之, 其殆於甚者也. 雖然, 亦嘗曰: 未有所遇生平不二色. 然則亦不可謂之甚也. 惟他人之好之也, 匿之於心, 秋庫之好之也, 發之於口. 與其匿之於心而迷惑以終身, 曷若發之於口, 使人皆見之而得受其針砭也哉? 若夫端拱尙論, 務飾其外, 而不能檢身於屋漏袵席之者, 亦秋庫之罪人也. 惜乎, 其不能'寄潘秋庫庭筠(○○)實學也." 이 인용문의 마지막은 '惜乎, 其不能'寄潘秋庫庭筠(○○)實學也'인데, (○○) 부분은 다른 종이를 발라서 보이지 않는다. 따라서 끝의 실학實學이란 말과도 어떻게 연결되는지 알 수 없다. '(○○)實學也'를 제외하면, 그 뜻은 '아깝다, 반추루 정균에게 부쳐 보내지 못함이여!'라는 정도가 될 것이다. 곧 이 말을 반정균에게 전달하지 못해 안타깝다는 뜻이다.

25) 위의 '惜乎, 其不能'寄潘秋庫庭筠(○○)實學也'라는 문장에 이어 '眼中東海小如盃'로 시작되는 칠언고시 30구가 실려 있는데, 끝에 "右寄三河孝廉蓉洲孫有義心裁"라고 적혀 있다. 이 시는 《담헌서》에는 〈寄潘秋庫庭筠語三河歸路逢人酬詩〉란 제목으로 실려 있다(《湛軒書》, 78면). 반정균에게 보낸 시처럼 실려 있지만, 이 시에 이어 '古人重交游'로 시작되는 오언고시 78구가 있는데, 끝에 "右寄山西鄧文軒師閔騫如寓居三河鹽市"라고 적혀 있어 등사민鄧師閔에게 보낸 것임을 알 수 있다. 두 편의 시는 모두 손유의와 등사민을 사귀게 된 내력과 그들에 대한 호의적 평가로 일관한다.

26) 〈與鐵橋書〉, 《乾淨後編》, 42~60면.
27) 앞의 글, 앞의 책, 43면. "讀書, 將以明大理而措諸事也."
28) 앞의 글, 앞의 책, 14면 "雖然, 知行兩端, 固不可偏廢,"
29) 앞의 글, 앞의 책, 47면. "古今人品, 蓋有六等. 今排定位次, 以爲勸懲之準."
30) 앞의 글, 같은 곳. "第一位, 聖人. 一疵不存, 萬理明盡;第二位, 大賢. 道全德備, 守而未化.;第三位, 君子. 行己有恥, 使四方不辱;第四位, 善人. 宗族稱孝, 鄕黨稱弟;第五位, 俗人. 同流合汚, 避害趨利;第六位, 小人. 貪鄙狗彘, 慘毒蛇蠆,"
31) 金昌翕, 〈日錄〉, 《三淵集》; 《韓國文集叢刊》 a166, 131면. "余嘗以人品六等, 排定位次, 每爲後學切切言之, 以爲懲勸之準."

32) 〈與鐵橋書〉, 앞의 책, 51~52면. "右六等五種之目, 東方先輩之說也. 余喜其造語切實, 巧中時弊, 常銘之心頭, 作爲懿戒. 今取其目, 略加演辭, 繫之狂言, 奉寄鐵橋, 僣口御之箴, 兼以求敎于篠飮·秋口兩兄."

33) 앞의 글, 앞의 책, 48면. "嗚呼! 小人者世不常有, 而俗人者滔滔皆是矣. 善人雖可愛, 而不足爲終身準也. 若由君子而進大賢, 則雖不及聖人, 亦可謂今之聖人矣. 如吾輩者, 歸之俗人, 或其不甘, 而其于善人已有多小不盡分處, 所謂二之中也. 嗚呼! 其可媿懼也已."

34) 앞의 글, 앞의 책, 48~50면. "人苟有要學聖人之志, 則其講學之功·踐履之實, 必汲汲循循, 愈進愈篤, 無浚巡遊泛, 若存若亡之理. 其徒尙煩舌, 色厲內荏, 虛名外重, 實德內攷, 苟焉爲自欺而欺人者, 皆無希聖人之實心也. 然則今之所謂學者, 果何所志而爲學耶. 人略有五種焉. 一曰利心, 假眞售僞, 居之不疑, 以干祿爲心者; 二曰名心, 生則賓師, 沒則俎豆, 以誇張衒悅者;三曰勝心, 莫高於道學, 他術爲低, 以標致爲高者; 四曰伶俐, 讀書談理, 少所礙滯, 以辨析爲能者;五曰恬雅, 適爾寡慾, 親近簡編, 以玩索爲樂者. 利心, 魍魅也;名心, 偎儡也;勝心, 壁蝸也;伶俐, 鸚鵡也;恬雅, 蠢魚也. 向學立心有一于此, 便是種子不好. 其于希聖之功, 吾知其愈進而愈遠矣." '一曰', '二曰'이 《三淵集》에는 '一', '二'로, '向學立心有一于此, 便是種子不好'가 《三淵集》에는 "從初向學立心只如此, 便是種子不好, 學者當仔細點檢也"로 되어 있다.

35) 金昌翕, 〈日錄〉, 《三淵集》;《韓國文集叢刊》a166, 131면. "人能知天之所以與我者而自期以聖人, 則一日有一日之進, 一歲有一歲之進, 豈有若存若亡, 半靑半黃之理? 惟其無希聖之志也, 故始勤終怠, 外然而中不然, 苟焉爲自欺欺人而已. 然則今之儒者, 果何所志而爲學耶? 人略有五種焉." 밑줄 친 부분만 인용되고 있다.

36) 〈與鐵橋書〉, 앞의 책, 50~51면. "詞章以靡之, 記誦以今之, 訓詁以拘之, 由而能闊然用力於實學者鮮矣. 功利以雜其術, 老佛以淫其心, 陸王以亂其眞, 由是而能卓然壁立於正學者尤鮮矣."

37) '吳彭問答'〈燕記〉,《湛軒書》, 243면. "余亦笑曰:'舍義理則經濟淪於功利而詞章淫於浮藻, 何足以言學?'"

38) 《漢語大詞典》. "功利, 指眼前的功效和利益, 多含貶義."

39) "太極生兩儀."

40) "有物混成先天地生."
41) "有物先天地無形本寂寥."
42) "一以貫之."
43) "聖人抱一."
44) "萬法歸一."
45) "修己以安百姓."
46) "我無爲而民自化."
47) "慈悲以度衆生."
48) 〈與汶軒書〉,《乾淨附編》, 65~66면;〈與蓉洲書〉,《乾淨附編》, 67~68면.
49) 〈與鐵橋書〉,《乾淨後編》, 118면. "大容白, 正月初二日, 憑曆官回便, 獲承八月朔日惠書."
50) 〈朗亭書〉,《乾淨後編》, 113~114면;《中士》, 265~266면(원문), 321~322면(탈초·번역).
51) 〈鐵橋書〉,《乾淨後編》, 108~111면;《中士》, 258~260면(원문), 315~317면(탈초·번역).
52) 〈秋𠙆書〉,《乾淨後編》, 111~113면;《中士》, 261~264면(원문), 318~321면(탈초·번역).
53) 鄧師閔,〈汶軒答書〉,《乾淨附編》, 68~73면. 孫有義;〈蓉洲答書〉,《乾淨附編》, 73~75면; 徐光庭,〈朗亭答書〉,《乾淨附編》, 75~77면.
54) 〈里言一律寄懷湛軒〉,《乾淨附編》, 75면.
55) 孫有義,〈蓉洲答書〉,《乾淨附編》, 64~65면.
56) 양혼의 편지는 다른 곳에는 없고 오직 한림대학교 소장의《계남척독薊南尺牘》에만 실려 있다. 정민,《18세기 한중 지식인의 문예공화국》, 문학동네, 2014, 197~200면에 번역되어 있다. 본문의 내용은 이 번역본에 의한 것이다.
57) 〈與秋𠙆書〉,《乾淨後編》, 141~159면
58) 〈與篠飮書〉,《乾淨後編》, 116~118면.
59) 〈與鐵橋書〉,《乾淨後編》, 118~141면.
60) 앞의 글, 앞의 책, 121~122면. "年來所讀者何書? 其讀法課程, 願一聞之. 吾輩功夫, 固不可專靠於文字, 而方端坐啓卷之時, 巾服不待檢而自整, 瞻視不待修而自尊, 精神氣息, 不待提惺而自然淸明, 子諒易直之意, 發揚竦動之氣, 油然渙然不知自何而來, 則此讀書之功, 不惟爲致知之方, 乃是存養之大端而實爲人心之罎𨣲也. 儒學之必先於讀書者, 豈非以此耶? 先知而後行, 此古今之通義也. 雖然, 知得半分, 必繼以行

得半分, 行得半分然後方可以語知之全分而行亦全分矣. 後之學者窮年研經, 開口便說眞知, 其於倫常之實, 身心之本, 姑未免擔閣一邊. 嗟呼! 不先之以半分之行而欲求全分之眞知者, 吾知其妄想臆料愈求而愈遠矣. 願力闇戒之.”

61) 《을병연행록》1, 105~107면.
62) 1769년 10월 담헌은 동지사 편으로 손유의에게 보낸 편지에서 중국의 복식을 구입하고 싶다고 하면서 이렇게 말한다. 〈與蓉洲書〉,《乾淨附編》, 125면. "幸爲之周章, 一洗海外陋習, 當永世頌戴."
63) 〈中庸疑義〉,《乾淨後編》, 129~141면. 이하〈중용의의中庸疑義〉의 인용은 따로 면수를 밝히지 않는다.
64) 〈寄書杭士嚴鐵誠, 又問庸義〉,《湛軒書》, 17~19면.
65) "朱先生嘗論解經之法曰: '寧疎勿密, 寧拙無巧.' 窃謂此兩言者, 儘註家之大訓, 講師之指南也."
66) "惟見先生手筆集註 或若有偏於密傷於巧者."
67) "故幷與其不必守者而曲護而強解也."
68) "夫類聚與分屬, 皆非古也. 著書, 喜類聚而好逞欲速之弊作. 解經, 務分屬而記誦·訓詁之學興. 是以其書非不備也, 其言非不善也, 其嘉惠後學, 非不明且切也, 但上有好焉, 下必甚焉, 理之常也. 七十子喪而大義乖, 舍本而趨末, 輕內而重外. 著書愈多而實得无聞, 談理愈精而心界日荒, 則類聚·分屬之法, 不能不啓其弊也."
69) "故曰小學不如六經, 近思不如四書."
70) "不如隨處體認, 有聞必行, 用力於身心之本也."
71) 《中庸章句大全》(四庫全書本) 上.
72) "首章註, 以天地位爲致中之效, 育萬物爲致和之驗. 夫至靜無偏, 獨非育萬物之本乎? 應物無差, 獨非位天地之功乎? 此其本末相須, 始終相因, 分而二之, 理宜不然."
73) "且如是分屬, 非不成說, 惟無補於經訓, 無益於後學而適足以啓訓詁之弊, 則寧踈而無密, 寧拙而毋巧, 不亦可乎?"
74) 〈與秋庫書〉,《乾淨後編》, 141~159면.
75) 앞의 글, 앞의 책, 143~144면. "思或負諸友之期望而必加其懲改之功, 則容之受益于諸友, 不啻耳提面命, 而古人之重友道以參之五倫者, 豈不信哉?" 이 편지는 《담헌

서》의 〈항전척독杭傳尺牘〉에 실린 것과는 사뭇 다르다. 〈항전척독〉의 것은 위의 '容之受益' 다음에 '多矣. 另具辨說, 統希加覽'란 말이 이어지고 그것으로 편지의 본문이 끝난다. 〈與秋庫書〉, 《湛軒書》, 109면. 하지만 《간정후편乾淨後編》에는 이어 1면 정도의 글이 더 붙어 있다.

76) '적막한 물가'는 한유韓愈가 〈답최립지서答崔立之書〉에 "모든 것을 할 수 없거든 넓은 들판에서 밭을 갈고, 적막한 물가에서 낚시질을 하면 될 것이다[若都不可得, 猶將耕於寬閒之野, 釣於寂寞之濱]"라고 한 말을 인용한 것이다.

77) 〈與秋庫書〉, 《乾淨後編》, 143~144면. "竊想吾友敏達之識, 英秀之姿, 昭朗豈弟之風, 開豁通暢之氣, 平生閱人, 盖所罕見. 惟才太高, 氣太銳, 喜詼諧而欠簡默之德, 樂坦率而少嚴毅之象. 或不能安寂寞之濱, 而下眞實之功, 則區區忠愛之忱, 不能無過計之憂也. 如何, 如何? 人之所以爲人, 自有許多事業, 不學則無成, 不進則必退, 怡慢者不足以任重, 浮率者不足以致遠. 請與吾友共勉焉."

78) 민백순이 쓴 서문과 담헌이 쓴 발문이 《乾淨後編》 권2에 실려 있다. 閔百順, 〈海東詩選序〉, 《乾淨後編》 167~169면. 洪大容, 〈海東詩選跋〉, 앞의 책, 169~170면.

79) 《명기집략》은 1771년 영조가 그 내용을 문제삼아 책을 판매한 책쾌冊儈와 구매자를 죽이고, 중국에 변무주문辨誣奏文을 올리기도 하였다. 장민영, 〈朝鮮 英祖代 '明紀輯略事件'의 政治的 性格〉, 서강대학교 석사학위 논문, 2011.

80) 〈與朗亭書〉, 《乾淨後編》 2, 203~205면.

81) 〈與汶軒書〉, 《乾淨附編》 1, 77~82면.

82) 김명호 교수에 의하면 이것은 〈寄陸篠飮飛〉와 〈寄嚴鐵橋誠〉의 짜깁기라 한다. 김명호, 〈淸朝 문인과의 왕복 서신을 통해 본 홍대용의 사상〉, 《한국기독교박물관지》 14, 2018, 119면.

83) 〈與蓉洲書〉, 《乾淨附編》 1, 82~87면. 〈與孫蓉洲有義書〉, 杭傳尺牘 19, 《湛軒書》, 118~119면.

84) 김명호 교수에 의하면 〈寄秋庫〉, 〈寄陸篠飮飛〉, 〈寄嚴鐵橋誠〉의 짜깁기라고 한다. 김명호, 앞의 글.

85) 朴趾源, 〈會友錄序〉, 《燕巖集》; 《韓國文集叢刊》 a252, 13~14면. "吾非敢謂域中之無其人而不可與相友也. 誠局於地而拘於俗, 不能無鬱然於心矣. 吾豈不知中國之非古

之諸夏也, 其人之非先王之法服也. 雖然, 其人所處之地, 豈非堯·舜·禹·湯·文·武·周公·孔子所履之土乎? 其人所交之士, 豈非齊·魯·燕·趙·吳·楚·閩·蜀博見遠遊之士乎? 其人所讀之書, 豈非三代以來, 四海萬國極博之載籍乎? 制度雖變而道義不殊, 則所謂非古之諸夏者, 亦豈無爲之民而不爲之臣乎? 然則彼三人者之視吾, 亦豈無華夷之別而形跡等威之嫌乎? 然而破去繁文, 潔除苟節, 披情露眞, 吐瀉肝膽, 其規模之廣大, 夫豈規規齷齪於聲名勢利之道者乎?"

86) 金鍾厚, 〈洪德保大容携琴至. 仲謙致益叔家煮花後峒園中, 以永日興難忘, 掇芳春陂曲, 新晴花枝下, 愛此苔水綠, 分韻〉, 《本庵集》; 《韓國文集叢刊》a237, 331면. "君抱淸琴來, 我曳竹杖出. 相遇松林下, 一彈愈愁疾. 江山滿遠眺, 花柳媚春日. 日長興有餘, 携來嚴上室. 淸韻動古石, 詠歎何淫泆. 送君明朝去, 龜江鳴似瑟."

87) 金鍾厚, 〈愛吾廬記〉, 앞의 책, 69면.

88) 〈與秀野書〉, 《乾淨後編》, 77~81면. 담헌과 김종후의 논쟁은 《담헌서》에도 실려 있다. 예컨대 〈여수야서與秀野書〉는 《담헌서湛軒書》, 64~66면에 〈與金直齋鍾厚書〉라는 제목으로 실려 있다. 이하 이 편지와 김종후와의 논쟁에 관계된 편지의 인용은 《乾淨後編》에 의한다. 원문을 인용해도 따로 낱낱이 면수를 밝히지는 않는다.

89) 《을병연행록》 2, 24면.

90) "若以其不思明朝, 爲非忠且義, 則天下之革代, 自古然矣. 君子之澤, 亦五世而斬矣. 欲其沒世之思, 不衰於百年之後, 則此人情之必不能而天理之必不然也."

91) "海上陋夷如鄒人."

92) 金鍾厚, 〈秀野答書〉, 《乾淨後編》, 81~88면. 이하 이 편지의 인용은 따로 면수를 밝히지 않는다.

93) 김종후가 인용한 건 아마도 다음 말일 것이다. 黎靖德 編, 《朱子語類》 7, 2672면. "因言, '科擧之學問, 若有大賢, 居今之時, 不知當如何?' 曰, '若是第一等人, 它定不肯就.'"

94) "不然而欲與仲弓子路同論, 則豈其平哉!"

95) "臣居尊位, 羿莽是也, 猶可言也. 婦居尊位, 女媧武氏是也, 非常之變, 不可言也."

96) "夷狄之非人."

97) "諸夏之不如夷狄."

98) "如僕者寧甘爲東夷之賤, 而不願爲彼之貴也."
99) "來書直寫出康熙以後, 與民休息鎭服一時云云語."
100) "若此不已, 幾何不爲康熙公也?"
101) "宇宙以來, 廢興無常, 而夷狄之擾中國, 亦多有矣. 然未有若今時之久. 至使中國聖賢之遺裔, 亦皆習熟女恬, 不復知有所謂華夷之辨者. 此志士仁人所以愈益憤痛, 無樂乎生者也. 乃足下則以彼之久而安也, 而爲之游說如此, 是果何如也?"
102) "噫! 吾輩去孝廟尤翁之世不可謂甚遠, 而時義人心不啻若天壤之截, 而乃復以如此言語行乎其間, 則漸遠漸久之後, 又當作何如摸樣也?"
103) "所與彼人問答, 似聞傳示頗廣, 不宜獨秘於僕. 然足下若以其妄有指論而不肯示, 則僕亦不必固請也."
104) 〈擬答秀野書〉,《乾淨後編》, 88~100면;〈又答直齋書〉,《文集叢刊》a84, 66~68면. 이하 이 편지의 인용은 따로 면수를 밝히지 않는다.
105) 〈答秀野書〉,《乾淨後編》, 100~103면. 이하 이 편지의 인용은 따로 면수를 밝히지 않는다.
106) "我東之慕效中國, 忘其爲夷也久矣."
107) "今以我東而視彼中, 雖不幸淪沒臣僕胡戎, 其內外之分, 世類之別, 固天之有限矣. 雖高仰之以爲貴, 亦何妨哉! 嗚呼, 中國者, 天下之宗國也; 華人者, 天下之宗人也. 今上帝疾威, 時運乖舛, 使三代遺民, 聖賢後裔, 剃頭辮髮, 同歸於滿狨, 則當世志士悲歎之秋, 而神州厄運, 十倍於金元矣. 況是幾年服事之餘, 宜其哀痛傷愍之不暇."
108) "而乃因其下井, 反投之石焉. 欲乘虛正位, 隱然以中華自居, 如執事之論者, 非容之所知也."
109) 朱熹,《朱子語類》권133. "先生喟然嘆曰, '某要見復中原, 今老矣, 不及見矣.' 或者說葛王在位專行仁政, 中原之人呼他爲小堯舜. 口, '他能尊行堯舜之道, 要做大堯舜也' 由他又曰, '他豈變夷狄之風? 恐只是天資高偶合仁政耳.'"
110) 〈又答直齋書〉, 앞의 책, 67면. "執大義而驅之, 直歸人於賊邊, 則容實不能不困矣."
111) 〈語錄〉下,《栗谷全書》:《韓國文集叢刊》a45, 267면. "栗谷曰: '許魯齋之仕元, 人多訾之. 然此乃失身, 非失節也. 蓋魯齋雖不當仕元. 本爲生長於北方, 非如宋室遺民之類故耳.'"

112) "容雖昏愚, 賴師友之力, 略有知覺, 痛中國之淪沒, 奮夷狄之僭猾, 根於秉彝, 非苟焉爲雷同而已. 寧其一涉胡庭, 盡棄其學, 張皇虜勢, 思有以易天下乎?"

113) "講之不熟, 辭之不修, 容誠有罪焉. 古聖人排邪闢異之法, 亦不能無弊也. 眞領人結舌重足, 無樂乎生也. 嗚呼, 使士言遜, 儒門乃亦有此政耶?"

114) "邦有道, 危言危行;邦無道, 危行言孫"

115) "亦嘗有草一書, 殆數千言, 終以命辭張皇, 實同遊說. 且輕陷大僇, 適足爲任世道者排闢之資, 則多見其不自量矣."

116) "盖見執事與從弟書中, 李陵云云, 則執事之激, 噫, 其甚矣. 康熙公云云, 則執事之戲, 殆其虐矣. 此不可以口舌爭, 請姑舍."

117) "此事, 惟待執事之得志行道, 伸大義於天下, 則容請執殳先驅傳咫尺之檄, 使數人者糾率義旅望風迎師. 苟或失身喪心迷不知返, 容請以一劍取數人之頭, 致之麾下. 然後可以解執事之疑矣. 今何必屑屑爲哉!"

118) 金鍾厚, 〈秀野答書〉, 《乾淨後編》, 104~106면. 洪大容, 〈答秀野書〉, 《乾淨後編》, 106~108면. 이하 이 편지의 인용은 따로 면수를 밝히지 않는다.

119) "來敎所謂古聖人排邪闢異之法, 不能無弊與使士言遜儒門乃亦有此政云者, 此何言也? 何足下之不深長思也. 竊謂十駟無以及此舌也."

120) 〈答內兄書〉, 《乾淨後編》, 103~104면. 이하 이 편지의 인용은 따로 면수를 밝히지 않는다.

121) "乃惜其或近於俗學之喜事起鬧, 自托排闢之義者也."

122) "且無論戲眞, 情外受困則有之. 因此而略施拳踢, 一以欲忠, 一以吐氣, 豈可含慍藏險爲齷齪之計哉?"

123) 黃景源, 〈通訓大夫羅州牧使羅州鎭兵馬僉節制使洪公墓碣銘 幷序〉, 《江漢集》;《文集叢刊》a224, 399~400면.

124) 〈讀書符訣〉은 조욱종趙煜宗에게 보내는 편지에 실려 있다. 〈與梅軒書〉, 《乾淨附編》, 140~149면.

125) 潘庭筠, 〈秋庮書〉, 《乾淨後編》, 223~229면.

126) 편지의 출처는 다음과 같다. 陸飛, 〈篠飮書〉, 《乾淨後編》, 205~207면; 嚴誠, 〈鐵橋書〉, 《乾淨後編》, 207~222면; 嚴果, 〈九峯書〉, 《乾淨後編》, 222~223면; 潘庭筠,

127) 〈秋루書〉,《乾淨後編》, 223~229면; 孫有義, 〈蓉洲答書〉,《乾淨附編》, 87~88면; 趙昱宗, 〈趙梅軒書〉,《乾淨附編》, 88~91면.

128) 陸飛, 〈篠飮書〉,《乾淨後編》, 205~207면;《中士》, 310~313면(원문), 357~359면(탈초·번역).

129) 潘庭筠, 〈秋庫書〉,《乾淨後編》, 223~229면;《中士》, 286~294면(원문), 339~345면(탈초·번역).

130) 嚴果, 〈九峯書〉,《乾淨後編》, 222~223면;《中士》, 282~283면(원문), 337~339면(탈초·번역).

131) 김명호 교수는 〈清朝 문인과의 왕복 서신을 통해 본 홍대용의 사상〉,《한국기독교박물관지》14, 2018. 2에서 鄧師閔, 〈答湛軒書〉,《燕杭詩牘》(37)를 이때(1768년 5월) 함께 받은 것으로 '부록 표 1: 홍대용 왕복서신 목록' 31번에 수록하고 있으나, 이 편지는 동일한 표의 15번(1767년 4월)《乾淨附編》1, 68~73면과 일치한다. 이 편지는 시초를 곡부에 사람을 보내 구해 보겠다는 내용을 포함하고 있는데, 이때 시초는 이미 조욱종이 구한 터였다. 따라서 담헌은 1768년 5월 등사민의 편지를 받은 적이 없다고 보는 것이 타당할 것이다. 이 편지는 앞에서 이미 다루었다.

132) 嚴誠, 〈鐵橋書〉,《乾淨後編》, 207~222면;《中士》, 268~281면(원문), 322~337면(탈초·번역).

133) 앞의 글, 앞의 책, 210면. "古之聖賢憂一時之不悟, 立敎以救一時, 憂萬世之不明, 著書以垂萬世, 恐未可以爲最下也. 或其病在圖不朽三字邪? 孔子曰, '疾沒世而名不稱焉.' 三代而下, 惟恐不好名. 此非孔子之所謂名也. 不知湛軒于世俗, 身後之名, 竟能渾忘之否? 此弟所不能無疑者也."

134) 앞의 글, 앞의 책, 213면. "吾輩稱兄弟亦何必有故事可援. 然如陶靖節詩云, '落地爲兄弟, 何必骨肉親.' 李白亦云, '異姓爲天倫.' 其他見于史書者, 與此周唐諸之于万紐于瑾. 此類亦多不能徧記."

135) "進德受業"은《周易》乾卦의 文言傳에 나오는 말이다. "'九三曰君子終日乾乾夕惕若厲无咎, 何謂也?' 子曰, '君子進德脩業, 忠信所以進德也.'"

136) 揚雄,《揚子法言》권2. "多聞則守之以約, 多見則守之以卓. 寡聞則無約也, 寡見則無卓也."

136) 嚴誠, 앞의 글, 앞의 책, 215~216면. "湛軒擧詞章·訓詁·記誦之事, 皆以爲害道. 弟不能無疑. 程子雖言學有三等, 詞章之學·訓詁之學·義理之學. 夫詞章則誠非矣. 讀書豈能舍記誦, 而訓詁二字則經學之復明, 漢儒訓詁之功尤偉, 恐不可以厚非, 牽于訓詁則不可耳. 且以朱子命世大儒, 何事不經, 其鑽硏閱歷, 蓋涵養在主敬, 進學則在致知. 德性在是, 問學在是. 舍訓詁而遽空言義理, 何以爲致知之本. 以孔子生知之性, 猶曰好古敏求, 曰多聞多見, 豈皆支離者邪. 楊子曰多聞則守之以約, 多見則守之以卓. 少聞則無約也, 少見則無卓也. 此其語有所自來, 未可以其出于子雲而廢之也. 明人發策, 謂今之人不學, 則借一貫以其陋, 無行則逃之性命之鄕, 以使人不可詰, 此雖指爲王氏之學者, 硏亦曲盡當日空疏講學者情事."

137) "我非生而知之者, 好古敏以求之者也."

138) "多聞, 擇其善者而從之, 多見而識之, 知之次也."

139) 이 말은 王世貞, 《弇州四部稿》권114, 文部, 策10首에 중 맨 마지막 문제에 나온다.

140) 嚴誠, 앞의 글, 앞의 책, 216~218면. "今湛軒有得于宋儒緒言, 知安身立命之有在, 則甚善矣. 但吾輩胸中斷不可先橫著道學二字, 而思于古人中分一坐席. 歷觀前史, 祇有儒林·文苑二門. 至于宋史別列道學名目, 貽譏識者. 夫儒者雖有通儒·俗儒·小儒·大儒之別, 硏聖與孔子, 亦適完其爲儒, 儒之名至尊矣. 而此外別有所謂道學先生 何爲者也. 王文成倡其新說, 貽悟後人, 誠爲可恨. 硏其事功自卓絶千古, 今則道德一風俗同之世, 姚江之餘焰已熄, 久無異言. 橫決之患, 吾輩爲賢者諱正, 不必時借此以爲彈射之資. 如宋之富彥國·李伯紀諸公晩年, 皆篤信佛氏, 安得以此而遂掩其爲一代偉人, 正恐講道學先生, 不能辨此軒天揭地事業也. 弟此時已不爲異學所惑, 豈故爲此兩岐之論, 良欲吾湛軒于知人論世之際, 少破其拘泥之見耳."

141) 《中庸》제11장.

142) 莊周, 〈胠篋〉, 《莊子》. "絶聖棄智, 剖斗折衡."

143) 嚴誠, 앞의 글, 앞의 책, 220면. "吾輩且須照管自己身心, 使不走作. 若扶正學息邪說正人心, 雖有其責任, 恐尙無其本領, 遽以此自負, 近于大言欺世, 弟不敢也."

144) 〈與篠飮書〉, 《乾淨後編》, 232~237면; 〈與篠飮書〉, '杭傳尺牘'《湛軒書》, 114~115면.

145) 〈與篠飮書〉, 《湛軒書》, 114~115면. "向書中, '年來多病羸衰, 自省工夫進寸退尺, 正須朋友夾持之力, 志氣庶不頹倒. 昔人云一命爲文人, 餘不足數. 弟正犯此病, 不

146) 앞의 글, 앞의 책, 115면. "亦望老兄益以自謀, 無於詩酒淸曠之中枉送了間世奇氣, 如何如何?"

147) 《湛軒書》의 〈與篠飮書〉는 단순히 '행장'이라고 말하고 있다.

148) 〈與秋㢿書〉,《乾淨後編》, 237~244면; 〈與秋㢿書〉,《湛軒書》, 115~116면.

149) 이 부분은《간정후편》의 〈與秋㢿書〉에만 실려 있고,《담헌서》쪽에는 없다. 앞서 살폈듯 육비에게 보낸 편지도 동일하다. 편지 원본이 각각 2종류로 가공되지 않았나 한다.

150) 〈與秋㢿書〉,《乾淨後編》, 37면. "弟鐵橋數千言長札與訃俱至, 人非木石, 寧不傷心! 城南一會, 實是良緣. 又彼此強壯, 志願吻合. 一年一便, 往復商確. 畢生期望, 定算在心. 顧兩歲之中, 遽成死別. 格言良誨, 從此永閟. 痛哉, 痛哉!" 이 부분은 '杭傳尺牘' 쪽에도 꼭 같이 실려 있다. 그런데《乾淨後編》은 위 인용문의 "弟鐵橋數千言長札與訃俱至, 人非木石, 寧不傷心!" 바로 앞에 "四月便回, 伏承手札, 累累聯幅, 況如天上消息. 驚慰之極."이라고 쓰고 있다. 4월에 돌아오는 동지사 편에 여러 폭의 편지를 받고 천상의 소식인 것처럼 황홀했다는 것인데, 이어 쓴 '驚慰之極'이란 말, 곧 한없는 놀라움과 위로를 받았다는 말은 이해가 되지 않는다. 더욱이 뒤에 이어지는 '아우 철교가' 이하의 문장 역시 '驚慰之極'이란 말과 순조롭게 이어지지 않는다.《간정후편》과 〈항전척독〉의 편지 모두 문제가 있는 것이 분명한데, 편지의 원본이 남아 있지 않아서 확인할 길이 없다.

151) 〈與秋㢿書〉,《湛軒書》, 115면. "嗚呼, 鐵橋是何忍余. 其絶倫之學, 超俗之知, 憂天下慮萬世而齎志泉途, 吾聞仁者壽, 力闔無仁耶? 大德必壽, 鐵橋不德乎? 曾以刊落浮華渾化渣滓, 爲治心之藥, 而醫不及於福建一病, 斯人也遽至於斯耶?"

152) 嚴誠,〈鐵橋書〉,《乾淨後編》, 212면. "湛軒所稱, 未免溢美, 所不敢當. 不過胸中稍有識見, 不牽流俗, 區區尙敢自信. 昔胡文定論心遠之義, 擧上蔡語曰:'不爲嬰兒之態, 而有大人之器, 不爲一身之謀, 而有天下之志, 不爲終身之計, 而有後世之慮.' 此之謂心遠. 弟時時擧以自策." 밑줄 친 부분이 담헌이 인용하고 있는 말이다.

153) 〈與秋㢿書〉,《湛軒書》, 116면. "異域神交, 古聞無今僅有, 安保其久, 嗚呼, 哀哉!"

154) 潘庭筠, 〈秋庫書〉, 《乾淨後編》, 228면. "養虗頗貧, 儒者以治生産爲急務, 當勉其祿仕, 或效子貢之所爲, 幸勿落拓詩酒, 放曠山川, 德未臻於顏回, 貧已類於原憲也, 湛軒以爲何如?"

155) 〈衛靈公〉, 《論語集註》; 《四書章句集注》, 167면. "君子謀道不謀食. 耕也, 餒在其中矣;學也, 祿在其中矣. 君子憂道不憂貧."

156) 胡廣 等 撰, 〈洪範〉, 《書經大全》 권6, 周書. "人之有能有爲, 使羞其行, 而邦其昌. 凡厥正人, 旣富, 方穀. 汝弗能使有好于而家, 時人斯其辜."

157) 〈泰伯〉, 《論語》; 《四書章句集注》, 105면. "民可使由之, 不可使知之."

158) 〈與秋庫書〉, 《乾淨後編》, 241면. "婦人服制, 望秋䆫酌商于篠飮·九峯, 惠遠人一變陋俗, 則當永世頌戴, 無異生死而肉骨. 惟其徑寸薄紙, 製出小様, 最爲要. 語·文·畵之所不明, 毫釐有差, 必轉成服妖, 幷賜諒察."

159) 앞의 글, 앞의 책, 244면. "前者筆談, 近右刪節支蔓, 務取簡要可傳. 因以篠飮所命者命之, 而姑未脱稾, 終不使足下得登徒之名於東方. 幸益加自勉爲妙."

160) 담헌은 육비의 제안을 일부 반영해 '古杭文獻'을 '古杭赤牘'으로 고쳤던 듯하다. 숭실대 한국기독교박물관에 소장된 홍대용의 수찰첩 가운데 '古杭赤牘'의 표제를 한 것이 있어 이를 확인할 수 있다. 정민, 〈자료해제〉, 《中土寄洪大容手札帖》, 숭실대 한국기독교박물관, 2016, 9면. 하지만 '古杭赤牘' 역시 끝까지 유지하지는 않았다. '乾淨衕會友錄'은 '京華筆談'으로 수정하지 않았다. 장경남, 〈홍대용의 연행 필담집《간정동회우록》, 《간정필담》, 《간정동필담》에 대하여〉, 《국학연구》 38, 한국국학진흥원, 2019, 391~392면.

161) 등도자登途子는 초나라 대부大夫. 호색남으로 알려져 있다.

162) 〈與九峯書〉, 《乾淨後編》, 244~248면; 〈與九峯書〉, 《湛軒書》, 116~117면.《湛軒書》의 〈與九峯書〉 끝에는 〈祭鐵橋文〉이 부기되어 있음. 〈與嚴老伯書〉, 《乾淨後編》, 248~250면. 〈與嚴昻書〉, 《乾淨後編》, 250~252면. 이 편지에서의 인용은 따로 출처를 밝히지 않는다.

163) 엄성嚴誠의《鐵橋全集》권4·5에 해당하는《日下題襟集》에는 '遺唾'가 자주 등장하는데, 담헌이 엄성의 시와 편지글을 정리하여 보내 준《鐵橋詩札》을 가리킨다고 한다. 곧《鐵橋遺唾》는《鐵橋詩札》의 이칭異稱이다. 嚴誠, 《日下題襟集》, 〈洪高士〉,

〈與九峯書〉. "鐵橋詩札謄本一冊付上, 而字畫舛訛頗多, 忙未讐校, 諒之." 최식, 〈텍스트로 바라본 燕行과 燕行錄—燕行의 體驗과 享有〉, 《大東文化硏究》 88, 성균관대 대동문화연구원, 2014, 452면, 각주 15번.

164) 〈祭嚴鐵橋文〉, 《湛軒書》, 117면. "海東洪大容, 聞浙杭故友嚴力闇先生不幸短命死, 於邑悲哀, 如喪右臂. 顧孅孅哀忱, 言不暇文, 謹具香燭, 侑以鯫魚十箇, 賻幣一段, 奉托令兄九峰先生, 一陳于靈筵, 以叙終天之訣. 嗚呼, 哀哉! 力闇竟棄予而死耶? 嗚呼, 惜哉! 力闇而止於斯, 豈非命耶? 嗚呼, 痛哉! 天之荼毒予者, 亦孔之酷矣. 伏惟尊靈鑑此苦情."

165) 〈與汶軒書〉, 《乾淨附編》, 91~93면;〈與蓉洲書〉, 《乾淨附編》, 93~96면;〈答梅軒書〉, 《乾淨附編》, 96~99면.

166) 〈與人書 二首〉, 《湛軒書》, 68~71면. 편지는 2통인데, 첫 번째 편지는 69면 중간의 "妄見如此, 有以敎之 幸甚"으로 끝난다. 이어지는 "春間, 縷縷聯幅, 開示諄切, 且感且愧"로 시작되는 부분부터가 두 번째 편지다. 이하 이 편지에서의 인용은 번거롭기에 면수를 밝히지 않는다.

167) "竊意易貴時義, 聖稱從周, 古今異宜, 三王不同禮, 居今之世, 欲反古之道, 不亦難乎? 窮年累世, 縷析毫分, 而實無關於身心之治亂·家國之興衰, 而適足以來聚訟之譏, 則殆不若律曆·算數·錢穀·甲兵之可以適用而需世, 猶不失爲稊稗之熟也. 況其掇拾於煨燼之餘而傅會以漢儒之雜, 欲其句爲之解而得聖人之心, 多見其枉用心力也. 夫春秋, 經世之大法也. 以朱子之明且博也, 乃云: '魯史舊文, 聖人筆削, 于我甚事.' 則古人於不可知不可能者, 蓋闕如也. 妄見如此, 有以敎之, 幸甚."

168) "隨時之義, 大矣哉!"

169) 《中庸章句》; 《四書章句集注》, 36면. "子曰, '吾說夏禮, 杞不足徵也. 吾學殷禮, 有宋存焉. 吾學周禮, 今用之. 吾從周!'"

170) "生乎今之世, 反古之道, 如此者, 災及其身者也."

171) 黎靖德 編, 《朱子語類》 7, 2831면. "又如律曆·刑法·天文·地理·軍旅·官職之類, 都要理會, 雖未能洞究其精微然也, 要識箇規模, 大槩道理, 方浹洽通透." 朱熹, 《晦庵集》 69권.〈學校貢擧私議〉. "至於諸史則該古今興亡治亂得失之變時務之大者, 如禮樂·制度·天文·地理·兵謀·刑法之屬, 亦皆當世所須而不可闕, 皆不可以不之習也."

172) 구만옥, 〈조선 후기 천문역사학의 주요 쟁점: 黃胤錫의 《頤齋亂藁》를 중심으로〉, 《한국과학사학회지》 제31권 제1호, 한국과학사학회, 2009, 93면.

173) 구만옥, 〈頤齋 黃胤錫의 算學 연구〉, 《한국사상사학》 33, 한국사상사학회, 2009, 232면.

174) "孟子曰, '五穀者, 種之美者也. 苟爲不熟, 不如荑稗. 夫仁, 亦在乎熟之而已矣.'"

175) 朱子 編, 《二程遺書》 卷2 上. "樂則生, 生則烏可已也. 須是熟, 方能如此, 苟爲不熟, 不如稊稗." 黎靖德 編, 《朱子語類》 4, 1417면. "一日, 擧孟子 '五穀者, 種之美者也, 苟爲不熟, 如稊稗, 誨諸生曰……', '苟爲不熟, 不如稊稗.'"

176) 〈與孫蓉洲書〉, 《乾淨附編》, 356면. "江西頓悟, 永康事功, 異端則然矣. 惟明義理之辨, 足以淑世;懷討復之策, 足以撥亂. 視世儒號爲正學, 依樣塗轍而竟無實用者, 五穀之不熟, 何如稊稗也." 담헌은 〈日東藻雅跋〉에서도 伊藤仁齋(1617~1705)와 荻生徂徠(1666~1728)의 학문을 긍정적으로 평가하면서, 이와 동일하게 익지 않은 오곡보다 익은 돌피가 낫다는 논리를 펴고 있다. 〈日東藻雅跋〉, 《韓國文集叢刊》 a248, 74d면. "然彼伊物之學, 雖未詳其說, 要以修身而濟民, 則是亦聖人之徒也. 因其學而治之, 不亦可乎? 況妄談性命, 漫闢佛老, 假眞售僞, 莫利於吾學, 豈若彼稊稗之熟, 猶足以救荒歟? 玄翁之明正學息邪說, 不可謂急先務也."

177) 〈答蔡季通〉, 《晦庵集》 續集 권2. "春秋無理會處, 不須枉費心力. 吾人晚年只合愛養精神, 做有益身心工夫. 如此等事, 便可一筆勾斷, 不須起念, 儘敎它是, 魯史舊文, 聖人筆削, 又干我何事耶? 易說俟取得即納去, 然亦政自非急務也." 담헌의 인용과는 약간 차이가 난다. '魯史舊文, 聖人筆削, 又干我何事耶'가 담헌의 인용에는 '魯史舊文, 聖人筆削, 干我甚事'로 되어 있다.

178) 金鍾厚, 〈與洪德保 己丑〉, 《本庵集》; 《韓國文集叢刊》 237, 388~391면. 이하 이 편지에서의 인용은 번거롭기에 면수를 밝히지 않는다.

179) "大禮之一升一降, 一拜一揖, 皆天理也. 當升而不升, 當降而不降, 當拜揖而不拜揖, 則雖此心之忿懥恐懼好樂憂患, 皆得其正, 不害其爲不正矣. 雖此身之齊明盛服, 而既不能非禮不動, 則不害其爲不修矣. 至若家之不齊國之不治, 益可知耳. 足下若以升降拜揖之屬, 已備著乎書, 只可按行無用細究也, 則凡事不經吾心商度而行之者, 皆非誠也. 雖行猶不行也, 況其未著於書者, 又甚多者乎?"

180) 《中庸章句》;《四書章句集注》, 30면. "齊明盛服, 非禮不動, 所以修身也."
181) "足下以程子與宋先生爲可譏, 則尙復何說?"
182) "足下將亦謂仁宗雖父濮王, 宋未必亡, 己亥服制雖從期, 我國不必由此而興耶?"
183) "君子所貴乎道者三 動容貌 斯遠暴慢 正顔色 斯近信矣 出辭氣 斯遠鄙倍矣. 籩豆之 事則有司存."
184) "况學禮者亦以籩豆爲末而其本在於天理之精微者耶?"
185) "信如君不君臣不臣父不父子不子, 雖有粟, 吾得以食諸?" 제齊 경공景公이 공자에게 한 말이다.
186) "子夏曰, '雖小道, 必有可觀者焉. 致遠恐泥, 是以君子不爲也.'"
187) "吾聞失於禮而亡國敗家者矣, 未聞以律曆·算數·錢穀·甲兵之不理而喪其國者也."
188) 朱熹,〈答楊子順〉,《晦庵集》권59. "是惡人說河而甘自渴死也."
189) "後之學者, 幸賴諸先生之力, 於三經四書, 見得大義, 只合玩繹服用, 而正好於其所遺責者, 相與闡明, 使古聖人制作, 不墜於地, 而當是時也. 又以惡其煩憚其難而倡爲不必講究之說, 鼓之其間, 其爲不仁, 甚於昌黎時之佛矣. 且雖曰是聖人之粗迹, 然道無精粗無大小, 須是并盡其粗與小, 方成得精大. 苟非然者, 先王之賓興萬民, 用六德六行而足矣. 何必繼之以六藝? 孔子之敎門弟子說志道據德依仁而止矣, 何必繼之以游於藝? 其稱弟子之賢者, 又何爲曰身通六藝者七十三人乎? 六藝之首, 則禮是也. 觀此則古人之所爲學, 亦可知已."
190) 《頤齋亂藁》2, 383면. 1769년 4월 10일. "入泮, 則豊基李光夏甫又來, 前後一再相識. 其人有文有識, 退溪之仲氏大司憲瀣之後也. 辛亥生, 自言與洪大容甫相親. 洪君家在京中紵塵洞, 今居淸州之西長命里, 全義木川東界數十里地也. 於渼上丈席, 有姻好早遊門下, 資敦學博, 不事科業, 亦辛亥生也. 嘗從季父憶燕京之行, 須與杭州士人嚴誠·陸飛等九人交遊. 嚴·陸二子 亦南士之秀也. 一見心許, 至今累年萬里通書不絶. 以其書簡作帖數十卷, 題曰古杭遺式. 洪君又畜異書最多, 有自鳴鍾·渾天儀·西洋鐵絲琴, 喜音律, 風致眞率不俗云."
191) 陸飛,〈篠飮書〉,《乾淨後編》, 252~257면;〈湛軒賢弟啓〉,《燕杭詩牘》(18), 28면 앞 ~29면 뒤;《中士》, 296~300면(원문), 345~349면(탈초 번역).《乾淨後編》은〈哭鐵橋〉와〈籠水閣記〉을 부기하고 있으나,《燕杭詩牘》과《中士》는〈哭鐵橋〉만 있다.

편지 끝에 "湛軒老弟足下, 丁亥十二月朔, 愚兄陸飛頓"라고 쓰여 있어, 1767년 12월 1일에 쓴 것임을 알 수 있다.

192) 陸飛, 〈哭鐵橋〉, 《乾淨後編》, 255면. "千里無端賦遠遊, 吾謀不用更誰尤(余力阻其行). 遺箋剩筆都成讖, 瘴雨盲風未是愁. 竟夭王濛堪慟哭, 難携謝眺只搔頭. 一書眞个關生死, 魂斷句麗朝雁秋."

193) 陸飛, 〈篠飮答養虛書〉, 《乾淨附編》, 106면. "鐵橋, 今春忽有閩中之行, 十月間抱病歸來, 不一月死矣, 眞堪慟絶. 此行弟苦口力阻, 而鐵橋迫於父命, 爲友所牽率, 竟不用吾言."

194) 陸飛, 〈篠飮書〉, 《乾淨後編》, 254면. "陽明先生別語不暇辨也. 愚意無論良知·致知, 只是老實頭做去, 從根本上得住脚, 雖未能窮盡天下之理, 無害其爲正人, 否則其弊更有甚於文士之浮華者. 若欲剗除煩惱, 一空生死, 則莊生齊物, 庶幾近道. 愚將逃儒而入墨老, 弟以爲何如?"

195) 潘庭筠, 〈秋㢸答書〉, 《乾淨後編》, 257~264면, 301~309면(원문), 349~357면(탈초번역). 《乾淨後編》의 맨 끝부분에는 〈輓句〉라는 제목으로 홍역洪櫟의 만시輓詩가 실려 있다. "冶績竝龔黃, 遺愛千秋留. 海藏詩名同鮑謝, 高才萬古播中華." 이 만시는 홍역의 비碑에 새겨졌다.

196) 潘庭筠, 앞의 글, 앞의 책, 261면. "往時所晤鴻臚李白石先生, 今有札見寄, 幷以李德懋炯庵所著蟬橘堂濃笑一卷相示, 未知炯庵爲何如人, 足下曾面識否? 卷中多高曠淸妙之語, 想亦一隱君子也."

197) 潘庭筠, 〈秋㢸答李白石書〉, 《乾淨附編》, 110~111면. "見示濃笑一卷, 多淸曠高妙之語意. 炯菴先生之爲人, 必是東之高士, 欽慕之至, 雖未識荊而聲欬風旨, 怳參文席之間, 當以向友古人之法友之, 如何? 擬作一序, 因寄札匆匆, 硯墨繁蕪, 未能涉筆. 容俟寅春(1770년 봄)簡寄耳. 如晤炯菴, 祈先道意."

198) 李德懋, 〈蟬橘堂濃笑〉, 《靑莊館全書》; 《韓國文集叢刊》 a259, 137~142면.

199) 潘庭筠, 〈秋㢸答李父書〉, 《乾淨附編》, 101~103면.

200) 〈答葆光書〉, 《乾淨附編》, 103~105면.

201) 〈秋㢸答養虛書〉, 《乾淨附編》, 107~109면.

202) 〈秋㢸答李白石書〉, 《乾淨附編》, 109~111면.

203) 孫有義,〈蓉洲答書〉,《乾淨附編》, 111~113면.
204) 趙煜宗,〈梅軒答書〉,《乾淨附編》, 113~115면
205) 三河鹽店,〈鹽店書〉,《乾淨附編》, 116~117면.
206) 〈與人書 二首〉,《湛軒書》, 69~71면. 편지가 2통 실려 있는데, '春間, 伏承惠覆'로 시작되는 두 번째 편지다. 앞으로 이 편지에서의 인용은 따로 출처를 밝히지 않는다.
207) "虛受雖不敢望, 厭惡無是."
208) "竊覵執事以儀禮一書, 雖經朱門通解而猶有未遑悉者, 欲補且罅漏, 嘉惠後學, 將多于前功, 甚盛意也."
209) "嗚呼! 七十子喪而大義乖, 莊周憤世, 養生齊物. 朱門末學, 汩其師說, 陽明嫉俗, 乃致良知. 顧二子之賢, 豈故爲分門甘歸於異端哉! 亦其憤嫉之極, 矯枉而過直耳."
210) "如某庸陋, 雖無足言, 賦性狂戇, 不堪媚世. 將古況今, 時有憤嫉, 實獲我心, 怳然環顧, 幾欲逃儒而入墨."
211) 陸飛,〈篠飮書〉,《乾淨後編》, 254면. "逃儒而入墨老, 弟以爲何如?"
212) "孟子曰, '逃墨, 必歸於楊; 逃楊, 必歸於儒. 歸, 斯受之而已矣.'"
213) "人固有儒名而墨行者, 問其名則是, 校其行則非, 可以與之遊乎? 如有墨名而儒行者, 其名則非, 校其行則是, 可以與之遊乎?"
214) 〈乾坤一草亭主人〉,《湛軒書》, 76면. "大秋毫而小泰山, 莊周氏之激也. 今余視乾坤爲一草亭, 余將爲莊周氏之學乎? 三十年讀聖人書, 豈逃儒入墨哉! 處衰俗而悶喪威, 蒿目傷心之極也!"
215) 〈八佾〉,《論語集注》;《四書章句集注》, 62면. "禮與其奢也, 寧儉; 喪與其易也, 寧戚."
216) "惟吾輩眞實問學, 不專在於故紙, 隨事省克, 修餙本原, 自有立脚之地."
217) "幼而學壯而行, 非儒者之本心乎?"
218) "半生耗神, 做得百十卷疣贅之書, 成就私利之契券而徒亂人意, 卒無補於世敎也."
219) "卽在朱子註解多門, 比之孔子之簡嚴, 未知如何也. 如楚辭·韓文·參同契之屬, 聲涉太廣, 陽明之竊義, 恐不爲無見."
220) 王陽明 撰, 吳光·錢明·董平·姚延福 編校,〈書王天宇卷, 甲戌〉,《王陽明全集》上, 上海古籍出版社, 1992, 271면. "君子之學, 以誠身. 格物致知者, 立誠之功也. 譬之植焉. 誠, 其根也; 格致, 其培擁而灌漑之者也. 後之言格致者, 或異於是矣. 不以植根

而徒培壅焉, 灌漑焉, 敝精勞力而不知其終何所成矣. 是故聞日博而心日外, 識益廣而偽益增, 涉獵考究之愈詳而所以緣飾其奸者愈深以甚. 是其爲弊亦旣可覩矣, 顧猶泥基說而莫之察也, 獨何歟?"〈答徐成之 壬午 二〉, 앞의 책, 808면. "吾兄是晦庵, 而謂其專以道問學爲事. 然晦庵之言, 曰居敬窮理, 曰非存心無以致知, 曰, '君子之心常存敬畏, 雖不見聞, 亦不敢忽, 所以存天理之本然, 而不使離於須臾之頃也.' 是其爲言雖未盡瑩, 亦何嘗不以尊德性爲事? 而又烏在其爲支離者乎? 獨其平日汲汲於訓解, 雖韓文·楚辭·陰符·參同之屬, 亦必與之註釋考辨, 而論者遂疑其玩物. 又其心慮恐學者之躐等而或失之於妄作, 使必先之以格致而無不明, 然後有以實之於誠正而無所謬."

221) "嗚呼! 此實近世儒學心腹膏肓不治之疾也. 且夫人生之心力有限, 理義之眞精無涯. 應物發慮, 外有事業之實務;靜觀息養, 內有本源之眞功. 乃今好學者終歲勤苦, 不出於尋行數墨參伍考證之間. 寧事業之有闕, 惟恐看書之不博; 寧本原之日荒, 惟恐著書之不多. 餘力學文, 聖訓之弁髦, 吁已久矣."

222) 金昌翕,《葛驛雜詠》,《三淵集》;《韓國文集叢刊》165, 299면.

223) "正心誠意, 固學與行之體也. 開物成務, 非學與行之用乎? 揖讓升降, 固開物成務之急務. 律曆·算數·錢穀·甲兵, 豈非開物成務之大端乎? 今高明以律曆·算數·錢穀·甲兵爲小道則似矣, 獨無奈其自任而設敎, 則乃在揖讓升降註脚之註脚, 愚未敢知執事之與奪扶抑, 中正而無偏乎? 亦未敢知執事無此書而朱黃之書不可行於世乎? 抑成此書而周公之制始不墜於地乎? 亦豈曰無尺寸之補哉? 惟捨却眞正大業, 瘁盡方寸性靈, 收拾得尺寸之補於人, 此果爲人乎? 爲己乎?, 亦果謂知所務乎?"

224) 《周易》,《繫辭上傳》, 11장. "子曰, '夫易, 何爲者也? 夫易開物成務, 冒天下之道, 如斯而已者也.'"

225) 孔穎達疏, "言易能開通萬物之志, 成就天下之務."

226) "二帝·三王之大經大法, 孔·孟·程·朱之切要心法. 具在六經. 來諭云, '幸見得大義, 只合玩繹服用.' 以愚論之, 恐執事之見得大義者, 猶有所未盡也. 不然則九疇·九經·禮樂·兵刑, 聖人之能事, 何等全備? 而執事乃欲了之以升降揖讓註脚之註脚乎? 執事於此, 盍亦惕然動悟, 超然遠覽, 刻去笥錄, 刊落枝葉? 本之以鑑空淵默之眞, 參之以會通典禮之實, 廓之以範圍曲成之量, 充之以經綸拯濟之智, 則夫揖讓升降, 不

227) 患其不明, 而亦可以因時制宜, 左右逢原矣."
"使執事敎短取長, 虛心反復, 某當益竭愚衷, 庶不失爲秀野之爭友. 不然而抉摘拑制, 橫加之以排闢法門, 則愚將絶聖智齊物我, 爲秀野之莊周乎? 合知行致良知, 爲秀野之陽明乎? 抑亦將雙義利並王霸, 爲秀野之陳同甫乎?"

228) 수징난, 김태현 옮김,《주자평전》하, 역사비평사, 2015, 18면.

229) 수징난, 앞의 책, 19면.

230) 앞의 책, 같은 곳.

231) 앞의 책, 20면.

232) 두 사람 사이의 논쟁에 대해서는 수징난, 앞의 책, 14~45면에 정리되어 있다.

233) "惟吾輩眞實問學, 不專在於故紙, 隨事省克, 修條本原, 自有立脚之地."

234) 〈答蓉洲書〉,《乾淨附編》, 117~120면.

235) 앞의 글, 앞의 책, 118~119면. "叔世衰薄, 虛僞日滋, 縫披徐趨, 非法不言, 非不美且仁也. 惟表裏斬絶, 如隔十里墻壁;對面諄諄, 强半是夢囈譫妄. 此某最所爲戒而終亦不能盡祛也."

236) 손유의에게 관복에 대해 부탁하는 내용은 〈與孫蓉洲有義書〉,《湛軒書》, 119면에 실려 있다. 그런데 이상한 것은 이 부분이 별지 형식으로 실려 있고, 이 관복 부분 앞에는 위의 중국에서 본 학교의 교육 내용이 부실했지만 사도師道 자체는 엄정했다고 높이 평가한 부분이 있다는 것이다. 또〈與孫蓉洲有義書〉의 본문 내용은 1767년 10월 보낸 것이다. 〈與蓉洲書〉,《乾淨附編》1, 82~87면.《湛軒書》를 편집하는 사람이 무언가 착오를 일으킨 것이 틀림없다.

237) 〈答梅軒書〉,《乾淨附編》, 120~123면; 〈答趙梅軒煜宗書〉〈杭傳尺牘〉,《湛軒書》, 119면.《乾淨附編》의 〈答梅軒書〉는 의례적인 인사가 끝나고 "顯親揚名, 勖以大孝, 頂禮拜嘉, 不勝感歎, 承高闡鄕貢"으로 시작되는데, '杭傳尺牘'의 〈答趙梅軒煜宗書〉는 편지의 본문 자체가 "使回便, 恭接書函, 知高闡鄕貢"으로 시작한다.《乾淨後編》쪽은 끝에 32자가 더 있다. 나머지는 대체로 일치한다. 가장 큰 차이가 나는 부분은 앞부분이다. 비교하면 다음과 같다.《乾淨後編》쪽은 "顯親揚名, 勖以大孝, 頂禮拜嘉, 不勝感歎, 承高闡鄕貢, 鵬路有期. 此門戶之慶, 隣里之榮. 此人生之所喪心失守也. 方且比之不幸, 欿然若無得也." 다음은 '杭傳尺牘' 쪽이다. "使回

便, 恭接書函, 知高闈鄕貢, 鵬路有期. 此門戶之慶, 隣里之榮. 凡人生之所稱樂事而猶比之不幸, 欿然若無得也."《乾淨後編》속 ( ) 안의 것은 '杭傳尺牘' 쪽에는 없다. 밑줄 친 부분도 사뭇 다르다. 왜 이런 차이가 있는지는 미상이다. 이 외의 문장은 글자가 소소하게 다를 뿐이다.

238) 〈答鹽店書〉,《乾淨附編》, 123~124면.

239) 〈與秋庘書〉,《乾淨後編》, 264~267면; 〈與秋庘書〉(杭傳尺牘),《湛軒書》, 118면.《乾淨後編》은 "某稽顙, 仲夏承二月朔日手狀, 慰譬鄭重感甚, 旅遊無恙慰極"로 시작되는데, '杭傳尺牘' 쪽 편지에는 이 24자가 '阻信月積' 4글자로 교체되어 있다.

240) "己丑十月, 作書付使行, 未果傳."

241) 〈與秋庘書〉, 앞의 책, 266면. "炯菴未見其人, 濃笑亦未見其書. 但命名如是浮麗, 想其語不足警益於足下也."

242) 陸飛,〈哭鐵橋〉,《乾淨後編》, 255면. "千里無端賦遠遊, 吾謀不用更誰尤(余力阻其行). 遺箋剩筆都成讖, 瘴雨盲風未是愁. 竟夭王濛堪慟哭, 難携謝朓只搔頭. 一書眞个關生死, 魂斷句麗朝雁秋."

243) 〈與蓉洲書〉,《乾淨附編》, 124~125면.

244) 〈與梅軒書〉,《乾淨附編》, 125~127면.

245) 潘庭筠,〈湛軒大兄先生書〉,《燕杭詩牘》, 29장 뒷면~32장 앞면;《中士》, 237~238면.

246) 朴趾源,〈洪德保墓誌銘〉,《燕巖集》;《韓國文集叢刊》a252, 53면.

찾아보기

[ㄱ]

《가례家禮》 503, 635, 640
〈가례문의家禮問疑〉 116
《가례원류家禮源流》 26
《간정동필담乾淨洞筆譚》 452, 467, 468, 479, 508, 528, 521, 593
《간정동회우록乾淨衕會友錄》 475, 516, 560, 568, 621
《간정록乾淨錄》 470
〈간정록후어〉 513, 528
《간정후편》 557, 575, 576, 611, 612, 613, 614, 620, 669
《간평의설簡平儀說》 305
〈갈역잡영葛驛雜永〉 663
〈감사홍공묘갈명監司洪公墓碣銘〉 24, 31
갑술옥사 86, 17
갑술환국 16
갑인예송 630

강서시파 556
강세황 322
강유 212, 215, 217
〈건곤일초정제영〉 646, 655
건륭제 375, 453
격물치지설 524
경릉파 265
경선징 306
경신대출척 17, 86, 322
경화세족京華世族 5, 17, 518, 534, 560, 563, 667
〈계몽기의啓蒙記疑〉 119, 163, 174, 180, 186, 538, 554
〈계사전繫辭傳 상〉 175, 207
계씨 133
계해반정 19
《고려도경》 553

〈고원정부高遠亭賦〉 477, 565
고이전 493
〈고자 상告子 上〉 147
고학 50
《고항문헌古杭文獻》 513, 516, 521, 592, 621
《고항유식古杭遺式》 643
《고항적독古杭赤牘》 621, 643
〈곡철교哭鐵橋〉 645, 671
〈곤여만국전도坤輿萬國全圖〉 386, 391, 398, 407
공산불요公山弗擾 136, 137, 576
공산필힐公山佛肸 136, 253
공안국 176, 178
공안파 265
공영달 182
공자 540, 554, 618, 654
〈공자세가孔子世家〉 137
곽생郭生 335, 356, 422
곽익 234
관자명關子明 180
〈관창觀漲〉 106
《광암집廣巖集》 111
《구고의勾股義》 305, 306
〈구국론仇國論〉 215
구용 78
국윤麴允 237
〈권무사목서勸武事目序〉 281, 282
〈규목樛木〉 155, 158, 159
규정각揆政閣 295
규형窺衡 290, 295
그라몽 322

극정郄正 233, 234
《근사록近思錄》 63, 71, 444, 548, 549, 658
기리고거記里鼓車 239
기사환국 61
기송記誦 63, 64, 261
《기아箕雅》 463, 541
〈기용〉 380
〈기유의서己酉擬書〉 92
기축옥사 17
《기하원본幾何原本》 304~306, 403
기해예송 92, 97, 636, 637, 657
길랑吉郞 237, 238
김대성 95
김만중 321
김상용 66, 68
김상헌 66, 68
김석문 308
김석주 21
김선행 323, 331, 338, 432, 526, 586, 587
김수항 59~61, 66~68
김수흥 59~61, 297
김원행 13, 22, 24, 26, 27, 38, 45, 59, 62, 65, 66, 68, 70, 78, 81, 82, 101, 102, 129, 133, 314, 328, 442, 533, 574
김원형 89
김육 403
김이석 318
김이안 22, 75, 110, 296, 314
김일경 27

김장생 110
김재행 331, 536, 539, 540, 542, 556, 557, 591, 594, 613, 644, 647, 671
김종후 48, 75, 329, 330, 478, 517, 564, 565, 567, 568~576, 578~582, 585~588, 590, 629, 633~639, 641, 642, 646, 652~655, 658, 659, 663, 664, 666, 667, 672, 674
김창업 315, 321, 340
김창집 59
김창협 21, 38, 60, 67, 68, 265, 328, 556, 622
김창흡 23, 60, 67, 265, 531, 533, 556, 622, 662, 663
김치익 52~54, 564, 565, 587
김태서 416
김홍철 539

[ㄴ]

나경 418
나경적 211, 279, 282, 285
나이곡羅雅谷 308
나헌 234
〈낙서洛書〉175~182, 187, 554
낙하굉落下閎 287, 402
《남제서南齊書》308
납영수拉永壽 335, 396
《노가재연행일기老稼齋燕行日記》315, 321, 367, 384, 421
노자 646
노장老莊 536, 537, 607~609

〈논성서論性書〉442, 463
〈논심설〉198
《논어》583, 604, 618, 625, 638, 639
〈논어문의〉116~120, 128~130, 251, 253, 576
《논어집주》50
〈논인설論仁說〉194
농수각籠水閣 39, 285
〈농수각기籠水閣記〉490, 491, 523, 644, 671
〈농수각의기지籠水閣儀器志〉300, 301, 285, 305, 631, 632
《농암잡지農巖雜識》622
《농정전서農政全書》283
누르하치 273
《능엄경楞嚴經》81, 443

[ㄷ]

단필제段匹磾 220
달해達海 492, 493
〈답서성지논심론〉116
〈담헌기湛軒記〉18, 115, 119, 120, 434, 435, 478, 527, 528, 671
《담헌서湛軒書》6, 18, 75, 76, 83, 115, 119, 120, 263, 264, 434, 511, 557, 575, 576, 611, 613, 620, 626
〈담헌팔영시〉470
〈담헌홍덕보묘표湛軒洪德保墓表〉43
〈답만함재(홍억)서答晚含齋(洪檍)書〉650
〈답보광서答葆光書〉650
〈답서성지논심설答徐成之論心說〉188,

찾아보기 771

198
〈답수야서答秀野書〉 576, 583, 585, 586
〈답양허서〉 650
〈답여방숙答余方叔(大猷)〉 195
〈답이백석答李白〉 650
〈답홍대용答洪大容〉 77, 79, 89, 117~119
《대대례기大戴禮記》 176
〈대동여지도〉 13, 14
《대동풍요大東風謠》 47
《대명일통지大明一統志》 318
대비달자大鼻㺚子 396~398
《대의각미록大義覺迷錄》 360
《대학》 63, 64, 71, 77, 117, 118, 120, 121, 122, 248, 635
〈대학문의大學問疑〉 116, 117, 120, 122
《대학장구大學章句》 121, 123, 202
《대학장구대전大學章句大全》 123
《대학장구서大學章句序》 63
《대학혹문》 124
〈덕보에게 부치다〉 111
도문학道問學 481, 483, 488, 496
도봉서원 267
도학 606, 607
〈독서부결讀書符訣〉 591
〈독서요결〉 604
〈동국기략東國記略〉 469
《동극경洞極經》 180
《동문산지同文算指》 305, 306
《동문선》 553
《동사찰요東事撮要》 647

《동시초東詩抄》 527
《동환봉사東還封事》 318
등사민 49, 264, 395, 501, 504, 527, 558, 593, 622, 624, 650, 651, 667, 669
등애鄧艾 216, 217
디아스 304

[ㄹ~ㅁ]

로드리게즈 294
마갈렌스 321
마단림 308
마테오 리치 301, 304, 309, 386, 398, 400
〈만휴당기晩休堂記〉 331
망건 456
망원경 307, 390
매각성梅殼成 413
《맹자》 209, 537, 625, 632, 654, 656
〈맹자문의孟子問疑〉 116~118, 139, 198, 200
《명기집략》 557, 558, 593
〈명기집략변설〉 557, 558
〈명례동몽우기明禮洞夢遇記〉 514, 515, 523, 644
명부부지별明夫婦之別 107
명심名心 533, 653
《명재유고》 98
모기령毛奇齡 249, 445, 447
모용각慕容恪 219, 495
목래선睦來善 20

《목재속집牧齋續集》 471~473
목천木川 20, 642
목호룡睦虎龍 27, 101, 103
무성무취無聲無臭 145~148
묵가 646, 654~655
문시종問時鐘 344, 388, 389
문암文巖 267, 268
〈문언전〉 169
문음門蔭 20, 279
문체반정文體反正 564
《문헌통고文獻通》 308
〈미상기문渼上記聞〉 116, 120
《미호집渼湖集》 77
민제愍帝 224

[ㅂ]

박성원 111
박세채 93, 397
박제가 370, 399, 507, 516
박지원 43, 75, 265, 322, 352, 363, 496, 508, 510, 516
박휼 306
《반계수록磻溪遼錄》 543
반성균 43, 249, 263, 286, 304, 350, 351, 357, 424~430, 432~434, 437~442, 444, 446, 448, 450, 453~458, 461, 463~466, 469~471, 474~476, 478, 481, 483, 485, 492, 493, 495, 497, 499, 511, 515, 518, 520~522, 526~528, 536, 539~541, 551, 552, 555~557, 575, 582, 587, 592, 594, 595, 598, 604, 611, 642, 644, 646, 648, 649, 669, 671~673, 600
백도월규 300, 301
〈백록동규白鹿洞規〉 71
범녕范寧 247, 248
범찬范粲 235
〈변률變律〉 631
변한기 522
병신처분 26
《복거론卜居論》 647
〈본도서本圖書〉 174, 175
《본암집本庵集》 564, 626
《본의本義》 163, 165, 167~169, 171, 172, 187, 275
봉황성 333, 364, 378, 500
부견符堅 220, 232, 244
부생存生 243
북경 366, 367, 385~387, 399, 400, 423, 448, 507, 508, 510, 511, 517, 518, 560, 561, 643, 649, 651
북벌 573, 581
〈북벌의北伐議〉 271
《북학의》 370, 507
불견불문不見不聞 145~147
불교 528, 529, 536, 534, 537, 609

[ㅅ~ㅇ]

4원소설 309
사공학파事功學派 666
《사기》 137, 151

〈사론史論〉 119, 211, 212
사르후 273
사마승 225
사마예司馬睿 223, 225
사마욱 228~230
사마월司馬越 222
《사서강의四書講義》 360
《사서오경대전》 250
《사서집주》 550
사양좌謝良佐 63
사장詞章 63, 64
〈산하총도山河總圖〉 298, 301, 302
《삼강행실》 553
《삼국지》 211
《삼연집三淵集》 155, 157
《삼주일록三洲日錄》 119, 158
삼하염점三河鹽店 643, 651, 667
〈상강천표上瀧卻千表〉 91, 93
《상명수결詳明數訣》 306
《상서정의尙書正義》 182
상수학象數學 554
색림素綝 237
《서경》 51, 618
《서경대전書經大全》 150, 152~154
《서경집전》 151, 175, 420
서광계徐光啓 283, 305
서광정徐光庭 518, 521, 522, 526, 537~539, 541, 542, 551, 558, 649
서기徐起 109, 110
서낭정徐朗亭 450
서명응 321, 403, 416
서성지徐成之 112, 116, 661

《서양신법산서》 307~309
〈서원의 제군諸君에게 보인다〉 112
서유구 321
서유림 62
〈서전문의書傳問疑〉 116, 117, 149
서종맹徐宗孟 342, 343, 347, 401, 404
《서집전》 284, 292, 295, 296, 298
《서찬언書纂言》 292, 294~296
《서하집西河集》 447
서호수徐浩修 295, 321
석륵石勒 218, 221, 240
석실서원 46, 48, 59, 62, 66
〈석실서원강규石室書院學規〉 71
〈석실서원권강문石室書院勸講文〉 111
〈석실서원학규石室書院學規〉 71
《선귤당농소蟬橘堂濃笑》 648, 649, 670
선기옥형璇幾玉衡 111, 283, 285, 296, 297, 501
설영薛瑩 238
《성리대전性理大全》 63, 554
《성학집요聖學輯要》 543, 593, 622
성현 599
《성호사설》 322
세손익위사 18, 81
소무蘇武 189, 259
〈소서小序〉 249, 445, 446, 451, 485, 486, 497, 503, 523, 496
소식蘇軾 537
소양서원 83, 84
〈소양서원 문제를 논하며 경상도 관찰사에게 드리는 편지〉 83

소옹邵雍 180, 182, 537, 554
〈소음에게 준 편지〉 542
《소자전서邵子全書》 554, 593
《소학》 63, 107, 548, 549, 658
〈소학제사小學題辭〉 195
《속대전》 310
속학 53
손유의 174, 264, 395, 502~504, 527, 538, 541, 558, 559, 593, 595, 596, 622, 624, 625, 632, 650, 667~669, 672
송시열 21, 25, 90~92, 103, 139, 144, 272, 574, 581, 582, 637, 657, 659
송이영 288, 291, 294, 297, 303
《송자대전》 98
송정환 83
송준길 297
《수리정온數理精蘊》 308, 402, 403, 506, 631
〈수법본론水法本論〉 309
《수법전서數法全書》 306
〈수법혹문水法或問〉 309
수아레즈 321
〈수야답서秀野答書〉 585
《수원數原》 306
수촌壽村 13, 513~515, 590
《수학계몽數學啓蒙》 306
《수학통종數學統宗》 306
〈순전舜典〉 150, 152, 153, 284
〈숭유론崇有論〉 246
승심勝心 532, 533, 653
《승암집升菴集》 213

《승정원일기》 33, 28, 31, 267, 280, 314
《시경》 145, 146, 445, 446, 523, 594
〈시경변의詩經辨疑〉 116, 117, 119, 155, 156, 158, 159, 163, 249, 531
〈시서〉 445
〈시서변설詩序辨說〉 249, 446, 486
《시집전詩集傳》 155, 249, 250, 445, 446, 486, 497, 531
시헌력時憲曆 400, 403, 412
〈신엄재와 함께 시를 지어 박연암 지원에게 준다〉 76
〈신유의서辛酉擬書〉 98
신종 400, 462, 463
신축환국 61
실천적 정주학 535
실학 534, 651
《심경》 52, 53, 71, 118
심괄沈括 287
〈심성문心性問〉 116, 188
심양 365
《심원록》 113
심장적구尋章摘句 261
아담 샬 301, 309
〈안연顔淵〉 128, 129, 639
안처인 284, 285
〈애오려발명〉 434, 528
양명학 523, 524, 526, 529, 545, 605, 607~609, 645, 654
양민楊珉 231
〈양생주養生主〉 524, 525
양지설 646
〈양지수〉 157, 163

〈양허당기養虛堂記〉 484, 536
양혼 344, 346, 347, 349, 388, 389, 478, 541, 542
양화 134~137, 253, 576
양휘揚揮 306
〈어떤 사람에게 주는 편지 두 편〉 626
《어류》 196
《어찬시의절중御纂詩義折中》 594
엄과 429, 522, 526, 536, 601, 611, 622
엄노백 624
엄성 56, 249, 263, 264, 286, 304, 350, 351, 357, 424, 425, 428~430, 432~448, 450, 452, 454~458, 460~466, 468~471, 474~483, 485, 492, 497, 499, 504, 511, 515, 516, 518, 520~522, 527~529, 535~540, 543, 551, 555, 563, 564, 566, 570, 574, 575, 582, 585, 587, 588, 591, 592, 596, 598, 600~602, 604, 608, 609, 611~613, 615, 622, 644, 645, 653, 670, 674
엄앙 590
여유량呂有良 360~362, 426, 463
여천黎倩 189, 259, 260
《역易》 537
《역상고성》 307, 308, 412, 506, 632
《역상고성 정편》 413
《역상고성 후편》 307, 413
《역위易緯》 187
《역위건착도易緯乾鑿度》 176
《역전易傳》 164, 169

《역학계몽》 119, 164, 174, 177, 180, 538
《연기》 6, 323, 343, 346, 352, 379, 380, 384 , 385, 392, 459
〈연연燕燕〉 159
《열조시집列朝詩集》 473
《열하일기》 322, 496, 589
염민冉閔 229
염아恬雅 533
염영서廉永瑞 284
영가의 난 224
영공靈公 137
영불佞佛 607
영원성寧遠城 335, 355
《예기》 78, 121, 656
오삼계吳三桂 361, 362
오상吳湘 339, 348, 358, 422, 535
오서림吳西林 429, 442, 443, 607
《오위역지五緯曆指》 308
오징吳澄 292, 525
〈옥조玉藻〉 77, 78
옥형거玉衡車 283
완물상지玩物喪志 63, 370, 661
완일阮逸 180
〈왕고담헌공행장王考湛軒公行狀〉 43
왕돈王敦 225, 226
왕사정王士禎 648
왕양명王陽明 427, 428, 534, 607, 646, 661, 666
왕진악王鎭惡 226
왕필王弼 247, 608
왕희지王羲之 229, 230, 606

요장姚萇 232
요화廖化 212
요흥姚興 232, 245
용미거龍尾車 283
〈우답수야서又答秀野書〉 576
우르시스 304
《우서迂書》 37
우주무한설 5, 303
우피선牛皮船 240
웅삼발熊三拔 283, 309
《원경설遠鏡說》 307
원경순元景淳 313
원명원圓明園 374
위기지학爲己之學 50, 612, 625
위인지학爲人之學 50, 625
위진남북조 214
유금 516, 673
유리창 344, 349, 367
유봉휘劉鳳輝 23, 26, 27, 30, 32
〈유석실서원강생논石室書院講生〉 69, 255
유성劉盛 261
유송령劉松齡 306, 307, 343, 346, 348, 405, 408, 411, 413, 414, 415~417
유수원柳壽垣 37
유연劉淵 213, 218
유예游藝 299
유유劉裕 213, 226~228, 233, 240, 242, 243, 245
유의 242
유척기俞拓基 23, 30, 314
유총劉聰 219, 222~224, 237, 240, 241
〈유포문답劉鮑問答〉 343, 401

유학 526
《유학집有學集》 473
유형원 543
6등급 인품론 530, 531, 597
6창六昌 59, 60
육농기陸隴其 360
육비陸飛 46, 47, 249, 263, 269, 285, 351, 425, 448, 479~481, 488, 489, 491, 497, 499, 511, 515, 518, 519, 521~524, 528, 536, 540, 541, 555, 564, 575, 591, 595, 600, 609, 611, 643, 644, 646, 648, 650, 651, 673, 642
육상산陸象山 192, 360, 428, 488, 534, 537
육약한陸若漢 399
육왕학陸王學 481, 528, 562
육희陸喜 238
윤선거 26, 92~96, 99~101, 103
윤증尹拯 91, 96, 100, 103
윤지술尹志述 26, 27
윤휴尹鑴 91, 92, 95, 96, 98, 100, 101, 103, 271
〈율관해律管解〉 631
《율려정의律呂正義》 308, 506, 632
《율력연원律曆淵源》 39, 308, 506, 632
융복사隆福寺 340, 349, 370, 387, 416
〈은병정사학규隱屛精舍學規〉 73
은호殷浩 228~231
《을병연행록》 6, 323, 331, 346, 374, 405, 412, 423, 434, 451, 459, 460, 467, 468, 477, 493, 513

찾아보기 777

을해옥사 61
의고파擬古派 472, 473
〈의답수야서擬答秀野書〉 575, 576, 583, 584
《의례》 627~630, 632~635, 646, 652, 653, 656, 658, 659, 664, 667
《의례경전통해儀禮經傳通解》 517, 653, 658, 664
《의례통해儀禮通解》 640
《의례통해속儀禮通解續》 653, 658
의무려산 335, 449
《의산문답》 175, 185, 187, 191, 210, 248, 303, 310, 335, 369, 394, 398, 456, 496, 511, 517, 589, 630
이경여李敬輿 297, 332
이광좌李光佐 23, 28, 30, 32
이광하李光夏 515, 642, 643
이구李榘 241
이기불상잡理氣不相雜 141
이기지李器之 315
이능李陵 582
이덕무 265, 516, 648, 670
이덕성 343
이마두利瑪竇 309, 401
이몽양李夢陽 556
이민철李敏哲 291, 294, 297, 303
이색 48
이승훈 322
〈이산서원학규尼山書院學規〉 73
이심利心 533
이유태李惟泰 96, 97
이이 73, 95, 622

이익 322
이인좌 16
이자성 361
이재李栽 20, 62, 271
《이재난고頤齋亂藁》 283, 346, 642
이적의 문명화 과정 578
이정二程 67, 263, 274
《이정유서二程遺書》 63
이조원 673
이지조 305
이지함 109
《이천역전伊川易傳》 445
이청 449
이필선 308
이하진 322
이한진 113
이함 64
이홍중 48
이황 73, 296
이훤 331, 587
이희조 296, 297
인물성동론人物性同論 65, 194
인물성동이론人物性同異論 65, 210
《일암연기一菴燕記》 315, 321, 400
일표日表 344, 346, 388, 389
임석 126
《임원경제지》 321
임인옥사 61
〈임하경륜林下經綸〉 239, 248, 385, 632

778

[ㅈ]

〈자경설自警說〉 49, 257, 260, 262, 266, 438
〈자로〉 132
자명종 294, 409
《자첩字帖》 539
《자치통감資治通鑑》 119, 211, 212, 219, 221, 228, 233, 240, 248, 326, 495, 589
《자치통감강목資治通鑑綱目》 213
〈자한子罕〉 128, 129, 137
장거정張居正 462
장량張良 218, 537
장 부노아Michel Benoist 449
장빈張賓 218, 220
장수성蔣守誠 306
장자 525, 526, 537, 654, 666
장제張悌 236
장형張衡 287, 402
《적기수법摘奇數法》 306
적윤덕翟允德 651
전겸익錢謙益 471~473
전대흔錢大昕 448, 604
전증錢曾 474
《전한서前漢書》 525
《절항척독浙杭尺牘》 514
접여接輿 131
정광현鄭光鉉 83
〈정광현에게 보내는 편지〉 85
정대위程大位 306

정두원鄭斗源 294, 307, 399
《정몽正蒙》 482
정미환국 16, 23, 28
정어중鄭漁仲 485
정언신鄭彦信 84, 85, 87
정이程頤 54, 445, 475, 527
정자程子 50, 51, 269, 525, 659, 660
정조 564, 589
정주학 16, 525, 532, 537, 539, 543, 597, 607, 611, 631
정주학식 공부론 545
정찬휘鄭纘輝 125
정호程顥 63
정호鄭澔 27, 108
제갈정諸葛靚 236
제갈첨諸葛瞻 216, 217
〈제수리정온사본제題數理精蘊寫本〉 631
조명회趙明會 649
조방曹芳 235, 236
조선 여성의 의복 546, 559
《조선시선朝選詩選》 540, 619
《조선유현연원도朝鮮儒賢淵源圖》 74
조욱종 502, 504, 595, 596, 622~626, 651, 669, 672
조유선趙有善 80
조유헌趙有憲 80
조적祖狄 224, 241
조헌趙憲 318, 319
존덕성尊德性 481, 488, 496
〈종형담헌선생유사從兄湛軒先生遺事〉 39, 43
종회鍾會 216, 217

찾아보기 779

《좌전》 95
주덕해朱德諧 651, 669
〈주도이에게 주는 서문贈周道以序〉 254
〈주도이에게 한 애사周道以哀辭〉 256
주돈이周敦頤 263
주문말학朱門末學 525
주사朱伺 231
주세걸朱世傑 306
《주역》 445, 571, 577, 629, 631, 664
〈주역변의〉 119, 163, 164, 171, 172, 187, 249, 275, 445
《주역전의대전周易傳義大全》 163
《주역참동계周易參同契》 661
주이존朱彛尊 445, 447
주자 50, 63, 131, 540, 547, 667
《주자가례》 504, 627, 628, 634
《주자대전》 270
《주자어류朱子語類》 195, 270, 569, 581
주자주의 530
주초석朱超石 243
주필남周必南 253, 254, 255
《주해수용籌解需用》 211, 305, 306, 632
중국 여성의 머리 모양과 의복 545
《중용》 549, 629, 634, 637, 654
〈중용문의〉 116~119, 144, 547
〈중용의의中庸疑義〉 546
《중용장구대전中庸章句大全》 549, 550
〈중용장구서中庸章句序〉 202
《중용집주》 516
《중조학사서한中朝學士書翰》 514
중후소中後所 336, 378
증자 638

지곡池谷 85
《지구도설地球圖說》 449
지담맹支曇猛 245
지동설 308
《지북우담池北偶談》 648, 670
지전설 5
《직방외기職方外紀》 386, 399, 407
진동보陳同甫 666
진량陳亮 666, 667
진부량陳傅良 666
《진서晉書》 211, 308
《진신안縉紳案》 342, 422
진회秦檜 189, 259

[ㅊ]

창춘원暢春園 373, 374
채생蔡生 83, 85
〈채생에게 주는 편지〉 88
채원정蔡元定 175
채제공 322
채침蔡沈 150, 151, 284, 292, 295
《천경혹문天經或問》 299
《천문유함天文類咸》 554
《천문략天問略》 305
천원지방설 407
《천주실의天主實義》 304
〈천하지도〉 320
《천학초함天學初函》 304, 305, 307~309, 554, 593
철교鐵橋 119, 144, 509, 614
〈철교에게 준 편지〉 542

《철교유타鐵橋遺唾》 624
《청국신법역상고성 후편》 413
〈청명상하도淸明上河圖〉 507
《초사집주楚辭集註》 661
《초학집初學集》 473
최유지崔攸之 291, 293, 294, 296
최한기 449
최호崔浩 242, 244, 245
〈추루에게 준 편지〉 542, 557
《춘추》 137, 633, 640
〈충천묘忠天廟〉 480
《측량법의》 305, 306
《측량이동測量異同》 305
《측천약설測天約說》 307
치양지설致良知說 360, 524, 525

[ㅋ~ㅌ]

코르도스 321
쾨글러戴進賢 413
탁발십익건拓跋什翼犍 241
탕빈湯斌 360
탕약망湯若望 299, 307, 309
〈태극도太極圖〉 175, 187
〈태극도해太極圖解〉 184
〈태백泰伯〉 618, 638
〈태서곤여전도泰西坤輿全圖〉 507
《태서수법泰西手法》 283, 304, 309
태평거 382
《태현경太玄經》 176
《택리지》 647
〈토저〉 159

《통지通志》 485
〈통천의統天儀〉 285
《퇴계집》 54

[ㅍ~ㅎ]

〈팔영〉 434, 536
팔왕의 난 223
팽관冠 339, 348, 349, 358, 360, 361, 422, 535
페르비스트 39, 391, 398
편상거扁箱車 239
포우관鮑友官 306, 343, 346, 348, 405, 418
《표도설表度說》 304
풍부馮婦 54
하경명何景明 556
〈하도河圖〉 175~185, 554
하안何晏 247, 608
하정철河廷喆 285~286
하조荷篠 131
《한문고이韓文考異》 661
한원진 210
〈한중유에게 답하는 편지〉 273
한천정사 62
항승거恒升車 283
《항우척독杭友尺牘》 613, 614, 620, 621, 557, 592
《해동시선海東詩選》 553, 561, 593, 620
《해동지도》 13, 15
〈향약서鄕約序〉 281
〈항전척독〉 611, 613, 614, 620

〈항주 선비 엄철교 성에게 부쳐 《중용》의
   뜻을 묻는다〉 547
허난설헌 441
〈허생전〉 496
허자虛子 511
허적許積 92, 96, 271
〈헌문〉 109, 128~131
혁련발발赫連勃勃 227
《호산편람湖山便覽》 539, 541, 542, 553,
   554, 558
〈호연장浩然章〉 139~141
호전胡銓 189, 259
〈혹문〉 122
《혼개통헌도설渾蓋通憲圖說》 304, 305
혼상渾象 296
혼상의渾象儀 285
〈혼천설渾天說〉 287
혼천의 283, 284, 286, 287, 292, 294,
   297, 298, 302, 303, 305, 490
〈혼천의기渾天儀記〉 490
《혼천의설》 299
홍국영 34
홍귀조 22, 31, 61
홍대안 13, 43
홍대유 13
홍대응 39, 51, 105, 261, 313
홍대정 43, 507
홍대협 36
홍명복 406, 407, 409
홍박 38
〈홍덕보묘지명洪德保墓誌銘〉 43
〈홍범洪範〉 178, 179, 618, 631

홍보광洪葆光 650
홍봉조 16, 22, 23, 29, 30, 36, 38
홍봉한 310, 312, 313
홍부 14, 20
홍상한 310
홍성원 14, 20
홍숙 14, 20, 36
홍억 32~34, 36, 38, 323, 541, 559,
   586, 587
홍역 32, 33, 37~39, 43, 44, 56, 82,
   84, 280, 310~314, 516, 589, 613,
   625, 670, 673
홍용조, 16, 22, 24~30, 36, 45, 103
홍원 257, 515
홍익 23
홍인조 22
홍재 32, 36
홍저 22
홍지弘之 13
홍진도 18, 38
홍처윤 293
홍희 18, 38
화이론 567, 588
환온桓溫 229, 230, 243
《환용교의圜容較義》 305
황경원 590
황도일규 299, 300
황력재자관皇曆賚咨官 319
《황면재집黃勉齋集》 554, 593, 620
황윤석 20, 39, 283, 286, 308, 346,
   347, 360, 403, 631, 642, 643
〈황종고금이동지의黃鐘古今異同之疑〉

631, 632
황호 216, 217
회국回國 394, 395
《회우기》 526
《회우록》 526, 528, 555, 561, 592
〈회우록서會友錄序〉 508, 561
회제懷帝 220~224
《효경》 261, 455
효종 25, 97, 103, 271, 272, 293, 294, 360, 574, 581~583, 687
흑점 307
〈홍백능에게 주는 설〉 265
희원외希員外 500, 505, 506, 511, 567, 629, 630

홍대용 평전 **1**
— 실천적 정주학자程朱學者

2025년 10월 27일 1판 1쇄 인쇄
2025년 10월 29일 1판 1쇄 발행

지은이	강명관
펴낸이	박혜숙
디자인	이보용 김진
펴낸곳	도서출판 푸른역사
	우) 03044 서울시 종로구 자하문로8길 13
	전화: 02)720-8921(편집부) 02)720-8920(영업부)
	팩스: 02)720-9887
	전자우편: 2013history@naver.com
	등록: 1997년 2월 14일 제13-483호

ⓒ 강명관, 2025
ISBN 979-11-5612-306-4 94900
　　　979-11-5612-305-7 94900 (세트)

· 잘못 만들어진 책은 교환해드립니다.